La plata, la espada y la piedra

La plata, la espada y la piedra

Tres pilares cruciales en la historia de América Latina

MARIE ARANA

Papel certificado por el Forest Stewardship Council®

Título original: *Silver, Sword and Stone. Three Crucibles in the Latin American Story*

Primera edición: marzo de 2023

Printed in Spain – Impreso en España

ISBN: 978-84-18006-21-0
Depósito legal: B-679-2023

Compuesto en Pleca Digital, S. L. U.
Impreso en Liberdúplex
Sant Llorenç d'Hortons (Barcelona)

C006210

En memoria de Isabel Arana Cisneros,
«Y sabe lo todo»,
madrina, inquisidora y brillante consejera

Índice

TERCERA PARTE

LA PIEDRA

AMÉRICA LATINA EN LA ACTUALIDAD

Ciudad Juárez
Desierto de Sonora
Sierra Madre
MÉXICO
Golfo de México
Yucatán
La Habana
CUBA
REPÚBLICA DOMINICANA
Veracruz
Ciudad de México
Selva Lacandona
Chiapas
Belice
HONDURAS
HAITÍ
Santo Domingo
PUERTO RICO
GUATEMALA
EL SALVADOR
NICARAGUA
Mar Caribe
Caracas
COSTA RICA
PANAMÁ
Medellín
VENEZUELA
Bogotá
COLOMBIA
Océano Atlántico
ECUADOR
Quito
ECUADOR
Río Amazonas
Océano Pacífico
PERÚ
Lima
Cuzco
BRASIL
La Paz
BOLIVIA
Cordillera de los Andes
PARAGUAY
São Paulo
Río de Janeiro
CHILE
URUGUAY
Santiago
Buenos Aires
ARGENTINA
Río de la Plata
Océano Atlántico
0 Millas 1000 2000
0 Kilómetros 2000
Tierra del Fuego
Cabo de Hornos

LOS PUEBLOS INDÍGENAS DE LAS AMÉRICAS Y SUS INVASORES IBÉRICOS

Océano Atlántico
PUEBLO
CHICHIMECAS
Golfo de México
Colón (1492)
Cortés (1519)
CORAS
ALIANZA AZTECA/ MEXICA
Tenochtitlán
TAÍNOS
ARAHUACOS
CIVILIZACIÓN MAYA
TLAXCALTECAS
Mar Caribe
Jiménez de Quesada (1536)
CARIBES
Cabral (1500)
MUISCAS
Ecuador
Pizarro (1532)
QUECHUAS
Océano Pacífico
Cuzco
AIMARAS
IMPERIO INCA
CHIRIGUANOS
GUARANÍES
Océano Atlántico
0 Millas 1000 2000
0 Kilómetros 2000
Magallanes (1520)

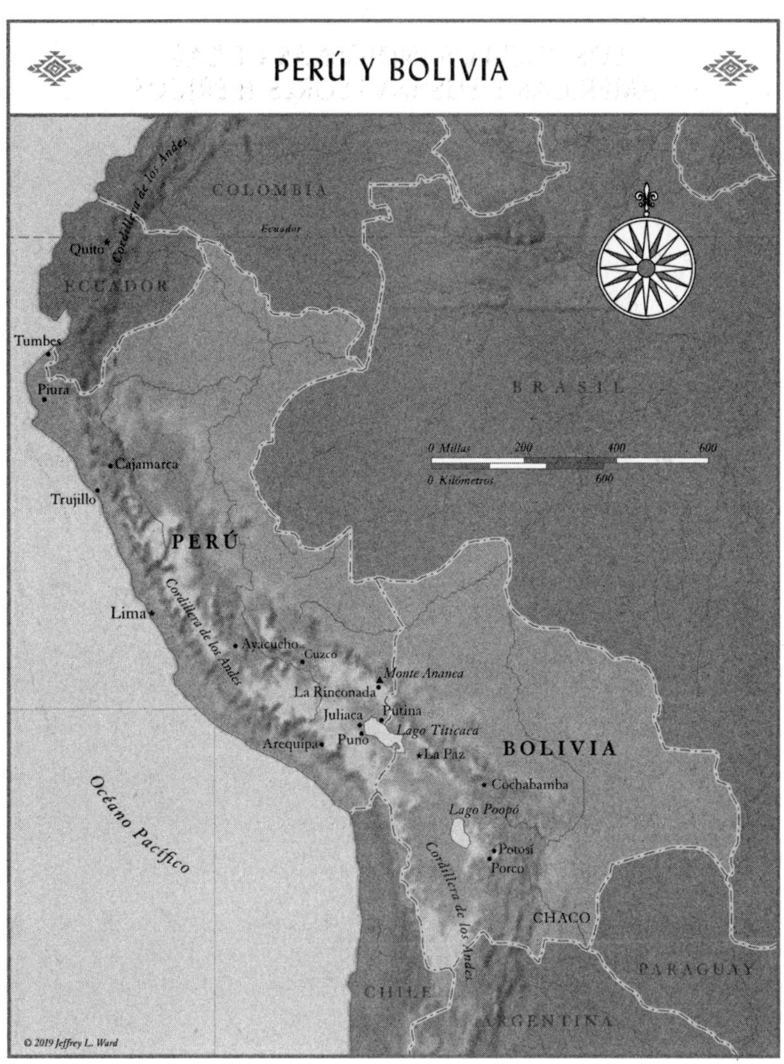

PERÚ Y BOLIVIA
COLOMBIA
Ecuador
Quito
Cordillera de los Andes
ECUADOR
Tumbes
Piura
BRASIL
0 Millas 200 400 600
0 Kilómetros 600
Cajamarca
Trujillo
PERÚ
Lima
Cordillera de los Andes
Ayacucho
Cuzco
Monte Ananea
La Rinconada
Putina
Juliaca
Lago Titicaca
Puno
Arequipa
La Paz
BOLIVIA
Cochabamba
Lago Poopó
Océano Pacífico
Potosí
Porco
Cordillera de los Andes
CHACO
PARAGUAY
CHILE
ARGENTINA
© 2019 Jeffrey L. Ward

1

Buscando aún El Dorado

> El Perú es un mendigo sentado en un banco de oro.[1]
>
> Viejo dicho peruano

En el frío penetrante que justo precede al amanecer, Leonor Gonzáles deja su choza de piedra situada en la cima de una montaña glacial en los Andes peruanos para recorrer penosamente un camino y restregar y lavar astillas de roca en busca de partículas de oro.[2] Como generaciones antes que ella, se ha tambaleado al llevar los pesados sacos de piedras, que ha golpeado con un martillo rudimentario y reducido a gravilla con los pies, machacándolas hasta convertirlas en arena fina. En los raros días en que hay suerte, separa motas infinitesimalmente pequeñas al hacer girar la arenilla en una solución de mercurio. Solo tiene cuarenta y siete años, pero no tiene dientes. Su rostro está quemado por el sol implacable, reseco por los vientos helados. Sus manos tienen el color de la carne curada; sus dedos son nudosos y están deformados. Está algo ciega. Pero cada día, cuando el sol se asoma por el helado promontorio del monte Ananea, se une a las mujeres de La Rinconada, el asentamiento humano situado a mayor altitud del mundo, para escalar el escarpado camino que lleva a las minas, rebuscando cualquier cosa que brille, metiendo piedras en la pesada mochila que cargará montaña abajo al anochecer.

Podría ser una escena de tiempos bíblicos, pero no lo es. Leonor Gonzáles subió ayer esa cumbre durante el *pallaqueo*, la búsqueda de oro que sus antepasados han llevado a cabo desde tiempos inmemoriales, y la subirá de nuevo mañana, haciendo lo que ha hecho desde que acompañó por primera vez a su madre a trabajar cuando tenía cuatro años. No importa que una compañía minera canadiense situada a menos de cincuenta kilómetros esté realizando la misma tarea de manera más eficiente, con enorme maquinaria propia del siglo xxi, o que poco más allá del lago Titicaca —la cuna de la civilización inca— gigantescas corporaciones australianas, chinas y estadounidenses estén invirtiendo millones en equipamiento de última generación para sumarse a la bonanza minera de América Latina. En este continente, el negocio de excavar las entrañas de la tierra para extraer tesoros relucientes tiene unas raíces antiguas y profundas, y, en muchos sentidos, define en qué nos hemos convertido los latinoamericanos.

Leonor Gonzáles es la encarnación de «la plata, la espada y la piedra», la tríada del título de este libro; tres obsesiones a las que los latinoamericanos han estado expuestos durante el último milenio. La «plata» es la codicia de metales preciosos, un capricho que rige la vida de Leonor como ha regido la de las generaciones que la precedieron; la búsqueda frenética de una recompensa que no puede disfrutar, una sustancia deseada en ciudades que ella nunca verá. La pasión por el oro y la plata es una obsesión que ya ardía intensamente antes de la época de Colón, consumió a España en su incansable conquista de América, condujo a un sistema cruel de esclavitud y explotación colonial, desató una revolución sangrienta, desestabilizó la región durante siglos y se transformó en la mejor esperanza de América Latina para el futuro. Así como los gobernantes incas y aztecas hicieron de la plata y el oro los símbolos de su gloria, así como la España del siglo xvi se hizo rica y poderosa como la principal proveedora de metales preciosos, hoy en día la minería sigue siendo esencial para las esperanzas de América Latina. Esa obsesión pervive —los brillantes tesoros que son extraídos y enviados en grandes cantidades fuera del continente— aunque las minas son finitas. Pero el frenesí debe parar.

Leonor no es menos producto de la «plata» que de la «espada», la cultura imperecedera del hombre fuerte que en América Latina acompaña al metal; la proclividad de la región, como han señalado, entre otros, Gabriel García Márquez, José Martí y Mario Vargas Llosa, a resolver los problemas mediante demostraciones de poder inquietantes y unilaterales. Mediante la brutalidad. Mediante la confianza en la autoridad, la coerción y el amor exagerado por los tiranos y el ejército; la mano dura. Sin duda, la violencia fue un recurso habitual en la época de los belicosos moches, en el 800 d. C., pero aumentó durante los imperios azteca e inca, España la perfeccionó e institucionalizó bajo el cruel tutelaje de Cortés y Pizarro, y acabó arraigando en el siglo XIX, durante las infernales guerras de la independencia latinoamericana. Terrorismo de Estado, dictaduras, revoluciones interminables, la «guerra sucia» en Argentina, Sendero Luminoso en Perú, las FARC en Colombia, los cárteles del crimen organizado en México y las guerras de la droga del siglo XXI son su legado. En América Latina, la espada sigue siendo un instrumento de autoridad y poder como lo era hace quinientos años, cuando el fraile dominico Bartolomé de las Casas se lamentó de que las colonias españolas estuvieran «atascadas con sangre y vísceras indias».[3]

No, Leonor Gonzáles no es ajena a la opresión y la violencia. Los incas conquistaron y obligaron a trabajar a sus antepasados, la gente del altiplano, y luego los conquistadores españoles los reconquistaron y esclavizaron. Durante siglos, su gente fue reasentada a la fuerza según el capricho del *mitmaq*, el sistema de trabajo obligatorio que el Imperio inca, y luego España, impusieron a los vencidos. O fue llevada a las reducciones de la Iglesia, reasentamientos masivos de poblaciones indígenas cuya misión era salvar sus almas. En el siglo XIX, el pueblo de Leonor fue conducido a punta de espada a luchar y ser sacrificado en bandos opuestos de la revolución. En el siglo XX, se vio empujado a altitudes cada vez mayores de los nevados Andes para escapar de las masacres despiadadas de Sendero Luminoso. Pero incluso en ese lugar recóndito y sin oxígeno, a casi cinco mil quinientos metros sobre el nivel del mar, la espada ha continuado dominando. Hoy en día, en la ciudad minera de La Rinconada, salvaje y sin ley, donde el asesinato y la violación son habituales —donde se ofrecen sacrificios humanos a los demonios de la montaña y ningún jefe de la policía gubernamental se atreve a ir—, Leonor es tan vulnerable a la fuerza bruta como lo fueron sus antepasados hace quinientos años.

Cada día, cuando se levanta, Leonor toca una pequeña piedra gris que atesora en una repisa al lado de su catre, cerca de una fotografía descolorida de su difunto marido, Juan Sixto Ochochoque. Todas las noches, antes de meterse bajo una manta con sus hijos y nietos, la toca de nuevo. «Su alma está ahí en el rumi», me dijo cuando la visité en su helada choza de una habitación, de no más de diez metros cuadrados, donde vive, al borde de un glaciar de montaña, con dos hijos, dos hijas y dos nietos.[4] Ella y Juan, el minero de cara rubicunda de la foto, nunca estuvieron realmente casados; ninguno de los conocidos de Leonor ha prometido los votos de la Iglesia. Para ella, Juan es su esposo y el padre de sus hijos, y, desde el día en que la galería de la mina se desplomó y los pulmones se le llenaron de los gases letales que lo mataron, esa piedra gris, redonda, que está en la cabecera de su cama ha representado a Juan, y representa toda la vida espiritual de Leonor. Como muchas personas indígenas —desde el río Grande hasta Tierra del Fuego—, Leonor acepta las enseñanzas católicas en la medida en que reflejan a los dioses de sus antepasados. La Virgen María es otra expresión de Pachamama, la Madre Tierra, el suelo bajo nuestros pies del que brota toda abundancia. «Dios» es otra palabra para designar a Apu, el espíritu que habita en las montañas, cuya energía procede del sol y perdura en las piedras. Satán es Supay, un dios granuja y exigente que gobierna el inframundo, la muerte, las oscuras entrañas del suelo debajo del suelo, y que debe ser apaciguado.

La piedra de Leonor representa la tercera obsesión que ha dominado a América Latina durante los últimos mil años: la adhesión ferviente de la región a las instituciones religiosas, ya sean templos, iglesias, catedrales recargadas o montones de piedras sagradas. Cuando hace mil años las potencias precolombinas se conquistaban unas a otras, la primera orden del día era reducir a escombros a los dioses ajenos. Con la llegada de los conquistadores españoles a América, muchas veces los triunfantes monumentos de piedra erigidos por los aztecas y los incas para honrar a sus dioses fueron reducidos a simples pedestales de imponentes catedrales. Su significado no pasó desapercibido para los conquistadores. Se apilaron rocas sobre rocas, se construyeron palacios encima de palacios, se cubrió cualquier templo o huaca indígena importante con una iglesia, y la religión se convirtió en un recordatorio preciso y poderoso de quién había ganado la batalla. Incluso con el paso del tiempo —incluso después de que el catolicismo se convirtiera en la institución más poderosa de América Latina, incluso después de que algunos de sus adeptos empezaran a verse atraídos por el pentecostalismo—, los latinoamericanos han seguido siendo gente decididamente religiosa. Se santiguan cuando pasan por delante de una iglesia. Montan altares en sus casas. Llevan en sus carteras imágenes de santos, les hablan a sus hojas de coca, cuelgan cruces de los espejos retrovisores, se llenan los bolsillos de piedras sagradas.

Leonor no está sola en su servidumbre de la plata, la espada y la piedra. La mayoría de los latinoamericanos están unidos a ella por apenas unos grados de separación. En México, Perú, Chile, Brasil y Colombia, la extracción de minerales ha recuperado la primacía que tenía hace cuatrocientos años y el negocio de la minería ha contribuido a redefinir el progreso, impulsar las economías, sacar a la gente de la pobreza e influir en todos los aspectos del tejido social. Los minerales preciosos pasan de los manipuladores rurales a los urbanos, de manos oscuras a blancas, de pobres a ricos. El oro que se saca de la roca que hay debajo de la choza de Leonor alimenta una economía compleja: la sórdida cervecería que se encuentra a pocos pasos de su casa, la multitud de niñas prostitutas que viven en Putina, montaña abajo, los banqueros de Lima, los geólogos de Canadá, los famosos de París y los inversores de China. Es una industria cuyos beneficios, en definitiva, se van al extranjero, a Toronto, Denver, Londres, Shanghái, de la misma manera que hace tiempo el oro cruzaba el océano Atlántico en galeones españoles y llegaba hasta Madrid, Ámsterdam y Pekín. El flujo general de los ingresos no ha cambiado. Se queda rezagado brevemente —lo suficiente para una cerveza en la cantina o una pierna de cabra medio comida por las moscas destinada a ser colgada de la viga del techo— y luego se va. Se marcha, allá lejos.

También la «espada» ha alterado la historia, desde las afiladas hojas de pizarra que los guerreros chimúes usaban para destripar a sus enemigos hasta los vulgares cuchillos de cocina que utilizan los gánsteres de los Zetas en la ciudad mexicana de Juárez.[5] En América Latina persiste una cultura de la violencia, acechando en las sombras, a la espera de estallar, amenazando el irregular progreso de la región hacia la paz y la prosperidad. En este territorio de desigualdades extremas, la espada ha sido el instrumento que siempre ha estado disponible, tan útil en la década de 1970 en el Chile de Augusto Pinochet entre una población culta, en gran medida blanca, como hoy en las ensangrentadas calles de Honduras entre los pobres analfabetos. Las diez ciudades más peligrosas del mundo se encuentran en países latinoamericanos.[6] No es sorprendente que Estados Unidos haya sido testigo de una avalancha de inmigrantes desesperados que huyen de México, Guatemala, Honduras o El Salvador. El miedo es el motor que conduce a los latinoamericanos hacia el norte.[7]

Por lo que respecta a la manera en que la «piedra» ha atrapado al espíritu, no hay duda de que la religión organizada ha desempeñado —y continúa desempeñando— un papel crucial en estas Américas. Desde los días del inca, cuando los grandes gobernantes Pachacútec Inca Yupanqui y Túpac Inca Yupanqui «invirtieron el mundo» y expandieron el imperio conquistando amplios territorios de América del Sur y obligando a las masas derrotadas a adorar al sol, la fe ha sido un arma de coerción, así como un instrumento de cohesión social.[8] Los aztecas compartieron las ansias de conquista de los incas, al igual que un gran aprecio por el uso de la religión. Pero su planteamiento de la conversión fue claramente distinto: con frecuencia adoptaban las deidades de los recién conquistados, porque entendían que el dios de los demás podía tener mucho en común con el propio. Al dar una vuelta por cualquier aldea mesoamericana o andina, uno encuentra expresiones vívidas de esas creencias antiguas en el arte contemporáneo y las tradiciones rituales.

Hoy en día, aunque en América Latina se practican varias fes amerindias, africanas, asiáticas y europeas, la religión sigue estando decididamente marcada por la que España impuso hace más de quinientos años. Es obstinadamente católica. Un 40 por ciento de los católicos del mundo residen aquí y, en consecuencia, un fuerte vínculo une a los creyentes, desde Montevideo, en Uruguay, hasta Monterrey, en México.[9] De hecho, Simón Bolívar, que liberó seis repúblicas sudamericanas, imaginó a las naciones católicas e hispanohablantes de esas Américas como una fuerza unificada, potencialmente poderosa a escala mundial. Tal vez la Corona española intentara evitar a toda costa que sus colonias se comunicaran, comerciasen o establecieran una concordia humana, pero las unió para siempre cuando las puso a los pies de Jesús. Al final, Bolívar no fue capaz de formar una unión panamericana fuerte a partir de la población, diversa y agitada, de cristianos hispanohablantes que liberó. Pero en América Latina, aún hoy, como en la época de Bolívar, la Iglesia sigue siendo la institución que más confianza inspira.[10]

Este libro trata de estos tres elementos de la sociedad latinoamericana que la han conformado durante mil años. No pretende ser una historia completa y definitiva. Intenta, más bien, ilustrar el legado de los pueblos latinoamericanos y tres componentes de nuestro pasado que tal vez nos sugieran algo de nuestro futuro. Sin duda, existen otras obsesiones que compartimos y que contribuyen a conformar un retrato más positivo de la región: nuestro fervor por el arte, por ejemplo, nuestro entusiasmo por la música, nuestras pasiones culinarias, nuestro amor por la retórica. La lengua española que surge de las plumas de los latinoamericanos ha dado lugar a una de las literaturas más impresionantemente originales de nuestro tiempo. También hay pocos rasgos regionales que destaquen más que nuestra fidelidad a la familia y nuestra propensión a la cordialidad. Pero ninguno de ellos, en mi opinión, ha desplazado poblaciones, marcado el paisaje y escrito la historia con tanta contundencia como la fijación de América Latina con la minería, o su idilio con la fuerza bruta o la religión.

Estas obsesiones no son hilos bien diferenciados que puedan abordarse como relatos independientes. A lo largo de los últimos mil años, sus historias se han encontrado, solapado y entrelazado de manera intrincada, de la misma manera que el oro, la fe y el miedo son madejas fuertemente entretejidas en la vida de Leonor Gonzáles. Pero la inclinación de América Latina a la religión y la violencia, junto con su obstinada adhesión a una forma antigua de comercio extractivo que no conduce necesariamente a un desarrollo duradero, me ha fascinado durante años. Creo que la historia de esas tendencias puede decirnos mucho sobre quiénes somos los latinoamericanos. Y somos, como dijo un historiador en cierta ocasión, «un continente hecho para desmentir las verdades convencionales», una región en sí misma, donde, a diferencia de cualquier otra, rara vez arraigan las teorías o doctrinas creadas en lugares diferentes.[11] También creo que, a pesar de los años que he dedicado a seguir los caminos y desvíos de esta enmarañada historia, no es posible contar el relato completo.

¿Cómo pueden explicarse un hemisferio y su gente? Es en verdad una tarea imposible, que quinientos años de sesgado registro histórico complican aún más. Sin embargo, estoy convencida de que existe algo compartido —un determinado carácter, si se quiere— que surge de la experiencia hispanoamericana. También estoy convencida de que este carácter es producto directo del enfrentamiento trascendental entre dos mundos. Nos define una tolerancia reticente nacida de esta experiencia. No existe un equivalente en el norte.

En América Latina, puede que a veces no sepamos exactamente a qué linaje pertenecemos, pero sabemos que estamos más ligados a este «Nuevo Mundo» de lo que lo estamos al «Viejo». Después de siglos de mezcla incontrolada, somos más morenos que blancos, más negros o indios de lo que algunos puedan pensar. Pero, dado que desde el «primer contacto» el poder político real lo han ostentado tenazmente una ansiosa generación de «blancos» tras otra, la verdadera consideración de nuestra identidad siempre ha sido una idea vaga. En cualquier caso, en América Latina la presencia duradera de la historia indígena —a diferencia de su equivalente del norte— sugiere que su explicación es muy distinta. Yo aporto la mía con toda humildad, con la esperanza de transmitir algo de la perspectiva que me ha dado a mí.

Aunque la familia de mi padre tiene raíces en Perú desde hace casi quinientos años, mi abuela, Rosa Cisneros y Cisneros de Arana, fue una gran entusiasta de todo lo español. A menudo me hablaba de la costumbre española de enviar a los hijos por diferentes caminos vitales como una manera de construir los pilares de una sociedad sólida.[12] El primogénito, según esta lógica, sería un hombre de mundo (abogado, político u hombre de negocios); el segundo, un militar; el tercero, un sacerdote. El primero aseguraría la prosperidad, al tener un pie en el poder y la riqueza de la nación; el segundo mantendría la paz, al servir a su país como soldado; el tercero abriría las puertas del cielo, al enseñarnos el camino hacia Dios. Nunca he visto referencia alguna a esta tradición en los libros de historia, aunque la he oído una y otra vez cuando he viajado por América Latina. Con el paso del tiempo, entendí que un banquero, un general y un obispo eran, de hecho, pilares de nuestra sociedad compartida; eran precisamente ellos los que mantenían la oligarquía, los géneros y las razas en el rígido sistema de castas creado por España. Ese triunvirato de soberanía —de príncipes, soldados y sumos sacerdotes— también se había dado con los incas, los muiscas, los mayas y los aztecas. En muchos casos, se esperaba que un único gobernante supremo desempeñara las tres funciones. Independientemente de cómo se llame, en América del Sur la fórmula del control triangulado ha funcionado durante siglos. Permitió que las culturas antiguas conquistaran y se expandieran. Permitió a los colonizadores un control firme de los bolsillos, los puños y las almas de los colonizados. A pesar de todos los regalos que América Latina ha hecho al mundo —a pesar de las conocidas civilizaciones de nuestro pasado—, la región sigue estando gobernada por lo que siempre la ha dominado. Por la plata, la espada y la piedra.

PRIMERA PARTE

La plata

Hace tan solo algunos cientos de años, como ya lo sabes, palomita mía, tigrillo mío, hubo una preciosa ciudad construida al centro de azules lagos, en un islote que, cual joyel de tezontle, cantera, jade, flores y plumajes, flotaba despidiendo un intenso brillo que visto desde lo lejos, parecía estar hecho de plata. Se llamaba Meshico-Tenochti-Tlan.[1]

Mitos, fábulas y leyendas del antiguo México

2

Las venas de un dios de la montaña

Bajad a las raíces minerales,
y a las alturas del metal desierto,
tocad la lucha del hombre en la tierra.[1]

PABLO NERUDA, *Canto general*

POTOSÍ, BOLIVIA

La extensa y árida meseta entre Porco y Potosí, en el altiplano boliviano, es seguramente uno de los paisajes más desolados del mundo. Lo que los antiguos incas describieron como una región de lagos centelleantes y peces saltarines —una pradera poblada de alpacas, vicuñas y chinchillas—[2] se ha convertido en un lugar estéril que excede la imaginación.[3] Los arbustos son escasos. La tierra está alterada. Hacia el noroeste, el lago Poopó, el segundo mayor después del Titicaca, ha desaparecido por completo; hoy es una extensión infinita de sedimento agrietado, un cementerio de vida acuática. Lo que se ve al cruzar el valle de Tarapaya y acercarse a Porco o Potosí, las antiguas médulas de los dominios inca y español, es lo que puede observarse en cualquier territorio con minas de esta parte del mundo: un paisaje lunar, plagado de charcas turbias que apestan a ruina. Las aves acuáticas se han ido; pocos pájaros aletean en el aire excepto algún buitre ocasional. Hay un olor nauseabundo, el hedor de la dinamita y la descomposición de los cuerpos. Ni siquiera los vientos cortantes y la lluvia helada pueden enmascararlo.

A lo largo de la carretera hacia el legendario Cerro Rico, hay montones de piedra. De vez en cuando una figura pasa rápidamente, moviéndose entre los escombros. Son mineros itinerantes, que surgen de esa planicie desnuda e infinita como soldados míticos, llevando sus posesiones a la espalda. Con el tiempo se llega al famoso promontorio rojo y a la ciudad que se extiende a sus pies. Es Potosí, que en el pasado fue uno de los mayores centros urbanos del hemisferio occidental; durante su apogeo en el siglo XVIII, fue una metrópoli tan populosa y vibrante como París, Londres o Tokio.[4] Una catedral imponente se aferra a su corazón. Hasta donde llevan las calles pavimentadas, pueden verse mansiones desvencijadas con intrincados balcones moriscos; fantasmas abandonados de un pasado esplendoroso. Treinta y seis iglesias en distintos estados de ruina enfatizan el deterioro. La histórica ciudad de la plata ha desaparecido. Ya no hay palmeras majestuosas, sedas de Cantón, zapatos napolitanos, sombreros de Londres ni perfumes de Arabia. Nadie con elegantes vestidos de París se asoma a los balcones. Un perro solitario aúlla en un tejado. Es difícil creer que este fuera el centro de la globalización moderna que conocemos; la maravilla económica del siglo XVI que impulsó el comercio europeo y prefiguró la era industrial.

Pero eso es precisamente lo que fue Potosí en el pasado. En los cien años transcurridos entre 1600 y 1700, Potosí suministró por sí sola más de cien millones de kilos de plata que hicieron del virreinato de Perú una de las empresas financieras más vibrantes del mundo. Lima se enriqueció gracias a Potosí. El metal extraído por manos indias fluía hacia las capitales europeas, dando a dicha región los lingotes que necesitaba con desesperación, estimulando la economía y permitiendo que el capitalismo acabara con el feudalismo y se convirtiera en la corriente dominante del futuro. España utilizó esta entrada de riqueza para aumentar la fortuna de sus aristócratas, estar en guerra con Inglaterra, detener la difusión del protestantismo y asegurarse el dominio del Imperio Habsburgo. Pero el dinero no se quedaba en España. Mientras Inglaterra entraba en la era industrial, impulsada por la solvencia que proporcionaban las minas latinoamericanas, y Europa avanzaba, ampliando su alcance comercial, España se estancó —decididamente agrícola, obstinadamente vinculada al pasado— y la plata de sus colonias, ganada con mucho esfuerzo, se le escurrió entre los dedos. La riqueza continuó creando magníficas fortunas en otros lugares. La mancha de ese fracaso todavía es visible en esta legendaria ciudad que se benefició de la bonanza. Potosí.

En las afueras, trepando por los caóticos ángulos de las rocas salientes de Cerro Rico, hay desperdigadas casas de hojalata; aquí y allá, chozas de piedra. Una sucesión de seres humanos entra y sale de los huecos que marcan el rostro de la montaña. Por los caminos vertiginosamente sinuosos, grupos de mujeres con amplias faldas de lana se apresuran con comida y utensilios toscos; los niños llevan a la espalda bolsas de piedras. En la actualidad, en Cerro Rico no hay demasiado que sacar. La leyenda dice que con los muchos miles de toneladas de plata extraídos de este coloso se podría haber construido un puente resplandeciente desde aquí hasta Madrid. Pero ahora el leviatán rojo parece aplacado; un montículo agotado que poco se parece a la elevada cumbre de los grabados del siglo XVI. Acribillada de túneles, es una red frágil al borde del colapso, un laberinto de peligros.[5] Los optimistas siguen ahí, pero la bonanza se ha ido a otro lugar.

No era así cuando Huayna Capac, el señor inca, viajó entre Potosí y Porco hace quinientos años, antes de las guerras civiles, antes de las pestes, antes de la fatídica conquista de su imperio. Para los incas, Porco era desde hacía mucho tiempo una de las principales fuentes de metales preciosos. A partir del siglo XIII, cuando se dice que se originó su imperio, los señores incas no comerciaron con metales, ni los usaron como moneda; consideraban que las sustancias brillantes eran símbolos sagrados de sus dioses, elementos esenciales en la adoración ritual al sol, la luna y las estrellas. El oro, con su resplandeciente amarillo, era un reflejo del cuerpo celeste que regía de día, el padre de toda la vida terrenal. La plata representaba a las deidades blancas que iluminaban el cielo nocturno y dominaban los mares. El cobre era la rápida descarga del relámpago, una fuerza que debía ser venerada. Estos metales se extraían bajo la estricta supervisión de los administradores del señor inca en Cuzco. En Porco, mientras los esclavos escarbaban en busca de plata con astas de ciervo y la transportaban en pieles de animales, la vigilancia era meticulosa.[6] Reservados para uso exclusivo de la nobleza, estos metales se golpeaban para crear ornamentos extraordinariamente originales: pecheras ceremoniales, vestimentas de oro, elementos de altares rituales, esculturas decorativas, adornos funerarios, decoraciones domésticas. No había incentivos para robarlos o acapararlos, ni para buscar sus fuentes, puesto que solo tenían un uso y un consumidor.[7] Se extraían cuando lo exigía la ceremonia del emperador. Nada más.

Eso cambió durante el reinado de Huayna Capac, el undécimo soberano inca, que amaba el oro y la plata con una falta de moderación que sus antepasados reales no habían compartido.[8] No era suficiente que el templo sagrado del sol, Coricancha, estuviera cubierto de oro, o que las paredes de las habitaciones del emperador estuvieran revestidas de plata o sus vestimentas ceremoniales adornadas con ambos.[9] El señor inca quería comer y beber en ellos, exigió que sus sillas y literas estuvieran hechas de metales relucientes, y encargó estatuas de sí mismo y de sus antepasados hechas de oro laminado.[10] Su amor desmedido por estos metales, obtenidos con mucho esfuerzo, comportó que la producción del imperio tuvo que aumentar, lo que provocó una codicia y una opresión inéditas.[11]

Huayna Capac estaba en la cima de su poder cuando visitó sus minas de Porco a principios del siglo XVI. Guapo y corpulento, un rey guerrero que había expandido su reino hasta los rincones más lejanos de su universo, decidió hacer un gran viaje para inspeccionar esas conquistas, expulsar a los invasores y acabar con las facciones rebeldes.[12] No estaba a su alcance apreciar aquel dominio, pero entonces, en ese momento crucial de la historia, gobernaba el mayor imperio sobre la tierra. Más grande que la China de la dinastía Ming, más amplio que la Rusia de Iván el Grande, mayor que los imperios bizantino, songhai, azteca u otomano, el Imperio inca era más extenso que cualquier Estado europeo de su época.[13] Huayna Capac gobernaba tierras que se extendían más de cuatro mil kilómetros, aproximadamente la distancia entre Estocolmo y Riad. El Tahuantinsuyu, como él lo llamaba, era un territorio tan largo como ancha es América del Norte, el dominio más formidable que poseería esta civilización, para cuya construcción habían sido necesarios más de tres siglos y once generaciones. Huayna Capac había empezado su reinado justo después de la fatídica llegada de Colón a Santo Domingo y moriría justo antes de que Francisco Pizarro recorriera a caballo sus tierras para colocar una bandera extraña en el sagrado Templo del Sol. Pero entonces, en ese preciso momento, el más radiante de su supremacía, Huayna Capac estaba organizando una expedición para repeler una invasión guaraní en el sur y garantizarle a su pueblo que contaba con su protección frente a las tribus salvajes, depredadoras, del mundo conocido.

Cuando el emperador y su ejército cruzaron el valle de Tarapaya, este decidió detenerse en Porco y visitar las minas de plata. Acababa de empezar el siglo XVI y, aunque él no lo sabía, los vientos de cambio y una peste épica ya se habían difundido entre los pueblos de ese hemisferio. Pronto Hernán Cortés capturaría al poderoso emperador Moctezuma y debilitaría a los aztecas en la batalla de Tenochtitlán. Pedro de Alvarado se adentraría en el territorio de los mayas y mataría a su gobernante, Tecún Umán. La plata y el oro ya habían abandonado las manos indígenas para cruzar el Atlántico en lo que se convertiría en un rápido tráfico hacia Sevilla, y una virulenta cepa de viruela había recorrido los mares en dirección contraria. Pero en el aislamiento absoluto que vivió Huayna Capac mientras examinaba su imperio, en su litera de oro, el viaje a Porco fue una visita intrascendente.

Mientras su comitiva continuaba a través del valle, el señor inca divisó una cumbre imponente en el horizonte, hacia el sur. Dominaba ese tramo de la cordillera andina —la imponente cadena montañosa que se extiende como una columna vertebral desde Venezuela hasta Argentina— no solo debido a su altura sino también a su color rojo óxido. Señalándola, opinó que con seguridad contenía grandes vetas de algún metal precioso.[14] La leyenda dice que ordenó a sus mineros que investigaran y que, cuando lo hicieron, un fuerte bramido de desagrado surgió del interior de la montaña. Aterrorizados, los mineros se retiraron. Ya fuera un terremoto, un trueno, o por cualquiera otra razón, los potentados incas nunca insistieron en explorar la montaña. Algunos dicen que fue porque el promontorio se consideraba sagrado, contenía un gran espíritu —un *apu*, un dios de la montaña—; otros, porque no había ninguna prisa, puesto que la corte real tenía lo que necesitaba.[15] No fue hasta una década después de la conquista, cuando un humilde minero de la Corona española se detuvo para calentarse una noche de invierno, cuando todo cambió. Vio como un hilo de plata líquida se formaba bajo el fuego, prueba de la abundancia interior. Poco después, su señor español expropió el descubrimiento e hizo que Potosí fuera conocido en todo el mundo.

Monte Ananea
Perú, 1829-2009

> En el cuarto día el Todopoderoso hermoseó el mundo haciendo el sol, la luna y estrellas [...]. Puestas en el cielo estas dos lumbreras mayores, obedeciendo a su creador, se hicieron cargo y tomaron el cuidado el sol de dar vida al oro en las minas, y la luna alma de nieve a la plata.[16]
>
> Bartolomé Arzans de Orsúa y Vela, 1715

En 1829, trescientos años después de que Huayna Capac hiciera su gran recorrido por el altiplano y señalara proféticamente la montaña roja de Potosí, un joven geólogo irlandés, Joseph Barclay Pentland, envió apresuradamente una carta al famoso explorador Alexander von Humboldt, en la que le indicaba la abundancia de metales preciosos que podía encontrarse al norte de aquel territorio.[17] La gloria de Potosí había llegado a su fin, sus tesoros habían sido saqueados y sus inversores se habían arruinado. Pero había depósitos de roca dura de oro en terrenos situados a mayor altitud, a unos seiscientos cincuenta kilómetros, le aseguró Pentland a Humboldt, sobre todo en la cordillera de Carabaya, en las imponentes laderas de los viejos colosos que rodeaban la masa de agua navegable más alta del mundo, el lago Titicaca.

El geólogo y diplomático, tan interesado en los metales como en los asuntos internacionales, acababa de regresar a Lima, Perú, después de un agotador viaje en mula de más de tres mil kilómetros por las accidentadas tierras altas de Bolivia.[18] Las guerras de independencia acababan de terminar, España había sido completamente expulsada de las costas americanas y el secretario de Exteriores británico, George Canning, quien había observado la revolución con mucho interés, estaba impaciente por valorar la minería latinoamericana y ver qué podía sacar Inglaterra de ella. Simón Bolívar, el gran libertador, que acababa de liberar Perú y fundar Bolivia —y además era un ferviente partidario de los británicos—, había facilitado a Pentland la tarea. Este último, que era un enérgico arribista de primera, escribió entonces a Humboldt, Charles Darwin y otros grandes científicos de la época sobre las posibilidades de América Latina. Al igual que Huayna Capac había apuntado proféticamente hacia Potosí tres siglos antes, Pentland señalaba ahora enfáticamente los promontorios de la cordillera de Carabaya, donde se amasarían las fortunas del futuro.

La cadena montañosa de Carabaya, que se extiende por Perú y Bolivia al norte del lago Titicaca e incluye el monte Ananea, sin duda no era un terreno virgen para los buscadores de fortuna. Durante siglos, el desgaste glacial y los vientos habían erosionado la roca, desgajado enormes peñascos y puesto al descubierto los tesoros que escondía en su interior. De acuerdo con la tradición inca, de las grietas en la roca habían salido pepitas de oro del tamaño de una calavera humana.[19] Se decía que uno de los trofeos era tan grande como la cabeza de un caballo. El Inca Garcilaso de la Vega, sobrino nieto de Huayna Capac, había escrito que el oro que contenía la montaña superaba nuestra imaginación.[20] Tenía motivos para pensarlo; su tío abuelo, el señor inca, había enviado allí un contingente para excavar. Pero el terreno había resultado imposible: los picos eran demasiado vertiginosos y el frío, demasiado severo. Los incas no tardaron en detener las operaciones en Ananea. Con el tiempo, también los españoles abandonaron sus minas, pero por diferentes razones.[21] Los pozos, que perforaban la roca glaciar hasta una profundidad mayor que en cualquier otra mina inca, se habían derrumbado bajo el hielo y la nieve.[22]

Lo irónico es que la predicción de Pentland, como las propias minas, se quedó congelada cuando las repúblicas recién liberadas por Bolívar cayeron, una a una, en el caos político y económico. Los filones de oro y plata que habían sido explotados con tanto provecho en tiempos de los incas y los españoles se dejaron entonces a merced de los caprichos de una serie de déspotas y sus regímenes inestables. No fue hasta que, a comienzos del siglo XXI, la industria minera de América Latina experimentó un pujante renacimiento, cuando los geólogos bolivianos recuperaron el trabajo de Pentland y le reconocieron al irlandés su análisis meticuloso de las ricas arterias que recorren la geológicamente exuberante Carabaya.[23] Había descrito, hacía casi dos siglos, los potosíes que estaban por llegar.

En el año 2004, mientras en la parte boliviana de la cordillera los funcionarios que querían atraer inversores extranjeros resucitaban el nombre de Pentland, el esposo de Leonor Gonzáles, Juan Ochochoque, estaba vivo y trabajaba en las oscurísimas minas del monte Ananea, en la misma región en la que Pentland había indicado que estaría el dorado camino del futuro. Después de su escaso desayuno, caldo de oreja de cerdo cocinado en un quemador de alcohol improvisado, Juan partía con su pico al hombro.[24] Aunque era un hombre del siglo XXI, también era un minero en la centenaria lotería del *cachorreo*, un sistema según el cual un peón trabaja treinta días sin cobrar y luego se le permite quedarse con las rocas que pueda acarrear hasta el exterior. La luz del día revela luego si estas contienen oro. A veces, las ganancias de Juan alcanzaban para algunos días de agua y comida; a veces, no conseguía nada en absoluto.

El día de Juan empezaba en la penumbra helada del alba y acababa mucho después del anochecer. Uniéndose a la fila de figuras sombrías que serpenteaba por los caminos embarrados, entraba en la mina para ser engullido por una oscuridad más profunda. La noche era un estado permanente —los túneles, su hábitat natural— y, como muchas criaturas nocturnas, Juan aprendió a moverse en el laberinto estigio del Ananea y a padecer su humedad fétida. En las empresas informales e improvisadas dedicadas a picar esa roca helada existían pocas reglas, pero las que había eran firmes: no se permitía que ninguna mujer entrara en este inframundo; nadie podía exponerse a la mala suerte que podían traer consigo. Los mineros tenían que confiar unos en otros, compartir lo poco que tuvieran y hacer ofrendas al dios de los mineros, Supay, el señor de los lugares oscuros. Masticando hojas de coca para enfrentarse a la oscuridad sofocante, encorvados en los estrechos túneles de piedra, sin hablar con nadie para conservar el escaso oxígeno, caminaban arduamente, pasando ante restos de dinamita apagada, charcos de residuos químicos, las efigies cornudas y lascivas de Supay y la basura de sacrificios anteriores, hasta que se encontraban a trescientos metros en el interior de la montaña. Para Juan aquello era, en todos los sentidos excepto uno, la repetición de una práctica antigua.

Con esta diferencia fundamental: ningún minero al servicio de los incas habría osado penetrar una montaña a esa profundidad. Tal vez porque se consideraba que todas albergaban su propio dios, quizá porque los incas se imponían fuertes restricciones para no condenar a los esclavos a una salud precaria,[25] o tal vez porque para fines tan exclusivos se necesitaba muy poco oro o plata; en la época de los incas la minería era sobre todo superficial, consistía en arañar la superficie de la montaña o excavar una cueva,[26] en lugar de hacer un agujero de trescientos metros en su falda.[27] Después de todo, la minería de pozos habría representado una violación flagrante de la manifestación más física de un dios, o *apu*, que era la propia montaña.[28] Quizá por eso la mayor parte del oro extraído por los indígenas procedía de los ríos, donde los limos se tamizaban cuidadosamente.[29] De hecho, se dice que el río Huallaga, que nace en lo alto de los Andes y fluye majestuosamente por la selva amazónica, estuvo tan cargado de oro que para los incas la minería resultó algo elemental.[30] Aun así, cualquier explicación que demos a la reticencia a perforar en profundidad la Pachamama, la sagrada Madre Tierra, es una conjetura. No tenemos una verdadera explicación para esto.

Lo cierto es que las explicaciones «verdaderas» sobre el pasado indígena del continente son escasas. Reconstruir la historia o la cultura precolombinas es una empresa delicada. Pero hay hechos que podemos deducir. Los incas y los aztecas no consideraban el tiempo como lo hacemos nosotros; para ellos, consistía en diferentes ciclos, otras dimensiones.[31] Su organización era principalmente binaria —la lluvia frente a la sequía; el día frente a la noche; la cosecha frente a la hambruna—, y el tiempo transcurría de manera que reflejaba una creencia profunda en la repetición eterna del orden y el caos. La visión azteca del mundo también era profundamente binaria: la tierra estaba abajo, el cielo encima; fuego y agua; oscuridad y luz.[32] Pero, a pesar de la aparente sencillez de esta cosmología, muchos aspectos de estas sociedades antiguas eran variables, complejos, y se basaban en la noción de que, si bien el mundo físico podía ser claro y evidente, los asuntos humanos no lo eran.

Ser un simple mortal en el reino inca consistía en vivir una existencia transitoria; el trabajo era intercambiable, rotativo, muy disruptivo.[33] Como en los sistemas totalitarios posteriores de Iósif Stalin o

Mao Zedong, a menudo poblaciones enteras eran desplazadas y movilizadas y se dividía a las familias, todo ello porque convenía al Estado y a sus necesidades económicas. Las tribus rebeldes eran reubicadas en zonas donde podían ser vigiladas por súbditos leales. Los peones sabían que les esperaba una vida de agitación constante. Un hombre que perteneciera a la fuerza laboral, el *mitmaq*, podía buscar oro en una mina cercana, cosechar maíz en un campo lejano o ser enviado a empuñar las armas en la guerra. Toda una vida de trabajo en un único campo laboral, en un solo sector, era algo casi inaudito. En este sistema en constante renovación, podía ocurrir que a un trabajador se le requiriera pescar durante tres meses, estuviera libre para pasar otros tres bailando y bebiendo, y luego se le llamara para retomar su trabajo en otro lugar. Sabemos por las crónicas —o las pruebas halladas en las tumbas— cómo vivían y morían los grandes gobernantes, pero la historia ha dejado un registro escaso de los plebeyos.

Para dificultar aún más nuestra capacidad de apreciar plenamente el pasado, los incas y los aztecas no tenían un sistema de escritura. Aunque los mayas desarrollaron un sistema complejo de glifos que ahora podemos descifrar, los incas y los aztecas preservaron el pasado en historias orales transmitidas de generación en generación o, en el caso de los incas, por medio de quipus, cuerdas anudadas que solo ahora los historiadores están empezando a entender. Es más, gran parte de lo que conocemos sobre estas culturas antiguas está contaminado por un sesgo europeo, a través de cronistas, sacerdotes españoles o mestizos que trataban de complacer a sus amos coloniales. La impronta del conquistador es muy clara en el «registro» existente. En él, leemos que los indígenas del Nuevo Mundo son paganos, bárbaros incultos, una raza prescindible, casi inhumana, aunque ahora sabemos que en muchos aspectos estaban más desarrollados que los europeos. Por ejemplo, el código moral inca —*ama suwa, ama llulla, ama qhella* («no robes, no mientas ni seas perezoso»)— estaba muy arraigado en los pueblos andinos. Con el paso del tiempo, cuando el sistema colonial se afianzó, la explicación popular aceptada fue que los indios eran bestias de carga, cualquiera que fuera su rango en el mundo anterior a la conquista, y que su justa recompensa era servir al orden superior de España. En consecuencia, para entender incluso los rasgos más básicos de la vida indígena, los historiadores deben orientarse en un cenagal de opiniones y prejuicios.

¿Qué podemos concluir entonces, si acaso, sobre el interés de estas culturas en el oro y la plata? Hay muchas pruebas físicas de que los incas reverenciaban los metales preciosos. El oro formó parte de su sistema de creencias desde el principio mismo, el día en que se dice que Manco Capac y Mama Ocllo, el patriarca y la matriarca fundadores, abandonaron, junto con sus hermanos y hermanas, las hondonadas que rodean el lago Titicaca para buscar la tierra sagrada en la que fundar el Imperio del Sol. El dios Sol, cuenta la leyenda, les había armado con una vara de oro que se hundiría profundamente en la tierra cuando reconociera Qosqo —Cuzco—, el cordón umbilical de la tierra, el centro desde el que su dominio irradiaría hasta los rincones más lejanos del mundo. Ese extenso mundo era el Tahuantinsuyu, y era su responsabilidad penetrar en él, iluminarlo y conseguir más manos y almas para los trabajos y las glorias de la adoración al Sol.

A medida que el Imperio inca se expandía, siguiendo una lógica completamente diferente de cualquier modelo de conquista conocido, los metales preciosos se convirtieron en símbolos de su dominio, pero nunca en su moneda o un objetivo en sí. A partir de la médula sagrada de Cuzco, los incas se dispersaron de manera gradual, metódica, adquiriendo cada vez más poder mientras sometían a otros pueblos a su fe y su voluntad. Las tribus eran subsumidas con promesas de una vida más confortable, una comunidad más grande, un dios mejor. Las más rebeldes fueron conquistadas en guerras brutales. Una vez sometidos, los curacas, los líderes tribales, eran enviados a Cuzco junto con sus familias para ser reeducados. Cuando regresaban a sus tribus, preparados para gobernar manteniéndose fieles a los incas, un hijo o hermano favorito del curaca permanecía retenido indefinidamente en la capital para garantizar su lealtad.

Todos los emperadores incas promovieron la causa, consiguiendo más devotos para el Sol y creando una imponente red que crecía según *ceques*, líneas que se extendían como rayos desde Coricancha —el Templo del Sol, el corazón vital del imperio— hasta las tierras fronterizas de la conquista. Mediante la movilización de un enorme ejército de trabajadores forzados, los incas quebraron rocas, levantaron fortalezas y construyeron almacenes y santuarios sagrados, así como el magnífico «camino real», el Capac Ñan, un sistema de calzadas que atravesaba cualquier forma de accidente geográfico y que se extendía más de treinta mil kilómetros desde Argentina hasta Colombia; una distancia casi cuatro veces superior a la longitud de la Gran Muralla china, el equivalente a ir y volver dos veces de Lima a Tokio. Para santificar esta expansión, buscaron oro en los ríos, extrajeron plata de las montañas, sacaron cobre de las canteras a cielo abierto y lo enviaron todo a los cada vez más poderosos señores de Cuzco. Los muros de Coricancha, el «reino dorado» de los incas, estaban revestidos de oro.[34] Colgaba plata de sus techos. Se crearon sofisticados jardines hechos de metales trabajados intrincadamente para deleite del emperador. De hecho, todos los utensilios de su casa estaban hechos de metales preciosos.[35] El oro era el «sudor del Sol»; la plata, las «lágrimas de la Luna».[36] Como tales, estas sustancias eran preciados regalos de los cielos, que indicaban una conexión esencial entre lo terrenal y lo divino. Los intrusos europeos que llegaron a estas tierras en busca de riquezas nunca entendieron esta diferencia fundamental: para el inca, el oro era el refugio de la luz en una batalla infinita contra la oscuridad, una manifestación de lo sagrado, un puente entre el hombre y su creador.[37] Solo quien era elegido gobernante, quien descendía de los dioses, podía poseer esas cosas sagradas.

Estos metales eran tan venerados, y tan personales sus vínculos con el señor inca —que era, al fin y al cabo, primogénito, Cristo y rey—, que cuando este moría nadie los heredaba.[38] Su mansión se cerraba con todas sus brillantes posesiones dentro, exactamente como él las había dejado. Se creía que tendría una corte en la otra vida y que algún día volvería a ocupar esas habitaciones. Sus entrañas se sacaban meticulosamente y se enterraban en un templo con su oro y sus joyas.[39] Las uñas y el cabello cortados, acumulados con cuidado durante su vida, se guardaban para ser depositados en lugares sagrados. Sus restos momificados, perfectamente embalsamados para parecerse a él en la cima de su poder, se colocaban en un trono en Coricancha, junto con las momias de los demás señores incas muertos, para esperar el momento del regreso. Continuaría gobernando, con el mismo vigor que cuando estaba vivo, a través de los representantes de su familia —o *panaca*—, que consultarían con su cadáver, controlarían el relato de su reinado y seguirían imponiendo su voluntad. Así que el oro, la plata y los artefactos preciosos que un inca se llevaba consigo a la eternidad eran considerados más un tributo que un capital. Eran más ilusorios que reales, estaban más vinculados a los dioses que a los mortales, eran más un testamento de la memoria colectiva que una moneda que pudiera codiciarse en el presente inmediato.

Sin embargo, a mediados del siglo XV, con la expansión del imperio llevada a cabo por dos enérgicos gobernantes incas, Pachacútec y Túpac Inca Yupanqui, el oro y la plata empezaron a ser considerados una señal de gloria terrenal.

Pachacútec decretó que solo la familia real podía usar esos metales preciosos, mientras que Túpac Inca Yupanqui regresó de las conquistas con recuas de llamas cargadas de plata. Huayna Capac, que disfrutaba con los símbolos de poder y grandeza más que su padre o su abuelo, encargó una cadena de oro que se extendía desde un extremo a otro del mercado de Cuzco para honrar el nacimiento de un hijo.[40] Fue necesario un ejército de hombres para transportarla.

Estos metales no se trabajaban de la misma manera que se hacía con el oro o la plata en Europa, vertiendo metal líquido en moldes.[41] Los indios americanos no valoraban la solidez del metal, sino su maleabilidad y resiliencia. Crearon obras maestras martilleando el metal hasta formar láminas, golpeándolo con mazos hasta dejarlo como una hoja fina, resistente y brillante. Trabajaban las láminas alrededor de moldes sólidos y luego soldaban las partes para formar un todo magnífico y brillante.

Con el tiempo, los incas se hicieron famosos por estos símbolos de poder y, debido a las conquistas en curso, su pasión por ellos se supo en todo el continente.[42] Se les conocía como la gente de las vestimentas brillantes: los reyes blancos. El resplandor. Los guerreros del sol y la luna. Esto no quiere decir que fueran la primera civilización del continente en explotar metales preciosos o que tuvieran el monopolio de su producción. De hecho, en América el arte de la metalurgia llevaba desarrollándose miles de años. La cultura chavín, que dominó la costa de Perú durante gran parte del milenio anterior a Cristo, había destacado por sus trabajos en metal. Como los incas, habían golpeado el oro para formar con él complejos tocados y joyas, lo habían cosido para crear vestimentas y lo valoraban como una señal de nobleza, una prueba de pertenencia a un orden superior, un linaje más aristocrático. La Dama de Cao, una sacerdotisa moche que gobernó la costa peruana en el año 300 d. C., fue enterrada con un espléndido conjunto de joyas, elaborados anillos de nariz, coronas y cetros.

Las siguientes culturas andinas, la moche y la chimú, fueron igualmente diestras, sobre todo con la plata. Con el tiempo, también se dedicó a trabajar metales el poderoso pueblo muisca, una confederación muy sofisticada que habitaba las tierras altas colombianas y que, en el siglo XV, empezó a producir un oro espléndido para sus jefes tribales.[43] De hecho, la leyenda de El Dorado surgió en torno a un *zipa*, un príncipe muisca concreto; se decía que la joven eminencia era tan rica, encantadora y atlética, y estaba tan acostumbrada a la abundancia de metales relucientes, que se empolvaba con una gruesa capa de polvo de oro antes de sumergirse en el lago Guatavita para su baño diario.[44]

Así fue como el arte de la metalistería se propagó por la cordillera y prosperó en los aislados Andes, propiedad exclusiva de la realeza de las culturas que dominaron esas montañas durante más de tres mil años. Pero en determinado momento del siglo XI —mientras los normandos invadían Inglaterra y los vikingos se escabullían a su tierra, cuando España estaba dominada por la conquista árabe—, en las Américas tuvo lugar una invasión de una clase muy diferente. Poco a poco, el comercio procedente de los Andes empezó a aumentar en el continente y el Caribe, y el arte de la metalistería despertó el interés de pueblos de otras partes del hemisferio. Llámesele envidia, avaricia, curiosidad o serendipia de la ruta comercial, pero fue entonces, casi quinientos años antes de la llegada de los conquistadores, cuando se acentuó de verdad el interés por los metales preciosos, y el dominio de ese arte se transmitió a las grandes civilizaciones del norte a través de Panamá y el Caribe.

TENOCHTITLÁN
México, 1510-1519

> No había entonces pecado. No había entonces enfermedad. No había dolor de huesos. No había fiebre por el oro.[45]
>
> *Chilam Balam, c.* 1650-1750

El comercio intercontinental, sobre todo de conchas y plumas valiosas, que empezó a proliferar a lo largo de las costas llevó la metalurgia a Mesoamérica.[46] Cuando empezaba el primer milenio de nuestra era, los mayas, cuya cultura extraordinariamente avanzada florecía en lo que ahora es Guatemala y México, empezaron a extraer plata, oro y cobre con el mismo propósito que los andinos: como una señal de nobleza, como una manera de diferenciar las clases.[47] Así como la reina egipcia Hatshepsut se cubría con perifollos de oro y se empolvaba la cara con plata, los potentados mayas usaban los metales brillantes para señalar su creciente poder. A los mayas o, para el caso, a cualquiera de las primeras culturas andinas, no se les ocurrió fabricar algo tan funcional como armas y herramientas con mineral de hierro, lo cual sí hicieron los egipcios, los romanos y los germanos. Hasta el gobierno de Huayna Capac, los incas no empezaron a usar el bronce en palancas, cuchillos y cabezas de hacha. Y hasta que los aztecas empezaron a fabricar lanzas de cobre en el siglo XV, el metal no se usó para matar.[48] La piedra fue la maza preferida y la obsidiana, el ensartador predilecto, y aunque el hierro era abundante en el paisaje que rodeaba esas primeras naciones, no lo extrajeron ni pensaron en él como en un arma hasta que los conquistadores desembarcaron en sus costas. De igual manera que en el hemisferio occidental no se conoció la rueda de carga hasta el contacto con Europa, el metal no formaría parte del imaginario americano como porra o moneda hasta que la conquista lo impuso de una manera radical y transformadora.

Lo cierto es que el inesperado encuentro de España con los pueblos de las «Indias» la puso frente a un mundo original, completamente distinto de cualquiera que Europa hubiera imaginado.[49] Sin duda, era un mundo que excedía la capacidad de entendimiento de los conquistadores; apenas se detuvieron a pensar en él, puesto que no habían cruzado los mares para aprender sobre otras civilizaciones sino para enriquecerse, conseguir honores y evangelizar a los nativos, si era necesario a la fuerza. A su vez, el hemisferio hasta el que habían navegado no estaba preparado para esos desconcertantes extraños. Durante milenios, para sus habitantes, el llamado Nuevo Mundo había sido confortablemente viejo; una «gran isla, a flote en un mar prístino».[50] Aislada del resto del mundo y dejada a su suerte, era una tierra repleta de habitantes. Se trataba de los descendientes de la gente de Beringia, que una vez pobló una franja remota de praderas entre Siberia y Alaska que, diecinueve mil años antes, había sido invadida por el mar de Bering. Al migrar hacia el sur, mientras las aguas subían y les separaban de Asia y Europa, la necesidad y el espíritu pionero llevaron a estos nuevos indígenas americanos a dispersarse por el continente. Se adaptaron al terreno y dieron lugar a multitud de culturas, llevaron a cabo tanto guerras como actividades comerciales, y desarrollaron fuertes identidades tribales y unas enérgicas ansias de conquista.

En el siglo XV, cuando Europa no era más que un espacio modestamente poblado del tamaño aproximado de Brasil, los indígenas americanos ocupaban todas las zonas habitables de su hemisferio, de la tundra del Ártico a las islas del Caribe, y de las cumbres de los Andes a los reductos más profundos de la selva Lacandona. Era, por decirlo con claridad, un mundo rebosante de gente. Dicen los historiadores que en 1492 había en él cien millones de personas —una quinta parte de la humanidad— que se habían separado en diferentes culturas y tribus.[51] Los mayas habían abandonado las grandes ciudades de Tikal y Chichén Itzá para dispersarse por el campo. La capital azteca, Tenochtitlán, era el ajetreado hogar de doscientos cincuenta mil residentes[52] (cuatro veces la población de Londres en aquel momento).[53] Pero es que, fuera de los límites de la ciudad, los aztecas gobernaban a veinticinco millones más, una densidad de población que duplicaba la de India o China.[54] La capital inca, Cuzco, también era una metrópoli bulliciosa.[55] En el momento álgido del poder inca, Cuzco albergaba doscientos mil habitantes y tenía treinta y siete millones más bajo su control; más de lo que había tenido el califato árabe cuando dominaba España, Oriente Próximo y el norte de África.[56] Aunque les separaba una geografía vasta e increíblemente difícil, las grandes civilizaciones destinadas a defender su hemisferio del invasor español tenían en común rasgos llamativos. En el siglo XVI esto resultaba tan evidente que los conquistadores pudieron repetir las estrategias de conquista habida cuenta de que los aztecas y los incas eran casi idénticos en algunos aspectos importantes: eran muy jerárquicos y tenían un único emperador, que se consideraba al mismo tiempo dios, rey, sumo sacerdote y guerrero supremo. Ambos se veían a sí mismos como pueblos del sol. Tanto los incas como los aztecas habían sometido a otros pueblos asentados en grandes extensiones de tierra y habían hecho muchos enemigos. El trono no pasaba de manera automática del padre al primogénito, lo que hacía que el proceso sucesorio fuera vulnerable a la intriga y la manipulación. Ambas culturas hacían sacrificios humanos y practicaban el incesto, y por lo tanto los cristianos las tacharon convenientemente de abominables. Ambas utilizaban sofisticadas técnicas de ingeniería, agricultura, cronometría y astronomía, de modo que los conquistadores enseguida tuvieron a su disposición una amplia base de conocimiento. Ambas adoraban al sol y a la luna y los glorificaban en el arte. Pero, para los saqueadores españoles, tal vez lo más significativo fuera que ambas habían alcanzado el cenit de la producción de oro, plata y cobre y establecido sistemas de esclavitud extensos y eficientes que podían sostener —e incluso aumentar— la producción.

De hecho, el gobernador azteca Moctezuma, como el inca Huayna Capac, prefería los adornos de oro y plata a los demás. Si bien en épocas más antiguas los soberanos de América Central se habían inclinado por las esmeraldas, las amatistas, el jade, las turquesas y las piedras preciosas, Moctezuma se engalanaba con orejeras y bezotes de oro, narigueras y collares de plata.[57] En Mesoamérica, el oro —«el excremento de los dioses», como lo llamaban los aztecas— solo estaba disponible en cantidades limitadas, se obtenía sobre todo en los ríos de Oaxaca y era considerado una pertenencia exclusiva de la familia real.[58] Sin embargo, cuando a principios del siglo XV los aztecas empezaron a hacer incursiones de conquista, se anexionaron territorios vecinos que eran ricos en plata y pusieron en marcha las minas que luego España adoptaría, ampliaría y haría mundialmente famosas: Taxco, Zacatecas, Guanajuato y las abundantes vetas de Sierra Madre, algunas de las cuales siguen funcionando hoy. «Qué más grandeza puede ser que un señor bárbaro —se jactó Hernán Cortés ante el rey español acerca de Moctezuma— tuviese contrahechas [imitaciones] de oro y plata y piedras y plumas de todas las cosas que debajo del cielo hay en su señoría, tan al natural lo de oro y plata, que no hay platero en el mundo que mejor lo hiciese».[59]

Ese encuentro acaecido en 1519 entre Cortés y Moctezuma fue, hasta donde sabemos, el primero en el que un español contempló a un soberano americano en toda su magnífica gloria. Cortés no había visto a nadie remotamente parecido a aquel indio en La Española o Cuba, donde había pasado quince años sirviendo a la Corona española. Nacido en una familia noble empobrecida y demasiado ansioso por hacerse con el metal que le devolvería su estatus, Cortés pensó acertadamente que la eminencia que tenía ante él era un hombre con un poder formidable. Esas «contrahechas» y baratijas le traerían la gloria.

Moctezuma II era el *huey tlatoani*, el líder supremo de la Triple Alianza mexica, un conjunto de tribus que incluía tres ciudades-Estado: la metrópoli azteca de Tenochtitlán, así como las ciudades vecinas de Texcoco y Tlacopan. El idioma que hablaban —el náhuatl, la lengua elegante y meliflua de los nahuas, que todavía se usa en algunas zonas de Guatemala y México— formaba parte de una amplia familia de lenguas habladas por los pueblos comanche, shoshone y hopi.[60] Su imperio, que se había expandido mucho durante el mandato de las ocho generaciones precedentes de líderes aztecas, era un territorio del tamaño aproximado de Gran Bretaña.[61] Como *huey tlatoani*, u «orador reinante», de esta federación guerrera y belicosa, tenía un poder sin igual en Mesoamérica. Pero ese cargo no era de nacimiento. Moctezuma II había sido elegido democráticamente en 1502 por una pequeña camarilla de ancianos.[62] Escogido entre los príncipes de las familias reales de Tenochtitlán, parecía un candidato atractivo. Era prudente, serio, con un notable talento para la oratoria.[63] También era, según todos los indicios, un joven humilde. Cuando los ancianos llamaron a Moctezuma para comunicarle su decisión, cuenta la leyenda que lo encontraron barriendo el suelo del templo.[64]

Eso iba a cambiar. Carismático, serio y alto, el emperador Moctezuma tenía unas costumbres personales impecables y exigía lo mismo a quienes le rodeaban.[65] Se bañaba dos veces al día, prefería las ropas lujosas y las joyas, era quisquilloso con la comida y discreto con los asuntos sexuales. Su cara alargada, triangular, acentuada por una perilla cuidada con diligencia y una mirada penetrante, le daba la apariencia de un zorro alerta. Infinitamente encantador cuando quería, tenía un ejército de concubinas que se preocupaban por él y le consentían todos los caprichos. Se decía que tomaba pociones especiales para estimular su virilidad y que, en un momento dado, dejó embarazadas a la vez a ciento cincuenta concubinas.[66] También se decía que era fuerte, ágil y un arquero excelente, atributos con los que, al menos al principio, se ganó la admiración incondicional de sus guerreros.[67]

Si los ancianos que habían tomado la decisión pensaron que aquel hombre de modales suaves que barría el suelo del templo sería una marioneta dócil y fácilmente manejable, enseguida se demostró que estaban equivocados. Cuando terminaron los rituales de iniciación —le perforaron la nariz; le pincharon las extremidades y sangraron, como exigía la tradición—, Moctezuma se dedicó a convertir el vasto dominio de sus antepasados en un imperio propio.[68] Los libros de historia, sobre todo los escritos por los primeros cronistas europeos, describen a Moctezuma II como un gobernante débil y nervioso, un cobarde ante el peligro.[69] Nada más lejos de la realidad. Era astuto, ambicioso; un estratega consumado. Con el paso de los años, se volvió cada vez más despiadado en los asuntos humanos, violento en el ejercicio del mando y tremendamente cruel en la guerra. Se convertiría en una fuerza rabiosa e implacable (que es lo que, de hecho, significa el nombre Moctezuma en náhuatl).[70]

Tenía motivos para querer introducir cambios en los mexicas; estaba claro que había que tomar medidas drásticas. La Triple Alianza había crecido con tanta rapidez, se había vuelto tan indisciplinada, que amenazaba con venirse abajo. Las tribus conquistadas en guerras brutales habían empezado a impacientarse con los señores aztecas. Se había extendido por aquellas tierras una belicosidad generalizada y, como resultado de ello, en los territorios periféricos persistía, como una febrícula, un airado espíritu de rebelión. La población, maltrecha por el continuo temor a la violencia, se encontraba en un estado de agitación constante. Para mantenerla dominada, el ejército de Tenochtitlán empezó a controlar todos los aspectos de la sociedad, convirtiendo una antigua teocracia de sacerdotes y adoradores del sol en un Estado prácticamente paramilitar.[71] Los soldados se desplegaban a la menor provocación y surgió una camarilla de generales poderosos que apartó a la nobleza de las decisiones de Estado importantes. Los militares enseguida se implicaron también en el comercio, ofreciendo protección a una pujante clase de mercaderes igualmente poderosos que comerciaban con todo tipo de bienes desde las costas del Caribe hasta las riberas del río Bravo.[72] La plaza mayor de Tenochtitlán se convirtió en un bazar magnífico y bien vigilado para ricos empresarios que iban por libre, y un animado comercio de oro y plata, antes exclusivos de reyes y príncipes, constituía ahora un mercado boyante.[73]

Esto supuso un profundo cambio cultural. Con los aztecas, los metales preciosos se convirtieron en una mercancía más. Al igual que las conchas, las plumas y las herramientas eran, en el vibrante mercado de la época, monedas intercambiables, también pasaron a serlo los «excrementos» y las «lágrimas» de los dioses. En aquel momento, la manufactura del oro y la plata estaba tan generalizada entre los mexicas que los ciudadanos de la periferia del imperio pagaban tributos al Estado en forma de brazaletes y collares, incluso de lingotes y piedras preciosas.[74] Había surgido una rica protoburguesía que lo hacía posible.[75] Para algunos, esta exuberancia económica podía indicar un progreso al que daban la bienvenida, pero para Moctezuma era una señal más de que las cosas habían ido horriblemente mal. Se habían tomado demasiadas libertades. La economía ya no respondía ante el Estado y la culpa de este caos cada vez más incontrolable era del ejército. Había que devolver la autoridad a la nobleza. Su gobierno tomaría medidas drásticas.[76]

La primera medida de Moctezuma fue revertir las modificaciones que había hecho su predecesor, el emperador guerrero Ahuitzotl, en la estructura de la sociedad mexica, al privilegiar el mérito por encima de la casta. Moctezuma no escatimó tiempo en reprobar a los soldados plebeyos que habían ascendido por el escalafón del ejército para ejercer lo que él percibía como un poder exagerado.[77] No importaba que hubieran derramado su sangre para conseguirle un imperio. Eran plebeyos, indeseables, y serían tratados como tales. Les ordenó que vistieran túnicas sencillas de algodón y se afeitaran la cabeza. En una época en la que el estilo y la vestimenta definían el estatus dentro de la jerarquía gobernante, esto era una humillación. A fin de cuentas, en esas fuerzas de combate había oficiales que habían reprimido rebeliones y mantenido la autoridad en un periodo de guerra perpetua. Al ejército de Moctezuma esta respuesta draconiana le pareció excesiva, fuera de lugar. Entre las tropas empezó a cundir el resentimiento.

Las correcciones no acabaron ahí. Decidido a consolidar el poder de la casa real, Moctezuma II decretó entonces que los hijos bastardos de un hombre noble —cuyo estatus nunca había sido cuestionado en la sociedad azteca— dejarían de tener derechos hereditarios.[78] Como era de esperar, se produjo una oleada de abortos. Las ciento cincuenta concubinas de Moctezuma que estaban encintas se apresuraron a interrumpir su embarazo, convencidas de que su descendencia no tendría un lugar en el futuro azteca. Esa purga, que empezó de manera bastante silenciosa en las alcobas del palacio, se convirtió en un baño de sangre público cuando el emperador envió a sus guardias a que mataran a todos los tutores y las criadas de la guardería imperial.[79] Quería dejar claro que la purificación y la reeducación de la estirpe iban a ser completas.

Luego Moctezuma se dispuso a reducir el poder de los mercaderes ricos, la mayoría de los cuales vivían de manera espléndida en la vecina ciudad de Tlatelolco.[80] Después de imponerles un tributo a la riqueza, introdujo un nuevo modelo económico. En adelante, el centro financiero del imperio estaría en el palacio imperial, los impuestos altos serían lo habitual y, con la manufactura sometida a un control unilateral, los comerciantes de Tlatelolco se verían reducidos a la condición de meros distribuidores. Las mercancías más deseables del Estado, que incluían el oro, la plata y el cobre, se mantendrían bajo la estricta supervisión de este.

De esta forma Moctezuma II logró su objetivo de centralizar el poder, aunque la furia que provocó al hacerlo supondría, en última instancia, su perdición. Ninguna hambruna, peste o guerra —y, a la larga, el reinado de Moctezuma se vio afectado por las tres— sería tan ruinosa como el odio que despertó en sus súbditos.[81] Era tan detestado dentro de su reino como fuera de él. Los enemigos auguraban la inminente destrucción del *tlatoani* y el regreso de un dios enfadado y vengativo. Empezaron a anunciarse malos presagios: una lengua de fuego había atravesado el cielo nocturno y producido una lluvia de chispas;[82] un rayo había arrasado el templo del dios del volcán; un cometa con una cola larga y siniestra había cruzado velozmente el cielo al amanecer; las aguas de los lagos que rodeaban Tenochtitlán habían hervido y formado espuma; en un espejo empañado se había entrevisto a un ejército de hombres encorvados sobre ciervos al galope. Las pruebas de que en cualquier momento se produciría una fatalidad eran tan abrumadoras que las tribus rebeldes se armaron de valor y empezaron a buscar alianzas con cualquiera dispuesto a librar una guerra contra el tirano de Tenochtitlán. Y, aun así, nadie podía dudar de que Moctezuma II había hecho lo que se había propuesto hacer: asegurar un poder incondicional para la nobleza azteca. Había preservado la pureza de su raza. En las familias reales, las hermanas seguirían casándose con sus hermanos, como era costumbre; los primos se reproducirían con primos, y la sangre sagrada de los antepasados se transmitiría por una cadena perfectamente protegida. Nadie, ni siquiera el guerrero más célebre, podía penetrar en ese círculo cerrado. En cuanto al oro y la plata que Moctezuma tanto privilegiaba, ahora estaban dentro de los confines de la muralla imperial.

Si Hernán Cortés pensaba que las brillantes bagatelas de Moctezuma merecían la atención del rey de España, estaba en lo cierto; los tesoros del *tlatoani* eran maravillas de una belleza incomparable. Deslumbraron tanto a Cortés que este vio poco más. Lo que despertó la ambición de Cortés, más que la impresionante vista de la luminosa capital lacustre —más que el impuso de tomar esa ciudadela brillante por la fuerza—, fueron el oro y la plata que relucían en el cuello de Moctezuma. Aparte de eso, lo demás no importaba demasiado: ni la cultura que representaban los mexicas, ni la historia precedente o los esplendores arquitectónicos de un universo concebido de manera distinta. Fueron las «contrahechas» del señor bárbaro las que iniciaron la cruel historia que seguiría.

QUITO
Ecuador, 1520

> Con el Pacífico al oeste y el Amazonas al este, los incas estaban seguros de haber absorbido a casi todas las civilizaciones.[83]
>
> JOHN HEMMING, *La conquista de los incas*

Mientras Moctezuma se preocupaba por la pureza racial, a casi cinco mil kilómetros de distancia, el señor inca Huayna Capac también empezaba a inquietarse por la integridad de su linaje real. Llegó a la conclusión de que ya era hora de casarse con una de sus hermanas y engendrar un firme heredero al trono. El señor inca tenía cientos de concubinas con las que había dejado una progenie considerable, pero, como su equivalente en la tierra de los mexicas, descendía de una larga estirpe de gobernantes que creían que casarse con otro miembro de la familia real aseguraba la pureza del linaje y un sucesor legítimo. Finalmente, el matrimonio consumado con su hermana engendró a Huáscar, un chico mimado y caprichoso cuyo lugar privilegiado en la casa real no suscitó en él más que una excesiva sensación de privilegio.[84] Para celebrar su llegada, Huayna Capac mandó organizar un festejo suntuoso y fabricar una cadena de oro puro, gruesa como el antebrazo de un hombre y lo bastante larga para abarcar la plaza principal de Cuzco. El día fijado, una legión de hombres nobles de todos los rincones del Tahuantinsuyu desfilaron por las calles exhibiendo la cadena de más de doscientos metros, bailando alegremente, sosteniendo en alto el oro para que brillara con el sol.[85] El nombre Huáscar significa «cadena» en quechua, la lengua de los incas, y, fiel a su nombre, el chico permaneció muy unido a Cuzco, siendo reacio a alejarse de los palacios de su padre. Nacido de sangre noble y criado con el convencimiento de que era el elegido, Huáscar no heredó el espíritu expansivo de su padre ni su curiosidad por la obra del imperio y de las tierras y minas de las que salía su fortuna. Al llegar a la edad adulta distanciado de Huayna Capac, que siempre estaba viajando, y de sus hermanos ilegítimos, más intrépidos, Huáscar se ganó cierta reputación de holgazán. Cruel, cobarde y vanidoso, se acostumbró a exigir favores sexuales a las esposas de otros nobles.[86] Aunque no podía preverlo, su carácter, como el de Moctezuma, desempeñaría un papel fundamental en la pérdida del imperio.

Conservar el linaje real no fue la única preocupación que compartieron estas dos grandes civilizaciones. Moctezuma estaba dedicado por completo a combatir rebeliones en los confines del imperio cuando Huayna Capac empezó a verse importunado por problemas similares. Las conquistas lejanas llevadas a cabo por antepasados muertos acosaban ahora a los vivos. El padre de Huayna Capac, Túpac Inca Yupanqui, uno de gobernantes que más ampliaron el Tahuantinsuyu, había construido caminos y puentes y cruzado el desolado desierto de Atacama muchas décadas antes para llevar las fronteras de su imperio hasta las remotas costas de lo que hoy es Chile.[87] Mientras lo hacía, se encontró con que las tribus conquistadas del sur se hallaban en pleno apogeo de la fabricación de metales.[88] Tras triunfar en esas incursiones, y adicto a la aventura, Túpac Inca había ido a conquistar tierras en el norte y, en Quito, se alegró al ver que también en esos territorios recién incorporados había recompensas minerales.[89] Continuó hasta las islas Galápagos, y se fue de allí con un botín sorprendentemente abundante consistente en esclavos de piel oscura, curiosidades de oro, sillas de latón y la piel y la mandíbula de una bestia que nunca había visto en carne y hueso, un caballo.[90] Sus tropas victoriosas regresaron a casa, a Cuzco, cargadas de oro, plata, esmeraldas, spondylus, turquesas y —lo más precioso de todo— jade.[91] Túpac Inca colocó felizmente todo esto en sus palacios y templos, con lo que entusiasmó a la familia real, se aseguró un lugar en la leyenda e inspiró a su hijo Huayna Capac para que alcanzara mayores glorias.

No todo el mundo estaba emocionado con las proezas de Túpac Inca. El resentimiento de los conquistados, que se veían esclavizados por déspotas y dioses lejanos, era cada vez mayor. Si Túpac Inca había dedicado toda su vida a ampliar su dominio, ahora su hijo se encontraba ante la tarea de mantener lo que se había ganado. Los problemas empezaron en el sur, en las tierras altas que rodeaban el lago Titicaca, justo donde se ubicaban las minas de plata y cobre más productivas del imperio; precisamente, el lugar en el que se centraría la minería durante los siguientes quinientos años. Hábil guerrero y apasionado defensor de las tierras heredadas de su padre, Huayna Capac envió entonces su poderoso ejército a sofocar varios levantamientos sangrientos. Decidió seguirlo con una expedición de buena voluntad. Estaba completando una gira de «pacificación» de las tierras fronterizas de Chile, asegurándose de que las minas reales estaban fuera de peligro, cuando se enteró de que los pueblos conquistados del norte también se estaban levantando contra él. Cerca de Tumbes y Quito, donde los ríos resplandecían de oro,[92] sus gobernadores habían sido encontrados degollados.[93] Dejó a Huáscar gobernando en Cuzco y pidió a sus hijos menores Atahualpa y Ninan Cuyochi que se prepararan para una campaña militar que serpentearía hacia el norte a través de la elevada cordillera, cruzaría el arco de la selva y se abriría paso por el magnífico camino real, el Capac Ñan, para erradicar a los desafectos.[94]

Mientras cruzaba su vasto imperio con una comitiva de cientos de personas, deteniéndose en lujosas casas de descanso por el camino, Huayna Capac tenía en mente sus riquezas minerales.[95] Enamorado de los relucientes botines de su padre y llevado por una avaricia material sin comparación posible con la de sus antepasados, estaba decidido a mantener un control despiadado en el Tahuantinsuyu.[96] Reunió un nutrido ejército de cientos de miles de personas mientras proseguía su viaje, presionando a los lugareños para que se enrolasen.[97] Con el paso del tiempo, acabó librando una dura guerra contra el pueblo de Quito, pero el combate fue tan feroz, y los quiteños resistieron tanto, que al final sus tropas reales acabaron muertas de hambre y en harapos. Cuando, al final, el inca recibió importantes refuerzos procedentes de Cuzco, pudo rechazar la fuerza colosal que se había unido contra él: los hombres desnudos, salvajes, de la tribu de los quillacingas, los obstinados combatientes de Pasto y Cayambe y los caníbales de Caranqui que, durante años, habían asediado esas tierras altas ricas en oro, arrancando el corazón de muchos guerreros incas que se atrevieron a cruzarlas.[98]

Enervados, los adversarios del señor inca se dispersaron por las colinas. Fue una guerra enormemente reñida, que duró muchos años, y en ambos bandos las matanzas eran tan habituales que el lago se tiñó de rojo con la sangre de los caídos. Aun así, Huayna Capac estaba decidido a mantener controlado aquel paraíso geológico, cuajado de esmeraldas e impregnado de la esencia centelleante del sol y la luna, de modo que instó a sus guerreros a que ejercieran una brutalidad inimaginable. Prohibió la captura de prisioneros y ordenó a sus ejércitos que decapitaran a decenas de miles de soldados enemigos y arrojaran los cuerpos sin cabeza a las aguas.[99] Hoy en día, hay un lago en Ibarra, una región de Ecuador, que todavía es conocido en quechua como Yahuarcocha, «piscina de sangre».[100]

En el momento en que Quito fue «pacificada» —un proceso horrible y espeluznante que llevó más de una década—[101] apenas quedaban varones de más de veinte años.[102] «Ahora todos sois niños», proclamó Huayna Capac cuando declaró la paz y se fue a descansar al palacio que su padre había construido en la vecina Tumipampa.[103] El inca se dedicó a construir magníficas residencias para uso personal en numerosas localizaciones para asegurar su dominio. Supervisó que los quiteños rindieran en masa culto al sol, se convirtieran en quechuahablantes y se dedicaran a las tareas que Cuzco necesitaba. Ayudado en esta empresa brutal de sometimiento por su hijo Atahualpa —nacido de una princesa de Quito— y su hijo mayor, Ninan Cuyochi, el señor inca se estableció en los bellos y fértiles valles de la región, trasladando su corte de Cuzco a Tumipampa y gobernando el imperio desde lejos.[104] Con todo, aunque consiguió asegurar con éxito las fronteras, Huayna Capac acabó fracturando el firmamento cuidadosamente forjado del Tahuantinsuyu al crear una nueva capital en Quito, algo que suscitó desavenencias en su ejército y dudas sobre la sucesión, y al dejar que el caprichoso e inestable Huáscar se ocupara de Cuzco, el cordón umbilical de un mundo cada vez más inestable.[105]

Fue durante esta época, a finales de la década de 1520, mientras disfrutaba de las bucólicas comodidades de Tumipampa, cuando el potentado inca empezó a oír de sus espías relatos extraños sobre avistamientos a lo largo de la costa, cerca de Tumbes. Los mensajeros —chasquis— que recorrían largas distancias para llevarle noticias al inca informaron de que habían visto cómo hombres barbudos con la tez clara y semblante feroz se acercaban a la costa en grandes casas de madera. Huayna Capac preguntó a los chasquis de qué parte del mundo procedían esos desconocidos, pero los mensajeros solo pudieron decir que parecía que viajaban por el mar en esas casas y que iban a la orilla durante el día y por la noche dormían a la deriva. Eran atrevidos, ruidosos y malolientes, y podían moverse en el agua como el viento. Podían generar un trueno terrible que salía de sus embarcaciones, junto con violentas explosiones de fuego y nubes de humo oscuro. Podían partir un árbol desde una gran distancia. Podían matar con flechas invisibles. Comunicándose mediante poco más que mímica y gestos con las manos, los barbudos habían preguntado por el señor de aquellas tierras. ¿Cómo se llamaba? ¿Dónde vivía?

Al oír esto, Huayna Capac se quedó estupefacto, un poco asustado. Pidió a los chasquis que repitieran las historias una y otra vez, maravillándose con la extrañeza de su testimonio, temeroso de lo que pudiera significar. Algunos años antes, un oráculo había predicho que el duodécimo inca sería el último. En su momento no había dado mucha credibilidad al augurio, pero helo aquí ahora —tan agorero como un trueno, tan real como los árboles desgarrados—, llegando demasiado pronto después de su gloriosa defensa del Tahuantinsuyu. Él era, al fin y al cabo, el duodécimo hijo del sol.

Algunas crónicas describen a un Huayna Capac audaz en su contacto con estos extranjeros. Un fraile español narró que dos de sus compatriotas fueron capturados por chasquis cuando desembarcaban y llevados ante el señor inca, tras lo cual este les concedió una audiencia y les escuchó.[106] Interpretando sus gestos, el inca dedujo el interés de los españoles por sus joyas. Le sorprendió la mezquindad de esta fijación y se enfadó por los rumores de que semejantes vagabundos andrajosos supusieran peligro alguno para su dominio. Contó el fraile que Huayna Capac mandó que los intrusos fueran cortados en pedazos, cocinados y servidos de cena a su corte. En otro relato histórico, muy gráfico, el cronista andino Felipe Guamán Poma de Ayala describe una conversación entre Huayna Capac y el marinero Pedro de Candía: «¿Es este el oro que comes?», le preguntó el gobernante inca al español hambriento, completamente atónito, ofreciéndole un plato de pepitas de oro. «¿Kay quritachu mikhunki?».[107]

Si a Huayna Capac, valiente o temeroso, le atormentaba la posibilidad de una invasión extranjera, ese nubarrón sobre el litoral del Pacífico se disipó tan rápido como había aparecido. Las casas de madera zarparon hacia el norte, llevándose con ellas a sus extraños y barbudos dueños, y, con el paso de las semanas, les sustituyeron otros peligros. Se dice que una epidemia de proporciones épicas, de una gravedad desconocida para los habitantes de aquellas tierras, recorrió velozmente la costa, haciendo caer primero a cientos y luego a miles y cientos de miles de personas.[108] Era una enfermedad horrible, sin nombre, que se manifestaba con la aparición de úlceras rojas inflamadas que se convertían en pústulas supurativas, devorando la carne humana, propagándose indiscriminadamente de una aldea a otra y desde el litoral hasta la montaña. En cierto momento, cuando el ejército de Huayna Capac marchó por el Capac Ñan, llevando la enfermedad con él, la peste envolvió la cordillera, ayudada de portadores fortuitos —prendas, alimentos, moscas de la arena—,[109] hasta que consumió Cuzco y aniquiló a innumerables miembros de la casa real, así como a sus sirvientes.[110] Con el tiempo, Huayna Capac, que permanecía en sus queridos jardines de Huancavilca, no lejos de Quito, contrajo la enfermedad y, al sentirse demasiado mortal, llamó a sus orejones —sus nobles— a su lecho para hablar del futuro del imperio.[111]

Tal vez hubiera olvidado, en su estado febril, que mucho tiempo atrás, cuando se había unido a su hermana con el objetivo específico de criar al decimotercer inca, había designado a Huáscar para que ocupase el trono. Quizá, al estar lejos de Cuzco durante tantos años, hubiera forjado unos vínculos más fuertes con sus hijos Atahualpa y Ninan Cuyochi, los príncipes que habían luchado con lealtad a su lado. En cualquier caso, Huayna Capac estaba repentina e impulsivamente convencido de que su trono debía ser para el mayor de ellos, Ninan Cuyochi.[112] Sin embargo, estaba lo bastante lúcido como para buscar garantías de que aquella elección era la correcta. Para decidir la cuestión, sus sumos sacerdotes llevaron a cabo a toda prisa un ritual de la *kalpa*, en el que se leían los pulmones hinchados de una llama sacrificada. Lo que contemplaron en aquella masa inflada era inequívoco: Ninan Cuyochi era una elección errónea. Cuando los sacerdotes realizaron otro *kalpa* para determinar la idoneidad de Huáscar, también a este se le consideró inadecuado para la tarea.

Mientras se llevaban a cabo estos rituales, los sirvientes de Huayna Capac observaron un notable empeoramiento del estado de su viejo señor. La peste no solo estaba gangrenando su carne, sino que también se había apoderado de su mente. El señor inca alucinaba, veía pequeñas apariciones que le hablaban, decían que habían ido a por él y lo convocaban.[113] Sus sirvientes enviaron enseguida dos grupos de chasquis al oráculo del templo de Pachacamac para preguntar qué podía hacerse para salvarlo. Los chamanes de aquel lejano santuario dedicado al creador consultaron con el dios del inframundo, Supay, que respondió que debían sacar inmediatamente al inca de su cama y ponerlo a plena luz del gran Sol.[114]

Mientras el señor inca era llevado al exterior para que absorbiera los poderes curativos del todopoderoso Sol, los orejones decidieron ignorar los *kalpas* desfavorables y zanjar enseguida el asunto de la sucesión, dándole la corona a Ninan Cuyochi, que se alojaba cerca de allí. Sin embargo, cuando encontraron al joven príncipe en sus habitaciones, se quedaron horrorizados al ver que estaba tendido, devastado y desfigurado por la enfermedad, sin vida. Se apresuraron para informar a Huayna Capac de que no había otra opción que darle el trono a Huáscar, pero de nuevo los orejones llegaron demasiado tarde. Momentos después de que el anciano inca fuera expuesto a la cruda luz del día, respiró por última vez.

El imperio pasaba tambaleándose, pues, de una catástrofe a otra, de una serie de guerras que habían masacrado a propósito a miles de personas a una peste que había devorado de manera imprevista al resto. Ahora, a ese caos se sumaba la lucha por la sucesión entre dos facciones irreconciliablemente enfrentadas, la del Cuzco de Huáscar y la de Quito, bajo el mando de Atahualpa, el hijo guerrero de Huayna Capac que había sobrevivido. Algunos historiadores dicen que la intención del señor inca era tener dos sucesores, que así lo dispuso para dividir su reino en norte y sur, al entender que se había vuelto difícil de gobernar. Otros dicen que fueron decisiones tomadas sobre la marcha, es posible que bajo el influjo de delirios psicóticos, y que Huayna Capac no era el líder perspicaz y visionario que había sido su padre o su abuelo.[115]

En cualquier caso, es indudable que la muerte del duodécimo inca marcó el fin evidente de una era. El imperio estaba dividido y las semillas de la discordia, plantadas. Parecía que el propio Tahuantinsuyu sentía cómo el aire salía silbando de la enorme, inflada burbuja en que se había convertido. Al señor inca se le sacó el corazón del pecho y se enterró en Quito,[116] y su cuerpo embalsamado se llevó a Cuzco con gran pompa,[117] mientras los aturdidos orejones insistían en que seguía vivo.[118] No se sabe exactamente cuándo el pueblo se dio cuenta de que su líder había muerto. Solo lo sabían los miembros más cercanos y leales de la élite, y guardaron el secreto tanto como pudieron, a la espera de que surgiera un líder claro. Cuando el cortejo llegó finalmente a Cuzco después de muchos meses de viaje, la momia fue sacada de la litera ornamentada y se colocó junto a las de sus antepasados en las brillantes salas de Coricancha, el Templo del Sol.[119] Cuatro mil parientes, concubinas y sirvientes fueron sacrificados en rituales solemnes para garantizar que Huayna Capac tuviera los vasallos necesarios para que le sirvieran en la otra vida.[120] El duodécimo inca llegó a ser tan adorado tras su muerte como lo había sido en vida, homenajeado en fastuosas ceremonias junto a su ídolo Guaraquinga, una gigantesca estatua de oro macizo que había encargado forjar durante el apogeo de su gobierno.[121] No podía saberlo en aquel momento, pero la gente del Tahuantinsuyu estaba llorando a su último emperador verdadero. Afligidos por la pena, abarrotando la gran plaza de la capital, se dirigieron al colosal Templo del Sol para ofrecer sus oraciones y lamentos.

Cuzco
Perú, 2010

> Tenían puesta la figura del Sol, hecha de una plancha de oro.[122]
>
> Inca Garcilaso de la Vega, 1605

Casi cinco siglos después, también Juan Ochochoque, el esposo enfermo de Leonor Gonzáles, hizo este doloroso camino desde las minas de oro de La Rinconada hasta el Templo del Sol para ofrecer oraciones y lamentos.[123] Tras sufrir un envenenamiento agudo de mercurio y cianuro después del derrumbamiento de su pozo, tenía las piernas hinchadas, respiraba con dificultad, su piel estaba ulcerada y su mente era inestable. Hizo con su hija menor un viaje en autobús, traqueteando desde el pie del monte Ananea hasta los muros del otrora imponente Coricancha, despojado ahora de todos los metales preciosos y empequeñecido por la gran iglesia que se construyó encima.

Su objetivo era sencillo, y no muy diferente del que habría tenido un antepasado suyo del siglo XVI que se dirigiera a cualquiera de las huacas sagradas. Juan fue a solicitar una bendición, a truncar una mala racha. Entonces estaba desesperado por salvar su vida y las de su esposa y sus siete hijos, y parecía que no le quedaban opciones.[124] Había pocas oportunidades para un hombre pobre, enfermo, encaramado a una roca glacial a casi cinco mil quinientos metros de altitud en un erial hecho por el hombre. Había pasado demasiado tiempo agachado en las galerías de la mina, había negociado demasiado a menudo con el demonio Supay. Había entregado su cuerpo y su alma a la cordillera helada que el astuto geólogo irlandés Joseph Pentland había señalado casi doscientos años antes. Ahora, Juan pensaba que lo único que podía salvarlo era ir en persona al cordón umbilical del mundo, a Cuzco y su Templo del Sol, donde un sumo sacerdote podría imponerle las manos y curar sus heridas supuratorias. Trocando todos sus ahorros —las partículas y los trocitos de metal residual que los mineros llaman «semillas»—, compró dos billetes para un viaje que consistiría en cuatro trayectos en autobús de ida y cuatro de vuelta, más de mil kilómetros por una carretera accidentada.

Una helada mañana de viernes, en diciembre del 2008, Juan dejó el monte Ananea antes del amanecer y llegó a Cuzco con Senna, su hija de diez años, cuando el sol se ocultaba entre los picos blancos de Vilcabamba, envolviendo la ciudad en la oscuridad. Con una mano en un bastón y la otra en el hombro de Senna, cojeó por la avenida de El Sol hasta la iglesia de Santo Domingo, donde en el pasado se alzaba el glorioso Templo del Sol. Llegaron a la entrada principal justo cuando el último visitante estaba dando las buenas noches y las puertas se cerraban. Suplicando al sacerdote en el umbral, Juan explicó por qué había ido hasta allí, pero la respuesta fue que no habría imposición de manos hasta el lunes. A pesar de las súplicas de Juan, la respuesta fue firme. Al final, el hombre santo simplemente dejó de hablar y cerró la puerta en silencio.

Juan no podía saberlo, pero seis metros por debajo de esas puertas inmensas estaban las piedras que una vez albergaron las legendarias y brillantes habitaciones por las que había caminado Huayna Capac, honrando a los dioses antiguos y disfrutando del poder de su imperio. El señor inca había regresado a aquellas estancias doradas con las venas llenas de líquido de embalsamar y la piel estropeada disimulada por el bronceado.[125] Unos años después su momia fue sacada de Cuzco, junto con su ídolo gigante, cuando la noticia de que los «barbudos» avanzaban se propagó por la capital como las olas de una nueva peste.[126]

Juan se sentó en los escalones de la iglesia de Santo Domingo, sopesando sus opciones. No tenía más dinero. Había trocado sus últimas «semillas» para los billetes de autobús. Lentamente, con la ayuda de Senna, se levantó y caminó hasta la estación de autobuses. Moriría al cabo de una semana.

Por extraño que parezca, un vínculo tenue pero sólido une el destino de Juan Ochochoque con el de Huayna Capac. Un vínculo hecho de metal. El fallecimiento de Juan fue el resultado de los estragos de una vida dedicada a la búsqueda de oro, una sustancia que nunca poseería o usaría. El de Huayna Capac fue el resultado de una enfermedad ocasionada por los conquistadores que iban en pos de su mineral sagrado. Ambos, el emperador y el pobre, unidos por una raza y una lengua —separados por la casta, la ambición y quinientos años de historia—, terminaron su paso por la tierra como bajas de la fortuna; víctimas de un anhelo ajeno. En los tumultuosos siglos venideros, ese legado de deseos distantes y la incapacidad del nativo para comprenderlos no harían más que intensificarse.

3

Sed de metal

Inca: «¿Es este el oro que comes?».
Español: «Este oro comemos».[1]

FELIPE GUAMÁN POMA DE AYALA, 1615

EL DESPERTAR

En 1492, cuando España lanzó su endeble campaña para hacerse con el poder mundial y envió a Colón a reclamar tierras más allá de las columnas de Hércules —el límite del mundo conocido—, los imperios indígenas que dominaban las Américas entraban en una era frágil e inestable. Pero difícilmente podían saberlo. Huayna Capac era joven, ambicioso y despreocupado y acababa de heredar el poder de su ilustre padre. Moctezuma II todavía no había empezado su mandato ni impuesto un severo correctivo a la Triple Alianza. Los dos resueltos gobernantes muiscas que consolidarían, cerca de Bogotá, una federación rica en oro —y que luego morirían defendiéndola— apenas habían nacido. España estaba a punto de experimentar una transformación radical, un cambio total, respecto de su pasado renqueante e inconcluso, pero tampoco podía saberlo.

La reina Isabel I y el rey Fernando V, los soberanos de España en aquella época, habían heredado una nación exhausta por las guerras, un burdo conglomerado de dos reinos, unidos apresuradamente tras el enlace matrimonial que siguió a su fuga veintitrés años antes. De alguna manera, a fuerza de una voluntad de hierro, políticas hábiles y un tenaz compromiso con la cristianización de la península, consiguieron consolidar las lealtades fragmentadas de ese territorio frente a los últimos vestigios de la ocupación árabe. En 1492, tras décadas de horribles contiendas, tomaron Granada y echaron de una vez por todas a los moros de la península ibérica.

Nada de esto había resultado sencillo. La pálida y pelirroja Isabel, cuyo padre había muerto cuando ella tenía tres años y cuya madre había sufrido problemas mentales a partir de entonces, había soportado una serie de compromisos impuestos por su medio hermano mayor, el rey Enrique IV de Castilla. Enrique era conocido en España como el Impotente, un apelativo que aludía tanto a su incapacidad sexual como a sus escasas aptitudes de liderazgo. Era sabido que su segunda y libidinosa esposa había tenido numerosos amantes entre los libertinos de la corte real de Castilla, y con el paso del tiempo tuvo una hija, Juana la Beltraneja, cuyos cuestionables derechos hereditarios dificultarían el camino de Isabel hacia el trono.

Cuando Isabel era una niña de seis años que vivía con su inestable madre en el lúgubre castillo al que el rey Enrique prácticamente las había desterrado, fue prometida a su primo segundo Fernando, el hijo de cinco años del rey de Aragón. Pero al cabo de unos años su hermano el rey, un derrochador que había malgastado la riqueza de Castilla y sumido al reino en una deuda ruinosa, empezó a buscar frenéticamente una alianza con un linaje más próspero y poderoso, y vio en la mano de Isabel un posible medio para forjarla. Enrique ignoró el acuerdo previo de su padre con Aragón y ofreció informalmente a Isabel a una serie de nobles adinerados de casas reales lejanas. Cuando la niña tenía diez años, Enrique ya la había separado de su madre, se la había llevado a su corte y había empezado a prepararla para un matrimonio de ese tipo. Algunos años después, cuando la rebelión amenazaba con poner fin a su desastroso reinado, renegó de todos los acuerdos y, por pura desesperación, la prometió a uno de los hombres más ricos de la corte, Pedro Girón Acuña Pacheco, que poseía un castillo espectacular en Valladolid y que había accedido a pagar al tesoro real una gran cantidad de dinero. La joven Isabel, católica devota, rezó para verse liberada de esta unión degradante; sus oraciones fueron atendidas cuando don Pedro enfermó de repente y murió de camino a la consumación de la boda. Isabel tenía quince años. Poco después, en 1469, aprovechó ese improbable quiebro del destino para fugarse con el probable heredero al que la habían prometido en un principio, el joven Fernando de Aragón.

Cuando Isabel y Fernando subieron al trono como reina y rey de las casas unidas de Castilla y Aragón, la unión recién forjada se encontraba prácticamente en la ruina. Las arcas reales estaban casi vacías. Las reservas de oro, que desde el siglo XIV había sido el estándar fiduciario de Europa, eran alarmantemente escasas. La producción de plata, que era la moneda del reino y que se extraía en Andalucía desde el 3000 a. C., casi se había detenido. Dondequiera que los nuevos reyes miraran, había deudas que pagar y batallas que librar. Durante años, los reinos cristianos de la península ibérica habían hecho retroceder poco a poco a los moros, que habían entrado desde el norte de África en el siglo VIII y ocupado la península durante setecientos años. A pesar de las sangrientas cruzadas de la Reconquista y los cientos de batallas que habían consumido a generaciones de sus habitantes, cuando Isabel y Fernando recibieron el cetro, el califato omeya todavía ocupaba el reino de Granada, una enorme franja de tierra que se extendía por el sur de la península. Entre 1482 y 1491, el rey Fernando dirigió toda su atención a librar una guerra continua contra los moros, una feroz campaña militar que recuperó Granada centímetro a centímetro y que finalmente, el 2 de enero de 1492, expulsó al califato.

Los árabes no habían sido los únicos señores de la península ibérica. Una larga historia de conquistas había precedido a los moros. La península había sido colonizada por los fenicios, los griegos, los cartagineses, los romanos y los visigodos. Cada invasión había tenido su dosis de ambición política, pero el objetivo de los ocupantes y los conquistadores casi siempre había sido saquear el oro y la plata de la región, esas sustancias relucientes que fluían por las aguas de la península, cuajaban las rocas de las mecas mineras de España, Río Tinto y Las Médulas, y se habían convertido en la principal moneda fuerte del continente. A finales del siglo XIV, siete octavas partes del oro importado por la República de Génova, uno de los mayores proveedores de dicho metal, procedía de la península ibérica, y cinco sextos de esa cantidad lo hacía de Sevilla.[2] Esclavizados y humillados durante siglos, obligados a explotar sus tierras para que se enriquecieran potentados de lugares lejanos, los ibéricos ansiaban líderes que cambiaran la historia y pusieran fin a un milenio de explotación. La reina Isabel y el rey Fernando fueron esos líderes. En 1475 se habían convertido en competitivos participantes en el comercio regional europeo.[3] En enero de 1492 vencieron a los moros, exigieron la conversión forzosa de los judíos, instituyeron España —si no políticamente, sí en espíritu— y empezaron la frenética tarea de expulsar a los extranjeros de la península.

España salió de siglos de dominación extranjera con espíritu de cruzado, con el compromiso apasionado de forjar una nación exclusivamente cristiana. También lo hizo con la rabia y la violencia necesarias para lograrlo. Al emprender la expulsión de los potentados árabes y los prestamistas judíos, Isabel y Fernando ampararon una purga brutal y fanática que empleó la tortura, enfrentó a los «infieles» entre sí, saqueó por igual hogares y negocios,[4] y llenó las arcas reales con «los fondos» que tanta falta hacían.[5] La Inquisición de la Iglesia católica, que en el siglo XII se había centrado en la herejía y la depravación entre los fieles, en el XV adoptó un cariz claramente étnico: empezó a perseguir a musulmanes y judíos. Especialmente dura con los conversos —los convertidos al catolicismo—, de los que con demasiada frecuencia se sospechaba que seguían manteniendo en secreto vínculos con sus antiguas religiones, la Inquisición empezó a poner a los judíos conversos (marranos) en contra de los judíos, y a los musulmanes conversos (moriscos) en contra de los musulmanes. El emirato de Granada, con el que Castilla y Aragón habían peleado durante años, se estaba dividiendo poco a poco debido a conflictos civiles, y Fernando aprovechó ese caos interno para atacar esas disputadas tierras.

Cuando el 2 de enero de 1492 Granada se rindió ante el rey Fernando, habían muerto cien mil moros; doscientos mil habían emigrado, y, de los doscientos mil que quedaban, la mayoría estaban sometidos a estrictas leyes de conversión.[6] A los judíos también se les dio la opción de convertirse o irse, y para cuando la Inquisición se puso en serio manos a la obra, precedida de una bula papal, más de la mitad de la población judía de Castilla y Aragón había sido expulsada por la fuerza y varios miles habían sido ejecutados de manera sumaria.[7] En las plazas de las ciudades tenían lugar atrocidades flagrantes

—quemas en la hoguera, autos de fe, la confiscación generalizada de posesiones valiosas—, con la presencia de la realeza y un ambiente casi festivo.[8] A los europeos que visitaban España en esa época les horrorizaba la aceptación pública de esas ejecuciones. Menos visibles, quizá, eran los esfuerzos precipitados para ocultar la estirpe, probar una conversión o integrarse lo más posible; los antepasados de santa Teresa de Ávila, la famosa mística carmelita, eran judíos, como tal vez lo fueran los del gran maestro de las letras españolas, Miguel de Cervantes.[9] Irónicamente, el primer inquisidor general de Castilla y Aragón, un fraile dominico llamado Tomás de Torquemada, había nacido en una familia judía y, llevado por el fervor que solo puede generar una conversión radical, se dedicó a procesar y castigar con una crueldad espeluznante a su propia gente.

Fue una época tensa, de una inquietud tal que indujo a España, como a toda Europa, a una autoprotección salvaje. En pos de la seguridad financiera. En pos del oro. Esa sed se fraguó en una avaricia absoluta a finales del siglo XV,[10] cuando resultó evidente que en ningún caso la producción de este metal sería suficiente para satisfacer las colosales demandas de la economía europea.[11] Había guerras que proseguir, imperios que construir. Incluso el papa Pío II, un pontífice bastante franco que había escrito abiertamente sobre sus apetitos carnales y el hijo que había engendrado,[12] lamentó la falta de fondos de la Iglesia: «El problema del dinero prevalece —escribió— y sin él, como se suele decir, nada puede hacerse bien».[13] Los nuevos monarcas de España sintieron esa infausta codicia de oro —*auri sacra fames*— cuando durante la década de 1470 su archirrival, el rey Alfonso V de Portugal, envió cazadores de fortunas a explorar África en busca de oro y estableció un dinámico comercio en San Jorge de la Mina, en lo que hoy es Ghana.[14]

La reina Isabel también había mandado sus naves a examinar la costa occidental de África en busca de riquezas, y en 1478, cuando treinta y cinco de sus carabelas regresaban del golfo de Guinea cargadas con lingotes, barcos portugueses las interceptaron y se apoderaron de su cargamento.[15] A continuación se libró la batalla de Guinea, una implacable lucha en la que se disputaron las rutas navegables del Atlántico y el lucrativo comercio de esclavos asociado a ellas. España salió victoriosa, al menos en tierra; Alfonso V se rindió ante los «Reyes Católicos», concediéndole a Isabel el derecho a retener su dominio y consolidar un imperio con Fernando. Pero en el mar Portugal fue el claro vencedor. Alfonso consiguió acceso ilimitado a una serie de fortalezas atlánticas y a la riqueza que representaban: las minas de Guinea; los puertos estratégicamente situados en las Azores, Madeira y el archipiélago de Cabo Verde; el control sobre grandes extensiones del norte de África y más de 680 kilos de oro.[16] Lo único que el tratado dejaba a España, en cuanto a oportunidades marítimas, eran las islas Canarias, un archipiélago seco y empobrecido frente a la costa berberisca. En otras palabras, las naves españolas solo tenían una opción si quería ampliar el dominio de la monarca: tendrían que afrontar un mar infestado de piratas, hacer que la flota se dirigiera rumbo al sur hacia las Canarias y luego virase al oeste, siempre al oeste, más allá de las columnas de Hércules. Era, ciertamente, un reto logístico. Pero el significado general del tratado era obvio: el mundo que se encontraba más allá de las costas europeas estaba allí para ocuparlo. Los conquistadores solo tenían que saquear las tierras, colonizar a las razas más oscuras y dividir el mapa —de manera brutal si era necesario— en esferas de influencia.

Si España tenía sueños de expansión, Portugal continuó frustrándolos. Mientras Isabel y Fernando combatían a los moros y luchaban para unificar la península bajo su mando, el sucesor de Alfonso, el rey Juan II, se dedicó a establecer un pujante comercio en la Costa de Oro africana, exploró el Congo e inició el comercio de esclavos en el Atlántico, un monopolio que Portugal mantendría durante más de cien años. Lisboa se había convertido en el centro de las exploraciones, la estrella polar de los cartógrafos. Fue allí adonde llegaron muchos marineros soñadores de aquella época bulliciosa para empezar su fortuna. Entre ellos se encontraban dos hermanos genoveses, hijos de un humilde tejedor, que habían abandonado el pequeño y aburrido taller de su padre por una vida en alta mar. Bartolomé Colón, el más joven, se convirtió en un experto marinero y dibujante de cartas náuticas; Cristóbal, en cambio, prefería las salvajes incursiones marítimas en la costa de África con los comerciantes de esclavos portugueses. Cuando el famoso explorador portugués Bartolomé Díaz rodeó el cabo de Buena Esperanza en 1488 y regresó a Lisboa con la promesa de oro, Cristóbal Colón estaba allí para escucharlo.[17] Este se había dedicado de lleno a trazar rutas comerciales, analizar mapas, estudiar cartas astronómicas, sopesar teorías cosmográficas y entretenerse con su ejemplar de la obra *Imago mundi* hasta desgastarlo y dejarlo lleno de manchas y notas escritas con su característica caligrafía nerviosa.[18]

La petición de tres carabelas que Colón había hecho a Juan II de Portugal había sido rechazada de manera rotunda. Colón estaba convencido de que navegando hacia el oeste era posible encontrar una ruta comercial a India —la misma que Bartolomé Díaz había estado buscando hacia el este—, y había escrito a Paolo Toscanelli, un famoso astrónomo de Florencia, para preguntarle su opinión. Estaba particularmente interesado en la ruta al oeste de las islas Canarias, que rodeaba por completo el territorio portugués. El erudito florentino no vaciló. Le remitió a una carta y un mapa que había enviado muchos años antes a un sacerdote lisboeta, quien, a su vez, los había compartido con el rey Alfonso.[19] Navegad hacia el oeste desde Lisboa, decía la carta, y, con el tiempo, os encontraréis en la ciudad de Kwang Chow. Antes de llegar a ella, os toparéis con la tierra de Cipango (Japón). El mapa situaba la enorme isla de Cipango justo en los confines del Atlántico, exactamente donde se encontrarían después las Américas.[20] «La cual isla es fertilísima de oro y de perlas y de piedras preciosas —añadía provocativamente el astrónomo, haciéndose eco del fervor de la época—. Sabed que de oro puro cobijan los templos y las casas reales».[21]

Crucero
Perú, 1988

> Oro y esclavos. El primero lo corrompe todo; el segundo está corrompido por sí mismo.[22]
>
> Simón Bolívar, 1815

Cinco siglos después Juan Ochochoque, el futuro esposo de Leonor Gonzáles, también sintió la atracción del oro, el impuso de dejar atrás un viejo mundo, subir por los sucios senderos hacia tierras más altas y perseguir fortunas en forma de metal. A sus treinta y tres años, después de una vida de trabajo, no había conseguido demasiado: dos hijas adolescentes, una mujer que lo había avergonzado con otro hombre y muchas deudas por saldar. Había abandonado el trabajo que había heredado de su padre: ocuparse de un frágil rebaño de alpacas y protegerlo del frío glacial, esquilar y vender la lana y sacrificar a los animales más viejos para carne. Había dejado atrás la dura tarea de cavar zanjas como simple recluta del ejército peruano. La guerrilla maoísta de Sendero Luminoso estaba abriendo un camino sanguinario en las tierras altas peruanas, quemando propiedades gubernamentales, colgando a los perros de las farolas, asesinando a los líderes de las aldeas y desplazando a cientos de miles de personas. El ejército ya no podía hacer demasiado; luchaba para defenderse. Los campesinos como él, sin entrenamiento de combate, huían a las grandes ciudades o aún más arriba, a las rigurosas alturas de los Andes, para estar seguros.

Cuando su esposa se fue a Puno con el otro hombre, Juan les dijo a sus hijas adolescentes que volvería a por ellas cuando su fortuna mejorase. Una fría mañana compró un pico con el poco dinero que tenía, dejó la pequeña aldea de Crucero y marchó penosamente montaña arriba durante cuatro días por la áspera roca volcánica que flanquea el río Carabaya. Al quinto día llegó a Ananea, a un mercado pequeño y bullicioso, donde un vendedor de sopa le ofreció un cuenco de caldo y un lugar donde dormir a cambio de que limpiara a fondo su puesto y restregara las ollas. Al día siguiente Juan llegó a La Rinconada, un cúmulo de tejados de chapa relucientes recortados contra una vasta extensión de nieve. Bajo el blanco cegador, apenas pudo distinguir los agujeros negros. Allí, tras entrar en las venas de la montaña conocida como la Bella Durmiente, cientos de hombres trabajaban en las minas heladas que habían sido fundadas por los incas, abandonadas por los españoles y revitalizadas por quienes huían del peligro terrorista. Le prometió a uno de los hombres más amables una parte de sus ganancias a cambio de un hueco en el sucio suelo de su cobertizo.

Así fue como Juan Ochochoque se convirtió en un peón de las minas de La Rinconada. Al principio, no se le permitió extraer mineral, y quedó relegado a la tarea de barrer los pozos y acarrear piedras.

Pero con el paso del tiempo fue admitido en el círculo de barreteros, buscadores que de vez en cuando salen con una vara de hierro para determinar dónde es probable que haya una veta. Juan nunca dominó la vara, pero, gracias a su naturaleza afable y su actitud sincera, acabó mereciendo la confianza necesaria para entrar en la mina con hombres cuyas vidas dependían unas de las otras. Con la minería de *cachorreo*, el antiguo sistema colonial según el cual un hombre partía roca durante treinta días sin cobrar hasta que, al trigésimo primero, se le permitía sacar para sí la carga que pudiera transportar a la espalda, ahorraba lo bastante para ser autosuficiente. Fue más o menos entonces cuando se topó con el hallazgo que cambiaría su vida para siempre.

Su nombre era Leonor Gonzáles, una joven con dos hijas pequeñas. Era menuda y vivaz, y tenía los ojos alegres y trenzas negras y brillantes. Se movía de aquí para allá, subiendo los peñascos con las *pallaqueras* —mujeres que rebuscan entre las partículas de roca— cuando podía. Hacía eso, o bien vendía lo que podía al lado de la carretera. Algo de comida. Alguna prenda de punto. No parecía que hubiera hombres en su vida, excepto su viejo y arrugado padre y un tío vago. Le dijeron que el padre de sus hijas había ido una mañana a la mina y nunca más había vuelto. Se lo habían llevado los demonios de las profundidades.

El soñador harapiento
España, 1492

> Tiempos vendrán al paso de los años
> en que suelte el océano las barreras del mundo
> y se abra la tierra en toda su extensión [...]
> y el confín de la tierra ya no sea Tule.[23]
>
> Séneca (que era español), siglo I d. C.

Cuando 1482 daba paso a 1483 y el comercio portugués florecía en la costa africana, la figura rara y excéntrica de Colón atravesó apresuradamente Lisboa con un abrigo deshilachado[24] y el pelo prematuramente cano despeinado, asiendo con firmeza el mapa de Toscanelli.[25] Si bien le interesaban poco las riquezas personales, era muy consciente de que el dinero era un recurso sin el cual nada podía «hacerse bien».[26] El oro era el alimento de los reinos en expansión; la plata, la chispa que encendía la exploración global. Partió en secreto de Lisboa en 1484, sin dinero, viudo, con un hijo pequeño al que alimentar y una cantidad impresionante de deudas que saldar, pero se fue con unos recursos propios formidables: una convicción apasionada y la capacidad de comunicarla verbalmente.[27] Abriéndose camino desde el puerto de Palos hasta Sevilla y luego hasta Córdoba, hizo innumerables visitas a la casa real, parloteando con cualquiera que estuviera dispuesto a oírle hablar de pabellones con techos de oro y los grandes kanes de Cipango.[28] Cuando al fin fue capaz de convencer a la reina Isabel de que patrocinara una expedición más allá de las latitudes de lo desconocido —más allá del *nec plus ultra* de la antigüedad—, ya había descubierto que lo que buscaban los monarcas, más que continuar la santa cruzada, tal vez incluso más que la perspectiva de convertir las almas paganas a Jesús, eran riquezas. Fernando e Isabel se habían hartado de tratar con intermediarios; necesitaban encontrar una ruta directa a los tesoros de las Indias.[29] Las presiones financieras eran cada vez más onerosas. Era el momento de actuar.

El 17 de abril de 1492, Isabel, la reina pelirroja de fría mirada verde, convenció finalmente a su esposo de que debían ir más allá de los confines del mundo conocido y apostar por las conquistas lejanas. Firmaron las Capitulaciones de Santa Fe, un documento que investía a perpetuidad a Colón con los títulos de «almirante de la mar Océana» y «virrey de las Indias», que incluían todas las islas y continentes que descubriera. Había mucho que ganar y poco que perder. No habían invertido en tropas ni en supervisión, y los fondos destinados a la empresa eran pocos. «Por más cierto tengo que aquesta obra [de este Colón] —dijo un inversor entusiasta— añadirá muchos quilates sobre la loa y fama que Vuestras Altezas de magnificentísimos y animosos Príncipes tienen».[30]

Colón asumió la empresa sabiendo que eran precisamente los quilates lo que tenía que garantizar. «El oro es excelentísimo —escribió desde las costas del Nuevo Mundo, sugiriendo que sus marineros prácticamente lo estaban recogiendo de la arena—, del oro se hace tesoro, y con él, quien lo tiene, hace cuanto quiere en el mundo, y llega á que echa las ánimas al paraíso».[31] Desde su primer desembarco en una pequeña isla de las Bahamas, Colón estuvo tan interesado en esa deslumbrante sustancia como en la nueva raza de hombres que encontró. Escribió a Fernando e Isabel sobre los jóvenes amigables que se amontonaban para dar la bienvenida a sus barcos, «gente muy hermosa: los cabellos no crespos, salvo corredios y gruesos, como sedas de caballo».[32] Estaban desnudos, parecían inocentes, «gente muy pobre de todo». Pero enseguida añadía: «Y yo estaba atento y trabajaba de saber si había oro, y vide que algunos dellos traian un pedazuelo colgado en un agujero que tienen á la nariz, y por señas pude entender que yendo al Sur ó volviendo la isla por el Sur, que estaba allí un rey que tenia grandes vasos dello, y tenia muy mucho».[33] En aquella tierra el oro era tan abundante, le habían dicho, que la gente bebía de copas de oro.[34] En las crónicas de Colón a su rey y su reina durante los tres meses entre el 12 de octubre de 1492 y el 12 de enero de 1493 hay más de cien alusiones al oro y la plata.[35] En realidad, estaba encontrando muy poco oro, pero en sus relatos este es omnipresente, seductor, aunque brilla siempre fuera de su alcance. Los indígenas americanos, que entendieron enseguida qué tenía en mente el almirante, lo provocaban: un poco más lejos, justo detrás de esa isla —allí, hacia el horizonte—, encontraría hombres con más riquezas y mujeres más bellas que contemplar.[36] Pero había algo más, algo además del oro, que despertó el interés de Colón: la sensación de que podía hacer lo que quisiera con aquellas gentes. «Ellos no tienen armas —escribió a su rey y su reina— y así son buenos para les mandar y les hacer trabajar, sembrar, y hacer todo lo otro que fuere menester, y que hagan villas, y se enseñen á andar vestidos y á nuestras costumbres».[37]

Cuando Colón navegó hacia el oeste, era un hombre medieval procedente de un mundo medieval, rodeado de ideas medievales sobre cíclopes, pigmeos, amazonas, nativos con cara de perro, habitantes de las antípodas que caminaban con la cabeza y pensaban con los pies; sobre razas de tez oscura y orejas gigantes que habitaban las tierras donde crecían el oro y las gemas preciosas. Sin embargo, al pisar suelo americano, hizo algo más que entrar en un mundo nuevo: dio un paso a una nueva era, y ese paso tendría consecuencias duraderas. La Era de los Descubrimientos (1450-1550) esclarecería muchos aspectos sobre este mundo; también provocaría enfrentamientos y fusiones culturales muy diferentes de cualesquiera que se hubieran producido antes. Al abrir un camino a través de ese universo completamente original, Colón solo podía obrar con lo que conocía. Había desembarcado, por lo que había podido entender del mapa de Toscanelli, en una isla situada en algún lugar frente a la costa de India. Como había estudiado los diarios de viaje de Marco Polo, esperaba encontrar esas islas repletas de minas de oro y campos de especias listos para ser tomados. Si pudiera coger el viento adecuado, se encontraría con la enorme isla de Cipango y finalmente con el Catay continental, donde los palacios de Kublai Kan brillaban a lo lejos, las gemas se intercambiaban por pimienta y el oro era tan abundante como el ladrillo.

Esta era la imagen que Colón tenía en la cabeza, y la que compartió con su rey y su reina mientras navegaba por mares lejanos y les escribía acerca de escenas que ningún europeo había presenciado. Mucho después, durante su cuarto viaje, cuando ya tenía avanzadas en Santo Domingo, Cuba y Panamá y enviaba oro y esclavos a Sevilla, seguía convencido de que estaba a punto de encontrar Japón y toparse con infinitas riquezas. Mientras recorría la costa de lo que hoy es Honduras, Nicaragua y Costa Rica, maravillándose del oro que sus marineros rastrillaban del lecho de los ríos y las perlas que barrían «como paja»,[38] escribió a Fernando y a Isabel que se estaba aproximando al río Ganges.[39] Apenas un año antes le había escrito al papa Alejandro: «Descobrí deste camino, y gané mil é cuatrocientas islas, y trescientas y treinta y tres leguas de la tierra-firme de Asia [...] toda al Rey y á la Reina mis Señores. En ella hay mineros de todos metales, en especial de oro y cobre: hay brasil, sándalos, linaloes [...].[40] Esta isla es Tarsis, es Cethia, es Ofir y Ophaz é Cipanga, y nos la habemos llamado Española».[41]

No fue evidente de inmediato que el Nuevo Mundo de Colón era el resultado de una equivocación geográfica. Al Viejo Mundo, atónito por las revelaciones, le costó entenderlo. A medida que las noticias sobre sus descubrimientos se difundían por Europa —cuando regresó en abril de 1493, desembarcó deliberadamente primero en Portugal, que se había negado a patrocinarle, y navegó luego, triunfante, hasta el puerto español de Palos—, los europeos acudían en tropel para ser testigos de las «maravillas del Nuevo Mundo».[42] Colón llevó su exótica caravana por tierra, en una procesión impresionante de Sevilla a Barcelona, donde esperaban el rey Fernando y la reina Isabel.[43] Sus marineros desfilaron ante un público eufórico, sosteniendo en alto sus coloridos y fantásticos trofeos —piña, chile, maíz, calabaza, aguacate, guayaba, papaya—, y la gente se maravillaba. Guacamayos brillantes como joyas e iguanas monstruosas y torpes —animales que nunca antes se habían visto en Europa— eran transportados en cajas. Seis indios guapos en taparrabos encabezaban el desfile, llevando turquesas, máscaras de oro y brazaletes. Había cestas llenas de espejos de oro, aros de plata, cinturones hechos con plumas de colores vivísimos y toneles de pepitas de oro. Era un gran espectáculo —un *pars pro toto*— para convencer a España de que el error de Colón había sido en realidad un éxito rotundo; que ahora el almirante satisfaría todas las expectativas financieras del rey y la reina.[44] Tal vez, si el espectáculo era lo bastante convincente, le concedería tiempo para llegar a la India real y encontrar la verdadera riqueza. No tenía de qué preocuparse. Al final, los monarcas católicos se arrodillaron y agradecieron a Dios su generosidad.

El año 1492 resultó ser de bonanza para Fernando e Isabel. Ciertamente, la suerte les había sonreído. Habían cumplido el mandato de la Iglesia, purgado su joven imperio de musulmanes y judíos. Se habían defendido de un vecino beligerante. Habían consolidado España. Y ahora estaban abriendo una nueva frontera en las Indias, donde les esperaban riquezas ilimitadas. El papa Alejandro, aragonés de nacimiento y amigo del rey Fernando, fue uno de los primeros en recibir un regalo de oro enviado por Colón.[45] Le acompañaba una súplica de Isabel para que le ayudara a proteger los derechos de España sobre las tierras recién descubiertas. Imploraba al papa que las defendiera frente a Juan II de Portugal, quien, cuando se enteró de primera mano de los descubrimientos de Colón, envió inmediatamente una carta hostil, reclamando todos los territorios —en virtud de tratados anteriores— para la Corona portuguesa. En Roma, el pontífice desplegó pomposamente un mapa del hemisferio y trazó una línea recta de polo a polo, asignando a Fernando e Isabel todo lo que se encontraba al oeste de esta y a Juan II todo lo que quedaba al este. Las Américas, excepto el saliente que ahora es Brasil, serían españolas. África sería portuguesa.

Un viaje arduo, trufado de tempestades y peligros, le había procurado finalmente a Colón la gloria que deseaba. Ya no era el soñador andrajoso de Lisboa, sino un héroe para sus reyes, una inspiración para toda Europa. En mayo, cuando sus seis esclavos indios fueron bautizados en Barcelona con gran fanfarria, a Colón se le concedió el título de capitán general de las Indias. Con el paso del tiempo, obtuvo su propio escudo de armas, más barcos y municiones, equipo para facilitar la extracción de minerales y la confianza de que, gracias a las Capitulaciones de Santa Fe, su acuerdo vinculante con el rey y la reina, podría reclamar un porcentaje de todos los descubrimientos.[46] Y así, los sueños de oro y plata se propagaron por el Viejo Mundo.[47] Marineros, espadachines, caballeros, mineros y campesinos —algunos empleados por la Corona, otros escapando de un pasado sospechoso— se amontonaban en el puerto de Cádiz para enrolarse en la deslumbrante aventura del almirante.[48] La conocida pasión de Isabel por las joyas, intensificada ahora por estas expectativas, cobró nuevo sentido cuando Fernando ordenó a una tripulación que partía: «Logra oro, humanamente, si posible. Pero consigue oro a cualquier precio».[49]

El coste sería alto. Los siguientes tres viajes de Colón estuvieron plagados de peligros y sus recompensas fueron modestas. En 1495, desesperado, emitió un edicto infame, en el que ordenaba que todos los indios arahuacos varones de La Española mayores de trece años fabricaran grandes campanas de halcón de oro cada tres meses; si no lo hacían, se les cortarían las manos.[50] Y, sin embargo, allí donde se aventuró —independientemente de si saqueaba pueblos, levantaba fortalezas o rastreaba las costas en busca de cualquier destello de tesoro— había poco de lo que había exigido Fernando. Frustrado, Colón se dedicó a otros quehaceres. Empezó a participar intensamente en la trata de esclavos, un comercio que conocía bien de la época de sus hazañas en África.[51] En su segundo viaje, capturó mil quinientos hombres, mujeres y niños taínos, y llevó a los quinientos cincuenta mejores ejemplares a los mercados de esclavos de Sevilla. Hasta que ese comercio llegó a su fin, cinco millones de almas serían apresadas y enviadas a otro lugar.[52] «Los esclavos son la fuente principal de ingresos del almirante», se quejaría más tarde el fraile dominico Bartolomé de las Casas, acrecentando la ruina de Colón.[53]

Acusado de crueldades espantosas —la quema y destrucción de aldeas enteras, el secuestro de esclavos o las impresionantes pérdidas de población—, Colón fue hecho prisionero por el administrador del rey, encadenado y enviado de vuelta a España.[54] Las razones alegadas fueron incontables, entre ellas el simple hecho de que había prometido mucho y cumplido muy poco. Quienes le acusaban, que llegaban a la tierra madre desde La Española, eran legión, y aunque Isabel, que era muy católica, no estaba predispuesta a creerlos, Fernando, más pragmático, les escuchó. ¿Acaso los sueños de Colón no habían sido una sangría para el tesoro de la Corona?, preguntaron.[55] ¿No desmentía su modesto botín todas las imágenes extravagantes que había descrito, las gloriosas y relucientes montañas de metal que prometían competir con las antiguas minas del rey Salomón? Aún peor, ¿no se había perpetrado un gran fraude contra España?[56] ¿No se había hecho creer a la abstemia, remilgada y católica reina que estaba propagando la fe, cuando, en realidad, su reinado estaba diseminando nada más que avaricia, muerte y destrucción?[57] Lo que todo ello implicaba estaba claro: Colón, o bien había engañado al rey y la reina con burdas exageraciones, o bien los había agraviado con sus actos malintencionados. Era la primera vez —a la que seguirían muchísimas otras— que Europa sería acusada de abusar de sus poderes coloniales. De hecho, cuando el emisario de la Corona llegó a La Española para investigar los delitos de Colón, fue recibido por la visión de siete cadáveres colgando de la horca; desafortunados españoles que habían contrariado las órdenes del Capitán.

Cuando un Colón caído en desgracia llegó a Sevilla en 1500, los reyes se horrorizaron al saber que el gran hombre estaba encadenado. Fue liberado de inmediato y su reputación, restablecida al instante. Seguiría siendo admirado por sus audaces exploraciones, la expansión de la influencia de España en el mundo, su servicio evangelizador a la Iglesia y su talento marítimo. Pero las promesas de oro incumplidas le perseguirían. Y las preguntas sobre hasta dónde debía llegar una potencia conquistadora desencadenarían en Europa un debate largo y acalorado: ¿eran los indígenas hombres, a fin de cuentas?, ¿podían ser atados y transportados como bestias de carga? Los títulos de «almirante de la mar Océana» y «virrey de las Indias», que habían sido revocados cuando los ejecutores de Sevilla habían arrestado a Colón, nunca se restablecieron. El mundo seguiría pensando en él como un hombre de hazañas y riquezas formidables, pero la verdad era que estaba muy endeudado; sus finanzas estaban hechas un desastre y sus ingresos eran inexistentes. En 1506, el año de su muerte, Colón acabó viviendo en una pensión de Valladolid, luchando obstinadamente para reclamar lo que creía que le pertenecía por ley: una décima parte de todos los beneficios reales del Nuevo Mundo, un porcentaje del comercio futuro y una tercera parte de los beneficios fruto de su título de almirante de la mar Océana.[58] En total, su retribución habría sumado más de la mitad de los ingresos procedentes de las Indias, mucho más que el «quinto real» que la Corona exigía para sí.

Colón nunca alcanzaría la fama y la fortuna que ansiaba. Había visto más loros que oro, más indios desnudos que caciques ricamente enjoyados.[59] En sus viajes por esas tierras que había confundido con Ofir, Ophaz y Cipango nunca vio una ciudad. No había hallado mucho más que aldeas precarias que saquear. A su muerte, era un hombre amargado y decepcionado. Había perdido su riqueza, su reputación, la vista.[60] Fernando e Isabel temían, además, que se hubiera vuelto loco. Durante el resto de sus vidas, sus hijos, Diego y Fernando, tratarían en vano de reclamar lo que el rey y la reina le habían prometido a su padre. Los barcos iban y venían del Nuevo Mundo, efectuando miles de travesías con más soñadores e intrigantes a bordo, todos con visiones imposibles en sus cabezas. Serían necesarias dos expediciones audaces y tres décadas más para que una nueva generación de aventureros agresivos transformara América en el brillante trofeo de España.

Las contrahechas de los bárbaros

> Funesto presagio en el cielo. Una como espiga de fuego, una como llama de fuego, una como aurora: se mostraba como si estuviere goteando, como si estuviera punzando en el cielo.[61]
>
> Testigo nahua, 1517

Mientras Colón desembarcaba cojeando en la costa de Jamaica —tratando de encontrar oro, incapacitado por la gota, eludiendo a los amotinados—, un joven escribano de Extremadura se unía al viaje hacia poniente y se deslizaba por los mares hacia La Española.[62] Era Hernán Cortés, de apenas dieciocho años, poco mayor que el hijo menor de Colón y pariente lejano de otro aventurero, Francisco Pizarro, que surcaría esas mismas aguas unos años después. Era el año 1504. Se habían extraído diez mil pesos de oro de La Española;[63] un nuevo gobernador, despiadado, había ocupado el lugar de Colón, y la reina Isabel, que nunca se había recuperado de la muerte repentina e inexplicable de su único hijo, el príncipe heredero, había caído enferma y empezado a retirarse de los asuntos de gobierno.

Cortés no tardó en darse cuenta de lo improductivas y poco sistemáticas que habían sido las expediciones anteriores; cuán flagrante la mala gestión, qué trágica la devastación.[64] Su generación de conquistadores, la de Pizarro, Vasco Núñez de Balboa y Hernando de Soto, llevaría la conquista hasta nuevas cotas y a confines más remotos del hemisferio, pero Cortés quizá fuera el primero en reparar en que, para cosechar un éxito a largo plazo y explotar mejor la riqueza potencial de aquellas nuevas tierras, España tenía que echar raíces y afianzar su presencia.[65]

Tenía razón. España no había abordado la conquista de las Indias de una manera sistemática. Nunca había existido un compromiso real y explícito con el descubrimiento; no se habían empleado ejércitos ni la marina, no se había realizado una gran inversión en la empresa. Mientras que el rey Fernando contaba con los soldados españoles para las guerras de Europa, con la esperanza de expandir su poder en el Viejo Mundo, Isabel aprobaba expediciones al Nuevo Mundo que básicamente eran llevadas a cabo por civiles, financiadas por inversores independientes e integradas por hidalgos jóvenes y ambiciosos procedentes de los lugares más pobres de la península. El acuerdo era bastante sencillo: la Corona daba su bendición al buscador de fortuna, esperaba recibir una quinta parte de todas las ganancias en forma de minerales de su aventura y entendía que él se haría cargo de la mayor parte de los costes, ya fuera con su propio dinero o con fondos adicionales de aseguradores. Algunos, como Colón, tenían experiencia en el comercio de oro o esclavos en África. Con mayor frecuencia, los conquistadores eran personas sin trabajo, desarraigadas, furiosas, criadas por generaciones de hombres que habían llevado la violencia hasta cotas desconocidas en las guerras contra los musulmanes de Granada. Eran, en resumen, hijos de los cruzados y mantenían en alto el estandarte de Dios mientras partían para conquistar a los infieles y explorar las Indias en busca de tesoros.

Nicolás de Ovando, el gobernador de La Española en 1504, era un belicoso excomandante de las guerras contra los moros a quien la reina Isabel había enviado con instrucciones expresas de liberar a los esclavos taínos de Colón y tratarlos como si fueran súbditos españoles.[66] Pero, una vez que fueron declarados libres, los taínos se negaron a extraer mineral y Ovando restableció las duras medidas impuestas por Colón.[67] La Corona miró hacia otro lado. «En la medida en que mi Señor el Rey y yo hemos ordenado que los indígenas que viven en la isla de La Española sean considerados libres y no sujetos a la esclavitud —le dijo a Ovando una Isabel enferma desde la cama— le ordeno, nuestro gobernador, [...] obligar a los indígenas a cooperar con los colonos cristianos en dicha isla, a trabajar en sus edificios, a extraer y recolectar oro y otros metales».[68] En otras palabras, el asesinato y el genocidio eran poco cristianos, impropios de españoles e intolerables, pero «obligar» a los indios a extraer metales era un pecado necesario.

De naturaleza cruel, Ovando, un antiguo comandante de la brutal guerra de Fernando contra los moros, procedió a perpetrar una serie de matanzas horripilantes entre el pueblo taíno, mientras se dedicaba a explotar las minas a cualquier precio. Por entonces Isabel ya estaba muerta, Fernando participaba en un plan maquiavélico tras otro y los conquistadores aprendían que podían fingir obediencia a la Corona y hacer justo lo que quisieran.[69] España estaba muy lejos. Todo lo que necesitaba hacer un conquistador era gritar el requerimiento del rey desde una colina lejana, ordenar a los desconcertados nativos que se rindieran ante España y Jesús y, con un escribano que diera fe de ello, librar luego una guerra, reunir esclavos y obligarlos a trabajar en la mina. En tres años, mientras el joven Cortés enamoraba a las mujeres de la isla,[70] le cogía el gusto a las hazañas y llevaba las cuentas del gobernador, Ovando extrajo otro cuarto de millón de pesos de oro de La Española.[71] Lo hizo sacrificando prácticamente al pueblo taíno. Los indios que se negaban a trabajar en las minas eran asesinados en el acto. La obsesión por la minería comportó que los nativos no sembraran ni cosecharan; con el paso del tiempo, el hambre, las enfermedades y los suicidios[72] redujeron aquella sólida comunidad de medio millón de personas a unas escasas sesenta mil.[73] Cuarenta años después del desembarco de Colón, el pueblo taíno estaba diezmado y el oro de La Española había desaparecido.

Cuando Cortés desembarcó en Santo Domingo, fue recibido calurosamente en la casa del gobernador Ovando, a quien había conocido en España. Cuando le dijeron que se le daría una gran extensión de tierra en la que establecerse, al joven aquello le cogió por sorpresa. «¡Yo he venido aquí por el oro —balbució atónito—, no a labrar el suelo como un campesino!».[74] El gobernador le aseguró que la agricultura era la mejor manera de obtener fondos para sus hazañas. Así pues, Cortés recibió un generoso terreno en aquella tierra siempre verde y un repartimiento de indios para que lo trabajaran. Durante varios años supervisó las labores en su finca y trabajó como escribano en un asentamiento cercano, rompiendo la monotonía con aventuras amorosas que a menudo le traían problemas. De vez en cuando, se unía a los esfuerzos para reprimir las insurrecciones violentas que importunaban a los conquistadores en aquella isla infeliz, con lo que aprendió mucho sobre las artes bélicas indígenas y las brutales tácticas necesarias para neutralizarlas.

Era resuelto, guapo, ágil, inconteniblemente simpático y un conversador animado, de modo que enseguida se convirtió en alguien querido entre sus compatriotas. También se desenvolvía de manera admirable en las escaramuzas contra los indios rebeldes, lo que le valió un sitio en la expedición que en 1511 partió para conquistar Cuba. El adelantado a cargo, Diego Velázquez de Cuéllar, entendió enseguida que Cortés era un líder natural y le recompensó con generosidad por su valor. Le concedió una extensión de tierras aún más envidiable en Cuba y un contingente mayor de esclavos indígenas que se ocupara de ellas. A los veintiocho años, Cortés era un hombre joven bastante rico. Su labor como escribano le había predispuesto a ser un hábil administrador de su propiedad en Cuba, y, con su raro talento para reconocer las oportunidades y convencer a los demás para que le siguieran, su nombre pasó enseguida a ser identificado como el de uno de los importadores de ganado ovino y vacuno de mayor éxito en las Indias. Era, en otras palabras, un ganadero —aunque uno inquieto— cuya preocupación más acuciante, hasta su matrimonio con la cuñada del gobernador, había sido una incontenible pasión por las damas. Había en lo anterior pocos indicios de la sed de oro que había manifestado nada más llegar. Pero eso cambiaría cuando Vasco Núñez de Balboa, un criador de cerdos irritable y endeudado de la provincia natal de Cortés, descubrió en 1513 un camino hacia el Pacífico, y los cazadores de esclavos, al regresar a Cuba tras sus espeluznantes incursiones en las aldeas indias, hablaban de riquezas inimaginables en una tierra que llamaban Castilla de Oro.[75] Panamá.

Vasco Núñez de Balboa, un aventurero tan carismático como cualquier otro, había huido de sus acreedores en La Española y navegado a Castilla de Oro como polizón, metido en un barril de barco con su perro. Cuando le descubrieron, el capitán amenazó con abandonarlo en la isla más cercana, pero Balboa se lo ganó con ingenio y agudeza. En pocos años, hizo un reconocimiento de la zona con un contingente de hombres, sometió a varias tribus poco cooperativas y fundó Santa María, el primer asentamiento permanente en tierra firme americana. Fue allí donde los hombres de Balboa empezaron a oír que había tribus más ricas en otros lugares, y el impulso de rebelarse empezó a crecer entre los que querían perseguir esas quimeras. Los hombres ya se habían apropiado de los escasos metales y piedras preciosos que poseían las tribus locales. Las peleas por el oro llegaron a tal nivel que un día, mientras los españoles pesaban los regalos del jefe de una tribu y discutían sobre su distribución, el indio, horrorizado por aquella vulgar codicia, tiró la balanza y gritó: «Si tan ansiosos estáis de oro que abandonáis vuestra tierra para venir a inquietar la ajena, yo os mostraré una provincia donde podéis a manos llenas satisfacer ese deseo».[76] Señaló decididamente hacia el sur.

La ambición de oro de Balboa era tan intensa que acabó llevándole a cruzar el istmo. Al mediodía del 25 de septiembre de 1513, acompañado de guías indios, se paró en un pico de las montañas Urrucallala y creyó detectar un brillo seductor en el lejano horizonte. Días después, con la espada en mano y el estandarte de la Virgen María en alto, se adentró en el vasto océano, reclamando este y todas las tierras bañadas por él para la Corona española. Lo llamó mar del Sur, porque había llegado a él siguiendo una ruta meridional, y se abrió una nueva costa de las Américas a la exploración europea. El océano Pacífico. El mar que bañaba las costas asiáticas que España había buscado todo ese tiempo.

En los años siguientes se produjeron un gran número de descubrimientos, a medida que los barcos zarpaban de Cuba y La Española y los conquistadores iban y venían con esclavos, oro, perlas y todo lo que cogían, intercambiaban o directamente robaban. Aunque Balboa se había proclamado gobernador del mar del Sur y había empezado a explorar el Pacífico, la masa de agua que Colón siempre había buscado, no viviría mucho más. Entre los demás conquistadores enseguida se avivó el resentimiento y ya a principios de 1517 su suegro, Pedrarias Dávila,[77] conocido como la Ira de Dios,[78] le acusó de alta traición. Uno de los hombres de Balboa, el listo y oportunista Francisco Pizarro, fue el encargado de apresarlo y arrastrarlo encadenado a las mazmorras de Acla, como ejemplo de lo que le sucedería a cualquier español que en las Américas desafiara a su señor y se quedara con riquezas.[79] El desafortunado descubridor del Pacífico fue juzgado, condenado y ejecutado en la plaza pública. Después de un golpe de hacha, el verdugo levantó la cabeza cortada de Balboa, la clavó en un palo y la dejó a merced de las moscas.

Los soñadores no se arredraron. Cuando, unos meses después, una expedición regresó de Panamá con rumores de que en el norte había una civilización rica en oro, más españoles anhelaron probar fortuna. Hernán Cortés, harto de aventuras domésticas, ansiaba volver a los sueños dorados de su juventud. Hizo saber al gobernador de Cuba —su suegro, Diego Velázquez— que quería liderar una expedición de búsqueda de oro y, cuando Velázquez le tomó la palabra, Cortés aceptó de inmediato el encargo. Pero, mientras Cortés se preparaba afanosamente para la expedición, a Velázquez, cuya codicia era infinita, empezó a preocuparle que el joven fuera por su cuenta. De hecho, Cortés había liquidado sus negocios, hipotecado todo lo que poseía, reclutado a quinientos de los hombres de Velázquez y equipado una flota de once barcos con apenas ayuda ajena.[80] Como sospechaba que el gobernador iba a retirar su encargo, Cortés se apresuró a zarpar.[81] «Á los osados ayuda la fortuna», escribió más tarde al único hombre al que obedecería entonces: el recién coronado soberano de España, el joven rey Carlos I, nieto de Fernando e Isabel.[82] La osadía resultaría ser la principal destreza de Cortés.

Mientras los barcos de Cortés se alejaban de Santiago de Cuba, deslizándose por las aguas, una noche de borrasca de noviembre de 1518 el gobernador Vázquez, que era obeso mórbido, recorría la costa jadeando, rugiendo de rabia, acusando a su joven y atrevido capitán de rebelión.[83] El gobernador aún tenía que recibir el permiso de España para conquistar nuevas tierras, y Cortés lo sabía muy bien. La precipitada partida del joven bajo un cielo sin estrellas solo podía significar una cosa: se quedaría la gloria para sí mismo.

Con todo el ingenio y el encanto que pudo reunir, Cortés intentó poner de su lado a las tropas de Velázquez. Mientras se dirigían hacia el botín prometido, aprovechó la avidez de oro de los hombres, les convenció de que el gobernador se proponía engañarles y sostuvo que, en cualquier caso, su lealtad no debía ser para Velázquez sino para el rey español.[84] Aunque varios soldados seguirían siendo fieles al gobernador durante la expedición, la mayoría no le llevaron la contraria a Cortés. Eran, al fin y al cabo, reclutas impacientes, fugitivos recientes de la penuria y la adolescencia, que huían de una España monótona y desolada con un único objetivo en mente: hacerse ricos o morir en el intento.[85] Entendían poco de aquellas latitudes y de lo que haría falta para reclamar sus preciados recursos, pero sabían que tendrían que ser decididos. El Viejo Mundo tenía que prevalecer sobre el Nuevo.

Apenas sabían dónde podía estar el territorio «rico en oro», si era cultivable o de arena, qué vida humana lo habitaba. A pesar de la insistencia en que estaban en una misión para salvar almas, a muy pocos les preocupaba el bienestar espiritual de los indígenas. Lo que les importaba estaba muy claro: había fortunas que hacer, esclavos que obligar a trabajar, tesoros que llevarse a casa. Como España exigía que les acompañaran sacerdotes y escribanos, lo cumplían, pero lo principal eran las incautaciones y el botín, no el trabajo misionero o la ley escrita. Como dijo uno de ellos: «Dios fuese servido que topásemos tierras que tuviesen oro, ó perlas, ó plata».[86] El resto era cosa suya. Si era necesario, lucharían por esas tierras hasta someterlas, se apropiarían del botín y se lo repartirían. Incluso el papa había decretado que tenían derecho a hacerlo. Y se asegurarían de que el rey obtuviera su quinto real.

La Bella Durmiente
Monte Ananea, 1965

> La montaña Bella Durmiente, ahí en mi pueblo de lágrimas.[87]
>
> Habitante de La Rinconada, 2013

En 1965, cuando Leonor Gonzáles tenía poco más de dos años, su padre, cuyos antepasados habían sido mineros en la vertiente boliviana de la cordillera Carabaya, dejó aquellas tierras para instalarse en la Bella Durmiente, la montaña legendaria donde se decía que el oro era bueno y el gobierno, mínimo. Al igual que generaciones antes que él, su padre intentaba ganarse la vida para mantener a su mujer y sus hijos, pero él a su vez había visto a su padre fracasar en las minas de Untuca, donde el negocio del oro se había estancado, y a su abuelo tampoco le había ido bien en las antiguas minas incas de Gavilán de Oro. Nacida en esa implacable cordillera, donde el fracaso consolidaba el fracaso, Leonor había visto a su padre partir con su pico antes del amanecer, dirigiéndose a la oscuridad mientras aún engullía la sopa. Sopa de cerdo, ese elixir que daba fuerzas y que ella había aprendido a hacer casi de la nada con la oreja del animal y a servir a un hombre tras otro durante generaciones de la caza de El Dorado.

Los tiempos no habían cambiado demasiado. El oro todavía era el objetivo. La ironía era que el precioso polvo aparecía con la suficiente frecuencia; ciertamente la suficiente para alentar el clamor. El beneficio potencial para cualquiera de ellos era solo una fracción del hallazgo total, pero era a lo que su gente estaba habituada, a tener que tolerar una amarga recompensa después de la extracción del «quinto real», después del treinta a uno de los contratistas, después de la incesante fuga del oro a un mundo que estaba en otro lugar. Quedaban, en ese duro cálculo, supervisores a los que obedecer. Una cuota desmesurada que satisfacer. El estrago físico de la supervivencia. Un día, mientras cuidaba de sus dos hijas pequeñas en los helados confines de la choza de su padre, provista de una única habitación donde vivía la pequeña familia, Leonor vio a su hombre ponerse el abrigo y la gorra y salir a la oscuridad de la noche, para no ser visto nunca más. Le dijeron que se lo había tragado el dios de la mina, el impredecible e insaciable el Tío. Le contaron que había bebido demasiado en uno de los burdeles y que había perdido en una pelea mortal. Algunos afirmaron que había salido de la mina aturdido, tambaleándose, al helado altiplano y que se lo habían llevado dos buitres de ojos fríos.

Se había ido.

Al norte del Yucatán
México, 1519

> —¿Acaso esta es toda vuestra ofrenda de bienvenida? ¿Aquello con que os llegáis a las personas?
>
> —Es todo: con eso hemos venido, señor nuestro.[88]
>
> Hernán Cortés y el mensajero de Moctezuma, 1519

Tras desembarcar en Cozumel, el ejército de Cortés se desplazó con rapidez hacia el norte, rodeó la península de Yucatán, se movió en grupo por tierra y entabló con los nativos una batalla sangrienta. Aunque había un español por cada trescientos indios —miles de caras pintadas con colores brillantes corrían hacia ellos por la sabana—, los hombres de Cortés los derrotaron con facilidad, al caer sobre ellos con toda la fuerza de la caballería. Los indios se quedaron atónitos ante la visión de un extraño enemigo que galopaba hacia ellos, golpeando la tierra con pezuñas de metal. Hasta entonces en las Américas no se habían visto caballos y su efecto fue catastrófico para los indios. Durante los aterradores primeros momentos de la invasión, creyeron que estaban siendo testigos de la llegada de una bestia terrorífica, un leviatán de dos cabezas y cuatro patas que blandía una espada. Alarmados por los animales que daban giros, los mastines que babeaban a su lado, las ensordecedoras balas de cañón que les pasaban por encima, los indios emprendieron una retirada apresurada y se rindieron a la mañana siguiente. Cuarenta caciques, vestidos con mantos ricamente tejidos, agitando incienso y portando regalos de oro, comida y esclavos, le rogaron a Cortés que pusiera fin a la matanza. Las espadas de acero y las armas de fuego les habían hecho perder a ochocientos hombres.[89] Cortés había perdido a dos.

Cortés se dio cuenta enseguida de que el oro que pudieran aportar esos nativos era demasiado ligero y escaso, y probablemente robado de otro lugar, pero le intrigaba la descripción que hacían de los mexicas, un imperio muy ambicioso ubicado en el norte del que se decía que tenía mucho oro. Los mexicas eran muy odiados por su voracidad y brutalidad; era una cultura guerrera que peinaba las tierras en busca de prisioneros a los que ofrecer en sacrificios humanos, en que se extraían los corazones de los vivos para satisfacer a los dioses hambrientos. Sin duda, era la poderosa civilización de la que los españoles tanto habían oído hablar. Pero Cortés no había perdido el tiempo durante sus proezas en el Yucatán. Había ganado aliados y continuaría haciéndolo, sumando colaboradores a medida que avanzaba.

Antes de continuar hacia el sol poniente, donde se rumoreaba que estaban los mexicas, Cortés frustró cualquier esperanza de deserción al hundir sus barcos y hacer que la conquista fuera la única posibilidad de supervivencia para sus hombres.[90] Todos los españoles, incluidos los marineros de cubierta de la tripulación, estaban ahora destinados al viaje tierra adentro. Nadie se quedaría atrás. Cortés incorporó dos «lenguas» —intérpretes que había reclutado por el camino— que resultaron esenciales para la empresa. Uno era Gerónimo de Aguilar, un sacerdote español que había naufragado, escapado de los caníbales y vagado por el Yucatán durante años, y que hablaba el idioma con soltura. La otra era una encantadora esclava azteca, La Malinche, que había sido capturada por los mayas, por lo que dominaba ambas lenguas. Ofrecida a Cortés como botín de guerra, La Malinche aprendió español enseguida y se convirtió en su traductora personal, amante y esclava. Ejercería una autoridad notable, ya que los conquistadores confiaban en ella y las tribus conquistadas la veneraban. Fue la principal negociadora en el intercambio entre Cortés y el emperador azteca, representó a su amo y fue su consejera estratégica y madre de su primer hijo; en otras palabras, una esclava con un poder extraordinario. Sin ella, cualquier interacción entre los españoles y los mexicanos —y tal vez la propia conquista— habría sido imposible.

Cuando Cortés encontró la gran capital de Tenochtitlán, donde residía el emperador Moctezuma II, ya había aprendido un par de cosas sobre los desafíos a los que se enfrentaría en la tierra de los mexicas. A diferencia de Colón, había visto allí ciudades comparables a Granada en tamaño y arquitectura, que rivalizaban con la República de Venecia en alcance y gobernanza.[91] Había visto mercados bulliciosos, en los que el oro y la plata se intercambiaban con rapidez. Allí adonde mirase, señalaría después, veía orden, inteligencia, cortesía y una tierra bendecida con hermosos valles. México era un territorio próspero; cultivado con esmero, cosechado provechosamente, lleno de gente. Pero a Cortés no se le había escapado que, sobre todo en las zonas periféricas, su emperador, Moctezuma, era muy odiado. Enseguida comprendió que si se aliaba con esos rebeldes de las tierras fronterizas del imperio conseguiría ventaja militar, pero que también supondría una provocación peligrosa. También entendió que la alianza mexica era una enorme maquinaria comercial y bélica, algo que resultó más evidente a medida que avanzaba por tierra —atravesando ciudades, abriéndose paso por la maleza, bordeando volcanes— y era testigo directo de su poder. De los caciques, los líderes tribales que hablaban con franqueza a La Malinche, Cortés aprendió los rasgos y excentricidades de Moctezuma: su devoción por el dios de la guerra, sus espantosos sacrificios, su avaricia, su amor por el lujo, sus caprichos.[92] Gracias a los embajadores de Moctezuma, que sobornaron a Cortés para impedir que entrara en la ciudad —le dieron discos gigantes de oro y plata, telas exquisitamente tejidas, jade finamente trabajado—, ahora estaba seguro de que se aproximaba a un emperador formidable, pero inquieto y voluble.[93] Con el sobrino de Moctezuma, que se atrevió a saludarlo cuando estuvo claro que a los españoles no se les disuadiría con facilidad, Cortés fue testigo de una pompa y un esplendor sin precedentes. Pero nunca podría haber augurado la vista que apareció ante él y sus tropas cuando, al cruzar la imponente Sierra Madre, se pararon en un terreno elevado y por primera vez contemplaron a lo lejos la capital mexicana.[94]

Fue a primera hora de la mañana cuando el ejército de Cortés y su séquito tribal llegaron al camino que dejaba atrás los lagos y se dirigía a la gran ciudad de Tenochtitlán. Ante ellos, como una brillante sarta de cuentas, se extendían núcleos urbanos que prácticamente surgían del agua, y otros que brotaban de la tierra seca. Y allí estaba la enorme ciudad isla de Tenochtitlán, levantada sobre un lago azul, emitiendo un brillo tal que, vista desde lejos, parecía hecha de plata.[95] Los españoles estaban tan deslumbrados como atemorizados de lo que podría ser de ellos en una metrópoli tan grande.[96] Los hombres de Cortés compararon aquella visión con el momento en que en el legendario *Amadís de Gaula*, la novela caballeresca más popular de la época, el héroe y sus compañeros ven por primera vez Constantinopla (era el relato que les había motivado a unirse a la conquista). ¿Acaso no era la ciudad que estaba ante ellos la plasmación de un sueño? Templos ornamentados surgían del lago como grandes lirios de piedra. A medida que se acercaban, pudieron ver lo espaciosos que eran y lo bien construidos que estaban; lo bellos que eran la cantería, el cedro tallado, los árboles fragantes, los jardines de rosas, las canoas que se deslizaban con elegancia por los canales. Como escribió más tarde un soldado: «No es de maravillar que yo lo escriba aquí de esta manera, porque hay mucho que ponderar en ello que no sé como lo cuente: ver cosas nunca oídas, ni vistas, ni aun soñadas [...]. Digo otra vez que lo estuve mirando, que creí que en el mundo hubiese otras tierras descubiertas como estas, porque en aquel tiempo no había».[97]

Si Cortés había albergado algún recelo sobre el potencial de aquel extraño Nuevo Mundo para proporcionar la riqueza que tanto su rey como él ansiaban, esas dudas se disiparon al instante. Las primeras conquistas habían sido relativamente modestas; Colón y sus tripulaciones habían sometido con facilidad aldeas con tribus de nativos desnudos y cogido lo que les viniera en gana mediante la astucia o la fuerza bruta. El firme dominio español en La Española, Cuba y la costa de Panamá había proporcionado una cantidad de oro mínima, conseguido con mucho esfuerzo, perlas, un nuevo comercio de esclavos y una economía de plantación cada vez mayor, pero la gran metrópoli en la que Cortés entraba ahora era diferente, era algo mucho más lustroso y prometedor.

Desconcertado por el descaro de sus visitantes, Moctezuma dejó claro que no quería españoles en su capital; encomendó a su sobrino que sobornara a Cortés con tres mil pesos de oro adicionales y que le suplicara que se diera media vuelta por varias razones inventadas a la desesperada: porque en la ciudad la comida era escasa, porque Moctezuma estaba indispuesto, porque los caminos eran accidentados y peligrosos.[98] De los espías y embajadores el emperador había deducido que los barbudos querían plata, oro y piedras preciosas, y había ofrecido a Cortés un tributo anual consistente en grandes cantidades de estos, como exigía su rey.[99] Pero esas propuestas y regalos solo acentuaron el anhelo de Cortés. Su ejército continuó con mayor determinación y con el apoyo de los enemigos más furibundos de los aztecas. Cortés sabía de buena tinta que Moctezuma había contemplado matar a veinte españoles para impedir que se acercaran más. O permitir que todos entraran en Tenochtitlán y luego matar hasta al último de ellos. En todo momento, sin embargo, el carisma indefectible de Cortés —y sus garantías a los emisarios de Moctezuma de que solo quería ver la gran capital y transmitir un mensaje del rey Carlos— le abrió el camino hacia el corazón azteca.

Al final, Moctezuma transigió y aceptó acoger al mensajero mercenario e impertinente del reino lejano. Si Cortés tenía una ventaja, era esa: se le trataba con cortesía porque asumían que era un embajador, no un agresor.[100] En estas tierras, un rey o un cacique habría tenido la prerrogativa de atacar; un diplomático no.[101] Algunos cronistas, incluido el propio Cortés, han afirmado que Moctezuma creyó que el español rubio que había llegado a sus costas era la encarnación del legendario dios rey Quetzalcóatl, que había zarpado rumbo al este muchos años antes, prometiendo volver y gobernar de nuevo.[102] Tal vez resulte conveniente pensar que los mexicanos temían el regreso triunfante de un dios enfadado. Sin duda, para Cortés era conveniente hacerse pasar por uno. También puede ser útil proyectar una cierta inseguridad —e ilegitimidad— en una gran civilización conquistada con tanta facilidad. Pero estas son proyecciones occidentales en la mente amerindia, probablemente falsas.[103] Cuando le convencieron de que el presuntuoso capitán que se acercaba a su santuario era un simple funcionario que traía los saludos de un rey, Moctezuma abrió la puerta con cautela.

El encuentro con Moctezuma, celebrado el 8 de noviembre de 1519, confirmó todas las esperanzas que alimentaba Cortés sobre la lucha por la gloria y una considerable fortuna para la Corona. El emperador mexicano recibió a su invitado con cordialidad en la calzada que conducía a la capital; llegó en una litera, bajo un magnífico dosel de plumas color verde esmeralda, incrustada de oro y plata y adornada con perlas y jade.[104] Mientras una camarilla de caciques ayudaba al emperador a levantarse, Cortés pudo ver que las suelas de sus sandalias eran de oro puro; las correas estaban adornadas con gemas relucientes. Moctezuma se acercó vestido de gala, mientras los señores se afanaban en barrer la tierra y extendían una alfombra bajo sus pies, anticipándose a cada paso. Cortés estaba impresionado por las «contrahechas» del señor bárbaro, entusiasmado porque aquello validaba su búsqueda para encontrarlas.[105] Se bajó del caballo para ofrecerle la mano al gran hombre. Sobresaltado por ese sorprendente gesto, Moctezuma no se la dio, así que el español buscó otra opción. Sacó un collar de cuentas de cristal de colores, aromatizado con almizcle, y se lo puso a su anfitrión en el cuello. Luego Cortés se movió para abrazar al hombre, pero el atento séquito de Moctezuma le frenó. Tocar al gran señor azteca, y más aún mirarlo tan directamente, se consideraba una gran afrenta.[106]

Hay que señalar que para los aztecas, tan escrupulosos con la higiene, los conquistadores españoles eran un grupo maloliente y descuidado.[107] Los europeos del siglo XVI eran bastante indiferentes a la limpieza personal y no estaban acostumbrados —e incluso eran reacios— a bañarse.[108] De hecho, siempre que los emisarios aztecas hablaban con españoles, insistían en fumigarlos con incienso antes de un encuentro.[109] Aun así, Moctezuma recibió al maleducado español con amabilidad. Lo alojó espléndidamente en el palacio de su padre, lo condecoró con un codiciado collar de oro y le obsequió durante días con cenas suntuosas.[110]

El tosco gesto de Cortés con la mano fue el presagio de más humillaciones venideras. Como más tarde informaría a Carlos I, ya había decidido que «beneficiaría» al rey tener a Moctezuma como rehén, tomar el poder y reclamar el imperio para el reino español.[111] Seis días después de congraciarse con el emperador, Cortés se enteró de que los indios habían matado a dos españoles en una ciudad lejana.[112] Aprovechó esa noticia para culpar a su anfitrión, encadenar a Moctezuma y recluirlo en sus propias estancias. La corte real de Moctezuma, paralizada por este inesperado giro de los acontecimientos, no pudo hacer nada por miedo a que los invasores mataran a su soberano y alentaran a sus enemigos a ir a la guerra.

Aun cuando Cortés había tramado la forma más eficiente de apropiarse por completo del imperio y aprovecharse de sus riquezas, continuó engañando a Moctezuma con acusaciones falsas. Le explicó a su prisionero, con atentas excusas, que estaba simplemente imponiendo justicia, reconociendo la zona y sirviendo a su dios y su señor.[113] Insistió en que se le mostraran las minas de las que Moctezuma obtenía su oro exquisito.[114] Asustado por la humillación y encandilado por el carisma de Cortés, el mexicano le complació de buena gana. Pidió a sus sirvientes que acompañaran a cuatro destacamentos de españoles a las provincias —a Cosalá, Tamazulapa, Malinaltepec y Tenimes— donde el oro se cribaba en los ríos.[115] El resultado fue un informe completo de las explotaciones de oro del imperio, con añadidos sobre las tierras que había entre ellas: los campos mexicanos estaban repletos de maíz, alubias, cacao y granjas de pollos.[116] La tierra no solo prometía a España una fortuna en metales, sino que también era un granero.

No podemos presuponer lo que pensaba Moctezuma, pero las acciones hablan por sí mismas: accedió a todo lo que quiso su amable captor. Alojado con las comodidades del palacio de su propio padre, dando directrices como si todavía estuviera al mando, exigió que se satisficiera cualquier deseo de Cortés. Los artistas dibujaron mapas de los ríos navegables.[117] Los jefes de las tribus conquistadas enviaron oro que llevaban esclavos a sus espaldas. Se ordenó a ciudades enteras que acataran la voluntad de los españoles mientras estos construían fortalezas y acumulaban botines.[118] En el transcurso de cinco meses, Cortés había reunido y fundido una verdadera montaña de artefactos, joyas, barras de oro y láminas de plata cuyo valor ascendía a casi un millón de pesos.[119] Una quinta parte de ese expolio, que hoy habría valido más de veinte millones de dólares, fue finalmente enviada a Carlos I en un solo cargamento.[120] Cortés se quedó con otra quinta parte y el resto se repartió entre sus tropas, según el rango y el servicio. A pesar de todas las afirmaciones de que la conquista española de las Indias era una misión para iluminar el mundo y difundir la palabra de Dios entre los infieles, en el informe inicial para la Corona apenas se mencionaba ese sagrado ministerio. Como la primera carta de Colón a Fernando e Isabel, la de Cortés a Carlos I dejaba claro el objetivo. En el Nuevo Mundo, la radiante estrella polar de España era el oro.

Codicia de oro

> Venían armados de relámpagos [...] y escupían fuego.[121]
>
> Mensajeros de Moctezuma

Solo podemos imaginar la perplejidad del emperador azteca ante la obsesión de Cortés por los metales. Moctezuma era propenso al oro —le gustaba exhibirlo—, pero en realidad significaba poco más que un ornamento, y sin duda no el más precioso. Las pequeñas piedras de jade, *chalchihuites*, con las que había agasajado a Cortés antes de su llegada y que ahora le ofrecía en mayor número, eran para él mucho más valiosas.[122] Una pequeña piedra, le aseguró Moctezuma a Cortés, valía lo mismo que dos grandes cargamentos de oro. El emperador no podía saber que los metales preciosos eran la recompensa que había impulsado siglos de historia europea. Era el oro —y, antes que él, la plata— lo que se había convertido en la moneda preferida de las clases adineradas europeas en el siglo XIV, tras la enorme pérdida de vidas que supuso la peste negra, y lo seguiría siendo quinientos años después, durante la gran hambruna irlandesa. La guerra casi constante que siguió a esa oscura época en Europa generó multitud de peticiones de rescate. El oro fue necesario durante todo el siglo XIV, aunque solo fuera como medio para rescatar reyes y liberar a sus ejércitos. Con el paso del tiempo, se convirtió en una mercancía intercambiable que impulsaba la economía de Constantinopla a Calais. Pero quienes más lo atesoraron fueron los comerciantes de Venecia, que habían acumulado grandes reservas de oro y plata gracias a un activo mercado de esclavos y madera, lo que convirtió a su ciudad en la más próspera de Europa.[123]

Sin embargo, en el año 1500, en Europa la cantidad de oro había quedado reducida a unas pocas toneladas. Según un historiador: «Con la cantidad total de oro que había en Europa en cualquier formato —monedas, reservas y todo tipo de adorno o elemento decorativo— se podría haber fabricado un cubo de tan solo dos metros de lado».[124] De hecho, en el siglo anterior al descubrimiento de Colón, las reservas de lingotes europeas se habían reducido a la mitad.[125] No es sorprendente que los navegantes españoles y portugueses ansiaran encontrar los legendarios imperios dorados de Oriente. Ahora, al tener secuestrado a un gran emperador, Cortés tenía la oportunidad de conceder a su propio rey —el recién proclamado soberano del Sacro Imperio Romano Germánico— los «mayores reinos y señoríos como su real corazón desea».[126]

La aparente cooperación y buena voluntad de Moctezuma no sentó bien a los aliados de Cortés en las provincias periféricas de México. Estallaron revueltas después de que las tribus que se habían comprometido con el extremeño desertaran y negaran su lealtad a ambos bandos.[127] Pero la mayor amenaza para Cortés se materializó cuando otra flota de barcos españoles que transportaba a novecientos hombres y que estaba liderada por el capitán Pánfilo de Narváez llegó a Veracruz, el puerto que había encontrado Cortés y en el que había hundido todos sus buques.[128] Narváez había sido enviado nada menos que por Diego Velázquez, el gobernador de Cuba, quien, en su incansable búsqueda de oro, había declarado una guerra sin cuartel a su capitán rebelde. Algunos de los hombres de Cortés que exploraban las minas de oro de Moctezuma cerca de Veracruz se toparon con los recién llegados, les informaron de los triunfos de Cortés y de los tesoros de los que acababa de apropiarse, y, seducidos por las promesas de mayores recompensas y un regreso seguro a casa, desertaron y se unieron al bando de Velázquez.[129]

Moctezuma había sido advertido de la llegada de la flota, pero no dijo nada a Cortés. Incluso en cautiverio, se las arreglaba para estar informado. De hecho, a través de sus espías, Moctezuma empezó a mandar secretamente regalos de oro y comida a las tripulaciones de Narváez, con la esperanza de que la división interna entre los españoles sirviera para frustrar los planes de su captor y salvar el imperio.[130] Pero, en un funesto momento de confusión, Moctezuma dejó caer la noticia delante de Cortés, y este, que de pronto se dio cuenta de su peligrosa situación, se preparó frenéticamente para la lucha que sin duda se produciría a continuación. Ofreció a sus hombres más oro por su lealtad.[131] Por entonces, el oro y las joyas ya se habían convertido en un claro símbolo de poder entre los conquistadores. Cuanto más alta fuera su posición, más adornos lucían. Se colocaban sobre el pecho el metal ganado con tanto esfuerzo y se ponían pesadas cadenas de oro —«fanfarrones»— alrededor del cuello para que lucieran ostentosamente sobre los hombros.[132] Cortés comprendió que la única manera de mantener la lealtad de sus tropas era asegurarles que se estaban preparando para ganar más. Sin perder tiempo, dejó el mando de Tenochtitlán a su segundo, dirigió un escuadrón contra la nueva incursión española y logró capturar al capitán Narváez y comprar la lealtad de sus hombres con cada vez mayores promesas de metal.

Con todo, las cosas no iban bien en la capital mexicana. La cohorte de españoles que se había quedado empezó a temer que los locales pudieran vencerles pronto.[133] Una noche, cuando las masas se reunían en el sagrado Patio de los Dioses para celebrar fiestas rituales y danzas, el segundo de Cortés, Pedro de Alvarado, entró en pánico y, al presentir una revuelta, ordenó una masacre. Las fuerzas españolas, tal como estaban, cabalgaron hacia la plaza con sus armas de fuego y espadas, y asesinaron a cientos de personas sin piedad.[134] La ciudad quedó aturdida, momentáneamente paralizada, pero al final se defendió con una furia vengadora. Así fue como Cortés regresó a una Tenochtitlán sumida en la violencia. Desesperado por improvisar una respuesta, envió al cautivo Moctezuma para que calmara a las hordas furiosas. El emperador hizo lo que se le pidió e imploró a los insurrectos que depusieran su actitud, pero los caciques rebeldes le gritaron que él ya no era su soberano; ahora el poder lo ostentaba su hermano menor, Cuauhtémoc. Moctezuma apenas pudo digerir esa humillación antes de que cayera sobre él una lluvia de piedras, que le golpearon y le hicieron caer al suelo sin sentido. Esos últimos golpes amargos a manos de su propia gente resultaron insoportables para el emperador.[135] Rechazó cualquier intento de vendar sus heridas. Mientras los amotinados golpeaban los muros del palacio con antorchas encendidas —mientras Cortés, irónicamente, se veía obligado a defender el suelo del emperador—, Moctezuma expiró. La batalla, que se alargó hasta entrada la noche, fue absorbente, salvaje. Por las calles y los canales corría la sangre y los edificios eran devorados por las llamas mientras los leales aztecas, que intentaban derrotar de una vez por todas a los conquistadores, llegaban a la fortaleza de Cortés en oleadas. Ahora, a los españoles no les quedaba más opción que huir en masa de la capital. Pero ¿cómo iban a abandonar el botín acumulado, el objetivo último de la invasión?

El incendio que se produjo a continuación tendría enormes consecuencias, pero la más notable en esa historia que se desarrolló con tanta rapidez fueron los muchos cientos de miles de pesos de oro que Cortés estuvo dispuesto a perder en la huida de Tenochtitlán. En su cabeza, el oro había sido lo principal, como lo había sido en las de Velázquez, Narváez y los soldados que les servían. Había sido el objetivo, la bolsa de caudales, el banco; el impulsor de los ejércitos. También había sido lo más importante en la mente colectiva de los poderes que les promovían: el rey, el papa, el recién fundado Consejo de Indias, creado precisamente para administrar todas las riquezas que España se proponía obtener en el Nuevo Mundo.[136] Los mexicanos enseguida aprendieron a utilizar esa debilidad de los españoles en su contra, para enfrentarlos entre sí, y, en los muchos meses que pasaron en compañía de esos extraños barbudos, nunca dejaron de maravillarse de la intensidad de ese deseo.

Gritando a sus hombres, Cortés ordenó la evacuación inmediata de la capital, y sus soldados, que estaban rodeados, hicieron todo lo que pudieron por emprender un éxodo desesperado. Con la ayuda de sus nuevos colaboradores, los tlaxcaltecas, intentaron huir con todo el botín que pudieran llevarse. Como describió un soldado:

> Mandó Cortés a [...] sus criados que todo el oro y joyas y plata lo sacasen con muchos indios de Tlaxcala que para ello les dio, y lo pusieron en la sala, y dijo a los oficiales del rey [...] que pusiesen cobro en el oro de Su Majestad, y les dio siete caballos heridos y cojos y una yegua y muchos amigos tlaxcaltecas, que fueron más de ochenta, y cargaron de ellos a bulto lo que más pudieron llevar, que estaban hechas barras muy anchas [...] y quedaba mucho oro en la sala y hecho montones. Entonces Cortés llamó a su secretario y otros escribanos del rey y dijo: «Dame por testimonio que no puedo más hacer sobre este oro; aquí teníamos en este aposento y sala sobre setecientos mil pesos de oro, y como habéis visto que no se puede pesar ni poner más en cobro, los soldados que quisieren sacar de ellos, desde aquí se lo doy, como ha de quedar perdido entre estos perros».[137]

Los soldados corrieron a hacerse con los tesoros saqueados y se apoderaron ávidamente del jade, además de las barras de oro sólido, puesto que sabían que en esa tierra lejana los nativos valoraban más la piedra que el metal.[138] Cogieron lo que pudieron, metiéndolo a lo bruto en los cinturones y la armadura. Las tropas de Narváez, recién llegadas y excitadas al ver tanta riqueza acumulada, cargaron con ella.[139] En el frenesí, trataron de arrastrar aún más en cajas improvisadas apuradamente. Al salir a toda prisa de la ciudad, mientras cruzaban los puentes con dificultad, los españoles fueron atacados por los aztecas y algunos, arrojados al lago. Al mirar atrás, un español pudo entrever caballos muertos, indios heridos y cajas cargadas de oro meciéndose brevemente en la superficie, antes de hundirse y desaparecer.[140]

A pesar de las pérdidas materiales que Cortés sufrió en esa retirada apresurada, pronto se dio cuenta de que había acumulado muchos soldados y abundante munición. Con cuatro mil tlaxcaltecas de refuerzo, hizo retroceder fácilmente a los aztecas que le persiguieron hasta el campo.[141] Por el camino, pudo reclutar a otras tribus descontentas —los cholulas, los tepeacas y guerreros de los territorios vecinos— que estaban deseando ajustar cuentas con los señores mexicanos. En los meses siguientes, mientras llegaban barcos españoles de Cuba y Jamaica, y mientras la cohorte se dedicaba a capturar y esclavizar aldeas enteras, Cortés pronto se hizo con el control de una formidable población. No pasó mucho tiempo antes de que planeara reconquistar la capital.

Primero, sin embargo, quería recuperar el oro. Al reunir a sus tropas en el primer campamento, Cortés pudo ver perfectamente que se habían llevado una buena parte de la valiosa reserva. Incluso en esas circunstancias precarias, los soldados estaban comerciando con los lingotes, apostándoselos y peleándose violentamente por ellos. Cortés emitió una proclama en la que ordenaba a sus soldados que entregaran todos los tesoros que hubieran cogido, bajo la amenaza de recibir una penalización severa. Les dijo que si era necesario lo confiscaría a la fuerza, y que cuando lo hubiera contado todo les permitiría quedarse con un tercio de lo que hubieran conseguido llevarse. «Esta orden de Cortés —se quejó un español— parecía muy equivocada».[142] A fin de cuentas, en el pánico de la huida de la capital mexicana, Cortés les había animado a intentarlo, a robar todo lo que pudieran, y lo habían hecho con la garantía de que sería suyo. Un escribano real había estado presente para dar fe de ello.

No obstante, había otros problemas más urgentes. Se avecinaba una guerra a ultranza, y todas las furias se desataron a medida que Cortés y sus ejércitos, aguzados ahora por la privación y el combate, se abrían camino hacia Tenochtitlán, arrasando el imperio a medida que avanzaban. Cuando Cortés forzó la rendición del emperador Cuauhtémoc en agosto de 1521, a muchos españoles les habían arrancado el corazón palpitante del pecho y miles de cadáveres indios yacían en los caminos que llevaban a la brillante ciudad lacustre. Pero Cortés saldría de aquella matanza como una figura heroica, exaltada en Europa, condecorada con honores por su rey; un ejemplo para todos los conquistadores que le sucedieran.

Fue precisamente durante esos años cuando el rey español Carlos I, el emperador del Sacro Imperio, cuya ambición se había disparado tras la espectacular conquista de México llevada a cabo por Cortés, decidió cambiar su escudo de armas para que la rampante águila bicéfala negra que caracterizaba su insignia apareciera grandiosamente entre las Columnas de Hércules.[143] Añadió el lema heráldico «Plus Ultra», o «más allá», porque su Sacro Imperio Romano Germánico no solo había navegado mucho más allá del «non plus ultra», el peligroso límite de la tradición medieval, sino que el «más allá» se había convertido en su dominio, su gallina de los huevos de oro y su lugar de recreo. Esta ambición, unida a la superstición de la época —que Dios perdonaría cualquier método, por cruel que fuera, para conseguir conversos para la Iglesia de Roma—, fue la marga fértil en la que floreció la opresión de América.[144] El objetivo de los conquistadores eran las riquezas metálicas, pero su método era la conversión al cristianismo. Como dijo Lope de Vega, el gran escritor del siglo XVI: «So color de religión, van a buscar plata y oro».[145] El señuelo era irresistible; la coartada, irreprochable. El motivador grito de guerra «¡Santiago y cierra, España!», proferido al inicio de cualquier asalto o escaramuza, conjuraba, al menos en sus cabezas, las grandes y nobles cruzadas de antaño.[146] Vinculaba la rapiña a una causa superior, la gloria de Dios. Eso mitigaba la codicia.

¿Y por qué no? En una época en la que el papa Julio II se dirigía a la batalla con toda la armadura de Dios y pagaba las guerras santas vendiendo indulgencias —certificados de papel que prometían a cualquiera lo bastante rico para pagarlos una bienvenida exención del purgatorio—, era evidente que la Iglesia se había dado cuenta de que necesitaba lingotes y que se valdría de cualquier medio para conseguirlos. A fin de cuentas, había que construir la basílica de San Pedro y acabar con la Reforma protestante. Con el tiempo, los estrechos lazos de Carlos I con Roma resultarían mutuamente beneficiosos para la Iglesia y España. Cuando la armada del rey se apropió de la riqueza de las Indias y estableció plantaciones, minas y una próspera economía colonial, España y el catolicismo aumentaron al unísono su poder y dominio. Solo Napoleón I y Adolf Hitler, en la cumbre de sus mandatos, gobernaron una superficie mayor de Europa.[147] Sin embargo, el dominio de España se proyectaría hasta rincones lejanos del este y el oeste —de las Américas a Filipinas, un imperio en el que el sol nunca se ponía, como le gustaba decir al emperador del Sacro Imperio—, de modo que con el tiempo la autoridad de Carlos I superaría la de Alejandro Magno y Julio César. Pero la iniciativa que se estaba desarrollando no solo haría falta oro, sino también plata. Haría falta un Perú.

4

El rastro del Rey Blanco

> Oí decir un día á Atabalipa [Atahualpa] [...] que en esta provincia había una sierra que de tantos en tantos tiempos le ponían fuego un monte pequeño [...], y que después de muerto el fuego hallaban en ella plata derretida.[1]
>
> PEDRO PIZARRO, 1571

Cabría suponer que la conquista española de la vasta extensión de territorio que abarca desde Argentina hasta Colorado fue una empresa de gran envergadura llevada a cabo por cientos de cabecillas con orígenes completamente diversos, pero no fue así. Los conquistadores que siguieron la estela de Colón y pusieron gran parte de las Américas bajo el dominio español pertenecían a un círculo estrecho de individuos con una mentalidad parecida, muchos de ellos con infancias difíciles en Extremadura, algunos incluso con lazos de sangre y la mayoría educados en realidades indistinguibles.[2] Vasco Núñez de Balboa, que descubrió el Pacífico; Hernán Cortés, que conquistó a los aztecas; Pedro de Alvarado, que conquistó Cuba, ayudó a Cortés en México y luego siguió subyugando gran parte de América Central; Francisco Pizarro, que conquistó a los incas; Pedro de Valdivia, que fundó lo que ahora es Chile; Francisco de Orellana, que exploró el Amazonas y fundó lo que sería Ecuador, y Hernando de Soto, que exploró el territorio indígena entre las actuales Florida y Arkansas, habían nacido todos ellos en un radio de ochenta kilómetros en la zona sudoeste de la meseta ibérica, una región empobrecida, árida e increíblemente calurosa. Los vínculos pueden resultar sorprendentes: Balboa afirmaba ser oriundo de la misma localidad, pequeña y polvorienta, que De Soto. Pizarro nació a un día de camino a caballo de la casa donde pasó su infancia Cortés. De hecho, Pizarro, Cortés y Orellana eran primos lejanos y participaron en las mismas expediciones. Nicolás de Ovando, el gobernador que llevó a Pizarro y Cortés al Nuevo Mundo, también era pariente de ambos. Balboa era yerno de su comandante y Cortés, cuñado del suyo. Pero el mayor vínculo que unía a estos hombres tal vez fuera que eran hijos de la guerra: sus padres, tíos y primos habían luchado contra los italianos, los franceses y los moros, y habían heredado un fuerte espíritu de lealtad y lucha. Conquistar las Américas fue realmente una aventura de hermanos.

Como escribió en una ocasión John Hemming, el gran historiador de la conquista latinoamericana:

> Los hombres que emprendieron estas aventuras no eran mercenarios: el jefe de la expedición no les pagaba. Eran aventureros que iban camino de las Américas con la esperanza de hacer fortuna. En los primeros días de la conquista, cualquier recompensa que obtuvieran estos desesperados tenía que proceder de los propios indios. Eran predadores que aspiraban a un botín fácil. La comida y el servicio personal procedían de los indios a los que esperaban robar [...]. Los aventureros españoles eran como jaurías de perros, errando por el interior para detectar el olor del oro. Navegaron por el Atlántico, bravucones y ambiciosos, y luego ocuparon los pequeños asentamientos costeros, esperando hacerse ricos como parásitos a costa de la población nativa.[3]

Es lógico, entonces, que estos hombres —lejos de casa, con lazos de sangre, llevados por la ambición personal— fueran muy conscientes de los éxitos y los fracasos de los demás. Pizarro había estudiado meticulosamente las estrategias de conquista de Cortés;[4] había analizado con detenimiento cada uno de los movimientos que su joven primo había empleado para derrotar al Imperio mexicano. Hasta 1522, cuando oyó hablar por primera vez de las notables hazañas de Cortés, Pizarro había sido un soldado de fortuna, leal e impasible, dueño de muchas tierras, hasta el punto de ser uno de los habitantes más ricos de Panamá. Se había ganado la confianza del gobernador Pedrarias Dávila al conquistar el archipiélago de Las Perlas. Había probado su lealtad al arrestar a su propio jefe, Balboa, y llevarlo ante una justicia implacable. Había asaltado aldeas y capturado indios para el lucrativo comercio de esclavos. Pero Pizarro tenía casi cincuenta años y todavía respondía ante otros, esperando que las puertas del destino se abrieran de golpe y le ofrecieran un gran premio. Esa oportunidad se presentó en 1523, cuando Pascual de Andagoya, un conquistador vasco, regresó a Panamá tras un viaje de reconocimiento por el río San Juan, en lo que ahora es Colombia. El testimonio de Andagoya era fascinante. Habló de grandes riquezas casi al alcance de la mano, justo al sur del punto más meridional al que había llegado, y describió cómo había «descubierto, conquistado y pacificado al Pirú».[5] El Pirú que había encontrado Andagoya era un cacique combativo que gobernaba las tierras salvajes de Chochama, y le había atacado en una violenta batalla.[6] Una vez derrotado, Pirú le había resultado útil a Andagoya; le había informado sobre la región y el poderoso «Rey Blanco» del sur, cuyo colosal imperio, decía, estaba repleto de riquezas metálicas. A pesar de sus éxitos —su incursión en el continente, su autoproclamado gobierno sobre los verdes valles de Cali y Popayán—, Andagoya había regresado a Panamá agotado por las batallas y la enfermedad, demasiado frágil para volver al dominio de Pirú.

Ahí estaba la oportunidad que había anhelado Pizarro. Excitado por los rumores sobre Pirú —el nombre actual de las tierras al sur de Panamá— y su poderoso y rico Rey Blanco, Pizarro pensó en comprar los barcos de Andagoya y liderar una expedición más audaz por la región.[7] Pero el tiempo corría en su contra. Carlos I ya había contratado al explorador Fernando de Magallanes para que encontrara una ruta marítima hacia las codiciadas islas de las especias de Asia y, en 1520, la flota de Magallanes había rodeado Brasil y alcanzado un gran río que desembocaba al sur de los Andes. Lo llamaron río de la Plata. Magallanes también había oído historias sobre un legendario emperador; los indios guaraníes habían hablado de un soberano cuyo trono, ropajes y emblema estaban hechos de un metal reluciente, y cuya esencia misma estaba forjada en plata.[8] Pero, a pesar de todas las incursiones que los portugueses hicieron en ese río, nunca encontraron al Rey Blanco.

Asimismo, en 1535 Pedro de Mendoza, que ya había hecho una fortuna en el Saco de Roma, navegó hacia la punta sur del continente americano en busca del oro del Rey Blanco.[9] En cambio, lo que encontró fue sífilis y hambre, y sus hombres acabaron en las marismas de Buenos Aires, comiéndose las suelas de las botas. Sin embargo, ninguno se desanimó. Los soldados de fortuna continuaron sintiéndose atraídos por el canto de sirenas de la plata, Pizarro entre ellos. Como muchos de su cohorte, afirmaba estar sirviendo a la España católica, llevando el cristianismo a los indios ignorantes —la necedad políticamente correcta de la época—, pero era un ávido competidor en la carrera por las riquezas terrenales, estaba tan cautivado por el mito del Rey Blanco como cualquiera de sus predecesores y sabía muy bien que el primero que llegara allí se quedaría con ellas.[10]

Pizarro había llegado lejos, tanto en términos humanos como en los mares. Hijo ilegítimo de un hidalgo y una sirvienta, privado de la educación que solía acompañar a una cuna más noble, pasó su infancia criando cerdos.[11] Seguiría siendo analfabeto el resto de su vida, pero se convirtió en un hombre alto, robusto, seguro de sí mismo —rasgos heredados de su padre—, y no tardó en soñar con una vida más allá del barro y la suciedad de las pocilgas. A los dieciséis años Pizarro se escapó a Sevilla, donde los perdedores se convertían en marineros y el río Guadalquivir fluía seductoramente hacia el mar. Al cabo de un año, decidió seguir el ejemplo militar de su padre y enrolarse para luchar en el ejército del rey Fernando, aunque las noticias sobre las aventuras de Colón habían empezado a encender su imaginación. Más tarde, llevado por la fiebre del momento, Pizarro se unió a la flota del gobernador Nicolás Ovando y en 1502 navegó hacia La Española. Al cabo de cinco años, la mitad de sus compañeros de tripulación estarían muertos y la población nativa de La Española, diezmada por la guerra y la enfermedad, pero Pizarro se las arregló para sobrevivir. De hecho, le iba bien económicamente y destacaba en la caza de oro y esclavos, el penoso negocio de la conquista. Estaba en su elemento.

Pizarro demostró su capacidad marcial con su entusiasta participación en las febriles incursiones contra los indios del interior de La Española. Era osado, tenaz, incomparablemente dotado a la hora de someter a los nativos y obligarles a trabajar en las minas. Guardia personal de confianza del gobernador Ovando, con el paso del tiempo fue destinado a desempeñar la misma función para el gobernador Pedrarias Dávila en Panamá. Tal vez Pizarro no fuera tan culto, instruido o inteligente como sus camaradas Cortés y Balboa, pero era un guerrero leal, valiente en la batalla e increíblemente capaz cuando se hallaba bajo presión.[12] Hombre de pocas palabras y porte impresionante, se le consideraba un líder natural. En Panamá sumó otra ventaja. Su encomienda, o plantación —con abundante grano y un próspero negocio de ganado—, se volvió decididamente rentable.[13] Nadaba en dinero.

Con el tiempo, Pizarro fusionó su plantación con las de dos hombres en los que confiaba: Diego Almagro, un soldado analfabeto que, como él, era un hijo ilegítimo rechazado que había llegado a destacar como luchador y enérgico traficante de esclavos, y Hernando de Luque, un clérigo rico de origen posiblemente sefardí que era confidente del gobernador Pedrarias y que tenía talento para las finanzas.[14] Juntos, los tres formaron una compañía que combinaba propiedades y negocios, compartía los costes y repartía todos los beneficios. Uno para todos y todos para uno. Formalizaron su pacto como mandaba la antigua tradición medieval: fueron a misa en una modesta iglesia de Panamá, compartieron una hostia consagrada entre los tres y se prometieron lealtad eterna.[15] Decidieron comprar barcos, equipar a una tripulación de más de cien hombres y llevar a cabo la exploración de Pirú.[16] Pizarro sería capitán y comandante de la expedición; Almagro se encargaría de reunir las armas y provisiones, y Luque sería el administrador de los fondos.[17] No tardaron en convencer a Pedrarias de que autorizara el viaje; no pidieron al gobernador ni un céntimo para la empresa, pero le prometieron una parte representativa de los tesoros encontrados.[18]

El primer viaje constituyó un fracaso.[19] Los dos barcos puestos en servicio —un desvencijado bergantín llamado pomposamente Santiago (por el santo patrón de España) y su destartalado compañero, una pequeña carabela— estaban en malas condiciones y no resultaron aptos para la tarea. Se adentraron en el mar el 14 de noviembre de 1524, llevando a bordo ciento diez españoles, algunos indios, cuatro caballos, un perro de combate y ningún viento en las velas.[20] Al quedarse rezagados y no alcanzar la costa en el archipiélago de Las Perlas, Pizarro esperó a que los vendavales del norte los arrastraran hacia el sur, pero se vio obligado a permanecer inmóvil durante tres semanas más, con la consiguiente disminución de las provisiones. Cuando la tripulación consiguió moverse, vientos variables los empujaron hasta los manglares donde Andagoya había comenzado su exploración tierra adentro. Pero durante ese tiempo sufrieron un hambre que les consumió y plagas de mosquitos y lluvias tropicales que les debilitaron. En febrero todavía no habían visto ni un indio. Pizarro partió tierra adentro, pero enseguida se sintió desalentado por las inhóspitas montañas y el infranqueable laberinto de árboles. Regresó al mar y navegó más al sur, donde encontraron un campamento abandonado, algunas baratijas de oro y los macabros restos de un banquete caníbal.

Después de seis meses de una inanición inconcebible, la tripulación estaba compuesta por cincuenta hombres escuálidos —la mitad de la dotación original— y, a pesar de las buenas palabras que Pizarro pudiera pronunciar sobre el oro y la plata que les esperaban, era evidente que la expedición corría grave peligro. A las carcomidas naves había empezado a entrarles agua; no les llevarían mucho más lejos. Los españoles se aventuraron tierra adentro, desesperados, para asaltar aldeas indias y conseguir comida, pero era una tarea peligrosa con resultados escasos y, básicamente, suicida. Los indios, como es natural, defendieron su territorio. Desnudos, alimentándose de carne humana, pintados para la guerra y armados con flechas envenenadas, rastreaban a los intrusos mientras estos se desplazaban por tierra o bordeando la costa y entablaban enfrentamientos con ellos. Durante una incursión, Pizarro resultó herido de gravedad. En otro ataque, Almagro perdió un ojo. Finalmente, Pizarro y Almagro comprendieron que, a pesar de la humillación de admitir la derrota, no tenían más remedio que volver a Panamá, reparar sus barcos y empezar de nuevo.

En 1526, mientras el gran inca Huayna Capac recorría su vasto imperio con un séquito de miles de personas y el emperador del Sacro Imperio, Carlos I, consolidaba su poder como soberano del mundo católico, provocando una oleada de guerras y la Reforma protestante,

Pizarro emprendió un segundo viaje a Pirú. Era casi tan mísero como el anterior y no había sido fácil de organizar, pero al final, después de enormes sacrificios, ofreció un destello de esperanza.

Para entonces, el gobernador Pedrarias había perdido toda fe en la empresa. Sus grandiosos planes para la conquista de Nicaragua habían encallado, y no tenía tiempo para el disparate de Pizarro. En un asentamiento recién establecido, las aventuras exploratorias como esa de Pizarro representaban una fuga de recursos potencialmente catastrófica. Todo Panamá contaba solo con cuatrocientos españoles y una cantidad limitada de alimentos y provisiones. Que Pizarro se llevara a una cuarta parte de la población española, por no mencionar preciosas reservas de maíz, caballos y municiones —todo ello en medio de un esfuerzo de ocupación, en nombre de tesoros que tal vez no encontrara nunca—, era un riesgo formidable para cualquier gobernador. Pizarro se encontró intentando improvisar una flota de la mejor manera, defendiéndola por todos lados y encontrando más peligros de los que creía posibles.

Desde el momento en que zarpó, en enero de 1526, la expedición parecía condenada al fracaso. El acto de despedida de Pedrarias había servido para ascender a Almagro a capitán segundo, lo cual supuso un insulto a la autoridad de Pizarro e hirió profundamente su vanidad. Después de aquello, Pizarro y Almagro no volverían a tener una buena relación. El viaje fue arduo, y los meses transcurrían mientras se enfrentaban a los indígenas americanos en una escaramuza tras otra, moviéndose siempre hacia el sur, saqueando aldeas a lo largo de la costa en busca de comida, registrando sus chozas en busca de cualquier rastro de metales preciosos. Parecía que esta vez los nativos les esperaban y defendieron su territorio ferozmente. Pero también había caimanes, fiebres extrañas y un hambre ineludible que agudizaba la desesperación de los españoles mientras avanzaban con las pesadas armaduras entre la vegetación imposible. Cerca del río San Juan, donde Andagoya se había proclamado gobernador cinco años antes, Pizarro consiguió invadir y aplastar una aldea entera, llevándose oro por valor de quince mil ducados y un grupo de prisioneros para los mercados de esclavos de Panamá. Había motivos para continuar.

Sin embargo, pronto sus hombres se encontraron en un estado demasiado lamentable para hacerlo. Cada semana, tres o cuatro morían de hambre o a causa de alguna enfermedad. Pizarro decidió enviar su barco hacia el sur en busca de oro y plata, y el de Almagro al norte para traer refuerzos de Panamá. Él se quedaría en la desolada isla del Gallo, a la deriva con un pequeño grupo de hombres harapientos. Defendiéndose de las serpientes, buscando comida entre las raíces, soportando rayos que dividían los cielos nocturnos, permanecieron en esa isla otros siete meses infernales. Algunos de los hombres más desesperados habían logrado colar una nota para el gobernador Diego de los Ríos en el cargamento que había partido con Almagro. Imploraban que se les liberara del implacable mando de Pizarro; escribieron: «Pues, señor gobernador, mírelo bien por entero; que allá va el recogedor [Almagro], y acá queda el carnicero [Pizarro]».[21] Cuando el gobernador la recibió, ordenó una investigación exhaustiva de la misión de Pizarro.

Pero con el paso de los meses, la nave que Pizarro había enviado hacia el sur al mando del capitán Bartolomé Ruiz regresó con algunas noticias inesperadas.[22] A unos ochocientos kilómetros, justo enfrente de la costa de lo que ahora es Ecuador, Ruiz se había topado con una flota de balsas de comerciantes tan inmensa y sofisticada que indicaba la existencia de una civilización mucho más importante que las que habían encontrado hasta entonces en el Nuevo Mundo. El capitán no podía saberlo, pero los nativos de esas balsas eran súbditos del señor inca Huayna Capac, que en ese momento se encontraba a casi doscientos cincuenta kilómetros tierra adentro, en las bucólicas comodidades de su palacio de Tumipampa.[23] Lo que Ruiz sí sabía con certeza —y tenía pruebas concretas de ello— era que se trataba de un pueblo que fabricaba metal y comerciaba con él.

> Trayan muchas pieças de plata y de oro para el adorno de sus personas, [...] coronas y dyademas y cintos y puñetes y armaduras, como de piernas y petos, [...] y espejos y goarnecidos de la dicha plata, y taças y otras vasijas para veber. Trayan muchas mantas de lana y de algodón y camisas y aljulas [jubones] [...]. Y trayan unos pesos chiquitos de pesar oro como hechura de romana.[24]

Aquellos indios parecían refinados, sofisticados y más amigables que los que habían encontrado hasta entonces. Y además transportaban esmeraldas, cerámica y tejidos suaves y lujosos que él nunca había visto en España. Como sabía que necesitaban dar fe de ese descubrimiento, Ruiz y sus hombres asaltaron una embarcación y capturaron a tres nativos para formarlos como traductores para Pizarro; el resto saltaron por la borda y nadaron desesperadamente hacia la orilla.

Irónicamente, mientras Pizarro escuchaba absorto el relato de Ruiz —una emocionante confirmación de lo que él siempre había pensado—, desde el norte llegaban noticias muy diferentes. De los Ríos, el gobernador de Panamá, muy alarmado por el mensaje desesperado de la tripulación, había enviado un destacamento comandado por el capitán Juan Tafur para reunir a los hombres de Pizarro y obligarles a regresar. El gobernador, ya se hubiera dejado conmover por los descontentos o por otros miembros insatisfechos de la tripulación de Almagro, se mostró inflexible en cuanto a que los que pedían ser rescatados fueran llevados de vuelta a Panamá. Pero si hasta veinte hombres querían perseverar bajo el mando de Pizarro, aprobaría el envío de un barco para proseguir con la expedición. Cuando el destacamento del capitán Tafur llegó a la isla del Gallo, ninguno de los hombres quería continuar con la misión de Pizarro. Tenían las ropas hechas jirones, iban descalzos, estaban escuálidos y lloraron de alegría cuando vieron acercarse los barcos de Tafur; en realidad, eran prisioneros liberados de sus ataduras.[25] Pizarro salió a recibir a Tafur, pero enseguida le comunicaron las órdenes del gobernador, junto con la noticia de que se había decidido que toda su tripulación regresara. Estaba devastado, pero mantuvo sus emociones bajo control.[26] Siempre había sido un hombre austero, taciturno, más dado a la rudeza que a la urbanidad. Con calma, seriamente, desenvainó su espada, caminó hacia su tripulación e hizo un corte horizontal en la arena. «Por ese lado —dijo, haciendo un gesto hacia el barco que esperaba— se va a Panamá, a ser pobres, por este otro al Perú, a ser ricos; escoja el que fuere buen castellano lo que más bien le estuviere».[27]

Se hizo un largo silencio entre sus hombres. Al final, Ruiz, que había visto con sus propios ojos lo que prometía el imperio de Huayna Capac, cruzó lentamente al lado de Pizarro. Uno a uno, le siguieron doce hombres más. Al ser tan pocos, Tafur insistió en que la expedición terminara allí mismo, como había decretado el gobernador, pero Pizarro sabía que volver a Panamá significaría perder el honor y la posición. Después de las victorias de Cortés, el frenético anhelo de conquista se encontraba en su apogeo, y cualquier conquistador que oyera hablar de las riquezas del Rey Blanco sin duda se apresuraría a reclamarlas. Pizarro decidió que Ruiz regresara con los demás, se reuniera con Almagro, encontrara otra nave y se reincorporara a la expedición tan pronto como pudiera. Pizarro se quedaría donde estaba. Era una elección muy arriesgada, puesto que él y los otros doce tendrían que esperar siete agotadores meses más antes de poder experimentar cualquier alivio. Incapaz de convencer a Pizarro de lo contrario, Tafur, molesto, lo transportó junto con sus seguidores acérrimos a una isla deshabitada, donde estarían a salvo de un ataque potencial, tiró su asignación de maíz en la arena para que se pudriera y se marchó.[28]

El gobernador De los Ríos se puso furioso al enterarse de que Pizarro había contravenido sus órdenes y se había quedado en esa isla con tan pocos hombres. Al principio, se negó a enviar un barco con refuerzos. Pero Almagro, que aún se encontraba en Panamá intentando reunir armas y provisiones para apoyar la expedición, alegó apasionadamente que sería una barbaridad que el gobernador condenara a los españoles a una muerte segura. Finalmente se les concedió un barco, con la condición de que Pizarro tenía seis meses para regresar a Panamá.[29] Pizarro y sus hombres se alegraron cuando lo vieron acercarse, tras más de un año viviendo como náufragos en aquellas aguas remotas. Habían sufrido devastadores ataques de disentería, malaria, golpes de calor y malnutrición, pero la fuerza de voluntad y la abundancia de pescado fresco les habían asegurado la supervivencia. En aquel pequeño y salvaje territorio verde, convivió con ellos un grupo formado por esclavos que la historia rara vez ha tenido en consideración: los negros africanos y los jóvenes comerciantes indígenas que Ruiz había secuestrado en su incursión en el sur.[30] En esa isla, los nativos resultarían inestimables; habían aprendido suficiente español para hacer de traductores, y serían cruciales para la conquista del legendario Pirú.

A la larga, la tenacidad de Pizarro se vería recompensada. Navegaron hacia el sur con provisiones suficientes, pero sin armas de guerra, entraron en el golfo de Guayaquil y vieron la primera ciudad inca, Tumbes.[31] Estas eran las tierras que Túpac Inca había conquistado hacía una generación y que desde entonces Huayna Capac había defendido ferozmente. Como los comerciantes que Ruiz se había encontrado antes, la gente de Tumbes recibió a los españoles con cordialidad. Acudieron en masa a la orilla, llenos de curiosidad por los barcos, sus barbas, su comportamiento incomprensible y peculiar. Para los españoles que ya habían navegado por aquella costa, fue evidente que durante el año transcurrido se habían producido cambios significativos. Había una sensación de inestabilidad; se estaba librando una guerra civil. Pizarro inspeccionó la costa desde su barco y envió dos hombres a la orilla para que exploraran la ciudad y vieran si se podía encontrar algo de riqueza material. Los dos hombres volvieron con relatos distintos pero fascinantes. Había una fortaleza, dijo el primero, llena de tesoros de metal impresionantes y defendida por seis muros. El segundo le contó que cuando los nativos le preguntaron por su arcabuz, un arma que nunca habían visto, les enseñó cómo se usaba partiendo una gruesa viga de madera de un solo disparo. Los indios se espantaron ante el poder del arma, cayendo al suelo aterrorizados por el estruendo de la bola de plomo al salir disparada hacia el blanco.

Ahí estaba la información que necesitaba Pizarro. Él y sus hombres se hallaban literalmente al borde de una gran civilización, «el producto de siglos de desarrollo en completo aislamiento del resto de la humanidad», como dijo un observador.[32] También estaban los metales brillantes que Ruiz había visto: la plata y el oro tan codiciados por la Corona española. Aun así, a pesar de la sofisticación de esta nueva cultura, el sonido de un solo disparo había puesto de rodillas al pueblo de Pirú.

Después de eso, la historia se complicó rápidamente. La licencia de seis meses de Pizarro expiraba pronto y tenía que regresar a Panamá a toda prisa. Sabía muy bien que, como Cortés, había desafiado a su gobernador y ya no podía confiar en su apoyo. Al navegar de vuelta, rebosante de convicción, hizo planes para llevar su proyecto directamente a Sevilla. A los pocos meses de su llegada, se embarcó en otra nave hacia La Española y, desde allí, se dirigió a España para buscar la bendición de la Corona. Llegó a Sevilla en el verano de 1528, acompañado de una multitud de indios y llamas, que cargaban los tesoros que Pizarro había acumulado a lo largo de la costa. A pesar de ser analfabeto, era elocuente, persuasivo —un tejedor de sueños nato—, y consiguió fascinar a la corte con los relatos sobre sus valientes aventuras y los brillantes premios que aguardaban.

El adusto conquistador convenció a Carlos I, y este así se lo hizo saber a su corte. Un año después, la reina, en nombre de su esposo, hizo noble a Pizarro al concederle un marquesado y otorgarle la famosa Capitulación de Toledo. Esta le hacía gobernador vitalicio de aquel territorio lejano, con poder para explorar, conquistar y establecerse por la fuerza en casi mil kilómetros de costa, desde lo que ahora es la frontera más septentrional de Ecuador hasta el límite sur de Perú. Las concesiones a Almagro y Luque fueron sustancialmente menores —Almagro fue nombrado comandante de la ciudad de Tumbes; Luque, su obispo—, menosprecio que con el tiempo se enconaría y alcanzaría proporciones fatales. Pero en la Capitulación lo fundamental eran las estipulaciones sobre el oro: cualesquiera metales preciosos que se encontraran en el lejano Perú no estarían sujetos al quinto real de la Corona, como era habitual, sino que se gravarían con un mero 10 por ciento. Así, el incentivo para buscar oro en esa tierra sería mucho mayor que en cualquier otro lugar de las Indias. El señuelo de ganancias aún mayores acabaría definiendo el espíritu de la conquista de los incas y el futuro de las Américas para las generaciones venideras.

La última oportunidad de Pizarro

> ¡Castrar al sol! Eso vinieron a hacer aquí los dzules [forasteros].[33]
>
> *Chilam Balam*

A la decisión de Pizarro de apelar directamente al trono se le sumó un singular golpe de buena suerte: resultó que Hernán Cortés también estaba en Toledo. Cortés, con su carisma natural y cautivadora arrogancia, había impresionado profundamente al rey y la reina, que escucharon sus coloridos relatos con enorme placer.[34] En sus diez años como gobernador, el conquistador de México no lo había tenido fácil en el Nuevo Mundo, al ser objeto de acusaciones de avaricia, crueldad y un completo abuso de poder.[35] Pero ahí, en los salones de Toledo, se relacionaba con facilidad y fascinaba a las damas de la corte con regalos procedentes de tesoros mexicanos.[36] Entonces, un formidable río de plata ya había empezado a discurrir desde las minas de México hasta las arcas del rey, lo que inspiraba una indulgencia general respecto a las supuestas transgresiones de Cortés.[37] También suscitó la envidia de Francia, que animó abiertamente a sus piratas de alta mar a hacerse con ella. Cortés no tenía reparos en presumir del botín de su conquista y, postrándose ante Carlos para lograr un efecto teatral, dedicó la vasta extensión de México y toda su riqueza material al joven monarca. El gesto no le pasó desapercibido al rey; aquel territorio era mayor que toda la Europa bajo su dominio, de las islas Canarias al río Danubio. Premiado con muchos honores, un héroe en el cenit de su fama, Cortés había preparado el camino para cualquier conquistador dispuesto a derrotar a una gran civilización. Era natural que él y Pizarro se encontraran en los salones dorados de Toledo.

La madre de Cortés era una Pizarro, lo que sin duda dispuso a los primos lejanos a mantener un encuentro amigable. Además, ambos habían servido en la expedición dirigida por Nicolás de Ovando. Se habían visto al menos una vez en Toledo, si no en varias ocasiones.[38] Cortés, como cualquier otro español instalado en las Indias, había oído hablar del fabuloso reino de Pirú. Quería saber más de las aventuras de Pizarro en boca de su protagonista. Las reuniones salieron bien a pesar de las acusadas diferencias entre ambos: Pizarro era taciturno, analfabeto, y se sentía incómodo en su piel; Cortés era atractivo, alegre, un escritor experimentado y elegante. Aun así, Cortés inspiró al mayor de los hombres con su confianza y consejo. Había mucho que aprender de la conquista de los aztecas: los detalles de su estrategia, la colaboración con los enemigos, las propuestas iniciales a Moctezuma, la captura repentina, la exacción de oro y plata, la ilusión, inteligentemente urdida, de que el emperador del pueblo todavía gobernaba. Es lógico, pues, que la conquista de Pizarro siguiera la victoria de Cortés al pie de la letra. Lo que es más difícil de entender es por qué dos grandes civilizaciones separadas por tanta distancia y con una historia tan dispar sucumbieron a las mismas estrategias de la misma manera.

En realidad, a pesar de todas las aparentes similitudes, los mexicas y los incas eran tan diferentes como lo es Egipto de Roma.[39] Pese a los esfuerzos de Moctezuma por aplastar las libertades, su imperio se había convertido en una sociedad muy emprendedora y en buena medida urbana. Mesoamérica era una animada red de enclaves y mercados que competían entre sí, con un sistema monetario basado en el cobre y el cacao. El imperio de Huayna Capac, por el contrario, era rural, estaba enclavado en un entorno de alta montaña y muy centralizado, y su moneda —si puede decirse que tenía una— era el trabajo esclavo. La confederación mexica comerciaba con libertad, compraba y vendía metales y permitía cierta movilidad social. Sin embargo, el Imperio del Sol de los incas concentraba todo el metal y el poder en su clase dirigente —cuyo cordón umbilical literal y metafórico estaba en Cuzco— y mantenía un control estricto sobre todos los bienes.

La gran suerte de Pizarro fue que, al menos durante un breve periodo, la estrategia de Cortés resultó viable en las tierras sobre las que a Pizarro se le había concedido un poder ilimitado. En una ventana de oportunidad sin precedentes que duró una docena de años, de 1518 a 1530, España contó con una ventaja clara. A los dirigentes incas y aztecas les inquietaba un dilema común: al crecer, sus territorios se habían vuelto poco gobernables, insurrectos, y estaban divididos por demasiadas lealtades. A este desorden social se le sumó un arma silenciosa que los conquistadores ni siquiera sabían que tenían. La viruela, la peste que un español transportó en su cuerpo, se había enroscado en ese hemisferio virgen como una serpiente veloz, propagándose de tribu en tribu, diezmando a la población india. Había sido una incursión rápida y mortal, que precedió a la primera pisada de una bota española en esas arenas del sur.

Había, con todo, enormes desafíos. Pizarro había visto Tumbes desde lejos, incluso había sostenido tesoros incas en sus manos, pero no tenía un conocimiento real sobre la gente que habitaba el continente, aparte de la vívida imagen de un lugar situado a un continente y medio de distancia que Cortés había recreado para él.[40] Pizarro desconocía el nombre de la capital, Cuzco, o el hecho de que se encontraba a unos mil seiscientos kilómetros tierra adentro, rodeada por una cadena de majestuosas montañas. Ignoraba que la civilización no tenía varias deidades, como los aztecas, sino un ser supremo; que a su emperador se le adoraba como descendiente directo del Sol. Tampoco tenía conocimiento del nombre de Huayna Capac, el señor inca que había señoreado ese reino, un amplio territorio de casi cinco mil kilómetros de largo y varios cientos de ancho, que abarcaba desde la parte más meridional de Colombia hasta el centro de Chile, y desde la Amazonia hasta el mar.[41] Sin embargo, cuando a finales de 1531 Pizarro navegaba hacia esas tierras —esta vez, con cuatro Pizarros más, un ejército de doscientos hombres, caballos y perros de combate y una provisión completa de munición—, los incas estaban, de hecho, sumidos en el caos, al igual que habían estado los aztecas cuando Cortés se encontró con ellos.

Huayna Capac estaba muerto, víctima de la salvaje peste que había aniquilado por igual al rey dios y a los esclavos. Sus hijos, Atahualpa y Huáscar, que gobernaban el norte y el sur respectivamente, estaban inmersos en una guerra implacable por el poder. Las tribus conquistadas por los incas —subyugadas, denigradas y explotadas— habían visto en esta ruptura de la realeza una oportunidad para rebelarse. De modo que una inestabilidad providencial sacudía a Perú cuando Pizarro llegó a su desolada costa, vio cuerpos mutilados colgando de los árboles y marchó hacia Cajamarca para su primer y fatídico encuentro con el señor inca.

En el registro escrito de ese contacto inicial resplandece el metal buscado con tanto fervor; el oro que los españoles esperaban ver colgando de las orejas, las curiosidades de plata por las que saqueaban casas, los trozos de cobre laminado que tan abundantes habían sido en México. En su avance a través del campo, merodeaban haciendo lo que mejor se les daba: esclavizar a los lugareños, saquear los pueblos en busca de comida y tesoros, conseguir la lealtad de los descontentos. Cuando Atahualpa envió uno de sus nobles para que investigara los rumores de una horda que se aproximaba, el emisario regresó para informar de que «eran más o menos ciento noventa, incluidos noventa jinetes; que eran unos ladrones haraganes [...], "ladrones barbudos salidos del mar" que venían "caballeros en unos carneros [llamas] tan grandes como los del Collao [una tribu temible]"».[42] Eran indisciplinados, desobedientes, sucios. Atahualpa tenía más problemas de los que preocuparse que una banda de bárbaros alborotadores. Eran alimañas, poco más. «Todo "era nada"», se le dijo. Aun así, sentía curiosidad por verlos. Les permitió que avanzaran.

Atahualpa no estaba en Cajamarca cuando, finalmente, los españoles llegaron el viernes 15 de noviembre de 1532. Había ido a su casa de recreo, situada a varios kilómetros de distancia, para descansar, ayunar y tomar las aguas termales antes de reanudar la encarnizada guerra contra Huáscar. Pizarro ordenó a su hermano, Hernando, y al capitán Hernando de Soto que cabalgaran hasta la casa de descanso con veinticuatro jinetes y se anunciaran al soberano. A través de un traductor, debían preguntarle dónde podían alojarse los españoles y cuándo podría Pizarro reunirse con él.

Encontraron a Atahualpa sentado en un lujoso taburete en medio de un patio, rodeado de un impresionante conjunto de guardias y sirvientes. Al temer por su vida, los españoles no se bajaron del caballo. El emperador parecía por completo indiferente a los desaliñados jinetes y sus fogosos y resoplantes caballos. Con una voz llena de desprecio, les reprendió por saquear el campo y desvalijar sus almacenes. Pero su tono cambió bastante cuando Hernando Pizarro le ofreció emplear las energías españolas para combatir a Huáscar; Atahualpa llamó enseguida a sus criados para que sirvieran a los españoles una bebida ceremonial. Se sirvió en elaborados cálices de oro y se llevó a los dos jinetes chicha fermentada, una bebida fuerte, la favorita del inca. Tal vez por la euforia de ver una prueba tan clara de la riqueza del inca, o quizá por miedo a que la bebida estuviera envenenada, los españoles les dieron la vuelta a las copas y vertieron la chicha en el suelo. Atahualpa se quedó estupefacto, ofendido, pero el joven Pizarro y De Soto lograron disipar la incomodidad. Volvieron a Cajamarca con tres noticias esenciales: la primera, al emperador le acompañaba un enorme ejército excitado por la victoria, en pleno orden de batalla; la segunda, las copas de oro delicadamente trabajadas que les habían ofrecido indicaban una gran riqueza y una notable sofisticación metalúrgica. Pero la noticia que más entusiasmó a Francisco Pizarro fue la tercera: Atahualpa les había asegurado que regresaría a Cajamarca al día siguiente. El señor inca se había tendido su propia trampa.

Atahualpa estaba tan convencido de que los españoles no suponían una amenaza que se creyó literalmente las promesas de los visitantes. No se preocupó de armar a sus soldados. De hecho, en número, el ejército inca tenía una ventaja abrumadora. Los españoles, apiñados en sus habitaciones de la plaza mientras la noche oscura caía sobre Cajamarca, temblaban ante la perspectiva del encuentro inminente. Desde su posición elevada, se asomaron y vieron una fila tras otra de tiendas blancas y brillantes en el valle, con las fogatas titilando a su lado, de modo que «no parecía sino un cielo muy estrellado».[43] La avanzadilla dijo que estimaba que el ejército de Atahualpa estaba formado por unos cuarenta mil hombres, pero lo hizo para atenuar la alarma. Estaba claro que los ciento setenta hombres de Pizarro se enfrentaban a no menos de ochenta mil soldados. Y en sus correrías por el campo habían visto pruebas de la brutalidad de la que eran capaces esos guerreros. «Yo oí —recordaría Pedro, el primo de Pizarro— a muchos españoles que sin sentirlo se orinaban de puro temor» esa noche.[44]

Cuando al día siguiente Atahualpa marchó hacia los españoles, estos estaban muy atentos al espectáculo que se desplegaba ante ellos en ese valle. El séquito del emperador lo formaban alrededor de ocho mil peruanos en perfecta formación, con tocados de oro y plata que centelleaban con el sol de última hora de la tarde. Cantaban mientras marchaban, y sus voces reverberaban en la hondonada. Cuando el ocaso empezó a proyectar largas sombras sobre el paisaje, entraron en la plaza de la ciudad, un amplio espacio vacío de unas dos hectáreas, rodeado de edificios largos y de poca altura. Atahualpa estaba en lo alto de una descomunal litera con asideros de plata llevada por ochenta señores ricamente vestidos. Su asiento estaba rodeado de planchas de oro brillantes y plumas de loro de colores. Ceñía su cabeza la tradicional corona de señor inca: una banda con una borla roja en la frente y una cresta de oro laminado agitándose sobre ella. Un pesado collar de esmeraldas brillaba en su amplio pecho. Era un hombre guapo de unos treinta años, corpulento, de porte solemne, con los ojos anormalmente enrojecidos.

A Atahualpa le sorprendió no encontrar a los españoles esperándole en la plaza. Pensó que tal vez su impresionante ejército los había asustado. En realidad, estaban preparados para la batalla con la armadura y la cota de malla puestas, encorvados sobre sus caballos, escondidos dentro de los enormes edificios y al acecho en los callejones estrechos. El más robusto de ellos, el experto artillero Pedro de Candía, hacía guardia detrás del grandioso estrado que había al fondo de la plaza. Desconcertado, Atahualpa detuvo el avance de su litera y gritó: «¿Dónde están?».[45]

El primero en aparecer fue fray Vicente de Valverde, que se apresuró hacia el emperador con uno de los jóvenes traductores. Manteniendo un crucifijo en alto en una mano y un breviario en la otra, el sacerdote invitó a Atahualpa a bajar de su litera y cenar con el gobernador Pizarro, pero el emperador no cayó en el señuelo. Le dijo al sacerdote que no cambiaría de opinión hasta que los españoles le hubieran pagado por todo lo que habían robado o consumido mientras saqueaban su reino. Luego Valverde se puso a leer el requerimiento, el obligatorio grito de conquista que declaraba a Carlos I su nuevo gobernante y a Jesucristo su salvador, y que advertía de que cualquier intento de resistirse sería recibido con medidas hostiles. El intérprete tradujo obedientemente las palabras al quechua. Aturdido, Atahualpa le mandó parar a la mitad y rugió que su gente no necesitaba nuevos gobernantes o dioses. Preguntó qué llevaba el sacerdote. Valverde se adelantó y le tendió las sagradas escrituras. El inca les dio la vuelta con las manos pero no logró abrirlas. Ignorante de la estricta etiqueta que se exigía en presencia de un rey sol, el sacerdote se acercó para ayudarle y, furioso, Atahualpa le golpeó en el brazo. Cuando el emperador consiguió abrir y hojear el volumen, observó brevemente sus páginas y luego lo tiro al suelo con rabia. Aterrorizado, el joven traductor se apresuró a recogerlo y dárselo al fraile.

Valverde estaba indignado. Se recogió el hábito y regresó rápidamente adonde estaba Pizarro. «¿No veis lo que pasa? —dijo furioso—. ¿Para qué estáis en comedimientos y requerimientos con este perro lleno de soberbia, que vienen los campos llenos de indios? ¡Salid a él, que yo os absuelvo!».[46] Aquella era toda la provocación que necesitaba Pizarro. Justo cuando Atahualpa se puso de pie en la litera y avisó a sus guardias de que estuvieran listos para retirarse, el conquistador indicó a su artillero que disparara los cañones hacia la plaza. Los españoles salieron en tropel de los edificios, a caballo o a pie, voceando el viejo grito de guerra contra los infieles, «¡Santiago!». Los peruanos, desarmados e indefensos ante el violento ataque, fueron aniquilados por las espadas y las armas de fuego allí donde se encontraran, masacrados fácilmente. El objetivo principal de Pizarro era atrapar a Atahualpa con vida, como Cortés había hecho con Moctezuma. Trató de sacar al emperador de su asiento, cortando manos y brazos mientras los nobles luchaban por seguir llevando la litera. Aun así, los indios intentaron portar a su rey, sosteniéndolo con los muñones sangrantes. «Aunque no les aprovechó su esfuerzo —relató un cronista— porque todos fueron muertos».[47] Al final, mientras el caos y la matanza arreciaban, Atahualpa fue derribado y Pizarro pudo arrastrarlo hacia el interior de uno de los edificios.[48]

Llevados por el pánico, los peruanos trataron de huir de la plaza, pero la salida era demasiado pequeña para permitir el paso de tantos miles de personas a la vez. El resto fueron víctimas fáciles de los conquistadores. A los que no fueron pisoteados o decapitados, se les disparó. Los que escaparon fueron perseguidos y alanceados en el campo. Titu Kusi Yupanki, el sobrino de Atahualpa, lo describió así:

> Los españoles con gran furia arremetieron al medio de la plaça donde [e]stava un asyento del ynga en alto a manera de fortaleza, que nosotros llamamos usnu, los quales se apoderaron dél y no dexaron subir alla a mi tio, mas antes al pie dél le derrocaron de sus andas por fuerça y se las trastornaron e quitaron lo que tenía y la borla, que entre nosotros es corona [...]. Desque aquella plaça estuvo cercada y los yndios todos dentro como ovejas, los cuales eran muchos y no se podian rodear a ninguna parte, ni tampoco tenian armas porque no las avian traido, por el poco caso que hicieron de los españoles, sino lazos e tumes [...]. [Los españoles] los mataron a todos con los caballos, con espadas, con arcabuzes, como quien mata a ovejas, sin hacerles naidie resistençia, que no se escaparon de más de diez mil dozientos. Y desque fueron todos muertos, llevaron a mi tío Ataguallpa a una carçel donde le tubieron toda una noche en cueros atada una cadena al pescueso.[49]

En poco más de dos horas, que era lo que quedaba de luz del día, casi toda la comitiva fue aniquilada.[50] En ese tiempo, ningún indio levantó un arma contra un español. Al final, miles de muertos yacían en la plaza o en la llanura que se extendía más allá de las puertas de Cajamarca. Los que seguían vivos estaban cojos o les faltaban los brazos; se les dejó desangrarse hasta morir allí donde habían caído. Con el emperador como rehén, un temor terrible se apoderó del ejército que se encontraba en el valle, a poco más de un kilómetro y medio. Había muchos miles de guerreros, capacitados y preparados para la batalla, pero estaban aturdidos, sin un líder, y eran reticentes a atacar por si su dios-rey era asesinado en represalia.

Más tarde, mientras Pizarro mantenía cautivo a Atahualpa en sus propias dependencias, le preguntaron al inca por qué había sido tan irresponsable, tan confiado. Respondió con una sonrisa triste que había previsto un resultado muy diferente.[51] Su intención era apoderarse de los caballos de los españoles, que eran los bienes que más admiraba. Los habría criado, adiestrado y utilizado contra sus enemigos. Habría sacrificado algunos españoles al gran dios Sol y castrado al resto, rebajándolos a la condición de sirvientes de su casa o eunucos para sus concubinas. Al menos un historiador ha conjeturado que el señor inca no podría haber pensado de otra manera.[52] Estaba excitado por la victoria, era el gobernante de su mundo. Además, ¿por qué los españoles, con tanto que perder, lo arriesgarían todo en una misión suicida? Todo parecía estar en su contra. Atahualpa tampoco se imaginaba que atacarían primero, sin aviso ni provocación, o incluso antes de un encuentro simbólico entre él y Pizarro. Todo lo que había visto u oído de los cristianos denotaba una absoluta desorganización. Una disposición perezosa. Tampoco había contado con las armas y el acero.

La primera orden del día de Pizarro fue coger el oro. Atahualpa era prácticamente una marioneta, emitía órdenes según los deseos de Pizarro, y este disolvió el ejército que esperaba en el valle, envió a los soldados a casa y esclavizó al resto, imponiendo en el imperio una nueva y dura realidad. «Los españoles cogieron a los valientes y los nobles, y nos redujeron a sirvientes, yanaconas», escribió un historiador inca.[53] La compleja jerarquía social del inca se vino abajo de la noche a la mañana, y no se recuperaría jamás: a los cortesanos de Atahualpa se les obligó a desempeñar labores serviles; las mujeres, incluidas las vírgenes de la orden de las acllas, fueron agredidas sexualmente de manera sistemática, lo que creó una cultura de abuso sexual generalizado.[54] Al no haber llevado consigo mujeres, los españoles se apropiaron de las nativas a voluntad, uniéndose con ellas libremente y creando una nueva raza, el mestizo. En la cabeza de los conquistadores, lo principal siempre fue la riqueza que podrían llevarse a casa. Las tropas de Pizarro saquearon la residencia de reposo de Atahualpa y el campamento militar, haciendo una limpieza a fondo de todo lo que fuera de oro o plata. En un frenesí que rozaba el delirio, Hernando de Soto se apoderó de «ochenta mil pesos de oro y siete mil marcos de plata y catorce esmeraldas; el oro y plata en piezas monstruosas y platos grandes y pequeños, y cántaros y olas y braseros y copones grandes, y otras piezas diversas. Atabalipa [Atahualpa] dijo que todo esto era vajilla de su servicio, y que sus indios que habian huido habian llevado otra mucha cantidad».[55]

Cajamarca fue saqueada; se registraron sus edificios en busca de todo lo que brillara. Los muertos fueron despojados de sus tocados y joyas; los vivos, obligados a entregar más. Los escuadrones españoles recorrieron el campo, exigiendo todos los metales preciosos, incendiando las aldeas por donde pasaban.[56] Atahualpa, que ansiaba su libertad con la misma urgencia que Pizarro un tesoro, entendió enseguida que a sus captores les interesaba mucho más cualquier cosa que brillase que el servicio a Carlos I o la imposición forzosa del cristianismo. Comprendió que él mismo no era más que algo útil pero prescindible para lograr ese objetivo imperioso; era solo cuestión de tiempo que lo mataran y siguieran adelante. En un intento desesperado por salvar su vida, ofreció su famoso rescate: una gran habitación llena de oro hasta el techo y dos más llenas de plata.[57] Pizarro aceptó entusiasmado.

Es evidente que Atahualpa creía que todos los bienes metálicos del reino serían una compensación mínima por su libertad. También pensaba que Pizarro respetaría el acuerdo, que cogería el botín y se iría a su casa. El inca ordenó a su gente que retirara metódicamente los tesoros de todos los templos y palacios y los llevaran a Cajamarca bajo una supervisión estricta. Llamas cargadas con el oro y la plata del imperio entraron en la plaza durante meses, mientras los españoles se maravillaban de su buena suerte. Nunca antes, en los treinta y cinco años de saqueo español en el Nuevo Mundo, se había imaginado tan magnífico lucro, y mucho menos se había visto. Los sueños de Colón y el botín de Cortés juntos ni se le acercaban. Solo de Coricancha, el sagrado Templo del Sol en Cuzco, se arrancó de los muros una tonelada y media de oro que se envió a través de los peligrosos puertos andinos a lomos de esclavos y bestias. Huáscar, creyendo que los enemigos de Atahualpa eran sus amigos, se ofreció a enviar más a los españoles, pero Atahualpa, que se enteró de ello por sus espías, mandó a dos generales y un ejército de cuarenta mil soldados para detenerlo. Huáscar fue asesinado poco después, mientras se dirigía encadenado adonde se encontraba Pizarro.[58]

Debido a la guerra civil que se estaba librando y la dificultad para cruzar la geografía de Perú, llenar las habitaciones requirió mucho más tiempo del que Atahualpa esperaba. Durante ocho meses soportó un cautiverio desalentador, esforzándose por responder a las exigencias de Pizarro y por congraciarse con promesas. Le había asegurado al gobernador que la entrega del rescate no duraría más de dos meses, lo que significaba que estaría libre a mediados de enero de 1533. Pero en mayo el metal todavía estaba de camino. En junio, el creciente botín constituía una formidable colección de arte y ornamentación —siete toneladas de oro y trece de plata—, una acumulación que ningún inca habría apreciado por su valor inherente, pero que cualquier monarca europeo habría deseado tener a su disposición. Se estima que en 1534 los conquistadores habían obtenido a la fuerza unas diez toneladas métricas de oro de veintidós quilates y setenta toneladas de plata procedentes de las ciudades de Cajamarca y Cuzco.[59] En el mercado actual, ese botín valdría unos quinientos millones de dólares.[60]

El propio Pizarro guardaba celosamente el reluciente trofeo en el almacén contiguo; ningún otro español podía reclamarlo. Con el paso de los meses, ordenó a los orfebres locales que empezaran a fundir la plata para convertirla en lingotes precisos, igual que había hecho Cortés con los mexicanos una docena de años antes. En junio empezaron la fundición y el aquilatamiento del oro. Todos los días, los metalúrgicos indios eran obligados a convertir miles de obras maestras en un cuarto de tonelada de lingotes transportables, destruyendo el esmerado arte que habían logrado con ellas. A mediados de julio habían acabado. Con la excepción de algunos objetos que fueron apartados como pruebas para Carlos I, no sobrevivió ni una pieza.[61] Los ladrillos de metal puro y refinado que salieron de los hornos se grabaron con el sello real, que aseguraba que el 10 por ciento de la preciosa cosecha se había separado para ser entregada a la Corona.

Mientras tanto, el hermano del gobernador, Hernando Pizarro, fue enviado a encontrar la fuente de las riquezas incas —las minas de oro y plata—, así como a saquear el antiguo Templo del Dios Creador de Pachacamac. Resultó que en Pachacamac no había mucho más que una cueva oscurísima, una macabra losa para sacrificios y un grupo de hombres santos asustados, uno de los cuales fue enviado a Cajamarca para responder ante Atahualpa por no haber logrado protegerle. Pero las minas fueron otra historia. A pesar de la función limitada que habían desempeñado en el mundo de los incas, ahora, en el que estaba por venir, eran lo más importante. Cuando Hernando Pizarro regresó para informar de sus descubrimientos, el rescate estaba reunido, Atahualpa había sido asesinado con el garrote vil y Almagro había llegado del Caribe con más tropas y nuevas demandas, pero el camino hacia el futuro estaba claro. El encuentro de España con el Imperio inca estimularía un flujo de metales preciosos que el Viejo Mundo rara vez había visto. Esa afluencia desde Perú y México alimentaría el nacimiento del capitalismo global, establecería la viabilidad financiera de Europa, despertaría los deseos comerciales de Asia y polarizaría la dinámica social de América Latina durante los siglos venideros.

Potosí
1545-1700

> Piedra en la piedra, y en la base, harapos?
> Carbón sobre carbón, y en el fondo la lágrima?
> Fuego en el oro, y en él, temblando el rojo
> goterón de la sangre?[62]
>
> Pablo Neruda, «Alturas de Macchu Picchu»

La conquista de las grandes civilizaciones de América —la inca, la maya, la mexica y la muisca— tuvo un profundo efecto en España y, con el tiempo, en el mundo entero. Los duros soldados de fortuna se convirtieron en ricos terratenientes; una oleada siempre creciente de aventureros y veedores reales llegaron al hemisferio para enriquecerse, a ellos y la Corona. En 1542, América ya estaba dividida en dos virreinatos que respondían directamente ante el rey, el de Nueva España (compuesto por las colonias de América del Norte y América Central, así como Venezuela y Filipinas) y el de Perú (que ocupaba todo el continente, de Panamá a la Patagonia, excepto Venezuela y Brasil, ya que este último era portugués). Aún había mucho dinero que ganar, más laureles y privilegios que conseguir; Diego Alvarado dejó a Cortés para hacerse más rico con Pizarro, y Hernando de Soto dejó Perú para encontrar mayores tesoros en Florida. Al habérsele asignado un quinto de todo el botín peruano, Francisco Pizarro se volvió tan próspero que con el tiempo estuvo en posición de conceder créditos personales al rey.[63] Las vastas propiedades de Hernán Cortés, de las arenas del desierto de Sonora a la selva Lacandona, le convirtieron en el magnate más próspero de México.[64] La codicia era infecciosa, y con ella llegó una explotación generalizada. Allí donde pudiera encontrarse oro, plata o cobre, las poblaciones nativas eran obligadas a excavar más, producir más, en condiciones infernales que los gobernantes indios habrían considerado intolerables. Se abandonó cualquier limitación a la explotación humana que los conquistadores hubieran impuesto precavidamente al principio en nombre de Jesús, y, mientras un número alarmante de indios eran asesinados, empezó un dinámico tráfico de esclavos africanos. Entre 1500 y 1800, entraron en las Américas cinco veces más negros que blancos; todos como propiedades humanas.[65]

Los conquistadores y los traficantes de esclavos se dieron cuenta enseguida de que los negros eran mejores para las labores del campo, para trabajar en las plantaciones de azúcar, añil, cacao y café; los andinos de tórax en tonel tenían una ventaja clara a la hora de dedicarse a la minería a grandes altitudes, donde el oxígeno era escaso y los vientos, fríos, perpetuos. Fue así como las exigencias de amos lejanos acabaron conformando el paisaje social. Al igual que los incas habían desplazado poblaciones enteras para satisfacer las necesidades militares e ingenieriles del Tahuantinsuyu, España imponía ahora en el hemisferio sus ambiciones comerciales y de metales. El objetivo era hacer que los pueblos conquistados extrajeran tanta riqueza mineral como pudieran. Los nativos americanos fueron confinados en reducciones, separados de sus familias, agrupados y enviados a trabajar allí donde decretaran los colonos. Pero, en cierto sentido, también el esclavo tenía atrapado a su amo: a mediados del siglo XVI, la economía española dependía casi por completo del mineral mexicano y peruano y del trabajo de los indios americanos. Un animado flujo de lingotes procedentes del Nuevo Mundo había financiado las guerras de Carlos I, creado un comercio boyante desde Panamá hasta Pekín y transformado España en una ceca que conduciría a Europa a la Edad Moderna.

Las culturas indígenas latinoamericanas, que habían vivido magníficamente aisladas durante siglos, se convirtieron entonces en un drástico motor de cambio para regiones que nunca supieron que existían. Como comprendieron enseguida los indios, ellos eran totalmente prescindibles; era la tierra sobre la que estaban la que se había convertido en un bien deseable. Durante los siguientes cinco siglos, sus venas serían vaciadas y sus entrañas, extraídas, refinadas y enviadas a otro lugar. Al principio, la obsesión de los conquistadores fue el oro, la esquiva quimera de El Dorado: la creencia obstinada en el mito de que en algún lugar en medio del continente les esperaba un tesoro oculto de oro. Pero pronto resultó evidente que en las Indias el bien más abundante era la plata, y que se encontraba en el subsuelo profundo. En ningún lugar esto fue más evidente que en Potosí, donde la locura por el mineral blanco se volvió frenética.

Dice la leyenda que Diego Huallpa, un minero indígena que viajaba procedente de la cantera española de Porco, una noche de frío intenso de enero de 1545 encendió un fuego en la ladera color rojo óxido de Potosí para calentarse. Por la mañana, un charco de plata fundida se había reunido alrededor de las cenizas ardientes del fuego. Emocionado por este hallazgo fortuito, Huallpa consiguió arrancar una considerable cantidad de mineral en el transcurso de las siguientes semanas, pero pronto se dio cuenta de que necesitaba ayuda para acumular y transportar su alijo. Un colega que echó una mano a Huallpa, suponiendo que este compartiría los beneficios, acabó peleándose con él por el tamaño de su parte y, para ajustar cuentas, reveló el descubrimiento fortuito a un encargado español. La excavación a gran escala de Potosí empezó poco después.

Apenas una docena de años después de que Pizarro pisara suelo peruano, los conquistadores habían establecido un sistema completamente desarrollado para extraer metales y obligar a la población indígena a ir a las minas para hacerlo. El oro era escaso, pero la plata era abundante. Tanto que, al no lograr encontrar hierro, se vieron obligados a herrar a sus caballos con la preciosa sustancia blanca.[66] A un conquistador que perdió la mandíbula durante una batalla con los incas, se le reconstruyó por entero la barbilla con este metal.[67] En la década de 1540, la producción de las minas de plata mexicanas de Zacatecas y Taxco era tan elevada que pronto España dominó el mercado de lingotes europeo. Pero los mineros de los incas, a diferencia de los de los mexicas, tenían siglos de experiencia en la minería y la amalgamación. En consecuencia, en Potosí se produjo una bonanza de la plata.

Los inmigrantes llegaron en masa a las tierras altas andinas desde todos los rincones de Europa, con la esperanza de hacerse ricos o al menos beneficiarse de los magnates cada vez más prósperos que se reunían en ese terreno polvoriento y rocoso. A los mineros y capataces pronto se les unieron comerciantes y mayordomos, sastres y encajeras, ebanistas y sopladores de vidrio, cantantes y bailarines, condesas y putas. En 1574, un flujo continuo de cautivos indios y esclavos africanos generaba la mayor parte de la plata del mundo, mucha de la cual se sacaba de las escarpadas laderas rojas del Cerro Rico de Potosí, se fundía y se transformaba en reales españoles. Las reatas de mulas y caravanas de llamas se desplazaban por el altiplano, por los elevados picos montañosos, para efectuar la travesía de cinco semanas hasta el puerto del Callao, en el Pacífico. Luego, barcos destartalados e infestados de ratas transportaban el precioso cargamento a la costa occidental de Panamá, donde la plata se transportaba, bien costa arriba hasta Acapulco y Veracruz, o bien a través de la selva hacia la costa del Caribe. En Cartagena se cargaba en galeones y cruzaba el Atlántico hasta Sevilla, que, en un arranque de despilfarro, mandaba rápidamente los lingotes de oro conseguidos con tanto esfuerzo a comerciantes de Polonia, Constantinopla y Rusia a través de bancos de Londres o Ámsterdam.

Mientras la plata latinoamericana salía rauda hacia los mercados de Europa, los asentamientos de México y Perú crecían vertiginosamente y se convertían en grandes virreinatos españoles. Para seguir manteniendo un dominio firme sobre los lugareños, los conquistadores los despojaron de todo poder, construyeron iglesias encima de sus templos y palacios encima de sus sedes de gobierno, y redirigieron su fuerza de trabajo a las minas.[68] En poco tiempo, las conquistas de Cortés y Pizarro estaban produciendo el 99 por ciento de la plata del hemisferio.[69] A lo largo de los dos siglos siguientes, solo Potosí enviaría cuarenta mil toneladas de mineral blanco a Europa. América Latina, en conjunto, abastecería a los bancos europeos con 136.000 toneladas métricas de plata, un 80 por ciento de la producción mundial. El botín era tan grande, tan valioso —un único galeón podía transportar dos millones de pesos—, que fueron necesarios convoyes de más de sesenta barcos para protegerlo de los piratas en alta mar. El peligro era constante y la piratería, lucrativa, y los corsarios ingleses y neerlandeses, cuyos gobiernos alentaban la rapiña, enseguida crearon un comercio activo. Entre los piratas, el de mayor fama tal vez fuera el aventurero inglés Francis Drake, que navegaba por el Caribe intercambiando esclavos africanos por tabaco, azúcar y algodón, pero que dirigió la vista más al sur cuando el delirio por la plata aumentó. Asaltaba las reatas de mulas que cruzaban por tierra desde Potosí y atacó el puerto de Cartagena mientras se embarcaba la mercancía, escapándose con grandes cargamentos de lingotes. La plata era tan codiciada en Europa que la reina Isabel I recompensó los robos de Drake con el título de caballero.

Fue esta plata itinerante, fruto del trabajo de manos nativas americanas y, más tarde, africanas, la que se convirtió en la vanguardia del capitalismo global y, con el tiempo, condujo al norte de Europa a la era industrial. Pero también puede que fuera el primer gran ejemplo de explotación racial para conseguir un beneficio a escala mundial. Las razas oscuras producían la moneda; los blancos recogían las ganancias. Pronto surgió en Europa un intenso debate teológico sobre la legitimidad de la conquista española, el trato dispensado a los pueblos nativos y la naturaleza esencial de las razas indígenas.[70] ¿Eran, a fin de cuentas, humanos? ¿O eran, como Europa había decidido hacía mucho, como los africanos negros, bestias de carga insensibles? Pero, a pesar de la intensidad moral del debate, resultó todo palabrería. La explotación más absoluta continuó. Al final, Sevilla aprobó requerimientos para mitigar el maltrato, pero los conquistadores miraron simplemente para otro lado y continuaron con la crueldad, lo que llevó al mismísimo papa italiano Pablo IV a decir en un arranque de ira que los españoles eran «herejes, cismáticos, malditos por Dios, semilla de judíos y de marranos, chusma del mundo».[71] Era una calumnia que los ingleses y neerlandeses estuvieron encantados de divulgar.

En 1570, mientras Inglaterra intentaba resolver cuestiones de tolerancia religiosa y la reina Isabel se mostraba precavida con el comercio exterior, España mantenía ya un comercio muy rentable con China, todo él basado en la plata del Nuevo Mundo. Cada seis meses, entre dos y tres millones de pesos iban, de manera tanto legal como ilegal, desde Acapulco hasta Manila y Pekín.[72] Tres décadas después, esa cifra se había multiplicado por seis. El descubrimiento de una veta productiva en Potosí estimuló un exuberante auge económico en todo el Pacífico, y como resultado las ciudades asiáticas empezaron a prosperar, aprovechando ese tráfico.[73] Un viajero afirmó que los mercados internacionales del sudeste asiático eran tan dinámicos que en el puerto de Malaca se hablaban más de ochenta lenguas. Las flotas que se enviaban a Oriente con plata volvían cargadas de sedas, porcelana, sándalo y marfil, de modo que las casas palaciegas de los magnates de la plata mexicanos y peruanos estaban —bastante absurdamente para la época— repletas de arte chino y japonés.[74] Hasta los marineros heridos, convalecientes en hospitales destartalados, comían en platos de porcelana Ming.

En 1600 Potosí tenía una población que competía con las de Londres y Tokio. Estaba más atestado que el ajetreado puerto de Venecia, sin duda la mayor concentración urbana del hemisferio occidental. Pero la Ciudad Imperial, como la llamaba Carlos I, también era conocida por su embriaguez, extravagancia y degeneración licenciosa. Apenas once años después del descubrimiento de Diego Huallpa gracias a que había encendido, Potosí celebró la coronación del sucesor de Carlos I, Felipe II, con una fiesta salvaje y decadente que duró veintiocho días y costó ocho millones de pesos.[75] A mediados del siglo XVII, cuando la colonia de la bahía de Massachusetts aún era un asentamiento reciente que luchaba por mantener su débil presencia en América, Potosí había producido tal abundancia de plata que su nombre había entrado en el canon literario: Cervantes, en su inmortal clásico *Don Quijote*, acuñó la frase «¡Vale un Potosí!».[76] No había nada más grandioso, más exuberante, más lleno de promesas que ese montículo marrón rojizo del suelo sudamericano.

La codicia generó más codicia. Para sacar el máximo rendimiento a su fortuna y aumentar los beneficios, el rey Felipe necesitaba mineros, legiones de ellos. En 1569 envió al virrey Francisco de Toledo para que instaurara en Perú un sistema de trabajo forzado más eficiente. Toledo acabó usando el sistema de las reducciones, que España ya había establecido en el Caribe para llevar a poblaciones enteras de indígenas hasta lugares donde era necesario el trabajo duro. El argumento inicial fue que, para cristianizar a los paganos, los españoles necesitaban alterar las tradiciones locales, destruir la cultura dominante y romper cualquier vínculo tribal, pero en realidad las reducciones era una manera conveniente de agrupar a los indígenas en cuadrillas de trabajo y obligarles a pagar tributos. Con el fin de organizar la enorme producción de plata que España exigía entonces, Toledo recuperó el antiguo sistema de mita (*mitmaq*) que los incas habían utilizado para obligar a los conquistados a trabajar sus campos, construir sus carreteras y luchar en sus guerras.

La mita de Toledo en Potosí se convirtió en el sistema de explotación laboral más grande y aplastante de las colonias españolas. Todos los varones indígenas entre dieciocho y cincuenta años que habitaban en los más de quinientos kilómetros cuadrados que hay entre los actuales Perú y Argentina fueron sacados de sus hogares y obligados a marchar encadenados por el altiplano y a trabajar arduamente en las minas de Potosí.[77] Algunos huyeron de este destino, pero la mayoría apenas se resistieron, acostumbrados como estaban a las migraciones masivas —y a los impuestos rigurosos— que los incas habían impuesto durante generaciones.[78] Sin embargo, a pesar de lo familiares que eran estas prácticas, con los incas la minería nunca había sido tan despiadada.[79] Antes había sido rotatoria; la mita había sido intermitente, existía cierta indulgencia. Con todo, al igual que los indios llegaron a entender la arrogante avaricia de sus conquistadores, los españoles comprendieron una aquiescencia en los indios que resultaría crucial. En todas las Américas, con muy pocas excepciones, se trataba simplemente de matar a los líderes indígenas, deshacerse de la nobleza y luego ampliar la opresión que ya existía. Por la fuerza, con rapidez, los conquistadores lograron hundir una intrincada jerarquía y convertirla en una clase inferior impotente. Para los españoles, el nuevo orden social representó una formidable victoria; para los indígenas, una catástrofe. Un genocidio. Como un noble inca se lamentó ante su captor:

> Apo, yo soy capitán desta gente, y hasta agora que eres venido á esta tierra á ponella en razón, yo he andado alzado [...] por los muchos agravios de que después que entraron los cristianos en esta tierra hemos recibido [...] ántes éramos señores y agora somos esclavos. No solamente han querido los cristianos que los sirvamos, como nos serviamos, el caballero como caballero y el oficial como oficial, y el villano como villano, sino que á todos nos hacen unos, todos quieren que les trayamos las cargas á cuestas, que seamos albañires y les hagamos las casas, que seamos labradores y les hagamos las sementeras. Mira si ha sido razón que se nos haga de mal.[80]

Con el tiempo, el mismo sistema forzaría a los nativos a trabajar en las letales minas de mercurio para conseguir el azogue necesario para la amalgamación. Los indígenas no solo estaban obligados a machacar roca durante doce meses en las frías, húmedas y angostas galerías de Potosí, sino que se les presionaba para trabajar durante dos meses más en las espantosas minas de mercurio de Santa Bárbara en Huancavelica, a más de mil quinientos kilómetros de distancia, en lo que ahora es Perú. La mayoría se quedarían ligados a esas minas de por vida, al igual que sus esposas y descendientes. Atrapado en la helada oscuridad del pozo de mercurio, era probable que el minero perdiera los dientes, se quedara ciego y sufriera una muerte temprana y atroz. Cuando su cuerpo se descomponía, en su tumba se encontraba mercurio líquido.[81] Las mujeres y los niños removían este último con los pies, y con ello poblaciones enteras se arriesgaban a quedar erradicadas. Quedó claro que ser mandado a estos lugares era ser enviado al matadero. Legiones de indios, que preferían morir de hambre o de frío al castigo de las minas de mercurio, desaparecieron en las montañas.[82] Las madres les rompían los huesos a sus hijos a fin de que no fueran aptos para trabajar en las minas.[83] Por muy estrictos que fueran, los incas nunca habían sometido a sus peones a semejantes horrores. Un sacerdote que visitó Santa Bárbara en la década de 1630 describió las minas como «una imagen viva de la muerte y la negra sombra del infierno».[84] Dos siglos después, las condiciones apenas habían mejorado. Un soldado británico que pasó por allí observó que ser destinado a la mina era prácticamente una condena a muerte.[85] Muchos religiosos afirmarían que también los gobernantes habitaban un infierno paralelo: la corrupción, la avaricia, la venalidad y la ebriedad de los magnates de Potosí habían convertido la abundancia en un infierno de otro tipo.[86]

Alrededor de 1700, la burbuja había estallado. Potosí se había secado. Los ricos abandonaron el atrofiado Cerro Rico en busca de filones más prometedores —una fiebre del oro en Brasil, un *boom* de la plata en México— y la ciudad se convirtió en una penosa sombra de sí misma. En 1825, cuando el ejército de Simón Bolívar liberó finalmente esas tierras, era evidente que Potosí había caído en picado.[87] Como el mítico imperio del rey Ozymandias, arrastraba un deterioro prolongado, más desgarrador aún habida cuenta del blasón de la ciudad, que se jactaba en aquella ruina estéril: «Soy el rico Potosí [...]. Envidia soy de los reyes».[88] Potosí solo fue uno más de una larga serie de auges y desplomes que la minería de la región experimentaría en los siglos venideros. España había sido la primera en extraer las riquezas minerales de América y apropiárselas para un mercado global, pero otros extranjeros la seguirían, y los metales preciosos continuarían escurriéndose entre los dedos de América Latina antes de dirigirse a costas lejanas.

Al final, el torrente de plata que pasaba por los puertos de España rumbo a otros lugares no transformó demasiado al país. Los reyes dedicaron sus quintos a financiar las guerras santas contra la oleada creciente de protestantismo europeo. Los utilizaron para permitirse hábitos sibaritas, enriquecer a sus amigos y recompensar a la nobleza. El flujo iba más hacia fuera que hacia dentro, porque la plata latinoamericana, tan duramente obtenida, sufragaba todos los caprichos de la corte. La plata permitió a los Habsburgo participar en las guerras que asolaron Europa durante la mayor parte del siglo; importó lujos que solo los príncipes podían disfrutar; provocó una inflación tan alta que con el tiempo llevó a España a la bancarrota. Aquella plata caída del cielo no provocó ningún avance industrial; no creó puentes, carreteras ni fábricas; no produjo ninguna mejora real en la vida del español corriente. Como se lamentó un economista del siglo XVII en pleno apogeo de la afluencia de metal: «La república de España de su gran riqueza, ha sacado suma pobreza».[89] El «dinero fácil» había sido para unos pocos afortunados.[90]

Quienes al final se beneficiaron de verdad fueron los ingleses y los neerlandeses, que difundieron una imagen de España implacablemente negativa, aprovecharon el apogeo del estímulo económico de la América española y se dedicaron a crear máquinas de vapor, fábricas textiles, herrerías, astilleros, fundiciones de acero y bancos internacionales poderosos. En 1785, unos Estados Unidos de América recién independizados señalaron sus ambiciones económicas al fijar con firmeza su dólar al valor del peso español. A principios de la década de 1800, también los estadounidenses se habían unido a la era de la mecanización. Pero España siguió siendo obstinadamente agrícola, sin entrar nunca en la era industrial que tanto había facilitado con su trabajo. A la larga, tal vez su romance con la plata del Nuevo Mundo promoviera en realidad un declive irrevocable, en lugar de consolidar su poder. El grandioso lema de Carlos I, «Plus Ultra» («más allá»), adquirió un nuevo significado cuando las riquezas del imperio se esparcieron y abandonaron el país, empobreciéndolo en el futuro inmediato y creando fortunas en territorios que estaban fuera del control de España.

VETA MADRE
1800-1824

> Nadie instaura una dictadura para salvaguardar una revolución, sino que la revolución se hace para instaurar una dictadura.[91]
>
> GEORGE ORWELL, *1984*

La convicción de América Latina de que necesitaba liberarse de la monarquía que la había mantenido encadenada durante trescientos años no se formó hasta el siglo XIX, pero Montesquieu, el pensador de la Ilustración francesa, ya había explicado la lógica de la liberación medio siglo antes. «Las Indias y la España son dos potencias bajo el mando de uno mismo —escribió en 1748—, pero las Indias son lo principal, y la España es lo accesorio. En vano intenta la política reducir lo principal a lo accesorio: las Indias atraen a sí a la España».[92] Cada vez estaba más claro para todo el mundo, excepto para los factótums españoles, que el trabajo latinoamericano había sido el espíritu que había dado vida a la época —la dinamo, el genio—, hecho ricos a reyes lejanos, transformado toda Europa en un motor económico. Lo principal eran la gente, el músculo, las espaldas, el trabajo. Las Américas ya no necesitaban a España.

Nadie percibió esto con más intensidad que los criollos, es decir, los blancos ricos nacidos en América que dirigían las minas, administraban las haciendas y producían la riqueza, pero que no tenían ningún poder o voz en su propio gobierno. Durante siglos, el poder colonial se mantuvo estrictamente en manos de los emisarios, comerciantes o funcionarios de nivel intermedio, procedentes de España y con pocos méritos que les recomendaran, más allá del hecho de haber nacido en suelo español. Los criollos cultos y brillantes con raíces profundas en las Américas tenían que someterse a una rotación constante de estos amos menores. Solo los nacidos en España podían gobernar, comerciar, tener tiendas en propiedad o vender bienes. A ningún americano se le permitía vender en las calles en beneficio propio, y mucho menos plantar vides y crear viñedos, elaborar bebidas alcohólicas o cultivar tabaco u olivos. España reprimió ferozmente cualquier espíritu emprendedor americano. No toleró competencia alguna e impuso regulaciones brutales a las iniciativas americanas, porque ganaba el equivalente a miles de millones de dólares anuales obligando a sus colonias a comprar incluso los productos más básicos a España.

Los criollos podían observar que en otros lugares la historia era muy diferente. Sus equivalentes en América del Norte se habían librado de sus rapaces amos, habían luchado una revolución y ganado. En Europa, los plebeyos franceses habían trastocado el *statu quo* y enviado a su rey y su reina a la guillotina. Al sur, Brasil, que ahora aportaba el 80 por ciento del oro que circulaba por Europa, había empezado a importunar a sus férreos jefes portugueses. Pero la América española continuaba alimentando por sí sola, obedientemente, las guerras y los caprichos de Madrid con sus colosales reservas de plata.

De hecho, en 1800 un auténtico torrente de plata circulaba de Veracruz a La Habana y Cádiz. En la historia de la América española, nunca se había extraído tanto mineral para asegurar la supervivencia de España.[93] Tras haber agotado Potosí, Madrid se aferró a México como a una presa, un huésped fecundo al que la Corona se adhirió de manera resuelta y parasitaria. La Veta Madre, como se la conocía en el corazón de América Central, se convirtió en la nueva fuente fiscal de España. Aun así, toda la plata de México no sería suficiente; en 1804, al encontrarse corto de dinero, el rey español Fernando VII impuso un nuevo tributo muy gravoso, que en buena medida hacía cumplir la Iglesia católica y que exigía a los magnates mineros mexicanos la entrega de un flujo continuo de pesos para colmar las arcas reales. Estos magnates criollos, cuya riqueza acumulada competía con la de las clases más adineradas de Europa, suministraron al rey la mareante cantidad de 250 millones de pesos de plata en el transcurso de unas pocas décadas,[94] lo que se les compensó con títulos nobiliarios.[95] Los criollos entregaron sus fortunas metálicas, desembolsaron sus ahorros personales y, a cambio, fueron nombrados condes, duques y marqueses. Pero aún no tenían poder político.

En el otoño de 1807, cuando Napoleón I invadió España y arrestó a Fernando VII, los criollos y los rebeldes de América Latina vieron su ventana de oportunidad.[96] Motivados por el rápido debilitamiento y la parálisis de España —un inesperado golpe de buena suerte—, desencadenaron una guerra de independencia escalonada que, durante buena parte de los siguientes veinte años, convulsionó el hemisferio desde California hasta el cabo de Hornos, la punta meridional de América del Sur. Pero, cuando la violencia cesó, la liberación de más de una docena de repúblicas no dio paso a una época de paz y prosperidad. La libertad no convirtió a las Américas en una gran fuerza económica que actuara en beneficio propio. Al contrario. Después de que las revoluciones hubieran echado a los españoles, los gritos de victoria se apagaran y los criollos se las arreglaran para robarles la libertad a las manos negras y morenas que la habían conquistado, siguió una época violenta. Las guerras de independencia no podrían haberse ganado sin enormes ejércitos de esclavos negros e indios, pero eso se ignoró. Los héroes revolucionarios fueron asesinados o llevados a la ruina. Los generales tomaron el poder y los gobiernos en ciernes empezaron a discutir sobre las nuevas fronteras. La violencia racial estalló y fue aplastada con más violencia por los mismos blancos que habían dominado antes.

Las grandes minas, como resultado, cayeron en la ruina absoluta. Las prolíficas venas de la Veta Madre, que había producido 342 millones de pesos durante el siglo anterior, estaban ahora cubiertas de desechos; sus pozos, anegados e inútiles y sus mineros, dispersados por la guerra.[97] La famosa producción de plata y oro del Nuevo Mundo se desplomó hasta convertirse en un goteo. En la majestuosa cordillera de los Andes, las minas de Perú, Colombia y Bolivia se abandonaron o se demolieron, primero debido a la guerra y luego a oleadas intermitentes de anarquía. Perú y México, que habían sido los motores financieros del mundo, se sumieron en el caos revolucionario. México, desgarrado por ciclos de brutalidad y desorden, sobreviviría a treinta y ocho gobiernos en sus primeros veinticinco años de libertad. Perú, el inquieto corazón de un emporio destruido, tuvo veinte presidentes en veinte años.

Los principios de la Ilustración —libertad, democracia, razón—, que habían sido gritos de guerra para los libertadores latinoamericanos, fueron dejados de lado cuando los blancos ricos se pelearon para apropiarse de la riqueza y el poder que habían dejado atrás los españoles. Se hicieron con todos los privilegios y los emplearon rápido, al someter a los indios y los negros a una esclavitud virtual. Al igual que los conquistadores habían adoptado los modos dictatoriales de los incas y los aztecas, los criollos cogieron prestado el concepto madrileño de «dominio absoluto». Los extraordinarios sacrificios realizados por los ejércitos revolucionarios de negros e indios cayeron en el olvido, y las razas de piel más oscura volvieron al peldaño que habían ocupado desde la conquista, el último.

Mientras esta difícil historia se resolvía, se consolidaron otros prejuicios. América Latina, tras impulsar una economía que había conectado Europa, Oriente Próximo y Asia, empezó a ser percibida como el engendro problemático de España, el huérfano revoltoso de una potencia fracasada. Era un actor menor, ya no era «protagonista» del mundo en general. Lo que necesitaba en esta nueva fase era orientación, dirección, un nuevo tutor. Los banqueros de Londres se apresuraron a conceder préstamos, convirtiendo a México en un actor secundario del vasto imperio económico británico. «Nos colamos por el medio —alardeó con regocijo el ministro de Exteriores británico— y nos plantamos en México [...] uniendo de nuevo a América con Europa».[98] La petulante sugerencia de Thomas Jefferson de que Estados Unidos tal vez quisiera quedarse América Latina «pieza por pieza» empezó a ser cierta cuando el gigante en crecimiento dirigió su mirada hambrienta hacia el sur.[99] El resto se enmarañó rápidamente: a finales del siglo XIX, en Brasil la fiebre del oro se había acabado, y en los Andes el estaño y el cobre reemplazaban poco a poco a la plata y el oro. El guano de pájaro y sus nitratos constituían ahora el comercio mineral más prometedor de la región; se libraría una guerra por las islas del guano que salpicaban el Pacífico de Chile a Perú. Los oportunistas extranjeros llegaron en masa para recoger las sobras. Una compañía británica se incautó de esclavos negros para trabajar en los pozos de Minas Gerais, que en cierto momento fueron las minas de oro más codiciadas de Brasil.[100] Otras corporaciones británicas se movieron con rapidez para quedarse con los espectaculares depósitos de plata de México. Aunque Estados Unidos masacró en 1890 a su población indígena en la batalla de Wounded Knee, las empresas estadounidenses invirtieron cientos de millones de dólares en minas donde trabajaban indígenas mexicanos.[101] Se estableció en todo el hemisferio un racismo furibundo, y América Latina se atrincheró en otro siglo de saqueo.

5

Ambición ciega

> A lo largo de la historia se han utilizado muchas sustancias como moneda [...]. Solo dos metales preciosos, el oro y la plata, han perdurado.[1]
>
> LUDWIG VON MISES

Dice la leyenda que Ai Apaec, el dios creador del pueblo moche —una civilización violenta y poderosa que habitó la orilla del Pacífico durante el siglo I—, se enamoró rendidamente de Pachamama, la diosa que regía la tierra y todas las riquezas que había en su interior.[2] Era un dios astuto: en parte araña, en parte reptil y en parte jaguar. Ai Apaec, que era un demonio con largos colmillos y un deseo insaciable de sacrificios humanos, tenía debilidad por las decapitaciones. Pero hay quien dice que era la fuente misma de la vida. De sus orejas salían serpientes que se enroscaban, y en la cabeza le sobresalían cuernos. Escorpiones, lagartos y cangrejos eran su compañía preferida. Un cinturón con muescas ceñía su cintura. Era el dios de los lugares altos y sus elementos eran la montaña y el cielo, pero también se sentía atraído —como el yin por el yang, como el hombre por la mujer— por los pasajes oscuros y secretos de la tierra.

Dicen que Ai Apaec apreciaba las montañas porque era a esos promontorios adonde Pachamama llegaba para recibirle. También dicen que, cuando llegaba el invierno, traicionaba a su esposa luna para adentrarse en las entrañas de Pachamama, abriéndose camino a través de la marga y la roca para derramar su semilla en las profundidades de ella. Con el tiempo, el resultado de esa unión se manifestaría de manera sorprendente, en forma de cosechas abundantes, ricos depósitos de arcilla y arroyos rebosantes de oro. Pero el camino desde la montaña hasta el corazón de Pachamama no sería fácil; Ai Apaec tendría que abrirse paso a través de universos negros, derrotar monstruos y ofrecer la paz a dioses extraños y la fraternidad a sus criaturas espirituales: el búho, la gaviota y el buitre.

Por sorprendente que parezca, dado el aislamiento relativo de las antiguas culturas americanas, en diferentes momentos aparecen versiones de esta historia en todo el hemisferio. Los nombres y los detalles pueden diferir, pero las deidades son reconocibles: dioses creadores que viven en los cielos pero que sienten una profunda atracción por el inframundo. Por ejemplo, en el yacimiento de la famosa maravilla arqueológica de Chavín de Huántar —un remoto santuario sagrado situado en los Andes, a cuatrocientos kilómetros de las ruinas moches de la costa del Pacífico— hay una estatua de un ídolo de ese tipo, a pesar de que la civilización que lo adoró precedió a los moches en mil años. La única manera de llegar a Chavín de Huántar es seguir un laberinto de túneles totalmente negros hacia el corazón mismo de la oscuridad. Allí, en la penumbra sofocante del templo, hay una escultura imponente con una cara temible, provista de largos colmillos y grandes ojos redondos que miran hacia el cielo. Tiene la mano derecha levantada y la izquierda hacia abajo, señalando el cielo y la tierra. Los dedos tienen garras, largas y reptilianas. De dos protuberancias en la cabeza le salen serpientes. Lleva un cinturón bajo, con muescas.

A más de tres mil kilómetros hacia el norte, en la profundidad de la selva del Yucatán, una divinidad maya presenta una asombrosa similitud con sus semejantes andinas. Su nombre es Kinich Ahau. El dios mexicano tiene largos colmillos y una serpiente que le sale de la cabeza, y sus manos en forma de garra señalan en direcciones opuestas, la derecha hacia arriba y la izquierda hacia bajo. Sus grandes ojos miran al sol entornados. Su espíritu hermano es un guacamayo. A menudo se le representa con insectos dando vueltas alrededor de su cabeza. Es el temible dios jaguar del inframundo, conocido también como el Sol de la Noche. Pero es, además, la estrella oscura que ilumina el mundo; el ardiente cuerpo celestial que se precipita sobre la tierra, desciende hasta sus entrañas e inicia un viaje subterráneo desde el oeste hacia el este, para salir de nuevo por el otro horizonte.

Para otra cultura americana, la azteca, la tierra es Coatlicue, una diosa que combina atributos de Pachamama y el dios creador. Su falda es un manto de serpientes que se retuercen. Los dedos de las manos y los pies tienen garras. El cuello está adornado con cráneos y corazones humanos. Arañas, escorpiones y ciempiés son sus compañeros. Es en sí misma la vida y la muerte, la madre que nos pare, con un deseo insaciable de sacrificio humano. Tiene los pechos caídos por el esfuerzo de alimentar a los hijos que al final devorará.

Hay una razón por la que los indios de América Latina son reticentes a excavar la tierra bajo sus pies.[3] Es de ella de donde brota toda forma de vida, a ella adonde toda vida regresará. Si viajas en microbús por las sinuosas carreteras de la sierra andina hacia un túnel, es posible que veas a un granjero devoto apearse, rodear el peñasco y alcanzar el autobús en el otro lado. Los demás pasajeros tendrán paciencia con esta reticencia inconsciente a meterse dentro de la tierra —las raíces de las culturas indígenas son profundas—, porque saben que para él no hacerlo así sería una violación de la Madre Tierra.

Así era para Juan Ochochoque y quienes trabajaban a su lado en las minas de oro que perforan el pico helado al que llaman la Bella Durmiente. Su inestable hogar, La Rinconada, el asentamiento humano más alto del mundo, es poco más que una precaria agrupación de chapa metálica y piedra que rodea las cumbres del monte Ananea. Y sin embargo, a pesar de la altitud, Juan y sus compañeros son criaturas cuya vida transcurre abajo. Al igual que Ai Apaec, señor de las montañas, estos mineros habitan los cielos pero amamantan el corazón oscuro de la tierra.

Con el azul intenso y amenazador que precede al amanecer, cuando Leonor se disponía a prepararle el desayuno, Juan siempre sentía cierto temor. En breve se introduciría en la ladera de esa montaña glacial y descendería encorvado por sus túneles para hacer pedazos la roca tenaz. Siempre llevaba unas hojas de coca y un poco de chicha para ofrecérselas a Pachamama por la ofensa. De vez en cuando participaba en el *wilancha*, un sacrificio ritual a la madre en el que se mata a llamas blancas como la nieve en la entrada de la mina, se les arranca del pecho el corazón aún palpitante y, con la sangre que sale a borbotones, se mancha el borde del abrupto orificio por el que los hombres, y solo los hombres, pueden adentrarse en la oscuridad. En el punto más profundo del túnel principal, donde el camino se divide para llevar a los mineros a las arterias lejanas de las entrañas de la Bella Durmiente, se encontrarán con un dios embustero llamado el Tío, el ídolo cuya cara, tan alegre como siniestra, les recuerda que a menudo la suerte es hermana del riesgo, que el peligro puede traer oportunidades. Con la ayuda del Tío, el desprendimiento de roca que un día les sepultará, el glaciar que les aplastará los huesos, la violenta explosión que les llevará a la eternidad quizá puedan evitarse hoy. Sin duda, todas esas catástrofes sucederán con el tiempo. Pero hoy, quién sabe, tal vez encuentren una veta escondida de oro. El Tío decidirá.

El Tío es el dios de las minas, el señor del inframundo. De su cabeza sobresalen cuernos. Una luz brilla en su gorra de minero. Sus dientes son colmillos. Sus brazos están adornados con serpientes. Habita un universo de criaturas subterráneas. Es Ai Apaec, reptador nocturno, tejedor de redes, criatura venenosa. Se siente cómodo en las entrañas de la Madre Tierra, dirige el flujo. Desde los primeros días de la conquista, los sacerdotes lo llamaron demonio —un diablo que reinaba en las minas—, y, para adaptarlo a los capataces católicos, los mineros le pusieron cuernos, una cabeza de cabra y una perilla.[4] Pero no es el rostro del mal. No es el ángel caído de la tradición cristiana. Como Kinich Ahau y Coatlicue, es mitad luz, mitad oscuridad. Mitad sol naciente, mitad peregrino de la noche. Es el que puede rescatar a un minero o hacerle caer en el olvido. Parte madre, parte monstruo. Es un dios panamericano.

Así es como la memoria colectiva de las divinidades antiguas ha perdurado durante milenios, conectando la vegetación de Yucatán con la árida exuberancia de los Andes. Tal vez esos ecos no se registren en los libros de historia, porque esta siempre es contada por el conquistador, pero si abrimos los ojos las pruebas están ahí.

Por ejemplo, la palabra española «tío». Las primeras crónicas nos cuentan que a los indios les costaba pronunciar la letra «d»; no existe en sus lenguas.[5] De modo que la palabra «dios» a menudo se convertía en «tios», y cuando en las galerías de las minas aparecieron las terroríficas representaciones del Tío, los españoles lo despacharon —junto con el resto de los dioses del inframundo— como Lucifer. Pero el reino indígena no es el español; sus dioses no son el Dios de las Escrituras. Puede que sea en lugares tan corrientes como las minas donde estas diferencias son más evidentes.

Para Juan Ochochoque, el Tío era un ídolo útil. En un inframundo donde el destino puede deparar una muerte miserable o una brillante pepita de oro, un hombre necesita un dios embustero. El Tío, que sabe muy bien que los mineros son violadores que viven un tiempo prestado, puede mirar con buenos ojos a alguien que le suplique. Juan siempre se acordaba de apartar unas pocas hojas de coca, llevar un cigarrillo y poner estas muestras de fe a los pies del Tío.

Mendigos en un banco de oro

> ¡Oh, Perú de metal y de melancolía![6]
>
> Federico García Lorca, «A Carmela, la peruana»

En la actualidad, a pesar de la política y un periodo complicado por la pandemia y sus dificultades laborales, Perú está experimentando un importante auge económico.[7] Es una de las economías de América Latina que crece con mayor rapidez. En las últimas décadas, en ocasiones el país ha presumido de uno de los índices de crecimiento más altos del mundo, compitiendo con las colosales potencias que son China e India. Es uno de los principales productores de plata, cobre y plomo del mundo. Es la fuente de oro más abundante de América Latina. Es un productor de gas natural muy prometedor. Captura y vende más pescado que cualquier otro país del planeta, con la excepción de China.

Pero es el oro lo que, una y otra vez, se ha apoderado de Perú; la fiebre milenaria que impulsó la conquista fue un obstáculo para los incas y estableció el rumbo decisivo de un continente. Más de quinientos años después, la fiebre se ha disparado; es una ambición ciega e imperiosa, no muy distinta de la que alimentó los sueños de Pizarro. Los minerales son la principal exportación del país; la minería, su principal fuente de divisas.[8] Al adaptarse apresuradamente a los caprichos de un ansia ajena, una vez más Perú se define por lo que puede extraer y enviar al extranjero.

En el año 2009, Perú extrajo un total de 182 toneladas de oro de sus montañas y bosques tropicales, la mayor producción de oro de América del Sur.[9] En el 2016 produjo menos. Cada año ha sido testigo de una caída en la producción, lo cual no es sorprendente dado que en el mundo hay muy poco de este material precioso. «En toda la historia —dice una fuente— solo se han extraído 161.000 toneladas de oro, apenas suficiente para llenar dos piscinas olímpicas».[10] Más de la mitad de las reservas del mundo se han extraído en los últimos cincuenta años. No es de extrañar que el precio del oro se haya disparado en los años previos; tampoco lo es que las multinacionales se hayan peleado por sacarlo de los rincones más remotos del planeta.

Sin embargo, los gigantes multinacionales no son los únicos que participan en la búsqueda.[11] Los economistas han calculado que el número de operaciones mineras ilegales dirigidas por jefes advenedizos similares a los que emplean a hombres como Juan Ochochoque se ha multiplicado por más de cinco en los últimos diez años. Esta expansión se debe, en buena medida, al crimen organizado. Los investigadores dicen que en Perú más de una cuarta parte del oro extraído es ilegal.[12] Pero en otros lugares el porcentaje es mayor: el 33 por ciento del oro extraído en Bolivia, el 75 por ciento del extraído en Ecuador, el 80 por ciento del extraído en Colombia y el 90 por ciento del extraído en Venezuela se obtiene ilegalmente. Mientras tanto, la producción de las minas legales, de la que las naciones en su conjunto deberían beneficiarse, ha caído de forma drástica durante el mismo periodo. «La minería ilegal está desplazando a la legal», se lamentaba un economista peruano.[13] Las minas improvisadas, rudimentarias, tóxicas, se han asegurado un lugar sólido en la bonanza, aunque causan estragos en el medio ambiente. En Perú, hoy en día la minería ilegal es el doble de rentable que el tráfico de cocaína.[14]

Las repercusiones son graves. Ningún leñador, por destructivo que sea —o, para el caso, cualquier otra especie de empresario agrícola dedicado a la tala de árboles—, ha abierto un camino tan desastroso a través de los centros neurálgicos de la biodiversidad como lo hace un minero ilegal en esta parte del mundo. Solo en la Amazonia peruana, la deforestación causada por la minería se triplicó, pasando de más de dos mil hectáreas anuales a más de seis mil después de la fiebre del oro que siguió a la crisis financiera mundial del 2008.[15] Los destrozos no han disminuido. Todos los años se pierden enormes extensiones de bosque lluvioso por la minería, y esa cantidad sigue superando el daño causado por otras industrias. Dependiendo de si estás en el lado brasileño o peruano de la Amazonia, eso equivale a arrasar una zona del tamaño de Manhattan en cinco días o toda el área metropolitana de Denver en un mes.[16] Pero el planeta no depende de Manhattan o Denver tanto como de esta húmeda extensión de tierra. El bosque tropical del Amazonas es nada menos que los pulmones del planeta. Alberga más de la mitad de las especies de plantas y animales del mundo, limpia nuestras emisiones globales, purga el dióxido de carbono.[17] Sin él, no podemos respirar.

Sin embargo, los mineros ilegales a menudo van adonde al resto de nosotros nos da miedo entrar, y la selva amazónica es uno de esos lugares. Las laderas increíblemente altas de los Andes son otro. Los jefes de Juan reclamaron sus derechos sobre el pico del monte Ananea, un sitio dejado de la mano de Dios. Por eso las minas de La Rinconada producen hasta diez toneladas de oro anuales, que llegan a valer cuatrocientos sesenta millones de dólares en el mercado libre.[18] Por eso el número de habitantes en la roca imponente y glacial de La Rinconada —menos de diez mil cuando Juan Ochochoque llegó hace veinticinco años— se ha multiplicado de una manera tan frenética desde entonces.

Hoy, en ese terreno en las alturas viven setenta mil almas.[19] Más de la mitad trabajan en los túneles helados del monte Ananea, la mayoría están con sus familias y todos están al servicio de un mercado global boyante. No hay ninguna supervisión legal, ningún empleador benevolente ni un Gobierno operativo, no hay agua, ni sistema de alcantarillado, ni una policía funcional. Todos los años, un número cada vez mayor de recién llegados se apretujan en ese campamento sin ley, construyen chozas en la pared casi vertical de un vertiginoso promontorio y albergan la esperanza de que tal vez ese sea el día en que encuentren una veta brillante, abran una pared para encontrar una pepita del tamaño de un puño. Piensan que se quedarán solo el tiempo que sea necesario para encontrar una. Hay las suficientes historias de fortuna azarosa para mantener viva la locura.

Los peruanos dicen que las minas de La Rinconada son «informales», un eufemismo de «ilegal», un estatus sin el que la economía de Perú se detendría de repente chirriando. Desde hace cincuenta años, el Gobierno peruano ha hecho la vista gorda ante las condiciones cada vez más miserables de esta comunidad remota, y sus representantes no están dispuestos a escalar las alturas, enfrentarse al frío y hacerse con el control. Incluso la Iglesia católica ha renunciado a enviar sacerdotes. Mientras tanto, la que una vez fue una región de lagos cristalinos y peces saltarines, se ha convertido en un mundo propio del Bosco, que desafía la credulidad. No quedan arbustos. La tierra está alterada. En su lugar, lo que se ve a medida que te acercas a ese glaciar distante es un paisaje lunar, salpicado de charcas color rosado que apestan a cianuro. Las aves acuáticas, que antes abundaban en este corredor de los Andes, se han ido; no hay pájaros que aleteen, ninguna alpaca pasta en las laderas. No se ve hierba. El olor es agobiante; es el hedor rancio del final de las cosas: de la combustión química, de la putrefacción, de los excrementos humanos. Ni siquiera el permafrost, los fuertes vientos o la abundante nieve protegen de ese olor. A medida que se asciende, alrededor solo hay grandes montones de basura, una ruina asfixiante y figuras delgadas que hurgan en ella distraídamente. Más cerca están las inestables chozas de hojalata y piedra que se asoman en ángulos de setenta grados, callejones estrechos donde rebosan las aguas negras, una cadena humana entrando y saliendo de agujeros oscuros que marcan los acantilados. A lo largo del camino sinuoso y escarpado, se ve a cientos de mujeres con amplias faldas que escarban una empinada escarpadura para recoger las rocas que caen de las galerías de la mina. Los niños que no van en canguros —los que son lo bastante mayores para caminar— llevan al hombro su propio saco de piedras.

Un minero lo bastante afortunado como para encontrar empleo una vez que llega a este infierno montañoso trabaja a temperaturas por debajo de cero grados, en la oscuridad asfixiante, empuñando un pico primitivo; de manera muy parecida a como lo hacían sus antepasados hace quinientos años. Al hacer ese trabajo, se arriesga a sufrir enfermedades pulmonares, envenenamiento tóxico, asfixia y daños neuronales. Se expone a inundaciones por el desbordamiento de algún glaciar, al derrumbe de las galerías, a la dinamita incontrolable, a las fugas químicas. La altitud, por sí sola, ya es perjudicial: a más de cuatro mil quinientos metros, el cuerpo humano puede ser víctima de edemas pulmonares, coágulos sanguíneos, insuficiencia renal; a casi cinco mil quinientos, los daños pueden ser más graves. Para combatirlos, los mineros mastican hojas de coca. Como esclavos de la antigua mita, llevan los bolsillos llenos de hojas para mitigar el hambre, atenuar el agotamiento. Si viven para trabajar un día más, lo celebran bebiendo hasta caer en el letargo. El mineral que extraen —convertido en polvo, lixiviado con mercurio, purificado en un horno ardiente— puede hacer que sus jefes y los jefes de sus jefes se hagan muy ricos; pero, para la gran mayoría que se afana en ese alto círculo del infierno, el oro es tan esquivo como una brillante ensoñación.

El sistema del *cachorreo* que utilizan los contratistas en los Andes se parece a la mita que emplearon los incas para aherrojar a las tribus que conquistaban, y que después España usó de nuevo para hacer lo propio con los incas. En el *cachorreo*, hoy en día, el trabajador le entrega su documento de identidad a su empleador. Trabaja treinta días sin cobrar. Al trigésimo primer día, si tiene suerte, se le permite trabajar en la mina por cuenta propia. Pero solo puede llevarse lo que pueda acarrear en la espalda. Cuando el minero, tras conseguir salir bajo la carga de piedras, las muele y saca el polvo brillante, puede descubrir que su esfuerzo ha valido muy poco. Aún peor, como debe vender su oro en los destartalados locales de «¡Compro oro!» de la ciudad, en los que la venta es libre, lo hará al precio más bajo posible. De media, un minero de La Rinconada gana ciento setenta dólares al mes; cinco dólares por cada día de trabajo extenuante.[20] De media, tiene más de cinco bocas que alimentar. Si tiene un mes malo, ganará treinta dólares. Si le va muy, muy bien ganará mil. En la mayoría de los casos, los trabajadores simplemente suben la montaña, se gastan el dinero ganado con tanto esfuerzo en alcohol y prostitutas, y se consideran afortunados si llegan a casa sin haberse peleado. En La Rinconada, los delitos y el sida están descontrolados. Si el trabajo no mata a un hombre, lo hará un cuchillo o un virus. Pocos mineros llegan a los cincuenta años.

Es difícil imaginar, mientras se deambula por los relucientes mostradores de las joyerías de París o Nueva York, o incluso de Yakarta o Bombay, que el oro pueda hacer un viaje tan alucinante, que el proceso siga siendo tan medieval; que se haya avanzado tan poco en quinientos años de historia humana. Pero si hoy La Rinconada es el Potosí de hace medio milenio, lo es solo por la miseria absoluta de las minas. En La Rinconada no hay gente de la alta sociedad; ni orquestas o cantantes de ópera de visita; no hay tesoros de la China Ming; ningún sastre de Londres o perfumista de París; no hay exquisiteces importadas; ni cortesanos de Cádiz vestidos con encajes. Solo hay antros y burdeles destartalados adonde son llevadas miles de preadolescentes engañadas procedentes de Cuzco o Arequipa, para estar al servicio de los jóvenes aturdidos que rastrean las noches de La Rinconada en busca de olvido.[21] Seis dólares por una prostituta normal, veinte por una guapa. El VIH y la tuberculosis son habituales.[22] La violencia es la ley. El único oro que se ve está en los cubos de orina, arrojados desde las altas ventanas al barro omnipresente, cuando se abre paso hasta las charcas donde se meten los niños. O en la pequeña semilla de oro que sirve para comprar una virgen de trece años. Los borrachos se tambalean en la noche iluminada por luces de neón. Los bebés resbalan y se caen, riendo, en las aguas residuales. Chicas jóvenes, con la mirada ausente, observan desde los sucios portales, con la esperanza de hacer unos cuantos clientes fáciles antes de la mañana. Camino abajo, el resultado de una pelea será un cadáver. Nadie identificará al asesino. Al amanecer habrá sido ofrecido al Tío, veleidoso señor de las minas, la encarnación moderna de Ai Apaec, el dios de toda la creación con largos colmillos.

Familias como la de Juan Ochochoque, que han trabajado durante generaciones seducidas por la promesa de encontrar oro, viven aquí en una pobreza abyecta, capaces a duras penas de conseguir una cena. En su caso, la prosperidad del mundo no se ha traducido en una vida mejor. La situación no es muy diferente en las minas de oro de Cajamarca, en Perú (una de las más productivas del mundo, propiedad del gigante estadounidense Newmont Mining Corporation), o en

Puerto Maldonado, donde las caóticas minas a cielo abierto han mutilado la selva, o en México, para el caso, donde el minero medio —el mejor pagado de América Latina— ingresa quince dólares diarios.[23] En Cajamarca, que ha puesto en el mercado oro por valor de mil quinientos millones de dólares en un solo año,[24] tres de cada cuatro residentes viven en una pobreza paralizadora.[25] Hoy, una de cada cinco familias peruanas vive con menos de un dólar al día. En las zonas periféricas de Cuzco, donde las compañías australianas y estadounidenses se afanan en sacar el oro de Perú y llevarlo a los mercados internacionales, más de la mitad de la población gana menos de treinta y cinco dólares mensuales. En otras palabras, el latinoamericano corriente tal vez se encuentre sobre algunas de las riquezas minerales más valiosas del mundo, pero, como observó un viajero italiano hace más de un siglo, ese tonto «es un mendigo sentado en un banco de oro».

Un nueva clase de colonialismo
1900-presente

> Vivir perpetuamente a merced de dos grandes colosos, mantenerse enajenados entre dos formas de servidumbre colonial, no poder ser jamás verdaderamente independientes y libres.[26]
>
> Mario Vargas Llosa, 1996

Ninguna industria caracteriza la historia de América Latina de manera más vívida que la minería. Desde los tiempos de los incas, cuando Huayna Capac obligó a las naciones lejanas a entregarle el «sudor del Sol» para glorificar sus palacios, hasta el momento en que Pizarro consiguió un rescate colosal a cambio de Atahualpa antes de someterlo al garrote vil, o hasta el fatídico instante en que la tierra se desplomó sobre Juan Ochochoque, derrumbando su mina y acabando con su vida, el relato no ha cambiado. Mil años después es el mismo. En su núcleo hay un hambre ajena, un ansia extraña, una succión exterior. Es como si la conquista impuesta por los incas, los aztecas o los españoles nunca hubiera terminado. El continente sigue definido por fuerzas externas.

La minería tal vez sea el ejemplo más claro, pero no es el único comercio que conforma esta espiral. Pensemos en la especulación desenfrenada de la United Fruit Company, una corporación estadounidense que, durante más de un siglo, controló vastas extensiones de tierra desde el Caribe hasta los Andes. La United Fruit, apoyada en la década de 1950 por John Foster Dulles, secretario de Estado de Estados Unidos, y su hermano Allen, director de la CIA, explotó la pobreza de la región por medio de mano de obra barata, sobornó a funcionarios gubernamentales, dominó las redes de transporte y envió cosechas abundantes y rentables a América del Norte y Europa.[27] Los lugareños la llamaban el Pulpo. Era voraz, tomaba mucho y daba poco. Al igual que la potencia colonial que la precedió, la United Fruit desplazó a legiones de trabajadores a su antojo, taló bosques, drenó pantanos, impidió que los indígenas tuvieran derechos, reprimió revueltas laborales y desvió todos los beneficios a bolsillos extranjeros. En la actualidad, la empresa se llama Chiquita Brands International. Su mayor competidor era otra empresa estadounidense, Standard Fruit and Steamship, creada por Joseph Vaccaro, un cortador de caña de Nueva Orleans de origen siciliano cuya modesta inversión en un barco se convirtió en un negocio gigantesco. La de Vaccaro fue una historia de éxito estadounidense, un portento de emprendimiento, pero amasó su fortuna a expensas de América Latina. Con el tiempo, sus barcos transportaron cocos, piñas y bananas desde Honduras y otras zonas rurales del Caribe hasta ciudades de todo el mundo, lo que le convirtió en un hombre muy rico. Pero las ganancias, como la fruta, siguieron siendo devoradas en el extranjero. Esa empresa es ahora Dole International.

Pocos periódicos informaron de ello, pero ambas empresas, United y Standard —más preocupadas por la rivalidad entre ellas que por la terrible destrucción que dejaban tras de sí—, utilizaron tácticas brutales en los países donde operaban. Mientras competían para llevar las cosechas hasta mesas lejanas, contrataron escuadrones de la muerte, instigaron golpes de Estado y provocaron el caos y asesinatos al tiempo que reprimían cualquier clase de protesta.[28] En 1928 el Gobierno de Colombia, influido por los jefes de United Fruit, reventó una huelga y masacró a dos mil jornaleros, entre ellos mujeres y niños. Gabriel García Márquez contó los sangrientos sucesos en su impactante novela de 1967 *Cien años de soledad*. Pero las empresas estadounidenses no siempre confiaron en los lugareños para hacer el trabajo sucio. Durante los primeros treinta y cinco años del siglo XX, el ejército estadounidense invadió América Latina veintiocho veces, todas en nombre de los «intereses de la banana».[29]

Aumentaba la demanda de otros recursos del sur. El principal tal vez fuera el azúcar, que Cristóbal Colón había llevado a Cuba cuando zarpó por segunda vez hacia el Nuevo Mundo. Colón moriría consumido por su obsesión por el oro, pero menos de tres siglos después los pequeños brotes que transportó caprichosamente desde las islas Canarias se habían convertido en el producto agrícola más importante cultivado en América del Sur.[30] El colosal mercado global que generaron se volvió una de las fuerzas demográficas más trascendentales de la historia mundial. El azúcar fue la causa de que millones de africanos esclavizados fueran sacados de sus lugares de origen y transportados a las Américas. Y fue la causa de que los nativos del hemisferio fueran reubicados en climas donde eran físicamente incapaces de sobrevivir. Durante doscientos años, los europeos amasaron enormes fortunas gracias a los brotes trasplantados de Colón, enriqueciendo tanto a los reyes como a los banqueros, dejando un rastro monstruoso de atrocidades a su paso. Un viajero alemán del siglo XVI observó que los ojos de la reina Isabel I eran bastante agradables, pero que sus dientes eran inquietantemente negros, un defecto muy común entre los ingleses debido a su excesiva afición al azúcar.[31] El dulce cristal era deseado en todas partes. «Oro blanco», lo llamaban los londinenses. «Madre de la esclavitud», era su nombre en las latitudes situadas más al sur.[32]

En el siglo XIX, en América Latina se producían más de seis millones de toneladas de azúcar anuales, la mayoría cultivadas en Cuba y Brasil, la mayoría cosechadas en condiciones penosas.[33] En la actualidad, se producen casi dos mil toneladas anuales, la mitad procedentes de países latinoamericanos, la mitad de las cuales a su vez continúan enriqueciendo solo a los importadores.[34] Como dijo un cronista hace más de doscientos años: «No sé si el café y el azúcar son indispensables para la felicidad de Europa, pero sé bien que estas dos plantas han sido una desgracia para dos regiones del mundo. América ha sido despoblada para tener una tierra en la que plantarlas; África ha sido despoblada para tener gente que las cultivara».[35]

En la historia de la extracción destaca la crónica del petróleo: en 1912 la poderosa Royal Dutch Shell angloneerlandesa perforó su primer pozo de petróleo comercial en Venezuela. El provechoso chorro no debió de ser una sorpresa, pues se trataba del país con las mayores reservas de hidrocarburos del hemisferio occidental y el quinto del mundo en existencias comprobadas.[36] Siete años después, Shell compró grandes reservas de petróleo en México. Lo que no se quedó Shell en las Américas enseguida se lo quedó Standard Oil, obra del magnate estadounidense John D. Rockefeller. La escasez de petróleo en Estados Unidos hizo que las incursiones en el extranjero fueran indispensables, al menos a los ojos de Rockefeller. Standard Oil, que más tarde formaría parte del imperio ExxonMobil, se hizo con petróleo en Venezuela, México, Brasil, Argentina y dondequiera que hubiera crudo que extraer. Pero, con el tiempo, los latinoamericanos empezaron a requerirlo para ellos: el presidente mexicano Lázaro Cárdenas nacionalizó los pozos petrolíferos de su país en 1938, en respuesta a las convulsiones violentas y xenófobas de la Revolución mexicana en la segunda década del siglo XX. Venezuela nacionalizó sus yacimientos en 1976, con la esperanza de estimular el crecimiento. Varios años más tarde, en 2007, bajo el régimen revolucionario del presidente Hugo Chávez, volvió a nacionalizarlos cediendo a las demandas internacionales. El petróleo debe de ser la única materia prima en toda América Latina que los presidentes latinoamericanos no estuvieron dispuestos a ceder por completo al comercio extranjero.

No siempre ocurrió así. El café, el cacao, el algodón o el caucho se convirtieron en un blanco para cualquier hombre de negocios lo bastante audaz para asaltar las costas americanas. Durante los siglos XIX y XX, a medida que la región salía a duras penas de una revolución salvaje y trescientos años de dominio colonial, América Latina se convirtió en el lugar favorito de estafadores, impostores, capitalistas codiciosos y aventureros de pasado cuestionable, al igual que en tiempos de los conquistadores. Los criollos —los blancos ricos que se habían apropiado de la riqueza y del poder que quedaban— les animaron a ello. Los extranjeros fueron recibidos con entusiasmo, invitados a hacer lo que quisieran, siempre que el dinero fluyera hasta las arcas de los criollos. Y así fue.

El siglo XX fue agitado. Durante sus primeros años, varios bancos de Londres invirtieron en caucho de alta calidad procedente de la Amazonia,[37] una operación que les reportó el equivalente a cinco mil millones de dólares anuales, mientras decenas de miles de indios que vivían en los bosques tropicales eran masacrados.[38] Los intermediarios estadounidenses entraron en el negocio del café y dominaron durante generaciones los medios de subsistencia en América Central.[39] Los banqueros de Wall Street pagaron a bandas de asesinos para que se abrieran paso a través de Nicaragua, El Salvador y Honduras saqueando, imponiendo préstamos y apoderándose de empresas. Sus agentes volvieron a establecer la esclavitud de antaño, haciendo retroceder a la región cientos de años. Sin embargo, a diferencia de la conquista y colonización españolas, no hubo sabios designados —ningún Consejo de Indias— que se enfrentasen a los suyos y sopesaran la carnicería humana. El presidente de Estados Unidos, William Taft, instigó este «todo gratis» y se jactó con cierto regocijo: «No está lejos el día en que las barras y estrellas marcarán nuestro territorio en tres puntos equidistantes: uno en el Polo Norte, otro en el canal de Panamá y el tercero en el Polo Sur. Todo el hemisferio será nuestro, como de hecho, en virtud de la superioridad de nuestra raza, ya lo es moralmente».[40] Estaba repitiendo lo que Thomas Jefferson había propuesto cien años antes.

Con el paso de los años, mientras los hombres de negocios estadounidenses se hacían con tierras, puertos, aduanas, tesoros y gobiernos, los nativos empezaron a cuestionar esas tácticas y a rebelarse. Entonces, se enviaron marines «para proteger las vidas e intereses de los ciudadanos estadounidenses».[41] En la mayoría de los casos, se alegó como razón el creciente comunismo; como decía el argumento maquiavélico, Estados Unidos no iba a quedarse al margen y permitir que las intervenciones extranjeras —reales o ideológicas— amenazaran el dominio que Dios les había concedido. ¿Acaso no lo dejó bastante claro la Doctrina Monroe, la antigua y respetable declaración de 1823, según la cual «toda extensión de este hemisferio» forma parte de la esfera estadounidense? Como se afirma que dijo el presidente Franklin Delano Roosevelt de Rafael Trujillo, el despiadado dictador militar que gobernó la República Dominicana en una de las épocas más sangrientas de la historia de América Latina: «Sé que es un hijo de puta, pero al menos es nuestro hijo de puta».[42] De hecho, el leviatán del norte estaba dispuesto a enviar una fuerza marcial considerable para demostrar que estaba al mando. Un marine estadounidense muy condecorado, un general de división que había servido en América Latina, reflexionó:

> Estuve treinta y tres años y cuatro meses en servicio activo como miembro de la fuerza militar más ágil de nuestro país, el Cuerpo de Marines. Serví en todos los rangos de oficial, de teniente segundo a general de división, y durante ese periodo la mayor parte del tiempo fui un matón de categoría al servicio de las Grandes Empresas, de Wall Street y de los banqueros. En resumen, fui un chantajista, un mafioso del capitalismo [...]. Ayudé a que México, en concreto Tampico, fuera seguro para los intereses petroleros estadounidenses. Ayudé a que Haití y Cuba fueran un lugar adecuado para que el National City Bank obtuviera ingresos. Ayudé a expoliar media docena de repúblicas centroamericanas [...]. Ayudé a depurar Nicaragua para la banca de los hermanos Brown. Descubrí la República Dominicana para los intereses azucareros estadounidenses. Ayudé a que Honduras fuera «apropiada» para las empresas frutícolas estadounidenses. Durante esos años, como dirían quienes están en la sombra, tuve cada vez más lío. Me recompensaron con honores, medallas, ascensos. Al mirar atrás, creo que podría haberle dado algunas pistas a Al Capone. Lo mejor que podría haber hecho hubiera sido operar sus chanchullos en tres distritos. Yo lo hice en tres continentes.[43]

Los británicos, a pesar de su codicia en los asuntos coloniales, no llevaron a cabo intervenciones tan abiertamente políticas o militares. Como explica un historiador, no tenían necesidad.[44] Inglaterra mantuvo un control estricto de la riqueza latinoamericana. Los diplomáticos británicos se aseguraron de que los tratados comerciales favorecieran a los bancos londinenses. Consintieron a la oligarquía blanca, fomentaron la expansión de grandes haciendas, favorecieron el control por parte de un puñado de familias ricas y poderosas, y perpetuaron la continuada discriminación racial. Los banqueros de Londres se encargaron del grueso del comercio latinoamericano en Europa; se convirtieron en los tesoreros virtuales de los gobiernos. Al final, era el distrito bancario de Londres el que gestionaba asuntos, socavaba la independencia de la región, aumentaba las deudas nacionales y hacía que los países dependieran por completo de los especuladores británicos. Si bien eran los patrones estadounidenses los que agotaban las materias primas latinoamericanas, sus activos fiscales eran desviados por los financieros británicos.

En el siglo XX se produjeron cambios. Se debieron a una conciencia cada vez mayor entre los latinoamericanos de clase alta de que el continente nunca les había pertenecido realmente, y entre las clases bajas de que los jefes habían estado demasiado lejos para permitirles atender sus reclamaciones. Como dijo un astuto estadista chileno del siglo XIX: «Para los americanos del norte, los únicos americanos son ellos mismos».[45] Esa es la opinión mantenida en la otra América, aunque, desde hace ya casi doscientos años, se formula con un resentimiento que roza la adulación. Llaman a Estados Unidos «el Imperio», hogar del legendario villano Darth Vader, gobernante de una estrella lejana. ¿Adónde va a parar el dinero? Al Imperio, dicen mientras asienten y se encogen de hombros. ¿Quién fomenta los golpes de Estado y las revoluciones? El Imperio, sin duda. ¿Quién mantiene el *statu quo*? El Imperio, si eso es lo que quiere el Imperio. Y así siempre.

Si las fábricas han tardado en llegar a esta parte del mundo es porque, después de que España les prohibiera fabricar durante trescientos años, las repúblicas recién independizadas se dieron cuenta de que dependían de corporaciones extranjeras que desincentivaron de forma sistemática el desarrollo durante un siglo y medio más. Poco a poco, durante los últimos ochenta años, las Américas del Sur han tratado de encontrar su propio camino, nacionalizar empresas, cambiar los ejes de poder y establecer alianzas con Asia, siendo perfectamente conscientes de que los empresarios de lugares lejanos pueden ser tan castrantes como los virreyes españoles sobre el terreno. Al igual que

España, con su severo «repartimiento de mercancía» —el sistema colonial que obligaba a los indios a comprar bienes que no necesitaban a cambio de los metales que España ansiaba—, las entidades extranjeras que exprimen los recursos naturales de América Latina esperan, a cambio, vender allí sus bienes.[46] De hecho, en la actualidad un asombroso 40 por ciento de las exportaciones estadounidenses van a América Latina.[47] Es un mercado que genera millones de puestos de trabajo en Estados Unidos.[48]

Esto puede dar lugar a una intensa sensación de privilegio. Cuando Estados Unidos hace negocios en América Latina —por ejemplo, Anaconda Copper en Chile o las operaciones carboníferas de Drummond Company en Colombia— es porque espera tener la exclusividad y un control total. Durante muchos años, las empresas estadounidenses no toleraron la competencia de los lugareños ni ningún desafío a su jurisdicción. En 1973, la amenaza de Chile de nacionalizar Anaconda Copper fue motivo suficiente para que el presidente Richard Nixon y el asesor de Seguridad Nacional Henry Kissinger sancionaran el bombardeo del palacio presidencial de Chile, derrocaran a Salvador Allende y allanaran el camino para la dictadura militar de Augusto Pinochet.[49] Cuarenta años más tarde, ante la resistencia de los trabajadores colombianos en las empresas mineras estadounidenses,[50] el presidente Barack Obama anunció que enviaría «comandantes de brigada con experiencia directa en contrainsurgencia» para someter a los disidentes.[51] En el último medio siglo, ha habido muchos ejemplos como este de intervención militar estadounidense en América, desde México hasta Paraguay.

Pero en el camino, gracias a la indignación pública, el Imperio moderó su celo. Tuvo que hacerlo. En el 2012, el mismo año en que el presidente Obama amenazó con un correctivo militar estadounidense en Colombia, los líderes latinoamericanos reunidos en Cartagena de Indias con motivo de la Cumbre de las Américas se unieron para desafiar el proceder de Estados Unidos en la región. Exigieron a Washington que levantara el embargo impuesto a Cuba en 1958, con el argumento de que había dañado las relaciones con el resto del hemisferio, y que «hiciera más para combatir el consumo de drogas en su propio territorio» en lugar de enviar armas y «consejeros» para combatir a los señores de la droga en los suyos, una estrategia que había fracasado de manera espectacular.[52] Para entonces, América Latina buscaba con empeño ampliar los vínculos económicos con China, India y Oriente Próximo, regiones que hacían negocios sin exigir un toma y daca político. Decidieron coger las riendas y determinar ellos mismos su futuro económico. En el 2015, mientras asistía a una cumbre en Ciudad de Panamá con el presidente de Cuba, Raúl Castro, el presidente Obama respondió en un tono muy diferente. Ofreció una especie de disculpa al decir: «Los días en que nuestra agenda en este hemisferio asumía que Estados Unidos podía inmiscuirse con impunidad, esos días han pasado».[53]

Con todo, al menos en un aspecto, América Latina sigue atrapada en un engranaje ancestral. Su romance con el ansia de metal continúa, como si no pudiera desprenderse de la fiebre a la que ha estado sujeta desde que Colón desembarcó en Bahamas. Brasil, por ejemplo, uno de los mayores productores de mineral de hierro, lo envía casi todo al extranjero. La mayor parte se dirige a China, a pesar de que China es el mayor productor mundial de hierro[54] (muy por delante de Brasil), y Brasil pierde dinero en el negocio.[55] El romance también incluye la antigua práctica colonial de dejar que otros estén al mando y se embolsen los beneficios. Perú tal vez sea uno de los diez mayores productores de oro del mundo, pero una mayoría abrumadora de sus minas no son de propiedad peruana.[56] Pertenecen a corporaciones de China, Canadá, Estados Unidos, Brasil, Inglaterra, México o Australia que las gestionan y explotan, y gran parte de lo que manos peruanas sacan de los Andes o el Amazonas se envía para que brille en el otro lado del globo.[57] De hecho, ahora Asia consume la mayor parte del oro que se extrae de las entrañas del planeta.[58] El imperialismo del metal, no tan diferente del practicado en el siglo XVI, todavía se impone en las minas de cobre de Chile, las minas de carbón de Colombia, los yacimientos de diamantes de Brasil y las explotaciones de plata de México, aunque los beneficios se canalicen hacia Londres, Pekín, Zúrich, Melbourne, Toronto, Johannesburgo o Butte, en Montana. Como señaló hace unos años Danilo Medina, presidente de la República Dominicana, de cada cien dólares de oro que arranca del campo dominicano, Barrick Gold Corporation —cuyos propietarios residen en Canadá— recibirá noventa y siete dólares de los beneficios y el pueblo dominicano, tres dólares.[59] Al menos para él «eso es simplemente inaceptable».[60]

Que casi la mitad de Colombia esté gestionada por empresas mineras internacionales,[61] o que las minas mexicanas estén dominadas por canadienses,[62] tal vez no resulte tan preocupante si uno cree en los mercados exuberantes y los triunfos del consumismo global, pero lo que esta prosperidad deja atrás en América Latina es devastador: una contaminación descontrolada, la destrucción gratuita de bosques tropicales, ríos y lagos tóxicos, un aumento de las tasas de morbilidad y mortalidad, una epidemia de trabajo infantil, una pobreza permanente y un paisaje devastado. Pocos lugares exponen el lado oscuro de la economía global de manera más cruda que las minas ilegales que hoy en día se multiplican en América Latina, pero incluso las legales han demostrado ser ruinosas. Por cada anillo de oro que se produce en el mundo, se desplazan doscientas cincuenta toneladas de roca, se vierte en el medio ambiente casi medio kilo de mercurio tóxico e incontables vidas —biológicas y botánicas— sufren las consecuencias.[63] No hace falta ser sociólogo o químico para recorrer ese páramo y estimar los costes.

Cajamarca
2011

> El oro es químicamente inerte [...] su brillo es eterno. En El Cairo, un puente dental fabricado en oro hace 4.500 años se podría utilizar hoy en día.[64]
>
> Peter L. Bernstein, *El oro. Historia de una obsesión*

En el año 2006, mientras la economía volvía a ponerse en marcha tras el 11-S, los precios del oro se dispararon. Esa tendencia reflejaba una nueva intranquilidad global: el acaparamiento estaba al alza y el oro era la inversión preferida. La ironía es que todos los nichos de la gigantesca industria del oro que consiguieron beneficios sustanciales en esa primera década alcista del 2000, de la tienda insignia de Tiffany en la Quinta Avenida a los negocios familiares de Bombay, tienen una deuda de gratitud con el terrorismo por sus beneficios crecientes. Después del baño de realidad que supusieron los sucesos del 11-S, cuando tres aviones secuestrados se estrellaron en el corazón de Wall Street y del Pentágono, el dólar empezó a perder terreno y el oro comenzó su meteórico ascenso. Parecía que todo el mundo lo quería, sobre todo en forma de joyas y sobre todo en los países cuya población se abría paso hacia la clase media; India y China fueron los que más oro demandaron, y sus números crecientes hicieron que los precios se dispararan. Una onza de oro, que el 11 de septiembre de 2001 se vendía en el mercado global a 271 dólares, una década después lo hacía a 1.920 dólares, un excitante aumento del 700 por ciento.[65] Ese auge provocó una explosión equivalente en la población que se agolpaba en las minas ilegales. De las pulseras a los lingotes, y de Berna a Pekín, los metales preciosos se consideraron el mejor seguro en una época de nerviosismo.

Irónicamente, el frenesí llegó al valle donde, cuatrocientos ochenta años antes, Pizarro había mantenido secuestrado a Atahualpa por la misma razón. No obstante, a pesar de todo el metal que exigió el conquistador, y de todo el oro y la plata que Atahualpa hizo transportar para él desde los cuatro rincones del Tahuantinsuyu, resultó que la mayor reserva que tenía el Inca estaba justo debajo de sus pies. El valle de Cajamarca, esa franja de tierra alta y azotada por el viento donde se había escrito buena parte de la historia colonial, albergaba algunos de los depósitos de oro más ricos del mundo. La mayor explotación aurífera de toda América del Sur —la mina Yanacocha, de propiedad estadounidense— se afanaba incansablemente por llegar hasta ellos.[66]

Esa primavera, los aldeanos que habitaban la zona de Yanacocha decidieron bloquear las carreteras y declarar la guerra a las prácticas tóxicas y depredadoras de la empresa. La corporación propietaria de Yanacocha, Newmont Mining, acababa de anunciar un nuevo proyecto gigantesco a pocos kilómetros de allí, no lejos de los campos en los que el Inca había sido libre por última vez. Lo llamaron Conga, y se decía de él que sería más colosal, más prolífico que cualquier mina de oro que hubiera existido en América Latina. Los ejecutivos de Denver calcularon que les reportaría mil millones de dólares anuales en oro y quinientos millones en cobre.

Los habitantes de Cajamarca no querían eso en absoluto. Se produjo un sangriento enfrentamiento entre ellos y las fuerzas de seguridad armadas de la mina. Cinco manifestantes murieron. Pero de todos modos Conga empezó a construirse.

Algunos años después, en el 2011, una humilde agricultora de subsistencia llamada Máxima Acuña de Chaupe se negó a ser desalojada de su granja, una pequeña parcela de suelo que se encontraba inconvenientemente dentro de los límites del proyecto Conga. Una mañana gélida, su propiedad fue invadida por policías armados; la golpearon hasta dejarla inconsciente, su choza de barro quedó destruida y su familia resultó herida. Newmont y el Gobierno peruano negaron el asalto, pero fue captado por un teléfono móvil; había sido osado, brutal e inequívoco, y eso fue suficiente para radicalizar a los trabajadores de la mina, que enseguida convocaron una huelga contra el gigante estadounidense. Sus quejas eran claras y rotundas: habían estado trabajando en unas condiciones miserables.[67] La gente de Cajamarca se encontraba entre los ciudadanos más pobres de Perú. Newmont no solo se había adueñado de la tierra de sus antepasados, sino que también había incitado la agresión a una abuela indefensa, devastado el medio ambiente y puesto en peligro a sus hijos con sustancias tóxicas que se vertían de forma constante en sus ríos.

Poco antes, un científico alemán había confirmado que los otrora centelleantes lagos de Cajamarca habían sido contaminados peligrosamente con cianuro; los dos millones de peruanos que habitaban ese valle exuberante y fértil corrían ahora el riesgo de sufrir un envenenamiento químico.[68] Pero no solo era el expolio medioambiental; también estaba la cuestión del grado de explotación.[69] Una vez que el oro peruano era extraído, procesado y enviado al extranjero, Perú se quedaba solo el 15 por ciento de los descomunales beneficios de Newmont.[70] Además, en un año en el que Newmont extrajo tres millones de onzas de oro de esas tierras altas (por valor de 3.700 millones de dólares), más de la mitad de los residentes vivían con cien dólares al mes.

Quienes protestaban en Cajamarca estaban tan indignados por esta aparente injusticia —y los peruanos de todo el país manifestaron tan pronto su simpatía por ellos— que se recurrió a tropas antidisturbios para contener lo que las autoridades de Lima temían que fuera una gran amenaza para la economía peruana.[71] El 4 de julio del 2013, el líder de la protesta, un sacerdote católico, fue sacado por la fuerza de un banco en un parque público, arrestado y golpeado antes de ser dejado en libertad.[72] El presidente Ollanta Humala, que había ganado la presidencia gracias al voto socialista, dijo entonces, con una inequívoca convicción de libre mercado, que el proyecto Conga continuaría, aunque con una mayor supervisión gubernamental. En otras palabras, la bonanza mineral de Perú era sacrosanta, no debía interrumpirse. El oro le ganó al agua, el dinero aplastó a la justicia y los mercados globales prevalecieron sobre los pobres del campo.

Sorprendentemente, se demostró lo contrario. Máxima Acuña se impuso, al menos durante un tiempo. La diminuta peruana invitó a los manifestantes a sus conflictivas tierras, dio su opinión siempre que se la pidieron y se negó a retroceder ante el Goliat estadounidense.[73] Con el tiempo, llamó la atención de varias organizaciones internacionales que estaban deseando proclamar la devastación humana y medioambiental causada por Newmont: la Comisión Interamericana de Derechos Humanos, la Organización de los Estados Americanos y Amnistía Internacional. Newmont fue obligada a detener cualquier avance de Conga. Después de cinco años más en animación suspendida, al final la empresa decidió, en abril del 2016, abandonar el proyecto.[74] Los lugareños lo celebraron, a Máxima Acuña le otorgaron un prestigioso premio internacional[75] y una periodista de *The Daily Beast* la apodó «la abuela formidable» que había desafiado a la gran empresa minera.[76] Pero, mientras Newmont anunciaba el abandono de Conga, en Denver sus ejecutivos se ocupaban de la expansión de sus minas en Yanacocha, una alternativa a aquel, y prometían ventas por valor de casi mil millones de dólares anuales durante al menos cinco años.[77] Unos meses después, una banda de matones irrumpió en la casa de Máxima Acuña y les dio otra paliza a ella y a su marido.[78]

La Rinconada
2002

> No debemos decir Jesús, María y José y hacer la señal de la Cruz, porque el lugar pertenece al Tío, el diablo.[79]
>
> Minera andina, 1972

Leonor Gonzáles podría ser hermana de Máxima Acuña por la manera en que hablan, las inflexiones del quechua que comparten, su baja estatura, su esencial fortaleza, los férreos principios sobre la familia y el trabajo duro que caracterizan a las mujeres indígenas de los Andes.[80] Pero existen diferencias. Leonor vive y trabaja en unas tierras altas y remotas, adonde solo acuden los mineros ilegales. Máxima vive en las afueras de la ciudad histórica de Cajamarca, el terreno perdido de la América del Sur indígena, justo el lugar en el que una vez colisionaron dos mundos, donde los blancos ganaron a los de piel oscura y los lugareños aún responden ante los extranjeros.

Hay otras diferencias, más observables, entre estas mujeres. Aunque nacieron el mismo año, Leonor parece duplicarle la edad a Máxima; su piel está estropeada por el sol implacable, herida por los vientos glaciales. Le faltan dientes. Sus manos, a diferencia de las de Máxima, no bailan mientras habla. Son nudosas, están agarrotadas, las manos de alguien que escarba en las laderas, buscando entre las astillas de roca; yacen en su regazo como reliquias rotas. Sus ojos, que antes eran de ónix brillante, se han vuelto de color gris lechoso. Leonor ha sido toda su vida *pallaquera*, cernedora de rocas desechadas; Máxima es agricultora. A pesar de las palizas que ha sufrido a manos de matones contratados, los ojos le brillan, sus movimientos son gráciles, su sonrisa es agradable. La vida, en cambio, ha dejado una cicatriz demasiado visible en Leonor. Sus estragos le marcan el rostro, al igual que las minas marcan la cara de la imponente cumbre a la que llaman la Bella Durmiente.

Desde el día en que nació, en una chabola de hojalata ubicada en la falda de esa montaña, la vida de Leonor nunca ha estado exenta de problemas, pero era bastante tolerable cuando su marido, Juan Ochochoque, estaba vivo. Al menos podían llevar juntos la carga de las dificultades. De alguna manera, entre la miseria que Juan ganaba en el devastador sistema del *cachorreo* y las raras ocasiones en las que ella rompía una piedra y encontraba un pequeño milagro en su interior, sacaban suficientes soles para alimentarse ellos y sus cuatro hijos. Eran pobres —pobres de solemnidad, siempre pobres—, pero, en esa pequeña choza de piedra que era su fortaleza, se sentían completos. Cantaban.

Eso cambió una mañana nevada del 2002. Juan había estado rompiendo rocas en un corredor lejano de la montaña, explorando sin descanso sus vetas, cuando un colosal trozo de glaciar se desprendió mucho más arriba, rodó por la ladera y derrumbó el pozo donde trabajaba. Su hijo Jhon, de once años, estaba en la mina en ese momento, ayudando a sacar la grava. Juan nunca le describió a Leonor el horror que sintió con detalle, pero ella podía imaginarlo. El impacto del hielo. La roca contra la roca. La oscuridad repentina. Y luego el polvo asfixiante, el hedor químico, invadiendo cada milímetro de sus pulmones, el ardor en los ojos. Lo único que Jhon recuerda de ese fatídico momento es el sonido de los alaridos de su padre mientras trataba, frenéticamente, de encontrar al chico; escarbando hacia él de rodillas, avanzando entre los escombros, llamándole con una voz que él mismo apenas reconocía.

Los dos se las arreglaron para abrirse camino y salir del hueco destrozado. Dieron las gracias al Tío por haberse salvado, pero nunca fueron los mismos después de aquello. Juan no podía caminar, no podía respirar. Los gases químicos le habían abrasado los pulmones. Fueron necesarios tres hombres para llevarlo hasta abajo. Se encontraron con Leonor, que subía por el camino. Había oído la terrorífica detonación, el retumbar de la roca atravesando la montaña perforada como una ruleta diabólica. Había visto la espesa nube de polvo que se cernía ominosamente sobre la entrada de la mina, sacudiendo su negra cola hacia el gélido cielo. Leonor buscó con desesperación a su hijo y, después de un momento de angustia, vio que seguía a su padre, aturdido, sin ayuda de nadie, milagrosamente ileso. Pero había salido de aquella desgracia con una enfermedad que los indios llaman «susto», un miedo que se apodera para siempre del alma, un pánico que no desaparece.

Con el paso de los días, los hijos pudieron ver que su padre no estaba bien. Juan sufría un deterioro físico muy evidente. Siempre había salido antes del amanecer, caminando con decisión entre el hielo y el barro para machacar roca en los huecos de la mina. Ahora las piernas se le habían hinchado hasta triplicar su tamaño. Se sentía falto de equilibrio, confundido, sufría terribles dolores. Sus brazos se debilitaron. Le dolían las articulaciones, las manos le temblaban y apenas era capaz de doblar las rodillas. No podía arrastrar los pies más que unos pocos metros, y menos aún subir a la mina. Pronto empezó a tener convulsiones, y luego una tos constante que le sacudía los huesos. Caminaba por La Rinconada agarrándose a las paredes, jadeando.

En un instante fugaz, Juan Ochochoque se había convertido en un ciudadano marginal. Ahora acompañaba a las mujeres, los niños, los tullidos y los desposeídos, los relegados a asuntos femeninos en una sociedad muy machista. Estaba demasiado enfermo para hacer el trabajo de las mujeres; por ejemplo, el *quimbaleteo*, una práctica que se remonta a los incas, en la que una persona se coloca sobre una roca y se balancea, moliendo el mineral hasta convertirlo en arena fina y sacando la plata con mercurio. O el *pallaqueo*, el trabajo de Leonor, en el que una mujer escala las escarpaduras, rebusca cualquier fragmento prometedor que caiga de las minas y lo mete en una mochila. Tampoco podía ocuparse de la labor más sencilla, el *chichiqueo*, que requiere que una mujer o un niño se incline durante horas sobre un charco de agua contaminada con productos químicos, cogiendo cualquier cosa que brille entre la grava. En su estado eran tareas imposibles. Pero tenía que hacer algo; había niños que criar, seis bocas que alimentar. En unas semanas, decidió cocinar para ganarse la vida. Encorvado sobre un quemador de alcohol en la tierra desnuda de su cabaña, preparaba una olla tras otra de sopas y guisos. Al mediodía enviaba a su familia a la calle para venderlos. Por la noche, se bebía el alcohol que quedaba, con la esperanza de aliviar la humillación.

Las labores de los hijos de Juan, que hasta entonces habían sido esporádicas y secundarias, se convirtieron ahora en indispensables, primordiales. Aunque él les animó a asistir a la destartalada escuelita en la que los mineros que sabían leer y escribir enseñaban en su tiempo libre, en cuanto pudieron todos se pusieron a trabajar. Su hija mayor, Mariluz, de once años, se dedicó al mismo trabajo que su madre, el *pallaqueo*. Jhon cargaba agua de los camiones que retumbaban montaña arriba desde el lago Titicaca y la vendía a los proxenetas de las cantinas. Senna, de cinco años, se dedicaba a trocear los ingredientes para los guisos de Juan. Cuando cumplió siete años y pudo ganarse un sueldo, se puso a trabajar limpiando los agujeros de las letrinas en los baños públicos de La Rinconada.

Pero todos se quedaron en La Rinconada. Como la mayoría de las familias que habían habitado durante generaciones los pueblos mineros, era lo que conocían.

En menos de dos años, su padre moriría. Su cuerpo hinchado, impregnado de toxinas químicas, había llegado a un punto crítico cuando subió a un autobús a los pies de la Bella Durmiente, tratando desesperadamente de encontrar una cura. Había buscado ayuda dondequiera que pudiera encontrarla: había acudido a médicos, hecho ofrendas al Tío, consultado con los trabajadores sociales que llegaban de vez en cuando desde Juliaca. Incluso había viajado con Senna hasta Cuzco, al convento construido encima del antiguo Templo del Sol, con la esperanza de que un sacerdote le impusiera las manos. Pero de repente su cuerpo no resistió más, mientras Leonor le ayudaba a cruzar la carretera después de un movido paseo montaña abajo. Se desplomó, respiraba con dificultad, cogiéndose la garganta mientras un grave quejido gutural salía de lo más profundo de su ser. Leonor no recuerda bien lo que sucedió después. Solo su terror. Solo los ojos desorbitados, la súbita rojez del rostro y luego el color desapareciendo por completo. La larga batalla de Juan Ochochoque contra los venenos de La Rinconada había terminado.

En esos últimos meses de vida, Juan les dejó a sus hijos una lección poderosa. Fue él quien les señaló —mientras pasaban el rato, cocinaban, contaban historias, cantaban y aprovechaban lo que tenían— que ellos no eran como él. No tenían que serlo. Él, como la mayoría en el monte Ananea, era un hombre inculto, un anacronismo de otro tiempo. Analfabeto. Ingenuo. Condenado. Ellos, en cambio, tenían un futuro más allá del ancestral ciclo en el que él se había visto atrapado. Senna era buena con las palabras, buena en dar con las justas, buena en pulirlas hasta darles un brillo hermoso. Jhon podía arreglar cosas, averiguar cómo funcionaban; tenía un don para resolver problemas. Mariluz, si se lo proponía, podría tener un negocio, su propio puesto de comida en la plaza. Henrry, solo un bebé, también estaba destinado a cosas mejores, aunque era difícil decir cuáles. «Saldrán de esta montaña maldita —les dijo—. Son mineros de otro tipo».

Si quienes trabajan en las minas ilegales —la rama de la minería sudamericana más dinámica y productiva hoy en día— lo hacen en las mismas condiciones que sus antepasados soportaron hace quinientos años, es probablemente porque algo fundamental no ha cambiado.[81] Si las operaciones internacionales aportan un progreso limitado a las comunidades de las que dependen, es probable que se deba a que se toma más de lo que se da. Entonces y ahora, hay una semejanza en el trabajo, una coherencia obstinada, una mentalidad terca tanto en el ocupante como en el ocupado. A pesar de los grandes avances logrados en el progreso económico de América Latina —las tasas de crecimiento, la constante reducción de la pobreza, la aparición gradual de una clase media—, a menudo la cabeza en el poder sigue siendo la misma.

Como dijo el combativo escritor uruguayo Eduardo Galeano hace casi cincuenta años, algunas naciones ganan y otras pierden.[82] Tal vez no sea exactamente un juego de suma cero, pero América Latina se ha especializado en perder desde que los europeos, enardecidos por una conciencia renacentista de sí mismos, se aventuraron a cruzar los mares e hincaron los dientes en las gargantas de los indígenas. En América del Norte, donde en la práctica los colonos ingleses erradicaron a los indios y destruyeron a los africanos, los blancos miraron a su alrededor, vieron que eran mayoría y se proclamaron los vencedores indiscutibles. En América Latina, sin embargo, desde tiempos inmemoriales los indios han mirado a su alrededor, han visto que eran mayoría y aun así han seguido siendo los perdedores. A estas alturas, ellos y sus descendientes se han convertido en maestros en el arte de perder. Las riquezas cedidas por la omnipresente Madre Tierra —ya sea la plata, el azúcar, el petróleo o el capital humano— han sido recogidas por los invasores, convertidas en beneficios y llevadas a una metrópoli lejana.

Se ha hablado mucho sobre los fallos inherentes de América Latina. Es, como dicen los economistas globales, el continente más desigual del mundo, una región cuyo potencial económico fue minado primero por la Corona española y después aún más por los blancos que heredaron ese poder.[83] Durante el siglo XIX, cuando los norteamericanos de a pie, no solo los ricos o la élite, empezaron a destacar como los ciudadanos más ingeniosos del planeta —creando patentes, estableciendo instituciones públicas, fomentando la competencia—, las élites latinoamericanas adoptaron políticas e instituciones para enriquecerse que empobrecieron a todos los demás a su alrededor.[84] En 1914, mientras en Estados Unidos operaban casi treinta mil bancos, en todo México solo había cuarenta y dos, y dos de ellos controlaban más del 60 por ciento de la riqueza del país.[85] Lo mismo ocurría en toda América Latina. Se desalentó la competencia. Se impidió la industrialización. Se ahogó la innovación. Incluso se ignoró la educación de las masas indígenas y los pobres. ¿Por qué educar a alguien, cuando lo que quieres es un par de manos, una espalda fuerte y una obediencia ciega? En consecuencia, las repúblicas latinoamericanas se volvieron extractivas por naturaleza: concentraron el poder en una pequeña élite, apenas limitaron su abrumadora influencia e invitaron al resto del mundo a explotar la tierra y a su gente.[86]

No es de extrañar que la mentalidad dominante en la época de los conquistadores simplemente continuara, con la diferencia de que ya no había uniformidad en el gobierno. No existía un principio de legalidad sistemático. Los déspotas, los dictadores, los ricos hacendados, los oportunistas sin escrúpulos que buscaban enriquecerse...; esos fueron los reyes del turbulento siglo transcurrido entre 1830 y 1930. Ser blanco significaba ser amo. Ser moreno significaba estar atrapado en una clase servil. América Latina salió devastada de sus guerras de independencia y, aunque los ejércitos revolucionarios habían estado integrados en gran medida por gente de color, los gobiernos se improvisaron para mantener a esas razas en la servidumbre y dar a los blancos los puestos de poder. La intolerancia, institucionalizada por los españoles, se endurecía ahora con sus descendientes, los criollos de tez clara y los inmigrantes europeos que se les unieron, y un virulento racismo convirtió la región en un polvorín. Mientras Simón Bolívar agonizaba, los territorios que había liberado se volvieron salvajes e ingobernables. En su lecho de muerte, le preocupaba que, después de todo, América Latina no fuera una fuerza unida y firme contra el mundo, un baluarte contra los predadores coloniales. Los que habían servido a su revolución habían arado en el mar.[87] Y, efectivamente, el caos era endémico. La corrupción se generalizó, la moral se descuidó, las ambiciones se volvieron tiránicas. Se impusieron los golpes de Estado y los matones. Los más fuertes, como siempre en estas Américas, hicieron lo que quisieron.[88]

A lo largo de esta historia volátil, fueron los mineros —de la plata, el oro y el cobre— quienes sirvieron de proverbiales canarios en la mina. Aunque los metales preciosos produjeron enormes fortunas en América Latina —para los españoles, para quienes la riqueza era el objetivo primordial de la conquista, o para los extranjeros, que buscaban vetas repletas y mano de obra barata—, la plata y similares siempre han sido más rentables para las potencias lejanas que para quienes viven allí donde se extraen. Se supone que la ley del mercado es sencilla: si posees algo que otros quieren, obtienes unos beneficios generosos. Y, aun así, el apetito por estos premios brillantes ha provocado más expolio que desarrollo, más pérdidas que ganancias. «La minería es el agujero por el que se escapa la vitalidad del país —escribió el intelectual boliviano Sergio Almaraz hace cincuenta años—. En más de tres siglos no dejó nada, absolutamente nada [...]. Aún ciudades como Potosí y Oruro, otrora beneficiarias de la efímera prosperidad minera, se van convirtiendo en cascarones vacíos».[89]

Sin duda, hoy en día esto es tan cierto para Leonor Gonzáles en las alturas salvajes y heladas de La Rinconada como lo es para la cajamarquina Máxima Acuña, que trata de sobrevivir en los límites de una de las multinacionales mineras más rentables del mundo. Para muchos de los que han confiado en la búsqueda de plata como medio de vida, no cabe duda de que ha sido una apuesta. Una envidada con el Tío, una cuestión de supervivencia. Para el supervisor, el inversor y los gobiernos también es una especulación manifiesta. Como escribió el economista escocés Adam Smith hace más de doscientos años en una observación que aún hoy es significativa: «De todas las empresas costosas e inciertas que desatan la bancarrota sobre la mayor parte de las personas que las acometen, quizá la más absolutamente ruinosa es la búsqueda de nuevas minas de plata y oro. Es quizá la lotería más desventajosa del mundo, aquella en la que la ganancia de quienes obtienen los premios guarda la menor proporción con la pérdida de quienes no obtienen nada».[90]

Y, sin embargo, es la lotería de la que todavía depende el futuro de América Latina.

Fantasmas de la historia

> La riqueza nacional consiste en la abundancia y la pobreza nacional en la escasez de oro y plata.[91]
>
> Adam Smith, 1776

Sabemos lo que dice la lotería de la minería sobre los oportunistas que persiguen sueños de metal. ¿Qué dice de la gente que, durante siglos, ha estado sometida a esos oportunistas? Leonor Gonzáles nunca se ha liberado por completo de la imprudente búsqueda de oro de su esposo, aunque ahora sus hijos viven montaña abajo, lejos de los productos químicos cegadores, el frío glacial, el hambre agotadora. Cada viernes, al amanecer, se sube a un autobús destartalado que la lleva, traqueteando, desde Juliaca, donde vive ahora su familia, hasta Putina, donde coge otro autobús que se dirige montaña arriba por una carretera helada, pasando por un paisaje lunar desolado y lleno de socavones. Seis horas más tarde está en La Rinconada, dentro del montón de piedras que Juan construyó para ella y su familia. Agachada, sobre una llama azul en el suelo de tierra, remueve el guiso que venderá cuando los mineros salgan de la oscuridad hacia la luz.

La búsqueda de Juan para sacar vida de las venas del monte Ananea todavía atrae a Leonor, porque esa misma búsqueda fue la de su padre, su abuelo y su bisabuelo; un ansia que ha intrincado la voluble historia de su gente durante mil años sin aportar mucho a cambio. Ciertamente, no se puede ganar la vida en la caótica ciudad de Juliaca, donde sus hijos se esfuerzan por progresar, donde las destrezas son muy superiores a las suyas, donde trabajar es imposible para una viuda analfabeta de las minas.

La ironía es que, aunque la globalización empezó con el primer cargamento del metal de Moctezuma enviado por España —el que desató el comercio mundial, hizo progresar a poblaciones lejanas y desencadenó la época industrial—, durante cientos de años la gran mayoría de los latinoamericanos como Leonor fueron dejados atrás, sumidos en unas condiciones primitivas.[92] Mientras que las fronteras abiertas en los Estados Unidos de América o las rutas comerciales en Europa y Extremo Oriente significaron una oportunidad real para la gente corriente dispuesta a arriesgarse, en América Latina la tierra y el comercio libre solo estuvieron al alcance de los políticamente poderosos: los gobernantes nacidos en España, los oligarcas blancos que vinieron después de ellos, la nobleza terrateniente que, para empezar, tenía todas las propiedades.[93] En América Latina, la plata, el imán que había atraído a los conquistadores, se convirtió en una palabra universal para designar la riqueza en general. Que en las últimas décadas se haya producido tanto progreso —que se haya canalizado más plata y se haya sacado a tantas personas de la pobreza— es realmente un milagro. Que países como Brasil, México, Chile, Perú y Colombia hayan vigilado más su patrimonio, hayan estado menos dispuestos a someterse a amos extranjeros, es quizá el «giro del mundo», la revolución fundamental del pensamiento que los grandes incas Pachacútec y Túpac Yupanqui querían para su pueblo.

Pero el pasado es un maestro. Si hay un fundamento básico en estas Américas, es el impulso de extraer y explotar; requerido por la conquista, perfeccionado por España, prolongado a lo largo de la historia. La libertad, la ley, «la ciudad brillante sobre la colina», son principios rectores que llegaron tarde a América Latina. Somos gente a la que la coerción y la sumisión han dado forma. Esto nunca ha sido más evidente que en las minas; nunca más definitorio que cuando los nativos americanos son enviados a extraer metal para un amo lejano. Considérela, si quiere, una metáfora o una historia simplificada, pero también es un hecho: es una economía extractiva la cadena que ha atado a América Latina desde que Colón puso un pie en sus costas. Esa economía extractiva ha sido perjudicial para la verdadera prosperidad en estas tierras.[94] El dinero circula, las empresas crecen, los economistas registran el crecimiento, pero en esta parte del mundo este último es un asunto frágil. Normalmente ha significado que los ricos se hagan más ricos y los poderosos, más poderosos. Si se produce progreso humano, este es efímero, y suele tener lugar porque se ha renunciado a algo en la negociación.

Durante los primeros años de este siglo, Argentina, Ecuador, Brasil, Perú y Colombia han visto crecer su clase media, pero la cuestión es si pueden mantener las expectativas correspondientes.[95] Muchas veces un único golpe de Estado, la amenaza de disturbios civiles, una oleada de corrupción descontrolada o una caída del precio de las materias primas —todas situaciones bastante comunes— es suficiente para que el progreso se detenga. En esta cuna del choque cultural, esta tierra de uniones violentas, la historia siempre es explosiva. A diferencia de América del Norte, donde los indios fueron desplazados, reducidos y exterminados y su brutal historia se suprimió u olvidó, América Latina sigue viviendo con sus cicatrices coloniales y poscoloniales. Un legado de abusos, resentimiento y desconfianza se ha introducido profundamente en el carácter de nuestra gente. La «plata» fue el comienzo. Sigue siendo un santo grial. Y está demostrando ser un maestro severo.

SEGUNDA PARTE

La espada

Las épocas viejas nunca desaparecen completamente y todas las heridas, aun las más antiguas, manan sangre todavía.[1]

Octavio Paz, *El laberinto de la soledad*

6

Sed de sangre

> Pregunta: ¿cuándo se jodió el Perú?
>
> MARIO VARGAS LLOSA, 1969

> Respuesta: el Perú se jodió al momento mismo de nacer. Su concepción tuvo como base un hecho asimétrico y brutal que fundó una nación herida y enemistada con una de sus mitades, la indígena.[1]
>
> JEREMÍAS GAMBOA, 2017

Carlos Buergos está desaparecido. Nadie sabe dónde está. Ni su exmujer ni sus amigos. Tampoco el funcionario de prisiones. La prisión de Lorton, en Virginia, donde estuvo encarcelado durante un tiempo, ya no existe. El sistema de información de presos que le monitorizaba ha perdido su rastro. Llegó descalzo a Estados Unidos desde Cuba en 1980 y, tras diez años de libertinaje, fue detenido, encarcelado y más tarde liberado una radiante mañana de verano de 2001 para que encontrara su camino en libertad lo mejor que pudiera.[2] La última vez que se supo de él fue en una quejumbrosa llamada a su exmujer. ¿Cómo podía haber muerto su hijo de seis años mientras él estaba ausente? ¿Había estado enfermo durante mucho tiempo? ¿Estaba ya enfermo en el vientre de su madre? ¿Era una maldición que él, como padre, le hubiera concebido? La mujer se limitó a colgar el teléfono.

Él siguió adelante. Volvió a Miami, al condado de Dade, el suelo que había pisado cuando salió a rastras de un destartalado barco hacia la liberación.

En la memoria de todos los «marielitos» que llegaron de Cuba en 1980 están grabados el aterrado éxodo de una costa, la aturdida llegada a otra.[3] De vez en cuando, esos recuerdos vuelven de repente. El golpeteo en la puerta. El policía de ojos imperturbables. Los vecinos que gritaban «¡escoria, gusano!» mientras blandían piedras. El recorrido en autobús, lleno de baches, por el campo cubano hasta el puerto de Mariel. Los regimientos de guardias armados con fusiles. Los perros de expresión fiera. La bíblica masa humana apiñada bajo el silbido de una planta eléctrica cercana. Y después la visión asombrosa de miles de barcos estadounidenses cabeceando en el agua, esperando.

En los escasos seis meses entre abril y septiembre de ese año, el éxodo del Mariel llevó a 125.000 cubanos a Estados Unidos en una de las oleadas de inmigración más extraordinarias de la historia americana reciente.[4] Empezó el 1 de abril de 1980, cuando un conductor en busca de asilo estampó su vehículo en la verja de la embajada peruana en La Habana. Estalló una pelea. Un guardia murió tiroteado. Cuando Fidel Castro sacó a las fuerzas de seguridad de la zona, diez mil cubanos inundaron los terrenos de la embajada, clamando por irse. Furioso, Castro abrió las fronteras y anunció que todo aquel que quisiera irse podía hacerlo. Miles de aventureros de Florida —en gran medida cubanoestadounidenses— se embarcaron en sus botes y navegaron hasta la costa nordeste de Cuba, deseosos de rescatar a los oprimidos.

La Flota de la Libertad, como la llamó el presidente Jimmy Carter, fue una invitación tan clara y explícita como si estuviera grabada en piedra: «Dadme a vuestros rendidos, a vuestros pobres [...] a los desdichados rechazados de tu orilla rebosante».[5] Los marielitos llegaron a Florida, saturaron las instalaciones para inmigrantes, colapsaron a la policía y los servicios sociales, y dieron a los estadounidenses una razón más para no reelegir a su presidente.

Las vidas de los marielitos convergieron momentáneamente cuando subieron a bordo de esos barcos y viajaron juntos por mar abierto. Algunos, como Carlos Buergos, llegaron sin camisa, sin zapatos, sin mucho más que un pedazo de papel con su nombre escrito. Meses más tarde, se habían dispersado por cientos de ciudades y pueblos de Estados Unidos, cada uno había tomado un camino distinto. Unos pocos ascendieron por el sueño americano para convertirse en emprendedores de éxito. Otros estudiaron y se hicieron maestros, abogados, médicos. El resto encontró trabajo de lo que siempre habían hecho: como músicos, trabajadores poco cualificados, albañiles, agricultores, ayudantes de cocina. Otros se quedaron atrapados en un pasado tormentoso. La trayectoria violenta de Buergos le llevó, con el tiempo, a renunciar a la mismísima libertad que había logrado yéndose a Estados Unidos, una paradoja sobre la que reflexionaría durante muchos años en la celda de una cárcel.

«Estados Unidos —escribió en una ocasión el filósofo y escritor George Santayana— es la mayor de las oportunidades y la peor de las influencias».[6] Para muchos latinoamericanos que entran en el país como refugiados políticos o económicos, la vida puede ser buena y el trabajo, provechoso, pero para otros tantos puede resultar un laberinto desconcertante. El contexto es radicalmente distinto, las oportunidades son muy excitantes, las tentaciones, irresistibles y los fracasos potenciales, atroces. El hecho de convertirse en inmigrante puede suponer un viaje tan tormentoso como las noventa millas náuticas desde Mariel.

Aunque Castro transmitió implícitamente que todo aquel que quisiera irse de Cuba era un criminal o estaba loco, la mayoría de los marielitos eran ciudadanos respetuosos con la ley que se presentaron como «antisociales» o «inadaptados» para poder participar en el éxodo. De los 125.000 que llegaron, de acuerdo con el Servicio de Inmigración y Ciudadanía de Estados Unidos, la gran mayoría dejó una vida corriente en Cuba y emprendió una vida corriente en Estados Unidos. Una pequeña parte, alrededor de dos mil quinientos, eran presos y gente con problemas mentales que Castro añadió al grupo.[7]

Uno de ellos era Carlos Buergos, el hijo mayor de un estibador, un rubio enjuto con ojos color avellana que descendía de cubanos y europeos del Este, un tipo despreocupado y condenado por robo. Apenas tenía veinticinco años cuando llegó, gateando, al suelo de Florida, pero ya acumulaba un historial de desventuras.

Su familia no era la razón. Sus padres habían criado a nueve niños, una cantidad bastante normal de hermanos. Pero, cuando Estados Unidos lo recibió, había luchado en la miserable guerra de Angola, se había arrastrado sobre el vientre entre un desierto de cadáveres, había sido encarcelado en La Habana por robar y matar caballos, y después, al ser liberado, había sido condenado de nuevo por intentar escapar de Cuba. Era exactamente la clase de cubano que Castro no quería.

El 9 de mayo de 1980, cuando había cumplido un año de su condena a doce de cárcel por el intento de huida, las puertas del calabozo de Buergos se abrieron y fue llevado al puerto de Mariel. Allí, sin demasiados preámbulos, su sueño más osado se hizo realidad; le subieron a un barco de carga con destino a Cayo Hueso. Cuarenta y ocho horas después —quemado, cegado por el sol y deshidratado— fue llevado apresuradamente a un centro de procesamiento junto con otros miles de refugiados y subido a un autobús con destino a Fort Chaffee, una base militar de Arkansas. Cinco meses más tarde estaba en Washington D. C., libre para adentrarse en una fresca tarde octubre.

Al principio

> Los hombres no nacieron para vivir inútilmente y como los animales selváticos, sin provecho del género humano, y una asociación de bárbaros, tan bárbaros como los pampas o los araucanos, no es más que una horda de fieras, que es urgente encadenar o destruir en el interés de la humanidad y en bien de la civilización.[8]
>
> Editorial, *El Mercurio*, Chile, 1859

Cuando cumplió veinticinco años, los pecadillos de Carlos Buergos podían parecer, a primera vista, poca cosa. Era un bribón, sin duda; tal vez un veterano de guerra algo perturbado; un malhechor con dos condenas penales: por el robo de caballos, agravado por su sacrificio y un importante contrabando de la carne, así como por un desesperado intento de escapar de su país. Pero para entender mejor el periplo de Carlos es necesario echar la vista atrás en la historia: de la isla, de la región, de un tipo salvaje de violencia que ha abundado en el relato latinoamericano durante más de quinientos años.

A finales del siglo XV, cuando llegaron los españoles, la isla que se convertiría en Cuba llevaba mucho tiempo siendo blanco de intervenciones violentas, como muchas de las desperdigadas islas del Caribe. Los caribes, una tribu de guerreros que procedía del corazón de América del Sur y que había zarpado hacia el norte desde sus costas, se habían convertido en navegantes expertos y, en el transcurso de los siglos, habían asaltado a las dóciles poblaciones de las islas, esclavizado a las mujeres y castrado a los hombres. Así que cuando Cristóbal Colón desembarcó en la costa de Cuba el 28 de octubre de 1492, la región ya se había visto sacudida por una historia de terror y colonización, y, en realidad, los arahuacos —entre ellos los taínos y los siboneyes— tenían la esperanza de que los entrometidos españoles pudieran defenderles del viejo flagelo.

Pero los españoles no fueron en absoluto los salvadores de los arahuacos. Ni, para el caso, de los caribes. En 1519, apenas una generación después de la llegada de los conquistadores, la población nativa de Cuba había sido diezmada, debido a los desplazamientos y la enfermedad, pero, de manera más drástica, por la orden española de matar a cualquier taíno que osara resistirse a sus nuevos amos. Diego Velázquez, el conquistador convertido en gobernador, que con el tiempo se enfrentaría a Hernán Cortés por la conquista de México, había ordenado a sus hombres que obligaran a los taínos a ir a las minas. La escasez de mano de obra era perpetua, y los españoles no escatimaron tiempo asaltando las islas circundantes en busca de esclavos y transportando a poblaciones enteras encadenadas hasta Cuba. Al principio, los nativos de Cuba, que para entonces se morían de hambre porque habían perdido sus tierras de cultivo para dar paso a los ranchos de ganado españoles, se resistieron. Se negaron a morir en silencio, se negaron a trabajar. Muchos se alzaron en rebelión, matando a sus invasores en emboscadas fortuitas o provocaciones evidentes.

Para imponer un correctivo, los españoles asolaron la aldea de Caonao y les arrancaron los brazos, las piernas y los pechos a sus habitantes. Dejaron a tres mil hombres, mujeres y niños moribundos.[9] «Allí vide tan grandes crueldades que nunca los vivos tal vieron ni pensaron ver», escribió fray Bartolomé de las Casas.[10] Pero, a pesar del remordimiento del fraile, las matanzas no se detuvieron. Al líder de los taínos sus captores le aseguraron que, si se convertía al cristianismo antes de arder en la hoguera, iría al cielo. Él respondió que, si todos los católicos iban al cielo, él prefería con mucho el infierno, para no verse obligado a presenciar de nuevo esa crueldad.[11]

A los caribes, que eran muy temidos en el Nuevo Mundo, no les fue mucho mejor. Cuando en 1493 Colón regresó en su segundo viaje y descubrió que todos los españoles a los que había dejado estaban desaparecidos, muertos —asesinados en una oleada de xenofobia—, decidió adoptar una estrategia aún más agresiva. Descubrió que era útil llamar «caribe» a cualquier tribu que se encontrara, para que sus hombres pudieran esclavizar con impunidad a poblaciones enteras. Supuestamente, los caribes practicaban el canibalismo —aunque se debate si mataban para comer o se comían a quienes ya estaban muertos, y quizá todo fuera un rumor difundido en buena medida por los españoles—, y eso demostró ser una distinción útil.[12] Por lo que respectaba a la Iglesia española, había tres indios para los que la captura y la esclavitud estaban justificadas: los caníbales, los idólatras y los sodomitas. Se decía que los caribes eran las tres cosas. Los escritos de Colón revelan que era muy consciente de los beneficios y ventajas que podían obtenerse si acusaba a tribus enteras de canibalismo o, simplemente, las llamaba a todas «caribes» para disponer de ellas a su antojo.[13] De esa manera, Colón institucionalizó el concepto de los indios buenos y malos, y después asignó etiquetas libremente de acuerdo con sus propósitos. A la larga, cualquiera que habitara la costa de Venezuela, así como las Antillas —de Cuba a Curaçao—, sería acusado de canibalismo y, por lo tanto, convertido en candidato a realizar trabajos forzados en las minas. Los pueblos indígenas de México, Ecuador y Colombia también fueron, con el tiempo, considerados caribes, lo que los dejó a merced de los caprichos de los conquistadores: la esclavitud, el saqueo, incluso el exterminio.[14]

Cuando, después de su segundo viaje, Colón encadenó a unos cuantos «caribes» y los llevó a España, el capellán de la corte de la reina Isabel dejó caer sus libros y salió corriendo al mercado de Medina del Campo para ver por sí mismo a los monstruos del Nuevo Mundo. El hombre santo escribió luego que, mientras observaba cómo «los caníbales» eran arreados de vuelta a los barcos, no pudo evitar pensar que «mostraban no menos ferocidad y tremendo semblante que los feroces leones africanos cuando se dan cuenta de haber caído en el lazo. No hay quien los vea que no confiese haber sentido una especie de horror en sus entrañas, tan atroz y diabólico es el aspecto que la naturaleza y la crueldad ha impreso en sus rostros. Lo digo por mí mismo y por los muchos que conmigo acudieron más de una vez a verlos a Medina del Campo».[15]

Era el efecto que Colón había intentado provocar. Ahora, el escenario estaba preparado para la brutalidad descontrolada que se ejercería a continuación en las Américas. No resultó sorprendente, pues, que diez años más tarde, en 1503, la reina dejara claro, por si quedaba alguna duda, «que si todavía los dichos Caníbales resistieren, é non quisieren recibir é acoger en sus tierras á los Capitanes é gentes que por mi mandato fueren á facer los dichos viajes, é oirlos para ser doctrinados en las cosas de nuestra Santa Fe Católica, ó estar a mi servicio é so mi obediencia, los puedan cautivar é cautiven para los llevar á las tierras é Islas donde fueren, é para que los puedan traer e traigan á estos mis Reinos é Señoríos, é á otras cualesquier partes é logares do quisieren é por bien tovieren».[16]

En consecuencia, miles de indígenas considerados arbitrariamente caribes fueron esclavizados, expulsados a la selva o las montañas, o asesinados. En veinticinco años, la mayoría de los indios de Cuba habían desaparecido y sus tierras estaban ocupadas por ganado. En 1520 los indios de La Española habían sido desplazados y enviados en barco a hacer trabajos forzados a otros lugares. En medio siglo, como las poblaciones indígenas del Nuevo Mundo habían quedado muy mermadas por la guerra, la enfermedad y el hambre, los conquistadores requirieron que se ampliara la definición de los criterios en virtud de los cuales se podía esclavizar a los lugareños.[17] Se incluyó a las mujeres y los niños. Una aldea de indígenas podía considerarse caribe si su captura o asesinato resultaba conveniente. Sir Walter Raleigh, que no amaba precisamente a España o Portugal, bromeó con que él mismo era un caribe, un caníbal.[18]

Al final, la Corona española otorgó licencias para hacer la guerra contra los caribes «a sangre y fuego»; es decir, para arrasar poblaciones enteras. En Brasil, que Pedro Álvares Cabral había colonizado en 1500, los portugueses mantuvieron las despiadadas prácticas que les habían resultado lucrativas en la costa africana, donde llevaban capturando esclavos desde la década de 1460. Los asesinatos en masa, la tortura y la brutalidad —todo aprendido a la perfección en las cruzadas, en las guerras para expulsar a los moros, en la destrucción de África— se convirtieron en recursos fáciles para la conquista y el asentamiento. Y después en herramientas de gobierno aceptables. A fin de cuentas, en la antigua campaña para expulsar a los musulmanes y los judíos de la península ibérica, el objetivo siempre había sido la «limpieza de sangre», la pureza racial.[19] Ese término, con toda su arrogancia disimulada, hace pensar en la turbia expresión contemporánea «limpieza étnica», que, a decir verdad, significa genocidio.

De hecho, como recordaba fray Bartolomé de las Casas, «[Los españoles] holgábanse por extraña manera en hacer crueldades, unos más crueles que otros en derramar, con nuevas y diversas maneras, sangre humana».[20] Eran maestros en torturar a los indios para conseguir información, masacrar a una muchedumbre para someter a una aldea entera, utilizar su dominio de la espada para abrir a los taínos desde el pecho hasta la entrepierna, derramando sus entrañas. «Todas estas obras y otras, extrañas de toda naturaleza humana, vieron mis ojos —escribió con tristeza De las Casas— y agora temo decillas, no creyéndome á mí mismo, si quizá no las haya soñado».[21] El derramamiento de sangre que siguió en las Américas, así como las atrocidades infligidas a diez millones de africanos que fueron secuestrados, esclavizados y mandados en barco al otro lado del océano para sustituir a la población nativa, cada vez más reducida,[22] no se aplacaron durante cientos de años, hasta 1804, cuando la colonia francesa de Saint Domingue se levantó contra sus amos blancos, los masacró y estableció la República de Haití, momento en el que una sacudida colectiva recorrió de arriba abajo la espina dorsal de América, desde el río Grande hasta Tierra del Fuego, y los oprimidos osaron pensar que podían responder con violencia.

Cuando España llegó a las Américas, su historial de sed de sangre motivada por cuestiones raciales era amplio: los musulmanes de Granada habían masacrado a sus judíos;[23] el rey católico de Castilla lideró en persona un baño de sangre contra los semitas; con el tiempo, más de cien mil judíos fueron asesinados en los pogromos de 1391;[24] las guerras del rey Fernando contra los infieles árabes, que terminaron el mismo año en que Isabel mandó a Colón a cumplir su voluntad en el Nuevo Mundo, habían forjado generaciones educadas en las «guerras santas» y las consiguientes brutalidades. Portugal no era distinto. Acostumbrada a las aventuras marítimas en las que invadir tierras de razas más oscuras y subyugar universos incompatibles eran una afición o un buen negocio, la península ibérica estaba convencida de que se hallaba preparada para todo lo que pudiera encontrar en el Nuevo Mundo. ¿Acaso el acervo medieval no había sostenido que en la periferia de su mundo conocido moraban caníbales, humanos con cara de perro y monstruos de la naturaleza?[25] La realidad difícilmente podía ser peor. Aun así, los habitantes de la península no eran los únicos que deseaban aventurarse más allá de sus territorios y esclavizar a poblaciones lejanas. El destino quiso que, cuando el Viejo Mundo se topó con el Nuevo en las cálidas arenas del Caribe, los pueblos nativos de las Américas ya supieran lo que era la ambición desmedida. También ellos habían conocido conquistas y conflagraciones. También ellos habían sido viejos conquistadores.

Pese a los estudios revisionistas contemporáneos que han retratado a los indios latinoamericanos como inocentes, dóciles y pacíficos frente a la crueldad de los españoles y los portugueses, las pruebas arqueológicas sugieren otra cosa.[26] La América indígena tenía naciones beligerantes, además de pacíficas. Desde la bahía de Cape Cod hasta el cabo de Hornos, el hemisferio precolombino no solo estuvo lleno de poblaciones grandes y diversas, sino también de tribus belicosas que disfrutaban conquistando a sus vecinos y apropiándose de su riqueza. Los taínos, retratados por Colón como los indios de las Américas «buenos» y amantes de la paz, eran conocidos por sus guerras y matanzas. Los españoles acabaron diezmando a los taínos en Cuba y La Española, reduciendo su número, en el transcurso de quince años —por medio de enfermedades, trabajos forzados o directamente matanzas—, de un millón de almas a unas penosas sesenta mil. Pero no le hace ningún servicio a la historia afirmar que, en su esfera precolonial, los taínos no eran guerreros orgullosos.

Lo que no se discute, en todo caso, es la beligerancia de los indígenas de América Central. Los tlaxcaltecas, hábiles guerreros que acabaron colaborando con Hernán Cortés para doblegar a Moctezuma, habían pasado la mayor parte de un siglo embarcados en un estado de guerra perpetua contra los aztecas. Los propios aztecas eran grandes maestros del genocidio y recordaban su truculencia en inmensas y temibles paredes de cabezas cortadas. Se decía que solo en las torres de calaveras de Tenochtitlán había hasta 136.000 cráneos decapitados incrustados en la piedra.[27] Solo es posible imaginar las masacres en los campos de exterminio de los mexicas, el horrible hedor a muerte, los enloquecidos gritos de victoria mientras se arrancaba una cabeza tras otra de su cuerpo y se sostenía en alto. Alzar una cabeza cortada por el pelo equivalía a controlar la fuerza vital del enemigo; sin duda, la cabeza misma era el miembro gobernante, pero, para el indígena americano, la cabellera de un hombre contenía su esencia espiritual, su *vis vitae*. En 1487, solo cinco años antes de la llegada de los conquistadores al Nuevo Mundo, el predecesor de Moctezuma II, Ahuitzotl, llevó a cabo una ejecución en masa de sus enemigos, al ordenar a sus ejércitos que capturaran y decapitaran a ochenta mil víctimas para poner fin a una sequía y una hambruna severas, revivificar el Imperio del Sol y consagrar el lugar santo de su Templo Mayor.[28] Se trataba de trofeos ofrecidos a los dioses aztecas para garantizar el progreso ordenado de las estaciones y la renovación continua del cosmos.

Uno de esos dioses, Xipe Tótec, gobernante tanto de la guerra como de la abundancia terrenal, también era conocido como el Desollador, porque llevaba máscaras o capas de piel humana desollada, elaboradas con las caras y los cuerpos de presos vivos.[29] Íntimamente vinculada a la idea del mundo natural, entre los aztecas la desolladura ritual era una forma de pagar tributo al milagro de una semilla seca, que muda de cáscara antes de la germinación; el derramamiento de sangre era una forma de alimentar la tierra con energía vital; arrancar un corazón palpitante de un pecho equivalía a apoderarse de la mismísima maravilla de la vida.[30]

Los mayas, que no eran ajenos a estas prácticas, contaban con sus célebres callejones de la muerte, donde los ejércitos que avanzaban eran engañados por un muro detrás de otro muro, quedaban atrapados y eran masacrados en grandes cantidades.[31] También eran partidarios de la decapitación y la tortura, y no solo en tiempos de guerra. Existía, por ejemplo, un juego de pelota que celebraba los poderes de la oscuridad y la luz; los mayas lo llamaban *pitz*. Antes de empezar un partido de *pitz*, un sacerdote maya golpeaba el cráneo de una mujer prisionera, le cortaba la cabeza con un cuchillo de obsidiana afilado y arrastraba su cuerpo sanguinolento por la cancha de juego para alimentar a la Madre Tierra.[32] Para estas y otras ceremonias habituales, los mayas y los aztecas necesitaban cautivos, tribus conquistadas, carne de cañón sacrificial. Por eso, en aquellas Américas la guerra se consideraba parte integral de la devoción, una práctica necesaria para perpetuar el orden natural de las cosas.[33]

Aunque el tiempo y una enorme distancia separan a los antiguos pueblos del Caribe y América Central, por un lado, y los de América del Sur, por el otro, existe una sorprendente concordancia en sus usos de la violencia. El dios azteca Xipe Tótec, el Desollador, y el dios moche Ai Apaec, el Decapitador, parecen cortados por el mismo patrón, conjurados por imaginaciones similares. Ambos representan la oscuridad y la luz, la muerte y el nacimiento, el caos y el orden, recogidos —para nuestra mentalidad occidental, quizá de manera paradójica— en una sola figura. A su benevolencia se atribuía una gran virtud, y en su nombre se llevaron a cabo grandes atrocidades. Las civilizaciones inca y moche de Perú tal vez ofrecieran a sus miembros una apariencia de orden y apelaran al respeto de las masas por la ley, pero también eran culturas construidas sobre un modelo bélico, en las que la apropiación de tierras, la esclavitud forzada y el sacrificio humano eran los principios rectores cotidianos.

Imaginemos, pues, el momento en que esas culturas, templadas por siglos de guerra y ambición, se enfrentaron a invasores tan curtidos como los españoles y los portugueses. Quiso el destino que, a lo largo y ancho de las Américas, a finales del siglo XV las más poderosas de esas culturas —los caribes, los taínos, los aztecas y los incas— se encontraran en una etapa de reajuste, reorganizándose después de duras derrotas y guerras civiles, o incapacitadas por una plaga mortal que parecía extenderse con el viento antes que la propia invasión, como un heraldo diabólico de la catástrofe que se avecinaba.

Por lo que respecta a las tribus que no estaban preparadas para la batalla campal —los aislados arahuacos de las Bahamas, por ejemplo—, no pudieron hacer más que afrontar el violento ataque. Colón había aludido, tras verlos por primera vez en la costa de su Nuevo

Mundo, a su naturaleza lánguida y amable, pero no tuvo reparos en esclavizar a cientos y mandarlos a morir en el mar o a ser vendidos en los mercados de esclavos del sur de España.

A los muiscas, la formidable federación de tribus ricas en esmeraldas instalada en las tierras altas andinas llamadas Bacatá (Bogotá), no les fue mejor. Cuando la expedición española que había partido del puerto caribeño de Santa Marta llevaba más de novecientos kilómetros río arriba, a través de la selva y las montañas, para llegar hasta los muiscas, el vertiginoso viaje había cobrado un alto precio a los invasores. De los setecientos hombres que iniciaron la expedición en la costa, solo sobrevivían ciento sesenta.[34] Pero Gonzalo Jiménez de Quesada estaba tan motivado por la visión de El Dorado y su convicción de que el cacique de Bogotá era nada menos que el legendario príncipe cubierto de polvo de oro, que perseveró y llegó a las tierras altas andinas dispuesto a hacer lo que fuera necesario para doblegarlas. En cuanto llegó con sus mastines babeantes y sus soldados cargados de acero, exigió que el cacique se presentara. Como no lo hizo, Jiménez de Quesada dio la orden de luchar, masacrar a la población si era necesario, pedir un rescate en forma de oro por sus jefes, hacerse con sus minas de esmeraldas y fundar una ciudad para España.[35] La llamó Santa Fe de Bogotá, una decisión un tanto cínica, dado que el cacique de Bogotá fue asesinado y su sucesor, Sagipá, torturado y sacrificado, y si alguna santa fe se manifestó en el proceso fue la fe en que Jiménez pronto sería un hombre muy rico. De hecho, cuando la victoria estaba asegurada y se reunió el botín, en medio de la confusión robó más de siete mil esmeraldas.[36]

Lo que arraiga en el hueso

> No es culpa mía. Es mi naturaleza.[37]
>
> Esopo

Los antropólogos tienen un nombre para una mentalidad que es fruto de siglos de historia; la llaman «herencia epigenética transgeneracional». Se trata de una ciencia emergente, que aún tiene mucho por descubrir y comprender, pero las implicaciones sobre la manera en que un ambiente social puede influir en la biología de una generación o una raza entera son profundas y se han señalado en numerosas ocasiones. Algunos estudios se han centrado en la forma en que el estrés, la presión social y las adversidades han afectado a determinadas razas durante generaciones.[38] Otros llegan a la conclusión de que los efectos de la violencia infligida contra un solo progenitor pueden transferirse a un feto de maneras genéticas concretas.[39] Un holocausto o un intento de genocidio, por ejemplo, pueden tener un efecto perdurable en el nonato. Como puede tenerlo la violencia doméstica. O la guerra. ¿Qué nos dice esto de todo un pueblo cuya historia está impregnada de violencia y cuyas generaciones actuales.viven hoy con los ecos de la brutalidad y el derramamiento de sangre?

Los historiadores de América Latina aluden a Esopo, el fabulista de la antigua Grecia, para explicar por qué historias como esta no desaparecen fácilmente.[40] Se trata de una narración sencilla pero memorable. Según la cuenta Esopo, un escorpión y una rana se encontraron un día en la orilla de un río. El escorpión, que no sabía nadar, le pidió a la rana que le cargara en la espalda para cruzar. La rana le preguntó: «¿Cómo sé que mientras cruzamos no me vas a picar?». El escorpión respondió: «¿Estás loca? ¡Si te pico nos ahogaremos los dos!». Satisfecha, la rana dejó que el escorpión se subiera a su espalda y los dos se dispusieron a cruzar el río. Pero a mitad de camino el escorpión le clavó el aguijón a la rana. Esta, al notar como se introducía el veneno en su cuerpo, dijo entrecortadamente: «No lo entiendo. ¿Por qué lo has hecho?». El escorpión, resignado, dijo: «No es culpa mía. Es mi naturaleza».

Para Esopo, ese impulso inexplicable y fundamental era la naturaleza tal como la entendían los griegos. La *physis*. En latín, la *natura*. Una cualidad esencial, una disposición innata tan arraigada que está codificada en nuestros yoes físicos, químicos y biológicos. Algunas criaturas están programadas para picar. Otras recibirán el aguijonazo. Con el tiempo, ese comportamiento se aprende, se asimila y acaba impreso en el yo con la misma certeza con que, con toda probabilidad, un islandés tiene los ojos azules y un africano nace con unos marrón oscuro.

En otras palabras, la inclinación a la violencia puede ser un patrón tangible, rastreable. La historia de América Latina tal como la conocemos empezó con una confrontación tan devastadora que tuvo un impacto rápido y terrible. No sucedió en el vacío. Hasta aquel momento, los protagonistas implicados traían consigo historias distintas y muy articuladas. Por lo que respecta a los indígenas, los más poderosos tenían una profunda sintonía con su tierra y sus dioses; eran ambiciosos, evangélicos, militaristas, sanguinarios, con una percepción de su misión y dominio muy desarrollada. Los invasores procedentes de España y Portugal sentían una sintonía parecida con su rey y su dios; eran igualmente ambiciosos, evangélicos, militaristas y sanguinarios, y se habían enfrentado durante siglos a los «infieles» semitas en guerras crueles y justicieras —matando, esclavizando o expulsando a medio millón solo en una década—, lo que había intensificado su sensación de que ellos eran los elegidos.[41]

Algunos historiadores contemporáneos consideran que el primer contacto fue desigual desde el principio: la violencia despiadada por parte de los españoles y el correspondiente temor, la ingenuidad, incluso la cobardía, por parte de los indígenas.[42] Las pruebas nos muestran que no fue así.[43] Estas grandes civilizaciones, muy desarrolladas —los mexicas, los incas y los muiscas—, estaban más que dispuestas a luchar y eran muy capaces de hacerlo. Su naturaleza y sus historias les predisponían en ese sentido. La sorprendente e inoportuna llegada de los españoles, la devastadora enfermedad que llevaron consigo, los impresionantes caballos, los aterradores mastines, los milagrosos «truenos de mano», las desconocidas convenciones de la batalla, las mentiras y los engaños que desorientaban, todo eso contribuyó a la derrota de las grandes naciones indígenas.[44] No fue porque no supieran cómo hacer la guerra, y sin duda no porque temblaran ante esa perspectiva.

Tras esa confrontación que duraría siglos subyacía una convicción muy arraigada —inculcada durante mucho tiempo en los españoles, así como en sus equivalentes indígenas—, la de que la violencia extrema estaba justificada, que con frecuencia los invasores eran quienes se alzaban con la victoria, que sería necesaria la mano dura para mantener el nuevo orden. Aunque el Consejo de Indias español promulgó leyes para impedir que los aventureros llevaran a cabo actos de una crueldad excesiva, los hombres que se encontraban en primera línea de la conquista les prestaron poca atención. Estaban muy acostumbrados a contravenir las órdenes y a rebelarse contra sus superiores. En algún momento de sus carreras, todos ellos, Cortés, Balboa, Pizarro, se habían vuelto contra el sistema, habían desobedecido las reglas y habían impuesto las suyas propias.[45] Aunque de boquilla decían servir al rey y su fe cristiana, sus pulsiones eran salvajes y rebeldes.[46] A fin de cuentas, Balboa había ignorado todas las órdenes y se había nombrado líder supremo de Castilla de Oro; Cortés había seguido su ejemplo en Veracruz; en Paraguay, uno de los conquistadores había llegado a encadenar y mandar en barco de vuelta a España al gobernador Álvar Núñez Cabeza de Vaca,[47] y Pizarro había desairado a sus superiores inmediatos para poner en práctica su propia versión de la conquista. Luchaban entre ellos, luchaban con sus superiores. Al encontrarse en territorio pagano, fuera del alcance de la Iglesia o los tribunales de justicia españoles, la mayoría ejercieron una barbarie gratuita, y ni siquiera los que parecían tener más principios intentaban poner freno a los abusos. Voracidad, fiebre del oro, valentía desesperada frente a unas opciones escasísimas de triunfo, excesiva sensación de superioridad, desdén básico por los indios...; llámense como se quieran, se trataba de los impulsos que les galvanizaban, y sus efectos en el mundo indígena fueron devastadores.

Cuando los intelectuales europeos empezaron a esgrimir argumentos morales contra la espiral genocida, la esclavización de poblaciones enteras, el trabajo forzado bajo la amenaza de la muerte y la explotación incontrolada, los aventureros españoles sostuvieron que todo eso debía permitirse, porque el destierro (el castigo habitual para los prisioneros de guerra), como el encarcelamiento, eran imposibles en esas latitudes. Además, insistían, los «indios no sufrían los azotes de igual manera que los españoles, porque carecían del mismo sentido del honor».[48] De hecho, sostenían, el trabajo duro y forzado podía ser saludable para los infieles. Por medio de un esfuerzo regular y sistematizado, los indios podían aprender un oficio adecuado. Tal vez hasta buenos modales.

Cuando España se dio cuenta de la magnitud de su buena suerte y quiso asegurarse el control de los territorios recién adquiridos, la estructura colonial que impuso fue en extremo punitiva. El gobierno absoluto se convirtió en el sello distintivo.[49] Es casi como si los españoles comprendieran desde el principio que la única manera que tenían de conservar su refulgente botín era instaurar un sistema estrictamente autoritario y sofocante. Desde el inicio, cuando España empezó a llevar gobernadores, tesoreros y artesanos a sus colonias —a medida que la plata y el oro iniciaban su flujo constante y excitante desde México y Perú—, la corte real insistió en que los virreyes y los capitanes generales respondieran directamente ante el rey, lo que le convertía en el supervisor supremo de los intereses americanos. Carlos I no tardó en tener muchas razones, además de los metales preciosos, para proteger su dominio sobre las riquezas americanas. Por entonces España controlaba toda la oferta mundial de cacao. Extraía cobre, añil, azúcar, perlas, esmeraldas, algodón, lana, tomates, patatas y cuero del Nuevo Mundo, y lo redistribuía al mundo entero desde almacenes situados en Cádiz.

Para impedir que fueran las propias poblaciones coloniales las que comerciaran con esas mercancías, España construyó cuidadosamente un rígido sistema de dominación. Estaba prohibido cualquier contacto con el extranjero. Los movimientos entre las colonias estaban estrictamente vigilados. El contrabando se castigaba con la muerte. Ningún extranjero podía visitar las colonias sin permiso del rey. Solo los españoles nativos podían tener negocios, y ningún súbdito nacido en América, por muy aristocrático que fuera, podía plantar sus propias vides, poseer viñedos, cultivar tabaco, elaborar licor o propagar olivos. Tampoco ningún americano, aunque sus padres hubieran nacido en España, podía votar o formar parte del Gobierno. El Tribunal de la Inquisición, que Isabel y Fernando habían fundado años antes para mantener un firme control sobre el imperio, pedía penas de muerte o tortura para un número incontable de lo que se percibían como pecados: no se podían publicar ni vender libros o periódicos sin el permiso expreso del Consejo de Indias, y muchos intelectuales rebeldes serían encarcelados y torturados por este delito. Los colonos tenían prohibido ser dueños de imprentas. De hecho, cuando Simón Bolívar, libertador de seis repúblicas, emprendió sus guerras de independencia a principios del siglo XIX, propuso arrojar una imprenta al campo de batalla como provocación directa a los amos españoles. Bajo el gobierno del rey, la puesta en práctica de cada documento colonial, la aprobación de cada empresa y el envío de cada carta era una operación larga y cara que exigía la aprobación de Cádiz. Y pobre de la nave extranjera que cruzara las aguas del Nuevo Mundo; se daba por sentado que los barcos no españoles eran enemigos y se los atacaba.

El dominio estricto no era una novedad para la América indígena. Sí lo era, en cambio, que fuera impuesto por una tribu conquistadora llegada de miles de kilómetros de distancia. Por lo demás, los parámetros básicos de la conquista parecían familiares: las leyes les someterían a los caprichos de un señor distante, y su idioma, sus costumbres y sus dioses, incluso sus lugares de residencia, cambiarían de acuerdo con las necesidades y los deseos de foráneos. Lo más desconcertante de todo era que ahora los conquistadores a los que habían estado combatiendo durante generaciones —los señoriales incas, los implacables aztecas, los poderosos muiscas— se encontraban también entre los conquistados.

Se pensaba que el inca Pachacútec, uno de los gobernantes que más éxito tuvo a la hora de ampliar el Imperio del Sol, había perfeccionado el arte de la conquista.[50] Fue él, a fin de cuentas, quien estableció el exitoso método de conquistar y dividir. Una vez que una tribu era derrotada en la guerra, Pachacútec la dividía en dos: norte y sur. La mitad superior era llamada *hanan*; la inferior, *hurin*. Después provocaba a los distritos para que compitieran entre sí. Desgarrada geográfica y psicológicamente, la población estaba demasiado ocupada con su enemigo fraterno como para preocuparse en exceso por su conquistador, y demasiado exhausta como para organizar una rebelión unificada contra los incas. Para perpetuar estas divisiones radicales, y crear un grado de animadversión similar al de Capuletos y Montescos, los incas instigaron la violencia abierta entre los distritos, incluso la guerra. El plan era realmente maquiavélico, muy estratégico, y pretendía alcanzar varios objetivos al mismo tiempo: mantener la supremacía, forjar guerreros hábiles para los ejércitos incas, alimentar las envidias útiles, asegurar una extensa subyugación y al mismo tiempo mantener la paz general. Las batallas rituales arraigaron profundamente en la estructura social de los pueblos andinos. Tanto que, de hecho, como el aguijón del escorpión, acabaron siendo la reacción por defecto. La violencia ritual ha persistido a través de los siglos en las tierras altas de Perú. Ha persistido, en realidad, en todo el cosmos latinoamericano.

Hay muchas pruebas de ello. Del mismo modo que los españoles mantuvieron buenos registros de cada onza de plata que se llevaban del Nuevo Mundo, cada esclavo que introducían en él, cada indio recién nacido cuya alma podía reclamar la Iglesia, también efectuaron un seguimiento de las confrontaciones sangrientas y recurrentes entre los indígenas, que persistieron, en buena medida sin control alguno, en el transcurso del dominio colonial.[51] Las batallas rituales se celebraban cada estación, los días de fiesta. Si los aldeanos tenían azadas, utilizaban las azadas para golpearse los unos a los otros; si tenían piedras, utilizaban piedras. Se entendía que era una cuestión de orgullo; un hombre luchaba por su distrito —su rincón de la región, su pequeña banda—, y no había nada que un supervisor colonial pudiera o estuviera dispuesto a hacer para impedirlo. Con el tiempo, los españoles se dieron cuenta de que podían explotar, retorcer y utilizar estas rivalidades para controlar a sus súbditos. Se volvió útil señalar las atrocidades cometidas por un indio contra otro; señalar lo salvaje y violenta que era en realidad la población indígena. A finales del siglo XVIII, los tribunales españoles documentaron casos en los que, en batallas escenificadas entre las facciones *hanan* y *hurin* de Cuzco, se mataba a niños en mitad del fuego cruzado. Pero no se presentaban acusaciones; todo el mundo comprendía que así eran las cosas.

Incluso ahora, en pleno siglo XXI, los bolivianos del altiplano celebran un festival anual llamado el Tinku, una ceremonia ancestral que ha tenido lugar durante setecientos años. En ella, miles de aldeanos se reúnen en un campo abierto para emborracharse y pelear con palos o piedras, con frecuencia hasta la muerte. «Si una persona muere, es mejor para los campos», observó un hombre, aludiendo con ironía a la antigua práctica de verter sangre sacrificial sobre la tierra para hacer que crezcan los cultivos.[52] Ningún policía intentará detenerlo. Las autoridades comprenden que se trata de un día en el que se airean las frustraciones, se desata la ira existencial de la gente y se honra una vieja tradición. «El Tinku es violento pero pacífico —señaló un humilde minero—. Es como hombre y mujer, arriba y abajo, luz y sombras».[53] Cuando llega la mañana, el sol sale sobre la carnicería y, para los vivos, la vida seguirá. Los rivales se dan la mano y dicen: «Gracias, hermano, hoy nos hemos probado».[54] Los hombres volverán a sus trabajos. Las viudas enterrarán a sus muertos. Y la Pachamama —la Madre Tierra— se tragará sus sacrificios de sangre.

Rebelión

> Está, pues, esclarecido, que de la civilización incaica más que lo que ha muerto nos preocupa lo que ha quedado.[55]
>
> José Carlos Mariátegui, 1928

Los antiguos indios siempre habían sido meticulosos a la hora de dar a la Pachamama —o a Coatlicue o Bachué— su cuota estacional de ofrendas de sangre. Se mataba a seres humanos para acabar con una sequía, detener un terremoto o impedir un eclipse. Se estrangulaba a vírgenes y se las arrojaba al lago Titicaca, el cordón umbilical del mundo, para asegurar la fertilidad y la abundancia. En México y Perú se arrastraba a los prisioneros de guerra hasta los templos, donde se les decapitaba, desollaba y destripaba, y se dejaba correr su sangre sobre los altares de piedra. Pero se trataba de actos de violencia premeditados y religiosos, preparados con diligencia por sumos sacerdotes, supervisados ceremonialmente y practicados con esmero durante mil años. Con todo, en los escasos cuarenta años transcurridos entre la llegada de Colón y la conquista de Perú por parte de Pizarro, esa violencia alcanzó un nivel completamente distinto. Los campos de la muerte de las Américas ofrecieron a la Pachamama un verdadero océano de sangre humana.

Algunos estudiosos afirman que, solo veintiún años después de que Colón llegara a las Bahamas, la isla de La Española, antes dinámica y muy poblada, estaba a todos los efectos desierta.[56] La violencia, los abusos o la enfermedad habían matado a casi ocho millones de amerindios. Muchos, reacios a confiar su destino a los invasores, se suicidaron o perecieron en el intento de escapar. Pocas generaciones después de ese primer encuentro en el Caribe, la inmensa mayoría de los nativos latinoamericanos —hasta un 95 por ciento— habían sido exterminados. Lejos de merecer ser conmemorados en espléndidos monumentos y grandes avenidas (como es el caso) desde Caracas hasta Montevideo, hay que ver a los conquistadores como les muestran todas las pruebas: como saqueadores, mentirosos, asesinos, esclavistas, opresores y perpetradores de una hecatombe tan vasta y duradera que, vista desde la distancia, es verdaderamente difícil comprenderla.

Pero la beligerancia y la ambición no fueron las únicas herramientas de guerra que los europeos llevaron consigo. También portaban el azote de la viruela, el arma secreta que los conquistadores españoles ni siquiera sabían que tenían. Un antropólogo afirma que fue suficiente un único esclavo que llegó gravemente enfermo a México en 1520, poco después del desembarco de Cortés, para infectar a toda la población.[57] Al ver a su alrededor los efectos de una devastadora plaga en esa tierra desconocida, Cortés y sus hombres no podían tener en cuenta el factor científico. Para ellos, la magnitud de la mortandad era, sin duda, la confirmación de que Dios estaba de su lado. Para Moctezuma y los mexicanos, fue una desmoralizadora señal de que sus dioses les habían abandonado. Aunque Cortés desembarcó en esas costas con poco más que seiscientos hombres y la extravagante convicción de que podría enfrentarse a un Estado militar de cualquier tamaño, de repente su ambición pareció viable. Lo único que necesitaba era emplear la despiadada brutalidad que había aprendido de su curtida cohorte en el Caribe. Cuando percibía que uno de sus hombres era desleal, ejecutaba en el acto al soldado infractor. Cuando sospechaba que un indio espiaba, le cortaba las manos y lo mandaba, con los muñones ensangrentados, al campamento enemigo. Desplegó una diplomacia engañosa, forjó algunas alianzas ventajosas, blandió armas de fuego frente a lanzas y acero frente a madera de roble, y solo perdió a doscientos hombres en el empeño. Las cifras permiten comprender mejor el impacto de la matanza subsiguiente: en 1618, menos de cien años después, la creciente población indígena mexicana, de alrededor de veinticinco millones de habitantes, se había reducido hasta un exiguo millón y medio.[58] México había perdido al 90 por ciento de su gente. Un año más tarde, empezó el tráfico atlántico de esclavos negros africanos hacia América Latina.

Esa trayectoria general fue, en esencia, la misma en el caso de los incas, puesto que Pizarro pudo seguir al pie de la letra la estrategia ganadora de Cortés. Pizarro desembarcó en la costa peruana con solo 168 hombres y avanzó por esa tierra atribulada y devastada por la guerra para hacerse con un imperio de millones de almas. La viruela le había precedido. Había pasado de un mercader marítimo indígena a otro, hasta que estalló en un brote epidémico que recorrió buena parte de América del Sur en 1526. La llegada de Pizarro en 1531, en la estela de esa aflicción viral, no podría haber sido más afortunada para España. Mientras la enfermedad consumía al Imperio inca, los hijos de Huayna Capac se enfrentaban entre sí con sus ejércitos, en una enloquecida guerra *hanan* y *hurin* —norte-sur— que, de hecho, había concebido su padre. Una vez que Pizarro mató a Atahualpa y Huáscar, y otros dos señores incas fueron asesinados en un implacable intento de exterminar a la clase dirigente, el imperio quedó en apariencia descabezado. Pero no se fueron apaciblemente; pasados seis años de la conquista, los incas organizaron una serie de grandes rebeliones, osadas y bien planeadas, contra quienes serían sus amos. El último señor inca hereditario, Túpac Amaru —nacido doce años después de la llegada de los conquistadores—, resistió en las montañas, luchando contra las fuerzas españolas hasta que finalmente fue apresado en 1572, llevado a Cuzco con una soga alrededor del cuello y ejecutado en un espectáculo público para que todo el mundo lo viera. Fue, según un observador, una visión aterradora para los quince mil indios que fueron obligados a presenciar la decapitación. Al ver al sobrino de Atahualpa y Huáscar postrado de rodillas y asesinado, después de ser testigos de un intento de cuarenta años de duración de eliminar cualquier rastro del dominio inca, la multitud emitió un ruidoso lamento que hizo que «atronasen los cielos y los hiciesen retumbar con gritos y vocería».[59]

Por aquel entonces, Francisco de Toledo, el virrey que había llegado para gobernar la valiosa y creciente colonia de Perú, afirmó estar estupefacto con los «españoles barbarizados» de aquel salvaje

Nuevo Mundo.[60] Con el tiempo, sin embargo, dejó de lado esa indignación y mandó lo que quedaba de los indígenas a las minas, estableciendo una economía basada por completo en la plata, lo que tuvo consecuencias aún más drásticas que las espadas de la conquista.[61] Diez años después de la muerte de Túpac Amaru, la mayor parte del hemisferio —todo el continente sudamericano, toda América Central y América del Norte hasta California— pertenecía al rey español.[62] Cincuenta años más tarde, más de la mitad de la población de la zona había desaparecido a causa de enfermedades llevadas por los hombres blancos: viruela, tétanos, tifus, lepra y fiebre amarilla, así como un buen número de enfermedades pulmonares, intestinales y venéreas. (En algunos casos, el contagio fue deliberado, multiplicado mediante la distribución de sábanas infectadas o baratijas contaminadas a tribus que no sospechaban nada).[63] Un 40 por ciento más pereció en guerras, ejecuciones, hambrunas y trabajos forzados, incluso a causa del suicidio, puesto que las tribus huían de las matanzas y se perdían en los inhóspitos parajes de las montañas y la selva.

Nunca sabremos cuántos indígenas habitaban el hemisferio occidental antes de la llegada de Colón, puesto que, cuando los europeos se pusieron a contarlos, muchos ya habían muerto a causa de los gérmenes o la espada.[64] Los estudiosos afirman que, cuando en la década de 1620 el virreinato de México celebró su centenario,[65] la bullente población humana que Cortés había encontrado en su marcha hasta Tenochtitlán había quedado reducida a apenas setecientas mil personas.[66] También estiman que antes de la conquista la población indígena del hemisferio debía de ascender a entre cuarenta y ciento cuarenta millones de personas. Un siglo más tarde, quedaban vivas menos de nueve millones.

En el Nuevo Mundo esclavizado y pisoteado bajo el yugo español, empezó a aparecer finalmente un impulso natural violento contra el opresor en forma de insurgencias por todo el hemisferio. La tenue llama de la ira siempre había estado allí. Pero los indígenas habían estado desorientados, indecisos sobre si responder, paralizados por unos señores coloniales demasiado poderosos para ser expulsados, por unas fuerzas que habían secuestrado y encadenado a civilizaciones enteras. Con todo, tres siglos después del desembarco de Colón, la animadversión empezó a aflorar con más osadía, en especial a medida que la posición de España en el mundo se debilitaba. El resentimiento latente que las razas de color —ahora un verdadero arcoíris de mestizajes— habían albergado contra los «blancos» empezó a surgir en breves e intensos estallidos de ira colectiva.[67]

Uno de los más sonados fue el ocurrido en Santa Fe de Nuevo México en 1680. Los indios pueblo, que durante ciento cincuenta años habían sido derrotados por una sucesión de expediciones españolas, no habían tenido mucho éxito con las insurrecciones. Habían intentado hacer retroceder a los invasores hostiles, rechazar su religión impuesta por la fuerza, rebelarse contra los intentos de esclavización masiva, pero habían sido vencidos por las implacables represalias del bando enemigo. En 1598, cuando Juan de Oñate, el gobernador de México, partió con una expedición para colonizar el fértil valle del río Grande, una zona ocupada por cuarenta mil indios pueblo, estos contraatacaron. Pero fueron vencidos por la maquinaria de guerra española, que era superior. El victorioso gobernador Oñate quiso dar una lección a los indios pueblo y ordenó a sus hombres que amputaran el pie derecho a todos los varones mayores de veinticinco años. Para redondear el castigo, esclavizaron a todas las mujeres y separaron a los niños de sus familias para que pudieran ser plenamente adoctrinados en la fe católica.

Hicieron falta casi cien años, pero la ira que provocó aquello fue tan incontenible que estalló en una rebelión feroz en 1680. Los indios pueblo asaltaron las plantaciones españolas, mataron a cuatrocientos blancos, incluidos mujeres, niños y sacerdotes, y después expulsaron a dos mil más del valle, purgando a todos los efectos su tierra de blancos. El cálculo que habían hecho era atroz: para deshacerse del dominio español y recuperar su identidad después de casi dos siglos de implacable etnocidio, los indígenas habían decidido que debían poner fin a la existencia misma de sus señores.[68] En otras palabras, los blancos tenían que irse o morir. Los indios pueblo procedieron a destruir todas las iglesias y las imágenes cristianas y a disolver los matrimonios oficiados por misioneros españoles, e intentaron restablecer el mundo tal como lo habían conocido antes de que llegaran los europeos. No duró mucho. En 1692, doce años después del baño de sangre, los españoles volvieron para recuperar el dominio del río Grande.

El siguiente alzamiento masivo en las colonias tuvo lugar en Quito en 1765.[69] A diferencia de la convulsión en México, que tenía que ver sobre todo con la tierra y la identidad, esta tuvo una motivación económica. Durante años, los ciudadanos de esa colonia andina, en su mayoría tejedores, habían sufrido un fuerte declive de sus ingresos. Había varias razones para ello: habían tenido que afrontar una enorme reducción de la población india que vivía en las tierras altas donde se producía la lana, así como una sobreabundancia de textiles baratos procedentes de Europa, y se había producido un vertiginoso bucle económico. Desesperados por sobrevivir, los quiteños se pusieron a producir mercancías de contrabando —por ejemplo aguardiente, un licor de azúcar de caña tan fácil de elaborar que todo el mundo podía hacerlo en su cabaña— y encontraron trabajo en un dinámico mercado negro en el que se sacrificaban animales salvajes, se teñía cuero, se vendía comida y se traficaba con chicha fermentada. Para suprimir esa actividad, el virrey de Nueva Granada (que en realidad supervisaba Ecuador, Colombia y Venezuela) asignó arbitrariamente el control de todos los alambiques privados de los virreinatos, y de todos los impuestos que pudiera recaudar la venta del licor que produjeran, al Tesoro Real de Madrid. Esa medida autoritaria amenazó con frenar en seco un mercado pujante e ilegal y desatar una crisis económica aún más devastadora. Las gentes de Quito no la acataron. Se sublevaron, tomaron las calles en una revuelta violenta y, en última instancia, expulsaron a los españoles, creando una coalición que logró gobernar la ciudad durante un año antes de que el ejército virreinal, fuertemente armado, la asaltara, retomara el poder e iniciara una era de subyugación aún más drástica.

Quince años después, los vientos del disenso, que habían azotado al virreinato de Perú durante décadas, llegaron al altiplano boliviano como un vendaval.[70] Un nativo aimara llamado Tomás Catari llevaba años intentando persuadir a sus señores españoles de que contuvieran los abusos contra los indios de La Paz, una zona rica en minerales, pero no había conseguido más que ser encarcelado y recibir brutales palizas. Tras ser liberado, algo que solo fue posible porque sus partidarios tomaron rehén a un gobernador español y amenazaron con matarlo, Catari decidió organizar una rebelión contra los blancos. En septiembre de 1780, grupos rebeldes indios empezaron a asaltar y saquear haciendas y a exterminar no solo a los españoles, sino a cualquiera que no prometiera lealtad a su revolución.[71]

Meses más tarde, como si fuera obra de una olla a presión mortal, estalló en Perú una sangrienta guerra racial. Los problemas empezaron cuando un curaca mestizo, que acabaría haciéndose llamar Túpac Amaru II y diría ser descendiente del último gobernante inca, tomó como rehén al corregidor español Antonio de Arriaga después de una larga comida regada con abundante vino.[72] Mientras mantenía cautivo a Arriaga en su propia casa, Túpac Amaru ordenó al gobernador que reuniera a doscientos líderes regionales —españoles y mestizos— en la plaza de Tungasuca. Cuando llegaron, Túpac Amaru exigió que el esclavo indio del gobernador ejecutara a su amo. Luego marchó a Cuzco con seis mil indios y mató a todos los hombres, mujeres y niños blancos que encontró en su camino. No fue un acto impulsivo, sino un último esfuerzo desesperado por darle la vuelta a la historia. Como Tomás Catari, Túpac Amaru lo había intentado primero con la diplomacia, pero sin ningún éxito. Durante años, había implorado a Arriaga que aboliera las crueldades del tributo indio y se mostrara más humano con sus súbditos. De hecho, como curaca responsable de la recaudación de esos tributos, había tenido conflictos con sus amos españoles por no hacerlo. Pero sus ruegos habían sido ignorados. Frustrado y enfadado, Túpac Amaru reunió un gran ejército de muchos miles de combatientes, les armó con mosquetes robados y armas que había acopiado e hizo su última advertencia a los criollos, los blancos nacidos en América que hacía mucho tiempo que venían manifestando su solidaridad con la ira de los indígenas contra los gobernantes españoles: «He determinado sacudir este insoportable peso, y contener el mal gobierno que experimentamos de los Gefes que componen estos cuerpos [...] si eligen este dictamen, no se les seguirá perjuicio ninguno ni en vidas ni en haciendas; pero si despreciando esta mi advertencia, hicieren al contrario, experimentarán su ruina, convirtiendo mi mansedumbre en saña y furor, reduciendo á esa ciudad en cenizas [...] pues tengo á mi disposición setenta mil indios».[73]

El derramamiento de sangre se prolongó durante dos años, arrasando los enclaves españoles con la misma crueldad con la que los invasores habían atacado las aldeas indias siglos antes. Túpac Amaru había dicho con claridad[74] que para restablecer el viejo orden tal vez necesitara «acabar con todos los europeos».[75] Además, en un arrebato de hipérbole exultante, afirmó que había recibido la real orden de Madrid de matar a todos los *puka kunka* (literalmente, «cuellos rojos») que habitaban en el virreinato de Perú. Sus seguidores le creyeron. Y fue precisamente eso lo que empezaron a hacer. Eufóricos, enloquecidos por el incontrolado derramamiento de sangre, los rebeldes victoriosos bailaron, borrachos, sobre los cadáveres de los blancos.[76] Hubo relatos de que se comieron la carne blanca, de que arrancaban los corazones y se pintaban la cara con las vísceras.[77] Alguno, se dijo, hasta se dio el gusto de incurrir en la vieja práctica de beber de los cráneos. Un líder exigió que las cabezas de todas las eminencias blancas fueran cortadas y se le llevaran para poder arrancarles los ojos personalmente. Las noticias de estas atrocidades estremecieron a los criollos, que habían alentado la revuelta y que no querían más que deshacerse de sus jefes coloniales. Ahora no podían más que recular horrorizados. Aquello no era en absoluto el alzamiento contra el rey que habían esperado. Era una guerra racial. Y era tan furibunda contra los blancos como lo habían sido las de sus antepasados conquistadores contra los de piel oscura.

Al final, los ejércitos monárquicos contraatacaron y aplastaron a los rebeldes andinos, lo que costó a los indios cientos de miles de vidas.[78] Túpac Amaru II fue capturado y llevado a la plaza de Cuzco; también su tocayo Túpac Amaru había sido llevado a la misma plaza abierta dos siglos antes. Cuando el inspector general español le preguntó los nombres de sus cómplices, él respondió: «Solo conozco a dos, y somos tú y yo: tú como opresor de mis tierras y yo porque trato de rescatarlas de tu tiranía».[79] Enfurecido por la insolencia de la respuesta, el español ordenó a sus hombres que cortaran la lengua al indio y le arrastraran y descuartizaran allí mismo.[80] Las órdenes fueron específicas y quedaron registradas oficialmente con detalle:

> ... lo amarraron por cada uno de los brazos y pies con unas cuerdas fuertes, de modo que éstas se ataron a las cinchas de cuatro caballos que estaban con sus jinetes mirando las cuatro esquinas de la plaza mayor, y habiendo hecho la seña de que tirasen, dividieron en cuatro partes el cuerpo de dicho traidor, destinándose la cabeza al pueblo de Tinta, un brazo al de Tungasuca, otro a la capital de la provincia de Carabaya, una pierna al pueblo de Livitaca en la de Chumbivilcas, y otra al de Santa Rosa en la de Lampa, y el resto de su cuerpo al cerro de Piccho, por donde quiso entrar a esta dicha ciudad, en donde estaba prevenida una hoguera en la que lo echaron juntamente con el de su mujer, hasta que convertidos en cenizas, se esparcieron por el aire.[81]

Los subalternos del inspector general ejecutaron la funesta tarea. Le cortaron la lengua con un golpe de espada. Pero los cuatro caballos a los que ataron las muñecas y los tobillos de Túpac Amaru no fueron capaces de cumplir su cometido. Cada vez que elevaban al inca como si fuera una araña extendida sobre su tela, sus manos y pies se escurrían entre las cuerdas y caía al suelo. Los soldados acabaron dándole un tajo en la garganta, le cortaron la cabeza, las manos y los pies, y los mandaron para que se exhibieran en picas, como se había ordenado, en varios cruces de caminos de seis ciudades. Lo mismo se hizo con su esposa, Micaela. Las torturas y ejecuciones se repitieron durante todo el día, hasta acabar con la vida de todos los miembros de la familia. Cuando vio cómo le cortaban la lengua a su madre, el hijo menor de Túpac Amaru soltó un chillido penetrante. La leyenda dice que el sonido de ese grito fue tan sobrecogedor, tan indeleble, que señaló el fin de la dominación española en América.[82]

La noticia del macabro destino de Túpac Amaru II electrizó a las colonias, enardeciendo y aterrorizando a cualquiera que tuviera en mente una rebelión similar. En el caso de los negros, para los que las inhumanidades de la esclavitud resultaban insoportables, la pulsión no hizo más que crecer. Tenían poco que perder. Sin embargo, para los criollos blancos, que, a fin de cuentas, formaban parte de la clase gobernante —aunque solo fuera por el color de su piel—, ahora los sueños de insurgencia provocaban el temor de que la venganza no solo procediera de España, sino de una inmensa población de piel oscura. Esos miedos aumentaron meses más tarde en Nueva Granada, cuando un ejército de veinte mil personas marchó hacia Bogotá, la capital del virreinato, mucho más poderoso, para protestar contra los elevados impuestos.[83] Uno de los líderes, un mestizo analfabeto llamado José Antonio Galán, llevado por el fervor del momento, proclamó la libertad de los esclavos negros y les exhortó a volver sus machetes contra sus amos. Cuando empezaron a hacer justo eso, Galán fue condenado a morir en la horca, a ser arrastrado, descuartizado y luego decapitado, y a que sus miembros fueran enviados a todos los distritos en los que había vivido. Para asegurarse de que nunca volviera a nacer semejante sujeto vil, su casa fue cubierta de sal y los granos fueron aplastados hasta quedar enterrados en la tierra circundante. Era una advertencia de que se respondería a las revueltas con la fuerza bruta, un profiláctico contra todos los descontentos.

El machete, trescientos años después
Cuba, 1955-1970

> Los hombres que sabían usar un machete para cortar la caña, demostraron un día que sabían usar el machete también para combatir.[84]
>
> Fidel Castro, 1962

Carlos Buergos, despreocupado y libre hasta que se encontró en una cárcel cubana, y después, menos de una docena de años más tarde, en una estadounidense, nació en el momento culminante de la revolución. Era agosto de 1955. Cuba llevaba menos de sesenta años liberada del yugo español, pero una vez más a la gente le inquietaba la independencia. Los blancos poderosos, los extranjeros predadores, el Gobierno tiránico y los oligarcas corruptos se habían vuelto para los cubanos un yugo distinto.

Dos años antes, Fidel Castro había liderado el ataque de un grupo de ciento cincuenta rebeldes contra una de las guarniciones militares más grandes de Cuba. La misión había sido sencilla: capturar un enorme almacén de armas para impulsar su revolución. Para Castro y demás rebeldes, el régimen de Fulgencio Batista representaba el epítome de un gobierno despótico, depravado y esencialmente colonial. Los bancos y los recursos naturales —de hecho toda la economía, incluida la mayor parte de la industria— estaban ahora bajo el control de empresas estadounidenses. La Enmienda Platt, aprobada por el Congreso de Estados Unidos en 1901, pocos años después de que Cuba lograra la independencia de España, había prohibido que cualquier país extranjero con la salvedad de Estados Unidos colonizara o firmara tratados con Cuba. Especificaba con mucha claridad que el gigante del norte podía intervenir en los asuntos cubanos siempre que lo deseara y que podía establecer bases militares donde quisiera y cuando le pareciera necesario. Convertida en una ley cubana poco después, siguió en vigor durante décadas, lo que en la práctica hizo de la isla una colonia de Estados Unidos. En 1940, cuando Batista fue elegido presidente, la Enmienda Platt se eliminó de la Constitución cubana para ajustarse a la «política de buena vecindad» de 1933, una iniciativa de Franklin Delano Roosevelt, pero su espíritu siguió presente, la dominación de Washington sobre la isla pervivió y Batista siguió fortaleciendo los vínculos con empresas estadounidenses, con lo que, al mismo tiempo, se llenaba los bolsillos.

Batista era, según Castro, un *monstrum horrendum*, un presidente ilegal que, después de su primer mandato, vivió lujosamente durante ocho años entre el afamado hotel Astoria de Nueva York y Daytona Beach, en Florida, manipulando desde lejos La Habana y colaborando con la mafia estadounidense.[85] En 1952 recuperó el poder mediante un golpe apoyado por el ejército y estableció un Gobierno títere que dependía por completo de los intereses comerciales estadounidenses. A finales de la década de 1950, Batista y su camarilla habían entregado más del 60 por ciento de la producción de azúcar y sus beneficios a empresas estadounidenses.[86] Casi la mitad de toda la tierra cultivable estaba en sus manos. Había llegado la hora, según Castro, de que Batista, sus compinches criminales y los cleptócratas estadounidenses fueran expulsados de Cuba de una vez por todas.

Pese al apoyo ciudadano que fue capaz de recabar, el inexperto asalto contra el Cuartel Moncada acabó mal, y Castro terminó en la cárcel. Pero en mayo de 1955, justo cuando Carlos alcanzaba la madurez fetal, dispuesto a salir a un mundo inquieto, Fidel y su hermano

Raúl fueron liberados gracias a una amnistía. La opinión pública sobre la descarada toma del poder por parte de Batista en 1952 había empeorado —algunos estadounidenses distinguidos habían empezado a quejarse de la corrupción, la brutalidad policial y la temeraria indiferencia hacia los pobres en Cuba—, así que el régimen necesitaba toda la publicidad positiva que pudiera conseguir.[87] Alguien sugirió que amnistiar a todos los prisioneros políticos podía ser un paliativo oportuno.

Expulsados de las costas cubanas por el imprudente montaje publicitario de Batista, Castro y sus rebeldes se refugiaron en México, donde conocieron al médico marxista argentino Che Guevara y empezaron a planear un nuevo asalto a La Habana. Fue precisamente mientras Castro y el Che se inclinaban sobre toscos mapas del archipiélago cubano, perfeccionando su estrategia, aprendiendo lo que debían saber de la mano de curtidos veteranos de la guerra civil española, cuando Carlos llegó al mundo de los mortales y vio la luz por primera vez. El plan conjunto de Castro y el Che era directo: utilizarían la guerra de guerrillas —el principio de rebelión de David contra Goliat— y lanzarían una fuerza pequeña, ágil y temeraria contra otra mucho más grande y torpe. Justo cuando Carlos abría los ojos por primera vez, Castro emitió su famosa proclamación de guerra: «Pienso que ha llegado la hora de tomar los derechos y no pedirlos, de arrancarlos en vez de mendigarlos».[88]

Antes del quinto aniversario de Carlos, Cuba había cambiado de arriba abajo. El comandante Castro había desembarcado en la accidentada costa meridional de Cuba con un pequeño contingente de ochenta y dos rebeldes que, desaliñados, hambrientos, con el estómago revuelto por la travesía marítima y quemados por el sol, se abrieron paso entre los campos de caña, desmayándose, dando traspiés, hasta que llegaron a la región interior de Alegría de Pío.[89] Desde allí se apresuraron a buscar cobijo en Sierra Maestra, antes de que Batista les mandara al ejército. Estalló a continuación una furiosa guerra de guerrillas, que duró dos años, y que poco a poco fue atrayendo a un formidable ejército de cubanos al bando rebelde. El día de Año Nuevo de 1959, asustados por el repentino cambio de su suerte y temiéndose lo peor, Batista y sus subalternos huyeron de La Habana, miles de cubanos inundaron los muelles para huir a toda prisa rumbo a otras costas y, en una semana, el comandante y sus barbudos recorrieron la distancia entre su fortaleza en Sierra Maestra y las calles presas del pánico de la capital. La victoria fue instantánea; la euforia, contagiosa. El padre de Carlos, que había trabajado durante años como estibador, cargando y descargando azúcar de los barcos y bebiendo ron hasta caer redondo, acabó siendo enviado a cortar caña de azúcar en los campos color esmeralda de Matanzas y a probar su lealtad a la revolución.

Cuando Carlos tenía diez años, no había suficiente para comer. Se habían llevado a cabo algunas reformas que habían mejorado algo la vida de los pobres —un mejor acceso a la educación y la sanidad, una mejor higiene—, pero bajo el techo de la casa de su padre había siete bocas hambrientas, y el sueldo de un cortador de caña no ponía suficiente comida sobre la mesa. Peor aún, la producción de azúcar en Cuba, que desde principios del siglo XX había sido la mayor del mundo, ahora se arrastraba hacia un puesto cada vez menor en el mercado global de las materias primas. Por muchos revolucionarios de nuevo cuño que se mandara a trabajar en los campos, Cuba no lograba igualar el pujante auge del azúcar en Brasil, India y Europa.[90] Como a los cubanos les gustaba decir, «sin azúcar no hay país», y eso era precisamente lo que los políticos estadounidenses tenían en mente: hacer pasar hambre a Cuba hasta que se desencantara con el socialismo e incitar a la gente a volver a su vida anterior. Un inmenso embargo comercial, impuesto por la Administración del presidente Dwight Eisenhower, que se amplió con su sucesor, John F. Kennedy, y fue adoptado por sus aliados, estaba asfixiando la economía cubana hasta el límite. Después de una apertura inicial, no correspondida, hacia Estados Unidos en 1960, Castro acabó volviéndose hacia la Unión Soviética para que le ayudara a alimentar a la gente. También el padre de Carlos adoptó medidas desesperadas: empezó a llevar a su hijo mayor a bares para que cantara por unos pocos centavos o un plato de bananas. Las ansiedades del niño, producto de los años de inquietud, dieron pie a un comportamiento arriesgado: Carlos empezó a robar. Al principio, pequeños hurtos. Fruta del árbol del vecino. Baratijas de un compañero de clase. Con trece años, su voz se había vuelto grave, robaba botellas de ron cuando el camarero no miraba, se las metía debajo de la chaqueta y las vendía en el barrio. Robaba de bolsos de mujeres, cogía lo que podía y lo vendía de forma clandestina por las pocas monedas que pudieran darle a cambio.

Por esas infracciones, los compañeros de clase, los tenderos y los vecinos pegaban a Carlos, muchas veces con furia, pero él aprendió a recomponerse, secarse la sangre de la cara y reír. No sentía demasiado respeto por la autoridad; en realidad, no sentía respeto por nada, aparte de sus necesidades más inmediatas. No era ni mucho menos el único. Había muchos jóvenes desilusionados que se sentían como él. Pronto entró en una banda de delincuentes inexpertos que rondaban malhumorados por las esquinas, haciendo planes contra el sistema.

Cuando estaba sobrio, su padre intentaba corregir el impulso de Carlos de comportarse mal. Pero los sermones apenas hacían mella en el chico. En 1970, cuando Carlos cumplió quince años y Castro ordenó a todos los cubanos que se encaminaran hacia los campos para duplicar la producción de azúcar hasta los diez millones de toneladas y recuperar el lugar histórico de Cuba en el mercado, el padre de Carlos decidió que esa era su oportunidad para inculcarle algo de disciplina al chico.[91] Le dio un machete y le obligó a unirse a la penosa tarea de cortar cañas. Fue allí, en esos fragantes campos que rezumaban dulzura, en los que los esclavos africanos habían trabajado duramente durante cientos de años, donde Carlos observó algo que le cambiaría para siempre. Una discusión entre dos hombres se convirtió en una reyerta tan violenta que uno acabó levantando su machete y haciéndolo caer con un golpe brutal sobre la cara de su oponente. El reguero de sangre, el electrizante aullido de la víctima, el silencio mortal después, cuando el atacante miró a su alrededor, con ojos salvajes. Eran detalles, demasiado humanos, de un retablo que nunca olvidaría.

7

Las revoluciones que determinaron la psique de América Latina

> ¡Que los grandes proyectos deben prepararse en calma! Trescientos años de calma ¿no bastan?[1]
>
> SIMÓN BOLÍVAR, 1811

MADRID
1807

América Latina había soportado trescientos años de represivo gobierno español cuando, de manera inesperada, se abrió una ventana de oportunidad que alteró para siempre la historia.[2] Ese milagro adoptó la forma de un escándalo que envolvió a la casa real de Madrid. En el otoño de 1807, el rey Carlos IV, un hombre superficial de temperamento nervioso, mandó una carta desesperada a Napoleón Bonaparte de Francia en la que le imploraba ayuda. Acababa de descubrir que su hijo Fernando, el príncipe heredero, estaba conspirando para destronarle y tal vez envenenar a su madre. Lo cierto es que Carlos IV se había convertido en el hazmerreír de su país. Su primer ministro, Manuel de Godoy, llevaba años acostándose con su esposa. Esta, la reina María Luisa, cuyos apetitos sexuales y costumbres depredadoras eran legendarios, había tenido como amantes a una sucesión de guardaespaldas jóvenes y guapos. Era una mujer vanidosa y voluble que había retozado con un querido tras otro y convencido a su estúpido marido para que los recompensara con altos cargos, generando el caos con un desacertado nombramiento tras otro. De hecho, había sido su viejo enamorado, el primer ministro Godoy, quien había declarado una guerra desastrosa a Inglaterra, vaciando las arcas del imperio e iniciando la precipitada espiral de España hacia la bancarrota. Todo eso era demasiado para el joven príncipe Fernando, que había empezado a desesperarse ante la ridícula situación de la casa real. También él había mandado una apresurada carta a Napoleón en la que invitaba al emperador a escoger una novia francesa para él, bendecir la boda y unir así los dos imperios.

Napoleón vio su oportunidad. Aprovechando la ventaja que suponía la riña familiar, convenció a los españoles de que no solo defendería el reinado de Carlos IV, sino que conquistaría Portugal y le entregaría la península ibérica entera. En octubre de ese año se firmó el Tratado de Fontainebleau. Desesperado por seguir siendo rey, Carlos dio su consentimiento para que Napoleón marchara con veinticinco mil soldados por territorio español hacia Lisboa. Pero, llegado noviembre, el emperador francés mandó el cuádruple de tropas, aseguró su posición en España y arrolló Lisboa con un golpe incruento. La reina Carlota y la familia real de Braganza habían huido de Portugal justo a tiempo, junto con diez mil súbditos leales, y se habían instalado en Brasil, desde donde gobernarían el Imperio portugués durante los siguientes ocho años. Cuatro meses más tarde, los generales de Napoleón consiguieron entrar en las bien vigiladas fortalezas españolas y se hicieron con el control de toda la península. Bajo la ocupación, España quedó paralizada. Su administración colonial, todos los intereses financieros y el implacable Consejo de Indias quedaron de repente completamente inactivos.

Pero las colonias no lo sabían. Mientras los españoles de a pie mostraban su valentía, asombrando a los franceses al desplegar una feroz guerra de guerrillas, la América española vivía en una lánguida y despreocupada ignorancia. Aunque los generales de Napoleón estaban saqueando las ciudades de la madre patria, pasando por el garrote a sus líderes y violando a sus mujeres, la vida en las colonias seguía en sus acostumbrados aislamiento y atraso. Debido a la implacable guerra de Gran Bretaña contra Napoleón y al bloqueo de las costas europeas, que ya duraba un año, toda comunicación con América Latina había quedado prácticamente interrumpida. Para empeorar las cosas, la desacertada Ley de Embargo promulgada en 1807 por el presidente Thomas Jefferson, que en la práctica estranguló todo el comercio internacional y paralizó los mercados del hemisferio, había aumentado el aislamiento regional.

En Caracas, la noticia de que España había sido salvajemente invadida por los franceses no se conoció hasta siete meses después, en julio de 1808, cuando llegaron a la oficina del capitán general dos ejemplares viejos y ajados de *The London Times* enviados por un aburrido funcionario de Trinidad. Los periódicos parecían bastante anodinos, cuatro páginas de gran tamaño con noticias financieras. Pero entre las noticias de fletes y las ofertas inmobiliarias estaba la asombrosa revelación de que el rey español había sido depuesto y de que Napoleón gobernaba ahora el país. Andrés Bello, entonces secretario del capitán general de Venezuela, le tradujo la noticia a su superior, que se limitó a desdeñarla como una invención inglesa. Días más tarde, la verdad quedó confirmada cuando dos barcos, un bergantín francés y una fragata inglesa, llegaron al puerto venezolano de La Guaira justo al mismo tiempo y con sendas versiones de la misma historia. La delegación francesa se apresuró a subir la montaña que protege Caracas del mar, se presentó con uniformes resplandecientes y anunció que España se había rendido; todas sus colonias, incluido el lugar donde se encontraban, pertenecían ahora a Napoleón. No mucho después, el capitán inglés ascendió jadeando el montículo para afirmar lo contrario: los franceses eran unos mentirosos flagrantes, dijo. España no se había rendido aún. De hecho, según él, en Sevilla se había formado una junta para representar a la nación asediada y Gran Bretaña le había prometido un apoyo incondicional.

Era una noticia increíble para los venezolanos. ¿Debían creer que Gran Bretaña, que durante siglos había luchado implacablemente contra España, y cuyos piratas, entre ellos sir Francis Drake, habían asaltado los galeones españoles y escapado con la plata del rey, era de repente la mejor amiga de España? Eso supuso un punto de inflexión para los criollos frustrados y resentidos a los que durante trescientos años se les había denegado el poder político. Del mismo modo que Napoleón había detectado una oportunidad en la sórdida trifulca de la familia del rey, los atribulados aristócratas nacidos en Caracas veían ahora una oportunidad en la repentina y absoluta impotencia de su rey.

Decidieron tomar las riendas, forjar su destino y luchar al fin por la independencia.

Había obstáculos, y no pocos. Muchos colonos ricos y blancos, con vínculos familiares estrechos con España, insistían en oponerse a la revolución violenta. Querían más derechos, un poco más de voz en el Gobierno, y sin duda más control sobre sus asuntos financieros. Pero no tenían estómago para los levantamientos sangrientos que los franceses y los haitianos habían llevado a cabo para obtener su independencia. Los criollos también sabían que conformaban un pequeño grupito en medio de una inmensa población. No podían contar con que los negros, los mulatos y los indígenas de las colonias se alzaran a su lado contra España. De hecho, los criollos llevaban cientos de años señoreando a las razas más oscuras, utilizándolas y abusando de ellas. Por supuesto, los esclavos y los trabajadores manuales, que eran muchísimos más que los blancos, miraban con enorme suspicacia a todos los terratenientes. Temían que, sin las endebles leyes españolas, los blancos se volvieran aún más brutales. Con España, al menos, uno podía aludir a un código escrito que censuraba el maltrato de los indígenas, aunque este se ignorara de manera sistemática. Con los criollos blancos, ¿quién sabía qué podía pasar?

Pasó un año mientras los gobernadores coloniales españoles temían por su futuro y los criollos debatían entre sí para planificar una revolución con la que pudieran estar de acuerdo. La primera declaración de independencia, «el primer grito», se produjo un año más tarde, en 1809, en los salones de la Real Audiencia de Quito. El 10 de agosto, al rayar el alba, un grupo de revolucionarios criollos se colaron en el palacio real y presentaron al gobernador en funciones una orden oficial que anunciaba que, de acuerdo con la voluntad del pueblo, le cesaban en sus obligaciones. Ahora el poder era suyo. Fue una independencia efímera, que duró solo setenta y tres días y que en ningún caso tuvo que ver con una afirmación valiente sobre los derechos inherentes de los hombres. De hecho, los rebeldes estaban dispuestos a expresar su lealtad a Fernando VII, el combativo y ambicioso hijo del rey. Sin embargo, era una pequeña isla de libertad declarada en medio de una sucesión de siglos de gobierno impuesto y demostraba, quizá por primera vez, que los blancos se tomaban tan en serio la ruptura de las cadenas del colonialismo como los indígenas, que habían soportado una situación mucho peor durante cientos de años. Finalmente, las fuerzas del virreinato que rodeaban Quito cercaron la ciudad y la atacaron hasta que se rindió, y el 25 de octubre los revolucionarios se estaban pudriendo en la cárcel a la espera del verdugo. Al cabo de pocos meses, tras unas ejecuciones públicas acompañadas de una macabra fanfarria, todos estaban muertos. Cualquiera que osara manifestar simpatía por ellos, les dijeron a los ciudadanos, sería acusado de alta traición y ejecutado.[3] Fue un momento aleccionador para los españoles y de aprendizaje para los quiteños, pero las lecciones pronto se perderían en la gran oleada de revoluciones que tuvo lugar a continuación.

Las guerras de Bolívar

> Cabalgó, luchando todo el camino, más millas de las que Ulises jamás navegó. ¡Que los Homeros tomen nota![4]
>
> Thomas Carlyle, 1843

Con el tiempo, estalló una revuelta mucho más importante en Caracas, donde el colonizador se jugaba mucho más, aunque solo fuera porque Venezuela («la pequeña Venecia») era una colonia más rica y conocida. Lideraron la insurrección dos jóvenes hermanos, vástagos de una familia criolla aristocrática, que organizaban reuniones clandestinas en una de las casas de la familia, situada en las afueras de Caracas, y que ponían su considerable riqueza al servicio de la empresa. Eran Simón Bolívar y su hermano mayor, Juan Vicente. Simón, que en ese momento tenía veintisiete años, había acumulado experiencias vitales propias de alguien mucho mayor. Había perdido a su padre a los tres años y a su madre antes de los nueve —era un huérfano indisciplinado y rebelde que prefería la compañía de los esclavos—, y acabó siendo educado por unos tíos severos y reprobadores que le mandaron a Madrid para que adquiriera un poco de disciplina y sofisticación. Lo que adquirió, sin embargo, fue la convicción de que España, la madre patria, era un amo incompetente. Acogido por un aristócrata amigo de la familia que puso a su disposición un lugar en el que residir y una gran biblioteca, mientras Bolívar se hacía adulto era invitado con frecuencia a la corte real de Madrid. Ahí tuvo el privilegio de ver la escandalosa concupiscencia en la que estaba atrapada la familia real, pero también viajó a Francia e Inglaterra y adquirió un formidable conocimiento de la literatura y la cultura de la Ilustración.

A los diecinueve años se casó con una adorable española con vínculos familiares en Venezuela, pero enviudó meses más tarde, cuando su joven novia murió poco después de llevarla a Caracas. Durante años viajó por Europa, con el corazón roto y sin rumbo, despilfarrando los días como un calavera y un hedonista, ahogando sus penas en alcohol y en salas de baile, y devorando las obras de Voltaire, Montesquieu y Thomas Paine. En París conoció al célebre explorador y científico Alexander von Humboldt, que no sentía más que desdén por la cruel subyugación colonial española de las Américas. En Londres, le acogió bajo su protección Francisco de Miranda, que no solo había luchado en la Revolución estadounidense y más tarde había trabado amistad con George Washington y Alexander Hamilton, sino que había liderado un ejército francés rebelde en el sangriento alzamiento contra el rey Luis XVI. A medida que Bolívar se sumergía en el fervor de esta cohorte liberal y antimonárquica, se radicalizó cada vez más. Cuando volvió a Caracas, lo hizo porque había prometido dedicarse a liberar su tierra natal.

Bolívar no quería saber nada de una revolución «suave». No estaba dispuesto a pelear con el poder como habían hecho los rebeldes de Quito, que, al mismo tiempo, juraban lealtad a Fernando VII, soberano ahora del inestable y asediado edificio que era España. Tenía poca paciencia con quienes ondeaban banderas de libertad al tiempo que prometían fidelidad a un rey.[5] A diferencia de muchos de los demás criollos —a diferencia de su difunto padre, que había flirteado con la rebelión décadas antes—, Bolívar comprendía que una revolución nunca triunfaría en los educados salones del poder. Tendría que implicar a la gente. Tal vez habría que emplear una violencia extrema.

Con los años, mientras viajaba por la Francia de Napoleón y la Inglaterra del duque de Wellington y conocía a otros revolucionarios de muchas colonias de América Latina, sus convicciones sobre la independencia se habían vuelto absolutas y sólidas como una roca. Conocía demasiado bien a Fernando VII, un quejica insoportable con el que se había peleado de niño, convertido ahora en un hombre por el que no sentía el menor respeto. Y, si Bolívar despreciaba al príncipe, odiaba a la reina, cuya lujuria era célebre y cuyas debilidades él conocía íntimamente por medio de uno de sus muchos amantes, su amigo de juventud Manuel Mallo. El mayor desdén, con todo, lo reservaba para Carlos IV, cuya vacilante incompetencia había esclavizado a un imperio. Bolívar había pasado demasiado tiempo alimentando su animadversión para renunciar ahora a ella. Su odio por España había crecido hasta alcanzar semejante tamaño que empequeñecía «el mar que nos separa de ella».[6]

El 19 de abril de 1810, los revolucionarios irrumpieron en el palacio de Caracas e hicieron saber al gobernador que el pueblo venezolano quería que se marchara. El gobernador protestó, pero cuando salió al balcón vio como una masa humana congregada en la plaza principal le abucheaba. Al cabo de dos días, él y sus subordinados embarcaban rumbo a Filadelfia. Para disgusto de Bolívar, el nuevo Gobierno se llamó a sí mismo Junta Suprema Conservadora de los Derechos de Fernando VII. Aun así, sus declaraciones más apremiantes expresaban los deseos más profundos de Bolívar: a partir de entonces la colonia participaría en el libre comercio, los indios no seguirían pagando tributos ni serían esclavizados por no pagarlos y el mercado de esclavos sería cosa del pasado.

Ese año, como fichas de un dominó que van cayendo, las colonias de Buenos Aires, Bogotá, Quito y México declararon su soberanía, formaron juntas y mandaron a mar abierto a los gobernadores españoles.[7] Pero la venganza de los monárquicos sería rápida y brutal. Aunque al principio España fue incapaz de mantener el control de las colonias, se reunió de inmediato un enorme ejército de fuerzas monárquicas en toda la región para responder y sofocar la epidemia de insurrecciones. La cabeza ensangrentada de Miguel Hidalgo, un sacerdote fiero y rebelde, aún se balanceaba en un tejado de Guanajuato, para que el mundo pudiera ver cómo trataría España a los revolucionarios americanos, cuando en el hemisferio estalló una guerra con tantas cabezas como la Hidra, que consumiría la mayor parte de los siguientes catorce años, arrasaría ciudades enteras, embrutecería a la población y alimentaría a la Madre Tierra con la sangre de cientos de miles de personas. Para aumentar el número de integrantes del ejército español en esa tierra lejana, los generales del rey movilizaron a negros e indios para que lucharan a su lado y acogieron a bandas enteras de curtidos jinetes salvajes que no querían tener nada que ver con el deseo de poder de los criollos.

Las fuerzas monárquicas de ultramar que convergieron sobre los inexpertos insurgentes controlaron la situación, despreciaron a Bolívar y los suyos, ejecutaron a los revolucionarios cuando pudieron y los enviaron al exilio interior o exterior. Pero nada como el castigo rápido y draconiano que la madre patria impuso a sus hijos cuando los franceses finalmente fueron aplastados en Waterloo y el rey Fernando centró toda su atención en la reconquista de las Américas. Después de las guerras napoleónicas, España se mostró más fiera, más terrible, más acerada por el combate de lo que los revolucionarios podían haber imaginado. La reconquista cayó como una pesada espada sobre las Indias, con la crueldad y la truculencia que los conquistadores habían puesto en la tarea la primera vez.

Con el tiempo, los criollos blancos se dieron cuenta de que, para luchar contra la voraz maquinaria de guerra española, sería necesario buscar ayuda en otros que no fuesen blancos. En Venezuela y Colombia, Bolívar comprendió que tendría que reclutar a las masas y unir a las razas; para engrosar su ejército, buscó soldados entre los indígenas, los negros, los esclavos, los jinetes salvajes, los enfermos, los seniles, los imposiblemente jóvenes. Cualquiera capaz de cargar un palo era arrastrado a los barracones y reclutado. Mientras navegaba de vuelta al continente sudamericano desde el exilio en Haití, resolvió conformar una revolución nueva, implacable y totalmente desesperada. Era muy consciente de que los aristócratas blancos como él, que habían desatado la revolución en busca de beneficios económicos y políticos, no eran lo bastante numerosos para acabar el trabajo. Todos los consejos que le había dado su mentor, Alexandre Pétion, el presidente negro de Haití, consolidaron otra de sus convicciones. Liberaría a los esclavos, como le había insistido Pétion que hiciera. Incorporaría una fuerza de combate democrática, emplearía tácticas de guerrilla no convencionales, utilizaría la estrategia de sorprender y atemorizar al enemigo. Si era necesario, llegaría a extremos violentos, como había hecho Haití cuando sus negros masacraron a los blancos en nombre de la libertad. Liberaría a su pueblo de España costara lo que costase.

En 1813, al vadear el sofocante río Magdalena mientras se dirigía de Cartagena a Cúcuta y después cruzaba la cordillera nevada hacia Venezuela, incorporó a cualquiera que quisiera unirse a esa expedición desesperada. Al principio, los únicos reclutas dispuestos procedían de la escoria de la sociedad: habitantes de barrios bajos, esclavos huidos, campesinos sin trabajo, expresidiarios, indígenas casi desnudos. No tenían formación, ni disciplina, ni armas ni zapatos, y apenas contaban con un par de pantalones andrajosos, una manta infestada de pulgas y un sombrero agujereado. Con el tiempo, Bolívar creó un ejército formidable y violento, experto en resistir y sorprender. Mientras cosechaba un éxito tras otro, luchando y abriéndose paso hacia Caracas, la ciudad donde había nacido, proclamó una política de «guerra a muerte» contra todos los españoles, con lo que definió la revolución como un proceso de suma cero. También sacrificó a muchos soldados en el empeño.

Sin embargo, Bolívar también había abierto los corazones y las mentes de los latinoamericanos a aquello en lo que podían convertirse. Se había inspirado en la Ilustración, los electrizantes *Derechos del hombre* de Thomas Paine, el principio fundamental de que ningún ser humano debía ser poseído o estar subyugado por otro. Fue Bolívar, a fin de cuentas, quien, con un instinto moral más elevado que Washington o Jefferson, vio lo absurdo que era embarcarse en una guerra por la libertad sin emancipar primero a sus propios esclavos. La guerra de independencia de Bolívar duró el doble que la Revolución estadounidense, de 1810 a 1824, y en el transcurso de su sobrecogedora violencia el Libertador se vio obligado a retroceder, a exiliarse en dos ocasiones, pero siempre regresó, más fiero después de los fracasos. «Apréndese en las derrotas el arte de vencer», le gustaba decir.[8] De hecho, con cada derrota a manos del ejército español, que estaba bien entrenado y muchísimo mejor equipado que el suyo, se volvía más fuerte.

Con el tiempo, la improvisación se convirtió en su arma más valiosa. El atractivo carismático de Bolívar —su insistencia en cabalgar con sus soldados, dormir junto a ellos en el suelo, inspirarles un heroísmo inimaginable— se hizo muy conocido a medida que iba de batalla en batalla, incorporando reclutas. Finalmente, dispuso de un formidable ejército para la tarea. Había negros, indios, esclavos mulatos, mercaderes de los mares, piratas del Caribe, salvajes vaqueros de las llanuras, inválidos de hospitales, niños soldados de tan solo once años. Tras declarar el fin de la esclavitud medio siglo antes de la Proclamación de Emancipación de Abraham Lincoln, el objetivo de Bolívar era sacar partido de la ira de los esclavos. La inmensa clase baja de trabajadores urbanos y rurales no respondió de inmediato, pero con el tiempo, conmovida por sus elocuentes exhortaciones sobre los derechos del hombre, acudieron en masa a unirse al ejército de liberación. Se incorporaron a sus puestos sin disciplina, con frecuencia portando poco más que una azada o un palo. Otros procedían de allende los mares —veteranos británicos de las guerras napoleónicas, desempleados pero vestidos con sus relucientes uniformes—, pagados para liberar América. O provenían de familias criollas blancas ricas e insatisfechas que nunca habían conocido el menor sacrificio. Pero tenían algo en común: a todos les inspiraban la retórica y la visión del Libertador y, como él, estaban dispuestos a emplear una violencia furibunda para purgar la tierra de «godos». Serían imparables.

Al final de esa guerra feroz y castigadora, Bolívar, por sí solo, había concebido, organizado y liderado la liberación de seis naciones: Venezuela, Colombia, Ecuador, Perú, Bolivia y Panamá, un territorio del tamaño de la Europa moderna. La liberación que tan brillantemente ejecutó José de San Martín al mismo tiempo en Argentina, Chile y la capital de Perú tuvo que ser rematada, poco a poco, por la marcha de Bolívar a través de los inhóspitos Andes. Se abrió paso continente abajo, mostrándose implacable a la hora de responder a la brutalidad con brutalidad. Para entonces, varias revoluciones de inspiración similar recorrían furiosamente el Cono Sur: en Uruguay, bajo el valeroso liderazgo de José Artigas, y en Paraguay, país que no solo luchó contra los españoles, sino también contra los argentinos, que se lo querían anexionar. La masacre sería abrumadora.

Los colonizados no tardaron en darse cuenta de que las revoluciones que habían desatado tendrían un alto coste. Para 1812, el pueblo latinoamericano ya había visto muchas cosas y asimilado el terrible cálculo de vencedores y víctimas. Pero la situación empeoraría. En 1813 la guerra a muerte de Bolívar capturó y eliminó a batallones enteros de soldados españoles. Un año más tarde, José Tomás Boves, un bárbaro de proporciones épicas, caudillo de una formidable horda de siete mil jinetes salvajes, proclamó su preferencia por España y masacró a ochenta mil rebeldes.[9] A diferencia de Boves, Bolívar no era un hombre inherentemente violento; matar le ponía enfermo. Pero, como sus enemigos monárquicos, entendía bien la utilidad del miedo. La clase de revolución que sus colegas aristocráticos querían y pensaban que habían iniciado —rápida, fácil, bien argumentada y civilizada— estaba desembocando en la ferocidad extrema. Bolívar reconocía abiertamente que todos los españoles que se habían cruzado en su camino en su primera campaña exitosa «fueron fusilados casi sin excepción».[10] Esa política inflexible no había surgido de la nada: un año antes, el general en jefe de Fernando VII había emitido una orden real que llamaba al exterminio de todos los rebeldes, sin excepción. Se parecía a la desesperada insurrección de Túpac Amaru, organizada tres décadas antes, que se había encontrado con el flagelo subyugante de los españoles. Era un juego a todo o nada. No habría pactos. Solo un bando sobreviviría. El resultado fue un conflicto sangriento que redujo en un tercio la población civil latinoamericana.[11] Ciudades enteras desparecieron del mapa. El campo quedó arrasado. El expolio fue completo. Un funcionario español lo explicó de manera sucinta: «No quedan más provincias. Los miles de habitantes de algunas ciudades ya se redujeron a unos centenares o incluso unas pocas docenas. De otros pueblos solo quedan vestigios que muestran que alguna vez fueron habitados por seres humanos. Los caminos y campos están cubiertos de cadáveres insepultos; pueblos enteros fueron quemados; las familias completas no son más que un recuerdo».[12]

La devastación resonó en toda América Latina. Se propagó rápidamente como una llama fulgente, encendiendo a una población que durante trescientos años había sido agredida y dominada. La hostilidad, la suspicacia y las abominaciones se convirtieron en lo habitual. La ira de España, aprendida durante generaciones de guerra, se había vuelto contra las Américas con una furia renovada. Y en ese momento toda la rabia acumulada por los colonizados se alzó para responder con la misma moneda. Cuando, finalmente, en 1824 la fuerza expedicionaria española partió hacia casa renqueante, era solo una pequeña parte de la colosal armada que había llegado una década antes.

La matanza que nunca cesa

> Por el Sol, y por la Luna, que ya no ay quien sufra la desverguença destos demonios: y será raçon, que por ellas mueran oy hechos pedaços, y de fin à su maldad, y tiranía.[13]
>
> Inca Garcilaso de la Vega, 1605

Era tal el furor que, en realidad, nunca disminuyó. Incluso después de obtener la independencia de España en 1819, Venezuela, con un frenesí incesante, sacrificó un millón de vidas más en refriegas que duraron setenta años, camino al siglo xx.[14] México perdió a más de medio millón en su lucha por la independencia de España (entre 1810 y 1821), para librar luego una brutal guerra civil contra los mayas que duró treinta años más y se cobró otros trescientos mil muertos. Una cuarta parte de la población pereció en el curso de esas conflagraciones.[15] En los escasos trece años transcurridos entre 1847 y 1861, la guerra se llevó a casi otro medio millón de mexicanos, con lo que en total la matanza ascendió al millón y medio de almas en cincuenta años.[16] La violencia continuó durante los primeros años del siglo xx, hasta que culminó en una segunda revolución mexicana liderada por campesinos insatisfechos que se dieron cuenta con toda claridad de que sus amos posrevolucionarios serían más de lo mismo: siempre blancos, dominados por intereses extranjeros y cruelmente indiferentes a las masas de color. Pese a toda la libertad que les habían prometido, un siglo de independencia les había ofrecido poco más que desavenencias y conflictos.

Entre 1910 y 1920, la población mexicana se redujo debido a un virulento derramamiento de sangre.[17] Las pruebas estaban a la vista de todos: cadáveres colgados de árboles, civiles masacrados en las calles, fosas comunes en el desierto. Se había producido una escalada constante de una crueldad inimaginable: los asesinatos, las ejecuciones, las decapitaciones, la tortura, las mutilaciones y los secuestros eran la ley del lugar. Nadie era inmune a la violencia, ni siquiera los apolíticos, ni siquiera los inmigrantes que no participaban de la beligerancia entre los blancos y los de piel morena. El idilio de México con el tráfico ilegal de drogas, que dura ya un siglo, empezó cuando los terratenientes expulsaron o mataron a los trabajadores chinos del ferrocarril para quedarse con sus lucrativos campos de opio.[18]

Pese a todos los alzamientos y el derramamiento de sangre, parecía que la violencia nunca servía para mejorar la vida de las masas de color. Cuando México entraba en el siglo XX, la mitad de la clase campesina —más del 80 por ciento de la cual era indígena— seguía trabajando en las plantaciones de los ricos o lo hacía para jefes extranjeros.[19] Casi toda la población que vivía fuera de Ciudad de México carecía de tierras y era indigente. Y estaba impaciente. Sigue estándolo. Cien años después de que Pancho Villa y Emiliano Zapata irrumpieran en la capital para tomar el palacio presidencial, doscientos después de que Hidalgo iniciara una sangrienta guerra de independencia con su incitante grito en la plaza de Dolores, «el grito de Dolores», México sigue siendo uno de los diez países más peligrosos del mundo.[20] Comparte esa distinción con Honduras, Guatemala, Colombia, Venezuela y Brasil.

De hecho, en casi todas las repúblicas recién liberadas se produjo una carnicería posrevolucionaria. Pero tal vez ninguna fuera tan intensa como las matanzas que asolaron Paraguay en el siglo XIX. En esa incipiente nación cuya revolución había reducido drásticamente, de gran provincia a un pequeño Estado sin acceso al mar, José Gaspar Rodríguez de Francia, un hombre prácticamente desconocido, alcanzó el poder absoluto. Francia, el enigmático hijo de un plantador de tabaco brasileño y una paraguaya —tres de cuyos hermanos fueron declarados dementes—,[21] creció con un acusado resentimiento contra las clases poderosas y adineradas. Se hizo con la presidencia en 1811, poco después de la independencia, se autoproclamó el Supremo Dictador Perpetuo de Paraguay, y de inmediato se dispuso a despojar de su poder a la élite colonial. Era, por decirlo suavemente, un excéntrico irredimible: un hombre alto, demacrado y saturnino que exigía que los ciudadanos se dieran la vuelta o se postraran cuando él pasaba, con el fin de que no representaran una amenaza para él. Las ventanas de las casas de Asunción crujían a su paso al cerrarse, para responder a sus fantasías paranoicas.[22] Los ciudadanos temblaban de miedo ante la idea de ser señalados en una de sus purgas. No había olvidado nunca que los padres de la chica española de la que había estado enamorado de joven habían rechazado su acercamiento y le habían acusado de ser mulato;[23] como dictador, prohibió que los españoles de Paraguay se casaran con blancos.[24]

Francia era un déspota implacable en el sentido más crudo del término. En cuanto alcanzó el poder cerró las fronteras, confiscó todas las propiedades extranjeras, nacionalizó los bienes de la Iglesia, cortó todos los vínculos con Buenos Aires y Roma y procedió a purgar al país de extranjeros, funcionarios instruidos, intelectuales públicos e incluso profesores. Su objetivo era lograr una economía plenamente autosuficiente sin necesidad de capital o ideas procedentes del mundo exterior. Como escribió en la década de 1830 Thomas Carlyle, su contemporáneo:

> ¡Aquí, bajo nuestras narices, asciende un nuevo tirano! Precisamente cuando la libertad constitucional empezaba a comprenderse un poco y nos hacíamos ilusiones con que mediante las urnas adecuadas, los adecuados tribunales de inscripción y los estallidos de elocuencia parlamentaria, en esos países se organizaría algo parecido a una discusión nacional, surge ese doctor Francia magro, inexorable, de rostro leonado; te endilga un embargo a todo esto, dice a la libertad constitucional, de la manera más tiránica, ¡hasta aquí y ni un paso más! [...]. Los barcos permanecen varados, sus juntas sin alquitranar bostezan en los bancos de arcilla del Paraná; y ningún hombre puede comerciar sin el permiso de Francia. Si una persona entrara en Paraguay y al doctor no le gustaran sus papeles, su manera de hablar, su conducta o incluso el perfil de su cara, ¡podría ocurrirle lo peor a esa persona! Nadie podía salir de Paraguay con ningún pretexto. No importaba

> que fueras un hombre de ciencia, astrónomo, geólogo, astrólogo o mago del norte. El doctor Francia tenía patíbulos, carceleros, funcionarios de la fiscalía y ejecutaba a personas, algunas de ellas de una manera muy sumaria. En Paraguay, la libertad de un juicio privado, a menos que se cerrara la boca, era imposible. Paraguay permaneció bajo interdicto, aislado durante más de veinte años del resto del mundo por un nuevo Dionisio.[25]

Paraguay se convirtió en una isla impermeable, libre de toda influencia ajena, un bastión del aislamiento; «la única nación que el capital extranjero no había deformado», como dijo un historiador.[26] Irónicamente, pese a la tiranía, hacia el final del mandato de Francia, Paraguay se había convertido en una de las economías más fuertes de América del Sur. La pobreza y la enfermedad, tan rampantes en otros lugares, no existían dentro de sus fronteras celosamente vigiladas. Se había acabado con el analfabetismo. La obstinación y la neurosis de Francia habían logrado convertir a Paraguay en un baluarte de la resistencia contra la intrusión extranjera; era el país más progresista de la región. Situado en el mismo corazón del continente, enfrentando invasiones por todos lados, estaba demostrando que podía sobrevivir sin sus vecinos, sin inversiones europeas o estadounidenses, sin los privilegios del libre comercio. Con el tiempo, esa inviolabilidad exasperó a los banqueros y los magnates extranjeros, que habían hecho incursiones rentables en América del Sur y participado en un vigoroso comercio con Argentina y Brasil, justo al otro lado de las fronteras paraguayas. En el universo periférico de Brasil, Argentina y Bolivia empezó a surgir una animadversión considerable hacia Paraguay, y también entre los banqueros británicos que financiaban esos incipientes países.

Francia murió y fue enterrado en 1840. Más tarde, sus restos fueron exhumados, profanados y secuestrados. Con el tiempo, fueron descubiertos en una desgastada caja de fideos secos y su calavera se instaló en el Museo Histórico, convertida en una reliquia.[27] A su mandato le siguieron la confusión y el caos, y los tres líderes posteriores fueron derrocados caprichosamente, en una rápida sucesión. Pero en 1841 el sobrino de Francia, Carlos Antonio López, irrumpió en el palacio presidencial y asumió el puesto de dictador. Bajo, rechoncho y profundamente corrupto, el Excelentísimo procedió a crear un ejército de sesenta y cuatro mil efectivos, con diferencia la mayor fuerza militar de América del Sur. Al llenar sus arcas privadas, se aseguró de que cuando la presidencia pasara a su hijo, Francisco Solano López, la familia López estuviera entre los terratenientes más ricos y poderosos de Paraguay. Con el tiempo, el joven y petulante Solano López se volvió contra los suyos durante un ataque de paranoia. En un acto espeluznante, al temer una conspiración secreta contra su mando, ordenó la ejecución de sus hermanos. Para resolver sus constantes sospechas, hizo torturar a su madre y fusilar a su hermana.

Pero la verdadera conspiración contra Solano López se estaba fraguando muy lejos de las fronteras de la nación. Hacía mucho que Argentina y Brasil tenían la mirada puesta en Paraguay; deseaban repartirse su territorio y tener acceso al río Paraguay, lo cual les abriría el camino a tierras fértiles y, más al norte, a las riquezas de la selva amazónica. Con esta finalidad, Brasil empezó a penetrar en las tierras agrícolas del nordeste de Paraguay. Argentina, por su parte, incitada por los intereses comerciales británicos, invadió descaradamente Uruguay, que estaba justo al sur de Paraguay, y estableció allí un Gobierno títere. Bolivia, que hacía tiempo que era una fuente de irritación para este país, parecía dispuesta a tomar sus propias medidas.

De repente, Paraguay estaba cercado por todas partes. López Solano, un hombre terco y arrogante, se preparó para defender sus fronteras contra los beligerantes. Ordenó a su formidable ejército que expulsara a los furtivos del nordeste, lo cual hizo que los brasileños cruzaran la frontera y entraran en guerra abierta con los paraguayos. En represalia, Solano López ordenó un ataque contra las aldeas de Mato Grosso, que su inmenso ejército llevó a cabo encantado, saqueando casas, quemando campos de cultivo y violando a las mujeres. La respuesta de sus vecinos fue feroz e inmediata, casi como si hubiera estado planeada desde el principio: Brasil, Argentina y el Gobierno títere de Uruguay aunaron sus esfuerzos, formaron la infame Triple Alianza y organizaron una severa invasión de Paraguay. Fue una guerra genocida, que llegó a articularse claramente como tal, cuyo objetivo era eliminar por entero al pueblo paraguayo. La matanza fue una completa salvajada. A pesar de que el robusto ejército paraguayo quedó reducido a una sombra de sí mismo, de que niños de diez años eran mandados a luchar con barbas falsas pegadas a la cara, la matanza prosiguió. Estas incipientes y atribuladas repúblicas americanas, como el Saturno de la mitología, estaban devorando a sus propios hijos. Quienes más se enriquecieron con el reparto de las ruinas de la masacre paraguaya fueron los financieros británicos —el Banco de Londres, Baring Brothers & Co., Rothschild & Co.—, cuyas cámaras acorazadas habían financiado la invasión. Mientras tanto, una nación de 900.000 personas había sido brutalmente reducida a 221.000.[28] Ciudades enteras se habían quedado sin hombres; la población masculina total cayó a 28.000 personas. Paraguay se convirtió en una sombra de sí mismo —derrotado y castrado—, un país de mujeres y niñas. Al alejarse a grandes pasos de la ruina y la matanza, los vencedores podrían haber declarado, como había hecho Huayna Capac casi cuatro siglos antes: «Ahora todos sois niños».

La historia se repitió, aunque de forma menos dramática, en otros países latinoamericanos en ciernes. En los siglos posteriores, aparecieron dictadores de toda laya.[29] Pero la trayectoria siempre era la misma, y en el imaginario público el dictador se convirtió en un correctivo necesario, una criatura mítica homóloga a la noción de república latinoamericana.[30] La mayoría empezaban utilizando la retórica de la liberación, hablando de la voz del pueblo, las exigencias de la revolución, la libertad, al fin, de los estragos del colonialismo. Con el tiempo, todos se encaminaban al mismo fin: el puño de hierro, las comodidades del gobierno inflexible, la rutinaria familiaridad de la represión. Como dijo en una ocasión el escritor argentino Ernesto Sábato: «El peor conservatismo es el engendrado por una revolución triunfante».[31] Y eso fue precisamente lo que surgió de las guerras de independencia latinoamericanas, en particular» en Paraguay. Si no era represión, dictadura y mano dura, era caos y anarquía.

Perú, la agitada sede de un imperio caduco, tendría veinte presidentes en los veinte años posteriores a que Simón Bolívar lo liberara.[32] El propio Bolívar había decidido que los países latinoamericanos que había liberado del dominio colonial no estaban tan listos para la democracia como habían imaginado sus héroes de la Ilustración. En más de una ocasión, mientras cabalgaba por el turbio infierno de la guerra, entre los mataderos de la justicia militar improvisada, Bolívar se vio obligado a dejar de lado sus ideales y tomar decisiones cuestionables. Mano dura, resolvió, era lo que se necesitaba en el continente dividido e infantilizado que España había forjado en los trescientos años anteriores. Su abandono de los principios democráticos había empezado pronto: en la Gran Colombia, Bolívar se había arrogado todo el poder en un intento de evitar el desorden que se había apoderado de la temprana república de Venezuela. A la postre, el estricto gobierno dictatorial de Bolívar en Perú preparó el escenario para el prolongado idilio que la región viviría después con los dictadores.

Como temía Bolívar, el caos se apoderó enseguida de todas las repúblicas liberadas que dejó atrás. Se respondía a la violencia con una violencia mayor; a la corrupción, con una corrupción más arraigada. En Bolivia, justo después de la revolución, un presidente libertino, conocido por sus excesos sexuales, sus desmanes alcohólicos y la corrupción, huyó del país perseguido por su cuñado y fue asesinado en el corazón de Lima.[33] En Ecuador, un déspota y fundamentalista religioso odiado por todos que se había arrogado un tercer mandato presidencial fue asesinado una mañana, a plena luz del día, en la escalinata de la catedral.[34] En Quito, un dictador que intentó hacerse con el poder demasiadas veces fue arrojado a una celda de la cárcel y después asesinado; se arrastró su cadáver por las calles adoquinadas como si fuera un saco lleno de basura, rebotando por el suelo.[35] No es gratuito que en la literatura latinoamericana la sangre corra por las calles. Es parte del legado de la región. Lo ha sido y sigue siéndolo.

Fiebre en la isla
Cuba, 1870-1970

> Cada pueblo tiene el gobierno que se merece.[36]
>
> Joseph de Maistre, 1811

Con el tiempo, los cubanos también sintieron la necesidad de desprenderse de sus señores y a partir de 1868, cuando su descontento se convirtió en furia, lucharon por la liberación durante los treinta años siguientes, lo que provocó la pérdida de casi medio millón de vidas, tanto de rebeldes como de españoles.[37] Una vez que se logró la independencia y España fue expulsada de las costas cubanas, la isla enseguida se vio invadida por otro amo, Mammón, cuya voracidad de riquezas parecía no tener fondo. Con el impulso de la desesperación posrevolucionaria y el acicate de la ambición estadounidense, se sembraron las semillas de medio siglo de explotación y corrupción. Del mismo modo que las razas de piel oscura de México siguieron estando a merced de los descendientes de españoles, en Cuba los de piel oscura siguieron limitados por los blancos y fueron sacrificados por una próspera economía capitalista completamente desarrollada. Y del mismo modo que la plata había esclavizado al hemisferio, ahora las ansias de azúcar encadenaban a los cubanos a Fulgencio Batista y sus tutores estadounidenses. Era una realidad ineludible en toda América Latina: el sistema español no había llegado a ser destruido de veras; sus señores simplemente habían sido sustituidos por tiranos locales y extranjeros avariciosos. Los oprimidos se desilusionaron por completo; las guerras de independencia habían sido un burdo engaño. Una farsa.

Cuando, en 1958, Fidel Castro y sus compadres revolucionarios llevaron esa oleada de descontento de las selvas de México a las calles de La Habana para purgar Cuba de sus amos capitalistas, la espada cayó una vez más sobre los cubanos. En 1961 dos mil de ellos fueron ejecutados a manos de las fuerzas revolucionarias de Castro.[38] En 1970, cinco mil fueron fusilados o ahorcados y arrojados a fosas comunes.[39] Veinte mil más se pudrían en calabozos como presos políticos.[40] Medio millón habían huido del país y buscado asilo en Miami. Si, quinientos años antes, las guerras entre las tribus indígenas de la Cuba precolombina se habían cobrado un número macabro de víctimas, lo mismo hicieron todos los ismos que siguieron: el colonialismo, el capitalismo, el comunismo. Todos recurrieron al derramamiento de sangre; de las matanzas sin tapujos a las venganzas de mafiosos, pasando por la opresión racial y política, la violencia ha seguido siendo el recurso fácil.

La posibilidad de que estallaran disturbios se intensificó en 1970, cuando Castro se comprometió a materializar la «zafra de los diez millones», una enorme cosecha de diez millones de toneladas de azúcar, rompiendo todos los récords y doblando la producción del año anterior. Para materializar ese empeño, destinado a demostrar que la nueva Cuba era una economía ágil y vibrante, Castro mandó a toda la población a los campos a cortar caña. Entonces, Castro ya era el autoproclamado dictador de Cuba: el primer ministro del Gobierno revolucionario, primer secretario del Partido Comunista, comandante en jefe de las fuerzas armadas y presidente de la reforma agraria. Gobernaba como en una ocasión el marqués de La Habana dijo que podía gobernarse fácilmente Cuba, con un violín, una baraja y un gallo fino.[41] Su zafra no era un objetivo banal; se convirtió en una máxima. A los cubanos que habían tenido un empleo remunerado como médicos, profesores, estibadores, soldados o agricultores se les ordenó de repente que abandonaran sus profesiones y se pusieran a trabajar como cortadores de caña. La campaña de los diez millones de toneladas de Castro, según sus propias palabras, «se volvió algo más que toneladas de azúcar, se volvió algo más que economía: ¡se volvió una prueba, se volvió una cuestión moral para este país! Y cuando ya andamos en términos de pruebas y de cuestiones morales, no nos conformamos ni con un gramo menos de los diez millones».[42]

Se ordenó a todos los hombres y mujeres sanos que participaran en el desafío. Se desbrozaron grandes extensiones de tierra para ser plantadas, se talaron árboles, se abandonaron tierras de cultivo y se desplazó a la fauna. Los barcos permanecieron en los muelles —sin cargar— durante meses, se cerraron las escuelas, se vaciaron los hospitales y las prisiones. Como lo describió un periodista:

> Se convocó a hombres y mujeres de todos los rincones de Cuba para luchar en los campos de azúcar como si el país estuviera en guerra. Bajo las elevadas chimeneas de las gigantescas azucareras construidas por los estadounidenses —que ahora tienen el nombre de héroes revolucionarios— los trabajadores alimentaban las trilladoras las veinticuatro horas del día, las colosales turbinas funcionaban sin cesar, día y noche. En la oscuridad previa al amanecer, se podían distinguir las sombras de camiones enormes que se movían lentamente por el barro, llevando estudiantes, oficinistas, prisioneros, soldados. Cientos de miles de personas se alineaban silenciosamente a lo largo de las carre-

> teras, armadas con machetes, recorriendo caminos impregnados de una dulzura intensa. Pronto en sus rostros sería evidente «el corte» —la cosecha—, ya que los golpes de sus machetes eran respondidos por tallos rígidos, que retrocedían como espadas furiosas.[43]

El rostro de Cuba pronto mostraría más cicatrices; el comercio exterior estaba prácticamente paralizado, lo cual suponía una adversidad importante en un país insular. Las fábricas que producían materias primas se clausuraron, los productos valiosos se abandonaron. El ejército de Cuba, que contaba con doscientos mil efectivos, de lejos la fuerza militar más agresiva de América Latina en aquel momento, fue llamado a trabajar en los campos de caña, dejando un país muy militarizado y dirigido con minuciosidad a merced de los peligros del destino. Cientos de hectáreas de bananos quedaron sin recolectar, se pudrieron abandonados y murieron. Los animales perecieron por falta de forraje.[44] Cuba pasó hambre, el transporte se paralizó, la educación quedó suspendida. La fijación de Castro se había convertido en un eco del pasado: la zafra no era diferente del instinto temerario, obstinado y en última instancia catastrófico de los conquistadores de desplazar a poblaciones enteras hasta las minas para satisfacer las ansias de oro y plata de España. Entonces los efectos habían sido catastróficos, como lo eran ahora. La hambruna se extendió por Cuba. La enfermedad, la corrupción y la violencia no se quedaron atrás. Al final, después de todos los sacrificios y la devastación, la zafra quedó bastante lejos de su meta. El objetivo de los diez millones nunca se alcanzó. Y, en el proceso, el país quedó destruido.

Castro no se desalentó. No tardó en buscar más ayuda de la Unión Soviética y otras maneras de diferenciar a Cuba a los ojos del resto del planeta. En varios países del tercer mundo habían estallado revueltas comunistas: desde la década de 1960, bandas de guerrilleros, muchos de ellos inspirados y apoyados por Cuba, habían estado actuando en Guatemala, Venezuela, Colombia, Perú, Bolivia y Uruguay; en la de 1970 se les unieron Nicaragua, El Salvador, Brasil y Argentina. Pero fue África la que llamó la atención de Castro. Una guerra en un continente lejano proporcionaba una clara oportunidad de relaciones públicas para un país ambicioso que tenía poco dinero que aportar pero mucha carne de cañón. Esta era la Cuba en la que se encontraba Carlos Buergos cuando, sin trabajo, apenas saliendo de la adolescencia y a punto de caer en un libertinaje irresponsable, fue movilizado para luchar por la causa comunista en Angola. Era el año 1975, Carlos acababa de cumplir los veinte años y, a pesar de su evidente falta de logros, era un hombre joven en la flor de la vida; en forma, robusto, intrépido, con el grado justo de impetuosidad que podía ser útil en un guerrillero. Se embarcó rumbo a Angola, al igual que sus antepasados, ávidos de emociones, se habían embarcado en España siglos antes: hambriento, ilusionado, insolente y totalmente ignorante del mundo en el que se adentraba.

Dañados
Angola, 1975-1976

> El jefe dice quemad todo. Con todo quiere decir todo. Mujeres, niños, todo.[45]
>
> General Ben Ben, Angola

La relación de Cuba con Angola había sido escasa, pero sus simpatías políticas eran sólidas. Una década antes, la nación africana había tratado de independizarse en una guerra sin cuartel contra sus amos coloniales. Era una lucha que Cuba podía entender. Antes de ese intento de lograr la libertad, Portugal había disfrutado durante tres siglos de un monopolio virtual sobre el comercio de esclavos en África occidental, saqueando la costa, capturando más de un millón de almas y enviándolas encadenadas —con un beneficio considerable— al Nuevo Mundo. Cuando, finalmente, en 1836 se prohibió el tráfico de seres humanos, Lisboa se vio obligada a cambiar de estrategia. Entonces instó a sus representantes coloniales a continuar capturando esclavos, pero en lugar de enviarlos en barcos los obligaban a trabajar de sol a sol en las plantaciones angoleñas. Al cabo de un siglo, Portugal no solo estaba cosechando en Angola los beneficios de una vigorosa economía agrícola, sino que además contaba con una ventaja inesperada: un dinámico comercio de diamantes. Pero el destino de esta colonia, como el de las españolas ciento cincuenta años antes, cambió de un día para otro cuando el Gobierno del *país mãe* —la madre patria— se terminó de repente. Un inesperado golpe de Estado en 1974 generó un caos político en Portugal, derrocando a la dictadura fascista que había gobernado el país durante décadas y marcando el final de las colonias portuguesas en África. Angola, que durante mucho tiempo había librado una guerra agresiva contra su colonizador, de repente estaba luchando una guerra sangrienta contra sí misma. Tres facciones distintas iniciaron una batalla feroz por el control de la nación recién independizada: el izquierdista Movimiento Popular para la Liberación de Angola (MPLA), apoyado incondicionalmente por la Unión Soviética y Cuba, y el Frente Nacional de Liberación de Angola (FNLA), junto con la Unión Nacional para la Independencia Total de Angola (UNITA), ambos respaldados por la Sudáfrica del apartheid, Israel y la ferviente *Realpolitik* anticomunista de Estados Unidos.

Fue un combate rabioso por el alma de una república incipiente, hasta entonces una de las naciones africanas más desarrolladas y económicamente vibrantes. Al igual que la Guerra Civil española había sido el preludio de la Segunda Guerra Mundial, la guerra civil angoleña se convirtió entonces en un campo de pruebas del enfrentamiento entre dos superpotencias hostiles, un espeluznante y brutal conflicto subsidiario entre los africanos armados hasta los dientes por la Unión Soviética y los equipados por Estados Unidos. Cuba optó por luchar codo con codo con los comunistas, contribuyendo con las tropas necesarias para dar la victoria a los revolucionarios. Fue un baño de sangre obstinado, perversamente homicida, que parecía no tener fin. El resultado fue que Cuba llevó medio millón de hombres al país, resistió durante diecisiete años y sufrió miles de bajas.[46]

En el caso de Carlos, la llamada a filas había llegado sin ninguna advertencia o explicación. El ejército cubano empezó reclutando a los desempleados, los delincuentes, los alborotadores y pendencieros como él, cualquier hombre joven y sano que pudiera alimentar las fauces de una guerra lejana e ingobernable. En ese momento Carlos no tenía trabajo, estaba enamorado de una mujer casada y malvivía con otros rufianes en el Parque de la Libertad, en la tranquila Matanzas, cuando de repente, una agradable mañana de viernes, le llamaron para que se presentara ante el mando militar. De pronto un puño golpeó la puerta, hubo un grito brusco y se le dijo que se presentara esa tarde, o las Fuerzas Armadas Revolucionarias de Cuba irían a buscarlo. Era diciembre de 1975. Había cumplido veinte años unos meses antes.

La inmensa mayoría de los chicos que ese día se apiñaban en el frío y húmedo cuartel general de la avenida General Betancourt eran aún más jóvenes. El oficial que dirigía aquello era brusco, tenía la cara picada por la viruela, la voz cavernosa. «¿Ustedes, muchachos, son de Matanzas?», gruñó, con una ceja arqueada. Luego los sorprendió con un resoplido escalofriante, una carcajada aguda. «Son de Matanzas. Y se dirigen a matanzas. Habrá muchas matanzas allí adonde van. Con sus grandes AK-47, negros y brillantes. Créanme, se hartarán de ellas». La ciudad de Matanzas había sido bautizada así por la matanza de españoles en las costas frente a esas aguas azules y cristalinas casi quinientos años antes. A los indígenas cubanos no les habían gustado los invasores. Carlos se rio nerviosamente con el juego de palabras de aquel hombre corpulento. No tenía ni idea de que el oficial hablaba muy en serio; de que, como recluta, estaba a punto de revivir su trauma de la infancia una y otra vez, cien veces más —el cortador de caña con el reguero de sangre, el machete suspendido sobre la cabeza—, excepto que sería a más de once mil kilómetros de distancia y en circunstancias más estremecedoras.

Fue precisamente en las últimas semanas de 1975 cuando la Unión Soviética participó en el transporte aéreo masivo de soldados cubanos y decenas de miles de fusiles de asalto AK-47 Kaláshnikov hasta las selvas de Angola. Los soviéticos aportaban el equipo; los cubanos, la carne de cañón. Carlos estaba rodeado de novatos como él, chicos de campo y gandules de ciudad sin ninguna preparación, que habían sido enviados a una guerra que apenas entendían. A miles de ellos se les reunió para la «previa» —el campo de entrenamiento básico— en unas instalaciones militares cerca de San Antonio de los Baños, donde se les enseñó a manejar armas y radios soviéticas. Un mes más tarde, Carlos y su cohorte fueron informados de que iban a realizar una misión secreta. Con pasaportes falsos que les atribuían ocupaciones falsas, fueron cargados en autobuses y llevados en caravana para encontrarse, para asombro y alegría de Carlos, con Fidel y Raúl Castro. Durante ese adoctrinamiento, se les dijo que su misión era defender a sus hermanos negros comunistas contra los sudafricanos blancos imperialistas. Se les coaccionó para que lucharan contra los plutócratas y los peces gordos, esos vampiros estadounidenses desvergonzados y chupasangres que estaban destruyendo África y apoyando al Gobierno corrupto de Johannesburgo. Se les dijo que pensaran en esa guerra como algo parecido a la gran revolución comunista en la que sus padres habían arriesgado y sacrificado la vida. Su contribución a la causa, les aseguró el Comandante, era una expresión del «internacionalismo proletario». Aparte de eso, los nuevos reclutas no sabían nada. De todos modos, en pocas semanas habría treinta mil más. Una década después, habría más de setenta mil.[47] En el transcurso de la guerra, casi 350.000.[48] Era notable —si no un caso único en la historia— que un país del tercer mundo emprendiera una operación militar de esa magnitud.

Carlos pronto se dio cuenta de que la guerra en la que participaban era una conflagración brutal en la que se reclutaba a niños de tan solo once años para escaramuzas en la selva. Sus compañeros de armas eran soldados curtidos que llevaban colgados de sus cinturones trofeos humanos: orejas, narices, dedos. Se vio armado con una bayoneta de AK-47 mientras se arrastraba sobre el vientre a través de la espesa maleza, en ataques nocturnos a aldeas.[49] A veces era imposible saber quién era el enemigo. Las fuerzas sudafricanas blancas que luchaban contra los insurgentes comunistas utilizaban a angoleños negros para llevar a cabo las incursiones. En el fragor de la batalla, era difícil saber si un hombre o un niño pequeño que se arrastraba por el campo con un cuchillo entre los dientes era amigo o enemigo.

Una noche sin luna, Carlos fue desplegado con una patrulla de jóvenes angoleños para penetrar en un grupo rebelde de guerrillas del FNLA financiadas y equipadas por Estados Unidos, que resistían a poca distancia de un campo plagado de minas, al sur de su base de operaciones en Luanda. Mientras se dirigían al campamento, fueron vistos por una mujer que iba sola, caminando por la hierba alta, llevando una jarra en la cabeza. Los hombres se tiraron al suelo y ella empezó a correr hacia el campo enemigo, poniendo su emboscada en peligro. Uno de los angoleños sacó un dardo con la punta envenenada y lo disparó rápidamente a la columna vertebral de la mujer, derribándola como a un animal. Conmocionado, Carlos avanzó tambaleándose, agarrando su AK-47 contra el pecho, aplastando los insectos que revoloteaban bebiéndole el sudor, tratando de borrar lo que acababa de ver. De repente, sin previo aviso, y con un aullido que helaba la sangre y parecía salir de las entrañas de la tierra, un muro humano surgió de la maleza y se abalanzó sobre ellos con machetes, gritando. A su lado se producían explosiones naranjas, que levantaban un humo negro que le escocía los ojos y nublaba la oscuridad. Podía oír como sus compañeros caían con fuertes golpes secos y gritos, pasados a cuchillo o a machete, no lo sabía con seguridad. Parecía que el disparo había provenido de su lado. Durante un segundo fugaz, mientras avanzaba a trompicones por la noche humeante, vio a un hombre tendido en la hierba, con la cabeza abierta; el rojo se derramaba por su coronilla. Carlos continuó, espantado, frotándose los ojos. En medio del caos, no pudo distinguir mucho más. La lucha parecía incorpórea, ensordecedora y extrañamente ajena. Disparando y corriendo, logró llegar hasta un grupo de árboles y luego se adentró aún más en un bosque, mientras los sonidos de la batalla se apagaban para dar paso a un estremecedor silencio.

Se subió a las ramas de un árbol, con la esperanza de detectar alguna señal de su escuadrón, pero no había ninguna. Nada que ver excepto las estrellas titilantes del cielo. Nada que oír excepto el intenso chirrido de los grillos, el crujido de los escarabajos, el croar de las ranas. Pasó allí el resto de la noche, atento al oscuro mundo que le rodeaba. Por la mañana, salvado por la brújula natural del amanecer, bajó y se dirigió al sudoeste, adonde sabía que estaba su campamento. No había caminado demasiado cuando se encontró de repente con un perro sarnoso de ojos amarillos. Cuando se acercó, el animal se puso tenso, enseñó los dientes y gruñó. No se atrevió a disparar o provocar un ladrido, para no desvelar su posición. Se acuclilló y se acercó a él lenta y silenciosamente, apuntando con su bayoneta al pelaje lleno de clapas. El perro gruñó, escupió una espuma grisácea y se movió de un lado a otro, pero al final Carlos pudo acercarse lo suficiente para embestir al chucho con la hoja. El acero atravesó el tórax como si penetrara en arcilla blanda y salió por el otro lado. El perro apenas tuvo tiempo de emitir un último gemido. Se desplomó donde estaba.

Tras avanzar tambaleándose durante horas, exhausto, Carlos vio finalmente a un soldado cubano con la familiar boina verde, vigilando el perímetro de su campamento. Cuando se reincorporó a su unidad, se enteró de que hasta el último miembro de su escuadrón, excepto él, había sido asesinado a machetazos.

Hubo largos periodos sin nada más que hacer que jugar a la pelota en la tierra con los niños angoleños, con un radiocasete al lado en el que sonaban rumbas cubanas a todo volumen. Hubo días dedicados a caminar por la naturaleza, reconociendo el paisaje, esquivando arañas gigantescas y cobras escupidoras. Les sorprendieron escaramuzas enemigas, y a la violencia se respondió con una violencia aún más cruda, que escaló hasta que Carlos comprendió que su mejor arma era su puro instinto animal. Matar o morir. Ese cálculo dio pie a la comisión de errores. Y él también los cometió. Murieron compañeros de combate a manos amigas. Pero, ciñéndose a él, siempre se las arregló para vivir un día más.

Si en Cuba Carlos había sido un ladrón, un mentiroso y un timador de poca monta, en Angola se convirtió en un asesino habitual. En una ocasión, un soldado en Angola se preguntó: «Qué han hecho de nosotros aquí sentados esperando en este paisaje sin mar, apresados por tres hileras de alambre de púas en una tierra que no nos pertenece, muriendo de paludismo y de balas [...] luchando contra un enemigo invisible, contra los días que no se suceden y se alargan indefinidamente [...], contra la espesura de las tinieblas opacas como un velo de luto».[50] Lo que habían hecho era forjar otra generación más de cubanos bien familiarizados con la violencia. Carlos juró que si salía vivo de Angola intentaría reformarse, parecerse más a su padre. Ser trabajador, responsable. Dejaría atrás los asesinatos. Tal vez asentarse, encontrar un trabajo, tener una familia. Pero en la Cuba de Castro, en realidad, nunca había tenido un trabajo. Nunca había tenido experiencia en nada. Ahora la tenía.

Con el tiempo, su batallón fue enviado al interior para luchar contra las fuerzas sudafricanas que se abrían paso hacia Luanda. Para entonces, los cubanos usaban lanzallamas para incinerar aldeas y echaban napalm sobre los ranchos de ganado desde aviones que volaban a baja altitud.[51] Una madrugada de 1976, Carlos corría por un campo al sur de Huambo, respondiendo a una orden de carga, cuando oyó un fuerte crujido y el mundo se volvió negro. Una bala bien dirigida le había perforado el cráneo, rozado el borde del cerebro y salido por la parte posterior de la cabeza. Nunca sabría cuánto tiempo pasó entre esa precipitada carrera campo a través y el momento en el que se despertó en un vivaque médico en algún lugar del bosque africano. Cuando por fin recuperó la consciencia, sintió una venda fuerte y pesada que le apretaba la cabeza y un catre fétido debajo. Le dolían los huesos. Su visión era borrosa. Tardó un tiempo en distinguir los uniformes azules de los médicos que tenía delante. Se rieron mientras le contaban los problemas que habían tenido para sacar la bala de plomo de su cabeza. «Made in USA», le dijeron a Carlos. Le había dejado un agujero en el cráneo y una cicatriz profunda y furiosa en la frente.

Le dijeron que su estado era grave, lo bastante para que lo llevaran al hospital Américo Boavida de Luanda y se tramitara su liberación junto con un grupo cada vez mayor de cubanos amputados, heridos por bombas y cuchillos, quemados; los heridos de gravedad, los mentalmente inestables. En pocas semanas, Carlos Buergos fue soltado en La Habana, de vuelta a la vida civil. Acababa de cumplir veintiún años.

Cuba no fue la única que puso en peligro a sus jóvenes cuando América Latina entró en la segunda mitad del siglo XX dejando atrás sus revoluciones frustradas. En la década de 1970, ya había muchas pruebas de que la brutalidad que había traumatizado a la región durante quinientos años persistía de una forma u otra, minando la confianza de la gente en que sus países pudieran lograr algún día la justicia y la igualdad que habían prometido las revoluciones. Justo cuando Carlos se disponía a regresar a las habitaciones de su padre en La Habana, el conflicto recorrió como un viento veloz todas las Américas. Otros países, inspirados por Cuba, se habían visto atraídos por el comunismo —sus pobres, sumidos en la ignorancia, pensaron que los sueños marxistas prometían al fin la bendita justicia—, pero Estados Unidos tenía otras ideas. Más allá de las divisiones políticas que afectaban a los estadounidenses, de los presidentes demócratas y republicanos que se turnaban al frente del país, la mayoría de sus ciudadanos estaban de acuerdo al menos en una cosa: el comunismo era el enemigo, y había que erradicarlo allí donde echara raíces. Si eso significaba sacrificar vidas estadounidenses, que así fuera.

Con la intención de mantener su autoridad en el hemisferio —y consumar una doctrina establecida casi dos siglos antes—, el Gobierno de Estados Unidos, tanto con John F. Kennedy como con Richard Nixon en la presidencia, prometió apoyar a cualquier fuerza que combatiera el incipiente comunismo (o socialismo) y garantizara a Washington su preeminencia en América Latina.[52] El resultado perverso fue que, para proteger los intereses norteamericanos, la violencia se volvió endémica en casi todos los países de América Latina. Guatemala, por ejemplo, pronto se encontró por esa razón en una situación de terrorismo patrocinado por el Estado. El presidente Carlos Arana Osorio, un antiguo coronel vengativo y corrupto que se benefició del considerable apoyo militar de Estados Unidos, impuso un estado de sitio y desplegó escuadrones de la muerte que acabarían arrestando, torturando, ejecutando y haciendo desaparecer a casi cincuenta mil guatemaltecos que él consideraba políticamente indeseables.[53]

En Nicaragua, que en ese momento era el principal proveedor de carne de vacuno de Estados Unidos, estaba teniendo lugar una insurgencia generalizada. Al tiempo que Carlos intentaba reincorporarse a la vida civil en La Habana, en Nicaragua se declaró la ley marcial y el ejército nicaragüense al completo —con la ayuda de Washington— empezó a hacerse con el país arrasando aldeas enteras a su paso. En todos estos países inestables parecía que, de acuerdo con Estados Unidos, había que acabar con cualquier atisbo de influencia soviética o cubana y sustituirlo por el control militar.

En Chile, que acababa de elegir a un presidente abiertamente socialista, Salvador Allende, los generales desafectos de derechas se impacientaron, deseosos de recuperar las riendas. La primera orden del presidente había sido recibir a su buen amigo Fidel Castro en una visita de Estado fastuosa y bien preparada durante la cual el cubano le regaló a Allende un Kaláshnikov, con el nombre del chileno recién grabado. «A Salvador Allende, de su compañero de armas, Fidel Castro», decía la placa reluciente en la culata del fusil.[54] Nada podría haber irritado más a los generales derechistas chilenos que el hecho de que Castro legara la principal arma de la Revolución cubana al presidente chileno. Poco después, con la bendición de la Agencia Central de Inteligencia, del presidente Nixon y del secretario de Estado Henry Kissinger, los generales empezaron a planear un violento golpe de Estado para recuperar el país.[55] El subdirector de la CIA escribió en un informe secreto: «Es una política firme y en curso que Allende sea derrocado [...]. Es imperativo que estas acciones se implementen de manera clandestina y segura, de modo que nuestra participación, la del Gobierno de Estados Unidos, permanezca bien oculta».[56] Nixon ya había iniciado una guerra económica contra Chile para tratar de presionarlo hasta la sumisión, asfixiando su línea de suministro vital. «¡Hagan gritar a la economía!», ordenó Nixon a la CIA.[57]

Poco después, en septiembre de 1973, en un ataque concertado, las fuerzas aéreas chilenas sobrevolaron la capital, bombardearon el palacio presidencial y dejaron al presidente Allende muerto, tras haberse suicidado. El arma que utilizó para quitarse la vida fue el Kaláshnikov de Castro. El golpe había sido quirúrgico, escalofriantemente eficaz, y llevó al poder a Augusto Pinochet, el general en quien Allende más confiaba. Nunca antes en este país tan democrático los militares habían ostentado semejante autoridad. De hecho, cuando un periódico de derechas sugirió que el ejército diera un golpe de Estado para expulsar a los socialistas, Pinochet fingió indignación, amenazó con demandar a los editores y dijo: «Aquí no se hacen esas cosas».[58] Pero tal cosa se había hecho, y el poder de Pinochet era absoluto. Quienes eran percibidos como enemigos del nuevo Estado no tardaron en ser arrestados y torturados o asesinados. La técnica preferida, para no malgastar balas, era obligar a las víctimas a tumbarse en el suelo mientras los torturadores les pasaban por encima con camiones, aplastándoles la cabeza.[59] Durante los siguientes diecisiete años, Pinochet gobernó con mano de hierro, arrestó a 130.000 disidentes en dos años, exterminó a miles de ellos y mandó al exilio a un cuarto millón de chilenos.

Los gobiernos de Argentina, Bolivia, Brasil, Uruguay y Perú también se desmoronaron como castillos de naipes durante ese mismo periodo, entre 1966 y 1973, derrocados por sangrientos golpes militares. Lo que estaba en juego —lo que siempre había estado en juego en América Latina— era la inestabilidad fundamental de una región definida quinientos años antes por los conquistadores españoles y portugueses: la explotación que formaba parte de su esencia, las divisiones raciales, la pobreza extrema y la humillación de la gran mayoría, el privilegio y la riqueza de unos pocos, la corrosiva cultura de la corrupción.

En México, la generación que creció al mismo tiempo que Carlos organizó fuertes protestas en Ciudad de México en 1968, para expresar su enérgica oposición a las grandes sumas de dinero que se estaban gastando en los Juegos Olímpicos de Verano que iba a acoger la ciudad, en lugar de abordar las verdaderas necesidades de la gente. La respuesta del Gobierno fue despiadada y la represión duró catorce años.[60] En una espiral de violencia cada vez mayor, desde finales de la década de 1960 hasta 1982, tres gobiernos mexicanos distintos mataron, torturaron o hicieron desaparecer a disidentes, rebeldes políticos y a cualquiera que consideraran sospechoso de participar en la propagación del descontento. Detuvieron a aldeanos, quemaron casas, castigaron a los sospechosos con una crueldad inhumana. Cientos de estudiantes y simpatizantes políticos fueron directamente ejecutados en lo que se acabó llamando «la masacre de Tlatelolco», cuando soldados y policías dispararon a una plaza llena con diez mil manifestantes.[61] Posteriormente, casi mil desaparecieron y otros dos mil fueron torturados.[62] La animosidad resurgiría muchos años después de forma sorprendente.

En Colombia, que había salido de una cruenta guerra civil que había durado una década, los años sesenta y setenta supusieron una encrucijada agitada y peligrosa. La Violencia, que había dominado Colombia durante gran parte de la década de 1950, había dejado el sobrecogedor saldo de doscientos mil muertos en la rabia homicida que había enfrentado a los ricos conservadores y los liberales pobres, y las heridas apenas habían cicatrizado.[63] Justo cuando Carlos transitaba torpemente por la adolescencia, trabajando junto a su padre en los campos de caña de azúcar de Matanzas, un célebre teniente general de la Segunda Guerra Mundial, William P. Yarborough, padre de los boinas verdes, visitó Colombia y dispuso un «esfuerzo conjunto» para entrenar a colaboradores de cualquier clase social en el rastreo y la erradicación de comunistas. Si todo salía bien, según la estimación de Yarborough, esas fuerzas clandestinas —campesinos, empleados y profesionales— representarían una fuente formidable de información secreta; un ejército de contrainsurgencia que podrían movilizar en cualquier momento. El éxito de Fidel Castro en Cuba y el peligro que representaba para los intereses estadounidenses en el hemisferio preocupaban a los influyentes y pomposos funcionarios de Washington y a las grandes corporaciones que se arriesgaban a perder terreno. Había que acabar con la amenaza. Con dureza, si era necesario.

Era, una vez más, momento para un violento ajuste de cuentas. La guerra subsidiaria entre Estados Unidos y la Unión Soviética en Angola solo era el reflejo de lo que estaba ocurriendo en docenas de avanzadas al sur del río Grande. Ciento cincuenta años después de las guerras de independencia más encarnizadas que el mundo había conocido, los frágiles gobiernos se venían abajo, se reconstituían y volvían a caer. Washington D. C., empeñado en mantener la preeminencia en el hemisferio que había reclamado enfáticamente con la Doctrina Monroe, se esforzaba en la «contención», es decir, en detener la oleada comunista, conservar el control de sus intereses. Aun así, a pesar del caos y el sufrimiento bien reales que los golpes de Estado y las revoluciones estaban provocando en las Américas, la sociedad estadounidense apenas estaba informada del papel que su Gobierno estaba desempeñando en los conflictos, apenas era consciente de la agitación que engendraba. América Latina continuaba siendo ignorada por la mayor parte de la población estadounidense. Estaba cerca físicamente, pero Europa parecía más afable, más accesible. América Latina era, para muchos de sus vecinos del norte, caótica, enigmática, y necesitaba una reforma completa. No era una actitud nueva. Cuando en 1786 John Adams fue embajador en la Corte de San Jaime sostuvo que la revolución en América del Sur era «conveniente para Estados Unidos» y que los norteamericanos debían hacer todo lo posible para promoverla.[64] Sin embargo, cuando se convirtió en el segundo presidente de su país no quiso saber nada de «esos pueblos».[65] Cuando se le preguntó qué pensaba de colaborar en la independencia de América del Sur, solo dijo: «¿Qué podría pensar yo de revoluciones y constituciones en América del Sur? Un pueblo más ignorante, más intolerante, más supersticioso, más intrínsecamente crédulo con la santidad de la realeza, más ciegamente devoto de sus sacerdotes, con un terror más espantoso a la Inquisición que cualquier otro pueblo de Europa, incluso que España, Portugal o los Países Bajos de los Austrias, e infinitamente más que la propia Roma».[66]

Casi dos siglos más tarde, en 1973, en Washington la percepción no era diferente. Nixon insistía en que «si el veneno de los disturbios y la revolución violenta» continuaba en América Latina, con el paso del tiempo salpicaría al hemisferio e «infectaría a Estados Unidos».[67] Para él, las Américas del sur eran poco más que un apéndice peligrosamente enfermo que había que mantener a raya. No había riesgo de que, si Estados Unidos hacía lo que le daba la gana en esas latitudes, eso se volviera en su contra. «América Latina no es relevante», dijo.[68] «A la gente ese lugar le importa una mierda».[69] Henry Kissinger estuvo de acuerdo. Era irrelevante. Menos que insignificante. «Lo que sucede en el sur no tiene importancia», afirmó el secretario de Estado. Una declaración que mantenía excepto, por supuesto, cuando el sur se volvía ingobernable y los activos estadounidenses corrían peligro.[70] Además de infantilizar a los pueblos de la región, de desdeñarlos por irresponsables,[71] añadió que existía una debilidad de carácter esencial en el «patio trasero de Estados Unidos».[72] Medio milenio después de que Colón desencadenara la desgracia en el Nuevo Mundo, las cosas no habían cambiado demasiado. América Latina seguía siendo una fiebre del oro para los conquistadores, una zona de combate para los predadores, una frontera salvaje que conquistar.

8

El ascenso del hombre fuerte y los dragones en el camino

> Los bárbaros que todo lo confían a la fuerza y a la violencia nada construyen, porque sus simientes son de odio.[1]
>
> José Martí, 1877

Si los emperadores incas y aztecas eran despiadados y autoritarios y los conquistadores españoles reaccionaron de igual manera, sus descendientes, los líderes de América Latina, acabarían siguiendo su ejemplo. Los ilustrados trataron de forjar naciones democráticas; otros, acosados por los desafíos, recurrieron a poderes extraordinarios. Muchos encontraron su mejor expresión como hombres fuertes. Con la expulsión de España, la lucha por el dominio se volvió endémica; generales de poca monta y caudillos militares locales se pelearon por una parcela de tierra, un feudo que controlar. Gobernar se volvió mucho más complicado de lo que cualquiera podría haber imaginado. Incluso los libertadores —Antonio López de Santa Anna en México, Juan Manuel de Rosas en Argentina, Bernardo O'Higgins en Chile, Bolívar en gran parte de América del Sur— renunciaron a sus ideales liberales y aplicaron poderes dictatoriales, afirmando que el caos que habían heredado solo podía templarse con mano de hierro. «Aposté por la libertad con gran ardor —dijo Santa Anna— pero muy pronto advertí mi insensatez. De aquí a cien años, el pueblo mexicano no estará capacitado para la libertad [...] el despotismo es el único gobierno aconsejable».[2]

Bolívar fue incluso más pesimista. Acosado por pugnas en todas las repúblicas que dejaba atrás, estaba convencido de que a continuación vendría una era sanguinaria. Se lamentó a un amigo: «Hemos ensayado todos los principios y todos los sistemas y, sin embargo, ninguno ha *cuajado*, como dicen. El imperio de Méjico cayó y Guerrero ha hecho caer la federación. Guatemala ha caído en manos de sus enemigos y la han destruido. En Chile hay nuevas revoluciones [...]. Buenos Aires ha tenido varias revoluciones y el mando ha pasado á otras manos. Bolivia ha tenido en cinco días tres Presidentes, habiendo matado dos de ellos».[3] Nadie mejor que él sabía lo erráticos que podían ser sus camaradas y lo imperfecto que había sido el periodo posterior a la liberación. Se había logrado la independencia —se había luchado por la libertad, la igualdad y la justicia—, pero, una tras otra, las nuevas naciones vieron la luz con el mismo sistema de castas arraigado y con un sentido aún más intenso del privilegio blanco.

Al contemplar sus repúblicas latinoamericanas en ciernes, los libertadores entendieron enseguida que los principios de la Ilustración, que al inicio habían avivado la revolución, debían abandonarse, al menos por el momento, en favor de la familiar mano dura. Ellos mismos la aplicarían. Había una disparidad demasiado grande entre los pobres y los privilegiados, los ignorantes y los instruidos, los de piel oscura y los blancos. La posibilidad de que estallaran insurrecciones y guerras raciales era excesiva. En la «Carta de Jamaica», escrita durante su exilio en el Caribe, Bolívar sintetizó con brillantez la realidad política latinoamericana. Sus gentes no eran indios, mulatos, españoles ni europeos, insistía, sino una raza del todo nueva. Detestaban las monarquías, y la democracia —como la de Filadelfia— nunca funcionaría en un pueblo tan congénitamente atrasado, en una población que trescientos años de persecución y esclavitud habían amedrentado e infantilizado. «Los sistemas enteramente populares, lejos de sernos favorables, temo mucho que vengan a ser nuestra ruina —afirmaba—. Estamos dominados por los vicios que se contraen bajo la dirección de una nación como la española, que solo ha sobresalido en fiereza, ambición, venganza y codicia».[4] En su opinión, ni los reyes ni los congresos constitucionales podrían domar esas difíciles Américas. Pero sí que lo conseguiría un Gobierno autoritario y firme, sobre todo si estaba respaldado por unas fuerzas armadas vigorosas. En América Latina, la justicia social, eclipsada por la necesidad más inmediata de orden social, pasó entonces a un segundo plano, acechando de manera precaria durante doscientos años.

Así que, aunque las colonias habían desaparecido, el espíritu del colonialismo continuaba muy vivo. El poder absoluto seguía resultando seductor. Las nuevas repúblicas se volvieron tan represivas, estrechas de miras y aisladas como España había fomentado que fueran sus colonias. La cultura de la violencia de América Latina, alimentada por guerras de independencia que se habían propagado con furia durante catorce años —una prolongada orgía de muerte, sin precedentes en el hemisferio—, mutó al parecer, casi de un día para otro, en una cultura de la intimidación, en la que los terratenientes pulieron aún más sus aptitudes para la crueldad y unas fuerzas armadas sobredimensionadas parecían no detenerse nunca.

Así pues, el orden se convirtió en una presa esquiva. Las guerras ganadas con tanto esfuerzo, que habían reducido a la población latinoamericana en más del 25 por ciento, siguieron bullendo en todos los rincones del hemisferio con una beligerancia persistente; el grito de los patriotas se convirtió en disputas políticas, intrigas, enemistades, asesinatos, conflictos fronterizos y una gran dependencia de la fuerza armada.[5] Todos los países poscoloniales latinoamericanos, excepto Brasil, sufrieron esta volatilidad, pasando de la anarquía al despotismo puro y, en el proceso, cristalizaron la división de clases. Uno tras otro [países], acabaron en una guerra civil. Uno tras otro, institucionalizaron una pobreza devastadora. Los golpes de Estado y la ruptura de la paz se volvieron habituales, consecuencias demasiado familiares de una incapacidad fundamental para permanecer unidos.

MÉXICO
1860-1920

> Mi abuelo, al tomar el café,
> me hablaba de Juárez y de Porfirio [...].
> Y el mantel olía a pólvora.
>
> Mi padre, al tomar la copa,
> me hablaba de Zapata y de Villa [...].
> Y el mantel olía a pólvora.[6]
>
> OCTAVIO PAZ, «Canción mexicana»

A los pocos años de conseguir la independencia, México oscilaba caprichosamente entre un presidente y otro. Santa Anna obtuvo y perdió la presidencia once veces en el transcurso de veinte años, enterrando y volviendo a enterrar en cada ocasión —con todos los honores militares y la bendición del arzobispo— la pierna amputada que había perdido en la guerra.[7] Había sido una elección desafortunada para liderar una república incipiente. Errático, tremendamente corrupto, salvajemente autocrático y demasiado dependiente de la fuerza bruta, Santa Anna se apropió de fondos públicos, vendió amplias extensiones de tierras a Estados Unidos o las perdió en su favor y se declaró dictador vitalicio, insistiendo en que sus subordinados se refirieran a él como «Su Alteza Serenísima».[8] Al final, una vez que fue obligado a dejar el poder y exiliarse, México estalló en una sangrienta guerra civil entre tendencias políticas que siguen enfrentadas hasta el día de hoy: los conservadores, que querían que el poder permaneciera en manos de la Iglesia, los militares y la vieja élite blanca, y los liberales, que querían un Gobierno más representativo que defendiera los derechos de las clases bajas y las razas de piel más oscura. Cuando la guerra terminó, el primer presidente indígena de México, Benito Juárez, tuvo que encargarse de recoger los pedazos. Abogado y antiguo ministro de Educación, había sido desterrado por su apasionada oposición al Gobierno corrupto de Santa Anna. Vivía en Nueva Orleans y trabajaba en una fábrica de cigarros cuando le llamaron para que volviera al activismo político.

Como presidente, Juárez trató de imponer cierta apariencia de democracia y reducir la vasta riqueza en tierras del clero católico, así como el persistente poder de los militares. Se defendió de los avances predatorios de Francia, España y Gran Bretaña, que amenazaban con invadir México para reclamar sus deudas impagadas. No obstante, a pesar de todas sus pretensiones igualitarias y sus logros, Juárez acabó presidiendo una década agitada y desastrosa. Aprovechando el desorden, las tropas de Napoleón III invadieron México en 1861, destituyeron a Juárez e instauraron una monarquía inestable gobernada por un príncipe austriaco, Maximiliano I, y su esposa, la princesa Carlota. También esta tardaría poco en fracasar.

La confusión y los disturbios civiles continuaron desconcertando al país hasta 1876, cuando Porfirio Díaz se hizo con el timón y gobernó México de manera represiva durante treinta y cinco años consecutivos. Al final, bajo esa estricta mano dura, empezó a producirse cierto progreso material. Pero, pese a sus esfuerzos por revertir la tendencia y abrir la economía a la afluencia de inversión extranjera, para abordar esos retos Díaz dependía demasiado de una fuerza cruda y despiadada.[9] La corrupción, la represión y la especulación voraz se convirtieron en su sello distintivo, y llegó a recurrir a la vieja práctica española de exprimir a las masas cuando escaseaban los fondos. Los pequeños agricultores, los comerciantes en dificultades y los pobres pagaron un elevado precio durante el proceso. Las tierras propiedad de los indígenas se consideraron deshabitadas, territorio libre, y el Gobierno de Díaz desposeyó rápidamente a decenas de miles de indios para entregar una extensión del tamaño de California a los especuladores e inversores extranjeros. En esto, Díaz se limitó a imitar a sus vecinos: para entonces, la práctica de vender la tierra y las industrias del país —la infraestructura misma de la nación— era endémica de toda América Latina. Mientras que España siempre había protegido sus intereses, desviando las riquezas americanas para sus fines pródigos, dictadores como Díaz estaban perfectamente dispuestos a subastar sus países al mejor postor, y los capitalistas norteamericanos y europeos se apresuraron a pujar. Durante ese proceso, Díaz hizo encadenar juntos a todos los jefes tribales de los yaquis y los mayas y los arrojó al océano Pacífico.[10] La mitad de la población masculina de las tribus fue asesinada o deportada a Yucatán. Las prioridades quedaron claras.

Con el tiempo, el pueblo mexicano se hartó. En 1910 estalló otra revolución desafiante, y esta vez resultó ser mucho más destructiva que la que había devorado al país cien años antes. Decenas de miles de campesinos se apresuraron a actuar contra sus terratenientes, a lo que siguió una feroz guerra racial que acabaría derrocando al gobierno de Díaz, instalando a Francisco Madero como presidente y luego, con la misma precipitación, promoviendo un despiadado golpe militar respaldado nada menos que por el embajador de Estados Unidos. Un destacado historiador mexicano calculó que no menos de setecientos mil de sus compatriotas fueron víctimas de la violencia.[11] Un cuarto de millón más huyeron a Estados Unidos para salvar la vida. La producción industrial se paró en seco cuando se destruyeron los ranchos, las haciendas y las ciudades, hasta que México acabó pareciendo un desierto fantasmagórico y postapocalíptico. Por si no fuera suficiente sangre que ofrecer a los dioses de la guerra, la perdurable división entre los poderosos y los impotentes pronto dio lugar a otra serie de masacres: la guerra procatólica de los cristeros, en la década de 1920, que enfrentó a los campesinos cristianos con las fuerzas gubernamentales seculares y anticlericales, se propagó como un incendio por el campo mexicano y devoró setenta mil almas más.[12]

La lucha por Nicaragua
1847-1934

> Vendrá la guerra, amor,
> y [...] las hordas de bárbaros
> pretendiendo llevarse lo que somos y amamos.[13]
>
> Gioconda Belli, «Canto de guerra»

Nicaragua, que luchaba por despojarse de la influencia de México y se alejó de las vicisitudes de su vecino, consiguió afianzarse como país independiente, pero no sobrevivió mucho más de dos décadas antes de ser invadida, en 1847, por fuerzas británicas.[14] Es evidente que se consideraba un territorio que había que poseer, sin importar quién lo habitara. En tres años, en un movimiento asombrosamente descarado, Gran Bretaña y Estados Unidos firmaron un tratado que les concedía acceso sin restricciones a una ruta comercial interoceánica a través de

Nicaragua. Fue una decisión unilateral sancionada con un sencillo apretón de manos entre Londres y Washington y sellada sin el consentimiento de Nicaragua.

El aguijonazo fue letal e inmediato. Una vez más, una nación incipiente, intimidada por depredadores, aturdida, se había rendido de forma servil. De hecho, en 1856 parecía que la capitulación iba a ser completa: un aventurero estadounidense llamado William Walker llegó a Managua, embaucó hábilmente a los políticos locales, asumió la presidencia y acabó intentado que Estados Unidos se anexionara el país. Su primera disposición fue restablecer la esclavitud. La lógica era sencilla: los activos de Nicaragua, sobre todo la mano de obra, eran cruciales para las ambiciones de Estados Unidos. Nicaragua tenía minas de oro productivas, así como plantaciones de café muy lucrativas. Había dinero que ganar; una economía estadounidense, próspera y muy industrializada, que apoyar. Por flagrante que fuera la intervención de Estados Unidos, las protestas contra ella no sirvieron de mucho. Durante los siguientes cincuenta años, los buques de guerra estadounidenses amenazaron las costas, y finalmente, en 1910, se instauró un Gobierno títere totalmente operativo que respondía a Washington.

Las cosas fueron bien para los intereses estadounidenses en Nicaragua hasta que los nicaragüenses corrientes que trabajaban en las minas y los campos decidieron que para ellos las cosas no estaban yendo muy bien. Hasta entonces, en Nicaragua la violencia había sido de poca intensidad, intermitente, estallidos fortuitos en un país, por lo demás, fácil de subyugar. Pero en 1927 el resentimiento derivó en una guerra de guerrillas total. Las dos décadas siguientes no fueron muy diferentes de la sanguinaria conquista que, cuatrocientos años antes, había atenazado a ese territorio y diezmado a su población. Augusto Sandino, comandante del Ejército Defensor de la Soberanía Nacional, inició una guerra, con la esperanza de expulsar para siempre a los empresarios y las fuerzas estadounidenses. Pero los marines, como los conquistadores que les precedieron, resultaron formidablemente obstinados. Hasta 1933, siete años y quinientas enérgicas escaramuzas después, Estados Unidos no se retiró, dejando la presidencia a Juan Batista Sacasa y el mando militar al general Anastasio Somoza García.

Sin embargo, por medio de una explícita directriz del embajador estadounidense, no quedó ninguna duda de que Somoza debía hacer matar a Sandino. Aunque para el resto del mundo este último parecía haber logrado la revolución perfecta —un levantamiento ni soviético ni marxista llevado a término por una población joven y moderada que se enfrentaba a la encarnación del gobierno corrupto y dictatorial—, Estados Unidos dejó claro que no toleraría el nacionalismo de Sandino. El corolario del presidente Theodore Roosevelt de la Doctrina Monroe lo había expresado con claridad: Estados Unidos tenía todo el derecho a interferir en casos de «infracción crónica» y flagrante en cualquier país latinoamericano.[15] Y Sandino, por lo que respectaba a los intereses estadounidenses, era un flagrante malhechor.

Enemigo y crítico impenitente de Estados Unidos hasta el final, Sandino fue ejecutado el 21 de febrero de 1934, cuando salía por una puerta del palacio presidencial de Managua junto a su hermano y sus principales generales. Después de eso, los acontecimientos se precipitaron con rapidez: el país regresó a su condición de títere, se instauró un régimen ferozmente coercitivo y el elegido por Washington, el general Somoza, gobernó sin oposición, imponiendo su espada de una forma tan despiadada y libre como antes habían hecho los potentados españoles. Al final de su mandato, entre treinta y cinco y cincuenta mil nicaragüenses habían sido asesinados y otros trescientos mil estaban desaparecidos o el Gobierno les había dejado sin hogar.[16] Protegido y financiado por Estados Unidos, el general Somoza —y con el tiempo sus hijos— gobernaría Nicaragua con mano dura durante más de cuarenta y tres años.

República Dominicana
1900-1960

> El fukú no es solo historia antigua [...]. Solo con que se le ocurriera pensar algo malo sobre Trujillo, ¡fuá!, un huracán barría a su familia hacia el mar, ¡fuá!, un canto rodado le caía del cielo azul y lo aplastaba, ¡fuá!, el camarón que comió hoy se convertiría en el cólico que lo mataba mañana.[17]
>
> Junot Díaz, *La maravillosa vida breve de Óscar Wao*

Mientras América Latina entraba a tropezones en el siglo XX con su independencia recién acuñada, la implacable molienda de almas se repitió una y otra vez. En la isla de La Española, el primer asentamiento que estableció Colón cuando conquistó, esclavizó y prácticamente exterminó a los taínos, la dominación violenta había sido la norma durante más de cuatrocientos años. Zarandeada por las aspiraciones de España, Francia, Inglaterra, Holanda y Estados Unidos, durante mucho tiempo la isla fue considerada un objetivo estratégico, un valioso puerto comercial. En sus costas, los altercados salvajes se sucedían sin descanso: el flujo constante de caudillos españoles; los esclavos fugitivos que bajaban de vez en cuando de la montaña para matarlos y atormentarlos; la invasión de nueve mil soldados ingleses ordenada por el lord protector Oliver Cromwell y dirigida por el almirante William Penn; los desvergonzados bucaneros franceses que siempre saqueaban la costa y vivían del tráfico marítimo; los poderosos comerciantes de esclavos neerlandeses y portugueses, cuya barbarie era bien conocida en los puertos; las guerras furibundas y eternas con Haití. Durante veintidós años, entre 1822 y 1844, la parte de la isla que ahora se conoce como República Dominicana estuvo ocupada por Haití, que impuso un régimen brutal de contrarrepresión: se proscribió el español como lengua, se prohibió que los blancos poseyeran tierras, todas las propiedades de la Iglesia fueron confiscadas y se rompió cualquier relación con el Vaticano. La mayoría de los terratenientes huyeron a otras partes del mundo.

Los dominicanos entraron en el siglo XX golpeados por una historia caprichosa y brutal. Habían visto cómo se sucedían treinta y ocho gobiernos en el transcurso de cincuenta años, una media de quince meses por mandato. El nuevo siglo no alivió demasiado esa inestabilidad. Doce administraciones entraron y salieron del palacio presidencial en dieciséis años. Estados Unidos, ante el perjuicio potencial que eso podía suponer para sus intereses, actuó con rapidez para ocupar la capital y restablecer el orden. A continuación, durante los ocho años posteriores, una serie de generales y títeres estadounidenses gobernaron la isla. Pero, aunque oficialmente Estados Unidos hizo las maletas y se fue de Santo Domingo en 1924, los marines permanecieron en la vecina Haití durante otra década. En realidad, la influencia estadounidense nunca abandonaría la isla.

En torno a 1920, Rafael Trujillo, un delincuente dominicano de poca monta que se alistó en el ejército y consiguió un trabajo policial de poca monta, llamó la atención de los marines que en ese momento ocupaban la isla. Le ofrecieron la oportunidad de prepararse para ingresar en el cuerpo policial municipal. En cinco años, se había convertido en su comandante en jefe. Los ocupantes estadounidenses le consideraron una figura estabilizadora en una época potencialmente precaria y le apoyaron de manera inequívoca. Sin duda estaba de su lado, era un peón manejable.

En 1930, cuando se presentó a la presidencia, Trujillo amenazó con torturar y asesinar a cualquiera que osara apoyar al candidato contrario; como es lógico, llegó al palacio presidencial con una victoria aplastante. En una dictadura marcada por la decadencia y la corrupción, se arrogó todos los beneficios y se enfrentó a cualquiera que se opusiera a él. Eliminó, uno tras otro, a sus enemigos mediante una fuerza o una intimidación rotundas. Para mantener el control, impuso la ley marcial, creó una policía secreta, censuró la prensa, mató a los disidentes. También le cambió el nombre a la capital y le puso el suyo —la antigua e histórica Santo Domingo pasó a ser Ciudad Trujillo—, por si alguien tenía dudas de quién estaba al mando.

En 1937, en una increíble muestra de absolutismo racial, Trujillo ordenó la masacre de más de veinte mil inmigrantes haitianos que habían cruzado la frontera de la isla para encontrar trabajo en el lado dominicano.[18] Aunque había ascendido al poder gracias a la fuerza estadounidense —fue aupado a él por los marines y mantenido durante treinta y un años—, su perdición fue el pragmatismo estadounidense; al final la CIA, debido a las presiones de Washington, empezó a maniobrar para destituirlo de un cargo que cada vez resultaba más vergonzoso.[19] En 1961, después de un intento fallido de asesinar al presidente de Venezuela, su enemigo declarado, Trujillo fue abatido por una banda de asesinos, algunos de ellos identificados como soldados de su propio ejército. A su paso, dejó un número incalculable de atrocidades contra los derechos humanos. Además, legó al país otra cosa: una cultura del miedo permanente.

Colombia
1900-1948

> Es el ruido de las cosas al caer desde la altura, un ruido interrumpido y por lo mismo eterno, un ruido que no termina nunca.[20]
>
> Juan Gabriel Vásquez, *El ruido de las cosas al caer*

En esos años posrevolucionarios y de formación, Colombia, que desde los tiempos de los conquistadores había recibido un trato de favor por sus vetas de oro, sus esmeraldas y sus fértiles campos, aportó otra versión de la volátil historia latinoamericana. Desde el día en que Bolívar, el libertador venezolano, declaró su independencia de España, la nueva república sufrió virulentas guerras internas entre los generales de Bolívar, rebeliones constantes y una sucesión de gobiernos inestables. Cuando el país entraba en el siglo XX, estalló la guerra de los Mil Días, una cruenta batalla entre liberales y conservadores sobre el precio del café. Los liberales representaban a los productores de café, los trabajadores y una economía de *laissez-faire*; los conservadores, que acababan de hacerse con la presidencia tras unas elecciones muy sospechosas, eran aristócratas terratenientes que querían sacar todo el provecho posible del floreciente negocio del café. Hasta 130.000 colombianos murieron en esa matanza, se quemaron tierras de cultivo y los bancos se arruinaron.[21] En el caos subsiguiente, Panamá, que había formado parte de Colombia desde las guerras de independencia, actuó con audacia y se separó con la ayuda del Gobierno estadounidense. Durante años Estados Unidos, que se había hecho cargo de la construcción del canal de Panamá, había ansiado el control total del istmo. En 1903, como describen informes de su Gobierno, el presidente Theodore Roosevelt aprovechó el desorden en Colombia para conseguir lo que deseaba desde hacía tiempo. Tras haber incitado primero a los revolucionarios colombianos a ir a la guerra, la Administración Roosevelt se movió entre los escombros para establecer un control exclusivo, a perpetuidad, sobre la Zona del Canal.

Durante esos años, en Colombia la violencia se volvió tan habitual que los antiguos conflictos regionales y tribales resurgieron de la noche de los tiempos y los descendientes de los rivales de antaño lucharon de nuevo entre sí. Siglos de diferencias culturales, étnicas y raciales se convirtieron en combustible para una nueva beligerancia, durante la que bandidos y vagabundos tomaron las calles para aprovecharse del caos. Robaron, violaron, saquearon el campo y tramaron venganzas contra antiguos enemigos. La cultura del derramamiento de sangre resucitó para asolar el presente. El escorpión, como en la fábula de Esopo, se ciñó a su naturaleza y picó. El asesinato era tan endémico que casi nadie se sorprendió cuando en 1930 los liberales celebraron su victoria en las urnas con una serie de masacres y homicidios y una orgía de saqueos e incendios, sobre todo de iglesias, y sobre todo en el estado de Santander, donde la lucha había sido más feroz.

Apenas una generación después, en 1932, Colombia se vio envuelta en otra guerra, esta vez en una disputa fronteriza con Perú por un territorio de la selva del Amazonas. El presidente peruano, al darse cuenta de que los colombianos estaban distraídos por problemas internos y carecían de una defensa militar fuerte, decidió recuperar unas tierras que Perú siempre había considerado suyas. Se produjo a continuación una lucha encarnizada y las respectivas fuerzas militares —andrajosas, en el mejor de los casos— se enfrentaron con saña en la espesura de la selva del Putumayo. No se llegó a una tregua, si bien tensa, hasta que la bala de un asesino mató al presidente peruano.[22] Esa paz difícil reinó en Colombia durante algunos años dichosos, aunque la división entre conservadores y liberales siguió afligiendo al país. Poco antes de mediados del siglo XX, después de doce años ininterrumpidos de gobierno liberal, los conservadores de la nación se mostraban impacientes. Cuando finalmente, en 1948, fue elegido un presidente conservador, la furia liberal se desató y encontró su voz en un orador elocuente y de voz poderosa. Su nombre era Jorge Gaitán. Pronto, el poco orden existente empezó a descomponerse de manera peligrosa, y Colombia se sumió en una violencia desconocida hasta entonces en la América posterior a la independencia.

Gaitán era el carismático líder del Partido Liberal Colombiano, un antiguo ministro de Educación que había dedicado su carrera a denunciar la violencia y empoderar a las clases bajas. Era incondicionalmente anticomunista, y reservaba sus críticas más duras para las tácticas primitivas y homicidas tan frecuentes entre los revolucionarios durante esos años de la Guerra Fría. Los discursos que pronunciaba, vibrantes y repletos de vívidas imágenes de un mundo moralmente mejor, eran cautivadores, inspiradores. Pero cuando fue asesinado a sangre fría el 9 de abril de 1948 en circunstancias misteriosas, su muerte cambió el curso de la historia colombiana y galvanizó a la izquierda de buena parte de América Latina. La noticia de su asesinato fue recibida por un estallido espontáneo de auténtica barbarie.

No estaba claro quién había disparado tres balas a la cabeza y el cuello del querido orador. Alguien acusó y señaló a un hombre joven, un desventurado vagabundo, que por casualidad estaba presente en la escena del crimen. El infortunado fue capturado por la muchedumbre, linchado, apaleado hasta la muerte, desnudado y arrastrado por las calles, dejando un rastro de sangre. El premio Nobel de Literatura Gabriel García Márquez, que fue testigo del hecho, afirmó que en este habían estado implicados tres hombres bien vestidos, uno que señaló al pobre vagabundo y le culpó del crimen, y otros dos que se escabulleron sin prisa en un coche nuevo y reluciente.[23]

Sin embargo, la matanza no terminó con el linchamiento. No habían pasado ni diez minutos desde que se oyeran en las calles las palabras «¡Mataron a Gaitán!» cuando Bogotá se vio invadida por alborotadores.[24] En cuestión de horas, avanzaron en tropel por la capital, dejando cientos de muertos a su paso. El Bogotazo, como se llamaría más tarde al levantamiento, acabaría extendiéndose por el resto del país en una oleada de pura furia que enfrentó a los ejércitos liberal y conservador, duró diez años y dejó los fértiles campos de Colombia cubiertos con más de trescientos mil cadáveres.[25] La muerte de un hombre —de la que se culpó a la CIA, al Partido Comunista Colombiano, a la Unión Soviética, a Fidel Castro, a estudiantes revolucionarios desconocidos y a Mariano Ospina, el presidente de derechas recién elegido—[26] había arrasado el corazón de la capital, desencadenado una guerra civil homicida, desplazado por la fuerza a tres millones de almas y llevado al país a la ruina financiera.[27] En ningún otro momento que se recuerde, aparte de la bala que acabó con la vida del archiduque de Austria Francisco Fernando, que provocó la Primera Guerra Mundial, una bala de acero costaría tantas vidas humanas y tanto sufrimiento.

El destino quiso que un joven Fidel Castro estuviera en Bogotá en 1948, cuando Gaitán fue asesinado. Castro había ido a Colombia a protestar, entre otras cosas, por el régimen de terror del general Trujillo en la República Dominicana, la Conferencia Panamericana (precursora de la Organización de los Estados Americanos) y los proyectos de Estados Unidos para el canal de Panamá. Durante ese viaje, siempre que tuvo la oportunidad —en encuentros estudiantiles, células revolucionarias, visitas a políticos—, Castro vituperó a sus enemigos declarados, los dictadores reaccionarios que habían proliferado en América del Sur durante los últimos cien años. Según él, el fascismo, el capitalismo y el imperialismo, todos ellos ayudados e instigados por el coloso del norte, eran cánceres que había que erradicar. Los dictadores eran la ruina de América Latina, insistía, y muchos de los más nocivos se habían reunido en Bogotá para la Conferencia Panamericana. «Allí estaba la [dictadura] de Trujillo —reflexionó después—. Allí estaban reunidos todos los dictadores».[28] Había viajado a Colombia para arremeter contra ellos, pero también estaba allí con el fin de reclutar a colombianos para su causa revolucionaria.

Castro había logrado atraer a estudiantes panameños, venezolanos, dominicanos y argentinos a su misión con un éxito notable —a fin de cuentas, una firme creencia en una visión marxista del mundo estaba arraigando entre los jóvenes de América Latina—, y sospechaba que Colombia, dividida por años de agitación política, sería un terreno fértil para una revolución de mayor envergadura. Para ayudarle a alcanzar ese objetivo, un grupo de estudiantes universitarios colombianos, motivados por la pasión política de Castro y empapados de la visión populista de Gaitán, se encargaron de presentar a Castro a Gaitán. El desaliñado Fidel, de veintidós años, debió de parecerle a Gaitán, que entonces le doblaba la edad y era un veterano de la *Realpolitik* colombiana, un neófito soñador. Aun así, cuando ambos se conocieron, Gaitán fue cortés con el inexperto revolucionario. A su vez, Fidel comentó entusiasmado que el héroe colombiano le había parecido gratamente «aindiado, inteligente, listo, amistoso».[29] Le impresionaron mucho la brillantez y el encanto de aquel hombre. Gaitán fue amable, pero se abstuvo de prometerle a Castro un apoyo absoluto, aunque aceptó reunirse de nuevo con el joven.[30] Castro estaba emocionado, seguro de que el encuentro había ido bien. Con todo, no podía olvidarse de una extraña premonición que había tenido sobre el ambiente general del país. «Cuando llegué a Colombia —diría más tarde— me pareció raro que los periódicos publicaran noticias sobre treinta muertos en tal punto, cuarenta muertos en tal otro. Había una matanza diaria en Colombia».[31] Bogotá era un polvorín a punto de explotar.

Justo antes de que Castro se encontrara de nuevo con Gaitán, eso fue precisamente lo que le sucedió a Bogotá. Estalló una guerra que duraría cincuenta años. Castro iba camino de la oficina de Gaitán cuando se oyeron gritos de que este había sido asesinado.[32] Casi de inmediato, una masa bíblica de manifestantes recorrió las calles rugiendo de ira, destruyendo todo lo que encontraba a su paso. Con tanta furia por todos lados y la capital ardiendo, Castro no dudó. Agarró una barra de hierro y, como los demás, se unió al caos de la destrucción. «Bogotá, ¡otra gran aventura en mi vida!», exclamaría mucho después, al recordar la emoción de entonces. Era ira, venganza, justicia primitiva. En el frenesí, cogió una máquina de escribir del Gobierno que otro protestante intentaba destrozar y la tiró al suelo, haciéndola añicos. Corrió hacia la plaza y blandió su barra en un ataque de ira, como cualquier otro colombiano desilusionado. Pero aquella no era la revolución que él había imaginado. No era lo que buscaba. Si su revolución tenía lugar, resolvió, matar tendría un propósito. Una ventaja táctica, un objetivo estratégico. De eso estaba muy seguro.

Testigo de la historia
La Habana, 1976-1980

> Castro estaba en Angola porque Angola era simplemente un escenario nuevo y mucho más extravagante donde luchar contra Estados Unidos.[33]
>
> Georgie Anne Geyer, *Guerrilla Prince*

Al cabo de treinta años, el objetivo estratégico de Fidel Castro estaba muy claro. Había ganado su revolución, liberado a Cuba de las potencias imperialistas, ejecutado a sus adversarios y demostrado que un hombre podía luchar contra un mar de enemigos.[34] Rechazado por Estados Unidos, acogido en el redil comunista y deseoso de llamar la atención de una América Latina agitada, decidió que, sin duda, ayudar a la incipiente revolución marxista de Angola enviaría el mensaje correcto, lograría un propósito de mayor alcance. Demostraría que Cuba, a pesar de su tamaño y aislamiento, podía ejercer una profunda influencia en los asuntos mundiales, defender la justicia y dejar huella en la política global. Para ello, uniría sus fuerzas a las de los soviéticos y participaría en una guerra subsidiaria contra Estados Unidos.

Carlos Buergos no sabía que había sido testigo de la historia cuando regresó de Angola en diciembre de 1976.[35] No podía imaginar que en pocos meses cuarenta y cinco mil cubanos más como él serían desplegados en África para continuar lo que su pequeño batallón había empezado modestamente.[36] En realidad, cuando pisó el asfalto con la cabeza envuelta con una venda sucia apenas era capaz de pensar. La cabeza le palpitaba, sus ojos, de un vivo color ámbar, estaban rodeados de un morado intenso, había perdido casi diez kilos en pocos meses. Era una sombra del joven relajado y despreocupado que había sido el año anterior, cuando cruzó el Atlántico apretujado en un avión lleno de chicos. En ese tiempo había cumplido veintiún años, es probable que mientras esperaba a que le enviaran al bosque, en algún lugar de la periferia de Luanda. No estaba seguro. Solo se dio cuenta de que hacía mucho que su cumpleaños había pasado cuando se quedó mirando la bombilla que colgaba del techo de la clínica, después de que le quitaran la bala de la cabeza.

Fue trasladado en avión a la base militar de las afueras de La Habana el viernes 3 de diciembre, el mismo día en que el primer ministro Castro, que había detentado un poder indiscutible durante diecisiete años, asumía la presidencia. Ocuparía ese cargo durante treinta y dos años más, como el dictador más duradero de América Latina.[37] Carlos no estaba al tanto del cambio. Tampoco lo estaba de la reciente amenaza de Castro, mientras Estados Unidos organizaba las celebraciones del bicentenario, de que Cuba estaba preparada para ser la máquina terrorista más eficiente, la espina más persistente en el costado del leviatán del norte.[38] Ajeno al drama global en el que acababa de participar, el joven veterano fue conducido desde el aeródromo hasta el cuartel militar, puesto en fila y contado junto con los demás heridos, y luego licenciado y soltado bajo el inmenso cielo azul. Un camionero comprensivo le recogió y luego se abrió paso por las calles de La Habana hasta que, al anochecer, llegó al pequeño apartamento de su padre.

No está claro qué sucedió después de eso. Carlos era claramente incapaz de recordar demasiado. Se dejó llevar, se las apañó. Cuando, poco a poco, fue recuperándose, intentó encontrar trabajo pero no tuvo suerte. Había escasez de empleo, escasez de vivienda; la guerra en África parecía tragarse toda la energía de la isla. A pesar de ese primer año nebuloso, recordaba con demasiada claridad el siguiente. Sobre la mesa cada vez había menos para comer. Podía ver cómo su padre se consumía, cadavérico. Su madre estaba desesperada. Aunque Cuba era alabada en todo el mundo por su alto índice de alfabetización y su baja tasa de pobreza, en los mercados había poco que comprar. En concreto, había una evidente escasez de carne.

El ganado del país, que en la década de 1950 había sido abundante y alimentado a millones de personas, había desaparecido.[39] El Partido Comunista se vio obligado a admitir que si no penalizaba el sacrificio de vacas se arriesgaba a que surgiera un importante mercado ilegal. El edicto vino de arriba: cualquiera que fuera sorprendido matando y descuartizando un animal se enfrentaría a un mínimo de diez años de prisión. Los cubanos bromeaban con que las vacas se habían vuelto tan sagradas, tan inviolables, como cualquier brahmán en India. Aun así, el hambre era tanta que si una vacada era arrollada por un tren, si un rayo caía en un establo, los cubanos se abalanzaban sobre los cadáveres como buitres sobre la carroña. Con el paso del tiempo, la prohibición incluyó a los caballos.[40] Sacrificar y vender uno, aunque estuviera muerto, podía costarle a un hombre más de treinta años entre rejas; en ocasiones, más que un asesinato a sangre fría. Pero, a pesar de todos los requerimientos contra el consumo de carne, se impuso un hambre existencial, la demanda creció y el mercado negro se disparó. Un animado comercio de carne de caballo se convirtió en una oportunidad viable para trabajar. Cuando Carlos vio ahí su futuro, empezó a buscar ranchos de caballos en los que poder dar un golpe.

Encontró uno en Camagüey, no lejos del campo de caña de azúcar donde había visto cómo un machete le abría la frente a un hombre. En Angola había presenciado cosas mucho peores, se había arriesgado mucho más. No dudó. Con una banda de amigos como él, un grupo improvisado de matones de poca monta —los restos de la guerra—, planeó el delito. Robarían un camión. Matarían un caballo en la oscuridad, antes del amanecer. Lo descuartizarían, lo ocultarían con lonas y lo llevarían a un tercer lugar, donde uno de los hermanos de los hombres, el encargado de una fábrica de congelación de alimentos, lo almacenaría hasta que se desvaneciera toda sospecha. Más adelante, las autoridades encontrarían el vehículo abandonado en un solar vacío. Después, a su debido tiempo, Carlos y su pequeña banda venderían la carne en el mercado negro, donde alcanzaría el valor suficiente para alimentar a sus familias durante varias semanas. Harían esto los sábados, de madrugada, mientras Cuba dormía, lo que les daba el tiempo suficiente para llevar a cabo la acción, envolver los miembros desmembrados y huir hacia las afueras de La Habana antes del amanecer.

Salió bien. Sorprendentemente bien. Resultó que los establos de caballos tenían muchos menos guardias que los ranchos de vacas. La primera pieza pasó desapercibida y fue extraordinariamente lucrativa. Todas las partes del caballo resultaron provechosas: la carne, los huesos, la piel; incluso el pene y la cola tenían demanda para celebrar rituales de santería. Después de ese, mataron varios caballos más. Pronto, la pequeña banda empezó a seguir un patrón. La caza de la presa perfecta. El seguimiento de los propietarios descuidados. La vigilancia dedicada a observar los hábitos de trabajo, los perros, la excitabilidad de los caballos. El robo del camión adecuado. El tajo rápido y letal en la garganta.

El encargado de la planta de procesamiento era demasiado complaciente; peleó por recibir una parte mayor de los beneficios. El vendedor de Carlos era experto en mantener las ventas en secreto, proteger al comprador, ser discreto a la hora de la entrega. La pequeña banda no tardó en andar bien de dinero, salir de juerga por bares, visitar burdeles, llevar los bolsillos llenos de monedas. El mundo parecía un lugar fácil. Hasta el día en que un coche de policía apareció de la nada en el camino de tierra donde se encontraban y encendió las luces largas. Era noviembre de 1978. Carlos fue detenido, condenado y, poco después, enviado a la cárcel. Por casualidad, días más tarde, Fidel Castro, respondiendo a la promesa del presidente Jimmy Carter de eliminar todas las restricciones a los viajes desde Cuba, anunció que al año siguiente liberaría a tres mil delincuentes «incorregibles» en las aguas abiertas orientadas a Florida.[41] Serían presos políticos, dijo Castro, anticomunistas que llevaban entre rejas desde los años sesenta.

Carlos no tuvo que esperar tanto. En junio de 1979, cuando solo habían pasado seis meses desde su condena y ocho desde la liberación prometida por Castro, le sacaron de la celda, le entregaron una bolsa de papel con su antigua ropa y le dijeron que se fuera a casa. Sin embargo, cuando esta vez llamó a la puerta de su padre, se le dejó muy claro que ya no era bienvenido. Había demasiados niños bajo ese techo, dijo su padre —sus hermanos menores, como cualquier ser humano normal, habían tenido bebés—, y Carlos no era más que una mala influencia. No les ayudaba. No era bueno.

A los tres meses estaba de nuevo en la cárcel; esta vez por traición. Había intentado escapar de Cuba. Desesperado, había improvisado una balsa hecha con neumáticos viejos, los había atado con cáñamo y se había hecho a la mar con otros dos hombres. La unidad militar que lo capturó no fue tan amable como la policía del año anterior. Le echaron un lazo como si se tratara de un animal salvaje y le rompieron el brazo en el forcejeo para subirlo a la embarcación. Le propinaron una paliza, lo llevaron a tierra y lo metieron en un húmedo calabozo de la temible prisión Combinado del Este, situada al este de La Habana y a cuarenta kilómetros de Mariel. Sus dos compañeros no tuvieron tanta suerte. Fueron asesinados a tiros mientras saltaban, aterrorizados, al agua.

Recuento de cadáveres

> Tierra del Fuego podría resultar adecuada para la cría de ganado; el único inconveniente de este plan es que al parecer sería necesario exterminar a los fueguinos.[42]
>
> *London Daily News*, 1882

«O comes o te comen, no hay más remedio», dice un personaje de *La ciudad y los perros*, la cruda, escueta y exquisitamente brutal novela de Mario Vargas Llosa.[43] En ella se describe, entre otras cosas, cómo se espera de un joven peruano que está en una academia militar, y que prefiere escribir cartas de amor a aprender el arte de la guerra, que se arrastre sobre el vientre y mate cuando se le ordene. Podría alegarse que ese es el objetivo de la formación de cualquier guerrero, pero, en el contexto latinoamericano, la militarización de un joven conlleva una buena dosis de instrucción extracurricular; un chico, en el transcurso de su formación como soldado, aprenderá cómo funciona la corrupción, los beneficios materiales del poder militar, la utilidad de emplear la fuerza bruta en tiempos de paz. Y, con bastante naturalidad, cuando esa beligerancia se desate contra la población, la respuesta —si se maltrata lo suficiente a la gente— será contestar con la misma beligerancia.

Para la mayor parte del mundo, leer sobre el desorden extremo en América Latina, por muy exagerada que resulte la idea, tal vez comporte asumir que la región es insensible, abrumadoramente homicida.[44] Sin duda, hay muchas pruebas de ello: los dictadores implacables y represivos, los asesinatos, los desaparecidos, la cultura de la corrupción, la delincuencia, los escuadrones de la muerte, los narcos, los terroristas, los pandilleros; por no mencionar el alambre de espino electrificado sobre los muros de nuestras ciudades. En los medios de comunicación las imágenes son constantes. ¿Quién puede olvidar los últimos sesenta años de la historia de México, Argentina, Honduras, Perú, Colombia o El Salvador? ¿Los cuerpos mutilados, las viudas golpeando cacerolas, los niños de mirada perdida? Ahora mismo, en cualquier gran ciudad de los Estados Unidos de América, o en algunos barrios urbanos de Europa, hay tasas de homicidio similares, pero la diferencia es que en esas ciudades parece que la violencia siempre sorprende. Es, en gran medida, un producto del azar y la mala suerte. En la versión latinoamericana no hay sorpresa. E, incluso aunque las cifras fluctúen —si, por alguna razón, un año dado en Nueva Orleans se contabilizan más asesinatos que en Ciudad Juárez, San Salvador o Natal—, el cálculo subyacente es innegable.

A veces, la propensión al asesinato puede resultar escalofriante por su crueldad premeditada: a finales del siglo XIX, en la franja meridional de Chile y Argentina conocida como Tierra del Fuego, el pueblo selk'nam fue declarado un «peligroso obstáculo» para el progreso.[45] Los europeos habían ido llegando a la zona atraídos por la fiebre del oro, y los indígenas que se resistieron a su llegada fueron considerados una molestia. Despreciados, desdeñados como seres infrahumanos incluso en esa época, fueron sometidos a una campaña de denigración. En especial, cuando los ingleses recordaron que Charles Darwin había sentido una gran repulsión por los fueguinos cuando años antes había visitado la Patagonia:

> Estos pobres desgraciados se habían quedado raquíticos; sus horribles rostros estaban embadurnados de pintura blanca; sus pieles eran sucias y grasientas; el cabello, enmarañado; las voces, discordantes, y sus gestos, violentos. Al ver tan repugnantes cataduras cuesta creer que sean seres humanos y habitantes del mismo mundo. Hay quien se pregunta qué placeres puede ofrecer la vida de ciertos animales inferiores; pero ¡cuánto más razonable sería hacer la misma pregunta con respecto a estos bárbaros![46]

«¡Hay tanto que hacer en Tierra del Fuego!», escribió con entusiasmo en su editorial un periódico de Londres, pero para lograrlo iba a hacer falta «exterminar a los fueguinos».[47] Y eso fue precisamente lo que hicieron los colonizadores. Pagaron a mercenarios chilenos y argentinos para que cazaran y asesinaran a los selk'nam. Los matones armados cobraban en función de cuántas orejas o testículos cortados podían mostrar para probar el número de asesinatos. Se ofrecía más si el par de orejas pertenecía a una mujer embarazada e iba acompañado de un feto humano. Se empapaba a las ovejas con estricnina con la esperanza de que los selk'nam se las comieran. Tuvo lugar un exterminio sistemático, justo como había pedido el periódico de Londres. Se reclutó a los lugareños para que la llevaran a cabo. Cuando la matanza hubo terminado, miles de selk'nam habían muerto y los pocos cientos que quedaron con vida fueron llevados a reservas, donde las enfermedades acabaron con ellos. Algunos años después, Argentina alentó y recibió su mayor llegada de europeos, casi dos millones de inmigrantes de una raza más blanca.[48]

Como cuenta el sobrecogedor libro de Tina Rosenberg *Children of Cain*, publicado en 1991:

> La cantidad no es la única cuestión. En América Latina la violencia es relevante, en parte, porque es en buena medida política: planeada, deliberada, llevada a cabo por grupos organizados de la sociedad contra miembros de otros grupos. Se utiliza para comunicar algo. La comete la institución a la que se confía la protección de sus ciudadanos. Y muchísima gente la justifica. Es distinta de la violencia sin objetivo, azarosa e individual de Estados Unidos. Es más malvada.[49]

Y sigue aquí.

Asesinos a sueldo, guerrilleros y torturadores

> Una persona asesinada es una tragedia, pero un millón de personas asesinadas es una estadística.[50]
>
> Iósif Stalin, 1943

En algún momento de junio de 1976 —no se conoce el momento preciso—, en América Latina la palabra «desaparecido» adoptó un nuevo significado.[51] El término, de repente, pasó de la voz pasiva a la activa: un escuadrón de la muerte podía hacer desaparecer a una persona; esa persona era el desaparecido. La palabra cobró vida en la plaza de Mayo de Buenos Aires, cuando centenares de hombres y mujeres empezaron a congregarse para caminar sombría y lentamente alrededor de la estatua de la Libertad que hay en ella, sosteniendo carteles que daban testimonio de aquellos que de repente habían desaparecido de sus familias: los hijos, cónyuges o nietos ausentes que habían sido sacados a rastras de sus casas, torturados, ejecutados sumariamente o lanzados al gran mar azul sin que nadie volviera a verles. Era una terrible coda a la guerra civil que había devastado Argentina tras la muerte del presidente Juan Perón dos años antes.

En 1974 se había producido un fuerte vacío de poder. Antes de fallecer, Perón había nombrado vicepresidenta a su tercera esposa, Isabel Perón, pero esta, como soberana de Argentina —la primera mujer del mundo en ostentar el título de «presidenta»—, demostró de manera patente que no estaba preparada para el cargo. Isabel carecía por completo del grandilocuente atractivo populista de la anterior primera dama, Evita Perón, que había muerto veintidós años antes.

Cuando Perón la conoció, Isabel era bailarina en un club nocturno de Ciudad de Panamá, una mujer guapa pero claramente superficial y anodina, cuya educación no había pasado de la primaria, con la que se casó porque la Iglesia había insistido en que lo hiciera al descubrir que vivía con una amante. Con Perón muerto, las limitaciones de Isabel se hicieron evidentes, así como su extraña dependencia del comisario de policía José López Rega, un antiguo guardia de seguridad del palacio presidencial al que, como a ella, le fascinaban el ocultismo y la adivinación. Isabel había ascendido a López a ministro de Bienestar Social, pero acabó confiando en él como su primer ministro *de facto*. Bajo sus auspicios, se formó un escuadrón de la muerte secreto llamado Triple A (Alianza Anticomunista Argentina) que tenía por finalidad liquidar a los cada vez más molestos izquierdistas.[52] Al cabo de un año, había matado a mil quinientos. La truculencia era contagiosa. Los grupos paramilitares de derechas salieron enseguida a combatir a los guerrilleros comunistas en las calles, provocando un conflicto sangriento que parecía tener su propia dinámica diabólica. Los guerrilleros de izquierdas, entre ellos los montoneros —sobre todo estudiantes universitarios y teólogos de la liberación católicos—, respondieron con bombas e incendios, secuestrando a hombres de negocios para financiar su campaña y cobrando algunos de los mayores rescates de los que hay constancia: catorce millones de dólares por el secuestro de un ejecutivo de Exxon; sesenta millones de dólares por los magnates del cereal argentinos Jorge y Juan Born.[53] En marzo de 1976, un golpe militar destituyó a Isabel Perón, estableció un Gobierno bajo el mando del general Jorge Rafael Videla que se llamó el Proceso —una reminiscencia siniestra de la novela del mismo nombre de Franz Kafka— e inició un reinado del terror tan asesino como el de cualquier conquistador.[54]

Meses más tarde, la «guerra sucia» estaba en pleno apogeo. Casi siete mil argentinos más desaparecieron en el transcurso de un año.[55] En realidad, aquello no era una guerra; había dejado de haber combates y un toma y daca entre los enemigos. Se trataba de una campaña en la que un ejército fuerte y armado había abordado sin pudor la eliminación de miles de civiles, y era fiera, implacable y aparentemente azarosa. Aunque entonces apenas se comprendió su aterradora magnitud, había empezado la purga de los argentinos incómodos. El objetivo era librar al país de la oleada de «guerrillas comunistas» rebeldes que habían importunado a la estructura de poder de derechas durante años. Pero aquello enseguida se convirtió en un genocidio de izquierdistas de cualquier condición social, entre ellos personas simplemente sospechosas, gente vagamente vinculada a ellas, familiares y cualquiera que no le gustara demasiado al ejército: periodistas, trabajadores sociales, líderes sindicales, profesores, sacerdotes, monjas, psiquiatras, poetas; en otras palabras, de muchísimos argentinos que eran contrarios a un gobierno de mano dura.

Cuando le preguntaron al acerado dictador militar, el general Videla, que había supervisado la hecatombe, qué debían pensar los argentinos de los miles de personas devoradas por las fauces de su justicia improvisada, respondió con astucia que la pregunta estaba mal planteada. Los argentinos habían visto cómo la ley trabajaba en su favor. Merecían derechos humanos, y en Argentina esos derechos habían estado amenazados. En una argumentación que alcanzó proporciones orwellianas, explicó que los ciudadanos honestos, leales de verdad, se habían enfrentado a una amenaza terrorista en metástasis —una infiltración comunista— y tenían que pagar ese cáncer con sangre humana. Las víctimas, si es que había víctimas, no eran nadie. «¿Qué es un desaparecido? —preguntó retóricamente—. Mientras sea desaparecido no puede tener ningún tratamiento especial, es una incógnita, es un desaparecido, no tiene entidad, no está, ni muerto ni vivo, está desaparecido».[56] Su respuesta recordaba demasiado a la ofrecida en el debate que se había propagado en la Sevilla de finales del siglo XV: ¿eran de veras humanas las víctimas de la conquista? La respuesta, quinientos años más tarde, seguía siendo un rotundo «no». No si las fuerzas al mando decidían lo contrario. Eran desechos y, en virtud de su resistencia, plenamente sacrificables.

La exterminación en masa que tuvo lugar en Argentina durante la «guerra sucia» fue fruto de una campaña siniestra y secreta llamada Operación Cóndor, un plan de represión concertado y multinacional urdido por los dictadores de derechas del Cono Sur (Argentina, Bolivia, Brasil, Chile, Paraguay y Uruguay, apoyados por Perú, Colombia y Venezuela) y puesto en práctica por una amplia red de policía secreta.[57] Los arquitectos iniciales de la cooperación, agentes de seguridad de esos países —muchos de los cuales habían sido entrenados durante las décadas de 1960 y 1970 en la Escuela de las Américas del ejército estadounidense—, se reunieron en Buenos Aires bajo los auspicios del general Videla[58] para colaborar en métodos que pudieran utilizar contra los «subversivos».[59] Estados Unidos, un socio natural en las iniciativas anticomunistas de la región, fue cómplice, al ofrecer apoyo militar y técnico a la Operación Cóndor durante más de dos décadas.[60] La ayuda empezó con la Administración de Lyndon Johnson a finales de la década de 1960 y continuó hasta el final de la presidencia de Ronald Reagan en 1989, aunque los funcionarios del Gobierno estadounidense eran muy conscientes de la magnitud de las atrocidades. De hecho, en 1973, cuando el secretario de Estado Henry Kissinger recibió pruebas concretas de las masacres, afirmó que, «por desagradables» que fueran esas circunstancias, la situación general resultaba beneficiosa para Estados Unidos. «Queremos que tengáis éxito —le dijo al ministro de Asuntos Exteriores argentino en términos nada ambiguos—. No queremos presionaros. Haré lo que pueda».[61]

En agosto de 1976, cuando Kissinger tenía aún más información de que algunos subversivos destacados no solo eran objetivos en

América Latina sino que también se les buscaba en el exterior, no dio un paso atrás. En lugar de ello, el 20 de septiembre dio instrucciones a los embajadores estadounidenses de que se mantuvieran al margen, no interfirieran con la Operación Cóndor y no «adoptaran otras medidas» para detener los complots latinoamericanos que pudieran estar en marcha.[62] Justo al día siguiente, el 21 de septiembre de 1976, una bomba colocada bajo el coche del exembajador chileno Orlando Letelier, un apasionado crítico del general Pinochet, estalló mientras conducía por el Sheridan Circle de Washington D. C., levantando el automóvil por los aires y matándoles a él y a una joven ayudante estadounidense. La policía secreta chilena, bajo órdenes expresas de Pinochet, fue la perpetradora. Las garras de la Operación Cóndor habían llegado al mismísimo corazón de la capital estadounidense.

Dos años más tarde, aunque los asesinatos en masa ya eran algo cotidiano en Argentina, el régimen militar fue el anfitrión de la Copa del Mundo de fútbol en Buenos Aires.[63] Mientras las mujeres eran empaladas por la vagina con picanas para ganado, mientras a los hombres se les metían barras de hierro por el ano, mientras los prisioneros eran despellejados vivos, o se les llevaba a campos de concentración, o se les drogaba y se les soltaba desde aviones bimotores y helicópteros al Atlántico o el río Paraná,[64] un sonriente general Videla hacía acto de presencia en las celebraciones junto a Kissinger, y las tropas militares dirigían la Copa con la misma eficiencia que demostraban con la instrumental de tortura.[65] En pleno apogeo de la crueldad, con cuerpos sin identificar llegando a la costa y chicas jóvenes siendo secuestradas en autobuses mientras gritaban, la Copa del Mundo de 1978 terminó, con todo el mundo mirando, con la victoria del país anfitrión. Argentina aplastó a Países Bajos por tres goles a uno. Treinta años después, cuando Argentina celebró esa victoria, los recuerdos resultaron demasiado dolorosos. Diecinueve de los veintidós jugadores no participaron en el festejo.[66]

Al final, en ese trágico decenio entre 1973 y 1983, el Gobierno asesinó hasta a treinta mil personas.[67] En Chile, sabemos que un cuarto de millón fueron detenidas e interrogadas por el ejército; otras diez mil, detenidas y torturadas, y tres mil, asesinadas.[68] En el mismo periodo, las fuerzas armadas paraguayas se deshicieron de dos mil cadáveres.[69] Debido a la naturaleza secreta de la Operación Cóndor, puede que nunca conozcamos el número de víctimas a lo largo de los años y en los muchos países participantes, pero los estudiosos estiman que entre sesenta mil y ochenta mil personas fueron asesinadas, entre ellas treinta mil «desaparecidos» o presuntos ejecutados, y cuatrocientos mil más fueron encarceladas y torturadas.[70] Se trata de cifras que generan insensibilidad, fáciles de desdeñar por pura inverosimilitud. Pero el cálculo fue totalmente real. El coste humano de la Operación Cóndor fue más elevado que las bajas estadounidenses en su guerra de Independencia, en la guerra de Vietnam o en todas las guerras en las que ha participado Estados Unidos en el último medio siglo, incluidas las de Irak y Afganistán.[71] Quizá tan alto como las bajas en combate estadounidenses durante la Primera Guerra Mundial. Y, sin embargo, el asesinato metódico continuó después de que la Operación Cóndor bajara el telón en Argentina. Se esparció por el continente como una plaga maligna.

El Salvador, Guatemala
1960-1984

> Que la historia que pasamos quede en las escuelas, para que no se olvide, para que nuestros hijos la conozcan.[72]
>
> Comisión para el Esclarecimiento Histórico, 1996

El contagio revolucionario que atravesó América Latina en la década de 1960 y persistió en ella durante cuatro décadas no fue en absoluto uniforme. Sus manifestaciones virales presentaban claras diferencias. A fin de cuentas, el impulso que sentía un blanco urbanita a rebelarse no podía ser el mismo que el de un recogedor de bananas indígena. Sin embargo, en el aire había algo galvánico. La Revolución cubana le había demostrado a una generación de latinoamericanos que el pueblo podía hacerse con las riendas de su destino y cambiarlo. En consecuencia, de repente, empezaron a aparecer agentes soviéticos en todos los rincones de la región —las capitales, las universidades, las florecientes células comunistas—, sembrando ese mensaje en una juventud inquieta. La lógica era poderosa y clara: las fuertes divisiones de clase o raza, el inmenso abismo entre ricos y pobres, ya no eran sostenibles. Fuera cual fuese su color, ahora en toda América Latina los revolucionarios insistían en romper con el viejo orden, en una sociedad más progresista, la igualación de las clases, la culminación del sueño marxista. Pero en la izquierda no había consenso sobre cómo conseguirlo. Donde sí *había* unidad y cooperación, irónicamente, era en el bando opuesto, entre la vieja guardia, las familias ricas, los descendientes de los conquistadores, una base de poder establecido que era muy reaccionaria. La oleada de represión y mano dura militar que se produjo a continuación, de Montevideo a San Salvador, fue asombrosamente semejante en todos los países; estuvo caracterizada por dictadores draconianos, tanques en las calles, la ley marcial, unas fuerzas de seguridad muy armadas y escuadrones de la muerte secretos. Y podían contar con el apoyo de Estados Unidos.

Poco después de la victoria de Castro en Cuba, en algunos de los países que se encuentran entre México y América del Sur —El Salvador, Guatemala, Honduras—, un grupo conocido como el Triángulo Norte de América Central, estallaron insurgencias violentas más o menos al mismo tiempo. Durante décadas, El Salvador había sido una bomba a punto de explotar. Los campesinos del país se habían alzado en una revuelta masiva durante la década de 1930, pero solo cosecharon una terrible represalia militar llamada «la matanza». Treinta mil de los salvadoreños más humildes fueron masacrados y arrojados a fosas comunes. El ejército, dirigido por la oligarquía del país —las «catorce familias»— y con el apoyo de Estados Unidos, se impuso durante las inestables décadas posteriores. Pero la resistencia siempre estaba latente. Estalló de nuevo en el transcurso de la década de 1970, cuando en El Salvador las tasas de pobreza eran del 90 por ciento, los sueldos cayeron un 70 por ciento y el número de gente sin tierra se disparó.[73] Entre los pobres, la esperanza de vida había descendido hasta los treinta y siete años. La mortalidad y la desnutrición infantiles alcanzaron máximos históricos. Mientras los ricos miraban hacia otro lado, los guerrilleros de izquierdas se organizaron y se convirtieron en una fuerza de combate. Cuando estuvieron listos para retar al coloso militar de derechas, se inició una espiral mortal de violencia.

Durante la década posterior, las guerrillas invadieron embajadas, mataron a hombres de negocios y ejecutaron a mandos militares y jefes de la policía, dirigiendo el objetivo hacia cualquiera que fuera percibido como parte de la maquinaria de opresión. Pusieron bombas en fábricas, empresas y tiendas. Secuestraron a los ricos y pidieron rescates por ellos, obteniendo millones de dólares y ganándose fama de delincuentes. Finalmente, en 1979 arrebataron el poder a la vieja oligarquía con un golpe victorioso. Pero duró poco. Con la ayuda de 4,5 millones de dólares de Estados Unidos, una fuerza de combate cuyos líderes se habían formado en la Escuela de las Américas de Estados Unidos y el enérgico apoyo de Alexander Haig, el secretario de Estado recién nombrado por Reagan —que duraría poco en el cargo—, el viejo ejército de derechas respondió con una fuerza arrolladora.[74] A continuación, tuvo lugar una virulenta guerra civil. El estallido de furia con el que respondieron las fuerzas armadas dejó en un segundo plano toda la brutalidad perpetrada por las guerrillas en doce años de lucha, todas las armas y pistolas introducidas en el país desde Etiopía y Vietnam para apoyar a los revolucionarios.[75] Soltaron a escuadrones de la muerte para que liquidaran a todos y cada uno de los perpetradores, reclutaron a niños soldado y encerraron a civiles en campos de concentración. Mark Danner, en un reportaje para *The New Yorker*, describió el matadero en el que se había convertido el país:

> Cadáveres mutilados cubrían las calles de las ciudades de El Salvador. A veces, los cuerpos no tenían cabeza o cara, sus rasgos habían sido borrados con un disparo de metralleta o la aplicación de ácido de batería; a veces faltaban los miembros, o las manos o los pies habían sido cortados, o los ojos arrancados; los genitales de las mujeres estaban desgarrados y ensangrentados, lo que delataba violaciones reiteradas; a los hombres con frecuencia se los habían cortado y metido en la boca. Y era probable que, rasgada en la piel de la espalda o el pecho de un cadáver, estuviera la firma de uno de los escuadrones de la muerte que había hecho el trabajo.[76]

La Iglesia protestó, pero el ejército salvadoreño respondió asesinando a monjas, declarando enemigos a los sacerdotes jesuitas y asesinando al arzobispo Óscar Romero, un reconocido activista por los derechos humanos.[77] Cuando un cuarto de millón de fieles se reunió ante la catedral de San Salvador para llorar la muerte del hombre santo, francotiradores del ejército dispararon a la multitud desde tejados cercanos, y mataron a cuarenta y dos personas e hirieron a doscientas. Parecía que, hiciera lo que hiciese el ejército salvadoreño, Washington nunca le retiraría su apoyo financiero. En la orgía de asesinatos que siguió, desapareció un número incalculable de salvadoreños; un millón fueron desplazados[78] y setenta y cinco mil, asesinados.[79] Naciones Unidas estimó que los rebeldes izquierdistas podían haber sido responsables de aproximadamente cuatro mil de esas muertes. En cambio, los escuadrones de la muerte controlados por el ejército de derechas cometieron setenta mil asesinatos.

Guatemala no fue distinta. Durante años, había sido en la práctica una colonia de los intereses estadounidenses. La United Fruit Company, que poseía inmensas extensiones de tierra en el país, también controlaba los ferrocarriles y los astilleros, así como los modos de comunicación.[80] Pero ese control unilateral se vio amenazado de repente, cuando los ciudadanos empezaron a exigir sus derechos. A partir de 1960, un presidente guatemalteco tras otro luchó contra esa tendencia, aprobando asesinatos extrajudiciales a medida que las protestas contra los regímenes existentes empezaban a recorrer el país. Como Cortés, que mandó ejércitos a matar a cualquier maya que se negara a trabajar en las minas, los militares recurrieron entonces a la espada para suprimir cualquier resistencia.

Los problemas habían empezado mucho antes, en 1944, cuando los guatemaltecos decidieron deponer a su dictador corrupto, celebrar unas elecciones democráticas y llevar al poder a Juan José Arévalo, que arrasó en ellas con un rotundo programa liberal que incluía el sufragio universal y un sueldo mínimo. A Arévalo le sucedió el presidente Jacobo Árbenz, que siguió defendiendo los derechos de los pobres, nacionalizó las tierras y las parceló para entregárselas a los sin tierra. Al ser percibido por Estados Unidos como demasiado socialista para la tranquilidad de esa zona inestable, Guatemala no tardó en convertirse en el blanco de un duro correctivo. En 1954 la CIA, con el apoyo del secretario de Estado John Foster Dulles, planeó un golpe de Estado para derrocar al Gobierno de Árbenz.[81] Llamaron a sus combatientes «el Ejército de Liberación», pero los guatemaltecos se desengañaron con rapidez cuando los activistas fueron detenidos y encarcelados, torturados y ejecutados. Cualquier atisbo de rebelión se consideró inspirado por el comunismo o procedente del extranjero. Guatemala pronto se convirtió en un programa piloto para la intervención militar y política encubierta de Estados Unidos en el Caribe, un territorio de entrenamiento para cualquier actividad armada que pudiera surgir.

El éxito de Castro cambió todo eso. Con la repentina victoria en Cuba, las esperanzas guatemaltecas se vieron alentadas de nuevo por sueños de autodeterminación. La rebelión, avivada precipitadamente y aplastada con mucha rapidez, se generalizó a medida que la década de 1960 avanzaba con toda su gloria revolucionaria. Sin embargo, las circunstancias cambiaron cuando el presidente Julio César Méndez, del Partido Revolucionario, fue elegido democráticamente y el ejército guatemalteco, temiendo un desgaste de su poder, intervino para plantear sus exigencias: lucharían contra cualquier guerrilla rebelde de acuerdo con sus propias reglas, no tolerarían ninguna interferencia del Gobierno y no responderían ante ningún juez.[82] En 1966 las desapariciones masivas se habían vuelto algo habitual. Estudiantes, profesores, activistas políticos, civiles que hablaban con franqueza, diplomáticos extranjeros; todos eran objetivos potenciales. Y con razón, porque era precisamente en la comunidad intelectual e informada donde bullía la revolución.

Fue entonces cuando empezaron los bombardeos indiscriminados de aldeas. Durante los quince años siguientes, Guatemala se desgarró a sí misma, alentada por asesores estadounidenses que tenían fresco el recuerdo del desaguisado de la guerra de Vietnam. El asesinato se convirtió en una elevada forma de teatralidad cuando los escuadrones de la muerte empezaron a adornar los cadáveres con propaganda y advertencias macabras, divulgar listas de la muerte o saquear las calles sin ninguna oposición. Con cada nueva presidencia, parecía que la violencia crecía exponencialmente: se suspendió la Constitución, se declaró el estado de sitio y los secuestros y las detenciones masivas se convirtieron en un espectáculo constante.

Pese a toda la brutalidad de la tortura y las desapariciones posteriores, los disidentes de izquierdas no se acobardaron. Solo un gran terremoto en 1976 pareció unir durante un breve periodo a la población, aunque solo fuera porque prevaleció un espíritu de supervivencia mutua. Pero los escuadrones de la muerte no tardaron en volver a la actividad; solo en un mes, en agosto de 1977, asesinaron a sesenta y un supuestos líderes revolucionarios.[83] El movimiento rebelde respondió duplicando el número de efectivos y trasladándose a las desoladas montañas de las tierras altas occidentales. A principios de 1980 se pudo intuir el genocidio que se produciría con posterioridad cuando una delegación indígena, que apareció en la capital para denunciar el asesinato de otros aldeanos, fue desdeñada por el Congreso y su abogado, abatido junto a las puertas de la sede central de la policía. Para llamar la atención sobre la creciente violencia, los manifestantes ocuparon después la embajada española, pero sus planes se vieron fatalmente desbaratados cuando la policía lanzó cócteles molotov en el recinto de la embajada, quemando vivos a casi todos los que se encontraban allí. A la opinión internacional no pareció importarle. El ejército estaba resuelto a tomar el poder.

Las pasiones eran tan intensas que en 1982, cuando el general Efraín Ríos Montt se apropió de la presidencia mediante un violento golpe de Estado, perdió toda la paciencia e identificó al pueblo guatemalteco en general como el «enemigo interno».[84] Ordenó que se destruyeran aldeas rurales enteras, que se masacrara a poblaciones completas. En el transcurso de un año, dieciocho mil guatemaltecos fueron víctimas de la violencia estatal.[85] La mayoría eran tercos campesinos mayas del oeste del país, que durante siglos se habían rebelado contra la represión y a quienes se les habían hecho con mayor énfasis promesas de justicia. Las comunidades sospechosas de rebeldía fueron masacradas en ejecuciones masivas; un elevado porcentaje eran mujeres y niños. Para entonces, el ejército estaba enzarzado en una guerra a gran escala contra la disidencia, tratando de aterrorizar a los civiles para que abandonaran la revolución. Si eso significaba acabar con la vida de inocentes, que así fuera. Para la vieja guardia, significaba preservar el mundo tal como lo conocía; para los estadounidenses que la apoyaban, mantener al mundo seguro frente al azote del comunismo.

Saquearon aldeas y pueblos, violaron indiscriminadamente a las mujeres, jóvenes o viejas. Utilizando técnicas aprendidas de asesores extranjeros, saquearon «casas seguras» y acabaron con cualquier forma de vida que hubiera en su interior.[86] Como describió un estudio en profundidad sobre esos años: «Los métodos de violencia se volvieron cada vez más espantosos [...]. El ejército solía ensañarse, decapitando a sus víctimas o quemándolas vivas, y aplastando la cabeza de los niños contra las rocas. La violación de las mujeres supervivientes, incluso cuando estaban embarazadas, se hizo más habitual».[87]

Justo cuando parecía que las atrocidades no podían ser más genocidas, justo cuando la imagen internacional del Gobierno del presidente Ríos Montt no podía empeorar más, de repente la cobertura de los medios de comunicación se interrumpió y los grupos de derechos humanos dejaron de aparecer en ellos, lo que permitió que el terror escalara en medio de un silencio desgarrador. Mientras tanto, la Administración de Ronald Reagan retrataba al régimen de Ríos Montt como una importante mejora de los derechos humanos en Guatemala.[88] Era «un hombre de gran integridad —declaró Reagan—, dedicado por completo a la democracia».[89] Cuando todo acabó, en Guatemala el impactante número de bajas ascendía a doscientos mil muertos o desaparecidos.[90] Uno de cada treinta ciudadanos había sido sacrificado en la matanza.

Nicaragua
1954-1984

> En 1980 la estatua de la Virgen de Cuapa empezó a rezumar gotas de sudor. La prensa de la oposición informó de que estaba sufriendo por el materialismo. Un año más tarde informó de que la Virgen había dejado de sudar y había empezado a llorar.91
>
> Dirk Kruijt, «Revolución y contrarrevolución»

En Nicaragua resonaba el eco de la insatisfacción. Y con razón. Un Gobierno financiado por Estados Unidos y esquilmado por tres generaciones de la familia Somoza —un régimen que había engordado con los beneficios del café y la banana— dominaba el país con mano terca y avariciosa. La mayoría de los niños nicaragüenses menores de cinco años estaban desnutridos y mal desarrollados.[92] En algunas zonas rurales, el analfabetismo llegaba al 90 por ciento. «No quiero una población educada —le gustaba decir a Anastasio Somoza Debayle—, quiero bueyes».[93] A mediados de la década de 1950, gracias a una corrupción generalizada, la familia había amasado una inmensa fortuna, prácticamente había matado de hambre a los trabajadores del país, se había embolsado fondos públicos y los había depositado en su imperio privado de operaciones comerciales y contrabando. Cuando en 1972 un terremoto arrasó Managua, donde murieron entre cinco y diez mil personas, hubo veinte mil heridas y otras trescientas mil se quedaron sin hogar, Somoza y su familia robaron los fondos destinados al desastre que habían llegado del extranjero para reconstruir el país.[94] Al igual que hicieron con los cargamentos de cemento y maquinaria. Incluso con las alubias y el arroz.

La indignación ante esos excesos fue tal que en 1978, en plena oleada revolucionaria latinoamericana, los sandinistas —una guerrilla rebelde que había adoptado el nombre de Augusto Sandino, el héroe liberal asesinado— pusieron en marcha una feroz campaña de terror y secuestros para llamar la atención del mundo sobre esas injusticias. Las protestas no les habían llevado a ninguna parte. Aquí y allá, en todo el país, empezaron a lanzar osadas incursiones contra la Guardia Nacional de Somoza, que era mucho más poderosa. Como represalia, las fuerzas aéreas del presidente efectuaron bombardeos a gran escala sobre las ciudades de Nicaragua. De repente, los rebeldes empezaron a granjearse las simpatías internacionales; ¿por qué estaba Somoza masacrando a su propia gente, que solo daba a conocer su voluntad y exigía que se la escuchara? Incluso el presidente Jimmy Carter tuvo que reconocer que aquello era suficiente; Somoza era intolerable y había que facilitar que abandonara el poder. Pero «facilitar» no formaba parte del vocabulario de la guerrilla latinoamericana. El ímpetu era tal que, a mediodía del 22 de agosto de 1978, la vanguardia sandinista, «el Frente», irrumpió en el Palacio Nacional, capturó a casi dos mil personas en sus instalaciones y las retuvo para obtener un rescate.[95] Fue el inicio de una serie de graves confrontaciones violentas que se apoderarían del país durante la década siguiente. Finalmente, un año más tarde, en julio de 1979, las fuerzas rebeldes nicaragüenses obligaron al presidente Somoza y a su amante a huir volando para salvar la vida, y los ciudadanos llenaron la plaza central de Managua para declarar la victoria inequívoca de los rebeldes.

En menos de dos años y medio, con Reagan en el poder en Washington, Managua en una firme alianza con Moscú y las armas nicaragüenses llegando libremente a manos de los rebeldes salvadoreños, el tono de la implicación estadounidense dio un giro radical. En noviembre de 1981, el presidente estadounidense firmó una orden para que se financiara de manera encubierta a la «Contra», la fuerza antirrevolucionaria que se estaba formando para expulsar a los sandinistas. Mientras tanto, en la vecina Honduras, las fuerzas armadas estadounidenses se esforzaban para enseñar a los soldados centroamericanos cómo hacer retroceder a los comunistas allí donde surgieran, una tarea cada vez más difícil en esa región de creciente inestabilidad. Algunos meses después, en marzo de 1982, una operación de la CIA que hizo saltar por los aires dos puentes cerca de la frontera hondureña marcó el principio de una nueva guerra. A su término, los hermanos habían luchado entre sí y cincuenta mil nicaragüenses yacían sin vida en los campos de café y bananos.[96] Una a una, durante los cuarenta años siguientes, las naciones mesoamericanas canibalizarían a sus propios hijos, al igual que la diosa Coatlicue se tragaba a su descendencia o el gran titán Saturno se comía a sus hijos. Casi quinientos años más tarde, ese embudo de suelo verde y fértil —esa estratégica tierra media que empezaba en Panamá, que despertó las ambiciones de Balboa y Cortés, y que separaba el sur y el norte de América— seguía bajo disputa. «Les sorprendería —dijo Ronald Reagan en un discurso al pueblo estadounidense en el que daba cuenta de su primer viaje oficial a América Central—. Todos son países independientes».[97]

Puerto de embarque
Mayo de 1980

> Viví en el monstruo y le conozco las entrañas: y mi honda es la de David.[98]
>
> José Martí sobre Estados Unidos, 1895

Carlos Buergos, el mayor de nueve hermanos —el descendiente de españoles enjuto y de ojos color avellana, el despreocupado ladrón condenado—, se encontraba una vez más a merced de los vaivenes políticos, aunque él no lo supiera. Apenas tenía veinticinco años cuando fue liberado de la prisión cubana Combinado del Este y trasladado una vez más en un desvencijado autobús del Gobierno, pero esta vez no para ascender a los cielos de un futuro incierto en África, sino para enfrentarse al mar abierto. De todos los hijos que habían salido del útero de su madre, él era la clase de cubano que Castro no quería. Errático, cabezota, depravado, con un gran agujero en la cabeza y tendencia a delinquir, Carlos era material desechable.

El 9 de mayo de 1980, cuando había cumplido un año de su condena de doce, las puertas de su cárcel se abrieron y Carlos fue conducido al puerto de Mariel. Allí, al observar la avalancha humana y un mar lleno de botes que cabeceaban, se sintió confundido. Se había encontrado antes con situaciones que, como aquella, le habían dejado perplejo: la sangre borboteando de la cabeza de un cortador de caña moribundo; el ejército llamando a su puerta justo cuando yacía entre los brazos de una mujer casada; ganar África para el comunismo hasta que le mandaron a casa con el cráneo hecho pedazos, o canjear carne de caballo por droga hasta que pudiera amainar la tormenta que había en su cerebro. Esta vez no pudo descifrar qué se suponía que estaba viendo. Había surgido de la oscuridad, y a la luz la escena que tenía ante sí era asombrosa. Increíble. Podía afirmar que allí había gente —hombres, mujeres, niños— corriendo a embarcarse en multitud de pequeños barcos, pero no le habían dicho por qué y su primer impulso fue salir corriendo.

9

Fuego subterráneo

> El mero diablo, quien, como se sabe en los Andes, cuando viene a hacer sus fechorías en la tierra se corporiza a veces en un forastero agringado que cojea.[1]
>
> MARIO VARGAS LLOSA, *Lituma en los Andes*

Mientras Estados Unidos se veía envuelto en el escándalo Watergate, mientras Gran Bretaña era golpeada por la Angry Brigade (Brigada Furiosa), mientras la guerra de Vietnam bramaba en sus últimos y trágicos días, América Latina avanzaba a trompicones, entregándose a convulsiones cada vez más violentas, eclipsadas por titulares aparentemente más duros, apenas percibidas en el resto del mundo.[2] Para entonces, el impulso revolucionario que durante el siglo XX había costado millones de vidas latinoamericanas se había extendido por el continente como un fuego subterráneo, alimentado por el resentimiento que había asolado esas tierras durante más de quinientos años. Sin embargo, de la misma manera que la España del siglo XVI se enriqueció gracias a la plata latinoamericana mientras se imponía el más cruel de los expolios, en el siglo XX la economía colombiana crecía espléndidamente, acumulando un formidable recuento de cadáveres a la par que aumentaban los beneficios.[3] De hecho, entre 1948 y 1953, aun cuando en Colombia estalló una guerra civil no declarada llamada la Violencia, el país continuó siendo el mayor exportador de oro del mundo.[4]

Los devastadores disturbios de 1948 conocidos como el Bogotazo, cuyas repercusiones se tradujeron en la muerte de casi un cuarto de millón de colombianos en el curso de diez años, en realidad nunca se detuvieron. La violencia continuó hasta mucho después, apilando cadáveres, creando una cultura que parecía tener vida propia. Cuando las noticias sobre el fervor revolucionario de América Central llegaron a las montañas de Bogotá a principios de la década de 1970, los colombianos ya tenían una larga historia de violencia entre la izquierda y la derecha.

Escondidos en el interior del país, los rebeldes colombianos continuaron su obstinada resistencia contra la mano dura. Sin fuerzas de seguridad que les protegieran de una guerra aparentemente interminable, los campesinos empezaron a formar bandas armadas, o bien para defenderse de posibles acciones violentas, o bien como delincuentes, para aprovecharse del desorden generalizado. En poco tiempo, había más de veinte mil comandos armados recorriendo el campo, estableciendo sus propias «repúblicas independientes».[5] En todos los sentidos, parecía un retroceso a los días, salvajes y sin ley, de la revolución de hacía un siglo y medio, cuando los llaneros y los caciques rurales habían creado sus propios feudos y librado unas guerras combativas y vanagloriosas. Las incursiones militares contra esos vigilantes rurales autodesignados podían ser duras y punitivas —un auténtico campo de exterminio—, y los insurgentes comunistas se ofrecieron a protegerlos, prometiendo defender sus derechos. Así nacieron las infames Fuerzas Armadas Revolucionarias de Colombia (FARC) y dio inicio una revolución de mayor calado. A lo largo de la década de 1970, mientras la epopeya marxista seguía encendiendo la imaginación latinoamericana, las FARC se expandieron, reclutando cada vez más campesinos para sus filas. En las ciudades, los estudiantes universitarios desafectos unieron sus fuerzas y crearon el Ejército de Liberación Nacional (ELN), un movimiento guerrillero que se centraba en actos de terror aleatorios que pretendían inquietar a los ricos y hacer caer sus imperios. En su apogeo, las FARC y el ELN reunieron una formidable infantería de veintitrés mil soldados, dedicados a poner bombas, secuestrar, extorsionar, disparar, masacrar...; lo que fuera necesario para lograr que la oligarquía dejara de controlar Colombia.[6]

La agitación parecía suficiente para romper cualquier país. Aun así, la situación continuó empeorando. En la década de 1990, cuando en el vecino Perú el cultivo de coca se detuvo de repente, las puertas se abrieron de golpe para que los poderosos cárteles de la droga colombianos expandieran sus negocios. En Estados Unidos, la demanda de cocaína era la mayor de la historia —más de diez millones de ávidos consumidores compraban de manera regular—, y para los cárteles la oportunidad de aumentar sus beneficios fue irresistible.[7] En 1995, el mercado de cocaína estadounidense alcanzó una cifra récord de 165.000 millones de dólares, casi tanto como los sectores agrícola y minero estadounidenses juntos.[8] En las zonas rurales colombianas empezaron a brotar campos de coca cuando los señores de la droga compraron tierras para abastecer sus operaciones, impulsando un mercado ilegal aún más gigantesco que, en última instancia, financiaba tanto a la izquierda como a la derecha del país. Miles de millones de dólares de la droga fluyeron hacia Colombia, seduciendo y comprometiendo a las instituciones públicas más esenciales del país, entre ellas el Congreso, la policía y el sistema judicial.[9] Esa asombrosa bonanza llegó acompañada de una violencia más encarnizada e indiscriminada, cuando los narcoterroristas empezaron a señalar como blancos a funcionarios del Gobierno, periodistas, políticos y cualquiera que se interpusiera en su camino.[10] Surgieron dos grandes imperios de la droga, uno en Cali y otro en Medellín, que luchaban por controlar el botín.

Con el tiempo, los capos de la cocaína y los comandantes de las FARC, que operaban unos junto a otros en el interior del país, forjaron fuertes alianzas. La ley del más fuerte era entonces la única que imperaba. Los narcos, las guerrillas y las fuerzas paramilitares de derechas luchaban por el control, creando un estado de sitio en el que cualquier ciudadano podía ser un blanco. Había hasta tres asesinatos masivos al mes, siete secuestros al día y once mil niños combatientes en las selvas y las montañas.[11] Las ejecuciones al estilo mafioso, las decapitaciones, los degollamientos, las violaciones, los secuestros y las desapariciones —actos de barbarie inenarrables— eran sucesos cotidianos. Apenas quedaban colombianos vivos cuya familia no hubiera sido víctima de alguna forma de violencia. De hecho, tres millones de personas habían huido; eran los desplazados, quienes habían sido arrancados de sus hogares y escapaban para protegerse en las ciudades. A pesar de la orgullosa historia del pueblo colombiano, a pesar de su cultura, a pesar de todas las riquezas naturales de esa tierra esmeralda, Colombia se había convertido en una empresa criminal en la que los matones y los asesinos estaban al mando.

Pensamiento Gonzalo

> Salvo el poder todo es ilusión.[12]
>
> Abimael «Gonzalo» Guzmán

La plaga de la violencia se extendió rápidamente, casi tan siniestra y ruinosa como la enfermedad que había arrasado y marcado al hemisferio medio milenio antes durante su conquista. Así como en Argentina y Chile la furia del descontento parecía volar hacia el norte para enardecer América Central, el furioso destino de Colombia no tardó en llegar a Perú, donde el resentimiento estaba maduro y los rencores raciales se habían acumulado durante generaciones.

Todo comenzó en la región andina de Ayacucho, una de las provincias más pobres de Perú, un valle soleado encaramado a más de tres mil quinientos metros de altura, donde el pueblo quechua es conocido por su testarudez, orgullo y pobreza abrumadora. Precisamente ahí, los peruanos se beneficiaron de un repentino florecimiento de las oportunidades educativas.[13] En un esfuerzo concertado para mejorar la tasa de alfabetización de Perú, durante las décadas de 1960 y 1970 una serie de gobiernos decidieron abrir escuelas y universidades en las zonas más remotas y perseverantemente pobres del país. Uno de los resultados fue el asombroso crecimiento de la Universidad de Huamanga, en Ayacucho, que en el transcurso de seis años multiplicó por cinco el número de estudiantes.[14] En 1977 había crecido el 33 por ciento, de modo que la universidad —el profesorado, los estudiantes y su personal— representaba más de una cuarta parte de la población de Ayacucho.

En una ciudad de pobres de una provincia de pobres, donde las oportunidades educativas eran escasas, si no nulas, esto supuso un progreso extraordinario. Había en ella una comunidad totalmente indígena, muy ambiciosa, sorprendentemente igualitaria, de jóvenes andinos, hombres y mujeres, dispuestos a aprovechar al máximo su inesperada buena suerte. Y, por otra parte, había una universidad hiperactiva, dispuesta a aprovechar su repentino potencial. Las aulas de Huamanga estaban llenas de jóvenes inexpertos e impresionables, muy vulnerables al adoctrinamiento. Lejos de la cerrada e intolerante capital —lejos de Lima la Blanca y de sus blancos privilegiados y sus capitalistas gringos—, los estudiantes procedieron a analizar una y otra vez, como es habitual entre los universitarios, la historia de las injusticias de su país. Con un profesor audaz y carismático, llamado Abimael Guzmán, que avivó sus pasiones, los estudiantes de Huamanga se convirtieron en el caldo de cultivo perfecto para Sendero Luminoso, uno de los movimientos guerrilleros más fuertes, violentos, fanáticos, sectarios y aterradores de la historia de América Latina.[15]

Guzmán, hijo ilegítimo de un comerciante bastante rico de Arequipa, había nacido en una pequeña aldea en las afueras de la ciudad portuaria de Mollendo.[16] Había crecido en casa de su madre, en un entorno modesto, hasta los ocho años, momento en el que esta, desesperada por empezar una nueva vida, abandonó al niño a su suerte. Un tío de Callao se hizo cargo de la custodia del pequeño vagabundo, pero no por bondad; lo maltrató, lo humilló y lo puso a trabajar como sirviente en su casa. Aunque el joven Abimael casi no conocía a su padre, le escribió entonces explicándole las crueldades a las que se veía sometido, suplicándole que le rescatara de sus tormentos. Guzmán padre, una personalidad desmedida que había engendrado diez hijos con numerosas mujeres, no era particularmente comprensivo, pero la desgarradora carta cayó en manos de su caritativa esposa, que de inmediato se apiadó del chico. La misiva acreditaba que el niño tenía una buena cabeza, argumentó ella; merecía una vida mejor. A los once años, Abimael Guzmán fue llevado a la casa de su padre en Mollendo y, bajo los auspicios de su madrastra, enviado a una buena escuela. Su rendimiento fue tan bueno que con el tiempo aspiraría a estudiar en la cercana Arequipa, un foco de intelectuales peruanos.

A finales de la década de 1950, Guzmán se convirtió en estudiante de Derecho y Filosofía de la Universidad Nacional de San Agustín, una venerable institución católica de Arequipa, la más peruana de las ciudades. Tras graduarse con un buen expediente académico y una militancia estable en el Partido Comunista, que se hallaba en constante expansión en América Latina, en 1962 fue contratado para enseñar filosofía y política en la Universidad de Huamanga, en lo alto de los Andes, en la tranquila ciudad montañosa de Ayacucho. Tímido, corpulento, enigmático y puritano, Guzmán tal vez no tuviera el aspecto de un revolucionario carismático —y Ayacucho quizá no fuera la cuna obvia de uno de ellos—, pero albergaba ambiciones concretas para Perú y la voluntad de hacerlas realidad.

Fue allí, en ese refugio montañoso, donde el rector de la universidad acabaría escuchando la visión radical de Guzmán; tras visitar China con numerosas becas, el joven profesor había llegado a admirar lo que Mao Zedong había conseguido con una sociedad campesina inmensa y atrasada. El camarada Mao había demostrado que la revolución no tenía por qué iniciarse en un centro urbano; la chispa y el fuego podían provenir de un movimiento rural. El rector estaba impresionado; se trataba de filosofía en acción, ideología con fuerza, y animó a su subalterno soñador a continuar con su misión. Para Guzmán, los logros de Mao eran el ideal, su objetivo para una nación que, según él, había abandonado sus raíces andinas y se había visto seducida por fuerzas externas. Acabó convencido de que los jóvenes y prometedores indios quechuas bajo su tutela —la progenie de generaciones de abandono— tenían los recursos necesarios para resurgir tras siglos de maltrato, honrar a sus ancestros y reclamar Perú para sus hijos. Para eso, se necesitaba nada menos que una revolución violenta y catastrófica: lo que los incas llamaban Pachacuti, poner el mundo del revés. Lo nuevo tendría que arrasar con lo viejo —el colonialismo, el imperialismo extranjero, la corrupción desaforada, la división en castas impuesta con crueldad—, de la misma manera que, con Mao, China había purgado su pasado. Guzmán consideró el apoyo del rector como una carta blanca y empezó a pensar más allá de los meros objetivos teóricos y a poner en práctica sus convicciones políticas. Con la Universidad de Huamanga como fábrica de transfiguración y los principios de Mao como biblia, enseñó a sus discípulos a renunciar a la historia, darle la vuelta a la sociedad, empezar el país de nuevo.

A mediados de la década de 1970, el Partido Comunista Peruano de Guzmán, creado y promovido en la Universidad de Huamanga, se había convertido en un formidable ejército guerrillero de hombres y mujeres dispuestos a librar una guerra contra un Gobierno que, según afirmaban, estaba regido por la avaricia y manipulado por intereses extranjeros. Al final, con un séquito de comandantes de confianza, Guzmán dejó la universidad y creó un cuartel paramilitar, cuyo cometido era entrenar a ese ejército para una insurrección violenta. Gobernó con el absolutismo propio de un dictador de mano de hierro;[17] se hacía llamar camarada Gonzalo, exigía que los reclutas firmaran un estricto juramento de lealtad, no a Sendero Luminoso sino a él, e inculcaba el «pensamiento Gonzalo», que, según él, traspasaría las fronteras nacionales y desencadenaría la revolución mundial.[18] Era, de acuerdo con una pujante hueste de seguidores fanáticos, la cuarta espada del comunismo después de Karl Marx, Vladímir Lenin y Mao.

Sendero Luminoso no podría haber encontrado un terreno más fértil para su marca de terror. Entre 1968 y 1975, Perú había estado gobernado por Juan Velasco Alvarado, un presidente socialista moderado que trató de establecer vínculos con la Cuba de Castro y el Chile de Allende. Cuando en 1975 los militares dieron un golpe de Estado, los agentes de Sendero Luminoso ya habían aprovechado cualquier oportunidad para introducirse en ese sistema, crear puestos estratégicos en él y aprender su funcionamiento.[19] Sendero salpicó de propaganda los niveles inferiores del Gobierno. Se infiltró en la policía y el ejército, abordando a los novatos con panfletos y armándolos con abundantes provisiones de dinamita hurtada en las minas de la región. Animó a los soldados que estaban en cuarteles con grandes arsenales a que desertaran y se llevaran las municiones. En 1980 Sendero Luminoso estaba listo para activar su red. En mayo, en vísperas de las elecciones presidenciales de Perú, atacó. Los guerrilleros del camarada Gonzalo irrumpieron en las votaciones de la ciudad montañosa de Chuschi, quemaron las urnas y declararon su gran ambición de derrocar al Gobierno peruano y exterminar a la clase dirigente.

El presidente recién elegido, Fernando Belaúnde Terry, así como todo el mundo en Lima, la bulliciosa capital, consideraron a los guerrilleros un hatajo de lunáticos desmañados y sin un objetivo claro y los desdeñaron. Belaúnde los ignoró con desdén patricio y echó tierra sobre sus reclamaciones, pensando que era imposible que tuvieran un propósito más amplio, y mientras tanto Sendero Luminoso creció. Se movió por las zonas rurales, matando a los capataces de las empresas controladas por el Estado y ganándose el respeto y la lealtad de los campesinos que prácticamente habían sido esclavizados por la red limeña que Belaúnde representaba. Tal vez la disidencia hubiera comenzado a pequeña escala, pero muy pronto Sendero Luminoso empezó a controlar los alrededores de Ayacucho —y luego la zona que comprende las tierras altas andinas— con el pretexto de proteger a los pobres. No mucho después, dejaron una macabra tarjeta de visita en las calles de la capital: al despertarse, Lima encontró perros muertos colgados de las farolas, con pancartas suspendidas que aullaban: «Deng Xiaoping, hijo de perra».[20]

Al principio, los jóvenes que pertenecían a Sendero Luminoso estaban verdes, faltos de preparación, ignoraban las técnicas de combate o la guerra de guerrillas.[21] Pero muy pronto, cuando llegó un éxito tras otro, se convirtieron en guerreros curtidos y sus incursiones fueron más directas, más estratégicas, y sus métodos, más salvajes. El grupo acabó constituyendo un verdadero ejército que cruzó una amplia franja del país, matando a los campesinos que no estaban de acuerdo con su campaña de terror o que no se unían a sus fuerzas. La referencia a Deng Xiaoping no era ociosa: Deng, el sucesor de Mao, había acabado con el estricto código marxista de China, ampliado sus oportunidades y renovado su idilio con el comercio exterior. La macabra señal del cadáver de un perro se convirtió en la forma que tenía Sendero Luminoso de hacer saber a los peruanos que, si sucumbían a las debilidades capitalistas de Deng, se produciría un exterminio brutal. Empezaron a aparecer perros degollados en los umbrales de las casas, colgados de las puertas de las fábricas, tirados sobre los muros de los puestos militares. La señal era clara: como en la China de Mao, el *establishment* era inmediatamente sospechoso; los poderosos eran un muerto viviente. En un salvaje derramamiento de sangre similar al horrible genocidio del revolucionario comunista Pol Pot en Camboya, Sendero Luminoso empezó a torturar y ejecutar a cualquiera que tuviera la más mínima conexión con el Estado —la policía, el ejército, los alcaldes, los maestros— y a cualquier desafortunado civil que se encontrara en medio.

Con el tiempo, Sendero Luminoso estableció lucrativas alianzas con narcotraficantes que operaban en la selva y las zonas remotas de la sierra. Las guerrillas proporcionaban seguridad; los narcos les hacían llegar dinero. Por eso Sendero Luminoso no necesitaba financiación exterior. Fue la primera insurrección armada en América Latina que apenas contó con apoyo extranjero y dependió del dinero del narcotráfico para entrenar, armar y llevar a cabo sus operaciones cotidianas.[22] Las futuras organizaciones terroristas aprenderían de este ejemplo. A finales de la década de 1980, Sendero Luminoso controlaba la mayor parte de las zonas rurales de Perú, con un yugo de terror que se extendía desde la frontera norte con Ecuador hasta las fronteras con Brasil y Bolivia.

No se trató de una campaña de persuasión política. Los operativos de Guzmán utilizaban la fuerza bruta para amedrentar a la población. Si una guerrillera flirteaba con un policía y él respondía a sus insinuaciones, bien podía acabar degollado y sin su arma.[23] Si una banda de guerrilleros paraba un coche en la carretera, era para aplastar cráneos, sacar ojos y meter penes desmembrados en bocas.[24] Los niños eran enviados a volar bancos. Los escuadrones provistos de explosivos arrasaban las centrales eléctricas, dejando a las ciudades sumidas en la oscuridad. Los guerrilleros atacaban las depuradoras y dejaban a los barrios sin agua. Las madres eran obligadas a asesinar a sus hijos si lloriqueaban y podían comprometer una emboscada. Los campesinos eran forzados a silenciar a cuchillazos a sus perros. Si alguien se oponía, era asesinado al instante. La idea era moverse de manera furtiva, generar caos, sembrar el pánico, eliminar la estructura de poder, someter a toda la población. Vamos a cruzar un «río de sangre», exhortó Guzmán a su ejército.[25] Arrasaremos el campo, limpiaremos el pus, dejaremos desiertos a nuestro paso.[26]

Para destruir el viejo orden, se entrenó a los guerrilleros para que asaltaran aldeas de la montaña y mataran a quienquiera que estuviera remotamente asociado a él. Como dijo una periodista, cualquier sospechoso de tener vínculos con el Estado era un blanco potencial:

«el alcalde de la localidad; la enfermera del dispensario; el organizador campesino que gestionaba las cooperativas agrícolas; el guardia de seguridad del banco; el agrónomo europeo que luchaba contra la fiebre ovina; el campesino cuya parcela de patatas era demasiado grande; el estudiante que había ido al aeropuerto a recoger a un candidato político que llegaba de Lima».[27]

Sendero Luminoso se inspiró, en un sentido más amplio, en la vertiginosa guerra de Túpac Amaru II contra el dominio español que había paralizado la colonia doscientos años antes. Esa rebelión, que ensangrentó a Perú entre 1780 y 1783, acabó superando en víctimas a la Revolución estadounidense y dejó cien mil cadáveres en la sierra peruana.[28] No hay duda de que Túpac Amaru y Abimael Guzmán compartían una visión y una estrategia; las suyas serían guerras de suma cero entre el opresor y el oprimido, el de piel oscura frente al blanco, la montaña contra la ciudad. Sin embargo, mientras que el objetivo de Túpac Amaru había sido matar a los corregidores españoles y masacrar a los blancos, el de Sendero Luminoso fue masacrar a cualquiera que no se uniera a sus filas, incluidos aquellos a los que había prometido justicia, los indígenas.

«La cuota», lo llamó Guzmán; matar inocentes formaba parte de la cuota de sangre que Perú tendría que pagar para librarse de sus venenos capitalistas y dar paso a una era más justa.[29] Si en ese baño de sangre los guerrilleros de Sendero Luminoso morían a miles, que así fuera; la cuota exigía un código estricto de sacrificio personal, una disposición tácita a morir. Los rebeldes sembrarían vientos y recogerían tempestades. De hecho, Sendero Luminoso enseguida se convirtió en la expresión más radical de un cuerpo revolucionario desesperado llevado al extremo.[30] Un siglo y medio antes, Bolívar había llamado «guerra a muerte» a una revolución muy diferente, pero el mensaje era casi idéntico. Una guerra purificadora. Contra España, contra la jerarquía petrificada de Lima, la revolución sin tregua de una fuerza anarquista que no tenía nada que perder. Al contrario, tenía todo que ganar. Si la nación implosionaba, tanto mejor. Sendero Luminoso iba a luchar por los pisoteados, los despreciados —el último mono del país—, y le arrancaría la cabeza al poder que los había sometido durante quinientos años.

A diferencia del ejército de Túpac Amaru, los insurgentes de Guzmán se las arreglaron para introducirse en todos los rincones de Perú y abrirse paso hasta el corazón mismo de la capital, donde desataron el caos en los barrios ricos y los pasillos del poder y abrieron oficinas en el centro de Lima. Aun así, no dejaron en paz a los pobres; fueron directamente a los barrios de chabolas y mataron a los líderes cívicos, los sacerdotes, los trabajadores sociales.[31] La idea era transmitir que había un único camino, el de Sendero Luminoso. Las fuerzas armadas peruanas se sumaron al caos al librar una guerra violenta e incondicional contra la guerrilla, merodeando por las zonas rurales y ejecutando a cualquiera que fuera remotamente cómplice, y con frecuencia matando a discreción. De hecho, los militares acabaron siendo tan sádicos y genocidas como los revolucionarios, exterminaron a una gran parte de los campesinos y detuvieron a un número similar para torturarlos y encarcelarlos. Las prisiones de Lima estaban tan llenas de sospechosos que, cuando los reclusos se amotinaron en 1986, doscientos cincuenta fueron sacrificados como ovejas dentro de los muros de la penitenciaría. Cuando esa década furiosa y sangrienta terminó, la revolución de Guzmán le había costado a Perú setenta mil almas.[32] La población rural desplazada, que temía por su vida y había llegado a la capital en busca de protección, construyó chabolas allí donde pudo —en terrenos arenosos y laderas—, dando lugar a anillos de casuchas miserables alrededor del centro de Lima.[33] Una ciudad de ochocientos mil habitantes pasó a tener siete millones. En 1990, uno de cada dos limeños vivía en un barrio marginal.[34] La vida tenía poco valor, se padecía con miedo. Nadie se sorprendió cuando, un año más tarde, estalló una epidemia de cólera que enfermó a 322.000 personas[35] y mató a otras mil.[36]

Las dos partes estaban pagando generosamente la cuota. En 1992, dos días después de que una bomba estallara en una tranquila plaza y matara a cuarenta civiles en el distrito de Miraflores, las fuerzas armadas peruanas asaltaron una universidad de las afueras de Lima, bajo la presunción de que todas las instituciones de educación superior eran incubadoras de problemas. Veinticinco estudiantes y profesores fueron secuestrados, torturados, masacrados, decapitados o quemados y arrojados a una fosa.[37] Ninguno era miembro de Sendero Luminoso ni de otro grupo terrorista.[38] Pero, para entonces, la violencia gratuita parecía ser la única regla.

En 1995, tres años después de que Guzmán fuera arrestado en su escondite, situado encima de una escuela de danza para niños en un rincón tranquilo de la capital, la cabeza se volvió para morderse la cola: Lima se vengó de la gente de las montañas. Decidido a impedir el crecimiento de una población indigente no deseada y a impulsar la economía de Perú, el presidente Alberto Fujimori ordenó la esterilización masiva y obligatoria de las mujeres indígenas de la sierra peruana. En un azote de violencia disfrazado de medida sanitaria, apoyado por treinta y seis millones de dólares de Estados Unidos, más de 350.000 mujeres quechuas y aimaras asustadas fueron conducidas a clínicas improvisadas sin explicación alguna, drogadas sin su consentimiento y sometidas a una cirugía que sesgó cualquier posibilidad de reproducción.[39]

Perdido en El Dorado

> América es la mayor de las oportunidades y la peor de las influencias.[40]
>
> George Santayana

Carlos Buergos se sentía como si hubiera vuelto a nacer mientras se acercaba al fantasmal relieve que él conocía como Cayo Hueso; un arrecife óseo, duro, Key West. El sol era implacable, cegador, y dificultaba la visión del mundo en el que estaba siendo liberado. Había permanecido en una celda el tiempo suficiente para preferir la oscuridad y ahora se esforzaba, protegiéndose la frente con las dos manos, para ver la franja de arena que había más allá de un mar refulgente. A medida que aumentaba el clamor —«¡América! ¡Bendito Dios!»— también él quiso gritar de alegría, pero a duras penas pudo emitir un graznido. ¿Quién habría imaginado que matar caballos e incumplir leyes le traería tan buena suerte? Iba descalzo, sin camisa, exactamente como estaba cuando abrieron las puertas de la cárcel y le metieron en un camión. Tenía los hombros y los brazos quemados y los labios agrietados. Le dolía la vieja herida de la cabeza. Alguien le golpeó en el brazo y señaló la costa. «¡Fulas, papaya y güisqui, compay!». Se rio. Sus deseos eran más básicos. Hacía días que no comía.

Era uno más entre aquellos 125.000 especímenes humanos desesperados; andrajosos, desaliñados, con poco que les identificase aparte de su palabra. Si bien se hicieron esfuerzos para desalentar el intento estadounidense de rescatar a las masas que Castro llamaba «basura» y «escoria», el presidente Jimmy Carter prometió darles la bienvenida «con los brazos abiertos».[41] Los estadounidenses fletaron lanchas, veleros, barcos camaroneros y cargueros, y navegaron hacia las costas de Cuba para salvar vidas, a veces utilizando para ello los ahorros acumulados. Antes de la llegada de los marielitos, en las paredes de los edificios de recepción de los Cayos de Florida se pegaron pasquines del Gobierno estadounidense:

> A los refugiados cubanos:
>
> Esta gran nación les ha brindado la oportunidad de una nueva vida, libertad amplia y plena, seguridad y garantías de orden y paz, así como la oportunidad de un nuevo renacer y consideración como persona. Con todos los derechos humanos inalienables ante Dios y los hombres.[42]

Cuando el camión de la prisión que llevaba a Carlos y algunos otros presos llegó a Mariel, la puerta se abrió, liberándolos en el puerto. Carlos había avanzado renqueante hacia el carguero más cercano, pero una muchedumbre frenética le había hecho retroceder. Al final logró embarcarse en otro, deslizándose entre lo que parecía una familia numerosa e inquieta. Había hombres trajeados, disidentes con harapos, descontentos, desesperados, soñadores, homosexuales, deficientes mentales y enfermos mentales, cubanos que Castro ya no quería. Miró a su alrededor pero no reconoció a nadie. No había veteranos del ejército ni ladrones de Combinado del Este, ningún otro preso había subido a bordo. Horas más tarde, en Cayo Hueso le hicieron pasar por un centro de procesamiento junto con otros miles como él y le metieron en un avión con destino a Pennsylvania.[43]

Desde allí le llevaron a Fort Indiantown Gap, un centro de entrenamiento de la Guardia Nacional donde decenas de miles de marielitos fueron retenidos tras un alambre de espino a la espera de que los empleados del Gobierno de Estados Unidos decidieran qué hacer con ellos. Al final, lo metieron en un autobús con dirección a Fort Chaffee, una base militar de Arkansas. De los miles de cubanos que pasaron por esa trilladora humana, cincuenta y cinco tenían antecedentes penales, muchos de ellos como presos políticos.[44] Sin embargo, en el grupo que llegó con Carlos al centro de detención de Fort Chaffee, a él le pareció que era el único. En cualquier caso, cuando los cubanos empezaron a llegar, la gente que vivía en el pequeño pueblo vecino creía que lo que Castro había dicho era verdad; se trataba de delincuentes, réprobos, un peligro para su comunidad.[45] A continuación estallaron protestas y motines en las cárceles y, en algunos casos, hubo acusaciones de crueldad por parte de los carceleros estadounidenses. Y después, de repente, cinco meses más tarde, tras un largo viaje en autobús, Carlos estaba en Washington D. C., libre para vagar por las calles de la ciudad.

En el Servicio de Ciudadanía e Inmigración, situado en el centro de Washington, el personal hizo tres cosas por él: le encontraron un trabajo como ayudante de camarero en la cafetería de la Universidad Americana cobrando el sueldo mínimo y sin propinas; le dieron un estipendio de ciento cincuenta dólares mensuales hasta que se acostumbrara a la rutina, y le alquilaron una habitación en una pensión atestada de una zona complicada del barrio de Mount Pleasant.[46] Nadie le preguntó si había estado en la cárcel. Nadie le dijo que iba a vivir en uno de los barrios del país donde circulaba más crack, en el centro de la capital estadounidense del homicidio, en una ciudad cuyo alcalde, Marion Barry, era un notorio cocainómano.

Desorientado, con problemas para comunicarse en inglés, Carlos intentó mejorar su situación. Al cabo de unos meses, consiguió un segundo trabajo fregando platos en Ridgewells, una empresa de cáterin para fiestas exclusivas, con el fin de complementar su escaso salario. Pero la vida en esa ciudad resultó ser peligrosa. Una noche, al volver tarde a casa después de su segunda jornada, tres matones callejeros le robaron y le pegaron un tiro en el estómago. Durante meses tuvo ocho perforaciones en el intestino. Se sometió a una colostomía, pero se quedó más delgado, demacrado y exangüe, apenas capaz de comer.

Estaba familiarizado con los tiroteos, ya había sobrevivido a cosas peores. Lo que aún no sabía era que no tenía que seguir el consejo del Servicio de Ciudadanía e Inmigración, que en Estados Unidos había maneras más rápidas de ganar dinero. Mucho dinero. Supo, por los yonquis estadounidenses de su edificio, que por esas calles circulaba un dinámico flujo de crack. A las autoridades de la ciudad no parecía importarles.[47] Llegaba desde los Andes —crecía en Perú, se procesaba en Colombia, pasaba hacia el norte y entraba por México—, impulsado y protegido por terroristas. Los Crips y los Bloods, las bandas más truculentas de Los Ángeles, negociaban directamente con los cárteles colombianos, canalizando un tráfico de ordenados ladrillos de esa sustancia mediante camiones con dirección a Washington. El capo de la droga que lo facilitaba trabajaba en el mismo barrio donde vivía Carlos.

Mientras se recuperaba de sus heridas, encadenó una serie de trabajos de poca duración: servir mesas, atender en la barra de un bar, colocar paneles de yeso para una empresa de construcción. Pero, mientras eso sucedía, algo era diferente; estaba decidido a descubrir más sobre el mundo de la droga, el dinero que fluía con tanta facilidad a su alrededor. Parecía que, allí adonde mirara, había gente que hablaba entre murmullos, vestía con elegancia, tenía coches sofisticados. Aquello no era La Habana ni Matanzas. No era Luanda ni Mozambique. Empezó a sentirse fascinado, irresistiblemente arrastrado por el atractivo nocturno de los camellos, las discotecas, la gran vida, las mujeres rápidas. Comenzó a esnifar cocaína con amigos, y no mucho después los camellos le pedían que les tradujera lo que alguien vociferaba en español al teléfono, o bien le invitaban a acompañarles a un local de santería vudú, un club de salsa, un puesto de burritos o una tienda de alimentación para que les ayudara a cerrar tratos. Lo hacía a cambio de algunos gramos, un colocón rápido. Nunca antes había consumido drogas duras, y el subidón le parecía una revelación; la euforia —esa inexpresable sensación de inmortalidad—, la seductora descarga de bienestar. No se parecía a nada que hubiera experimentado antes; era un bálsamo para las palpitaciones de su cabeza, una distracción del intestino herido. Pronto fue incapaz de pensar en otra cosa.

¿Podía ser que, después de todo, en Estados Unidos la buena vida fuera tan sencilla? Vender un poco de droga, llevar un arma, hacer contactos, asustar a unas cuantas personas. A fin de cuentas, aquello no le resultaba desconocido. Le habían entrenado para empuñar un arma, blandir un cuchillo. No tenía reparos en robar si ello era necesario; nada de eso era nuevo para él. Había convivido con convictos, frecuentado a matones, sido amigo de asesinos. ¿Era esa, pues, su destreza más vendible en aquel país?

La caída en la delincuencia fue gradual. Carlos conoció a una mujer estadounidense mayor que él en un club de mambo, una rubia de unos cincuenta años con un buen trabajo, una hija de su edad y un apartamento bastante bonito. A Helen le gustaba cómo bailaba Carlos, su inglés peculiar, su sentido del humor, su energía nerviosa, su juventud. Le invitó a su cama y, poco después, le dijo que podía instalarse con ella y sentirse como en casa. Era una vida bastante cómoda, tanto que con el tiempo Carlos empezó a faltar al trabajo. Finalmente, tras andar de juerga con otros yonquis, empezó a cometer delitos menores, irse de picos pardos, ser arrestado borracho. Los documentos oficiales muestran que la policía detuvo a Carlos en 1982 y 1983 por llevar un arma oculta. «Las dos veces estaba con un grupo de cubanos —recuerda— y estábamos un poco colocados en el aparcamiento de un 7-Eleven, quizá. Nos pusimos tontos. La cosa se desmadró. El arma era mi cuchillo para las placas de yeso».[48]

Un día de 1984 le ofrecieron una paga equivalente a varios días de trabajo por entregar una maleta llena de cocaína en el otro extremo de la ciudad. Poco después llevaba paquetes aquí y allá, cruzando la frontera estatal, para quien se lo pidiera. La capital se había convertido en el epicentro del crack —estaba inundado de drogas—, y dirigía el cotarro un nuevo y carismático cerebro de diecinueve años, Rayful Edmond III. El 24 de septiembre de 1984 uno de los esbirros de Edmond le dio a Carlos varios fajos gruesos de billetes de cien dólares y le mandó a cerrar un trato en Springfield, Massachusetts, pero al final todo salió mal. Cuando Carlos y su acompañante mexicano se registraron en una habitación de motel, este último sacó una pistola, le disparó por la espalda y salió corriendo con el dinero. Tras ser llevado a urgencias a toda prisa, Carlos estuvo ingresado en el hospital durante semanas. La bala sigue alojada en su cadera izquierda.

Al cabo de unos meses era adicto a la cocaína. En 1987, incapacitado por el dolor y rechazado por drogadicto —por fracasado—, se dedicaba a hacer recados para camellos de poca monta, cubierto de cadenas de oro y vestido con ropa elegante, alimentando una adicción creciente. Fue en esa época cuando Carlos, entonces con treinta y dos años, robó una tienda y una casa en Ocean City, Maryland, le pillaron y fue condenado a doce meses de cárcel.

Mientras tanto conoció a Clara, una joven venezolana que limpiaba casas en Bethesda, Maryland. Responsable y trabajadora, intentó poner un poco de orden en la vida de Carlos, quien, durante un tiempo, dejó las drogas y trabajó regularmente colocando paneles de yeso. Se fue de casa de Helen y prometió que iba a llevar una vida mejor. Clara y él se casaron y tuvieron un hijo en mayo del año siguiente.

En 1988 Carlos se convirtió en camarero de un elegante club de campo de Washington, un trabajo con el mejor salario que jamás había ganado, pero no le duró mucho tiempo. Lo dejó, indignado, cuando el jefe de camareros le acusó de ser lento y poco atento con la clientela. Para sustituir ese empleo cogió dos: trabajaba en el servicio de habitaciones de un hotel Marriott y después se iba con su mejor amigo a hacer de camarero en un Holiday Inn de Baltimore. «Estaba haciendo las cosas bien —dijo—, intentándolo en serio».[49] Sin embargo, cuando ese amigo murió de cáncer unos años más tarde, Carlos dejó de presentarse en ambos trabajos. Pronto volvió a la cocaína con más ganas que nunca, y al inframundo de bichos raros y matones que traficaban con ella.

Cuando un traficante de los gordos se instaló en su edificio de la calle 16, Carlos empezó a vender cocaína de nuevo. Esta vez eran entregas grandes, a pesar del riesgo elevado que entrañaban. No era él mismo. Tenía pesadillas con los campos de batalla africanos y sentía que la ira le invadía y le consumía lentamente. Poco después, su esposa se registró en un centro de acogida para mujeres maltratadas, y luego se mudó a otro piso, decidida a ocuparse de la mala salud de su hijo de tres años, que, como algunos hijos de adictos, había empezado a mostrar señales de trastorno de déficit de atención agudo y confusión emocional.

Entonces, al encontrarse solo, Carlos se entregó por completo a su adicción. No ganaba dinero, se limitaba a pasar de un chute al siguiente. De nuevo en las calles, era como una hoja en invierno, azotado por los vientos de las drogas y la violencia que habían viajado al norte con él, surfeando en la cresta de una ola de terror que ni siquiera sabía que existía. Cuando acabó en la cárcel de Lorton por tráfico de drogas, era una sombra del joven rubio que se había ido a Angola veinte años antes, un despojo cadavérico de apenas sesenta kilos que no paraba de moverse nerviosamente.

Mientras Carlos estaba en la cárcel, su hijo de seis años murió por un fallo cardiaco y su mujer se distanció. En el 2001 la prisión de Lorton cerró para reabrir como centro de arte comunitario. Las autoridades penitenciarias se vieron obligadas a mandar a todos los reclusos, entre ellos a Carlos, a otra parte: a Georgia, Carolina del Sur, Florida. Con el tiempo fue liberado y volvió a hacer lo que mejor se le daba: robar, tirar puertas abajo, amenazar a drogadictos por no pagar sus deudas, dar culatazos a desgraciados. Vagó de una ciudad a otra en busca de la siguiente chapuza.[50] Y sin embargo, fuera adonde fuese, no podía deshacerse de determinados recuerdos: la visión de un machete golpeando la frente de un hombre; un mar de carne mutilada en el campo de batalla africano; la repentina oscuridad cuando una bala le perforó la cabeza; el destello blanco cuando ocho más penetraron en su estómago; la imagen de su esposa huyendo por el pasillo con su hijo; el rápido golpe de plomo invadiéndole el costado. Así eran las cosas. Así era como habían sido siempre.

La guerra sin fin

> El descubrimiento y la conquista de América aún no han terminado, y la resistencia a la conquista tampoco ha terminado.[51]
>
> Juan Adolfo Vásquez, 1982

Sin duda, así había sido en Cuba. Incluso después de la revolución —incluso después del tumulto que supuso la toma del poder de Castro y sus posteriores purgas políticas— había continuado siendo un país represivo. Con el pretexto de reinventarlo para beneficio de todos, los comunistas habían creado un régimen orwelliano, un Gobierno acosador, con leyes punitivas y una gran población de prisioneros. Las detenciones arbitrarias, la tortura y las violaciones de los derechos humanos fueron habituales, así como una cultura de la paranoia. De todas formas, desde la década de 1960 hasta finales de siglo, el modelo cubano siguió inspirando revoluciones en otros lugares de América Latina. No era difícil que sucediera. Desde que se tiene memoria, la región había sido un polvorín, una bomba de relojería racial, que tarde o temprano tenía que explotar. El despotismo se había convertido en la norma, incluso en los regímenes elegidos democráticamente, y, con ello, en una tendencia al absolutismo de línea dura, la subyugación y la crueldad. La violencia se convirtió en la opción por defecto del continente, el *modus operandi*; simplemente, en la forma en que funcionaba el mundo.

La historia había hecho que fuera así. El elemento crucial que creó en un principio América Latina unió a dos pueblos claramente diferentes e inestables. España había salido de una furibunda guerra contra los ocupantes árabes, así como de una campaña para dominar el comercio de esclavos. Los españoles que navegaron por miles para poblar América Latina habían confiado en las hermandades —justicieros, policía rural— para mantener a raya a la población, a menudo con medios brutales.[52] Los imperios indígenas con los que se encontraron en esa tierra distante sabían bien lo que eran las guerras de conquista, el sacrificio humano ritual. La represión violenta no les era ajena. Ambos bandos conocían la utilidad de la brutalidad cruel y confiaban en ella, la empleaban y eran sus víctimas. Era el curso natural de las cosas.

A medida que la historia avanzaba, parecía que se formaba un patrón. Siempre había guerreros sobreexcitados con poco que hacer, clases subyugadas con poco que perder. Cuando el rey portugués se propuso poblar Brasil, envió criminales reincidentes e indeseados; los nativos brasileños sufrieron las consecuencias.[53] Cuando se mandaron soldados españoles para reprimir las revoluciones latinoamericanas, estos acababan de librar una feroz guerra de guerrillas contra los ejércitos invasores de Napoleón; en respuesta, los rebeldes de las colonias españolas recurrieron a una violencia análoga. Cuando Francia quiso cobrarle las deudas a México y durante la negociación reclamó el país a cambio, mandó acerados veteranos de la guerra de Crimea y se produjo una masacre. Cuando, siglos después, las corporaciones extranjeras asentadas en América Latina necesitaron organizar fuerzas de seguridad, emplearon a implacables veteranos de las guerras civiles. Lo que querían las empresas para proteger sus negocios eran precisamente guerreros experimentados; hombres curtidos, despiadados y armados.

Fue, como había sido durante siglos, «la época del perrero», en la que se clamaba venganza y se tomaban represalias, en que se alegaban violaciones y se cumplían castigos.[54] En Perú, era imposible no ver «un primitivismo, una ferocidad» en los cimientos de la sociedad, escribió el novelista y premio Nobel Mario Vargas Llosa años después de abandonar la vida política.[55] Un país que, con tantas injusticias y transgresiones sufridas en el pasado, podía verse reducido con facilidad a la vileza.[56] Pero Perú no era diferente de sus vecinos. Así había ocurrido en ese calvario de choques culturales. Así había sido desde tiempos inmemoriales.

Vargas Llosa siguió explicando con detalle la enfermedad latinoamericana en su discurso de aceptación del Nobel:

> La conquista de América fue cruel y violenta, como todas las conquistas, desde luego, y debemos criticarla, pero sin olvidar, al hacerlo, que quienes cometieron aquellos despojos y crímenes fueron, en gran número, nuestros bisabuelos y tatarabuelos [...]. Al independizarnos de España, hace doscientos años, quienes asumieron el poder en las antiguas colonias, en vez de redimir al indio y hacerle justicia por los antiguos agravios, siguieron explotándolo con tanta codicia y ferocidad como los conquistadores, y, en algunos países, diezmándolo y exterminándolo. Digámoslo con toda claridad: desde hace dos siglos la emancipación de los indígenas es una responsabilidad exclusivamente nuestra y la hemos incumplido. Ella sigue siendo una asignatura pendiente en toda América Latina. No hay una sola excepción a este oprobio y vergüenza.[57]

He aquí la raíz de la violencia, la razón por la que los blancos han controlado la raza de manera tan escrupulosa, la razón por la que los sacerdotes registraban el tono de piel de los recién nacidos de manera tan meticulosa en los viejos anales de la iglesia y los poderosos aún la protegen hoy con tanto celo. Es el motivo por el que, durante tanto tiempo, en América Latina los de color han estado marginados, han sido abandonados, subestimados. Se han escrito muchos panegíricos sobre el extraordinario y generalizado mestizaje de la región, y, de hecho, la mezcla de razas fue habitual desde el principio. No hubo opción, puesto que los conquistadores españoles y portugueses se unieron libremente con mujeres indias y negras. Al mismo tiempo, la limpieza de sangre siempre ha sido un viejo precepto para quienes tienen antepasados españoles: la noción de pureza de sangre, de un acervo genético sin elementos indígenas, judíos, chinos, árabes o negros, a pesar de que a estas alturas los «blancos» con una larga historia en las Américas han adquirido generosas líneas de cada uno de ellos. El prejuicio permanece, aunque la realidad ha cambiado.

Durante cien años, la limpieza de sangre fue una ley en la España del siglo XV, y se requería un certificado oficial cuya finalidad era excluir a los judíos y los árabes.[58] Con el tiempo, el concepto se volvió más flexible, más corrupto; cuando a principios del siglo XIX España necesitaba dinero desesperadamente, decidió vender cédulas de Gracias al Sacar, certificados que garantizaban a una persona de color de las colonias, cuya tonalidad de piel fuera más bien clara, los mismos derechos que a los blancos: derecho a la educación, a ser contratado para mejores trabajos, a ejercer el sacerdocio, a tener un cargo público, a casarse con un blanco, a heredar riqueza.[59] En la América Latina multirracial de hoy en día, la noción de limpieza de sangre se ha vuelto aún más flexible, aunque sigue siendo un recurso útil para el prejuicio. La escala de la blancura es mudable. «Es muy blanca la novia», dirán los orgullosos padres del novio, contentos de que su futura progenie sea más blanca. Esa es la razón, como lamentó Bolívar, y en la que tantos siguen insistiendo, por la que la revolución nunca se acabó del todo y la verdadera igualdad, ese brillante objetivo de la Ilustración, nunca se alcanzó. Sondéese el motivo de un crimen, o las causas más profundas de una ira pertinaz, y el triunvirato de raza, clase y pobreza casi siempre está en la raíz de lo que sucede en América Latina. Es la razón por la que persiste la cultura de la violencia.

Porque, ciertamente, persiste. Cuarenta y tres de las cincuenta ciudades más violentas del mundo están en América Latina.[60] De los veinticinco países que presumen de las tasas de asesinatos más elevadas, casi la mitad están al sur del río Grande. Hoy en día, en Trujillo, Perú —la orgullosa ciudad de Pizarro a orillas del Pacífico, donde transcurrió mi infancia—, puedes, por cien dólares o incluso menos, contratar a un sicario para que le pegue un tiro a alguien que te debe dinero, acabe con un vecino irritante o elimine al amante de tu mujer. Es tan fácil como rastrear Facebook o un mercado digital llamado «¡Qué barato!» y encontrar exactamente al asesino adecuado que lo haga por un precio justo.[61] También puedes hacerlo en Cali, Colombia; de hecho, en tiempos de paz ningún país ha registrado los niveles extremos de violencia sufridos por Colombia.[62] En Buenos Aires, Argentina, puede costarte más —este año, la tarifa base para un asesinato rápido, eficiente y premeditado es de diez mil dólares—, pero se puede hacer.[63] Como ha dicho una periodista, en América Latina los sicarios han hecho por el asesinato lo que el transistor hizo por la radio.[64] La barbarie es proteica, ubicua, y permea de otras maneras el tejido de la región. Por ejemplo, en la actualidad, en Maturín, Venezuela, un delincuente callejero puede cortarte la mano si le gusta tu reloj; puede matarte directamente por un buen par de zapatos. Se trata del producto de una insensibilizadora espiral de violencia justiciera que empezó en América Latina en la década de 1960 y que luego estimuló una histeria en la que tanto los gobernantes como los rebeldes no sintieron ninguna limitación moral o psíquica a sus más bajos instintos.[65]

En el año 2018, con una regularidad pasmosa, más de una docena de salvadoreños fueron eliminados diariamente en guerras entre bandas.[66] Un mal día, y cuarenta y cinco acababan en camiones y eran transportados a la morgue. En ese momento, El Salvador tenía la tasa de homicidios más alta del mundo —108 por cada cien mil habitantes—, multiplicando por cien la de Reino Unido, por veinte la de Estados Unidos y por más de diez la media global.[67] Cuando, el 17 de enero del 2017, transcurrió un día entero sin que se produjera un solo asesinato en ese calamitoso país, el hecho fue noticia en lugares tan lejanos como Rusia y Nueva Zelanda. Pero los salvadoreños no están solos en esta carnicería. El conjunto de América Latina, una región que solo cuenta con el 8 por ciento de la población mundial, acumula el 38 por ciento de los asesinatos premeditados del mundo.[68] De acuerdo con la revista *The Economist*, en esa parte de las Américas el recuento de víctimas ascendió a 140.000 asesinatos en el 2017, más que las bajas de todas las guerras que han tenido lugar hasta ahora en el siglo XXI. Si contáramos a los tullidos, los heridos, los violados y los torturados —a quienes pudieron sobrevivir al baño de sangre—, la cifra sería demasiado asombrosa, demasiado incomprensible. Y esto en un mundo en el que el crimen, por lo general, está en declive y el asesinato es más infrecuente.

En los lugares donde la violencia es menos evidente, las facciones políticas y las bandas criminales han encontrado otras maneras más sutiles de ejercer la crueldad: los intentos de asesinato fallidos, los secuestros y la extorsión, los incendios provocados, el avivamiento del miedo social, la paranoia, los estragos psicológicos, el daño social, el hambre y los desplazamientos. En Venezuela, en el siglo XXI, hemos sido testigos de eso. Desde el 2014, cuando el cadáver del presidente Hugo Chávez fue depositado en un gran mausoleo y su antiguo guardaespaldas Nicolás Maduro tomó las riendas del poder, ha reinado la delincuencia callejera, el hambre y la desnutrición han sido generalizadas y la corrupción, endémica, lo que ha provocado una gran oleada de refugiados venezolanos desesperados, que se van a otros lugares de América Latina en una huida por salvar la vida. Nunca conoceremos el nivel de violencia del que escapan; el Gobierno venezolano dejó de notificar los homicidios en el 2005.[69]

Incluso en las naciones lo bastante afortunadas como para tener unas tasas de criminalidad bajas o haber reducido de forma drástica los casos de agresiones —Costa Rica, por ejemplo, o Panamá—, los ciudadanos acaban sacando partido del caos que les rodea. A fin de cuentas, la ruta comercial de la droga que se abre camino hacia el norte del hemisferio transcurre por esos países más pacíficos, lo cual los enriquece y los supedita a la miseria general. Y si bien un país con un pasado violento puede ser hoy en día más seguro —por ejemplo,

Argentina, Ecuador o Chile—, la historia ha demostrado que en estas naciones inestables el clima político puede cambiar radicalmente, la demagogia puede regresar y se puede condenar a la gente a repetir una vez más el ciclo.

La incapacidad de América Latina para enfrentarse con firmeza a la violencia —a los asesinatos que se ignoran, las desapariciones que nunca se juzgan, las agresiones que no se denuncian— es una prueba de sus graves fallos judiciales, y es muy evidente en la corrupción, tan extendida en la actualidad. El fraude, el soborno y la extorsión, que fueron flagrantes y generalizados durante el dominio colonial español y portugués, son aún hoy rampantes, un rasgo de la cultura tan enquistado que ha resultado muy difícil ponerle freno, no digamos ya erradicarlo. De hecho, en la mayoría de los países de América Latina, incluso los que afirman ser democracias liberales, los sobornos son una práctica tan aceptada que los negocios dependen de ellos.

Por ejemplo, entre los años 2004 y 2016, la gigantesca constructora brasileña Odebrecht fue capaz de obtener tres mil millones de dólares de beneficios tras comprar a docenas de presidentes y empleados gubernamentales[70] con sobornos que ascendieron a ochocientos millones de dólares.[71] La imponente estatua de Cristo que se alza en lo alto del montículo marrón de Chorrillos, en la bahía de Lima —una copia exacta de la que abre sus brazos sobre Río de Janeiro—, fue un gesto de gratitud del «departamento de relaciones corporativas» de Odebrecht al presidente Alan García. Cinco de los últimos seis presidentes peruanos, entre ellos García, son sospechosos de aceptar sobornos. Algunos han sido reprendidos y dos fueron a la cárcel. Pedro Pablo Kuczynski fue destituido debido a pruebas claras, y García se metió una bala en la cabeza. Pero la mayoría han salido indemnes. De Panamá a Argentina, los empleados gubernamentales han abandonado sus cargos con decenas de millones de dólares bajo el brazo, mientras muchos de ellos insistían, irónicamente, en que habían hecho sólidos avances contra la corrupción. Dos presidentes brasileños recientes han caído por denuncias similares.

El escándalo de Odebrecht, que no para de crecer, ha puesto de manifiesto la avaricia y la corruptibilidad de la élite política y empresarial de América Latina, pero en los ciudadanos normales y la sociedad en general también ha afianzado la creencia de que la transparencia y la justicia son, en esta parte del mundo, objetivos lejanos. La corrupción, simplemente, forma parte de la vida cotidiana. De acuerdo con Transparencia Internacional, una organización que lucha contra la corrupción, uno de cada tres latinoamericanos ha pagado un soborno a un policía, un médico o un profesor en el último año.[72] Es precisamente esta arrogancia, esta sensación de privilegio entre quienes ostentan la autoridad, lo que alimenta la llama del descontento entre las masas, enormes y furiosas, de pobres.

Si la historia sigue un patrón, la ira de la gente llevará a una rebelión, y la rebelión llevará a un gobierno despótico.[73] La gente incluso puede desearlo; sin duda, las dictaduras militares son eficientes a la hora de sofocar el caos de la revolución.[74] Pueden acabar siendo democracias, pero la corrupción más absoluta —la lacra que ha atenazado a América Latina desde que los conquistadores engañaron a la Corona y España, a su vez, engañó al Nuevo Mundo— seguirá avanzando y desatará la furia una vez más.[75] Pobreza, dependencia, explotación, revolución, soborno y luego de vuelta a la mano de hierro. Vimos ese ciclo cuando los libertadores que habían prometido un futuro mejor recurrieron al gobierno dictatorial, afirmando que era por el bien de la república: el general José Antonio Páez, un curtido jinete y héroe de la revolución, se nombró dictador en la recién liberada Venezuela del siglo XIX; el gran libertador Bolívar asumió el cargo de dictador en Colombia y Perú; la liberación mexicana trajo consigo a dos consumados déspotas, Agustín de Iturbide y el general Santa Anna; la liberación de Argentina, al flagrante tirano Juan Manuel de Rosas, y así en todo el continente. Hemos visto como el ciclo renacía en los regímenes de Fulgencio Batista en Cuba, Anastasio Somoza en Nicaragua, Alfredo Stroessner en Paraguay, Rafael Trujillo en la República Dominicana, Alberto Fujimori en Perú. Como advirtió el escritor argentino Ernesto Sábato, las revoluciones pueden dar lugar al peor conservadurismo.[76] La obstinada vena dictatorial volvió a aparecer en la Cuba de Castro, la Venezuela de Chávez, la Argentina de Perón, en todas ellas después de que tuviera lugar una revolución vibrante, populista y llena de esperanza, y después de elecciones aparentemente abiertas y democráticas. En todos los casos, la violencia —o su amenaza— fue el arma más potente del hombre fuerte.

En Chile, el impulso violento estaba presente cuando el aparato militar del general Pinochet bombardeó el palacio de La Moneda en 1973 y aniquiló la presidencia de Salvador Allende. Surgió de nuevo en Guatemala una década más tarde, cuando el presidente Efraín Ríos Montt, mientras afirmaba que estaba salvando a su pueblo de los terroristas, desató una campaña de exterminio que le costó al país cientos de miles de vidas mayas. No se trata de la belicosidad de los criminales fortuitos de Europa o Estados Unidos; es una violencia colectiva con un carácter público y ritual. La vimos cuando el Gobierno de Perú exterminó a doscientos cincuenta reclusos de Sendero Luminoso en las cárceles de Lima, en lo que constituye la mayor matanza de presos políticos en la historia moderna de América Latina. Lo vimos en Argentina, cuando miles de «sospechosos políticos» fueron llevados a campos de concentración y la tortura, los asesinatos y las desapariciones se convirtieron en algo cotidiano. Lo vemos ahora en Brasil, con una derecha que quiere frenar la oleada de liberalismo y de corrupción y volver a los viejos valores conservadores, cueste lo que cueste. Lo vemos en la izquierda y la derecha, en cualquier lugar imaginable del espectro político, cuando terroristas y funcionarios del Gobierno recurren a una violencia similar; cuando los señores de la droga y los soldados se envían mutuamente cadáveres mutilados a modo de advertencia.

Pese a la propensión de América Latina a engendrar dictadores (o presidentes electos que se convierten en dictadores), la violencia no siempre la inflige la mano dura. Tampoco los gobiernos democráticos están necesariamente a salvo de la truculencia gratuita; durante más de setenta años, Colombia, por ejemplo, no ha estado regida por un dictador. Ningún otro país de la región (ni siquiera Chile, Uruguay, Costa Rica o Venezuela antes de Chávez) ha experimentado más con la democracia que Colombia.[77] Y, sin embargo, los derramamientos de sangre han atormentado a la nación, que es una de las más homicidas del planeta.

También México, a pesar de sus importantes avances democráticos y unos líderes elegidos constitucionalmente, sigue sufriendo amargos ciclos de violencia, que dependen de los vientos políticos y de su economía impregnada de criminalidad. No parece que la democracia haya mejorado esto. De hecho, Venustiano Carranza, el primer presidente constitucional de México, el político que marcó el inicio de sus cien años de historia como nación democrática, fue asesinado en 1920. A ello le siguió un periodo de inestabilidad, pero desde 1934 los mexicanos han ido a las urnas con diligencia para escoger a sus gobiernos. Aun así, el país ha sido incapaz de librarse de su propensión a la violencia. A fin de cuentas, es su catalizador primario; arraigada en los huesos, difícil de superar.

Como muchos otros países latinoamericanos, México ha sido víctima de su duro pasado. Una población que a principios del siglo XVI ascendía a unos veinte millones de habitantes, en el XVII había quedado reducida a apenas un millón, diezmada doblemente por las enfermedades mortales procedentes de Europa y por el brutal gobierno español.[78] Algunos lo llaman «genocidio»; otros, «colapso demográfico».[79] Trescientos años después, durante la revolución campesina de México, uno de cada diez mexicanos murió en una guerra civil sin igual en el hemisferio; un millón y medio de fallecidos cubrían los campos, colgaban de los árboles. Si bien esa catástrofe inimaginable ha provocado que los mexicanos sean reacios a una revolución total, en México la tasa de atrocidades se ha mantenido con una regularidad espantosa. Vimos cómo el terror mostraba su rostro de manera más rotunda en el 2007, cuando el presidente Felipe Calderón ordenó al ejército librar una guerra a muerte contra los señores de la droga que duró un decenio, algo que desató un desastroso derramamiento de sangre entre sus compatriotas, masacró a inocentes junto a los culpables y mandó a más de doscientas mil personas a la tumba.[80]

En las barriadas, donde reina un fuerte resentimiento, un impulso brutal muy arraigado está condenado a estallar de la manera más catastrófica. La democracia no siempre ha proporcionado seguridad a los indigentes; durante el último medio siglo, precisamente cuando las prácticas democráticas se han extendido y afianzado de manera más firme, en las barriadas los delitos violentos han crecido de forma exponencial.[81] Esto se debe en gran medida a que las ciudades latinoamericanas han experimentado un rápido aumento de población. Agricultores rurales, gente de las montañas —fugitivos del terrorismo, las guerras de la droga y el malestar civil de las décadas de 1960 y 1970—, empezaron a apiñarse en los núcleos urbanos por decenas de miles en busca de protección, sumándose a las masas de los desesperadamente pobres y los desempleados.[82] La expresión más clara de la ira de clase ha sido la violencia de las bandas, que surgió en los paupérrimos barrios de chabolas que rodeaban las ciudades, aumentó de manera radical a partir de la década de 1970 y ahora es un peligro presente en América Central, Brasil y el norte de América del Sur, una zona podrida por la droga.

En los países del Triángulo Norte —El Salvador, Guatemala y Honduras—, la banda que se hace llamar Mara Salvatrucha (MS-13) cuenta con setenta mil jóvenes airados dedicados a cometer actos brutales de asesinato, violación, tráfico sexual, secuestro, extorsión y violencia relacionada con las drogas.[83] Es en gran medida responsable de las huidas y los desplazamientos masivos de familias que se han vuelto habituales en América Central. Curiosamente, la MS-13 tiene su origen en la década de 1980, en las crueles y atestadas barriadas de Los Ángeles, y luego se expandió hacia el sur como una plaga virulenta, inundando los países donde habían nacido sus miembros. La peor inyección de violencia tuvo lugar entre los años 2000 y 2004, cuando Estados Unidos, en cumplimiento de una dura política de inmigración iniciada durante la presidencia de Bill Clinton, sacó a veinte mil pandilleros de las cárceles del país —todos refugiados nacidos en el extranjero— y los deportó a sus antiguos barrios de origen en el Triángulo Norte.[84] Los convictos, que tenían poca o ninguna relación con sus países de nacimiento, tuvieron dificultades para integrarse en la vida cotidiana. Recurrieron a lo que conocían mejor, la vida en una banda. Empezaron a reclutar un formidable ejército de jóvenes insatisfechos —chicos acostumbrados a la pobreza y la humillación, los «nacidos muertos», como se llaman a sí mismos— que se sentían atraídos por el estatus y el poder que les confería la MS-13. Causaron una orgía de asesinatos desde el desierto de Sonora hasta Ciudad de Panamá. Los sistemas judiciales de El Salvador, Guatemala y Honduras no estaban en absoluto preparados para enfrentarse al derramamiento de sangre que tuvo lugar luego; naciones que se veían como un modelo incipiente del proceso democrático se vieron entonces obligadas a vivir bajo un estado de sitio *de facto*, gobernadas no por presidentes y gobiernos sino por bandas asesinas.[85]

Apenas hay sociedades más violentas que las de América Central, Brasil y el vasto territorio de América de Sur atenazado por la corrupción y el narcotráfico. Lo más perturbador quizá sea la manera en que la violencia de las bandas parece replicar el pasado; las cabezas cortadas, tan presentes en Mesoamérica hace mil años, son ubicuas hoy en El Salvador y Honduras. Los ojos y las lenguas arrancados, extirparle el corazón a un enemigo; todo ello es siniestramente parecido a las antiguas prácticas de las civilizaciones precolombinas. Los testimonios son legión. En 1983, por ejemplo, en medio del terror desplegado por Sendero Luminoso en Perú, una madre llamada Angélica Mendoza de Ascarza fue a buscar a su hijo.[86] Durante veinte años, miró en todas las fosas comunes, siguió todas las pistas posibles. Lo buscó en los apestosos vertederos que bordean las carreteras de la periferia de Lima; inspeccionó cuerpos con cabeza y cabezas sin cuerpo, mandíbulas rotas, dedos desmembrados. En el 2017 murió sin una respuesta.

A miles de kilómetros de allí, en Colinas de Santa Fe, un minúsculo suburbio cerca de Veracruz, el bullicioso puerto fundado por Hernán Cortés, otra madre, llamada María de Lourdes Rosales, fue a buscar a su hijo.[87] Como no encontró ni rastro de él, se manifestó junto con otras madres que protestaban por los doscientos mil desaparecidos en México a lo largo del homicida decenio transcurrido entre los años 2005 y 2014. Durante la manifestación, un misterioso hombre salió de un coche para darles a las mujeres un mapa tosco dibujado a mano. Mostraba la ubicación de una fosa común que nadie había descubierto. Cuando María llegó al lugar, el hedor era insoportable; las cabezas estaban en estado de putrefacción, arrancadas, imposibles de identificar. Se trataba de una escena macabra, propia de una alucinación, que fácilmente podría haberse contemplado cuatrocientos años antes, durante los tiempos coloniales, en las fosas que había junto a las minas de mercurio de Santa Bárbara. O justo el año anterior, en los campos de la muerte de Mato Grosso, Brasil, donde hombres deseosos de tierras continuaban invadiendo los territorios indígenas y derribando cada árbol, hombre y mujer con que se toparan. La historia sabe cómo colarse intermitentemente en el futuro.[88]

Hay otros paralelismos llamativos entre el presente y el pasado. Hoy en día, los líderes de las bandas mexicanas se llaman «palabreros», los hombres que toman la palabra, del mismo modo que Moctezuma y sus ancestros se llamaban a sí mismos *tlatoani*, los hombres a los que se permitía hablar.[89] Justo al otro lado de la frontera de El Paso, en Ciudad Juárez, arrasada por la delincuencia, no es infrecuente encontrar un cadáver desollado o un cuerpo con trece cuchillos clavados, asesinatos rituales que remiten a ceremonias del pasado. En las aldeas montañosas de los Andes —en pueblos como el de la vertiginosa mina de oro de Juan Ochochoque en La Rinconada—, los mineros sacrifican a uno de los suyos en un asesinato premeditado y después depositan el cadáver en una galería de la mina para alimentar al dios del inframundo, como hacían sus ancestros antes que ellos. En Miami, adonde Carlos Buergos acabó volviendo después de su peregrinación delictiva, y donde la vida en los guetos de la droga es muy barata, los hombres llevan colgadas orejas en sus collares de oro a manera de trofeo, de igual forma que sus antepasados enganchaban cabezas reducidas en sus cinturones.

Si se le pregunta a cualquier médico forense de cualquier capital latinoamericana del homicidio, dirá: «En esta parte del mundo, la antropología es una maestra». El sílex fue sustituido por la espada, y la espada sustituida por la pistola. Lo viejo se renueva otra vez.

TERCERA PARTE

La piedra

¿Cómo, señor, es posible que aviéndome dado la fé de amistad, sin averte yo hecho ningún daño ni dado alguna ocasión, me querias destruir á mi, amigo tuyo y hermano? Dísteme la cruz para defenderme con ella de mis enemigos, y con ella mesma me querias destruir.[1]

CASQUI, un jefe tribal, *c.* 1520

10

Los dioses de antes

> Es posible, que ese gran Dios, que hinche Cielos, y Tierra, haya querido nacer en un establo [...], entre dos animales, y después morir crucificado entre dos ladrones? Pues hay cosa que se pueda pensar de mayor espanto, y admiración?[1]
>
> Fray Luis de Granada, *c.* 1554

A Xavier Albó,[2] un novicio de la Compañía de Jesús —la orden católica de los jesuitas—[3] alto, desgarbado y entusiasta, no se le escapó que estaba llegando a las Américas como habían hecho sus antepasados sacerdotales quinientos años antes. Como ellos, era joven e ignoraba el mundo al que había llegado, pero tenía el encargo de cumplir una misión urgente: conseguir almas para la fe cristiana. Sus impresiones inmediatas, tras bajar a zancadas por la pasarela del barco L'Auguste, fueron cuatro: el puerto abandonado, las tiendas cerradas, las mujeres llorando en las calles y luego la creciente marea humana, a medida que se adentraba en el corazón de Buenos Aires. Era principios de agosto de 1952 y Eva Duarte Perón, la adorada primera dama de Argentina, acababa de morir después de una lucha contra el cáncer muy pública. Tres millones de personas habían llegado a la capital de la nación para llorar junto al féretro. El duelo por «santa Evita», una fuerza inmensa y carismática en el país, era intenso, palpable. Xavier nunca había visto semejante mar de almas, nunca había sido testigo de una adoración tan ferviente a un simple mortal. Con la salvedad del viaje desde el paisaje montañoso del interior de Cataluña a su escuela en Barcelona, no se había alejado de su lugar de nacimiento más que unos pocos kilómetros. Acababa de cumplir diecisiete años.

Se había graduado en el Colegio San Ignacio, un extenso edificio neogótico de ladrillo que todavía se encuentra en la parte alta de Barcelona. El viaje a Bolivia con otros dos novicios, amigos desde la infancia, era para empezar un noviciado en Cochabamba, pasar allí dos años dedicado a la oración y luego continuar con diez años más de estudio, tras los cuales ayudaría a llevar a Jesús a los pobres de las zonas rurales. Xavier era un joven alegre, inexperto, con la sonrisa fácil y el pelo castaño muy corto. Con su cuidada camisa negra de cura y el alzacuello blanco almidonado, era la antítesis de un chico despreocupado en una aventura por el mundo, y de hecho su llegada era una empresa formal, el cumplimiento de una obligación. El padre y maestro que le había despedido le había dicho con toda claridad: «Despedíos de vuestras familias para siempre». Había sido un recordatorio aleccionador. Apenas había empezado a afeitarse.

Había nacido en 1934 en La Garriga, una pequeña localidad termal rodeada de encinas en el interior del campo catalán. Durante años, este paraíso verde había sido el centro de veraneo de los ricos de Barcelona. En un día claro, desde la puerta principal de su casa, Xavier podía ver la magnífica iglesia del monte Tibidabo e imaginar su posición elevada sobre la Ciudad Condal y sus vistas del mar resplandeciente. La vida en esa pequeña población, tranquila y alejada de la gran urbe, podría haber sido una existencia idílica para un hombre joven con sueños. Pero no lo fue. Desde el momento en que Xavier vio la luz en ese turbulento rincón de España, su mundo había estado asfixiado por la hostilidad, a punto de estallar de resentimiento. Días antes de su nacimiento, en Asturias los mineros del carbón habían ido a la huelga y el ejército español les había impuesto una feroz derrota militar que dejó dos mil manifestantes muertos, tres mil heridos y treinta mil más en prisión.[4] La violencia callejera, los asesinatos políticos y una ira viral habían surgido en las zonas rurales, y La Garriga, situado en el corazón de la resistencia catalana y vasca, se preparaba para un futuro incierto.

Dos años después, en 1936, el fervor populista en España era tal que una coalición de partidos de ideología progresista, socialista y comunista —el Frente Popular, al que los conservadores llamaban «rojos»— llegó al poder tras obtener un resultado sorprendente en las elecciones generales. Las clases adineradas tradicionales de los industriales y terratenientes, así como la Iglesia católica, se indignaron. En respuesta, el jefe del Estado Mayor del Ejército, el general Francisco Franco, dio un violento golpe de Estado para recuperar el control. En última instancia, el levantamiento militar desencadenó la Guerra Civil, un conflicto sangriento y desgarrador entre los bandos republicano y nacional que acabó cubriendo el país de cadáveres, provocando la rabia internacional, involucrando a las maquinarias de guerra nazi y soviética, y sirviendo de ensayo de la Segunda Guerra Mundial. Durante el conflicto se perderían medio millón de vidas; medio millón más saldrían del país como refugiados.[5]

El padre de Xavier, que tenía un pequeño negocio en La Garriga, fue una de las primeras víctimas de la guerra en el pueblo. Según cuenta Xavier, fue asesinado por rojos —gente sin tierras, hambrienta y desesperada— que merodeaban por el campo matando a los conservadores, quedándose con sus negocios, incendiando las iglesias e intentando recuperar el control del Gobierno. Xavier, que apenas tenía unos meses, no era lo bastante mayor para recordar el asesinato de su padre, pero sus hermanas sí; vieron cómo los rebeldes comunistas se lo llevaban de casa a la fuerza, lo arrastraban hasta un callejón oscuro y lo despachaban con un balazo detrás de la cabeza. Su abuelo, un panadero de La Garriga, fue asesinado semanas después, dejando a la madre de Xavier viuda y huérfana, sin otra opción que criar sola a cinco hijos. En una nación paralizada por una brutalidad incontrolada, la señora Albó decidió mantener a su prole a salvo en casa y ocuparse de su educación. Xavier se convirtió en su alumno en todos los aspectos, tanto religiosos como seculares. Tres angustiosos años después, en 1939, justo cuando el ejército de Hitler alcanzaba Polonia e invadía Francia, justo cuando la Guerra Civil estaba a punto de concluir, diez bombarderos Savoia-Marchetti de las fuerzas nacionales de Franco rugieron en el aire y, en una lección que nadie se perdió, dejaron caer sus bombas sobre el barrio de Xavier y destrozaron el centro de La Garriga.[6]

Cuando Xavier cumplió cinco años, el Generalísimo Franco había limpiado el país de rojos, había atenazado firmemente a España, se había nombrado a sí mismo «el Caudillo» y había empezado la tarea de ejecutar o torturar a cuatrocientos mil presos políticos internados en campos de concentración de todo el país. Durante esta campaña, el Caudillo siempre contó con el firme respaldo de la Iglesia católica. A pesar de su pugnacidad, era un creyente devoto (con un confesor jesuita, además). Con el compromiso de que en España no habría ateísmo, prometió a la Iglesia un papel central en el futuro del país. Los Albó colgaron un gran retrato de Franco en el salón, junto al retrato del querido padre de Xavier. Cinco años más tarde, cuando Xavier cumplió diez años y España se encontraba atrapada en un idilio de treinta y nueve años con la mano dura, la señora Albó empaquetó las pertenencias de Xavier y, con la mejor esperanza, lo envió al colegio de los jesuitas en Barcelona.

Tal vez estuviera destinado a vivir en el Nuevo Mundo. Cuando de niño asistía a misa en la iglesia principal de La Garriga, Xavier había rezado ante una imagen de san Esteban que colgaba allí desde 1492, el mismo año en que Colón partió hacia América. Como había nacido poco antes de una guerra cruel y sin sentido, estaba decidido a dedicar su vida a la paz, a mejorar las cosas, a la justicia social y al entendimiento humano. Con esos propósitos, Xavier estaba dispuesto a ir adonde los jesuitas decretaran y a comprometerse a llevar una vida de pobreza, castidad y obediencia. En parte por devoción y en parte por amor a la aventura, ese incansable impulso —una rara combinación de curiosidad y entrega— iluminaría su camino durante el resto de su vida.

Al ser testigo del culto a Evita en su máxima expresión, al ver que España no estaba sola en sus oscilaciones caprichosas, en su militarismo e idolatría, Xavier pensó que estaba entrando en un mundo que, a pesar de las marcadas diferencias, resonaba profundamente con el suyo. Mientras viajaba hacia el norte, a Bolivia, en un tren lento y pesado, vio un mundo majestuoso que se desplegaba ante él —pobre, atrasado, detenido en el tiempo, pero hermoso de una manera inexpresable e infinitamente amable—, y sus convicciones se intensificaron. Entraba en un universo dinámico, era testigo de un país que estaba a punto de tomar las riendas de su destino, de cambiar el curso de su futuro.

Bolivia acababa de salir de una revolución histórica. Cuatro meses antes, en abril de 1952, los mineros del estaño se habían levantado contra una oligarquía represiva, al igual que habían hecho los del carbón en Asturias, pero, a diferencia de estos, los bolivianos habían vencido. Es más, la izquierda populista de Bolivia había ganado unas elecciones democráticas, y, a diferencia de la española, había conseguido mantenerse en el poder. Bolivia estaba instituyendo varias reformas radicales que daban derechos a los campesinos, nacionalizaban las minas y aseguraban el sufragio universal para las mujeres. Y lo hacía siete años antes de que Cuba consiguiera una fama mayor por victorias equivalentes. Xavier entraba en el país en un momento crucial de su historia. Era lo que los indios llamaban Pachacuti —un giro de la tierra, una realineación de las estrellas—, y a la Iglesia se le presentaba una elección trascendental. ¿Protegería a la vieja y adinerada base del poder y a la mano dura, como habían hecho los obispos españoles durante la Guerra Civil, o viviría según sus preceptos y se pondría del lado de los derechos de los pobres?

Los cimientos del cielo

> ¿Quién podrá sitiar a Tenochtitlán? ¿Quién podrá conmover los cimientos del cielo?[7]
>
> «Cantares mexicanos», canción azteca, *c.* 1560

Xavier se dio cuenta muy rápido de que, a pesar del medio milenio que había pasado, la espiritualidad que estaba descubriendo en Bolivia probablemente era parecida a la que los sacerdotes españoles se encontraron en tiempos de Pizarro. Por lo que podía observar, los fieles de este «Nuevo Mundo» estaban mucho más compenetrados con la naturaleza: su orientación cósmica estaba profundamente ligada al suelo bajo sus pies, al sol sobre sus cabezas, a las lluvias entremedias. Cuando los conquistadores españoles y sus sacerdotes irrumpieron en esas tierras remotas, llegaron con lecciones sobre pecados y santos, con ideas abstractas de redención y con un ritual que exigía una estricta adhesión a un texto escrito. Se produjo una confluencia extraña, asimétrica. En el

Nuevo Mundo, las deidades eran explicaciones, no preguntas; corresponsales concretos de la vida en la tierra. El Dios de los conquistadores era del todo diferente, un postulado, un acertijo, anotado en un código incomprensible. El propio Cortés había dicho que el universo en el que había entrado era «de tanta admiración que no se podrán creer». La extensa metrópoli de Tenochtitlán estaba llena de novedades tan abrumadoras que «porque los que acá con nuestros propios ojos las vemos, no las podemos con el entendimiento comprender».[8]

No es sorprendente, pues, que a Xavier —como antes le había ocurrido a Cortés y continúa pasándonos a nosotros— le costara mucho desentrañar los contornos de la forma pura, aborigen, de la fe indígena. Al fin y al cabo, lo que se registra como historia no es tal en absoluto.[9] Escritas después de la conquista y muy influidas por los prejuicios europeos, las crónicas españolas rebosan de la firme convicción de que el indio americano era, en el mejor de los casos, ignorante y, en el peor, diabólico. Por razones obvias, los escritos de Colón, Cortés, Pedro Pizarro y otros están llenos de hipérboles y mentiras; su misión era persuadir, subyugar y dominar. Sus relatos estaban dirigidos a la Corona y eran propaganda o una justificación, no historia. Incluso los diarios más detallados de sacerdotes bienintencionados, extraordinariamente astutos y observadores, están sesgados por una marcada doctrina cristiana. El punto de vista, allí donde se mire, y a falta de una documentación completa de los propios indígenas, está pervertido por el ojo del espectador.

Cuando se trata de asuntos del espíritu, la tarea de comprender el pasado es todavía más complicada. Lo poco que hemos sido capaces de deducir sobre las diferentes creencias tribales, de la Tierra del Fuego al río Grande —de los guaraníes a los aztecas—, lo hemos tenido que inferir de artefactos que son frustrantemente difíciles de descifrar, no digamos ya de comprender con cierta profundidad o certeza. Las reliquias pueden decirnos mucho sobre las prácticas funerarias o las deidades predominantes, o las heroicidades de la guerra, o el estado del progreso científico, o la geografía de un pueblo, o incluso la centralidad del mundo natural, pero no revelan demasiado sobre el alma esencial. Tampoco nos hablan de las creencias que conformaban los miedos y las esperanzas de un pueblo antiguo e inescrutable.

Esto es lo que sabemos: mucho antes de que los incas construyeran sus colosales templos en Cuzco, Sacsayhuamán o Machu Picchu —mucho antes de que los mayas construyeran Chichén Itzá, Tikal o Uxmal—, los huaris y los olmecas construyeron colosos sagrados de piedra, a menudo colocados sobre una base de roca. Se ha demostrado que los lugares sagrados de las Américas indígenas poseen un magnetismo natural, una tracción física que sugiere un profundo conocimiento de la geología de la piedra. De hecho, la santidad de la piedra parece haber unido la vida espiritual de los indígenas en todo el hemisferio. Los mitos de la creación, independientemente de si se han embellecido de una forma u otra en el transcurso del tiempo, parecen compartir este rasgo común: comienzan con la búsqueda de un accidente geográfico ideal —un lago, una roca, un promontorio— del que pueda irradiar una fe fuerte. A menudo está cargado de poder telúrico.[10] Los cielos, bien sea la estrella polar que cruza el firmamento o el sol que se eleva en la bóveda del día, pueden determinar la ubicación de un templo.

Los incas, que fueron los constructores de un imperio más admirables de su época, eran muy conscientes de la naturaleza concreta y física de las cosas.[11] Crearon una religión potente en torno a ella. Establecieron el sol como su dios supremo, dividieron su imperio en cuartos para reflejar las cuatro estaciones y lo dividieron a su vez en dos (norte y sur) para representar las mitades seca y húmeda del año. La transición entre las estaciones —cuando la Vía Láctea transitaba del nordeste al sudoeste— era el momento preciso en que de los cielos llovía agua fértil sobre la Madre Tierra, la Pachamama.[12] Una lógica firme regía su ciencia, al igual que su fe. Los aztecas también adoraban al sol por encima de todo, dividían su universo en cuatro, no solo para reflejar las estaciones, sino para que correspondiera a los cuatro soles o periodos sucesivos que había experimentado su civilización, y a las cuatro grandes catástrofes que los habían destruido. El cosmos estaba dividido en cuatro «direcciones»; la ciudad de Tenochtitlán, en cuatro *campans*.

La reliquia más famosa que conservamos de los aztecas tal vez sea su calendario de piedra, un disco redondo que representa al gran Sol en el centro, rodeado de las cuatro iteraciones de civilización precedentes. Según el calendario, los primeros aztecas habrían sido devorados por tigres; los segundos, derrotados por huracanes; los terceros, arrasados por lluvias; los cuartos, barridos por una gran inundación. Los aztecas con los que se encontraría Cortés vivían bajo el Quinto Sol, y sabían que solo prevalecerían mientras complacieran a sus dioses, algo que podían lograr únicamente a través del sacrificio humano. El periodo del Quinto Sol, según cuenta la leyenda, había sido fruto del sacrificio; de hecho, la humanidad le debía el mismo aliento de la vida. Según el mito, las fuerzas que gobiernan el cosmos se habían encontrado en el amanecer de la creación y reunido en torno a un fuego ardiente. Pidieron que uno se levantara y mostrara su lealtad saltando con valentía al infierno. El más bello de ellos, de rostro apuesto y cubierto de joyas, dudó. El más feo, una criatura enana y marcada por úlceras, se zambulló y renació de inmediato como el poderoso sol. Mortificado, el bello saltó y se elevó a los cielos como la luna.

Evidentemente, si los dioses se habían sacrificado para crear el universo tal como lo conocemos, la gente del Quinto Sol tendría que pagar con sacrificios si quería perdurar. Para los aztecas, el sacrificio humano era una necesidad tan obvia como el sol en lo alto y el maíz en los campos de cultivo. La lógica era sencilla: la diosa de la tierra, Coatlicue, necesitaba ser alimentada para que ella nos alimentara a los demás. La sangre humana debía bañar su suelo. Había que arrancar del pecho los corazones palpitantes y sostenerlos en alto, mostrárselos a su consorte, el Sol. Fue así como la fe de los aztecas se reflejó en el mundo que les rodeaba. La ida y venida de las estaciones les recordaba su fragilidad. ¿Cuánto tiempo durarían? ¿Cómo prevalecerían? ¿Cómo ahuyentar las fuerzas oscuras que podrían tragarles de nuevo? La religión es un espejo útil de las inquietudes de sus adeptos. Gracias a ella sabemos que la principal preocupación de los indios mesoamericanos era que la naturaleza tenía que ser amada y temida al mismo tiempo si querían sobrevivir a ella. Los antiguos vivían sus creencias, comprendían profundamente las conexiones. Y como eran criaturas de la naturaleza, dependientes de su realidad para la existencia tanto mortal como espiritual, se esforzaban para adaptarse al mundo físico, no para alterarlo.

El culto a las piedras y a todo lo que surgiera de ellas —el oro, la plata, el cobre, el cinabrio, la sal, las gemas— desempeñaba un papel destacado en la antigua América, como de hecho continúa sucediendo hoy en día. En tiempos de los incas las minas se consideraban sagradas, un regalo de la tierra, al igual que las plantas y las cosechas, y todo lo que surgiera del suelo era considerado venerable y divino.[13] Estas cosas terrenales formaban parte de un ámbito mayor, eran engranajes de una maquinaria en la que los humanos desempeñaban una función esencial. Las piedras eran adonde todos nos dirigíamos —el reino de lo duro, lo calcificado, lo muerto hace tiempo—, la gran acumulación de energía animal y vegetal. Las grandes pilas de rocas y las imponentes montañas eran nuestros padres naturales, nuestros *apus* espirituales, que vivieron mucho antes que nosotros y contenían una sabiduría ancestral. El Sol era el gran dador de la existencia, la fuerza vital que desencadenaba la creación. La Tierra era su compañera natural, su amante, el vientre del que surgían todos los vivos y la tumba en la que todos acabaríamos. El agua era el medio vivificador que fluía por la naturaleza y la mantenía, como venas que fluyen por las hojas y la carne. En el pensamiento indígena, lo más importante —el germen indiscutible en el centro de esta lógica— era la interconexión de la vida: la interdependencia intrínseca, el aliento, el aire, la matriz que todos compartimos.[14] Para los antiguos americanos esto estaba tan presente y era tan fácil de entender como lo es ahora para nosotros el movimiento global del dinero y el comercio: una gran red proteica que conectaba el mundo.

El problema básico del lenguaje frustra, además, nuestra capacidad para comprender todo esto, dada la escasez de relatos indígenas no corrompidos por la interpretación española. Las palabras occidentales simplemente no pueden transmitir el significado que el mundo natural tenía para el indio. Se trata de una ineptitud que empieza con la forma en que percibimos los aspectos más fundamentales de nuestro mundo compartido. Como señaló en una ocasión Franz Boas, el padre de la antropología estadounidense, aunque «la forma es constante, la interpretación es variable»,[15] lo cual significa que, si se pone un tubo delante de un europeo contemporáneo y una réplica exacta ante un indio de Alaska, el europeo tal vez lo vea como un objeto cilíndrico, un objeto concreto que resulta estar hueco, mientras que el cazador de ballenas inuit quizá se centre en su vacío interior. Por otro lado, aunque las palabras quizá se entiendan, puede no ocurrir lo mismo con su significado; el *Códice florentino*, la obra del siglo XVI que relata la historia mesoamericana, afirma que cuando los emisarios de Moctezuma llegaron, remando, con tesoros para encontrarse con un cauteloso Cortés, «comieron tierra» hasta que este les permitió subir a su barco.[16] Quería decir, en realidad, que se postraban y se arrastraban. No cabe duda de que la lengua es un muro formidable a la hora de comprender la mente indígena antigua. Si a la miríada de discordancias lingüísticas se añaden nuestras mitologías claramente dispares, nuestra actitud respecto a las relaciones humanas, nuestro uso de la memoria, la manera en que observamos nuestro entorno físico, entonces tenemos una potencial multitud de malentendidos. Si percibimos las formas de manera intrínsecamente diferente a como lo hace un andino, ¿cómo podemos esperar entender el significado espiritual de las piedras?

Aun así, según todas las pruebas, las piedras eran y continúan siendo esenciales para la cultura. Pedro Sarmiento de Gamboa, un explorador español a quien en 1572 se le encargó que escribiera una historia de los incas —cuando España ya había destruido el imperio y los conquistadores tenían el Tahuantinsuyu bajo su dominio—, describió un mito fundacional bastante diferente de la leyenda predominante propuesta por el mestizo Inca Garcilaso de la Vega algunas décadas después. En la versión del Inca Garcilaso —escrita en España en el siglo XVII, más de cincuenta años después de que hubiera abandonado Perú—, el Adán y la Eva de los incas, Manco Capac y Mama Ocllo, partían en busca de su tierra, sosteniendo una preciosa vara de oro. Cuando esa vara saltara de sus manos y se hundiera profundamente en el suelo, sabrían que habían llegado al ombligo de su universo, la sagrada Cuzco. Se trataba de una historia bonita, que seguro interesaría a los españoles gracias a esa sugerente y dorada floritura. Pero los descendientes de los incas entrevistados por Gamboa en los elevados emplazamientos de las montañas que rodeaban Cuzco contaban una historia muy diferente.[17] Según su versión, cuatro hermanos —Ayar Uchu, Ayar Cachi, Ayar Mango y Ayar Auca— salieron de una cueva en los albores de la civilización y partieron para crear un imperio. Vagaron por la tierra, plantaron semillas en lugares prometedores y recogieron cosechas allí donde pudieron. Eran agricultores por naturaleza y su viaje, que duró muchos años, fue considerablemente normal. Sin embargo, se deshicieron de un hermano problemático dejándolo atrapado en una cueva, y transformaron a un hermano predilecto en una gran roca —una huaca sagrada— a la que siguieron consultando. Con el tiempo su abuela, Mama Huaco, una mujer feroz y luchadora que se cansó de vagar, lanzó dos palos hacia el norte. Uno cayó en Colcabamba y rebotó, hostil, en la tierra seca. El otro se hundió fácilmente en Cuzco. Cuando los hermanos pisaron el lugar exacto en el que el palo había desaparecido, la tierra se había convertido en piedra.

Para los antiguos indígenas de las Américas, la piedra era transustancial, mudable, un concepto tan dinámico como lo es, en el contexto cristiano, el vino para la sangre de Cristo.[18] Su corporeidad era patente, pero no su significado. La petrificación no era más que una breve suspensión, una inmovilización temporal de la que la vida podía surgir de nuevo. De la misma manera que las momias de los señores incas estaban destinadas a ser conservadas, alimentadas y consultadas porque vivirían en otra dimensión, también las piedras eran seres vivos —poderosos, sensibles, espiritualmente animados— cuyos espectros podían ser convocados para enseñarnos alguna que otra cosa. Es una idea muy poco occidental, que se adapta mejor a la mentalidad oriental; el pueblo ojibwa de América del Norte, por ejemplo, cree que las piedras albergan energías vitales. Los cheroquis, los siux y los iroqueses piensan igual. En la China y el Japón antiguos, las rocas se valoraban por sus poderes telúricos. Los viejos druidas de los celtas que habitaban las islas británicas también eran adoradores de las piedras, y poseían firmes nociones sobre el sacrificio humano y distintas teorías sobre la transmutabilidad de las almas, pero, al igual que les sucedería más tarde a los indígenas americanos, fueron desdeñados como bárbaros y excéntricos por sus conquistadores romanos y rechazados como paganos por los cristianos que llegaron a continuación.

La servidumbre a la piedra estaba muy arraigada en la vida espiritual de los antiguos mesoamericanos, cuya cultura dominaba el embudo de tierra que forma el hemisferio desde Panamá hasta Colorado y desde el Caribe hasta el Pacífico.[19] En ese territorio verde, lluvioso y muy poblado, los mayas confeccionaban imágenes de piedra de los muertos y creían que sus almas habitaban en ellas. La propia roca estaba poseída por una fuerza vital que trascendía lo físico y confundía el tiempo. Para los mayas, la conexión entre la piedra y la vida eterna era tan intrínseca que su palabra para designar la piedra, *tun*, también significaba «tiempo».[20] Los años que transcurrían —el propio desenvolvimiento de la historia— se contaban en *tun*. Como la palabra quechua *pacha*, que en los Andes designa la tierra bajo nuestros pies, así como el progreso del tiempo (una palabra imposible de traducir con exactitud), estos conceptos sugieren algo que supera la presencia física: una promesa; tal vez, incluso un orden moral.[21] A través de una comunicación constante con la piedra, los humanos podían coartar la mortalidad, hablar con los muertos, manipular incluso los hechos del futuro. Las piedras tenían autoridad, albedrío, la capacidad de representarnos ante un poder mayor. Al final, y por razones obvias, el sacrificio humano acabó vinculándose al culto a la piedra. La sangre se derramaba sobre la piedra; las ofrendas humanas se hacían sobre gruesas losas de piedra para poder obtener recompensas de los dioses y que los vivos pudieran coaccionar a los espíritus.[22]

Este idilio con la piedra dio lugar a muchas ramificaciones culturales. Los mayas esculpieron rocas y crearon grandes pirámides que marcaban los días del año, el movimiento del sol, así como el momento de sembrar y el de cosechar. Los ancestros de los guaraníes, que vivieron hace dos mil años en la selva que rodea a la cordillera del Amambay, en Paraguay, decoraron enormes cornisas rocosas con símbolos abstractos de la tierra y el cielo. La cultura del Diquís, presente en Panamá y Costa Rica ochocientos años antes de la llegada de Colón, talló grandes bolas, esferas de roca ígnea perfectamente redondas que pesaban quince toneladas y que se desperdigaban por la selva y los campos para señalar la proximidad de la casa de un gran hombre —quizá un templo—, aunque el verdadero significado de las bolas sigue siendo un misterio. Las ciclópeas cabezas de piedra de cincuenta toneladas dejadas por los olmecas, que conmemoraban los rasgos fuertes y orgullosos de su raza, suponen otro misterio.

Y luego, por supuesto, están los magníficos edificios de los incas, que eran tan conscientes de la espiritualidad de la roca magnética que buscaron afloramientos naturales de esta para construir sus templos. Si los filones eran insuficientes, obligaban a ejércitos de miles de personas a excavar y arrastrar colosales pedruscos de cien toneladas desde canteras situadas a más de treinta kilómetros. Se colocaban piedras sobre las tumbas de los grandes líderes incas para que su espíritu siguiera vivo en las estelas —sus lápidas— y pudieran hablarnos a nosotros, los vivos. Al igual que los *cairns* de Escocia, las *mani* del Tíbet o los *ovoo* de Mongolia, en los Andes los amontonamientos de rocas eran señales de buena suerte y los viajeros, cuando pasaban, apilaban y añadían piedras. Las ruinas abandonadas eran veneradas por su capacidad para conectar con otros mundos, otras dimensiones. Eran las huacas, para las que tampoco tenemos una palabra adecuada; no eran sagradas en un sentido abstracto, ni deidades, ni sobrenaturales tal como las conocemos ahora. Eran poderosas precisamente porque reflejaban una vitalidad terrenal. «Las huacas están hechas de materia llena de energía», al igual que todo lo demás en la tierra, sugiere un estudioso, «y actúan *dentro* de la naturaleza, no sobre ella o desde el exterior, como lo sobrenatural en Occidente».[23] Pueden parecer bastante ordinarias —promontorios escarpados, naturalezas muertas, testigos silenciosos—, pero son tan plenamente conscientes de nosotros como nosotros de ellas. Esta noción de la sacralidad manifiesta de todo lo que nos rodea se reflejaba, y se sigue reflejando, en las creencias de los indios de los bosques lluviosos en todo el hemisferio. Un historiador las describe así: «Los habitantes de la selva viven en un bosque de ojos. Una persona que se mueve por la naturaleza nunca está sola de verdad».[24] Es decir, los árboles, las piedras, la propia tierra —el universo material— están vivos, son catalíticos, y tienen un evidente y enorme potencial para alimentar nuestras almas.

El hecho de que las piedras podían ser al mismo tiempo sagradas y funcionales solo era lógico para los antiguos. Bartolomé de las Casas, historiador y fraile dominico que se dedicó a defender los derechos de los indígenas frente a los abusos de los españoles, habló de los indios mesoamericanos y caribeños que usaban piedras preciosas para capturar el aliento de los caciques moribundos, con el fin de que sus espíritus pervivieran y su sabiduría siguiera guiándoles.[25] Como la piedra andina, pequeña y redonda, que se encuentra en la cabecera de la cama de Leonor Gonzáles y que alberga el alma eterna de su esposo, las piedras no solo representaban a los muertos, sino que se convertían en su personificación vital —veían y hablaban por ellos— y acompañaban a los vivos. Se creaban delegaciones enteras de burócratas para guardar estas reencarnaciones pétreas de los señores incas, garantizar sacrificios en su honor y promover su durabilidad. Esos rituales no estaban reservados a los poderosos. Incluso el más vulgar de nosotros puede soltar su último aliento a una piedra —un guijarro simple, corriente, recogido del suelo— y ser inmortalizado para siempre.

A lo largo de la historia, muchas de estas estructuras conmemorativas de piedra (ya fueran monumentos, estatuas o estelas) fueron borradas, en un intento de los misioneros españoles de librar a las colonias de lo que ellos consideraban superstición, maldad y «magia negra». Sin embargo, aunque los sacerdotes y los conquistadores españoles redujeron a escombros la presencia física de la huaca, no pudieron destruirla en la gente. En los Andes, tanto entre los quechuas como entre los huancas o los aimaras, esa veneración por la piedra animada continúa: en su asombro por la belleza y el poder de las rocas que sobresalen; en su simpatía por una «piedra cansada» cualquiera, una mole abandonada que nunca llegó a ser la estructura hercúlea que estaba destinada a ser, o incluso en su disfrute con pequeñas rocas de forma perfecta o de color inusual que tallan o eligen para representar a un ser querido.[26] En América Central, los chamanes tratan a los niños enfermos cogiendo una piedra natural, inmaculada, que personifica el alma del niño, y enterrándola en un lugar secreto junto a un manantial o un río hasta que la Madre Tierra le devuelve la salud.[27] Así es como prevalecen las lecciones ancestrales.

Las glorias más imponentes de los mayas —las casas importantes, los templos, las grandes pirámides de piedra— se encontraban en el interior de la selva, y por eso el boscaje acabó cubriéndolas y cayeron en el olvido durante mil años. Muchas de ellas, descubiertas en los dos últimos siglos, fueron encontradas por casualidad, cuando intrépidos exploradores que se abrían camino a machetazos a través de la maraña se toparon con multitud de elegantes estructuras. Curiosamente, muchas de ellas compartían un rasgo común, tres rocas enormes en sus cimientos. Los imponentes monolitos de arenisca roja de Quiriguá, encontrados en la espesura de la selva guatemalteca, nos dicen el porqué. Según sus inscripciones, las tres piedras originales que marcaron el inicio de los tiempos habían sido plantadas por los dioses en el año 3114 a. C., más o menos en la misma época del nacimiento de la dinastía egipcia.[28] Es decir, la inmemorial práctica de «sembrar las piedras» —instalar tres rocas como cimiento y anclaje— ha formado parte de la cultura durante milenios.[29] Los monolitos de Quiriguá también nos cuentan que cada roca tenía su propósito y significado: la primera representa el trono del jaguar, señor de la tierra fértil; la segunda, el trono del agua, donde los tiburones coexisten con los nenúfares; la tercera, el trono de la serpiente voladora, emperadora de los cielos. Extrañamente, esa trinidad refleja, con pequeñas variaciones, las creencias de los incas, que vivieron a más de tres mil kilómetros de distancia cuatro milenios después. Al igual que los mayas, los incas veneraron sobre todo a tres animales espirituales: el puma, la serpiente y el cóndor; amos, respectivamente, de la tierra, el agua y el cielo. Es un culto bastante sensato: son los tres únicos hábitats que este planeta ofrece a sus seres vivos.

Hoy en día, los pueblos de América Central siguen practicando el ritual de colocar tres piedras basales. Muchas veces, sin saber bien por qué, los descendientes de los mayas o los aztecas insisten en colocar tres rocas sólidas al pie de sus edificios o tres morteros de piedra en sus cocinas, con la sencilla explicación de que, si un taburete necesita tres patas para ser estable, lo mismo ocurre con una morada humana.[30] De este modo, la centralidad de la piedra persiste en la vida de los indígenas latinoamericanos, que siguen manteniendo una profunda devoción por la naturaleza y la firme convicción de que ellos son custodios de un ciclo vital sagrado. Como dijo un candidato aimara del partido indigenista a sus potenciales votantes en Qhunqhu Liqiliqi, Bolivia, mientras recogía al azar una piedra del suelo y la sostenía ante el sol: «Somos esta piedra». Luego, girándola en la mano, la analizó con más detenimiento para sus oyentes, por si quedara alguna duda: «Esta piedra es *nosotros*».[31] Se trataba de una declaración de pertenencia, reciprocidad y responsabilidad con la naturaleza. Pero también era una afirmación de fe.

Puede que las culturas indígenas antiguas de América Latina hayan estado rodeadas por océanos, aisladas, que hayan sido herméticas y desconocidas para el resto del mundo, pero sus religiones, muy desarrolladas, y su profunda curiosidad por el mundo —sobre el porqué de las cosas— derivaron en una actividad intelectual exuberante. Los mayas, por ejemplo, que todavía pueblan América Central, son herederos de casi tres mil años de una historia refinada, basada toda ella en una fe antigua. Cuando los británicos y los europeos del norte todavía eran invadidos por tribus salvajes y primitivas, los mayas ya habían construido grandes templos, inventado la escritura jeroglífica, concebido un sistema numérico complejo, perfeccionado para el uso del cero, y creado un calendario destinado a potenciar la ciencia de la astronomía. De hecho, la fórmula para contar los días ideada por los sacerdotes mayas en el siglo VI era más precisa que las versiones europeas, hasta que el papa Gregorio XIII implantó el calendario gregoriano casi mil años después. En culturas como la maya, la tolteca o la inca, la ciencia y la religión eran compañeras que trabajaban codo con codo para explicar los misterios del mundo en lugar de disputarse las almas.

Copán, en lo que ahora es Honduras, fue la sede intelectual de los mayas, una gran ciudad universitaria en la que todavía puede verse una de las mayores muestras de jeroglíficos. Sin duda, la mayor parte de los códices se han perdido, destruidos en las hogueras llameantes que los conquistadores españoles prendieron en su afán por cristianizar el hemisferio, pero vemos pruebas de la espiritualidad maya en los libros que han sobrevivido —el *Popol Vuh*, el *Chilam Balam*—, que están repletos de poesía, mitología y una letanía de creencias que no se han extinguido por completo en la gente maya. De hecho, las pirámides construidas en la gran extensión del México actual —no solo por los mayas, sino también por los olmecas, toltecas, zapotecas y aztecas— se erigen como un testimonio imponente de una fe duradera. Las seis que adornan la antigua ciudad de Tikal, en

Guatemala, son triunfos de la arquitectura, miradores elevados destinados a contemplar el magnífico panorama del imperio. La pirámide de Cholula —ahora una sucesión de ruinas pétreas— fue más grande e imponente que cualquiera de las que construyó el faraón egipcio Keops.[32] La pirámide de Chichén Itzá destaca por su observatorio para contemplar los astros y un amplio juego de pelota con dos columnas, un tributo al dios del aire, el viento y la sabiduría. La Pirámide del Sol de Teotihuacán fue el lugar religioso más notable de toda la América precolombina y, en su época, esta fue una de las ciudades más pobladas y bulliciosas del mundo antiguo.

A pesar de que los historiadores no son capaces de encontrar un nexo identificable entre los antiguos México y Perú, existen claros paralelismos en la iconografía religiosa y la vida espiritual de estos pueblos. Mientras los olmecas y los mayas levantaban templos a sus dioses, las naciones que habitaban el desierto y la montaña a miles de kilómetros al sur —los moches, los huaris y los tiahuanacos— construían formidables monumentos a deidades sorprendentemente parecidas: el sol omnipotente, la tierra fecunda, las volubles lluvias, el volátil mar. Más sorprendente aún es hasta qué punto las influencias viajaban al parecer a lo largo de un terreno inhóspito: el arqueólogo peruano Julio C. Tello descubrió en la llanura boliviana ruinas que anticipaban el estilo arquitectónico de una de las construcciones más antiguas de Perú, el espectacular laberinto de pasillos subterráneos llamado Chavín de Huántar, que fue construido cientos de años después y que se encuentra separado por una cordillera.[33] Hay muchos ejemplos como este, en los que existen ecos y reflejos entre distintas culturas de los Andes, que sin embargo no se unirían políticamente hasta muchos siglos después, cuando los incas dominaron un vasto imperio que se extendía desde Ecuador hasta Argentina. Lo mismo puede decirse de las diversas culturas conquistadas por los mexicas, desde el golfo de México hasta el Pacífico. Estas interconexiones parecen lógicas; las distancias no son insuperables. Pero hay imágenes de criaturas con un componente místico —serpientes con colmillos, grandes felinos, lagartos, arañas, colibríes— que aparecen en topografías radicalmente distintas y en medios diversos, del metal a la piedra, y de México a Paraguay. Los artefactos, como un tejido conectivo, revelan los dioses y los preceptos que tenían en común: el sol, la luna, la tierra; la sexualidad esencial de la naturaleza; la falibilidad casi humana del mundo sagrado. Más asombrosas son las similitudes en la interpretación. Por ejemplo, la adoración de una representación brujesca, diabólica, pero en última instancia una figura femenina fértil, ya sea la Dama de Cao, una reina sanguinaria, tatuada y adornada con arañas que gobernaba las costas de Perú hace más de quince siglos, o la mítica Madre Tierra, Coatlicue —la diosa azteca del útero y la sepultura, la creación y la ruina, la que da a luz y destruye a los hombres—, cuya imagen macabra, con una falda de serpientes, está grabada en la piedra a miles de kilómetros de distancia.

También existen correlaciones curiosas en los mitos de la creación. Según una leyenda andina, el dios Viracocha creó al hombre no una vez, sino dos.[34] En el primer intento, concibió una raza torpe y estúpida, a la que despreció y enseguida convirtió en piedra. Su segunda creación la moldeó a partir de piedras más pequeñas, tal vez arcilla endurecida, y el resultado le satisfizo. Aparte de concebir toda la vida terrenal y todos los cuerpos celestes, Viracocha, cuyo nombre significa «espuma del mar», era un maestro nato, entregado a recorrer el mundo que acababa de forjar para impartir su sabiduría. Tenía barba —un rasgo curioso para el dios de una raza que apenas tiene vello corporal—, era alto, extremadamente sabio y, como algunas crónicas españolas cuentan por razones obvias, de piel clara. Cuando, en su peregrinación, al fin alcanzó la costa, se adentró navegando en el Pacífico, prometiendo volver algún día, aunque nunca se le volvió a ver. La imagen de Viracocha es omnipresente en todo el interior de América del Sur; agarrando dos rayos, rodeado de los destellos del sol, preservado para siempre en metal o piedra. Era una figura tan querida que un gobernante posterior, el señor inca Viracocha, acabó tomando su nombre.

Por sorprendente que parezca, el dios creador de los aztecas también tenía fama de ser alto, barbudo y, según algunos cronistas, de piel clara y ojos azules. Era Quetzalcoatl, la «serpiente emplumada», una figura proteica que, se decía, renacería en cada periodo de la historia, con un rostro diferente en cada ocasión. Cuando el teólogo Joseph Campbell se dispuso a documentar las distintas manifestaciones de

Quetzalcoatl, enseguida se dio cuenta de que había más de mil, elaboradas para atraer a diferentes pueblos, a regiones específicas. En cualquier caso, Quetzalcoatl, al igual que su homólogo andino Viracocha, representaba el cielo y la tierra: las fuerzas radiantes y ordenadas de un cielo salpicado de estrellas, así como los poderes caóticos y generadores de la tierra y el mar. Tanto para los incas como para los aztecas, la adoración de fuerzas vitales misteriosas, aunque esenciales, era primordial. De igual manera que hoy en día los creyentes solicitan a un dios cristiano, musulmán o judío —además de a una miscelánea de santos y subalternos— que salve su alma, los indígenas apelaban al Dios Sol y a sus ayudantes para que les permitieran sacar partido de la naturaleza. Con ese fin, las civilizaciones conquistadoras de América Central y del Sur erigieron templos imponentes y sometieron y convirtieron a tribus extrañas. El esfuerzo requería una trituradora ininterrumpida de vidas humanas —como mano de obra esclava, sacrificios, adoradores—, una masa de fieles gloriosa, cada vez mayor y en continua evangelización para asegurar mejores lluvias, mejor sol, mejores cosechas.

Sígueme

> Por tanto, vayan y hagan discípulos en todas las naciones, y bautícenlos en el nombre del Padre, y del Hijo, y del Espíritu Santo. Enséñenles a cumplir todas las cosas que les he mandado.[35]
>
> Mateo 28, 19-20

Xavier Albó sabía muy bien que su principal obligación con la Iglesia sería predicar el Evangelio y hacer que las almas se volvieran a Jesús, como lo había sido para cualquier monje jesuita que ingresaba en el sacerdocio para emular a san Pablo en su viaje misionero a Chipre. Ese compromiso cambiaría con los años y se convertiría en algo nuevo, más profundo, pero a la tierna edad de diecisiete años, con el peso del Departamento de Misiones del Vaticano sobre él, los objetivos de Xavier eran sencillos: esperaba recibir una educación, crecer y aprender a comunicarse directamente, sin mayores problemas, con aquellos cuyas almas estarían bajo su responsabilidad. Esos eran los principales pensamientos que tenía en la cabeza mientras recorría la capital argentina, maravillado por sus imponentes monumentos, su evidente poder político y la masa humana agitada que surgía de las calles fúnebres, mojadas por la lluvia, llorando la muerte de la querida primera dama. Mientras Xavier reservaba su pasaje de tren a Bolivia, otro adolescente, Jorge Bergoglio, futuro jesuita y pontífice, se sentaba en una iglesia en el otro extremo de Buenos Aires y vislumbraba su destino; un momento que se le presentó con tal fuerza física que lo compararía con ser arrojado de un caballo, de la misma manera que le había ocurrido a san Pablo.[36] Los caminos de estos dos jóvenes jesuitas no se cruzarían hasta al cabo de sesenta y cuatro años.

Mientras el tren de Xavier daba tumbos hacia Cochabamba, en Bolivia, su ventana le reveló un mundo que no había imaginado ni en sus sueños más inverosímiles. Meses antes, seguro de que sería asignado a una misión en Bombay, había leído todo lo que su escuela podía ofrecerle sobre India. Sin embargo, el papa Pío XII había urgido a la Iglesia a enviar jóvenes a América Latina, donde el comunismo estaba arraigando y amenazaba con desatar una oleada de ateísmo entre los pobres. Se pensaba que, cuanto más jóvenes e inexpertos fueran los novicios, con mayor facilidad se integrarían en la población. En ese momento, mientras discurrían las pampas argentinas y el tren se arrastraba hacia las sofocantes alturas de los Andes, Xavier se dio cuenta de lo verde que estaba, lo poco que sabía, cuán desamparado se encontraba en la profesión que había escogido. Había leído poco sobre esas tierras antes de que su barco llegara a la costa y echara el ancla en el puerto de Buenos Aires. La primera vez que oyó hablar de Eva Perón fue a bordo, cuando el capitán argentino había pedido quince minutos de silencio y un miembro de la tripulación leyó en voz alta un capítulo entero de las memorias de Evita, *La razón de mi vida*. Ahora, mientras su tren avanzaba, resoplando, desde las tierras de cultivo más allá de la capital hasta las llanuras de cactus de Tucumán, podía ver la imagen de Evita consagrada en cada estación. Era adoración, pura y dura, y le desconcertó su intensidad. Evita, que había sido actriz —una no muy buena—, se había dedicado a fundar escuelas, orfanatos, residencias de ancianos, hospitales e instituciones benéficas y a fomentar el sufragio femenino. Había hecho el tipo de labor que intentaban hacer las misiones.

Cuando Xavier llegó a Cochabamba había aprendido un par de cosas. Bolivia no se parecía en nada a Argentina. Si en Buenos Aires la población era en gran medida blanca, abrumadoramente europea y purgada de sangre india, el país al que dedicaría el resto de su vida era marcadamente indígena. Las mujeres, incluso las más pobres, vestían coloridas polleras —faldas de varias capas—, bombines y largas trenzas que indicaban su estado civil; las llevaban sueltas si estaban solteras, atadas si estaban casadas, a veces trenzadas con flecos negros si eran viudas. Los hombres eran anchos de hombros, prudentes, serios. Los observó apresurarse vigorosamente camino abajo por senderos polvorientos o arrear animales de un campo a otro. Un rostro tras otro levantaba la vista desde el accidentado paisaje para mirar al muchacho en el pesado mastodonte de hierro, y en cada ocasión Xavier sentía que había entrado en un universo distinto y atemporal. Había campesinos de semblante rubicundo cortando abultados tallos de quinoa; muchachitas tambaleándose colina abajo con bebés sujetos a la espalda; mujeres en cuclillas con ropas de colores brillantes, mostrando curas para la fertilidad, las cataratas o la lepra; niños riendo, que corrían, gritaban y le ofrecían crías de llama; un pescador solitario en una canoa, que se deslizaba en silencio por un río de barro; trabajadores discutiendo en una cantina, borrachos. Ese era su rebaño. Amarlos sería su trabajo.

Hacía tiempo que Xavier sabía que su llamada no tenía tanto que ver con el sacerdocio como con la labor misionera. Aventurero, curioso y con una disposición amistosa y jovial, estaba allí tanto para aprender como para enseñar. No había querido llevar una vida religiosa en un lugar familiar, una ciudad española. Ahora, trasplantado a un país desconocido por completo, miraba a su alrededor con una alegría que nunca antes había sentido. Allí había mucho que aprender. En Cochabamba, los bolivianos de piel clara que recibieron a los novicios y los invitaron a sus suntuosas casas —los que siempre habían ostentado el poder y controlado el dinero— le resultaron, ciertamente, bastante familiares. Hablaban español, poseían todo lo que se podía poseer, controlaban el 92 por ciento de la tierra cultivable, se sentían con derecho a las riquezas de la nación y habían disfrutado de privilegios durante cientos de años.[37] Pero era a la gente que había visto desde la ventana del tren, los quechuas y los aimaras —los humildes, los pobres, los trabajadores, el pueblo de la montaña—, a la que Xavier quería conocer. Casualmente, el país acababa de sufrir una violenta oleada revolucionaria que se había propagado apenas unos meses antes de su llegada. Los bolivianos que había observado estaban a punto de experimentar un cambio. Xavier no podía saberlo, pero la gente que le rodeaba estaba enardecida por la sensación de que el mundo estaba trastocado, de que el dios de la revolución, Pachacuti, lo había puesto patas arriba y de que ahora los últimos serían los primeros.

Xavier, trasladado por los jesuitas a sus nuevas dependencias en Cochabamba y enclaustrado en una escuela en la que adquiriría un prodigioso dominio del quechua, no sabría de la revolución durante algún tiempo. Mientras estudiaba la lengua de esa tierra, mientras las gallinas y los cerdos entraban y salían de su aula, era felizmente inconsciente de que el mundo exterior bullía con una sensación de novedad, de haber hecho una transición transformadora. No tenía ni idea de que, durante años, los jóvenes intelectuales, frustrados con el Gobierno conservador de Bolivia —su opresión extrema, sus ineficiencias económicas, su abyecto sometimiento a las exigencias de los jefes extranjeros—, habían defendido el indianismo, la convicción de que el país debía recuperar sus raíces antiguas y necesitaba un Estado socialista mejor organizado y más representativo, similar al de los incas. Las élites blancas y sus generales títere no habían traído más que desgracias. Solo dos décadas antes, habían dirigido una guerra humillante contra Paraguay, en la que el país había sacrificado sesenta y cinco mil vidas y una vasta extensión de tierra, el Gran Chaco, una zona de matorrales rica en petróleo.[38] Durante años, Chile, Perú, Argentina y Brasil habían atacado las fronteras bolivianas, al percibir que era un enemigo débil. Pero habían sido los oligarcas bolivianos —los propietarios de las minas de estaño, los terratenientes rurales, los generales— y su estructura de poder, vetusta y represiva, los que habían tiranizado al trabajador corriente, vendido el país a corporaciones extranjeras, entregado sus riquezas y provocado un hambre generalizada entre la gente.

En 1946, en un arranque de insatisfacción, la gente había echado del poder al Gobierno y secuestrado a su presidente, Gualberto Villarroel, para colgarlo de una farola en el exterior del palacio presidencial. A ello siguieron cinco años turbulentos. Pero nada de eso era sorprendente; Bolivia había sufrido 178 levantamientos populares desde su independencia de España hacía poco más de un siglo.[39] Estos episodios de beligerancia habían paralizado la economía, pero las autoridades los habían sofocado con facilidad. Sin embargo, el 9 de abril de 1952, mientras Xavier Albó navegaba hacia Buenos Aires de camino a ese país, el Movimiento Nacionalista Revolucionario de Bolivia se autoproclamó defensor de los bolivianos atribulados, se hizo con los arsenales militares de La Paz y empezó a distribuir armas entre los ciudadanos. Mineros armados, procedentes de lugares tan lejanos como Potosí, llegaron en multitud a la capital e impidieron que el ejército tomara ventaja. Después de tres días de una lucha encarnizada, y a pesar de los esfuerzos del Gobierno de Estados Unidos por boicotear a los rebeldes, las fuerzas armadas se rindieron y un presidente recién elegido, Víctor Paz Estenssoro, un antiguo profesor de economía, tomó las riendas, enviando un infrecuente mensaje de esperanza al interior rural del país. Casi de inmediato, Paz Estenssoro amplió el sufragio universal a toda la población, incluidos los más remotos y los analfabetos. Al mismo tiempo, nacionalizó las minas del país —también Potosí, la legendaria fuente mundial de plata— e implantó una reforma agraria que abolió el trabajo forzado y redistribuyó la tierra entre los agricultores indígenas. Fue a este mundo recién creado al que Xavier llegó.

Xavier había sido víctima del imperialismo cultural toda su vida. Como catalanohablante, pertenecía a una población que había sufrido sometimiento lingüístico desde que en el siglo XII Aragón se anexionara el territorio de Cataluña, próspero y muy independiente. Al crecer bajo el yugo del Generalísimo Franco, solo se le había permitido usar el idioma de sus antepasados entre las cuatro paredes del hogar, no en los lugares públicos. Podía empatizar con la angustia causada por el colonialismo, la supresión y eliminación de un dialecto autóctono por «el bien» del Estado. Sabía lo que debía de significar para los quechuas, que hablaban una lengua antigua, perder a sus hijos a manos de una cultura ajena.

Al conocer a los bolivianos amables y afectuosos que le acogieron en ese barrio paradisíaco donde iba a formarse en la sacristía y aprender su lengua —el cocinero jovial, el conserje desdentado, el tendero amigable, el transeúnte ajetreado—, Xavier comenzó a aprender algo más. Empezó a saber de la difícil historia por la que habían pasado. Estaba, por supuesto, la revolución que acababa de sacudir al país, desencadenada por los mineros que durante siglos habían soportado la peor parte de unas exigencias inclementes. Con anterioridad, los días oscuros y violentos del dominio colonial. Pero incluso antes de eso, cuando los incas conquistadores habían arrasado esas tierras, anexionándose tribus, imponiendo su fe y requiriendo el trabajo de sus prisioneros, para estas gentes la vida había sido dura. Los sacrificios habían sido muchos. En lugar de un alivio para las masas conquistadas, las religiones antiguas habían demandado sangre.

De hecho, desde los rincones más septentrionales del dominio mexica hasta los bosques más meridionales de los guaraníes, la religión y los ritos tribales con frecuencia habían exigido el sacrificio máximo: ofrecer vidas humanas para apaciguar a los dioses. La religión les había pedido a sus seguidores más que oraciones y buenas acciones. Les había pedido la propia vida.

En las antiguas Américas, el sacrificio humano era una prueba de convicción religiosa. Los dioses debían ser aplacados. Se necesitaban cuerpos. Debía derramarse sangre. En lugar de entregar a los suyos a la piedra sacrificial, los precolombinos, en especial los mesoamericanos, a menudo provocaban guerras para conseguir víctimas. Llegaron a adaptar las normas de la guerra para ese propósito; en la batalla, los guerreros solo podían herir a sus enemigos, para así poder hacerlos prisioneros y matarlos —e incluso comérselos— en sacrificios rituales.[40] Los códices aztecas describen estos ritos religiosos, llevados a cabo en ceremonias complejas en lo alto de grandes templos piramidales.[41] Los sumos sacerdotes elegían al más viril de los cautivos; cuatro sacerdotes de menor rango tumbaban al prisionero vivo en la losa ritual, y un quinto le abría el tórax con un afilado cuchillo de obsidiana, introducía la mano bajo el esternón y le arrancaba el corazón aún palpitante. El cuerpo de la víctima era tirado por las escaleras del templo, esparciendo su sangre mientras rebotaba por la pendiente dentada, y luego se quemaba el corazón, enviando su humo a un dios hambriento.

En Perú, durante las celebraciones del Inti Raymi por el solsticio de invierno, los sacrificios humanos se hacían con gran pompa y ceremonia, supervisados por los sumos sacerdotes del inca.[42] Pero a los guerreros y prisioneros no se les consideraba los tributos de sangre más excelentes para un dios supremo. Los incas sacrificaban niños preadolescentes de ambos sexos, elegidos por su inocencia así como por su belleza, ofrecidos en un intento de obtener el favor del Sol y garantizar una cosecha abundante. Lo llamaban *capacocha*, y el sacrificio de un niño bello y virginal era requerido siempre que se necesitaba buena suerte: cuando un emperador estaba enfermo, celebraba el nacimiento de un hijo, había partido a la guerra, había fallecido o acababa de ser sucedido.[43] Las pequeñas víctimas eran preparadas según complejos rituales, vestidas, drogadas y luego conducidas por montañas hasta helados promontorios donde se les aplastaba el cráneo o se las estrangulaba de acuerdo con una práctica solemne. En estos sacrificios nunca se derramaba sangre; una víctima que hubiera sufrido cortes o sangrado se habría considerado imperfecta, incompleta, inaceptable para el Señor Sol.[44] En 1892 una excavación en la isla de la Plata, en Ecuador, descubrió los macabros restos de dos de estos niños, adornados con artefactos preciosos, asesinados sin dejar ningún rastro de sangre y enterrados de la forma precisa en que los emperadores incas ordenaban que tuvieran lugar estos rituales.[45] Cien años después, en 1995, los restos momificados de una niña inca de doce años fueron desenterrados en las nieves del monte Ampato, en el sur de Perú, junto con un tesoro de ornamentos de oro y plata.[46] Juanita, la Doncella de los Hielos, como se la llamó después, estaba envuelta en un tapiz exquisitamente tejido de colores brillantes y un chal de la mejor alpaca, con un broche de plata en el pecho y un tocado de plumas rojas en la cabeza. La cuenca ocular derecha tenía una grieta visible y, sobre ella, una enorme fractura; era la prueba de que la habían matado con un golpe brutal en la cabeza. En las alturas glaciares de Chile y el noroeste de Argentina se han encontrado, congelados en las nieves perpetuas del Aconcagua, varios niños momificados —unas veces solos, otras en grupos, siempre exquisitamente vestidos y siempre apaleados o asfixiados— de entre seis y quince años. En el 2018 se encontró el cráneo de un niño, de menos de diez años, en una fosa sacrificial en las ruinas del Templo Mayor azteca, bajo el corazón de Ciudad de México.[47]

Por espantosos que fueran estos asesinatos de niños, se percibía que tenían una gran capacidad de alterar el curso de los acontecimientos. Tal vez en el mismo sentido en que nosotros creemos que sacrificar soldados en la guerra —entregando a los más jóvenes y fuertes al caos de la batalla— nos traerá progreso, los antiguos andinos pensaban que esas ceremonias sacrificiales, meticulosamente planeadas y ofrecidas con ardor, contribuían a pagar por los pecados y traer buena suerte. Más importante aún, consideraban que tenían pruebas sólidas de su eficacia; cuando a principios del siglo XV el volcán Misti, en Arequipa, entró en erupción y sus alrededores fueron arrasados por un tsunami de lava fundida, la reina y esposa de Pachacútec Inca Yupanqui ordenó realizar una gran cantidad de sacrificios en Cuzco para mitigar la furia divina del *apu*.[48] Las explosiones del volcán, sin embargo, no pararon hasta que el propio Pachacútec visitó la montaña con su séquito de sumos sacerdotes e hizo las ofrendas sacrificiales que finalmente calmaron sus ardientes profundidades. Cuando se construyó el edificio más sagrado de Cuzco, el Templo del Sol, varios niños fueron enterrados vivos en los cimientos del santuario, asegurando así la potencia y la energía necesarias que el espacio sagrado tendría para las generaciones venideras.[49] Tan convencidos estaban los incas de que existía una fuerte causalidad entre el sacrificio de niños y los beneficios que ello acarreaba para el imperio, que los padres ofrecían a sus hijas para el ritual de la *capacocha*, creyendo que se obtendrían grandes favores por el bien del pueblo y que la «elegida» viviría con honor eterno entre las deidades celestiales.

En Paraguay y Uruguay, los guaraníes, por lo demás un pueblo amable y espiritual que creía en un único dios y en la palabra —el conocimiento que habitaba en lo más profundo y se transmitía a los niños no nacidos—, tenían fama de ser caníbales. A pesar de toda su poesía y sensibilidad, también tenían esta faceta. No sabemos si consumían la carne de sus enemigos o, más probablemente —como siguen haciendo algunos indios amazónicos—, se comían a sus muertos con la clara convicción de que era abominable dejar sus restos a merced de la naturaleza. Era mucho mejor acoger los restos de un ser querido, ingerir su esencia, incorporarlo a una vida eterna, que abandonar su cuerpo a un destino adverso. Fuera cual fuese su intención, los guaraníes, a quienes los conquistadores cristianos tal vez acusaron falsamente para desacreditarlos y derrotarlos, se hicieron famosos en todo el mundo por las crueldades de su religión. En los *Comentarios* de Álvar Núñez Cabeza de Vaca, publicados en 1542, el explorador relata la costumbre guaraní de llevar a cabo rituales sagrados después de las guerras. Estos acontecimientos empezaban de manera bastante inocente, con cantos y bailes, invitando a sus prisioneros a unirse a ellos. Preparaban a los cautivos durante semanas engordándolos, dándoles todo lo que desearan, permitiendo incluso que sus esposas e hijas les complacieran.[50] Al final, cuando las víctimas estaban lo bastante rollizas y satisfechas, se enviaba a chamanes y niños para que las descuartizaran. Los cadáveres hechos pedazos se cocinaban en grandes ollas, la carne se devoraba y saboreaba y el gran Padre agradecía esta oportunidad para saldar cuentas.

Independientemente de si lo que se contaba sobre los guaraníes era cierto, hay pruebas sólidas y concretas de que los sacrificios humanos y el canibalismo se practicaron en otros lugares del Nuevo Mundo. Los historiadores relatan el descubrimiento de sacrificios de niños, enterramientos de víctimas aún vivas encontrados bajo los muros de construcciones en los Andes; obviamente, era un rito de consagración del edificio.[51] Sin duda, esto no lo inventaron los precolombinos; en el Museo del Pontificio Instituto Bíblico de Jerusalén se exhiben niños decapitados utilizados con el mismo propósito. De acuerdo con esa exposición concreta, fueron encontrados en ciudades cercanas al mar Muerto, «invariablemente bajo el suelo de las casas, y fueron a buen seguro sacrificios de fundación, como los encontrados en otros lugares de Oriente Próximo». La diferencia está en que los sacrificios de niños andinos fueron habituales muchos miles de años después, hasta la época de la conquista y, según algunos, incluso años más tarde.[52] En Ancón, en la costa peruana donde yo solía jugar de pequeña, se encontró una niña enterrada bajo la esquina de una casa de piedra. En el lugar de los ojos había brillantes cuadraditos de mica; el estómago había sido sustituido por una calabaza, y donde debería haber estado el corazón había un reluciente cristal de roca. Los hogares sagrados debían sustentarse con sacrificios como este.

Así fue como la violencia y la fe se dieron la mano en el pasado precolombino, de igual manera que habían hecho en España durante la feroz expulsión de los judíos, en los autos de fe y en las cruzadas que el país había organizado contra los ejércitos musulmanes que conquistaban Europa. Sin embargo, a pesar de la sed de sangre que durante siglos había consumido a España, los españoles alegarían el «barbarismo» y la «profanidad» de los indígenas como razón suficiente para esclavizar el hemisferio. Para la Corona católica, los sacrificios humanos rituales y el canibalismo eran herejías indefendibles y diabólicas que debían erradicarse de manera unilateral. Así fue como la violencia del pasado religioso de América Latina se convirtió en la justificación perfecta para imponer un futuro religioso violento. Aprovechando la oportunidad que ofrecían las «blasfemias» indígenas, España se apresuró a concederle a la Iglesia una buena posición en su campaña de subyugación. Nunca habían resultado tan útiles las Escrituras en la derrota de un territorio vasto y desconocido. Conquistadores, obispos, mercaderes y banqueros refrendaron la calumnia, opinando sobre el salvajismo inherente a todos los indios del Nuevo Mundo, sin importar cuán grandiosa fuera la civilización, cuán desarrollada la religión. En aquel momento, el joven novicio jesuita, perspicaz y compasivo, empezaba a verlo; era precisamente para mantener un dominio firme sobre la población quinientos años después para lo que había sido enviado a ese rincón lejano y montañoso de América.

11

Piedra mata piedra

> La espada y la cruz marchaban juntas en la conquista y en el despojo colonial. Para arrancar la plata de América, se dieron cita en Potosí los capitanes y los ascetas, los caballeros de lidia y los apóstoles, los soldados y los frailes.[1]
>
> EDUARDO GALEANO, *Las venas abiertas de América Latina*

Desde el momento en que el Viejo Mundo se topó con el Nuevo, quiso evangelizarlo: plantar una cruz en todos sus espacios públicos, apilar piedras sobre sus piedras sagradas. En el primer encuentro de Moctezuma con Cortés, los españoles advirtieron al emperador acerca de la supremacía del dios español y el sacrilegio que suponía rendir culto a otros ídolos. Esto no resultó sorprendente, ni para el hombre que lo dijo ni para el que lo oyó. Tanto Cortés como Moctezuma habitaban mundos determinados por la fe. Para Cortés, la cruz era sinónimo de patriotismo, rectitud, virilidad; elementos intrínsecos a su identidad. Al fin y al cabo, el santo patrón de España es Santiago «Matamoros», cuyo nombre ha sido invocado durante siglos en cada choque de espadas, cada carga contra un enemigo, cada aventura hacia lo desconocido.

También en el caso de los mexicas, y en especial de los aztecas que los dominaban, sus dioses, que se contaban por docenas, eran tan naturales y estaba tan presentes como el aire que respiraban y la sangre que corría por sus venas. Había trece cielos y nueve inframundos en el universo azteca, y cada estrato estaba habitado por sus deidades y cuerpos celestiales correspondientes. Se invocaba a los dioses para el cultivo del maíz, la fermentación de las bebidas alcohólicas, la derrota de un enemigo, el nacimiento de un niño, los placeres del sexo. Lo que tal vez fuera diferente era que los aztecas no imponían sus dioses de manera unilateral. Los sumos sacerdotes entendían que las demás culturas podían tener sus propias fes, potentes y útiles. La diosa azteca de la fertilidad, Xipe Tótec, había sido adoptada del pueblo yopi. El dios del cielo nocturno o los fuertes vientos —Tezcatlipoca, soberano del inframundo—, central en la religión, había sido adorado antaño por los toltecas.[2]

Uno de los primeros edictos que Cortés promulgó después de conquistar Tenochtitlán fue que sus templos no fueran demolidos de inmediato —podían resultar convenientes como fortalezas—, pero que los ídolos fueran sacados de sus santuarios y reducidos a escombros.[3] Tampoco eso era algo sorprendente en el largo curso de la historia. Desde tiempos inmemoriales, los cristianos habían vandalizado los templos que conquistaban. Cuando Roma, quizá el más militarista de los imperios que haya conocido el mundo, decidió defender el cristianismo, sus decretos sobre la conquista de los «bárbaros» se convirtieron en una guía dispuesta para la masacre. Los blancos principales —los primeros que debían ser eliminados en cualquier conquista— eran los ídolos. Cuando los cristianos tomaron Atenas, una turba de saqueadores derribaron una estatua de la diosa Atenea, la decapitaron y la rompieron en pedazos; su cabeza fue colocada, invertida, como peldaño en un hogar cristiano.[4] Cuando los monjes tomaron el templo de Serapis en Alejandría, ordenaron arrasarlo de inmediato; se destruyeron miles de libros y la estatua colosal de la deidad fue desmembrada, exhibida en procesión por la ciudad y quemada en una enorme pira. Los muros revestidos de oro se desnudaron; la plata y el bronce fueron arrancados de los arcos. Cuando los saqueadores terminaron, solo quedaba la piedra del templo; se construyó sobre él una iglesia dedicada a san Juan Bautista.[5]

Más tarde, durante la época bizantina, cuando el Partenón —la apoteosis de la civilización griega— fue ocupado y convertido en una iglesia, dos obispos imperiosos grabaron su nombre en las enormes columnas del templo.[6] No les importó desfigurar un monumento sagrado con mil años de antigüedad. Se estaban limitando a seguir lo establecido; menos de cuatrocientos años después del nacimiento de Cristo, había entrado en vigor una ley según la cual quienes rechazaran la cruz «pagarían con su vida y su sangre».[7] Y eso es lo que hicieron. Cuando Cortés pisó las costas de Veracruz, esa mentalidad llevaba vigente más de mil años.

Por eso Cortés y su cohorte no tuvieron ningún reparo en destruir una religión e imponer su fe por la fuerza. Desde el principio, los conquistadores habían dado muestras de que así sería. A los pocos días de su llegada a Tenochtitlán, Cortés solicitó ver uno de los grandes templos de culto de Moctezuma. El emperador accedió, le llevó personalmente de visita al lugar sagrado de Huei Teocalli y le enseñó la imponente torre, la gran sala, los altares manchados de sangre, los cuchillos sacrificiales, el enorme tambor de piel de serpiente, el zócalo del dragón, las figuras ciclópeas y enjoyadas de Huitzilopochtli y Tezcatlipoca, los dioses de la guerra y el inframundo.[8] Cortés sintió repugnancia; se dirigió a su anfitrión y expresó su sorpresa por el hecho de que un hombre tan sabio pudiera adorar ídolos tan absurdos y perversos. Propuso erigir una cruz encima de todo aquello y colocar una imagen de la Virgen María en el centro de la sala. Moctezuma se sintió herido, montó en cólera y replicó que no habría admitido a Cortés en el templo de haber sabido que iba a insultar a sus dioses.

Pero la religión no fue la prioridad inmediata después de la conquista; fue el oro. Al principio, cuando Cortés aprisionó a Moctezuma, lo encadenó y reclamó Tenochtitlán para la Corona española, ordenó a sus soldados que se hicieran con cualquier botín valioso que pudieran encontrar. El frenético periodo posterior hizo creer a los sumos sacerdotes de Moctezuma que, a pesar de todo el discurso inicial de Cortés sobre Dios, el Hijo, la Virgen y el Espíritu Santo, sus verdaderos dioses eran el oro y la plata.[9] Pensaron que podrían continuar con su fe, a lo sumo modificándola, con un dios más por aquí y un ritual insignificante por allá, como ellos mismos habían hecho con la fe de los conquistados. No imaginaron la ferocidad con la que los españoles acabarían imponiendo su culto. Los dioses aztecas quizá fueran exigentes, voraces, quisquillosos, pero a los sacerdotes nunca se les pasó por la cabeza que fueran los únicos dioses.[10] La construcción del imperio se había basado en la diversidad, bajo la presunción de que entre sus súbditos, que eran cada vez más, la religión podía ser realmente una cuestión de elección.

Con el paso del tiempo, los sacerdotes aztecas comprendieron que los españoles y su cohorte de saqueadores, los tlaxcaltecas, matarían, mutilarían y destruirían todo aquello que se interpusiera entre ellos y su supremacía. También dedujeron que, como hombres sagrados, sus probabilidades de sobrevivir eran altas. Dado que lo único que tenían en mente los españoles era el «metal amarillo y otro de blanco»,[11] y en vista del rechazo palpable que España sentía por el sacrificio humano, los sacerdotes estaban bastante seguros de que no serían asesinados en rituales. De alguna manera, a pesar del caos que les rodeaba a diario, pensaron que la fe estaría a salvo, sobre todo porque, al parecer, su creador supremo —Ometeotl, el Dador de la Vida— no era muy diferente del Dios de los conquistadores.[12] Una cruz aquí y un santuario allá no significaba necesariamente que sus creencias fundamentales, en las que residía la esencia misma de la vida, estuvieran en peligro. Pronto se desengañarían de esa idea.

En 1524, después de tres años de epidemias mortales, matanzas incontroladas y un saqueo generalizado, llegaron de España doce monjes franciscanos para hacer lo que Cortés, a pesar de toda su agresividad, no había hecho: sustituir a los sacerdotes aztecas y convertir a las masas paganas en creyentes cristianos. En aquel momento, los mexicanos tenían cada vez más claro que los españoles no tolerarían las viejas costumbres. Al contrario, habían desnudado sus templos, quemado sus ídolos, matado y esclavizado a miles de personas. En adelante arrasarían por completo su cultura, eliminarían a los incrédulos y pondrían cruces y vírgenes en sus lugares más sagrados.

El pequeño grupo de franciscanos encargado de la formidable tarea de evangelizar a toda una civilización recorrió la distancia entre Veracruz y México, más de trescientos kilómetros por arena, lodo y piedra volcánica.[13] La historia los recordaría como «los doce», y de hecho su número era deliberado, un eco de los doce apóstoles que habían transmitido el Evangelio de Cristo al resto del mundo. Sin afeitar, exhaustos después de un mes en el mar, caminando a rastras por tierras desconocidas con sus maltrechas sandalias y sus hábitos harapientos, los sacerdotes tenían un aspecto lamentable, y los indios que se aglomeraban para verlos pasar susurraban «motolinia» —«vagabundos» en náhuatl—, palabra que uno de los españoles oyó y adoptó como nombre; a partir de ese día, el franciscano fue conocido como Motolinía, el Pobre. Cuando la pequeña y andrajosa delegación entró por fin en la capital, los mexicanos se quedaron estupefactos al ver que Cortés y sus secuaces se apresuraban a recibirlos, se arrodillaban y besaban los dobladillos de sus hábitos cubiertos de barro. Sin embargo, los indios ya habían sido testigos de muchas cosas extrañas y desconcertantes; su gran metrópoli se agitaba en medio de un cambio inimaginable. La destrucción de su mundo físico era evidente en todas partes. Lo que no habían considerado del todo era que, con la llegada de los doce hombres humildes, se les arrebataría la última brizna de su civilización. La conquista espiritual de México había empezado.[14]

A estas alturas de la cruzada, conviene recordar la situación de la empresa católica en la época del «descubrimiento». El papa Alejandro VI, tan rapaz en sus apetitos como en sus ambiciones mundanas, necesitaba dinero; toda la institución de la Iglesia se encontraba en crisis.[15] La propia Europa se hallaba en constante cambio. Sin duda, como economía o sociedad era mucho menos estable, estaba mucho menos unificada, que las culturas dominantes en Mesoamérica o los Andes, donde la religión había servido de gran fuerza integradora.[16] Como dijo un historiador, Europa se había vuelto conflictiva, peligrosamente desequilibrada, una bomba de relojería de inquina.[17] Su religión no había conseguido forjar un sentido de propósito político o una unidad fiscal, como sí habían hecho los sistemas espirituales azteca e inca. El cristianismo no había nacido para hacer eso. Pero lo que había nacido para hacer se apartó gravemente de su camino cuando contaba con un milenio y medio de historia.

A principios del siglo XVI, en lugar de dedicarse a la salvación de las almas, la Iglesia nadaba en un lodazal de corrupción y utilizaba a los creyentes para obtener beneficios económicos. El papa León X, al frente de la Iglesia mientras Cortés se abría camino por el Yucatán, había estado vendiendo dos mil cargos eclesiásticos al año por la redonda suma de quinientos mil ducados (el equivalente a cien millones de dólares de hoy en día), una cifra asombrosa dado que la riqueza total acumulada por el noble más rico de Europa era una fracción de esa cantidad.[18] Con los ingresos anuales procedentes de esos cargos, los oficiales recién establecidos pagaban una miseria a sus aduladores para que se encargaran de las tareas espirituales, mientras ellos recaudaban dinero para Roma y se quedaban con la diferencia.[19] Los abusos se multiplicaron. El arzobispo de Maguncia, en Alemania, muy endeudado porque mantenía a un grupo de amantes, intentó comprar al papa León un segundo arzobispado con el fin de aumentar sus ingresos. Para recaudar el dinero necesario, ordenó a un fraile dominico que vendiera indulgencias, es decir, certificados que aseguraban al comprador que en la otra vida sus pecados —y sus correspondientes castigos— se reducirían.[20] El fraile, deseoso de complacer a su arzobispo, se presentó con una ingeniosa cancioncilla publicitaria: «Tan pronto suene el oro en la caja / salta entonces el alma hacia el cielo».[21] Los fieles, deseosos de salvar su alma y comprar un pasaje directo al cielo, se mostraron encantados de pagar al arzobispo.

La Iglesia católica se había convertido en una burocracia, una firma comercial, una amplia red financiera. El objetivo, más que guiar a los humildes y los pobres, era su propia glorificación. Los pontífices se veían obligados a generar un prodigioso río de oro y plata para exaltar la fe y mantener la primacía del catolicismo. En 1506 empezaron a levantar un monumento que daría plena expresión a su grandeza: la basílica de San Pedro en Roma. Un decenio después, en 1517, una voz se alzaría para denunciar los excesos. Enfurecido por la flagrante venalidad exhibida, un joven monje alemán de una pequeña ciudad minera compiló en un documento lo que llamó las «noventa y cinco tesis» y lo clavó en la puerta de la capilla de la Universidad de Wittenberg.[22] En él, condenaba la práctica de la Iglesia de vender cargos e indulgencias para enriquecerse.

En menos de dos meses, las acusaciones de Martín Lutero circulaban por las capitales europeas, ayudadas por la creciente proliferación de imprentas.[23] El cisma difícilmente podría haberse producido sin la invención de Gutenberg. Para alarma de Roma, las quejas de Lutero estaban convenciendo tanto a príncipes como a plebeyos de abandonar el catolicismo y unirse a una nueva Iglesia, la protestante. En 1524, mientras doce desharrapados franciscanos se encaminaban a Ciudad de México desde Veracruz, el espíritu rebelde de la Reforma estaba provocando un cambio drástico en el corazón del norte de Europa, amenazando la preeminencia católica. La Iglesia y su mayor defensora, España, se movilizaron para defender la fe. Ambas necesitaban que Cortés lograra una victoria que diera ascendiente al catolicismo, asegurara la supervivencia económica de España y reforzara el dominio de la religión en el Viejo Mundo. Sin embargo, en lugar de acabar con la corrupción que había contaminado a la Iglesia durante décadas, la Reforma tuvo el efecto contrario en las agresivas órdenes religiosas del Nuevo Mundo; las raíces de la codicia se hicieron aún más profundas. La evangelización, además de ser la clave de la conquista, lo fue también del control territorial. Ahora, todos los edictos y correctivos que España pudiera establecer eran un murmullo lejano para quienes forjaban una nueva frontera, marchando con un ritmo diferente. El tañido del oro era el único sonido que importaba.

Irónicamente, para muchos de los religiosos arrastrados a la empresa, el Nuevo Mundo representaba una ocasión para que la fe se refundara y regresara a sus raíces, una oportunidad para reunir una *tabula rasa* de almas frescas y empezar el proceso cristiano de nuevo. Pero si en algún momento la evangelización de las Américas se concibió para que fuera una feliz cosecha de creyentes, la historia enseguida desbarató ese plan. Había una fortuna con la que hacerse, un tesoro disponible. Poco después de la llegada de la delegación franciscana, los conquistadores establecieron una rutina de cristianización —una conquista espiritual armada— que en adelante sería impuesta en todo el hemisferio.[24]

Empezaba con el requerimiento, una declaración leída a los aldeanos que afirmaba el derecho de España, por mandato divino, a apropiarse de cualquier territorio del Nuevo Mundo, someter y esclavizar a sus habitantes y, si fuera necesario, librar guerras y matar. En 1513, justo cuando se exhibía por primera vez el magnífico fresco de Miguel Ángel en la bóveda de la Capilla Sixtina que representa la creación, cuando Bartolomé de las Casas llegaba a la conclusión de que ya habían muerto tres millones de indios durante la conquista[25] y cuando Vasco Núñez de Balboa ampliaba el alcance de la invasión al llegar a la costa del Pacífico, la Corona española decidió que había que hacer algo con las muertes.[26] Se había asumido, y pocas personas se habían opuesto, que las tierras habitadas por razas inferiores no pertenecían a nadie. El Nuevo Mundo estaba allí para ser tomado. Tuvieron que pasar veinte años de conquista para que surgiera la cuestión de los derechos de los nativos.

Para mitigar los posibles efectos colaterales, la Corona resolvió que en las incursiones futuras los conquistadores tuvieran que leer un pronunciamiento que permitiera a los indios rendirse pacíficamente a Cristo y España, absolviendo así a esta última de cualquier ofensa de violencia. El requerimiento precedía a cualquier ataque y comenzaba con una disquisición de apariencia inocua sobre los ángeles y los santos católicos, entre ellos Santiago y san Pedro, pero terminaba con una amenaza inequívoca: «Y si así no lo hicieseis o en ello maliciosamente pusieseis dilación, os certifico que con la ayuda de Dios nosotros entraremos poderosamente contra vosotros, y os haremos guerra por todas las partes y maneras que pudiéramos, y os sujetaremos al yugo y obediencia de la Iglesia y de Sus Majestades, y tomaremos vuestras personas y de vuestras mujeres e hijos y los haremos esclavos, y como tales los venderemos y dispondremos de ellos como Sus Majestades mandaren, y os tomaremos vuestros bienes, y os haremos todos los males y daños que pudiéramos».[27]

Voceada a gran distancia —y a veces casi murmurada—, para los indios que la oían la declaración era poco más que ruido, un balbuceo incomprensible, apenas distinguible del ladrido de los perros. Muchos aceptaron la cruz pacíficamente; muchos otros se resistieron con vehemencia. Al final, frente a las armas de fuego, los cañones, los caballos y una enfermedad virulenta, un campo de batalla tras otro cayó en manos de los soldados de Jesús.

La conquista del alma india

> Sóla una terrible falta hallo,
> Christianíssimo Rey en vuestras Indias,
> Y es que estan muy pobladas y ocupadas,
> De gente vil, manchada y sospechosa.[28]
>
> Gaspar Pérez de Villagra, 1610

Los vencidos se asignaban directamente a las encomiendas, tierras entregadas a los conquistadores, funcionarios o sacerdotes. Confusos, desorientados y temerosos —con frecuencia separados de sus hijos y familias—, se les contaba, agrupaba y cambiaba el nombre por uno español, se les decía mediante una traducción confusa que pertenecían a un dios distante, a un rey distante. Sus amos, los encomenderos, tenían libertad para exigirles tributos o impuestos, que podían pagarse en trabajo u oro, y, a cambio, a los indios se les prometía protección y un más allá cristiano. Sin embargo, en la práctica, apenas se les daba nada. Las encomiendas eran una simple expropiación de tierras. Los españoles se limitaron a apropiarse de territorios enteros, esclavizar a cualquiera que viviera en ellos, cazar a los fugitivos y obligar a sus prisioneros a trabajar en las minas en condiciones peligrosas, muchas veces mortales, sin prestar atención alguna a los asuntos espirituales.[29] «Por todo el tiempo que el Comendador Mayor esta isla gobernó, que fueron cerca de nueve años —dijo un fraile del gobernador general de las Indias Occidentales—, no se tuvo más cuidado de la doctrina y salvación dellos, [...] que si los indios fueran palos, ó piedras, ó gatos, ó perros».[30] Y, sin embargo, el gobernador había sido enviado precisamente para enmendar las atroces injusticias infligidas a los indios bajo el mandato de Colón. Los abusos eran tan terribles, y la muerte y las enfermedades tan galopantes, que los sacerdotes que acompañaban a los conquistadores empezaron a enviar mensajes de que, a pesar de las afirmaciones altisonantes sobre la disminución de los abusos y la difusión del Evangelio de Cristo, el sistema de subyugación se había vuelto más brutal, más inhumano.

Bartolomé de las Casas no había sido educado para observar la conquista desde la perspectiva de los indios. Al contrario. Su padre, un comerciante que se había unido al segundo viaje de Colón con la esperanza de mejorar su suerte, sorprendió a su hijo cuando regresó con un esclavo como souvenir. El indio Juanico, que enseguida se puso al servicio de Bartolomé, había sido un regalo del mismísimo Colón.[31] Unos años más tarde, en 1501, Bartolomé, entonces un novicio de dieciocho años y rostro dulce, se hizo sacerdote y navegó a La Española con su padre. Sabemos poco de sus primeros años allí, salvo que la Iglesia no acababa de afianzarse. No había un camino establecido para un joven clérigo. Como todos los demás, se esperaba que ayudara a fundar una colonia, cazar esclavos y contribuir a la incipiente economía.

Algunos años más tarde, Bartolomé hizo una breve visita a Roma y, antes de regresar, fue ordenado fraile dominico, lo que le convirtió en el primer sacerdote en dar su misa inaugural en las Américas. Se le concedió su propia encomienda y una gran cantidad de esclavos, convirtiéndose en un próspero hacendado que participaba a menudo en ataques contra los taínos para aumentar una fuerza de trabajo siempre menguante. Tan implicado estaba en la economía esclavista que una congregación de sacerdotes dominicos que llegó algunos años después le negó, como a todos los dueños de esclavos, el derecho de confesión.[32] Uno de los dominicos, horrorizado por la crueldad de la que era testigo, por la proliferación de enfermedades, reprendió a sus compatriotas españoles en un encendido sermón de Navidad: «Decid, ¿con qué derecho y con qué justicia tenéis en tan cruel y horrible servidumbre a estos indios? —gritó el sacerdote, con el rostro encendido—. ¿Con qué autoridad habéis hecho tan detestables guerras a estas gentes que estaban en sus tierras mansas y pacíficas, [...] sin darles de comer ni curarlos en sus enfermedades, que de los excesivos trabajos que les dais incurren y se os mueren, y por mejor decir, los matáis, por sacar y adquirir oro cada día?».[33] En presencia del hijo de Cristóbal Colón, Diego, el dominico siguió despotricando, acusando a los españoles presentes en aquella pequeña iglesia de haber perdido cualquier atisbo de conciencia que hubieran tenido, de estar ciegos, impregnados de pecado, y de dirigirse peligrosamente hacia el fuego del infierno.[34]

Al principio, esas acusaciones desconcertaron a De las Casas, que defendió a los conquistadores. A fin de cuentas, a las expediciones se les había encargado que llevaran el Evangelio del Señor a esta frontera salvaje, y papas y reyes habían bendecido la empresa. Pero poco después el fraile se encontró pensando en las febriles palabras del dominico. En 1513, el mismo año en que se promulgó el requerimiento, partió en la expedición para conquistar Cuba junto con Cortés, Diego Velázquez, Pánfilo de Narváez y otros, que acabarían provocando la práctica extinción de la población taína de la isla. Fue allí, como capellán de la expedición, al ser testigo de la brutalidad gratuita, las recurrentes quemas en la hoguera, las horribles atrocidades, la matanza de miles de personas —«sin motivo ni causa»—, cuando De las Casas empezó a dudar de la misión civilizadora de España.[35] Recompensado por su participación en la conquista con una mina de oro en Cuba, aún más esclavos y una pintoresca encomienda con vistas al río Arimao, se dedicó a la vida tranquila de hacendado, pero no pudo evitar sopesar las contradicciones entre sus votos religiosos y las inhumanidades que había presenciado.

Había estado presente en la masacre de Caonao.[36] Había visto a los indios acercarse con cestas de pan y pescado mientras los conquistadores afilaban sus espadas en la piedra. Aquel día asesinaron a siete mil, la mayoría por diversión —destripados, mutilados, malheridos—, que huían con sus entrañas en las manos. Había visto a un grupo de sus camaradas soltar un perro contra un indio indefenso y bramar de alegría cuando este gritaba pidiendo clemencia, destripado ante sus ojos. Había contemplado cómo los esclavos eran obligados a marchar cuatrocientos kilómetros para extraer oro.[37] Azotados para que trabajaran más, o bien morían camino de casa, o bien llegaban heridos y desnutridos, incapaces de consumar su matrimonio. Los bebés nacían atrofiados, si es que nacían. Los hombres infectaban sus aldeas con viruela. La raza se consumió, incapaz de cumplir las cuotas.

En el plazo de un año, De las Casas se convirtió y se radicalizó, sorprendiendo a los demás hacendados al anunciar que en adelante se dedicaría al bienestar de los conquistados. La transformación fue rápida y asombrosa; en sermones encendidos e indignados, y en feroces despachos dirigidos a las altas esferas de Valladolid, fustigó a sus compatriotas por las crueldades de la caza de esclavos y los rigores de la encomienda. Juró poner fin a sus crímenes. Respecto a la afirmación de que España estaba llevando la religión cristiana a un mundo profano y rebelde, De las Casas respondió que, si la guerra era realmente imprescindible para convertir a los indios, sería más cristiano dejarlos en paz.[38]

Aunque en las colonias nadie escuchaba, al menos la Iglesia empezó a prestar atención. Por su defensa contundente e incansable, acabó proclamando a De las Casas protector de los indios. Durante más de quince años, el fraile hizo el esfuerzo hercúleo de viajar a tantos lugares lejanos como pudo, predicando su mensaje de misericordia para los mayas, los nahuas, los incas, los taínos, adondequiera que los conquistadores hubieran erigido cruces de conquista. Llevó su labor misionera hasta la costa de Venezuela, donde ensayó un experimento para convertir a los nativos por medios pacíficos. Esos esfuerzos fracasaron, en gran parte porque los españoles sentían mucha hostilidad por ellos, y también porque los nuevos terratenientes, que eran quienes más tenían que perder, habían empezado a tildarlo de loco, estrafalario, un demonio hecho carne. Con todo, él siguió adelante, comprometido con la orden dominica que había inspirado su cambio de mentalidad. Sus viajes le llevaron a México, Guatemala, Panamá, Nicaragua y de nuevo a México, donde escapó por poco de ser asesinado.[39] Su trabajo no fue ignorado; a raíz de sus peticiones, se emitió una trascendental bula papal que proclamaba que el indio era un hombre como cualquier otro, capaz de cristianizarse. No todo el mundo estaba convencido de ello.

Aunque solo fuera en virtud de una incansable perseverancia, con el tiempo el fraile se ganó la atención del joven rey. A Carlos I, emperador del Sacro Imperio Romano Germánico, pero también un joven impresionable, los relatos de De las Casas sobre las atrocidades le parecieron convincentes y espantosos.[40] Cuando el sacerdote de ojos penetrantes, audaz y temperamental narraba las barbaridades, el rey adolescente no podía evitar sentir empatía. El tráfico de esclavos que desde mucho antes de su reinado había circulado desde África hasta Europa, había convertido a los prisioneros negros en sirvientes domésticos —camareros, cocineros, mozos de cuadra, ayudantes de cámara—, pero no los había sometido por fuerza a un trabajo punitivo y homicida. Esta brutalidad, esta carnicería, era algo nuevo, totalmente vil. Al hacerse mayor, aun mientras acumulaba las riquezas y el poder que la plata del Nuevo Mundo le concedía, el rey Carlos nunca dejó de escuchar al enjuto e infatigable sacerdote.

Había buenas razones para hacerlo. Desde la muerte de los abuelos de Carlos I, Fernando e Isabel, las atrocidades no habían hecho más que multiplicarse. Con la colonización de México y Perú, el genocidio perpetrado a lo largo del río de la Plata y la masacre en el altiplano de Bogotá —con la creciente consolidación del poder español en todo el hemisferio—, la cifra de indios que morían era alarmante. El diezmo era evidente en todas partes: el Caribe, el istmo, Mesoamérica, los Andes. Los indígenas se habían defendido con valentía y habían pagado con la misma moneda; no habían sucumbido indignamente, como afirmaron algunos cronistas. Pero el cálculo era innegable, las pérdidas de población eran tan graves que no tardó en ponerse en marcha otro expolio masivo, el tráfico de esclavos en el Atlántico, para compensar la escasez de trabajadores. El propio De las Casas, en un momento de desesperación, lo había sugerido.[41] Los magnates navieros de las grandes potencias náuticas de Europa —Portugal, Inglaterra y Holanda— se lanzaron a ese mercado con entusiasmo empresarial. Millones de africanos negros fueron atrapados, amontonados en las bodegas de los barcos y enviados a morir durante la travesía o trabajando en un Nuevo Mundo cruel. A Brasil serían enviados cinco millones, y casi un millón y medio a la América española.[42] Las matemáticas no podían ser más claras: Europa se enriquecía a costa de los indios muertos, el comercio de carne negra, la exagerada explotación de las Indias y una demanda cada vez mayor de plata y oro.

Un sacerdote cuestionó todo esto. De alguna manera, De las Casas había sido capaz de participar —física, mental y espiritualmente— de la experiencia de los indios, para ver la arremetida como lo hacían ellos.[43] Aunque era casi imposible que un europeo comprendiera del todo la visión del mundo indígena, él la había estudiado como pocos, y su crisis de conciencia acabó desatando una tempestad de hostilidades. En el Nuevo Mundo, De las Casas fue injuriado por los encomenderos, los terratenientes ricos, los comerciantes influyentes, los poderosos conquistadores cuyos beneficios dependían de una economía esclavista. Irónicamente, hasta Motolinía, uno de los «doce apóstoles» de México —un franciscano harapiento que llegó a ser nombrado guardián del convento de San Francisco—, acabó convirtiéndose en uno de sus críticos más vehementes, al exigir que su *Brevísima relación de la destrucción de las Indias* fuera censurada y el dominico, encerrado en un monasterio donde no pudiera seguir perjudicando a la conquista en curso.[44] Le llamó amante de los indios, títere en manos de estos y traidor a su raza; «un hombre tan pesado, inquieto e inoportuno, bullicioso y pleitista».[45] Con el tiempo, De las Casas sería conocido como el autor de la «leyenda negra», la creencia condenatoria y exagerada de que España fue más cruel y odiosa que cualquier otra nación europea de las que saquearon el hemisferio sur de riquezas y esclavos.[46] Sobre todo los ingleses, franceses y neerlandeses —entre ellos, los seguidores del luteranismo— se aferraron a la «leyenda negra» y la promovieron con entusiasmo en una campaña para desprestigiar a España, acabar con su gran poder mundial y difamar a los españoles como una raza sádica y al catolicismo como una religión corrupta.

En aquel momento, el debate sobre si los indios eran humanos o bestias de carga se difundía por Europa, con la participación tanto de filósofos como de clérigos y legisladores. ¿Eran los habitantes del Nuevo Mundo merecedores siquiera del arduo esfuerzo de la cristianización? ¿Se podía obligar físicamente a una raza inferior de hombre a entrar en los elevados reinos del espíritu? En medio de esta violenta guerra de palabras, Carlos I decidió suspender cualquier conquista futura hasta que la cuestión quedase resuelta. Con ese fin, convocó un encuentro en el colegio de San Gregorio de Valladolid, un magnífico triunfo de la piedra del siglo XV, esculpido —absurdamente— con estatuas de hirsutos hombres salvajes de ojos enloquecidos que se esconden de caballeros de rostro hermoso que blanden espadas y escudos. Fue allí, en esos salones abovedados, donde De las Casas se enfrentó, en largos y enérgicos debates, a Juan Ginés de Sepúlveda, el historiador oficial de la Corona, un erudito muy respetado y defensor de la teoría de Aristóteles sobre la esclavitud natural.[47] Según la *Política* del Estagirita, en especial tal y como la mayoría de las potencias coloniales decidieron interpretarla, algunas razas, en virtud de un intelecto superior, nacían para gobernar, mientras que otras, con facultades de la razón vulgares y limitadas, solo eran aptas para servir a las primeras.

Sepúlveda acababa de escribir un tratado en el que sostenía que la guerra contra los pueblos del Nuevo Mundo estaba justificada, porque estos realizaban abominables actos de canibalismo y sacrificios humanos.[48] Siguiendo esa lógica, si España iba a la guerra contra los profanadores y la ganaba, tenía todo el derecho, de acuerdo con las normas bélicas, a esclavizarlos. Sepúlveda continuó diciendo que le correspondía a la Iglesia española, una institución comprometida con la evangelización, imponer por la fuerza el cristianismo a esos paganos conquistados: recurrir al *compelle intrare*, una interpretación grotescamente distorsionada de las palabras de Jesús —«fuérzalos a entrar, para que se llene mi casa»— con la que España sostenía que estaba justificado obligar a los bárbaros a «entrar», aceptar la fe y creer. ¿Acaso los malignos aztecas no habían sacrificado veinte mil almas al año, exhibiendo sus monstruosos trofeos en bastidores colosales? ¿No se habían deleitado con el incesto los malvados incas? ¿Acaso los diabólicos caribes no habían asado a sus enemigos en grandes ollas de arcilla y disfrutado de un macabro festín con sus restos? Y todo eso antes de la llegada de los españoles. Por supuesto, la convicción de Sepúlveda se basaba en que un español era superior a un indio —cultural, intelectual y físicamente— y en que, aunque un indio tal vez no fuera un mono, era sin duda un primate de orden inferior. Como ha observado un historiador contemporáneo, todo esto provenía de un hombre que nunca había visto esa raza.

Pero Carlos I escuchó al sacerdote, no al aristotélico. En 1542 el monarca promulgó las Leyes Nuevas de Indias, que prohibían que continuara la esclavitud en el Nuevo Mundo y condenaban la encomienda a la extinción. Las leyes tuvieron cierta popularidad en España —los sacerdotes y los políticos las elogiaron—, y muchos españoles felicitaron al enérgico dominico por la victoria. Pero en las colonias americanas no hubo quien las defendiera. Allí, todos los escalones de la jerarquía colonial se levantaron para afirmar que las leyes socavarían su medio de vida: los ricos serían despojados de sus riquezas;

los pobres, privados de la oportunidad de enriquecerse.[49] En México, el emisario que había sido enviado para forzar la entrada en vigor de las leyes del rey acabó siendo convencido de no hacerlo.[50] En Perú, donde el virrey intentó hacer cumplir la ley, este fue perseguido, arrestado y decapitado por el hermano de Francisco Pizarro, Gonzalo. Cuando Carlos I nombró a De las Casas obispo de Chiapas, que incluía zonas de Guatemala y del sur de México, el cabildo de Guatemala, responsable de un ingente comercio de añil, envió una carta urgente y aterrada al rey que decía: «Estamos tan escandalizados, como si nos enviara á mandar cortar las cabezas».[51] Mientras el monarca se felicitaba por su ilustrado juicio, el sacerdote se había convertido en un paria y las Leyes Nuevas no tenían ningún efecto sobre la gente a la que debían aliviar.[52] Fueron victorias efímeras, válidas solo sobre el papel en el que estaban impresas. Los conquistadores las ignoraron y los terratenientes se rieron de ellas, ya que era fácil burlarse de una legislación firmada y sellada a miles de kilómetros de distancia.

A fin de cuentas, ¿qué podía hacer el rey? El debate que había suscitado en Valladolid había puesto en duda la propia legitimidad del gobierno de España en las Indias. Carlos I no estaba dispuesto a hacer lo que exigía la lógica de sus leyes: retirar a los conquistadores que habían cometido abusos, entregar su plata a los buitres europeos que la rondaban y declarar nula la conquista del Nuevo Mundo. La única esperanza era acelerar la evangelización, hacer que los indios —y las nuevas generaciones de mestizos que habían nacido en el medio siglo transcurrido— fueran más católicos, más españoles. Sin embargo, la cuestión fue perdiendo interés para el rey debido a una serie de desgracias personales. Su esposa había dado a luz a un hijo muerto; dos semanas después, también ella falleció, dejándolo desconsolado, capaz apenas de trabajar. Aquejado de ataques epilépticos, gota y dolor de mandíbula, empezó a abdicar de su imperio paulatinamente.

Cuando Carlos I renunció a todo poder y su hijo, Felipe II, subió al trono en 1556, los ricos conquistadores de Perú, entre ellos los magnates de la plata de Potosí, presionaron mucho al nuevo rey para que mantuviera sus encomiendas a perpetuidad, de modo que su considerable riqueza pudiera pasar a sus hijos y a los hijos de estos, hasta el fin de los tiempos.[53] Le ofrecieron un soborno exorbitante —nueve millones de ducados, que habrían pagado el déficit anual de España durante casi una década— y Felipe se sintió muy tentado a aceptarlo. Su padre le había dejado una deuda abrumadora y, al viajar a Londres para casarse con la reina María I de Inglaterra con la esperanza de revitalizar a la Iglesia católica inglesa, Felipe había dado rienda suelta a su prodigalidad. Ordenó al Consejo de Indias que aceptara de inmediato la oferta de los conquistadores. De las Casas, que había estado luchando para abolir el sistema de encomiendas, se indignó cuando se enteró. El hiperdiligente sacerdote empezó a convencer a sus aliados y a los indios peruanos de que igualaran la suma con una contraoferta, algo que hicieron, por muy vacío que pareciera el gesto.

Al final, sin embargo, la burocracia colonial española hizo que el intento no prosperara. Los primeros conquistadores de Perú vieron cómo se garantizaban sus riquezas a perpetuidad, a algunos terratenientes se les permitió retener las suyas durante el resto de su vida y el resto tuvo que devolver todas sus propiedades a la Corona. A los descendientes de los incas, que llevaban más de una generación luchando bajo el yugo colonial, les quedaron pocas esperanzas de que su progenie pudiera escapar alguna vez al ciclo de explotación. «Nosotros que fuimos valientes y nobles —se lamentó uno de ellos— no somos más que sirvientes, yanaconas».[54] De esta forma, la tarea de corregir los errores cometidos con los indios recayó por completo en un círculo cada vez mayor de sacerdotes mendicantes, comprometidos con la pobreza, que sabían muy bien que en manos de Cortés y Pizarro la misión evangelizadora no había salido bien. A pesar de todos los nombres de santos vociferados por los conquistadores cuando cargaban contra las aldeas, y a pesar de todas las cruces clavadas sobre las huacas sagradas, la espada nunca iba a llevar a los indios a Jesús.

La labor del misionero

Con la fe, el azote de Dios entró en el país.[55]

Relations des jésuites, 1653

Que los indios se acercaran a Jesús estuvo entre las preocupaciones de Xavier Albó durante sus dos años de noviciado.[56] Le parecía que la labor de un misionero tendría que ser al revés. ¿No debería ser el sacerdote quien se acercara a los indios? ¿No era la labor del misionero servir en lugar de imponer? No podía dejar de pensar que a la raza a la que debía dedicarse se le había impuesto toda una mitología de inferioridad. La ofensiva psicológica seguía en marcha, fruto de una profunda intolerancia racial. En algún momento se había aceptado que, para conquistar de verdad, el vencedor tenía que deshonrar y desmoralizar, hacer creer al sometido en su propia inutilidad. Como un sacerdote enfadado había gritado a su congregación quinientos años antes, si los indígenas eran una raza acosada y agotada, quizá ello se debiera a que sus conquistadores no practicaban la verdadera gracia cristiana. «¿Y qué cuidado tenéis de quien los doctrine, y conozcan a su Dios y creador, sean bautizados, oigan misa, guarden las fiestas y domingos? —había dicho el sacerdote—. ¿Estos, no son hombres? ¿No tienen almas racionales? ¿No estáis obligados a amarlos como a vosotros mismos?».[57]

Xavier no albergaba ninguna duda de que muchas veces los indios bolivianos a los que había conocido, tanto los sumisos como los audaces, tenía una capacidad espiritual mayor, una inteligencia más aguda y más destrezas naturales que las que sus amos blancos reconocían. Pero sus oportunidades para desarrollarse eran escasas.

Fue muy consciente de que estaba entrando en una sociedad dividida, una nación segregada racialmente. En las ciudades, quienes eran blancos o casi blancos, todos hispanohablantes, prosperaban. Los indios y los ciudadanos de piel más oscura de las zonas rurales, los que hablaban quechua, eran desesperadamente pobres. Con frecuencia, los mestizos bilingües que vivían en las ciudades y dominaban el quechua se avergonzaban y no reivindicaban sus raíces indígenas. Una profunda brecha racial y lingüística separaba las dos Bolivias, y el conglomerado no funcionaba bien. Un sacerdote joven podía hacer mucho por el 62 por ciento de la población relegada a los márgenes: los mineros que necesitaban justicia, los campesinos que necesitaban educación, las madres que necesitaban ayuda, los niños que necesitaban médicos, las aldeas que necesitaban agua. ¿Quién iba a satisfacer esas necesidades sino los servidores de Dios? Los gobiernos parecían haber renunciado a cualquier responsabilidad.

Xavier, que llegó algunos meses después de la revolución agraria, no podía estar al tanto de los levantamientos ocurridos en Bolivia, sus devastadoras pérdidas frente a Paraguay en la guerra del Chaco (1932-1935) o su nuevo presidente socialista, pero sí percibía una sensación de oportunidad en aquellos que elaboraban el pan, barrían las calles o se ocupaban de los cerdos. Aislado del mundo en general, sin disfrutar de alguna orientación o tener acceso a los periódicos, hubo de reunir pruebas a partir de lo que podía observar. ¿Podría ser que el país se encontrara a punto de experimentar un cambio? Era un pensamiento atrevido, pero Xavier se imaginó impulsando ese proceso, consiguiendo alguna medida de dignidad para los pobres, haciendo un trabajo que de verdad pudiera considerarse cristiano. Con ese objetivo, decidió dedicarse en cuerpo y alma a aprender el quechua, la antigua lengua de los Andes. Al tiempo que aprendía las lecciones fundamentales del sacerdocio, estudiaba a fondo las particularidades de la gramática quechua, su rápida fonología, su singular visión del mundo. Cuando hubieron pasado los dos años, una vez aprendidos los ejercicios espirituales del fundador de los jesuitas, san Ignacio, tomados los votos de pobreza, castidad y obediencia y terminado el noviciado, tenía un conocimiento sólido y funcional de la lengua.

Albó tenía talento para los idiomas, y sus maestros jesuitas eran muy conscientes de ello. Con el paso de los años, había adquirido conocimientos rudimentarios de latín, francés e inglés. Se sentía a gusto en el mundo —era un chico extrovertido con una vena pícara, una lengua franca y un corazón aventurero— y tenía facilidad para hablar. Lo que le requería aplicación era el currículo litúrgico, los rigores de la historia y la filosofía. Pero, a pesar de la intensidad de las clases y el aislamiento impuesto de su grupo, se las arreglaba para tener momentos de alegría colegial. Sus compañeros, los demás novicios, eran jóvenes catalanes y bolivianos: los catalanes, de familias con orígenes modestos; los bolivianos, de familias con espléndidas haciendas. Había un animoso chico de Barcelona que se había unido a la Compañía de Jesús para viajar por el mundo; con el tiempo, acabaría abandonando la orden para casarse con una mujer boliviana. Había un boliviano elegante procedente de una ilustre familia, descendiente de los magnates millonarios de la minería de Potosí, cuyo dominio del quechua era perfecto porque había sido criado por una niñera india. Los profesores no eran menos fascinantes; el viejo jesuita astrónomo, por ejemplo, que guardaba sus lentes en tubos de papel higiénico, se desvelaba por los mapas celestiales y contemplaba el cielo nocturno, sin confiar nunca en que los científicos entendieran ese esplendor radiante. Estaban los serranos taciturnos, gente de las montañas que iba y venía y ponía en duda las afirmaciones de que Bolivia entraba en un mundo mejor porque lo habían oído demasiadas veces. Estaban las señoras con faldas anchas y bombines que vendían chicha, hablaban cordialmente con Xavier y se reían cuando él se equivocaba y pronunciaba sin querer palabras picantes. Su amor por los bolivianos se manifestaba en destellos fugaces; era electrizante, profundo, inmediato. Nunca perdió la sensación de que Bolivia era la tierra que estaba destinado a abrazar y los indios, su verdadera gente.

Después de dos años, las misiones jesuitas decidieron enviarlo a Ecuador para la siguiente etapa de su formación. Entendía que la entrega formaba parte del currículo de un sacerdote, así que Xavier recogió con serenidad sus escasas posesiones terrenales —algunas prendas de ropa, un libro de oraciones familiar, un montón de cuadernos con líneas y más líneas de anotaciones escritas con letra ordenada— y se subió a un gigante de hierro que resoplaba y chirriaba con destino a Quito. Todavía no lo sabía, pero las páginas que llevaba bajo el brazo eran el embrión de su primer libro, un manual de quechua.[58]

Ecuador le sorprendió; era una nación del siglo XX encerrada en un túnel del tiempo, con una mente colectiva que seguía inmersa en el pasado colonial. Al ver a los indios de Quito y alrededores atrapados en vidas de servidumbre y trabajo forzado, empezó a entender la revolución que estaba teniendo lugar en Bolivia. La lengua de Ecuador también era el quechua, una lengua franca en toda esa zona debido a que el Imperio inca había ejercido un dominio duradero y de gran alcance. Pero la valentía inca, ese orgullo esencial, su singular pundonor —no mentir nunca, no robar nunca, nunca estar ocioso—, casi había desparecido en estos indígenas. Parecían desconocer que existía un espíritu inherente que podían reavivar, un poder ancestral que habían perdido. En todo caso, Xavier continuó con su labor lingüística, buscando gente que pudiera enseñarle más, haciéndose amigo de los transeúntes que pudieran contribuir a su fluidez, cada vez mayor. A medida que conocía a más gente, tanto rica como pobre, nunca perdió la sensación de encontrarse en una tierra de cobardes: víctimas humanas de quinientos años de dominación. Al viajar por la costa hasta Piura y Lima, se encontró la misma resignación condenada en los indígenas y los cholos mestizos de Perú.

Sus observaciones no podrían haber sido más precisas. En la década de 1950 Ecuador, como Perú, se encontraba en plena reacción política. La oleada comunista que había barrido al hemisferio se había topado con un violento correctivo en ambos países: en Ecuador, el presidente José María Velasco había impuesto una estricta agenda reaccionaria; en Perú, el general Manuel Odría dirigía una campaña militar sin cuartel contra cualquiera que cuestionara la legitimidad del dominio blanco. De hecho, en toda América Latina estaba en marcha una feroz campaña para acabar con el comunismo, apoyada por Estados Unidos y muy respaldada por la clase gobernante de criollos blancos. Xavier tal vez hubiera llegado a Bolivia en un momento de transformación, pero la opresión a la antigua usanza era muy evidente en los países vecinos. Entre 1950 y 1966, catorce gobiernos fueron derrocados violentamente al tiempo que a más de la mitad de la población de América Latina se le impuso un gobierno dictatorial. Intrigado por la lucha entre la derecha y la izquierda —los ricos y los que no lo eran—, Xavier empezó a estudiar la filosofía de los revolucionarios latinoamericanos de manera sistemática, en particular la del fundador del Partido Comunista Ecuatoriano, Manuel Agustín Aguirre. A diferencia de los sacerdotes que habían marchado con los conquistadores, se encontró del lado de los que carecían de todo poder. Tampoco era algo inusual para un «soldado de Dios». En América Latina los jesuitas tenían un largo historial como opositores al poder.

Como neófito, Xavier entraba ahora en la siguiente etapa de los quince años que dedicaría a prepararse para servir a la Compañía de Jesús. En Quito estuvo tres, estudiando filosofía, metafísica, cosmología, antropología y epistemología, siempre en latín. Algunas materias, por ejemplo, la física o la historia de la filosofía, que requerían una comprensión más profunda o un marco más amplio para la argumentación, se impartían en español. Si a la educación de un jesuita se la consideraba la más estricta del clero católico, había motivos para que así fuera. El soldado Ignacio de Loyola, el fundador vasco de los «soldados de Dios», había establecido sus líneas fundamentales cuatro siglos antes y poco habían cambiado desde los inicios.

Mientras Colón exploraba el Caribe, a la caza de esclavos, en Europa Ignacio luchaba en la guerra, al servicio del ejército de Fernando e Isabel. Tras ser herido, cuando una bala de cañón le destrozó las piernas, el noble fue enviado a casa, a su finca de Loyola, donde tuvo una visión que despertó su vocación a la vida religiosa. Esa visión, avalada por el papa y secundada por la Corona española, consistía en la creación de un ejército de cristianos fuertes, de hombres preparados en los rigores de todas las disciplinas académicas, de modo que pudieran ser enviados a cualquier parte del mundo, listos para difundir la palabra de Cristo en las condiciones más espartanas. El entrenamiento sería largo y arduo, concebido para poner a prueba la lealtad, la resistencia, el ingenio y el aguante de cualquier aspirante a guerrero. La idea de Ignacio no podría haber llegado en un momento más propicio para España. Había un Nuevo Mundo que cristianizar, y se necesitaban cristianos militantes para subyugar un hemisferio de indios.

Pero los jesuitas a menudo acabaron luchando del lado de los indios. A finales del siglo XVI, casi cuatrocientos años antes de que Xavier se comprometiera con la orden, un niño de once años de Medina del Campo hizo el juramento jesuita y, con el tiempo, se unió a sus filas en Perú y México. Se trataba de José de Acosta, un sacerdote de mentalidad liberal que se negó a aceptar que las religiones indígenas fueran poco más que un culto demoniaco y bárbaro.[59] Acosta sostenía que los indios habitaban otro mundo de pensamiento y conocían a Dios mediante la luz de la razón natural. Se oponía con vehemencia a la estrategia de cristianización de hacer *tabula rasa*, a la evangelización practicada por los conquistadores; en suma, a la idea de que se podían ganar almas destrozando ídolos y arrasando templos, el bautismo a sangre y fuego. «Esforzarse en quitar primero por la fuerza la idolatría, antes de que los indios espontáneamente reciban el Evangelio —afirmaba—, siempre me ha parecido, lo mismo que a otros gravísimos y prudentísimos varones, cerrar a cal y canto la puerta del Evangelio a los infieles, en lugar de abrirla».[60] Acosta quería que los jesuitas adoptaran un rumbo diferente; evangelizar poco a poco, no a grandes zancadas sino con pequeños pasos, reuniendo a los indios, aprendiendo de ellos, difundiendo la palabra de Dios con el ejemplo. Con ese fin, creó escuelas y universidades en todo Perú para la población nativa, para gran consternación del virrey.

Durante los siglos XVI y XVII, los jesuitas que siguieron los principios de Acosta organizaron grandes «reducciones» —asentamientos aislados— de indios, económicamente exitosas, en los Andes, Brasil y el vasto territorio que abarcaba desde Argentina hasta Perú, conocido como Paraguay. La Corona lo aprobó con entusiasmo al suponer que esas comunidades lejanas reforzarían las fronteras de España frente a la expansión portuguesa.[61] Los jesuitas, por su parte, creían que estos asentamientos remotos mantendrían a las tribus a salvo y les proporcionarían una vida plena y productiva, al margen del expolio del dominio colonial. Las misiones se convirtieron en santuarios protegidos de la conquista, refugios donde los sacerdotes actuaban como empresarios, supervisando extensos campos de maíz o algodón y ranchos de cerdos y vacas; donde las tribus guaraníes, yaquis o amazónicas aprendían a leer libros y tocar música; donde aprendían a adorar al Dios cristiano; donde podían estar a salvo de los depredadores paramilitares portugueses —los *bandeirantes*— y de sus brutales incursiones para cazar esclavos. A finales del siglo XVII, en el inmenso territorio que rodea al río de la Plata, más de la mitad de la población india vivía y trabajaba en tierras jesuitas.[62]

Con todo, el exceso de éxito resultó ser la perdición de los jesuitas. En el transcurso de ciento cincuenta años, sus misiones se convirtieron en negocios tan prósperos que la Corona decidió que eran una competencia —un Estado dentro de otro— que había que erradicar y los echó por completo de las Américas. El 27 de febrero de 1767, el rey Carlos III expulsó a los jesuitas de todos los territorios españoles. Los sacerdotes fueron rápidamente convocados en los puertos, hacinados en barcos y enviados a casa. Se confiscaron sus edificios, a sus asentamientos se los despojó de cualquier posesión y se interrogó a sus miembros para saber de cualquier propiedad que siguieran teniendo. Al final, el papa declaró a la Compañía de Jesús «perpetuamente abolida y enteramente extinguida».[63] Miles de sacerdotes desposeídos, transformados en parias de un día para otro, recorrieron Europa en busca de refugio. Los indios que habían vivido en las reducciones de las tierras salvajes de América Central y del Sur se dispersaron por la selva y la montaña, aturdidos, desorientados, a merced del capricho de las circunstancias. Muchos fueron presa de esclavistas y terratenientes ávidos que llegaron para asaltar las misiones y aprovecharse del vacío de poder.[64] Poblaciones enteras fueron secuestradas y vendidas en los mercados de esclavos brasileños. En las misiones, de los árboles colgaban cadáveres. Muchos indios escaparon a los bosques tropicales y desaparecieron. Los violines, las flautas, los libros, las bibliotecas y los arados fueron arrojados a hornos, reducidos a ceniza y convertidos en cartuchos de pólvora. Los que perseveraron y se quedaron, esperando una regeneración milagrosa, enfermaron y murieron en grandes cantidades, sin que los nacimientos lo pudieran compensar.[65]

Esa era la desalentadora historia que Xavier había asimilado, aparte de complicados misterios de la filosofía y la ciencia. Pero la verdadera lección llegó más tarde, cuando supo de la resiliencia de la Compañía de Jesús: casi cincuenta años después de su disolución, en 1814, la orden jesuita recuperó su antiguo estatus. Al igual que una planta muerta que hubiera dejado una semilla fuerte, la nueva generación creció de manera exuberante, superando las cifras anteriores y estableciendo prestigiosas universidades en todas las Américas. En el momento en que, a finales de la década de 1950, Xavier terminaba sus estudios en Ecuador, era una empresa de alcance mundial. Las sotanas negras se habían multiplicado, sobre todo en el hemisferio sur, y los misioneros de la Compañía de Jesús —la «guardia negra del papa», como se la llamó en la Europa protestante— alcanzaron cifras récord en todo el mundo.[66] En América Latina, donde el clima político era cada vez más inestable y la bomba de relojería de la opresión amenazaba con explotar una vez más, las misiones retomaron la labor por la que habían sido famosas cientos de años antes, el bienestar de los desposeídos. Xavier se convertiría en uno de sus líderes.

Predicar el Evangelio entre los bárbaros[67]

> Que mirasen que todo lo que los frailes decían, que es mentira y falsedad [...]; por ventura nuestros abuelos y nuestros padres conocieron á estos padres.[68]
>
> Andrés Mixcóatl a la gente de Metepec, 1537

En general, se acepta que en su primer viaje Colón no llevó a ningún sacerdote con él; una hipótesis sorprendente, dado que él afirmó que se embarcaba en un viaje santo y la reina Isabel entendía que eso era precisamente lo que intentaba hacer por España. Los primeros estudiosos discutieron esta cuestión, negándose a creer que un cristiano devoto, como era Colón, hubiera zarpado sin un capellán, e incluso propusieron nombres —fray Juan Pérez y fray Pedro de Arenas, entre otros— como posibles acompañantes. Pero el diario de Colón, que cita con meticulosidad a muchos de sus compañeros de la primera expedición, no menciona a ningún clérigo, y cuesta creer que no hubiera inmortalizado el nombre de su sacerdote con su singular y desgarbada escritura. Para poner aún más en duda esas primeras afirmaciones, las cronologías y la logística adolecen de graves incoherencias. La conclusión más probable es que Colón no llevara un sacerdote en ese primer viaje expedicionario. Tal vez fuera porque no sospechaba que su aventura duraría más de seis meses; se trata de un aspecto importante, ya que los navegantes católicos medían los viajes de acuerdo con las obligaciones de su fe, y en el siglo XV lo más habitual era que los creyentes recibieran la sagrada comunión cada seis meses, o al menos una vez al año. Sabemos de buena fuente que la tropa expedicionaria se confesó y comulgó antes de que las naves partieran del puerto de Palos aquella noche sin viento de agosto de 1492. Ignorantes por completo de hasta qué punto se dirigían a lo desconocido, es posible que asumieran que no era necesario un sacerdote para un viaje de pocos meses.

Sin embargo, las crónicas son muy claras cuando se trata del primer contacto de Cortés con Moctezuma, o la confrontación de Pizarro con Atahualpa, o la audaz derrota de los muiscas a manos de Gonzalo Jiménez de Quesada en Bogotá. En todos estos casos —las conquistas más significativas del Nuevo Mundo— estuvo presente un sacerdote, desempeñando un papel fundamental en el drama que estaba teniendo lugar. Curiosamente, los tres conquistadores eran primos lejanos y los tres vivieron de acuerdo con los vinculantes principios de su época, en los que la guerra y la religión —la espada y la piedra— formaban parte integral de la identidad nacional. En esa época los guerreros y los sacerdotes marchaban juntos; los propios papas lideraban ejércitos contra cualquiera que los desafiara. Tal vez, lo que enseguida entendieron los tres fue que las acusaciones condenatorias de mala conducta formuladas contra Colón habían sido obra de hombres de la Iglesia. Tener un sacerdote al lado para bendecir una victoria era un contrapeso conveniente frente a cualquier protesta que pudiera hacer la Corona.

En la legendaria conquista de Cortés hubo dos sacerdotes que resultaron cruciales. El primero fue Gerónimo de Aguilar, el desafortunado franciscano que, tras naufragar en la costa de Yucatán y deambular por la sabana de Quintana Roo, fue capturado por los mayas y esclavizado durante ocho años, y que luego fue encontrado por pura casualidad cuando Cortés se dirigía a la capital azteca.[69] Aguilar, a quien era difícil identificar como español —tenía la piel quemada y la cabeza afeitada como un esclavo, iba harapiento y sucio—, se dio a conocer al extremeño murmurando algunas palabras en castellano y sacando un viejo libro de horas de debajo de su putrefacta capa. Salvado de la losa sacrificial a la que seguramente estaba destinado si se hubiera quedado entre los mayas, Aguilar enseguida le resultó útil a Cortés debido a su familiaridad con la lengua local. Con el tiempo, junto con La Malinche, la encantadora amante nahua de Cortés, Aguilar desempeñaría un papel crucial en las negociaciones del conquistador con Moctezuma.

Otro sacerdote, Gonzalo Guerrero, también había sobrevivido al naufragio junto con Aguilar. Pero Guerrero acabaría volviéndose un nativo, prometiendo lealtad a sus captores mayas y luchando con valentía a su lado. Ascendido a cacique, con las orejas y el labio inferior ceremonialmente cortados en dos, se casó con una mujer maya y engendró muchos hijos. Mientras que Aguilar había mantenido su voto de castidad y pagado esa lealtad con su libertad, a Guerrero los indios le recompensaron por abandonar su religión, su cultura, todo su pasado. Pero ahora que las tornas habían cambiado y seiscientos soldados españoles marchaban hacia Tenochtitlán con cañones, armas de fuego y una legión de aliados, Guerrero no quiso revelar que era un franciscano apóstata. Se fue a la selva, ocultando su vergüenza, y volvió a aparecer para luchar contra los españoles cuando estos arrasaron México, consolidando su conquista.

El otro sacerdote que estuvo con Cortés fue Bartolomé de Olmedo, y a él le debió Cortés muchas de sus primeras victorias.[70] Olmedo era un hombre mesurado por naturaleza, un teólogo muy reflexivo. Una y otra vez, moderó los instintos más brutales del conquistador, instándole a que fuera compasivo. Cortés, un hombre de grandes deseos carnales y ambición —un político con pocos escrúpulos—, era muy consciente de que necesitaba a alguien como Olmedo para templar su naturaleza salvaje y forjar su imagen en España.[71] Pero Olmedo no era un héroe ilustrado, dispuesto a considerar a los indios como semejantes. Había vivido mucho, visto mucho. Cuando llegó a La Española ya era un sacerdote experimentado, con el mandato de cristianizar a los taínos que quedaban. Cuando el azar quiso que participara en la caprichosa e ilícita campaña de Cortés para conquistar México, se ganó la confianza del conquistador y se le encomendaron tareas diplomáticas además de sus obligaciones sacerdotales. Convirtió y bautizó a la esclava La Malinche, lo que permitió a Cortés amancebarse libremente con ella. Bautizó a las primeras mujeres cristianas de México, para que los soldados pudieran disfrutar del sexo sin temor a estar uniéndose a paganas. Se le encargó apaciguar a las enfurecidas tropas enviadas para castigar a Cortés por haber desobedecido flagrantemente las órdenes que había recibido. Olmedo también fue el responsable de enseñar a Moctezuma los principios básicos del cristianismo antes de que el emperador fuera asesinado y enviado ante sus dioses.

Más importante aún, cuando el impulso de Cortés fue reducir a escombros los ídolos de los tlaxcaltecas, Olmedo le aconsejó una estrategia menos agresiva, insistiendo en que la cristianización por la fuerza solo cosecharía tempestades. Había mejores maneras de iniciar a los inocentes en las enseñanzas de Jesús, insistió. Tenía razón. Al principio, los tlaxcaltecas se resistieron al dios cristiano; no necesitaban otra deidad o profeta. Pero, gracias a la tranquila persistencia de Olmedo, al final se sometieron a la cruz. No debe subestimarse la importancia de este hecho. Sin la ayuda y la fuerza militar de los tlaxcaltecas, enemigos inveterados de los aztecas, la historia de la América española se habría detenido abruptamente a algunos kilómetros de Veracruz. Sin las hordas de indios cristianizados que marcharon con Cortés contra la capital azteca, hoy el español no se hablaría en México. Y luego, una vez conquistado Tenochtitlán, sin la rápida conversión de los nahuas, que estaban acostumbrados a adoptar dioses extranjeros, la conquista de los chichimecas y los mayas, pueblos menos cooperadores, habría resultado imposible.[72] Para cuando doce franciscanos agotados, cadavéricos y desaliñados entraron en el corazón del imperio de Moctezuma para ser recibidos por españoles arrodillados, el camino hacia la conquista espiritual de México estaba ya abierto.

Tenemos muchas pruebas de que Cortés, agresivo por naturaleza cuando se trataba de imponer su religión, no era muy cristiano en el cumplimiento de sus ambiciones. Era maquiavélico, artero, propenso a una violencia asombrosa, como todos los conquistadores triunfantes. A pesar de las afirmaciones frívolas de que Cortés era un héroe consumado,[73] un cristiano devoto —«un hombre con una piedad sincera, con madera de santo», como alardeó un juez ante el rey—, existen tantas o más pruebas documentales de que era un tirano desalmado.[74] ¿Cómo es posible que una leyenda que comienza con promesas de salvación se convierta en una matanza sin motivo ni provocación aparentes? La cobardía de Moctezuma, el ingenio de Cortés y la llegada de la raza blanca, la elegida por Dios, son fantasías conjuradas por generaciones de narradores españoles. Lo cierto es que sigue habiendo piezas de este rompecabezas que se nos escapan —cinco siglos de un relato político cuidadosamente elaborado que es muy probable que nunca deconstruyamos—, y, sin embargo, con independencia de cómo decidamos interpretar la historia, hay dos hechos indiscutibles que dan testimonio del principio y el final: en primer lugar, Cortés entró libremente en Tenochtitlán y fue bien recibido, acompañado de su sacerdote y sus legiones, y, en segundo lugar, dos años después, tras mucha muerte y destrucción, se conquistó un imperio.

A pesar de su analfabetismo y falta de sofisticación, a pesar de las humillaciones que tenía que soportar el hijo ilegítimo de un noble, a Pizarro le había ido bien, incluso antes de embarcarse en la expedición que le granjearía los laureles de la historia. Era rico. Era respetado. Y, al haber participado en las incursiones efectuadas junto con Balboa en Cartagena, Panamá y el Pacífico, había aprendido cómo utilizar a la Iglesia en la salvaje bonanza que era la conquista. Entendió el contrapeso moral que podrían proporcionar unos pocos sacerdotes buenos en una ofensiva contra la fabulosa tierra de Pirú. Ya en los primeros momentos de esa gran idea, en Panamá, mientras se sentaba y soñaba con realizar un audaz viaje de exploración hacia el sur, se alió con un clérigo rico, Hernando de Luque, cuya guía acabaría siendo fundamental en los tratos de Pizarro con la Corona. Cuando finalmente Carlos I autorizó la expedición, Pizarro se decidió por un sacerdote de su propia familia para que le acompañara en el viaje. No era algo inusual; la preferencia por miembros de la familia cuando se trataba de participar en empresas potencialmente lucrativas se había convertido en una especie de inclinación instintiva entre los conquistadores. En la búsqueda frenética de riquezas y gloria, solo se podía confiar en un hermano o un compañero de armas, ya que la tentación de un motín o del latrocinio era grande. De hecho, Pizarro se pelearía con su segundo socio, Diego de Almagro, sobre la jurisdicción de Cuzco, la ciudad rica en oro, y el Viejo Capitán (como se llamaba a Pizarro) acabaría ordenando su ejecución.[75] Las pasiones y acritudes provocadas por este acto imprudente llevaron a los seguidores de Almagro a vengarse de Pizarro años después, cuando sorprendieron al viejo gobernador en su palacio y le atravesaron la garganta con una espada.

Pizarro pensó que podría evitar ese destino llenando su expedición de parientes: tres medios hermanos —Juan, Gonzalo y Hernando—, dos de los cuales, como él, eran hijos ilegítimos de su padre, y varios primos. Uno de estos era Vicente de Valverde, un noble convertido en sacerdote dominico que era familiar lejano de Pizarro y fue con él a Cajamarca para el crucial encuentro con Atahualpa. El resto de la historia es bien conocida: fue Valverde quien levantó una cruz ante el regio inca y le leyó en voz alta su breviario, insistiendo en que el dios cristiano era superior al de los indios y en que adorar al sol era ridículo.[76] Cuando Atahualpa tomó el libro del sacerdote en sus manos, le dio la vuelta y lo tiró al suelo, Valverde le pidió a su primo que vengara la blasfemia. Pizarro siempre había tenido en mente atacar y capturar al emperador inca, pero no había nada tan eficaz como que lo ordenara un sacerdote. Se trató, como en buena medida ocurriría con la Iglesia en todas las colonias españolas, de una feliz cooperación entre la religión y el poder.

El matrimonio entre la espada y la piedra se había convertido en parte esencial del carácter nacional. Las cruzadas de Castilla o Aragón contra los infieles habían forjado una raza guerrera, entrenada y puesta a prueba en lides violentas, pero también habían implantado una religiosidad abiertamente combativa. Los españoles que emprendieron la hazaña de conquistar el Nuevo Mundo estaban dotados de una importante capacidad para el coraje, el fatalismo, el estoicismo, la arrogancia y el pundonor; también estaban muy convencidos de su excepcionalidad cristiana.[77] Blandían la palabra de Jesús como estandarte; un símbolo y guía de la hispanidad. La conquista, la colonización y el afán misionero; los tres marcharon juntos en el Nuevo Mundo. Mientras los conquistadores abrían nuevos caminos que explorar, mientras los colonos llegaban en tropel para hacer fortuna, los sacerdotes movilizaban a las comunidades y civilizaban a los conquistados. Por sorprendente que parezca, las misiones cristianas se convirtieron en la fuerza sistematizadora, la vanguardia del imperio.[78]

Los religiosos que se apresuraron a rehacer esas tierras recién conquistadas ejercieron un poder que no tenían en ningún otro lugar del mundo. En los albores de las Américas, el imperialismo católico era una realidad —un principio organizador—, y fue creciendo junto con la formidable burocracia que España instauró allí. El vínculo entre el trono y el altar se reforzaba mutuamente, era incuestionable, y dio lugar a una Iglesia cuyo dominio prosperaría, sobreviviendo a otras instituciones mucho después de que el conquistador y el colonizador se hubieran ido. El catolicismo se convertiría en una realidad firme en aquel mundo turbio y en la base sobre la que se construirían muchas cosas: la educación de la élite latinoamericana, la persistencia de la dominación blanca, la red de seguridad social para los pobres, la esperanza de progreso, siempre apasionada, de las masas. Se trataba de una Iglesia ortodoxa, conservadora, pero imbuida, sin embargo, de un espíritu de cruzada. En medio de las improvisaciones más salvajes de las expediciones, demostró ser más ágil e imaginativa que la Corona.[79] En última instancia, sería mucho más capaz que cualquier pionero de las Américas. Los sacerdotes se adentraron donde los emisarios de la Corona no se atrevían a ir, y fueron más allá de los límites que los conquistadores se habían fijado. A la Iglesia se le pediría mucho; se lograría mucho. Pero, en el fondo, lo que había era una lucha por el control tan feroz y duradera como la propia conquista.

Pronto, los frailes mendicantes —los dominicos, los franciscanos, los agustinos— que habían hecho los primeros avances en el Nuevo Mundo se encontraron luchando para establecer una autoridad exclusiva sobre los «paganos» que tenían a su cargo.[80] Convencidos de que podían, por sí solos, inculcar a las multitudes impías un ideal cristiano —una sociedad que encarnara lo contrario de la maquinaria corrupta y mercenaria en la que la Iglesia se había convertido en Europa—, se dedicaron a desplazar poblaciones y llevarlas a sus reducciones, a ponerlas a trabajar y adoctrinarlas en la palabra del Señor. Al ignorar el profundo impacto que el desarraigo y el desplazamiento masivos provocaban, se centraron en lo que era prioritario para los conquistadores: la apropiación de grandes extensiones de tierra, la soldadesca que sería necesaria para una reeducación a gran escala.[81] A medida que continuaba el acorralamiento forzoso de los indios, la propia magnitud del esfuerzo requirió cada vez más territorio. Surgió una intensa rivalidad entre las órdenes a la hora de aliarse con los gobernadores, conseguir una mayor presencia y aumentar su control de la empresa.[82] Los dominicos acusaron a los franciscanos de invadir su territorio y apropiarse de sus operaciones;[83] los agustinos se quejaron de que los dominicos predicaban en español en lugar de en las lenguas indígenas, lo que convertiría al catolicismo en un culto ajeno.[84] Para agravar aún más esta fricción interna, Felipe II, el recién coronado rey, decidió en su calidad de Vicario de Cristo quitarles la evangelización del Nuevo Mundo a las órdenes monásticas y ponerla bajo control real. La Corona asumió entonces la máxima autoridad, al escoger a los obispos y asignarlos a las colonias, enviándolos a esa amalgama turbulenta y esperando que impusieran disciplina.

Cuando llegaron, los obispos se encontraron con un sistema eclesiástico en pleno funcionamiento que les dejaba poco margen.[85] Se vieron obligados a introducirse en él, imponerse, tratar de conseguir la ventaja que les habían prometido. De este modo, en las Américas se abrió una brecha entre los obispos y las órdenes religiosas —entre la Iglesia secular y los monjes— que ya nunca se cerraría. Como dijo un historiador, una grieta profunda recorría el corazón mismo de la Iglesia colonial mientras los obispos y los monjes trataban de hacerse con el control en una ferviente lucha por conseguir almas.[86] La Iglesia rara vez hablaba con una única voz, y las poblaciones nativas se preguntaban cómo podían aprovechar ese vacío y beneficiarse de las divisiones. Por un lado, estaba la institución secular, dirigida por los obispos, defendida por los gobernadores, avalada por el rey y dispuesta a ordenar sacerdotes nacidos en América para aumentar su poder; por otro, las órdenes mendicantes dispersas, pioneras en la evangelización del hemisferio pero rivales entre sí, que se peleaban por el dominio y no estaban dispuestas a pasar el testigo a alguien nacido en el Nuevo Mundo.

En ambos bandos, como resultaba evidente, los sacerdotes eran españoles o descendientes de españoles, blancos y muy ligados a la jerarquía del poder. Pero sus rivalidades eran muy notables y ello salpicaba con frecuencia a la sociedad, en la que todo el mundo parecía tener un hijo o un hermano dedicado a la vida religiosa. Las pasiones se volvieron tan intensas y las reyertas, tan habituales, que durante unas elecciones canónicas en México un encuentro entre dos facciones opuestas acabó con cuchillos desenvainados y la declaración de un motín, de modo que el propio virrey se vio obligado a intervenir y sentarse con los santos varones hasta que se enfriaron los ánimos.[87]

Mendicantes frente a obispos, criollos contra españoles, unas órdenes enfrentadas a otras...; la disputa por el ascendiente religioso recorrió la América española como una descarga eléctrica.[88] Pero, a pesar de las desavenencias en el seno de la Iglesia, su influencia —en cualquier ámbito— no hizo más que fortalecerse. Los diezmos obligatorios, los tributos impuestos a ricos y pobres, la exigencia de que los indios trabajaran para recibir la bendición divina; todo conspiró para convertir a la Iglesia en una empresa próspera. Perú y México, los leviatanes del oro y la plata, empezaron a generar una riqueza tan inimaginable que los virreyes se apresuraron a construir una iglesia tras otra para celebrar su dominio, cada una más magnífica y dorada que la anterior. Las órdenes religiosas se obsesionaron con la posesión de bienes inmuebles y compraron parcelas urbanas en un furor por crear conventos, monasterios, escuelas y universidades. En 1620, apenas un siglo después de que Cortés clavara una cruz en el corazón del templo de Moctezuma, en América Latina las glorias de Dios eran una visión tan espectacular que el sacerdote inglés Thomas Gage se decidió a escribir lo siguiente:

> No hay más de cincuenta iglesias y capillas, claustros y conventos, e iglesias parroquiales en esa ciudad [Ciudad de México], pero las que hay allí son las más bellas que mis ojos hayan contemplado jamás.[89] Los tejados y las vigas en muchas de ellas están pintados de oro. Muchos altares tienen varios pilares de mármol y otros están decorados con soportes de palo brasil uno sobre otro con tabernáculos para varios santos, ricamente labrados con colores dorados, de manera que veinte mil ducados es el precio habitual para muchos de ellos.[90] Estos causan admiración entre la gente común, y la admiración provoca en ellos adoración diaria [...]. El valor de todas las capas pluviales, los doseles, los tapices, los paños de altar, los candelabros, las joyas pertenecientes a los santos, las coronas de oro y plata, y los tabernáculos de oro y cristal para llevar en procesión su sacramento, ascendería a una mina de plata decente, y serían un rico botín para cualquier nación que pudiera hacer mejor uso del patrimonio y las riquezas. No hablaré mucho de la vida de los frailes y las monjas de esa ciudad, solo de que allí gozan de más libertad que en algunas partes de Europa, y que sin duda los escándalos que cometen claman al Cielo venganza, juicio y destrucción.

He aquí una lección de cómo el santuario de un hombre puede ser para otro el templo de lo profano, incluso si ambos adoran al mismo dios.

De hecho, el esfuerzo necesario para construir una catedral que fuera más imponente, que estuviera más profusamente adornada que el Coricancha de los incas o el Huei Teocalli de los aztecas, supuso una exigencia mucho mayor para los recursos españoles y la resistencia de los indios que cualquier proyecto llevado a cabo en las colonias angloamericanas. El diezmo era obligatorio, a menudo abrumador, y había sido establecido en una fecha tan temprana como 1501 por una bula papal de Alejandro VI precisamente para el mantenimiento de la Iglesia en las Indias. A partir de entonces, todo lo que creciera en suelo americano, así como lo que se extrajera de él, sería gravado y las ganancias, destinadas «por siempre» a la «Iglesia de los Reyes Católicos». Con el complemento de las tasas exigidas por los bautismos, las comuniones, las bodas, los funerales y las bendiciones especiales, las arcas estaban siempre llenas, lo que aseguraba procesiones cada vez más grandiosas y casullas ricamente bordadas. De hecho, el clero colonial se hizo tan rico que en el siglo XIX, cuando los revolucionarios asaltaron los palacios en su intento de independizarse de España, casi la mitad de las propiedades de Ciudad de México pertenecían a la Iglesia. En Caracas, la riqueza que heredó Simón Bolívar, y que le haría lo bastante rico como para financiar la liberación de seis repúblicas, procedía de un tío sacerdote que había muerto dejando una fortuna en propiedades civiles. En Lima, a los clérigos empresarios les sobraba tanto dinero que la Iglesia peruana se convirtió en un banco poderoso, el mayor proveedor de crédito para los ciudadanos del virreinato.

Tanto los terratenientes como los comerciantes, y tanto los mineros como los agricultores, recurrieron a las instituciones eclesiásticas para obtener préstamos, entregando a veces sus propiedades como garantía. Vestir sotana se convirtió en una manera de enriquecerse tan probada que el papa Gregorio XIII emitió una queja en la que reprendía a los franciscanos de México y Perú, países en pleno auge de la plata, por quitarse el hábito y regresar a España como aristócratas acaudalados, tras haber trabajado más para «enriquecerse que para procurar la salvación de sus rebaños».[91] Pero los sacerdotes no eran los únicos con ambiciones materiales. Sus organizaciones también se beneficiaron mucho de las labores de la evangelización. A finales del siglo XVIII, a la Corona le pareció demasiado obvio que la Iglesia colonial había acumulado una enorme cantidad de bienes. Cuando los jesuitas fueron privados de sus misiones, desterrados de las Américas y disueltos ignominiosamente, la Compañía de Jesús era la propietaria más rica de las colonias; poseía más de cuatrocientas haciendas prósperas en todo el continente y controlaba grandes extensiones de tierra cultivable.

En el transcurso de tres siglos de dominio colonial, la Iglesia se había convertido en una experta en glorificarse a sí misma y llenarse los bolsillos, pero también había hecho un bien considerable. Mientras De las Casas convencía a los tribunales españoles de que clasificaran a los indios como «miserables»[92] —una designación jurídica que solicitaba la protección de la Corona—, la Iglesia creó el Juzgado General de Indios, destinado a escuchar a cualquier indio que hubiera sido agraviado.[93] Al menos su intención era justa, con independencia de que sus decisiones no siempre se acataran. La Iglesia también construyó y supervisó hospitales, misiones y escuelas, trabajando básicamente sola para proporcionar esos servicios. Mientras los conquistadores se centraban en lo que podían extraer, la Iglesia buscaba qué podía dejar tras de sí. Al principio, fueron los franciscanos, los dominicos y los agustinos quienes asumieron la educación de las masas indígenas empobrecidas. Con el tiempo, los jesuitas —tal vez la mayor fuerza educativa del Nuevo Mundo— crearon en toda la América española una red de escuelas y universidades para los criollos blancos.[94]

Por muy divididas que estuvieran las órdenes, un currículo católico fijo aseguraba la uniformidad de pensamiento —un catecismo programado, un sistema de creencias coherente— que a la Corona y a la Inquisición les parecía conveniente.[95] Durante siglos, la educación católica fue al parecer lo único que tuvo en común un sistema colonial cada vez más extenso. A la postre, Bolívar afirmaría que una única fe y un único idioma, las condiciones de una conquista cruel, resultaron ser la mayor esperanza de América Latina; eran dos rasgos compartidos que sugerían la posibilidad de una unión sólida y poderosa, una oportunidad para que América del Sur se uniera y creara un fuerte bastión frente al mundo.[96] Fue un breve reconocimiento al bien que había hecho España en medio de tanto mal. Sin embargo, la solidaridad que imaginó Bolívar nunca llegaría a materializarse. Aunque la campaña de cristianización, por desordenada y desigual que fuera, había producido cierta consolidación, no podía competir con la estricta separación que España había exigido a sus colonias. La madre patria había demostrado ser una maestra a la hora de mantener sus territorios aislados, ignorantes y recelosos unos de otros, aunque la fe los hubiera convertido en uno solo.

Esto no quiere decir que la Iglesia, tanto los obispos como las órdenes, no cometiera injusticias atroces contra la misma gente que prometía «civilizar». La Iglesia tenía dos caras, una buena y otra mala, y con demasiada frecuencia la buena acostumbraba a mirar para otro lado cuando las brutalidades se cometían en nombre de la evangelización. Los franciscanos impusieron duros castigos corporales a los indios que llegaran tarde a clase de religión; al transgresor le daban cinco fuertes golpes en la espalda con un palo con púas.[97] Hasta bien entrado el siglo XVIII, siguieron usando cepos y cárceles para los nativos que no cumplían sus normas o costumbres. Los presidios y las misiones empleaban a soldados armados como guardias, una asociación que resultaría complicada cuando los sacerdotes acabaron identificados con el brazo fuerte de la conquista.[98] Pero con frecuencia fueron los propios sacerdotes los culpables de estas asociaciones. En su incontrolable afán por purgar las viejas creencias e implantar las nuevas, los misioneros destruyeron en gran medida la cultura precolombina, enviando una buena parte del conocimiento indígena al basurero de la historia.[99]

A menudo, simplemente se vieron arrastrados por la violencia de la época. Algunos frailes, frustrados por la feroz oposición de los chichimecas en México, se unieron a la exigencia de librar una «guerra a fuego y a sangre» para eliminar a los indios beligerantes y facilitar la completa apropiación de los territorios indios.[100] A finales del siglo XVI, el superior de la orden franciscana en Yucatán, Diego de Landa, indignado por las pruebas de que los mayas seguían adorando a sus ídolos en secreto, desplegó multitud de atrocidades.[101] Miles de indios fueron sometidos a la estrapada o garrucha; es decir, se les colgaba de las muñecas con pesos atados a las piernas, una de las torturas más temidas de la Inquisición. Ni que decir tiene que murieron cientos de ellos. Luego, Landa pidió que quinientas estatuas mayas y muchos libros preciosos fueran arrastrados hasta la plaza principal y reducidas a escombros o convertidos en cenizas para enseñar de una vez por todas a los indios que su historia era abominable y su única salvación, la cruz. Se puede argumentar que es injusto juzgar las barbaridades del siglo XVI desde la perspectiva de una sensibilidad actual, excepto por un hecho evidente: la Iglesia, entonces como ahora, se adhería al principio teológico básico de que la fe debía aceptarse libremente.[102] Los frailes del Nuevo Mundo habían perdido de vista ese principio. Eso, además de las expediciones para capturar esclavos, las incursiones violentas, las reducciones, las explotaciones, las enfermedades y las violaciones indiscriminadas —todos los agravios asociados a los conquistadores—, hizo que los nativos tendieran a alejarse del cristianismo.[103] Como dijo un humilde mexicano: «No quiero ir al cielo si en él hay españoles».[104]

Hubo también, sin duda, clérigos que trabajaron de manera notable para preservar la cultura india y su pasado —por ejemplo, los franciscanos Bernardino de Sahagún y Motolinía o el dominico De las Casas—, sacerdotes con la firme convicción de que para convertir a un pueblo había que conocer y entender sus costumbres. En la América anglosajona nunca hubo un defensor de los indios estadounidenses comparable a estos españoles.[105] Asimismo, el debate entre De las Casas y Sepúlveda en Valladolid, que trató de establecer si los indígenas eran hombres plenos, fue excepcional por el mero hecho de celebrarse, más aún al haber sido convocado por un rey. En la historia mundial, no hay nada comparable a esa apasionada deliberación.[106]

Sin embargo, el sistema fronterizo de misiones usado por España, en el que los sacerdotes eran la vanguardia, suponía en sí mismo una invasión, concebida para perturbar, transformar y obligar a los nativos de los márgenes impíos a entrar en la órbita del cristianismo.[107] Tal vez la intención fuera persuadir con sutileza, pero el resultado puso del revés al mundo indígena. La llegada de los hombres con sotana —exploradores desarmados que se aventuraban hasta donde los demás no se atrevían a ir— fue un presagio de la servidumbre que se impondría después, la pérdida de lo antiguo, la aceptación forzada de lo nuevo. A diferencia de la colonización británica de América del

Norte, en la que los pioneros entraron en los territorios, se establecieron en ellos y echaron por la fuerza a los indios, los españoles hicieron al revés: entraron, se establecieron e incorporaron a los indios. Los redujeron, los bautizaron, se reprodujeron con ellos. En muchas ocasiones funcionó. Otras veces no. En lo que ahora es Chile, los indios araucanos rechazaron a los colonos de manera tan desafiante que los misioneros se apartaron con cautela, mientras se propagaba una sangrienta guerra que duró generaciones y que acabó generando un lucrativo comercio de esclavos para España.

A medida que las órdenes religiosas se abrían paso por el interior de las Américas, el adoctrinamiento se convirtió en un proceso calculado. Además de evangelizar a las masas, la Iglesia intentó hacer lo que un gobierno colonial, avaro y corrupto, no era capaz de llevar a cabo: dar forma a la cultura y promoverla, velar por el bienestar de la gente. Gracias a los sacerdotes, México tuvo una imprenta en 1539, y gracias a ellos surgiría una universidad tras otra a las que irían los hijos de los blancos —en Lima, Ciudad de México, La Plata, Santo Domingo, Bogotá—, bastiones de la ortodoxia que intentaban reflejar la exuberante cultura intelectual de la madre patria.[108] Con el tiempo, y aunque su planteamiento era muy diferente, las órdenes mendicantes consiguieron atraer a cada vez más indios al redil, precisamente porque ofrecían estos servicios. Los franciscanos, impregnados de visiones milenaristas y apocalípticas, se apresuraron a ir de aldea en aldea para bautizar a la vez a hordas de mexicanos, prescindiendo de la laboriosa tarea de enseñar los rudimentos del catecismo. Los dominicos, herederos de una gran tradición intelectual, fueron los primeros evangelizadores de Perú y los primeros en enseñar español a los nativos, aunque no fueron más allá de algunos conocimientos básicos y se negaron a instruirles demasiado;[109] creían que un indio con una educación de verdad no estaría de acuerdo con la subyugación racial necesaria para impulsar una economía esclavista pujante. Los jesuitas, en cambio, enseñaron a los nativos todo lo que sabían, de latín a Bach, pasando por la astronomía. Fundaron escuelas prestigiosas en los centros urbanos, centrándose en los hijos de los poderosos, y luego se extendieron a los rincones más remotos de la selva para enseñar a los demás, construyendo mundos propios y demostrando ser mucho mejores gobernantes que sus amos.

Alcanzar la utopía

> Los curas [...] solo atinaban a robar y oprimir a los indios [...] para hacerse ricos a costa de su sudor y fatigas.[110]
>
> Túpac Inca Yupanqui, 1783

Al principio, cuando los sacerdotes se propagaron por el altiplano y las tierras bajas, difundiendo la palabra de Cristo y advirtiendo a los nativos sobre los peligros de adorar a dioses falsos, los indios sospecharon que eran demonios.[111] Eran, sin duda, los *pishtacos* de la sabiduría tradicional quechua, los *kharisiri* de la leyenda aimara, malvados duendes blancos que deambulaban por la tierra, derritiendo la grasa de sus víctimas y utilizándola como aceite bautismal.[112] Los indios habían visto, horrorizados, como en los campos de batalla los soldados españoles buscaban enemigos muertos a los que cortarles un trozo de grasa corporal para aplicársela en sus heridas ensangrentadas. Esa práctica era bastante común en una época en la que los sacerdotes cirujanos del Viejo Mundo utilizaban aceite caliente para acelerar la curación, pero en adelante los rumores se multiplicaron.[113] Se trataba de una raza de extranjeros blancos, bien preparados, carismáticos, poderosos —con labia y promesas fantasiosas—, pero necesitaban la grasa de los indios para hacer que sus campanas sonaran, sus ruedas giraran y sus cañones dispararan.

De los sacerdotes españoles, casi todo les parecía ajeno, de otro mundo, realmente peculiar. Los sumos sacerdotes de los indígenas, a pesar de su poder y distinción, habían llevado vidas normales con esposas e hijos. Su adoración al sol, la lluvia, la tierra —realidades perdurables de la vida— parecía sensata, práctica. Pero aquellas extrañas apariciones pálidas que se comprometían a ser célibes y reverenciaban a un malogrado profeta clavado en una cruz de madera les parecían extravagantes, risibles. ¿Cómo podía un sacerdote célibe ser un hombre plenamente realizado si nunca había alcanzado esa condición mediante el poder procreador del sexo, la ley más natural que existía? ¿Cómo podía una tribu que vestía largas sotanas y tenía la cabeza tonsurada pretender enseñar cuestiones del espíritu si sus miembros eran tan inexpertos en la vida?[114]

Xavier Albó, que se unió a los jesuitas siglos más tarde, se encontraría con las mismas suspicacias en la Bolivia y el Ecuador rurales. Sucedió muchas veces que un niño corría, riendo nerviosamente, y luego le tiraba con atrevimiento del faldón y gritaba: «¡Dentro de este padrecito hay un hombre!».[115] Un hombre con sotana parecía algo muy ajeno; un hombre blanco larguirucho que recorría aldeas remotas, más bien. En particular, Xavier se esforzaba por congraciarse con las señoras que susurraban en los mercados, con los trabajadores que volvían a casa de las minas arrastrando los pies. Conocía la historia. Entendía lo que significaba que se te acercara y te sermoneara un extranjero de España. Les explicaba que en realidad era catalán, un extraño como ellos, con una cultura y una lengua bastante distintas de las de los españoles. Quienes le escuchaban asentían y sonreían educadamente. Con el tiempo, empezó a considerarse boliviano. Al final dejó de ponerse la sotana.

El sacerdote como parte de la conquista era algo que Xavier tenía muy presente cuando terminó los primeros estudios, los años de formación jesuita requeridos antes de especializarse. Nunca había pretendido ser un invasor. Tras crecer en el caos de una rencorosa guerra civil, un mundo en el que los padres y los abuelos eran asesinados por pasiones fortuitas, había recibido la luz de Dios; solo quería transmitírsela a los demás. Ahora estaba descubriendo que no le preocupaba tanto hacer proselitismo como la mano que pudiera tender, el trabajo que pudiera hacer para compensar la increíble negligencia que era tan evidente a su alrededor. No había imaginado que los indígenas —su idioma, sus tradiciones, sus tendencias espirituales plenamente formadas— le cautivarían como lo habían hecho. Los más humildes, los pobres de solemnidad, los miserables, se habían convertido en sus maestros. Eran ellos a quienes quería dedicar su trabajo en esos campos del Señor. Tal vez las ciudades estuvieran llenas de latinoamericanos ricos y prometedores, como había aprendido en La Paz y más tarde en Quito —el 20 por ciento económicamente viable, sano y con estudios—,[116] pero ahora estaba seguro de que eran los indios rurales y su progenie, que se aferraban a su pasado ancestral y mantenían vivos sus rituales diarios y sus creencias, quienes tenían en sus manos el destino de América Latina.

Estas reflexiones de Xavier no eran muy distintas de las de los jesuitas que habían creado misiones quinientos antes en lo que ahora eran las tierras fronterizas entre Paraguay y Brasil. Como una orden de reciente creación, que trataba de definir su papel en esas tierras salvajes, los jesuitas se habían puesto a trabajar por el bienestar de aquellos que les servían de poco a los españoles, los guaraníes, que habían huido de la esclavitud al penetrar cada vez más en las profundidades de los bosques. Al formar un ejército guaraní para defender su rebaño de los saqueadores portugueses y los jefes coloniales, los jesuitas iniciaron una larga tradición, la de superar en astucia a gobernadores y obispos, y hacer las cosas a su manera. Las reducciones eran iniciativas en gran medida compasivas, comunidades en las que los religiosos se sumergían en las culturas tribales y respetaban tradiciones que no podían entender del todo. Y eran rentables. En Europa, algunos observadores llegaron a decir que en los bosques remotos de un continente hostil los jesuitas estaban alcanzando la utopía.[117]

Xavier bien podría haber vivido en la selva de Madidi por todo lo que oyó sobre Cuba y la decisiva revolución que prometía conformar el futuro latinoamericano. Mientras Castro y Guevara se refugiaban en los bosques de pinos de Sierra Cristal, en Cuba, esperando el momento oportuno para invadir La Habana, Xavier hacía trabajo de campo en Bolivia, aprendiendo todo lo que podía sobre las peculiaridades de una lengua antigua. El quechua presentaba sutilezas sorprendentes, variaciones aparentemente infinitas. Mientras sacudía las pulgas de su manta y viajaba de una aldea a otra, estaba decidido a documentar un sistema lingüístico que hasta entonces nunca se había registrado de manera adecuada. Lo más revolucionario que tenía en la cabeza no era ni mucho menos el pensamiento marxista —la guerra civil española le había curado de eso—, sino las pronunciaciones de *ka* y *kha*, una distinción que podía convertirle en un hablante creíble o en un hazmerreír. Escuchó cómo un sacerdote mayor que él y más experimentado articulaba las distinciones glotal y velar entre esas dos consonantes hasta que se le cayó la dentadura postiza, a lo que Xavier contestó bromeando que esa era una pronunciación que nunca podría replicar.

Se metió sin saberlo en prostíbulos, y al ver a señoras reunidas en balcones lo consideraba una señal idónea para ponerse a charlar. Siguió registrando meticulosamente las diferencias entre las inflexiones del norte y del sur. Un día, para captar lo que sonaba como un acento elegante, entrevistó a una anciana cariñosa que resultó ser la madre del ministro del Interior, así que fue detenido por sospechas de espionaje. En resumen, estaba documentando una cultura además de un idioma. Se convirtió en agente del censo para ampliar sus contactos; llamaba a las puertas, se sentaba en piedras, hablaba con las madres sobre los hijos, con los padres sobre sus aspiraciones, con los niños sobre juegos. Recorrió las zonas rurales con una vieja moto que petardeaba, con la sotana revoloteando al viento. Estaba viendo América Latina como pocos extranjeros lo hacían, y estaba aprendiendo lo que significaba ser andino, gente de las montañas, tercamente marginal, que vivía en un universo aparte de los ricos y los poderosos. Prosiguió con su tarea en su puesto de novicio y siguió con el trabajo de campo en Bolivia incluso mientras se sacaba un doctorado en sociolingüística en la Universidad Cornell, en Estados Unidos.

Cuando sus nuevos amigos bolivianos le preguntaban por su fe, Xavier se limitaba a hablarles de su maestro, un hombre que empezó en un establo rodeado de animales y acabó en una colina rodeado de ladrones. Cuando sus hermanos jesuitas le preguntaban por su trabajo, respondía que estaba intentando descubrir cómo podía un país sanar su alma.[118] No especificaba con exactitud a qué país se refería.

12

La casa de Dios

> La política está en crisis, muy muy en crisis, en América Latina [...] está más enferma que sana.[1]
>
> PAPA FRANCISCO, 2018

Cuando a finales del siglo XVIII los jesuitas fueron expulsados de la vida cristiana, a muchos habitantes de las colonias —blancos, mulatos, negros y mestizos— les quedó claro que la alegoría de la Vieja Europa sobre América Latina era falsa: el demonio no era un indio impío; el demonio era un español implacable.[2] La visión del colonialismo como la personificación del mal empezó a surgir entre quienes habían nacido en el Nuevo Mundo, producto de la semilla que Bartolomé de las Casas había plantado siglos antes, y ahora crecía con una fuerza rebelde, alentada por los ecos de la leyenda negra en Europa. Los aristócratas criollos —cultos, mundanos, conocedores del hemisferio en el que vivían— estaban molestos por su reducido estatus, perjudicados por leyes aprobadas por el Consejo de Indias. Eran blancos. Eran hijos de españoles. Pero como no habían nacido en España no podían ejercer influencia alguna. Tenían vetado por ley desempeñar cargos públicos, elaborar leyes u ocupar puestos de poder. Y aunque dirigían haciendas, empresas y minas prósperas, no podían beneficiarse plenamente de su éxito. En lo más alto de cada institución, ya fuera mercantil, judicial o social (y eso incluía a la Iglesia), se hallaba un supervisor —un emisario, una importación, un advenedizo— de la madre patria. Con mucha frecuencia, esta no mandaba a sus hijos más capaces y brillantes, lo que provocaba el resentimiento de los sofisticados criollos por tener que rendir cuentas a extranjeros ineptos. Ahí estaba, pues, el rescoldo que alumbraría las guerras de independencia. Cuando este se avivó a finales del siglo XVIII y luego estalló en llamas en 1810, la revolución avanzó como una mecha encendida desde el río de la Plata hasta el río Grande, prendiendo todo el hemisferio y segando la vida de millones de personas con el fulgor de la guerra. Durante la masacre, la Iglesia se puso del lado de España. No fue una sorpresa, puesto que los sacerdotes habían marchado con los conquistadores y los papas se habían aliado con los reyes, y la prueba estaba a la vista de todo el mundo en cada plaza central: la iglesia más colosal, más gloriosa, siempre se encontraba al lado de la mansión del gobernador, y la casa del obispo estaba a unos pasos de distancia.

Cuando las revoluciones latinoamericanas terminaron y España fue obligada a retroceder y cruzar de vuelta el Atlántico, la destrucción era catastrófica.[3] Se habían borrado del mapa ciudades enteras. La población civil se había reducido un tercio.[4] Las fuerzas expedicionarias españolas habían sido prácticamente eliminadas. Solo en Venezuela hubo más pérdidas humanas que en la Revolución estadounidense y la guerra de Secesión juntas. Los ejércitos del rey se marcharon renqueando a sus maltrechos barcos, llevándose consigo a gobernadores, arzobispos y obispos, lo cual creó un vacío en la élite latinoamericana que la sumiría en un auténtico caos durante las generaciones venideras. Misiones enteras se vaciaron. Las iglesias y los conventos que no habían sido destruidos en mitad de la virulencia cayeron en el abandono.[5] Simplemente, no había suficientes curas criollos para mantener la vasta red de instituciones católicas que salpicaban el paisaje americano. En los pueblos más pequeños, los habitantes tomaron las iglesias, sin tener muy claro qué hacer con ellas. Los indios de las zonas rurales perdieron por completo el contacto con la fe. Cuando los blancos se abalanzaron para hacerse con el poder y las propiedades que los españoles habían dejado atrás, a las razas de piel más oscura se les dejó que se las arreglaran como pudieran.

Nadie prestó demasiada atención al control que había perdido la Iglesia en esas comunidades más humildes.[6] Pasaron generaciones sin que hubiera ningún registro de su religión o sus prácticas espirituales. Los curas criollos ordenados, que se encontraban desperdigados, tendieron a no salir de los centros urbanos, los paisajes conocidos, las congregaciones más blancas, los vecindarios atestados que ya conocían. Para complicarlo aún más, los gobiernos de las nuevas repúblicas independientes —tumultuosas y desordenadas— fueron reacios a implicar a la Iglesia en nada que pudiera parecer un regreso a las viejas formas coloniales. En algunas zonas de América Central, los gobiernos anticlericales maniobraron para reducir al mínimo la influencia de la Iglesia y limitar la vieja tradición de actuar como una agencia de cobros del Vaticano.[7] México, por ejemplo, tomó y nacionalizó todas las propiedades de la Iglesia a finales del siglo XIX, separó la Iglesia y el Estado y luego tuvo que hacer frente a las consecuencias; el clero se radicalizó y se enfrentó constantemente al Gobierno, hasta que los legisladores mexicanos, hartos de la resistencia, expulsaron del país a todos los sacerdotes extranjeros y decretaron que solo los nacidos en México podían ser predicadores.[8] La respuesta guatemalteca fue aún más severa: un edicto restringió de forma rigurosa el número de sacerdotes católicos a un máximo de cien en todo el país. La intención era que fuese un correctivo temporal, pero se convirtió en una regla durante más de setenta años.

A lo largo de este periodo, la clase alta y quienes ascendían socialmente continuaron siendo leales a la Iglesia. Irónicamente, al ser la raza blanca el billete más evidente hacia el poder, alardear de un alto grado de hispanidad —y, por asociación, de catolicismo— se convirtió en un instrumento de poder en la América española posrevolucionaria. Para ser alguien dominante, era esencial ser blanco, llevar un crucifijo, mostrar la religiosidad a todas horas. No obstante, en general, y en términos puramente numéricos, la Iglesia latinoamericana experimentaba una grave crisis.[9] Los campesinos, a quienes los líderes posrevolucionarios sometieron con una crueldad aún mayor que la infligida por los españoles, y que vivían en la más absoluta pobreza y de quienes se esperaba que hicieran la mayor parte del trabajo sucio, empezaron a regresar a los rituales de sus ancestros indígenas con un sentimiento de venganza surgido del resentimiento. Es cierto que sus prácticas espirituales siempre habían albergado vestigios de un pasado remoto, incluso cuando se impusieron las medidas más estrictas del dominio colonial. Pero, abandonadas a su suerte, las iglesias rurales permitían la adoración de la naturaleza y los ídolos, lo que creó una religión muy sincrética —una fusión de creencias cristianas y tribales— distinta de cualquiera que la Iglesia hubiera visto jamás. Era probable que la imagen de una Virgen tuviera forma de montaña —un guiño a la Madre Tierra, la Pachamama—, con un sol coronando su cabeza y media luna a sus pies. O, en las festividades que conmemoraban fiestas cristianas, las procesiones las encabezaban hombres disfrazados de demonio, con máscaras que tenían los inconfundibles colmillos de Coatlicue o Ai Apaec.

Así pues, las revoluciones que vibraron por todo el hemisferio tuvieron la consecuencia imprevista de redefinir el cristianismo latinoamericano de las masas. Ansiosas por deshacerse de las severidades —la obsesión cristiana con el pecado, por ejemplo, que siempre les había resultado ajena e imponderable—, las razas de piel más oscura recuperaron viejas leyendas más tolerantes con la debilidad humana, creencias más alineadas con el mundo natural que las rodeaba. Los negros caribeños volvieron al vudú y los trances de la santería, yoruba o mandinga, el culto a un gran número de dioses *orishas* que estaban relacionados con la vida tal como la conocían.[10] Los indios adoptaron de nuevo sus divinidades —la tierra, el sol y el mar— y restablecieron el papel del hombre como criatura de la naturaleza.

Desde las pampas de Argentina hasta las junglas de Yucatán, la gente abandonada por las misiones cristianas que habían huido empezó a renovar su fe con las cosmogonías de sus ancestros. Por ejemplo, en la aislada sierra de Nayarit, en México, los coras, la última tribu de mexicanos en ser evangelizada por la fuerza, no habían visto un sacerdote desde el éxodo de los jesuitas en 1767.[11] Siguieron apartados del cristianismo hasta dos siglos después, cuando un franciscano llegó al altiplano en 1969 y retomó la prédica del Evangelio. Lo que descubrió fue que, en el transcurso de doscientos años de soledad, los coras habían regresado al culto al sol. Pero, para su sorpresa, el Dios Sol era ahora Jesucristo, con su pasión, crucifixión y resurrección. Algunos indios eran capaces incluso de recitar partes enteras de la misa en algo parecido al latín. Judas, una figura incomprensible para los coras, diferente de cualquier dios que hubieran tenido, ya no existía, pero los judíos, su tribu, se habían convertido en «los borrados», hombres casi desnudos, manchados de ceniza y barro y después pintados llamativamente, que tenían hocico de animal. En el ritual de primavera, que perdura hasta hoy, los coras adoptan ese aspecto e interpretan el papel de quienes crucificaron a Jesús, que creen que fueron los judíos. Bajo un fuerte y persistente redoblar de tambores, los hombres vestidos como demonios corren por las aldeas en busca de un niño que representa al Cristo Sol. Al dotar de vida al inframundo de una forma en que la liturgia cristiana no puede, el ritual cora es una lección de templanza e indulgencia: he aquí las ovejas negras del mundo, un rebaño de maldad humana en movimiento que, pese a toda su villanía, es falible, humano, exactamente como nosotros. Mientras celebran la maldad con un generoso consumo de peyote, los borrados bailan toda la noche hasta que sale el sol de la Pascua de Resurrección, momento en que se lanzan al río, lavan la ceniza y el mal y, como Cristo, renacen.

Xavier Albó aún no lo sabía, pero, al igual que había sucedido con la vanguardia de sacerdotes que había entrado en esas tierras altas cuatrocientos años antes, se esperaba de él que iniciara de nuevo el proceso de cristianización. Mientras reflexionaba sobre su futuro y se preguntaba cuál sería la mejor manera de servir a una gente que tenía sus propias creencias, sólidas y muy evidentes, se unió a una oleada de sacerdotes extranjeros que, como él, habían sido enviados a América Latina para encabezar un renacimiento católico. Al caminar por los aletargados pueblos de montaña de Bolivia y Ecuador, o al estar encerrado entre los muros de una misión, no era consciente de que estaba en medio de una iniciativa global. No se dio cuenta del todo hasta que estuvo en la Universidad Cornell para obtener un doctorado a finales de la década de 1960, cuando en el mundo se desató a toda velocidad un movimiento por la paz y nació la teología de la liberación. La Iglesia se estaba reinventando de maneras que no había previsto.

Al igual que en el caso de los obispos del siglo XVI arrojados a un hemisferio inestable, de los frailes del siglo XX se esperaba que intervinieran, pusieran freno a la decadencia y arreglaran las cosas. Pero ahora las circunstancias eran muy distintas; la Iglesia tenía un poder político bastante menor. Los latinoamericanos ya no eran nuevos en el cristianismo; lo habían asimilado antes, habían imaginado sus posibilidades, lo habían adaptado a sus propósitos. Esta vez, la labor de los sacerdotes no era tanto imponer la fe como rescatarla, volver a entrar en un mundo abandonado durante más de un siglo y recuperarlo con un planteamiento más amable. Era eso o perder América Latina a manos del protestantismo, los evangélicos, el ateísmo, el agnosticismo o la apatía. Con poco más que una estrategia imprecisa para conseguir creyentes, los misioneros católicos de todo el mundo, la mayoría supervivientes de una guerra mundial aleccionadora, se dedicaron a sumergirse en las culturas locales, introduciéndose en las comunidades. Era una evangelización de otra índole.

En las ciudades, la élite seguía las tradiciones cristianas como sus antepasados españoles habían hecho antes que ellos. Los niños iban a escuelas católicas, los padres bautizaban a sus bebés, los muertos tenían entierros cristianos, quienes pasaban ante una iglesia se santiguaban como era debido. Pero, en el ámbito más amplio de la América Latina rural, los campesinos habían remodelado la fe, haciendo que la vida del espíritu fuera más relevante de lo que nunca lo había sido durante la colonización. Ahora la religión era un socio pleno de la comunidad —una razón para reunirse, compartir el trabajo, asistir al débil—, aunque ya no pudiera ser llamada catolicismo. Los cabecillas de esta cristiandad adaptada eran más chamanes que sacerdotes; celebraban los solsticios, los cambios de estación y las cosechas, así como las fiestas indígenas, con costumbres nativas e incluso rituales de sangre. Regresaron al principio imperecedero de que adorar a la naturaleza era el pegamento que unía a su civilización, un sistema de creencias mucho más abarcador que cualquier cosa que los hombres blancos les hubieran enseñado. Si Jesús y María permanecían en esa constelación sagrada, no era como el Redentor y la Inmaculada, sino como los siempre presentes Sol y Tierra.

En la década de 1950, las órdenes católicas europeas que emprendieron la reconquista de América Latina, tratando de restablecer y fortalecer su influencia, no estaban solas. Los misioneros Maryknoll de Estados Unidos, que habían cambiado su prioridad de China a América Latina, inundaban la región, pero no encontraron a sacerdotes ordenados en las viejas iglesias españolas que salpicaban el paisaje rural.[12] En lugar de ello, se toparon con cabecillas espirituales extraordinariamente resentidos por la intrusión y abiertamente escépticos. Los estadounidenses fueron considerados usurpadores, invasores, subyugadores modernos. La situación empeoró cuando esos misioneros intentaron quedarse con las propiedades que la Iglesia prerrevolucionaria había dejado atrás. Los indios se negaron a darles la llave de los edificios o permitirles que accedieran a las escuelas abandonadas, o incluso a dejarles ver las preciadas imágenes de los santos patronos que los lugareños habían protegido durante generaciones.

No había duda al respecto: la Iglesia católica había emprendido una batalla campal para reconquistar los corazones y las mentes de unos cincuenta millones de almas indígenas.[13] Desde el Vaticano hasta la misión más modesta, el regreso de la Iglesia fue visto como una lucha titánica, tan urgente como la audaz campaña del papa Alejandro VI para convertir a todos los infieles impíos del Nuevo Mundo. Ahora, más conscientes de las sensibilidades culturales, de que la Iglesia tenía que adaptarse a la gente y no al revés, los misioneros católicos fueron a zonas rurales remotas y al interior de los países, dispuestos a recuperar lo perdido. Una multitud de ellos llegaron a México, donde durante más de un siglo las relaciones entre la Iglesia y el Estado habían sido incendiarias, así como a Uruguay, que hacía tiempo que había roto relaciones diplomáticas con el Vaticano, con el convencimiento renovado de que esta vez lo harían bien.

Un aspecto que formaba parte de esta nueva estrategia era el concepto de «inculturación», el reconocimiento tácito de que en el proceso de evangelización los propios sacerdotes iban a ser evangelizados.[14] Si lo hacían bien —aprendían el idioma y las costumbres, comprendían en profundidad a la gente—, en lugar de alterar una cultura estarían entrando en ella, triunfando mediante la camaradería en vez de la fuerza. Con ese fin, los sacerdotes aumentaron su ejército de evangelización reclutando a catequistas indios y mestizos, seglares nativos que actuaban como avatares: enseñaban la fe, atendían a los enfermos, llevaban a cabo simples obligaciones eclesiales.[15] La Iglesia se ganaría a los lugareños con lugareños, crearía un tsunami de conversiones al catolicismo provocado por la propia población. La estrategia no era desconocida. Se había aplicado cinco siglos antes cuando los franciscanos habían utilizado a los nahuas para convertir a las tribus rebeldes. Pero nunca se había hecho con la determinación a gran escala que desplegaba ahora la Iglesia.

Había mucho que arreglar. Durante siglos, en las ciudades de la región había existido un rígido sistema de discriminación, y parecía imposible de corregir. Cada día se producía una nueva afrenta a las razas más oscuras y humildes: un quechua con atuendo indígena rechazado en un cine de Lima; un yaqui detenido en Ciudad de México por pasear por un barrio blanco; un prodigio maya que no había sido admitido en una prestigiosa escuela católica; un santón aimara al que se negó un papel en la Iglesia. «Constatamos que ambas religiones —la aimara y la cristiana— enseñan el amor y el respeto a la vida —declaró un grupo de líderes religiosos en un cónclave de sacerdotes en Bolivia—. No son religiones de odio. Sin embargo, en los hechos la religión cristiana es signo de contradicción y divide a la comunidad y nación aimara. Tampoco tienen confianza en los líderes nativos. Somos sus brazos derechos, pero no somos la cabeza. De hecho, no podemos desarrollar nuestra propia teología: existe un colonialismo teológico».[16] Y eso parecía. La oleada de evangelizadores europeos y estadounidenses había aportado una nueva sensibilidad a la tarea, pero seguían siendo tan extranjeros como siempre, financiados desde fuera, una especie de invasión. Poco parecía haber cambiado desde que el sacerdote Pedro de Quiroga volviera a España en 1563 con el amargo testimonio de un peruano en su posesión: «No nos podemos persuadir o creer cosa de las que nos predicáis y decís, porque siempre y en todo nos habéis mentido y engañado».[17]

A medida que pasaba el tiempo, y unas guerras civiles, revoluciones y plagas de terrorismo muy distintas convulsionaban América Latina durante las décadas de 1970 y 1980, los misioneros, que entonces tenían una mayor sintonía con las poblaciones a las que servían —mucho menos cultivados que sus predecesores—, se vieron abrazando la política militante de los lugareños. La indignación de Bartolomé de las Casas se había replicado durante siglos hasta fomentar una insurgencia propia del siglo XX. Era la teología de la liberación pura y dura, y estalló en el escenario latinoamericano con una fuerza que sorprendió al Vaticano y alentó una crisis de identidad que todavía atormenta a la Iglesia.

VIENTOS DE UN MOVIMIENTO

> Vengo de un continente en el cual el 60 por ciento de su población se encuentra en situación de pobreza y el 82 por ciento de él en pobreza extrema [...]. ¿Cómo decir a los pobres que Dios les ama?[18]
>
> PADRE GUSTAVO GUTIÉRREZ, *Teología de la liberación*, 1971

Cuando en 1969 Xavier Albó se doctoró en Antropología en la Universidad Cornell y regresó a Bolivia, resuelto a utilizar su conocimiento para mejorar la situación del indio americano, tenía treinta y cuatro años. Había pasado más de la mitad de su vida, casi veinte años, en Bolivia, preparándose para servir a la Compañía de Jesús. Había visto cómo surgía entre los suyos la teología de la liberación, una idea quimérica, un concepto en ciernes por el que sentía simpatía pero que todavía no había desplegado las alas. Ese mismo año, Rubem Alves, un joven sacerdote de Minas Gerais, que había sido expulsado de Brasil en mitad de una violenta represalia contra sospechosos de ser comunistas, terminó su tesis doctoral en la Universidad de Princeton. Titulada «Toward a Theology of Liberation», fue una de las primeras ocasiones en que esa expresión se utilizó en los círculos académicos estadounidenses. Pero era apenas una exposición convincente de lo que durante un tiempo había estado bullendo en América del Sur; se trataba simplemente de una lánguida declaración de que los pobres brasileños merecían algo más de la Iglesia. Al propio Alves le parecía que su trabajo tenía carencias; Princeton le dio la nota más baja posible.

Gracias a una notable coincidencia, más o menos al mismo tiempo Gustavo Gutiérrez, un peruano que había terminado sus estudios eclesiásticos en Europa, organizó una conferencia de sacerdotes en Chimbote, un ajetreado puerto pesquero de Perú. Reunió a quienes, durante años, habían estado discutiendo sobre una nueva estrategia para la región. La llamó «Hacia una teología de la liberación». La definición que hizo Gutiérrez de este nuevo movimiento, impulsado por el auge de las pasiones socialistas que recorrieron el hemisferio durante ese año tumultuoso, era osada, clara y tenía implicaciones de gran calado para el papel de un sacerdote: «Si decimos que la fe es un compromiso con Dios y con los hombres y afirmamos que la teología es la inteligencia de la fe, debemos entender que la fe es una inteligencia de ese compromiso [...]. La teología no es lo primero, lo primero es el compromiso; la teología es una inteligencia del compromiso, el compromiso es acción [...]. Teología de la liberación quiere decir: establecer la relación que existe entre la emancipación del hombre —en lo social, político y económico— y el reino de Dios».[19]

En otras palabras, si la herida más acuciante de América Latina era la injusticia —el enorme abismo entre los ricos y los pobres, entre los blancos y los de piel oscura, entre los privilegiados y los ignorados—, el deber de la Iglesia, como paladín de Dios, era corregir esa realidad flagrantemente anticristiana. La pobreza no era una enfermedad mortal, sino una dolencia tratable.[20] La opresión no era una fatalidad, sino una injusticia que se podía corregir. Según ese razonamiento, la persecución que había causado en América Latina una indigencia generalizada había sido impuesta artificialmente por una sociedad injusta, una mentalidad retorcida, una cultura de la conquista; y si esa opresión no era innata sino infligida, podía revertirse. El malvado escorpión de Esopo que hablaba por todos los tiranos —«no es culpa mía, es mi naturaleza»— era inaceptable. La Iglesia tenía que insertarse en las estructuras socioeconómicas que estaban generando el sufrimiento y dedicarse a purgar el pecado subyacente. ¿Cuál era la labor de la Iglesia, a fin de cuentas, sino la salvación cristiana? ¿Y qué era la salvación sino la liberación del hombre?

Pedir la implicación del sacerdote más allá de su papel tradicional era una idea revolucionaria e implicaba transformar el paisaje social de una forma tan profunda como lo había hecho la conquista quinientos años antes. Esta vez, sin embargo, el cambio procedería de lo más bajo —de las bases, de los más débiles— y no de ningún potentado en el poder. Y esta vez, en lugar de ayudar a los conquistadores en la intimidación de las masas, los sacerdotes de la liberación desempeñarían un papel dinámico en la reversión de esa escandalosa historia. Si los religiosos tenían que unirse a las rebeliones para curar la pobreza de América Latina —si tenían que armarse para conseguir una cierta justicia para los pobres—, que así fuera.

La reacción del Vaticano fue rápida y condenatoria.[21] La idea de liberación que deseaba esta nueva estirpe de sacerdotes latinoamericanos estaba más vinculada a la política que al cristianismo. La liberación humana, al menos por lo que respectaba a la Iglesia oficial, era el proceso de liberarse del pecado, no el de salvarse de la opresión. La preocupación esencial del Vaticano era el alma individual, no el alma de una esfera más general y política. Más crucial aún, la Iglesia no quería tener nada que ver con el marxismo, que durante los años sesenta y setenta estaba experimentando una inquietante ascendencia en todo el mundo y que, en su forma más pura, era contrario al cristianismo —y, en su conjunto, contrario a la fe— y se basaba en un credo ateo. Sin embargo, los sacerdotes activistas de América Latina estaban poniendo a prueba las reglas y los protocolos de una manera que planteaba cuestiones fundamentales sobre la propia fe. ¿Qué defendía la Iglesia si no defendía los derechos humanos? ¿Qué estaba dispuesta a hacer para corregir un abuso endémico e histórico? ¿Era el cristianismo una fe únicamente de palabras o una que vivía de acuerdo con sus mandamientos, las lecciones de su mayor maestro, Jesucristo? ¿En qué punto del sufrimiento humano pasarían a la acción los sacerdotes para defender a los más débiles?

Al mirar en retrospectiva el torbellino de la historia, está claro que la teología de la liberación fue un producto del propio Vaticano. Con el tiempo, una buena parte de la jerarquía romana acabó por comprenderlo, y eso hizo que la punzada de esta nueva teología fuera aún más intensa. Todo había empezado en enero de 1959, cuando el papa Juan XXIII anunció el Concilio Vaticano II y pidió una reforma total de la Iglesia.[22] (El Concilio Vaticano I lo había convocado el papa Pío IX en 1869 para hacer frente a la amenaza de, entre otras cosas, el materialismo). La interpretación más libre del papel del misionero que hizo el Concilio Vaticano II tuvo un profundo impacto en la Iglesia y en los jóvenes sacerdotes de todo el mundo. Pero, fruto de una decisiva casualidad de la historia que pocos en la Iglesia hubieran podido predecir, justo en el mismo momento —enero de 1959— Fidel Castro entró en La Habana y la Revolución cubana saltó al escenario global.

La Revolución cubana tuvo un efecto electrizante en América Latina durante la década de 1960. Durante mucho tiempo, la enorme brecha existente entre ricos y pobres en la región había sido una bomba de relojería que había alimentado la ira y estaba lista para detonar. La transformación radical de la sociedad cubana, tremendamente corrupta, su total conversión en un Estado comunista, fue tan inspiradora para las enormes clases bajas latinoamericanas como aterradora para los oligarcas de la región y las instituciones y los poderes que los apoyaban. Pero sacudió los fundamentos de la Iglesia latinoamericana. Cuba la había pillado completamente desprevenida.

Sin embargo, eso supuso una oportunidad para la nueva oleada de sacerdotes encargados de volver a evangelizar América Latina. Mientras Xavier cursaba su doctorado en Cornell, el Concilio Vaticano II había abierto las ventanas de la Iglesia, redefiniendo el catolicismo de nuevo. Así como Cuba se había deshecho de su flagrante dictador, Fulgencio Batista, y de su viejo y corrupto sistema de gobierno, la Iglesia había reclamado un distanciamiento claro con respecto a las estrictas restricciones del pasado. Ya no sería una institución que pontificara desde lo alto sino una alianza con los fieles, «un pueblo peregrinante de Dios», un cuerpo dinámico de religiosos que hablaba el lenguaje del pueblo, veía con buenos ojos la innovación, aceptaba las versiones étnicas de la fe y miraba con seriedad los problemas sociales y económicos de sus creyentes.[23] Se acabó la rancia misa en latín. Se acabaron, para muchos sacerdotes y muchas monjas, las túnicas y las sotanas. Se acabó la idea de que era un sacrilegio mezclar el catolicismo con las tradiciones populares. Y, lo que quizá fuera más importante, se acabó el exiguo consuelo de que los pobres encontrarían su recompensa en el cielo. A la Iglesia moderna le correspondía abolir el sufrimiento humano. Ahora.

Nadie podría haber sospechado que la siguiente moda del pensamiento cristiano procedería de América Latina. Pero la opresión en la región, su violencia, sus injusticias institucionales y sus vínculos históricos con la Iglesia católica habían creado la oportunidad perfecta para repensar el papel de la religión, para elaborar un nuevo enfoque. No fue un nacimiento fácil. El desencadenamiento de la teología de la liberación provocó mucha consternación entre los obispos de Roma. ¿Quién era exactamente el adversario de ese credo furioso? ¿Y por qué se movía tan cerca del pensamiento marxista? Era indudable que el comunismo era un peligro para la religión institucionalizada. Pero también lo era una Iglesia que había servido al poder y perpetuado las desigualdades sociales. Para cumplir la promesa del Concilio Vaticano II de un mundo más justo —para mantener alejado al comunismo ateo—, la Iglesia había decidido abordar la pobreza de raíz, en los campos y las aldeas en los que jóvenes sacerdotes como Xavier Albó habían puesto su mirada. Los teólogos de la liberación también habían convertido a los pobres en su objetivo, pero estaban adoptando una posición más activista. La pobreza era fruto del racismo, de una sociedad de castas, de una opresión sistemática, y ellos estaban convencidos de que la fuerza niveladora del marxismo, pese a sus afirmaciones de que la religión era el opio del pueblo, podía enseñar algunas lecciones a quienes pretendieran rehacer América Latina.

Fue una época convulsa. En Roma los sacerdotes seguían discutiendo sobre elegantes argumentos doctrinales mientras en todo el mundo estallaban conflagraciones que consumían a las poblaciones: la guerra de Vietnam, la violencia en Laos, la crisis de los misiles cubanos, la lucha por los derechos civiles en Estados Unidos, las airadas protestas que surgían en Europa, el conflicto árabe-israelí, el asesinato de más de una docena de líderes mundiales,[24] el grito de independencia de treinta y dos naciones africanas. Parecía que había llegado el momento de que el Concilio Vaticano II diera de verdad un vuelco al viejo orden. Pero la Iglesia solo estaba dispuesta a llegar hasta cierto punto. Aunque el nuevo pontífice, el papa Pablo VI, había dedicado su vida a luchar contra la pobreza, afirmó que las premisas de la teología de la liberación eran demasiado políticas, demasiado truculentas, demasiado duras con la élite que había mantenido a flote a la Iglesia durante siglos.

No era la primera vez que la Iglesia censuraba a sacerdotes por defender a los desposeídos de América Latina. Quinientos años antes, Bartolomé de las Casas había denunciado las crueldades de la conquista de un modo tan impasible que al final la Iglesia se cansó de sus quejas y lo relegó a los márgenes de la historia. Se esperaba que los sacerdotes acataran las órdenes de Roma, obedecieran a los obispos, se ajustaran a las estrictas regulaciones del Consejo de Indias, que solía estar encabezado por un religioso. Quienes no actuaban así, quienes protestaban en nombre de los conquistados, estaban mal vistos, se les marginaba y expulsaba del sacerdocio.

Trescientos años más tarde, en 1810, acatar las reglas de la Corona española seguía siendo la única opción. Era raro el sacerdote que libraba una campaña contra el imponente complejo militar-clerical que representaba el Gobierno de España. Fue precisamente ese año cuando el padre Miguel Hidalgo lanzó su desesperado Grito de Dolores y cabalgó al frente de una revolución campesina, lo que tal vez le convirtiera en el primer teólogo de la liberación de América Latina. Todo el peso institucional de la Iglesia cayó sobre él. Al principio, su demanda de justicia fue recibida con un apoyo efusivo de los sacerdotes de México, y un gran ejército de pobres marchó bajo el estandarte de la Virgen de Guadalupe para protestar contra los abusos que habían consumido a México durante siglos.[25] Pero en su reprimenda, conmemorada en una encíclica, el papa tomó rotundamente partido por el otro bando. Para el pontífice, España era un dechado de virtud, su rey era absoluto y sus hijos eran los hijos de Dios. Los sacerdotes rebeldes eran los «malvados»; la revolución, «una plaga surgida de una fuente siniestra».[26] Escudándose en esa feroz encíclica, el virrey exigió a su arzobispo que dirigiera a toda la Iglesia mexicana contra los revolucionarios.[27] El arzobispo cumplió. Los sacerdotes guerreros fueron enviados a defender España al grito de «¡Viva la fe católica!», luchando bajo el estandarte de la Virgen de los Remedios. Como comentó con ironía un historiador, era una Virgen luchando contra otra en los campos de la muerte de México —convocadas por igual por el rebelde y el gobernante—, hasta que el padre Hidalgo fue perseguido y decapitado. Su cabeza se clavó en un gancho y se colgó de un tejado en Guanajuato.

Irónicamente, ciento cincuenta años después, gracias a otro papa, los disidentes de la Iglesia se envalentonaron de nuevo. El Concilio Vaticano II había incitado a una nueva generación de sacerdotes latinoamericanos a aspirar a cambiar las cosas. No había dudas acerca de cuál sería su objetivo. En los países que contaban con las mayores poblaciones indígenas y negras —entre ellos México, Perú, Bolivia, Guatemala, Brasil y Venezuela—, más de un 80 por ciento de las personas vivían por debajo del umbral de pobreza. Las enfermedades, el hambre, la miseria, el analfabetismo y el crimen eran endémicos, y sin embargo los gobiernos habían demostrado ser incapaces de abordar el racismo que, a todas luces, estaba en la raíz de esos problemas. Había que hacer algo. Tres años después de la declaración del Concilio Vaticano II, un grupo de treinta teólogos convocó una conferencia en Medellín para debatir una nueva manera de pensar en el catolicismo. Lo llamaron «la opción preferencial por los pobres».[28] Si Dios favorecía a los desposeídos, como dejaban muy claro las Escrituras, entonces situarlos en el centro de la labor eclesiástica era cumplir un imperativo bíblico. En los decadentes años del siglo XX, en un hemisferio lleno de hijos de Dios asombrosamente empobrecidos, parecía que las almas a las que la Iglesia podía servir no tenían fin.

El mundo en el que Xavier se movió durante las décadas de 1970 y 1980 estaba poblado por quienes llevarían la filosofía de la liberación a las favelas, las barriadas, el campo y los pueblos, los entornos más desesperados de América Latina. Entre ellos estaba el franciscano Leonardo Boff, de Brasil, un resuelto abanderado de este nuevo pensamiento que apoyaba abiertamente a los comunistas, vituperaba a Estados Unidos como Estado terrorista y acusaba al Vaticano de ser una dinastía rígida y fundamentalista.[29] En más de una ocasión, los guardianes de Roma, en especial el cardenal Joseph Ratzinger, censuraron a Boff por su insolencia. Ratzinger, que se convertiría en el papa Benedicto XVI, se quejaba de que la teología de la liberación no había producido nada más que «rebelión, división, disenso, ofensa y anarquía».[30] Sus defensores no eran más que artífices del caos.

En ese grupo supuestamente desastroso estaba Pedro Casaldáliga, un obispo brasileño de origen catalán que se había dedicado a defender a los trabajadores del campo y que, por ello, fue el blanco de un intento de asesinato llevado a cabo por matones que trabajaban para los ricos terratenientes de Mato Grosso.[31] (Mataron a su vicario, al que confundieron con el obispo). Casaldáliga, como Boff, acabó siendo expulsado del sacerdocio por el papa Juan Pablo II, por simpatizar demasiado con la izquierda y por apoyar el régimen antiestadounidense de Daniel Ortega en Nicaragua. Si el comunismo era el enemigo, no se toleraría ninguno de sus aspectos. La opción hobbesiana era dejar las cosas como estaban, lo que significaba que lo único que se ofrecía era la pobreza.

En Brasil, las pasiones eran tan intensas que el ejército no tardó en organizar una violenta campaña de opresión contra cualquiera, incluidos los teólogos de la liberación, que se opusiera a las políticas sociales del país o las criticara.[32] Eliminando las libertades una a una, los generales del ejército crearon un brazo especial de la policía secreta para vigilar las actividades políticas de la Iglesia, deteniendo, reteniendo e incluso asesinando a sacerdotes por su trabajo en las favelas más pobres del país. Y, sin embargo, uno tras otro, tanto en Brasil como en el resto de las Américas, los jóvenes amigos de Xavier se sintieron atraídos por la perspectiva de una revolución social.

En respuesta, la Iglesia inició una purga sistemática de esos soldados indisciplinados. Además de a Boff, Casaldáliga y otros muchos que habían salido del grupo de Xavier, el papa Juan Pablo II expulsó del sacerdocio a dos más, los intelectuales jesuitas Fernando y Ernesto Cardenal, hermanos de una rica familia de Managua que lucharon abierta e impenitentemente contra la férrea opresión que atenazaba a Nicaragua.[33] Durante décadas, asimismo, el Vaticano trató con desdén al teólogo de la liberación peruano Gustavo Gutiérrez, al que acusó de socavar la autoridad de la Iglesia y retorcer la fe para convertirla en un instrumento de rebelión. En Colombia, el sacerdote marxista Camilo Torres, que se unió a los guerrilleros del Ejército de Liberación Nacional y murió en combate, había sido advertido muchas veces por la Iglesia de que se enfrentaba a la expulsión. Su única respuesta fue: «Si Jesús viviera, sería guerrillero».[34] Pero uno a uno, los sacerdotes de la liberación fueron desautorizados, suspendidos *a divinis*, expulsados.[35]

Xavier podría haberse unido a la actividad más militante de los demás sacerdotes, pero nunca lo hizo. Participó en debates con activistas de la liberación. Observó su creciente radicalismo, fue testigo de cómo aumentaba su furia. Para él, no era una cuestión de simpatías —las compartía todas— sino de objetivos. ¿Cuál era la mejor forma de lograr la conciencia social que tanto se necesitaba? Las ambiciones políticas pasajeras palidecían en comparación con la única verdad fundamental que podía transformar ese maltrecho rincón del mundo: la intolerancia racial, simplemente, estaba mal, era corrosiva y aborrecible. No podías convencer a los demás de esto mediante la coerción o la violencia; solo era posible a través de la concordia y la afiliación. Xavier tenía la esperanza de que un verdadero faro de la razón, parecido a Gandhi, Martin Luther King Jr. o Nelson Mandela, pudiera cambiar el tejido de América Latina al revelar la inhumanidad de sus viejos prejuicios. Al fin y al cabo, parecía sencillo; si cada uno de nosotros quiere dignidad y justicia para sí, sin duda querremos eso mismo para los demás. El cálculo era obvio. Era la lección más importante de Jesús. Las mentes razonables prevalecerían.

En una época belicosa, Xavier escogió la paz. En su opinión, la espada ya había dominado lo suficiente en esa parte del mundo. A juzgar por Potosí y el destrozo que había dejado tras de sí, también la rapacidad había sido la ruina de América Latina. Más que nada, tenía la esperanza de que la Iglesia no fuera una tercera maldición. Como los indios que había conocido, colocaría una piedra sobre otra, mantendría la cabeza gacha, trabajaría. Fundó una organización dedicada al bienestar de los agricultores. Trabajó para inculcar a los quechuas y los aimaras el orgullo por su lengua, su historia, su larga tradición cultural. Creó, por pura voluntad y de manera improvisada, escuelas para los jóvenes, organizó conferencias sobre el orgullo étnico e impulsó comisiones de paz y derechos humanos. Continuó ayudando a las comunidades más humildes, cuya profunda espiritualidad le sostenía.

En esas serenas convicciones se metió, por puro azar, un sacerdote que se convertiría en uno de los amigos y confidentes más cercanos de Xavier. Era Luis Espinal —Lucho, como era conocido por sus colegas—, otro catalán que había elegido un camino mucho más militante.[36] Había llegado a La Paz justo cuando Xavier estaba organizando el CIPCA (Centro de Investigación y Promoción del Campesinado), y los dos se dieron cuenta de que tenían mucho en común: eran catalanes, jesuitas y hombres entregados a la mejora del mundo que les rodeaba. Lucho era poeta, periodista, cineasta y crítico, un sacerdote cuyo afán de documentar lo que pasaba tal como él lo veía le llevó al activismo, más en línea con los teólogos de la liberación de su época. Cuando Lucho hablaba sobre la necesidad urgente de ser más agresivo, de importunar y gritar, Xavier escuchaba. Cuando tenían lugar desastres medioambientales, corrían juntos a hacerse cargo de ellos. Cuando Xavier mostraba testimonios de niños que trabajaban en los campos de maíz, Lucho los publicitaba en su programa de televisión, titulado *En carne viva*. Cuando en 1967 el Che Guevara fue capturado y asesinado en Bolivia por fuerzas especiales y sus asesores militares estadounidenses, Lucho subió a pie la cordillera para entrevistar a lo que quedaba de las guerrillas del Che. Cuando Salvador Allende fue bombardeado y murió en su palacio presidencial, Lucho voló a Santiago de Chile para caminar entre los cadáveres y rezar. Cada vez más radicalizado por su trabajo, sobre todo con los mineros de plata de la región, Lucho se convirtió en un portavoz de los abusos. En un intento por mejorar las condiciones en el país, cofundó la Asamblea Permanente por los Derechos Humanos.

En 1977 Lucho, que ya era una figura destacada en la lucha por los derechos de los trabajadores, se unió a una huelga de hambre convocada por mujeres indígenas cuyos maridos habían sido encarcelados por exigir mejores condiciones en las minas. Por simpatía hacia las mujeres quechuas y aimaras, Xavier también se unió a la huelga. No mucho tiempo después, y presumiblemente por su activismo, Lucho fue secuestrado por paramilitares del Gobierno de extrema derecha del presidente Hugo Banzer. Fue torturado y después asesinado, y su cadáver desnudo fue arrojado en la cuneta de la carretera que iba a Chacaltaya.[37] Más tarde se supo que la Operación Cóndor, la amplia campaña de terrorismo de Estado aprobada por Henry Kissinger y financiada por Estados Unidos,[38] le había purgado junto con otros sesenta mil latinoamericanos sospechosos de ser un «peligro subversivo».[39] Xavier no volvió a ser el mismo después de aquello. Lo que recuerda más vivamente, cuando rememora los largos días de la huelga de los mineros —el hambre atroz, el suelo duro de la redacción de periódico donde hacían vigilia con las agraviadas esposas de los prisioneros—, es la figura pasajera de un hombre que fue a echar un vistazo a dos demacrados sacerdotes gringos en medio del grupo de indias muertas de hambre. Se llamaba Evo Morales, un joven fugaz con el pelo negro como el carbón y la mirada adusta de la determinación. Morales se convertiría en el primer presidente aimara de Bolivia, el segundo indígena americano en ser elegido para gobernar a su pueblo en quinientos años.[40]

Si los teólogos de la liberación pensaban que habían encontrado la manera de rescatar a los pobres y conseguir almas para su bando, había otros grupos muy comprometidos con ese objetivo. Entre las décadas de 1960 y 1990, en una época inestable y sanguinaria en la que liberales, dictadores y generales se pelearon por dominar la escena, no menos de cuatro iniciativas espirituales competían por el alma de América Latina. La Iglesia católica romana declaró que había visto la luz; corregiría sus métodos y se dedicaría a acabar con la pobreza mediante las nuevas reformas del Concilio Vaticano II. Los teólogos de la liberación decidieron, con una pasión cercana a la beligerancia, que lucharían contra los poderes establecidos —los gobiernos, las empresas mineras, los exportadores, los bancos e incluso la Iglesia, si ello era necesario— para proteger a los desposeídos. Los ateos, en insurgencias terroristas que desgarraron el hemisferio desde Nicaragua hasta Perú, trataban de ganar adeptos eliminando por completo la religión. Y en la década de 1980, cuando las comunidades pobres echaban de menos lugares de culto que no fueran españoles, católicos o comunistas, sino genuinamente liberadores, los protestantes pentecostales y evangélicos empezaron a llegar a América Latina, dispuestos a competir por ese trofeo. Los de piel oscura, los negros y los desplazados urbanos, así como los pobres rurales, empezaron a abarrotar esas casas de Dios, la mitad de ellos añorando los tiempos lejanos en los que la religión había sido lo que unía a la tribu, y la otra mitad protestando contra una Iglesia que formaba parte de una vieja invasión. Lo más seductor de estas nuevas religiones protestantes eran unos preceptos que las poblaciones más oscuras podían comprender muy bien: los creyentes tenían el don de lenguas, los rituales podían curar a los enfermos, los exorcismos serían necesarios, los profetas caminarían entre nosotros. La experiencia protestante evangélica, en otras palabras, prometía una vida llena de milagros, señales y asombros; no una triste penitencia por los pecados cometidos. Más persuasivo era quizá el argumento que sostenía que, con fe y un fuerte compromiso con la vida virtuosa, un hombre pobre podía ascender por la escalera socioeconómica. Un indigente podía convertirse en un príncipe.

Una nueva realidad está presente

> Ahora es evidente que estaban equivocados esos milenarismos fáciles [...]. Estoy convencido de que aquí [en América Latina] se decide, al menos en parte —en una parte fundamental—, el futuro de la Iglesia católica. Esto siempre ha sido evidente para mí.[41]
>
> Papa Benedicto XVI en su vuelo a Brasil, 2007

Cuando, en el año 2007, el papa Benedicto XVI —el antiguo cardenal Ratzinger que durante la década de 1970 había golpeado con un palo con púas virtual las espaldas de los teólogos de la liberación— voló a Brasil en su primera visita papal, visitaba un continente que albergaba a la inmensa mayoría de su rebaño.[42] En ese momento, más de la mitad de todos los católicos practicantes vivía en América Latina, una cifra extraordinaria para una religión que había sido impuesta por la fuerza, incluso la violencia, quinientos años antes.[43] Y sin embargo, su visita era fruto de la desesperación.

El papa había escogido cuidadosamente Brasil para el viaje inaugural, y tenía buenas razones para hacerlo. Brasil alardeaba de tener la mayor población católica de todos los países del planeta. Pero había una justificación más acuciante para esa elección: a pesar de esas cifras, la Iglesia brasileña estaba perdiendo fieles a un ritmo alarmante. En el transcurso de una sola generación, había perdido una cuarta parte de su rebaño a manos de las religiones protestantes. La mayor parte de los abandonos se habían producido en una década. El ritmo era asombroso, y, lo que era peor, parecía que la hemorragia no tenía fin. En sus 515 años de historia en las Américas, la Iglesia siempre había detentado el monopolio religioso en esas tierras. Sus únicas amenazas habían sido el ateísmo y la irritante persistencia de algún malvado ritual indio. Las cosas habían cambiado, y lo habían hecho a tal velocidad que la Iglesia no se había dado cuenta hasta que la sangría había ido demasiado lejos.

Los movimientos tectónicos en la vida espiritual de América Latina habían sido tan rápidos que es difícil dar cuenta de ellos con precisión. Los números cambian cada día, pero la tendencia es clara. Hoy en día, uno de cada cinco brasileños es protestante, la abrumadora mayoría de ellos pentecostales. En Nicaragua, El Salvador, Honduras y Guatemala —países atormentados por los derramamientos de sangre—, uno de cada tres residentes ha abandonado el catolicismo en favor del renacimiento evangélico. En toda la región, desde Costa Rica hasta Argentina, los creyentes están haciendo lo mismo en cifras impresionantes, lo que ha provocado que surjan miles de templos evangélicos mientras las iglesias católicas venden sus propiedades para sobrevivir. Hace solo veinticinco años, en la mayoría de las familias latinoamericanas habría sido impensable una conversión al protestantismo, pero ahora es rara aquella en la que no hay un evangélico sentado a la mesa. De hecho, se estima que casi el 40 por ciento de los pentecostales viven en América Latina. Casi todos nacieron católicos. Casi todos proceden de las clases más humildes. Los pobres, víctimas de un colonialismo persistente y un racismo tóxico, huyen de una Iglesia que los ha reclamado durante más de quinientos años.

En muchos sentidos, este fenómeno forma parte de una reorganización más amplia, sísmica. A lo largo del siglo XX, el cristianismo experimentó una metamorfosis radical. Volteó los hemisferios, con lo que cumplió la profecía de Pachacuti de que el mundo acabaría patas arriba. El «norte global» (América del Norte, Europa, Australia y Nueva Zelanda),[44] que en el pasado albergó al cuádruple de cristianos que el «sur global» (el resto del mundo), ya no es el lugar más cristiano de la tierra. Si hace cien años nada menos que el 90 por ciento de la gente del norte global se consideraba a sí misma cristiana, hoy solo lo hace el 69 por ciento.[45] Para poner eso en perspectiva, veámoslo así: en el mundo desarrollado, lo más probable es que los nietos de un matrimonio de creyentes devotos nunca recen en una iglesia. O así: en Europa, el mismísimo suelo en el que, hace cuatrocientos años, los protestantes y los católicos se mataban en las guerras de religión más sangrientas de la historia humana documentada, la religión es una realidad menguante.[46] Las iglesias de Londres, vacías de creyentes, se están convirtiendo en restaurantes.[47] De las alrededor de mil iglesias que en la década del 2000 se desmantelaron y se cerraron en Países Bajos, ahora muchas son casas extravagantes.[48] Una es un parque para monopatines. En Alemania, de Berlín a Mönchengladbach, las iglesias vacías se han reconvertido en mezquitas para acomodar a una creciente población islámica.[49] En España y Portugal, donde los conquistadores se hincaban de rodillas al ver una sotana, los monasterios se han convertido en alojamientos turísticos que se anuncian como «paraísos para *foodies*».[50] Estados Unidos no es ajeno a este fenómeno: no lejos de la Casa Blanca hay casas de culto que se venden como apartamentos de lujo,[51] y viejas iglesias venerables reabren como fábricas de cerveza.[52]

En el sur global está sucediendo lo contrario. En el mismo periodo, el cristianismo ha florecido en el África subsahariana y en Asia, hasta tal punto que ahora la gran mayoría de los cristianos vive en el hemisferio sur, lo que convierte al mundo en desarrollo en un fértil territorio donde los misioneros católicos pueden expandir su fe.[53] Aun cuando la Iglesia tiene problemas financieros —pierde a los europeos a causa del agnosticismo, el ateísmo o la pura indiferencia—, ha conseguido un robusto ejército de creyentes entre las razas más oscuras.[54] Gran parte de este éxito se debe a los sacerdotes de la generación de Xavier, que en las décadas de 1950 y 1960 se propusieron como objetivo difundir el Evangelio en el tercer mundo. Si bien cada día el catolicismo es menos blanco, está haciendo avances espectaculares entre los de piel oscura.

Sin embargo, mientras descendía de su avión en Río de Janeiro, el papa Benedicto se vio asaltado por dos preguntas acuciantes: ¿por qué los brasileños, los chilenos, los argentinos y los centroamericanos —una gente profundamente espiritual, el corazón vivo del catolicismo durante tantos siglos— renunciaban a la Iglesia por una fe ajena y fundamentalista? Y ¿cómo podían sus sacerdotes retener a esas masas cristianas que en absoluto habían abandonado a Jesús pero estaban desertando de la Iglesia a razón de diez mil almas al día?[55] Tal y como había percibido el papa, el futuro dependía de América Latina. Hacía falta una ofensiva general. En ningún otro lugar ese sentimiento fue más ferviente que en el cónclave que colocó a un risueño conciliador sudamericano, el cardenal Jorge Mario Bergoglio, en el trono papal cuando el viejo y malhumorado alemán, Benedicto XVI, sorprendió al mundo con su dimisión en el 2013. El peso del futuro del catolicismo recaía ahora sobre las espaldas del papa Francisco, un jesuita, un hombre del que se esperaba que acabara lo que se le había pedido a su generación cincuenta años antes; un hombre que insistía en que quería una Iglesia de los pobres y para los pobres.[56]

Las razones del distanciamiento social respecto de la Iglesia habían sido muchas. No era la menor de ellas, como señaló el papa Benedicto,[57] la violencia que había sacudido la segunda mitad del siglo XX, cuando los terroristas o los narcotraficantes arrasaban las zonas rurales de América Latina y cualquiera que profesara opiniones izquierdistas se enfrentaba a brutales represalias.[58] Desde Brasil hasta Nicaragua, los dictadores y generales habían dejado claro que los sacerdotes problemáticos, los liberales con simpatías comunistas, los guerreros de Jesús —al igual que cualquier revolucionario advenedizo—, serían aplastados allí donde se les encontrara. Uno tras otro, los sacerdotes y las monjas radicalizados que se atrevían a adoptar causas populistas eran acosados, asesinados, enviados al exilio.

El Vaticano no tardó en verse en medio del fuego cruzado. Había abierto sus puertas de par en par en los albores del Concilio Vaticano II, aumentando las esperanzas de los clérigos que tenían una posición firme contra la pobreza, pero las volvió a cerrar cuando pensó que habían ido demasiado lejos. Pese a todo el heroísmo en favor de los pobres, pese a todos los curas y las monjas martirizados que habían hecho el mayor de los sacrificios, la violencia que asoló América Latina durante la segunda mitad del siglo XX —y la implicación de la Iglesia en ella— provocó miedo y rechazo en los campesinos y los habitantes de las barriadas, que empezaron a acudir a los templos pentecostales y prefirieron una vida del espíritu a los peligros del momento. Como dijo un pastor estadounidense: «La Iglesia católica optó por los pobres, pero los pobres optaron por los evangélicos».[59] El papa Benedicto, que voló a Brasil para intentar recuperar el alma veleidosa de un continente, tal vez no lograra ver el vínculo: al rechazar a un sacerdote activista tras otro —al ponerse del lado del poder, al proteger los flancos de la Iglesia de cualquier crítica, al ser incapaz de responder a los humildes de la tierra, al dejar que los clérigos rebeldes construyeran sus propias versiones de la teología de la liberación—, el Vaticano había cosechado tempestades. Parecía que la piedra estaba pasando a otras manos.

El papa Benedicto no era el único. Su predecesor, Juan Pablo II, uno de los pontífices más queridos en América Latina por su apoyo a la «opción preferencial por los pobres», también había pasado por alto las señales del éxodo.[60] Cuando viajó por América del Sur en la década de 1980, era consciente del influjo de los evangélicos, pero en todos los países que visitó la recepción fue entusiasta, con masas bíblicas que se reunían para recibirle y monumentos levantados en su honor. Era fácil pensar que solo se trataba de un idilio pasajero. Sin embargo, hacia el final de su papado, había indicios persistentes de que las cosas iban mal: los riesgos cada vez mayores que asumían los teólogos de la liberación, la creciente indignación por los abusos sexuales entre el clero, la evidente renuencia de la Iglesia a abordar el pecado en sus propias filas, las enmiendas históricas que había que hacer. Juan Pablo II acabaría ofreciendo una rotunda disculpa a los aborígenes del Pacífico lejano: «El mal causado a los pueblos indígenas debe reconocerse paladinamente —dijo con franqueza a los australianos y los polinesios—. La Iglesia expresa un hondo pesar y pide perdón allí donde sus hijos fueron o siguen siendo cómplices de semejantes errores».[61] Pero la Iglesia todavía tenía que reconocer su participación en la conquista y la subyugación de las Américas, un hecho que no pasaron por alto los millones de fieles indigentes que acudían a recibirle año tras año en un país tras otro.

En esas visitas latinoamericanas, el papa polaco había centrado su atención en los males de la teología de la liberación, vituperando a los latinoamericanos que la practicaban y abordando la singular naturaleza de la región desde un punto de vista autoritario y eurocéntrico. Su porfiada oposición a la política de izquierdas en general y al comunismo en particular le impidió evaluar de una forma más mesurada la realidad de las disfunciones latinoamericanas. Cuando el obispo salvadoreño Óscar Romero le imploró que intercediera en nombre de sus compatriotas y condenara un régimen que estaba enviando escuadrones de la muerte contra su propia gente,[62] Juan Pablo II se limitó a advertirle que tuviera cuidado con la política y se mantuviera en el bando anticomunista.[63] «Pero, santo padre —protestó Romero con razón—, en mi país es muy peligroso hablar de anticomunismo, porque el anticomunismo lo proclama la derecha [partidaria de la violencia]».[64] Estar del lado anticomunista, insistió el obispo, significaría condonar a los escuadrones de la muerte. Y, de hecho, el violento Gobierno de derechas de El Salvador había demostrado ser un peligro mortal para su gente. La Guardia Nacional había dejado muy claro —lo había dicho en un foro público— que estaba preparada para matar a hasta trescientos mil salvadoreños si eso era lo que hacía falta para aplastar la insurrección izquierdista.[65] Al menos cuarenta mil campesinos habían sido ya asesinados, un increíble porcentaje de la población del país. En Estados Unidos, el equivalente habría sido más de cuatro millones de personas. Sin embargo, la Iglesia no escuchó las súplicas de Romero. Meses después de su visita al papa para implorar piedad para sus conciudadanos, el obispo fue asesinado a tiros a plena luz del día, mientras decía misa en la capilla de un hospital de San Salvador.

Incluso entonces, el papa Juan Pablo II siguió sin estar convencido. En una visita a Nicaragua tres años después, denunció públicamente a los sacerdotes que habían adoptado posiciones políticas, aunque estaba rodeado de pruebas de la desesperación humana: dos tercios del país vivía en la pobreza, la mortalidad infantil era la más alta de su historia y un 93 por ciento de la población no tenía acceso a agua potable y segura. Mientras se dirigía al medio millón de nicaragüenses que se habían congregado para escucharle, muchos de ellos con la paciencia casi agotada, su voz se vio ahogada de manera repetida por asistentes molestos que gritaban «¡Queremos paz!» y «¡Poder popular!», a lo que, visiblemente irritado, respondió en más de una ocasión con un «¡Silencio!».[66] Cuando después Ernesto Cardenal, un sacerdote de la liberación, se hincó de rodillas para besar el anillo del papa, Juan Pablo apartó la mano, hizo un gesto negativo con el dedo ante su cara y le regañó: «Usted debe regularizar su situación».[67] Más tarde, Cardenal empleó duras palabras para responderle: «Cristo me llevó hasta Marx —insistió—. No creo que el papa entienda el marxismo».[68] Había razones que explicaban la ceguera del Vaticano ante el auge del protestantismo. Había estado demasiado ocupado librando una guerra contra sus propios sacerdotes.

Cuando Juan Pablo II finalmente prestó atención a los avances evangélicos en la región, se mostró seco, despectivo. En un discurso pronunciado en 1992 a los obispos latinoamericanos en la República Dominicana, que debía conmemorar el quinto centenario de la llegada de Colón a esas costas, el papa advirtió de la existencia de «lobos rapaces» entre los evangélicos. Acusó a los intrusos de ser depredadores, promotores de «movimientos pseudoespirituales», que no hacían más que sembrar la división y la discordia.[69] Su dinero y sus designios, advirtió en tono amenazador, estaban en gran medida financiados desde el extranjero. Ese mensaje fue amplificado en toda la región por los obispos, que denunciaron la iniciativa evangélica como, en esencia, una descarada invasión estadounidense bendecida y pagada por la CIA.[70] Habían olvidado, por alguna razón, que la Iglesia católica se había impuesto en el Nuevo Mundo por medio de una invasión. La muchedumbre que le escuchaba, consciente de la ironía de «celebrar» el quinto centenario de una conquista cruel, esperaba alguna referencia a la complicidad de la Iglesia con la violencia, pero no oyeron ninguna. «Desde los primeros pasos de la evangelización, la Iglesia católica, fiel al Espíritu de Cristo, fue defensora infatigable de los indios», les dijo el papa Juan Pablo II, citando como héroes, sin asomo de ironía, a los mismos frailes que en el siglo XVI la Iglesia había condenado por alzar sus voces contra las matanzas.[71]

Quinientos años después de esos hechos, el líder de la Iglesia estaba repitiendo el argumento que había esgrimido el papa Alejandro VI en 1493: que la Iglesia protegería a los pueblos originarios si estos creían en Cristo, aunque todo el mundo entendió lo que estaba diciendo y aunque estaba claro que los indios de 1992 ocupaban prácticamente el mismo escalón que sus ancestros en 1492, el más bajo. El papa hizo después una alusión indirecta a los sacerdotes de la liberación contemporáneos; sugirió que sus distracciones podían ser la razón de que los latinoamericanos recelaran del catolicismo y buscaran otros patrones espirituales. Hay «grandes masas de católicos sin una atención religiosa adecuada», dijo preocupado. Y añadió que también podía «suceder que los fieles no hallen en los agentes de pastoral aquel fuerte sentido de Dios que ellos deberían transmitir en sus vidas».[72]

Los sacerdotes de la liberación habían dejado de comprender el pulso de la gente. Eso, sin duda, era cierto. Los latinoamericanos se habían cansado de tanta violencia, del incesante ruido de sables al que se había unido la teología de la liberación. Por el contrario, los pentecostales, los carismáticos, los testigos de Jehová y otras confesiones protestantes ofrecían sistemas de creencias que las clases humildes podían comprender: una conexión más decidida con la vida espiritual y con sus comunidades, un regreso a las virtudes que habían hecho fuertes a sus ancestros. En la vieja manera de pensar inca, había sido esencial para la sociedad un robusto código ético: *ama suwa, ama llulla, ama qhella* («no robes, no mientas, no seas perezoso»). ¿Qué les había dado la conquista en lugar de ello? Esclavitud. Una cultura de corrupción. Una inmoralidad gratuita. Una pobreza generalizada. En todas las Américas existía un deseo intenso de más autogobierno, una sociedad más controlada, un sistema que exigiera principios y abriera la puerta a una vida mejor. Eso era exactamente lo que ofrecían los evangélicos.

Los misioneros pentecostales entraron en ese terreno agotado y enconado proponiendo una alternativa apolítica. El suyo era un futuro más brillante, un camino a seguir. Como dijo un predicador: «Todos hemos oído la vieja canción, la canción del odio, el pecado, el racismo, la intolerancia, la división, la lucha, la miseria. Es momento de cantar algo nuevo».[73] Rezar con ellos, afirmó, ofrecía una conversación directa con Dios, con menos intermediarios entre el hombre y su creador. Más atractiva incluso, en esos años posteriores al cataclismo, era la sensación de orden que prometía el pentecostalismo. Su código ético no solo era tan riguroso como el de los antiguos, sino directamente espartano; de un converso se esperaba que asistiera con regularidad a los servicios religiosos, estableciera vínculos con sus vecinos, rechazara a los homosexuales, fuera abstemio, repudiara el sexo antes del matrimonio, condenara el aborto, aborreciera el racismo y colocara al hombre en el centro de su familia (aunque los misioneros evangélicos insistieran en que hacía falta una buena mujer para ponerlo ahí).[74] No era necesario hacer un vía crucis para lograr la salvación; podía alcanzarse con la mera conversión. Lo llamaban renacimiento espiritual, regeneración instantánea, la gracia de nacer de nuevo. Lo más importante, sin embargo, era que, según los misioneros, el camino pentecostal era una carretera hacia la movilidad ascendente. Mientras que la Iglesia católica había dicho a sus creyentes que ser pobre era algo noble, que los desposeídos encontrarían un lugar especial en el cielo, los pentecostales insistían en que un creyente podía tenerlo todo en la tierra. Lo llamaban «teología de la prosperidad» y no había nada malo en querer acumular riqueza aquí y ahora.

Hoy en día, el cristianismo evangélico está teniendo consecuencias revolucionarias entre los latinoamericanos corrientes. Las mujeres, que a lo largo de la historia se han llevado la peor parte de la pobreza y la marginación, ahora se ven a sí mismas como agentes del cambio. Aunque como evangélicas su situación política no sea necesariamente mejor, pueden reformar sus hogares si atraen a los hombres a la fe. Una religión que no tolera la bebida, el sexo fuera del matrimonio o el maltrato doméstico puede tener un impacto ejemplar en la familia. Y una familia más sana, más productiva y con una mejor educación ascenderá por la escalera socioeconómica. En países de toda América Latina, se le atribuye a la Iglesia evangélica la creación de una nueva clase media,[75] así como la transformación de un buen número de partidos conservadores.[76] En una distorsión de la historia precedente, propia de una galería de espejos deformantes, los evangélicos se están sumando a los partidos políticos de derechas que históricamente han sido opresores de los pobres, pero que se alinean con sus ideas socialmente conservadoras sobre los derechos de los gays, el aborto y el papel de las mujeres. Por extraño que parezca, en lo fundamental de estos tabúes culturales perdurables, la Iglesia católica no puede sino estar de acuerdo.

Hoy en día, en Brasil, donde una cuarta parte de la población vive en una pobreza abyecta[77] y un predicador evangélico puede volar de una ciudad a otra en un avión privado de 45 millones de dólares,[78] las brutales disparidades económicas parecen ser una inspiración. Cientos de miles de brasileños desempleados y exasperados acuden a los templos evangélicos para aprender cómo alcanzar el paraíso financiero por medio de la oración. Edir Macedo, un predicador del que algunos sospechan que se dedica al lavado de dinero y la charlatanería, preside un gran periódico, varias compañías musicales y una cadena de televisión, y tiene una fortuna personal valorada en unos mil millones de dólares. Crítico furibundo del Vaticano, felicita a sus seguidores excatólicos por haber dejado atrás una mentalidad incapacitante. Asegura que pueden ser tan ricos como él si siguen el ejemplo evangélico. Y lo hacen. En Natal, una soleada mañana, Sandra Abdalla respondió al timbre. Dos hombres se ofrecían para hacer trabajos de albañilería en su casa.[79] Su discurso fue directo: estaban limpios, le dijeron, eran miembros honrados y temerosos de Dios de la Iglesia Universal del Reino de Dios de Edir Macedo. No bebían, robaban ni armaban líos. La *senhora* podía contar con que estarían en su puerta todas las mañanas a las siete y, a diferencia de sus competidores católicos, podía confiar en que no se acercarían a su whisky, su plata ni, por supuestísimo, a su hija.

Otros evangélicos menos motivados por el dinero han tomado un camino más modesto. Dispuestos a ir adonde los sacerdotes católicos no se atreven a hacerlo, han penetrado en lo más profundo de la selva Lacandona y llegado hasta las altas cimas nevadas de los Andes. No se limitan a pasar por allí, saludando a los aldeanos en misiones rápidas y proselitistas. Viven con ellos, comen lo que ellos comen, trabajan a su lado, se abastecen de agua de los mismos ríos, bañan a sus hijos en las mismas zanjas. No se refieren al pentecostalismo como una religión sino como «un camino». No ocupan terrenos de la iglesia, sino modestas chabolas. En un gélido amanecer, mientras Leonor

Gonzáles salía de su casucha en las cumbres traslúcidas de La Rinconada para cribar las astillas de roca de las minas, vio un anuncio improvisado clavado de manera precaria en una puerta cercana. Cuando le preguntó a su hija Senna qué ponía, le dijo que era una invitación: «Pasa, amigo. Estamos dejando huellas. Somos las Asambleas de Dios». La casucha, como la de Leonor, era de piedra.

Golpes como del odio de Dios

> Hay golpes en la vida, tan fuertes... ¡Yo no sé!
> Golpes como del odio de Dios; como si ante ellos,
> la resaca de todo lo sufrido
> se empozara en el alma... ¡Yo no sé![80]
>
> César Vallejo, «Los heraldos negros»

Xavier Albó no fue inmune a las pasiones de los sacerdotes de la liberación ni ignoró los desafíos radicales que sugerían. Como muchos de los sacerdotes de América Latina —la abrumadora mayoría españoles—, había crecido entre católicos devotos que, atrapados en las vicisitudes de la Guerra Civil, habían seguido a la Iglesia y aplaudido al Generalísimo Franco. El giro que daban ahora hacia la izquierda parecía una respuesta humana perfectamente natural al error de haber escogido un bando que había exterminado a casi medio millón de personas.[81] Además, Xavier y los suyos habían reflexionado sobre la historia, estudiado la conquista, visto hasta qué punto, a pesar de todos los esfuerzos de la Iglesia por parecer apolítica, rara vez lo había sido. Nunca se había alejado demasiado de la espada y el trono. Desde el momento en que sus sacerdotes habían puesto los pies en América Latina, había sido la religión de la dominación, de reyes distantes, de tiranos y déspotas y de las altas esferas. Había creado instituciones poderosas; había sido objeto de confianza, de obediencia, de respeto. Pero no se había ocupado de los mineros, los peones, los albañiles, los pobres, los perseguidos y los despreciados. ¿Cómo había acabado la Iglesia tan lejos del ejemplo de Cristo?

Tenía más de cincuenta años cuando miró a su alrededor y se dio cuenta de que había estado viviendo y trabajando en un continente asediado por la violencia desde el día en que llegó, cuando era un chico lampiño de diecisiete años. Su sueño siempre había sido sumergirse en esa nueva tierra; comprender, aprender de los guaraníes, los aimaras, los quechuas, los afrolatinos, la enorme proliferación de culturas que estaban profundamente enterradas en una identidad americana más general. No era una aspiración sentimental ni cómoda. En el medio siglo que había pasado en América del Sur, había visto lo que la defensa de los pobres podía hacerle a un hombre. Había perdido a colegas en ejecuciones, refriegas, asesinatos por venganza; había rezado sobre sus cadáveres mutilados, se había aventurado a adentrarse en las junglas más remotas para reunirse con sacerdotes de la liberación y sus camaradas armados. Nunca se había sentido atraído por los asaltos armados, pero los entendía. Quizá fuera porque, siendo estudiante de antropología, le habían enseñado a ver el mundo a través de otros ojos, a abstenerse de hacer juicios. Sin duda, nunca había intentado protegerse de los aspectos más crudos de la realidad latinoamericana. Pero pese a toda su curiosidad, pese a su deseo de penetrar en el corazón de su patria de adopción, no le había tocado vivir lo peor. La espada no le había tocado.

No fue así en el caso de Vicente Cañas, un amigo jesuita que se había sumergido tan profundamente en las culturas indígenas de Brasil y Paraguay que había colgado los hábitos, se había perforado la cara y se había unido a la tribu de los enawenê-nawê.[82] Debido a su trabajo incansable para proteger la tierra tribal de las empresas mineras y los rancheros que arrasaban el territorio, Cañas había sido señalado como un objetivo por el despiadado dictador de Paraguay, Alfredo Stroessner, que le desdeñaba como «ese sacerdotito tonto» —una molestia, un incordio, una mota en el revuelto mundo de los chanchullos— que no hacía más que entrometerse.[83] Expulsado de Paraguay por su labor con los guaraníes, Cañas construyó su hogar en una cabaña en Brasil, a seis horas río abajo en canoa de los enawenê-nawê, donde podía organizar retiros espirituales y visitar regularmente a la tribu, ayudarles a plantar, resistir a los agresores, cuidar a los enfermos. Cañas fue encontrado junto a su cabaña una bonita mañana, destripado y tirado en la tierra empapada de sangre, con el cráneo aplastado, los genitales cortados y sus pocas pertenencias mundanas destruidas. Cuando los jueces brasileños intentaron llegar al fondo del crimen, la policía, pagada por los *fazendeiros*, terratenientes ricos y sedientos de más tierras, se fugó con el cráneo aplastado del sacerdote, la prueba principal, y nadie fue señalado como el responsable. La calavera apareció en una caja abandonada en una remota estación de autobuses de Minas Gerais.

Tampoco se libró João Bosco Burnier, un colega jesuita de una ciudad dedicada a la minería del diamante, que fue golpeado con una pistola y recibió en el cuello un impacto de bala *dumdum* —una bala expansiva— cuando intentaba salvar a dos mujeres indígenas de ser despedazadas por jabalíes.[84] Un grupo de soldados aburridos habían atado a las mujeres y estaban provocando a los animales para que las destriparan vivas, cuando el hermano João interrumpió la carnicería. Las mujeres se salvaron, pero el jesuita no. Tuvieron que pasar más de veinte años para que el ejército reconociera que las mujeres eran un cebo; el entrometido sacerdote había sido el objetivo desde el principio.

Y así sucedió en todo el hemisferio. Uno tras otro, los sacerdotes misioneros activistas siguieron siendo el objetivo de los militares, de corporaciones extranjeras, de ricos hacendados, de caudillos movidos por la testosterona. Sus hermanos más conservadores gravitaban hacia las ciudades, los centros de privilegio, como habían hecho desde tiempos inmemoriales, seguros y a salvo, trabajando en prestigiosas escuelas y universidades, ocupándose de las congregaciones de los ricos y de quienes ascendían socialmente. De vez en cuando, como tienen por costumbre los sacerdotes, se adentraban en un territorio peligroso.

Palabra de Dios

> Es su derecho natural ser reconocidos como una cultura distinta de la occidental, una cultura en la que viven su propia fe.[85]
>
> Obispo Samuel Ruiz, Chiapas

Uno de los más temerarios fue el obispo mexicano de Chiapas, Samuel Ruiz, de cuyo trabajo en favor de los pobres acabó brotando una verdadera rebelión, el alzamiento zapatista de 1994. Todo empezó cuando la Iglesia mandó catequistas para que sirvieran a la población en la selva Lacandona, que había experimentado un drástico aumento.[86] Antes de 1950, la selva tenía relativamente pocos habitantes, pero cuando el Gobierno empezó a pedir a los terratenientes de la zona que establecieran ranchos de ganado en lugar de granjas agrícolas, cientos de miles de peones que trabajaban en los campos de cultivo de Chiapas fueron despedidos en masa. Escapar al bosque parecía la única opción, y los indios —desahuciados, sin hogar, enfadados— invadieron la selva, junto con los catequistas y los revolucionarios.

El obispo Ruiz, que simpatizó enseguida con sus penalidades, se impuso la obligación de pastorear a esa población recién desplazada. Decidió protegerla de la explotación y, con ese fin, creó una nueva categoría de trabajador espiritual: los *tuhuneles*, los diáconos seglares, ocho mil fervorosos que, a diferencia de los catequistas, podían predicar además de ofrecer los sacramentos del bautismo, la comunión y el matrimonio.[87] Esta nueva estirpe respondía a una aspiración india con siglos de antigüedad: la capacidad de elegir a sus propios líderes, promover a sus propios sacerdotes, desarrollar su propia religión.[88] Ruiz y sus sacerdotes llamaron a este poderoso esfuerzo de proselitismo «la Palabra de Dios». Con el paso del tiempo, Ruiz acabaría forjando todo un imperio en Chiapas; atraía a militantes armados —«brigadistas»— que unían sus fuerzas a las de los diáconos para organizar a los recolectores de miel y los cultivadores de café, generaba conciencia política y exigía derechos humanos. A medida que pasaba el tiempo y un amigo de Ruiz, el obispo Óscar Romero, fue abatido a tiros en El Salvador, las aldeas de Chiapas empezaron a temer el terror militar que en la década de 1980 recorría de manera incontrolada Nicaragua, Honduras, El Salvador y Guatemala (como sucedía en toda América Latina en esos años). Los diáconos de la Iglesia, que buscaban líderes y defensores más fuertes, terminaron recurriendo a un grupo aún más radical, el Frente de Liberación Nacional (FLN), que se había introducido en la selva Lacandona en 1983, se había transformado en el Ejército Zapatista de Liberación Nacional (EZLN) y estaba preparado para una guerra abierta contra el Estado mexicano. De modo que el obispo Ruiz, que se había convertido en profeta, mentor y rey para la gente oprimida de Chiapas, se encontró cara a cara con el subcomandante Marcos.[89]

Fue una confrontación áspera. El subcomandante Marcos, un guerrillero y terrorista declarado, una figura carismática con un pasamontañas negro y una pipa, controlaba la selva Lacandona de una manera tan caprichosa y errática como Robin Hood el bosque de Sherwood. Indignado y radicalizado por la matanza de estudiantes que el Gobierno había perpetrado en 1968 en Tlatelolco, en Ciudad de México, que se cobró trescientas cincuenta vidas, Marcos había acabado años después en la jungla, unido sus fuerzas con los restos del FLN y creado un ejército que atormentaría a las autoridades mexicanas durante veinte años.[90] Entrenado por las guerrillas cubanas, Marcos, un apóstol que sentía pasión por el Che Guevara, tenía la lengua afilada, era fiero y categórico, lo opuesto al *tatic* («padre») de cara dulce, el obispo de suaves palabras y mirada amable.[91]

Sin embargo, Marcos y Ruiz estaban de acuerdo en muchas cosas; ambos estaban seguros de que su nuevo movimiento campesino era un regreso a las raíces,[92] una venganza por la depredación de la conquista, un resurgimiento del más antiguo de los pasados, el México indio.[93] Comprendían que, si poner fin a la opresión era su objetivo, la suya era una batalla inherentemente política, y allí donde había división política, la violencia nunca andaba demasiado lejos. También coincidían en una postura marxista: el subdesarrollo del tercer mundo era consecuencia directa del desarrollo avaricioso del primero. Las aventuras en el extranjero emprendidas por los países ricos habían prometido mucho en las Américas y, de hecho, habían generado un progreso irregular, pero el resultado general había sido la subyugación, y quienes siempre se habían llevado la peor parte habían sido las clases inferiores, las razas más oscuras, los pobres.

En eso estaban de acuerdo el guerrillero y el sacerdote. Pero así como el obispo Ruiz estaba convencido de que su «Palabra de Dios» —una interpretación marxista del Evangelio— y sus *tuhuneles* y catequistas eran en sí mismos una fuerza redentora y un ejército de liberación, el subcomandante Marcos discrepaba por completo. Aunque los escritos de la guerrilla tenían un tono inequívocamente bíblico y maldecían las depravaciones a las que con demasiada frecuencia sucumbían los indios[94] (la prostitución, el alcoholismo, el machismo, la violencia doméstica), y aunque todos los zapatistas adoptaron enseguida nombres bíblicos (Moisés, Josué, David, Daniel), Marcos no creía en Dios.[95] «Dios y su Palabra valen madres», se le oía decir con frecuencia mientras espoleaba su caballo por la verde selva, con una semiautomática enfundada en el costado y una pipa sobresaliendo de su distintivo pasamontañas.[96]

A la postre, Marcos trazó una línea que el obispo Ruiz no debía cruzar. «Aquí no va a haber "Palabra de Dios" —anunció a los habitantes de la selva Lacandona—. No va a haber gobierno de la república, aquí va a haber Ejército Zapatista de Liberación Nacional».[97] No sabía que el obispo Ruiz ya había cruzado esa línea. Para dirigir la Palabra de Dios, había creado una organización radical conocida como La Raíz (*slōp* en maya tzeltal), un grupo clandestino cuyo cometido era prepararse para un posible enfrentamiento armado entre el pueblo de Chiapas y las tropas de asalto de la república.[98] Se había concebido como una guardia defensiva de reserva, pero cuando el subcomandante Marcos llegó a los rincones más remotos de la selva Lacandona para reclutar terroristas para su Ejército Zapatista, ya existía un núcleo de campesinos armados más que dispuestos a sumarse. Les habían preparado para eso los catequistas del *tatic.* El obispo Ruiz negó con la cabeza y lamentó: «Esas gentes [los zapatistas] vinieron a montarse en un caballo ensillado».[99] La Iglesia había sembrado una semilla y ahora el pueblo de México iba a recoger una amarga cosecha. El alzamiento zapatista estalló con gran fuerza el día de Año Nuevo de 1994, y lo hizo con una matanza que dejó más de ciento cincuenta muertos. Tres años más tarde, incluso después de que hubieran empezado las conversaciones de paz, la carnicería proseguía.[100] Los paramilitares allanaban iglesias y abatían a congregaciones enteras. Cuarenta mil soldados del ejército mexicano cayeron sobre el paraíso selvático para eliminar a los rebeldes.[101] Los indios vendían su ganado para comprar armas. «La verdad es que para los indígenas —dijo con tristeza el *tatic,* tras semanas de un derramamiento de sangre desenfrenado— no hay otra salida que la de las armas».[102]

A Ruiz le acosaban desde múltiples frentes por su papel en el sangriento alzamiento: el Vaticano intentó amordazarle; sus enemigos políticos trataron de asesinarle; el Gobierno mexicano organizó una campaña sin restricciones para desacreditarle.[103] Apodado el Obispo Rojo por sus adversarios, Ruiz se había convertido en un emblema del controvertido papel desempeñado por los teólogos de la liberación en las constantes crisis de América Latina.[104] Desde la década de 1960, y hasta bien entrado el siglo XXI —desde el esperpéntico y autoinfligido genocidio de Sendero Luminoso en Perú hasta la traumática venganza del Estado brasileño contra sus rebeldes izquierdistas, pasando por la purga sistemática de casi un cuarto de millón de personas en Guatemala—, se ha considerado que la Iglesia apoyaba a los insurgentes, incitando a los humildes a pensar que podían heredar la tierra.[105] Las réplicas siguieron reverberando en todo el hemisferio durante las siguientes décadas. De hecho, desde el 2006 México ha conseguido que la violencia en Chiapas parezca una trivialidad. Sus guerras contra la droga han generado pérdidas humanas catastróficas que han empequeñecido el alzamiento zapatista.[106] En los últimos diez años, más de doscientos mil mexicanos han muerto como consecuencia del tráfico ilegal de drogas. Hay una razón por la que los misioneros protestantes tienen tanto éxito reclutando almas al sur del río Bravo: México es el país más peligroso de América Latina para los sacerdotes y las monjas católicos.[107] Los señores de la droga hacen gala de que asisten a los servicios religiosos católicos, llevan y distribuyen biblias, justifican su violencia como «justicia divina» u órdenes del Señor.[108] A veces, un cura simplemente se interpone en su camino.

El destino quiso que Xavier Albó estuviera visitando a Ruiz durante las conversaciones de paz que tuvieron lugar en Chiapas a finales de la década de 1990.[109] Al encontrarse con él en la catedral de estuco amarillo brillante que constituía el dominio del *tatic*, felicitó al obispo por su trabajo con los indígenas, pero expuso con amabilidad sus propias ideas sobre la no violencia. No era la primera vez que se veían, y Ruiz recordaba al jesuita como el boliviano que, como él, había dedicado su vida a los desposeídos de ese Nuevo Mundo cada vez más crispado. Xavier miró a su alrededor para observar el escenario de esa mediación histórica. Era estremecedor verlo, pero sin duda no era nada que no pudiera reconocer, algo habitual para cualquiera que se hubiera molestado en mirar durante los últimos quinientos años: tras un cordón estaban los indios, esperando el juicio; tras otro, vestidos de blanco, los miembros de los grupos internacionales de paz que les apoyaban; tras un tercero, los militares y la policía, provistos de armas y granadas.

Donde reside el espíritu

> «Religión» sugiere algo estructurado, doctrinal, rígido. Para nosotros, es algo más profundo. No es un culto, un edificio ni una biblia.[110]
>
> David Choquehuanca,
> ministro de Asuntos Exteriores de Bolivia, 2017

¿Por qué una valoración del estado actual de la fe en América Latina debería incluir religiones que ya no se practican, religiones que son meros vestigios de civilizaciones aniquiladas hace quinientos años? Quizá porque el fuego nunca se ha extinguido del todo; porque las ruinas de la conquista aún ostentan un poder duradero sobre la tierra.

Las poblaciones nativas del hemisferio, casi aniquiladas en América del Norte, han sobrevivido en distintos grados en América Latina.[111] Exterminados o llevados al borde de la extinción en Argentina, Chile, Uruguay y Brasil, en otros lugares los pueblos originarios siguen teniendo una presencia vibrante, si no como población indígena pura, sí en las venas de la población de la región, en su mayoría mestiza. Si bien los ingleses y los franceses rara vez se mezclaban con sus vasallos coloniales en América del Norte, África e India, los españoles y los portugueses se unieron libremente con las razas de color de América Latina, lo que dio lugar a una gran fusión racial. Con la diversidad, llegó un racismo virulento e institucionalizado, acatado sin compasión. En cuanto España fue capaz de aplicar cierto control sobre sus colonias, procedió a imponer una estricta separación de las razas.[112] En lo más alto estaban los españoles; justo debajo, sus descendientes blancos nacidos en América, y por debajo de estos un torrente de mezclas: los mestizos, los zambos, los mulatos, los cuarterones, los ochavones, los moriscos, los coyotes, los chamizos y los jíbaros, entre otros. La Iglesia anotaba con meticulosidad esas variaciones del color de la piel en las partidas de nacimiento. A cada tonalidad de ese amplio espectro de identidad racial le correspondían repercusiones socioeconómicas concretas. Si un recién nacido parecía indio y era debidamente registrado como tal, crecería sujeto al tributo español; si no era capaz de pagarlo, sería obligado a saldar la deuda mediante trabajo forzado. Encadenados, arreados en grupo, separados de su familia, despojados de toda humanidad, los indios solían ser enviados a lugares muy distantes para satisfacer las demandas de España. Quizá hoy en día esas penalidades coloniales hayan desaparecido, pero el racismo perdura.

De vez en cuando, los profundos prejuicios raciales emergen para perseguir a aquellos que tal vez no sean conscientes de su árbol genealógico. Con la proliferación de los test genéticos, poco a poco los latinoamericanos que se identifican como «blancos» están aprendiendo que quizá solo lo sean en parte, y que la gran mayoría desciende de ancestros que representan a todas las razas humanas. Yo misma soy un ejemplo de eso. Durante mi infancia, siempre me dijeron que nuestra familia era «ciento por ciento criolla», aunque nuestra presencia en América del Sur se remonta a medio milenio atrás. No obstante, desde entonces he descubierto, gracias a los test genéticos, que solo soy algo más que medio caucásica; soy morena, soy amarilla, soy negra. Pertenezco, como la definió el filósofo mexicano José Vasconcelos, a la raza cósmica.[113] La mayoría de quienes tenemos raíces profundas en las Américas pertenecemos a ella.

Ello nos lleva a un fenómeno particular de América Latina: quienes son visiblemente identificables como descendientes de indios o africanos insisten, con una certeza rayana en la actitud defensiva, que no lo son. Para muchos, es un insulto aludir al linaje oscuro —«la mancha»— que la mayoría de nosotros heredamos de nuestras razas de color. Pero como escribió en una ocasión el escritor mexicano Carlos Fuentes: «Todos somos hombres y mujeres de La Mancha».[114] O, como dice el viejo chiste: como los plátanos, a los latinoamericanos nos acaban saliendo manchas negras. Fuentes elaboraba esto un poco más: «Y cuando comprendemos que ninguno de nosotros es puro, que todos somos reales e ideales, heroicos y absurdos, hechos por partes iguales de deseo y de imaginación, tanto como de carne y hueso, y que cada uno de nosotros es en parte cristiano, en parte judío, con algo de moro, mucho de caucásico, de negro, de indio, sin tener que sacrificar ninguno de nuestros componentes, solo entonces entendemos en verdad tanto la grandeza como la servidumbre de España».[115]

Este racismo inherente y muy arraigado surge a veces de formas extrañas. En los Andes, hasta la reciente oleada de indigenismo, un indio rara vez aludía a su raza; los indios de Bolivia se referían a sí mismos como «campesinos», y los peruanos se llamaban a sí mismos «serranos». Los negros de Venezuela se llaman a sí mismos «morenos», lo que literalmente significa «moro» pero también puede significar «bronceado», como el color del azúcar moreno.[116] Y están los apodos (no siempre cariñosos) para cualquiera que tenga el menor rasgo racial: ojos rasgados («chino»), rasgos indígenas («cholo»), piel oscura («zambo»), pelo claro («güero»). Esa es la razón por la que en América Latina la raza es algo endiabladamente difícil de registrar con un mínimo de certeza en un censo.[117] Un rasgo externo puede contradecir el genoma, y es probable que una persona se identifique con una etnia que no es la suya. A menudo a los japoneses se les etiqueta erróneamente como chinos (como en el caso del presidente peruano Alberto Fujimori, llamado el Chino),[118] y a los árabes se les llama turcos (como en el caso de uno de los hombres más ricos del mundo, el multimillonario mexicano Carlos Slim, el Turco).[119] Abundan las contradicciones. Curiosamente, en Paraguay, donde una inmensa mayoría habla guaraní, si llamaras «guaraní» a alguien que pase a tu lado lo más probable es que se quede atónito.[120] Los guaraníes representan una parte minúscula de la población —un 2 por ciento— en un país que en el pasado fue enteramente suyo.[121] Aun así, el 90 por ciento de los paraguayos hablan la lengua guaraní.[122]

¿Qué comporta esto para las cuestiones del espíritu? Para el 80 por ciento de quienes se consideran católicos, la fe en esta parte del mundo, como la raza, es una amalgama.[123] Incluso en las zonas urbanas, donde predominan los blancos, la devoción es con frecuencia más sincrética que ortodoxa. El cristianismo latinoamericano, ya sea católico o evangélico, está impregnado de supersticiones, exorcismos, ritos sacrificiales, rituales curativos, poderes oscuros, vudú, culto a la naturaleza y a lo sobrenatural.[124] En ningún otro sitio está esto documentado más profusamente que en la literatura de la región, en la que católicos devotos —pese a todos sus rezos a la Virgen María— consultan a videntes para comunicarse con los muertos o a chamanes para purgar el mal de los vivos. La vida empedrada del espíritu es tan evidente en las novelas de Gabriel García Márquez como en la poesía de Octavio Paz. Desde los días precolombinos, en esta turbulenta esfera la religión ha tenido que cambiar un poco, mutar, hacerle sitio al forastero que llega. Como dijo el superior general de la Compañía de Jesús cuando Xavier Albó emprendió su trabajo sacerdotal en América del Sur: «Aquí no puedes ser realmente religioso si no eres interreligioso, no puedes ser católico si no eres ecuménico».[125] En otras palabras, en un entorno inquieto la fe debe ser flexible para sobrevivir. Los indios precolombinos lo sabían. Y, aunque desde tiempos inmemoriales —desde mucho antes que Cortés, Pizarro o Colón— en el territorio latinoamericano el impulso ha sido creer en un poder superior, anhelar una existencia más allá de la vida en la tierra, en este paisaje veleidoso el impulso también es hacia el cambio.[126]

Es probable que el papa Francisco tenga muy presente el cambio. Es el primer papa latinoamericano, y ha sido nombrado pontífice en un momento de la historia en el que el continente del que procede representa la mayor esperanza para el catolicismo, así como su herida más frágil. En su viaje papal a la región en el 2018, Francisco evitó cuidadosamente extenderse demasiado sobre el atroz escándalo de los abusos sexuales en la Iglesia, pero habló con franqueza sobre la corrupción, la avaricia y la violencia que están cobrándose un alto precio entre los latinoamericanos.[127] «La política está en crisis, muy muy en crisis, en América Latina [...] está más enferma que sana», dijo a quienes se habían reunido para escucharle en Lima.[128] Condenó el escándalo Odebrecht que había sacudido a Brasil, el mayor caso de sobornos extranjeros de la historia, una epidemia de corrupción de miles de millones de dólares que implicó a presidentes y políticos de más de una docena de países desde el Caribe hasta el Cono Sur.[129] «¿Qué le pasa a Perú —preguntó Francisco a modo de reprimenda—, que cuando uno deja de ser presidente lo meten preso?».[130]

Estaba claro que el papa estaba decidido a arreglar las cosas en la parte del mundo donde había nacido. Pocos años antes había hecho algo más notable, algo que sus predecesores nunca habían hecho en medio milenio de historia: pidió perdón por los abusos cometidos contra los indios latinoamericanos. En un discurso histórico pronunciado en Bolivia en un salón repleto de indígenas, entre ellos el presidente Evo Morales, ofreció una dolida disculpa en la que no escatimó palabras. «Les digo, con pesar: se han cometido muchos y graves pecados contra los pueblos originarios de América en nombre de Dios», dijo con franqueza.[131] El nutrido público de bolivianos aimaras, quechuas, y guaraníes se puso en pie al reconocer con euforia la importancia de esa sencilla declaración. El papa, con su modestia habitual, puso reparos. Añadió que en realidad no estaba diciendo nada nuevo; señaló que el papa Juan Pablo II se había disculpado por las «infidelidades al Evangelio [...] especialmente durante el segundo milenio».[132] Pero no había duda de que Francisco sí que estaba diciendo algo nuevo. A Xavier Albó, que estaba presente, le impresionaron la intensidad y la sinceridad de su reconocimiento. Pero el papa no se detuvo ahí; continuó con su disculpa, no solo en nombre de Roma, sino también de España, Portugal, Inglaterra y Francia, los «conquistadores» —así se percibían a sí mismos— de las Américas. «Pido humildemente perdón —dijo— no solo por las ofensas de la propia Iglesia sino por los crímenes contra los pueblos originarios durante la llamada conquista de América».[133]

Corregir un error incorregible

> Si me preguntan si creo en los *kharisiri* [demonios blancos que se aprovechan de los indios], diré que no, pero respeto profundamente a quienes creen en eso.[134]
>
> Xavier Albó, 2017

Xavier ha acabado alcanzando una importancia considerable en su querida Bolivia. Tras haber hecho propias las necesidades y aspiraciones de un vasto mar de desposeídos, este enérgico hombre de ochenta y cinco años es conocido como *tata tapukillu*, «el cura preguntón», el de las preguntas infinitas, la curiosidad amistosa y las intromisiones amables.[135] Con un tradicional sombrero tejido —un *ch'ullo* andino— en la cabeza y un desgastado jersey de alpaca para protegerse del frío, mata el tiempo en las calles de La Paz deteniéndose para charlar en aimara con el frutero o en quechua con un grupo de niños. Ese es su ritual cotidiano: la comunión constante que mantiene con su gente, una liturgia de las horas, un rosario viviente.

Si llegó a estas costas más para aprender que para predicar, ha colmado su ambición. Es, como otros célebres sacerdotes antes que él —Bartolomé de las Casas o Bernardino de Sahagún—, un reconocido estudioso de los pueblos originarios. En el año 2017, se le otorgó el más alto honor de Bolivia por sus numerosas aportaciones: se le nombró caballero de la Orden del Cóndor de los Andes. Ha asesorado a presidentes sobre las poblaciones nativas; ha sido mediador por la paz entre tribus en guerra; ha trabajado al lado de los evangelistas; ha creado fundaciones, bibliotecas y escuelas para enseñarles a los indios el ancho mundo y el orgulloso lugar que ellos ocupan en él. Ha sido tanto consejero como crítico del primer presidente indígena de Bolivia, Evo Morales, un antiguo albañil y agricultor cocalero cuya elección en el 2005 Xavier celebró con alegría, y cuya transformación en un caudillo intransigente y despótico ha censurado con firmeza.

Fuente incesante de buen humor, llama a sus colegas jesuitas «la tribu más espantosa que jamás haya descendido sobre este reducto montañoso».[136] Lo dice con una mezcla de orgullo por una hermandad que ha trabajado mucho por enderezar la historia y de arrepentimiento por una Iglesia que con demasiada frecuencia ha apoyado a tiranos. Ha representado a América Latina en intensas reuniones con eminencias de la Santa Sede y ha dado testimonio en quechua en humildes audiencias organizadas en aldeas ruinosas. Para él, es ridículo que un pastor escoja comunicarse en español —el idioma de la conquista— con quienes se han ocupado de esa tierra durante miles de años.

Albó representa una Iglesia latinoamericana en el crisol de la transformación. Sin duda, está menos preocupado por la doctrina que por las aflicciones espirituales que ha sufrido su rebaño durante tanto tiempo. Si se compara su ministerio con la práctica de la medicina —una disciplina igualmente frágil—, se podría decir que identifica los síntomas del paciente y está buscando la cura. En los más de sesenta años que se ha dedicado a América Latina, ha aprendido que su trabajo es difícil de explicar a un interlocutor casual. Pero finalmente lo dice en palabras sencillas: «No quiero conquistar almas. No quiero ser el maestro de nadie. Estoy aquí para hacer compañía».[137] Nada más.

En su vida ha visto cómo llegaban y pasaban personajes erigidos en redentores: Fidel Castro, Manuel Noriega, Evo Morales, Juan Perón, Alberto Fujimori, Hugo Chávez, líderes que prometieron mucho, cumplieron algo y se aferraron al poder durante demasiado tiempo. Ha visto como presidentes elegidos democráticamente se convertían en dictadores de poca monta, césares insaciables como tantos otros en la historia de la región desde que Colón recibió las perlas de Panamá, Cortés se apropió de las riquezas de Moctezuma o Pizarro exigió habitaciones llenas de oro y plata. Para Xavier Albó, los verdaderos tesoros, me dice, son las tres patas.[138] Los tres pilares de una sociedad robusta, las mismas tres patas que necesita una buena mesa: un equilibrio entre justicia económica, igualdad social y oportunidades educativas. O, se podría decir, los principios fundacionales —«no robes, no mientas ni seas perezoso»— de las sociedades precedentes. «No hay nada religioso en esto», afirma.[139] Y, sin embargo, todo tiene que ver con los preceptos cardinales, los mandamientos cristianos, un compromiso vinculante en el que puedan ponerse de acuerdo los seres humanos. Es un asunto del espíritu.

«No soy de los que rezan —me dice—. Al menos no de una manera ritualizada, obligatoria. No soy ese tipo de sacerdote. Es algo más profundo».[140] Y después espera para ver si he captado la alusión a algo que le dijo David Choquehuanca, el ministro de Asuntos Exteriores aimara de Bolivia, y que él me había mencionado días antes. El ministro había explicado que la palabra «religión» no aparecía en la Constitución boliviana porque la fe no era algo concreto o que hubiera que comprender de manera rígida. «Para nosotros, es algo más profundo. No es un culto, ni un edificio, no es una biblia».[141]

No resulta sorprendente que las formalidades de la Iglesia nunca hayan atraído a Xavier Albó. Tampoco lo es que sea apolítico a ultranza. Tras haber vivido la Guerra Civil española y llegado a la Revolución boliviana, es reacio a las lealtades partidistas. Cuando lo dejé en su modesta habitación, después de nuestra última entrevista en La Paz, parecía más pequeño que cuando me reuní con él, un poco apagado por mis inacabables preguntas, mi curiosidad, mis intromisiones. Pero sus ojos brillaban.

«Hay una imagen que no puedo sacarme de la cabeza —dijo mientras yo recogía mis libretas—. Es un viejo pedazo de historia, pero quizá te diga algo acerca de cómo pienso».[142] La imagen que tenía en mente era la de Julián de Lizardi, un joven sacerdote vasco que había salido de España en 1717 para unirse a las misiones jesuitas en Paraguay. Lizardi fue enviado a lo más profundo del inexplorado interior del país para evangelizar a los chiriguanos, una tribu hostil de los guaraníes que se había resistido fieramente a la cristianización. Poco después de su llegada, los chiriguanos se embadurnaron la cara con pintura de guerra y organizaron un ataque contra la pequeña iglesia improvisada en la que él estaba celebrando misa. Lo atraparon, le arrancaron las vestiduras, lo llevaron desnudo a una inmensa piedra y lo ataron allí mientras saqueaban el altar, quemaban la iglesia y mataban a todo el que se encontrara en las inmediaciones. Semanas más tarde, el jesuita fue encontrado en esa inmensa piedra blanca, lanceado, apaleado y con un centenar de flechas clavadas.

En mi mirada debía de estar latente la pregunta.

«Te lo cuento porque entenderás por qué no podía hacer campaña por su canonización», dijo.[143] En la estampa con el rostro de Lizardi decía: «Ha muerto bárbaramente asesinado por los salvajes guaraní».[144]

«¡Salvajes! ¡Los guaraníes! La misma gente con la que yo trabajaba en ese momento —Xavier hizo un gesto con la mano—. Así que ya ves. Es un asunto complicado. Para algunos, una intervención en nombre de Dios puede interpretarse como un acto de guerra».[145]

Epílogo

Es nuestra naturaleza

> El estrés es transgeneracional [heredable], y si un padre lo experimenta existe el riesgo de que las generaciones posteriores tengan estrés postraumático.[1]
>
> *Biological Psychiatry*, 1 de septiembre del 2015

Juan Gabriel Vásquez, uno de los novelistas latinoamericanos más destacados —un testigo elocuente del desgarrador baño de sangre que ha asolado Colombia durante generaciones—, relata el momento en que, a principios de la década del 2000, sus hijas gemelas nacieron en Bogotá.[2] Fue en el apogeo de la violencia y las muertes, cuando decenas de miles de personas caían víctimas de una tormenta perfecta de drogas, brutalidad pública y terrorismo. Mientras el joven padre acunaba en los brazos a las recién nacidas, el obstetra le reconoció de repente como el novelista-periodista que estaba documentando meticulosamente el prolongado trauma de la violencia colombiana. El doctor insistió en que fuera a su casa, porque tenía algo importante que mostrarle. Al cabo de unas horas, Vásquez estaba recorriendo las vertiginosas y serpenteantes calles de la capital andina para comprobar qué era lo que ese hombre quería que viera con tanta urgencia. Tras llamar a la puerta, fue conducido enseguida a una habitación en la que se le entregó un pequeño tarro sellado que desprendía un hedor a químico y que estaba lleno de un turbio líquido amarillo. Reconoció de inmediato que el macabro objeto que había suspendido en su interior eran huesos de una columna vertebral humana.

Tras colocar el tarro en las manos de Vásquez con el mismo cuidado con el que le había entregado a sus hijas recién nacidas, el médico explicó que los huesos eran de Jorge Gaitán, el candidato presidencial cuyo asesinato en Bogotá casi sesenta años antes había hecho estallar un furor asesino conocido como la Violencia. Tras pasar de un médico a otro, la muestra había acabado en un cajón de la casa del obstetra.

Pero los huesos solo contaban una parte de la historia. Durante las diez horas posteriores al asesinato de Gaitán el 9 de abril de 1948, la gente provocó disturbios, apedreó el palacio presidencial, prendió fuego a los vehículos y las casas de la ciudad, y desencadenó una infernal respuesta del Gobierno que dejó Bogotá en ruinas. En cuestión de horas, a medida que la noticia del asesinato recorría el país, la violencia se propagó, provocando caos y muertes en Medellín, Bucaramanga e Ibagué. Durante diez años más, los colombianos se vengarían del asesinato de Gaitán. Esa furia desencadenaría una guerra civil, invitaría a que los militares aplicaran mano dura, engendraría grupos guerrilleros iracundos y milicias paramilitares y daría pie a los narcotraficantes cuyos cárteles y agentes se dispersaron por las zonas rurales y tuvieron secuestrada a Colombia hasta el siglo XXI. Más de cinco millones de colombianos serían expulsados de sus casas; cuarenta y cinco mil niños serían asesinados.

Vásquez sostuvo el tarro con la vértebra de Gaitán en las manos, las mismas que, unas horas antes, habían sostenido los pequeños y temblorosos cuerpos de sus hijas. Ahí, entre sus dedos, estaba una reliquia del asesinato que había desatado una rebelión y originado un reinado del terror. La Violencia empezó en la década de 1940, cuando su padre era un niño, se aceleró al nacer Vásquez, en 1973, y ahora, tres generaciones después, seguía incandescente y se introducía en la vida de sus hijas. La pregunta que le asaltó a Vásquez, con una fuerza repentina y urgente, fue: ¿estaba escrita la violencia —el impulso hacia ella, el miedo a ella, su inevitabilidad— en los genes de su país? ¿Era un rasgo hereditario? ¿Estaba marcada la brutalidad tan profundamente en su gente que se había convertido en la norma aceptada, en una forma de vida? ¿Había sacudido a una generación tras otra para acabar grabándose en los lóbulos temporales, los ganglios y los corazones de dos niñas pequeñas que habían entrado en este mundo apenas unas horas antes?

El estudio de la herencia epigenética transgeneracional es una ciencia joven, buena parte de ella es endeble y carece de pruebas, y está lejos de ser aceptada y dejar de constituir una sombra de duda científica. Si bien sabemos que en una mujer embarazada un trauma puede alterar químicamente las células del feto que lleva en su interior, otra cuestión es si el ADN de toda una generación puede quedar marcado por los horrores y abusos que sus padres y abuelos han soportado. Pero no tiene que estar probado científicamente para que los latinoamericanos así lo crean. En muchas de las culturas de la región, y sin duda en el contexto católico, se suele aceptar que una maldición puede resonar varias generaciones después. Hace no tanto, cuando mi padre aún vivía, se creía que los pecados de un ancestro podían predisponerte a nacer con cola. Una mujer que fuera testigo de atrocidades estaba condenada a dar a luz niños monstruosamente deformes. Los bebés serían esclavizados por la maldición de sus antepasados. Se le puede llamar superstición, educación religiosa mal concebida o pensamiento mágico, pero en cualquier caso sigue vigente en muchos lugares de América Latina. Con independencia de que la ciencia establezca algún día, de manera concluyente, que la violencia, el miedo o la cobardía pueden codificarse genéticamente en la hélice humana, durante siglos hemos creído que así es.

Tal vez esa sea la razón por la que estamos tan predispuestos a creer en mitos, promesas políticas extravagantes o mentiras descaradas.[3] Quizá sea la razón por la que hemos aprendido a presenciar la historia con una cierta impotencia. Pese a los avances extraordinarios que ha hecho América Latina en los últimos cien años —pese a todos los logros económicos, las mejores condiciones de vida, la erradicación gradual de la pobreza, el auge de una incipiente clase media—, miramos a nuestra espalda, temerosos de que esas frágiles estructuras puedan desmoronarse con facilidad. Con frecuencia lo hacen. Una revuelta inesperada, una intervención extranjera, un déspota obstinado o un violento terremoto podrían derribar el castillo de naipes.

Cuando, en el 2018, en Perú la pobreza aumentó por primera vez en dieciséis años y cientos de miles de peruanos volvieron a caer en una indigencia desesperada, casi se podía oír el suspiro colectivo: «¿En qué momento pensamos que podía ser de otra manera?».[4] Cuando en dos países circularon rumores de un inminente golpe de Estado, después de que en uno se destituyera al presidente y en otro llegara al poder un presidente de ultraderecha, se trataba de algo más que rumores; eran miedos cargados de historia, inquietudes profundamente marcadas por el pasado.[5]

¿Por qué Argentina, el quinto país más rico del mundo en la década de 1930, con una renta per cápita similar a la de Francia y más automóviles que Reino Unido, se ha convertido en una víctima perpetua de la corrupción, el estancamiento y el caos?[6] ¿Cómo es posible que Venezuela, con las mayores reservas de petróleo del planeta —potencialmente el país más rico de toda América del Sur—, sea ahora patentemente incapaz de alimentarse?[7] Cuando la economía venezolana tocó fondo durante el mandato de Nicolás Maduro y todos los sueños hermosos tejidos por Hugo Chávez acabaron en una espiral de desesperación y hambre, millones de desilusionados emprendieron un éxodo sin precedentes, abandonaron su país, negando con la cabeza, preguntándose en qué momento se había torcido todo. A las mentes más sabias, tanto entre los ricos como entre los que no tienen nada, no les sorprendió. Lo que había ido mal era lo que siempre iba mal: los dictadores, la rapiña, una indigencia, una corrupción y una ineficiencia aparentemente insuperables. Es nuestra naturaleza.

El prestigioso intelectual venezolano Carlos Rangel dijo en una ocasión que los diez mil kilómetros que separan México de Argentina marcan una distancia geográfica, no espiritual.[8] Hay suficientes puntos en común en la historia y el carácter de la América hispanohablante como para que podamos generalizar sobre el conjunto. Rangel, que despreciaba la dictadura comunista de Castro tanto como la dictadura fascista de Pinochet, sostenía que ser latinoamericano de clase humilde suponía estar atrapado en un ciclo perpetuo de opresión y rebelión, resignarse al papel del salvaje noble o recoger el guante revolucionario.[9] Los defensores de los pobres culpan de todos los males de América Latina a los extranjeros depredadores; somos pobres porque las naciones ricas nos explotan, porque nos roban nuestras riquezas, nos convierten en meros vasallos al servicio del hercúleo primer mundo. Los defensores de los ricos —los guardianes del sistema de castas y del *statu quo*— suelen estar a favor de los dictadores, el puño de hierro, el ejército, la Iglesia, incluso las intervenciones extranjeras, para que los pudientes conserven el poder y las cosas sigan exactamente como están. Ser un latinoamericano perteneciente a las clases acomodadas es desear una mano firme. Con independencia de cuál sea nuestra clase, sostiene Rangel, tememos estar condenados congénitamente por el otro. Asumimos que acabaremos siendo víctimas de la ira del otro bando —ya sea rico o pobre—, de la amarga historia, de las deficiencias del sistema, de nuestros peores instintos. Creemos que el fracaso arraiga en el hueso, traspasado de generación en generación. ¿Por qué si no, al igual que Leonor Gonzáles —al igual que demasiados latinoamericanos—, seguimos picando piedra, acarreando agua, viviendo en gran medida como lo hacían nuestros ancestros hace cientos de años?

Sin duda, hay muchas pruebas de las deficiencias del sistema. A pesar de nuestro amor por la familia y la tradición —pese a nuestra calidez humana e ingenio natural, y nuestra valentía frente a la adversidad—, América Latina está plagada de disfunciones. Somos, si los recuentos de cadáveres sirven de indicación, el lugar más homicida de la tierra. En un movimiento pendular perpetuo que oscila entre la violencia callejera y la brutalidad del Gobierno, nuestra aculturación a la espada es asombrosa. En el último medio siglo, en ningún otro lugar esa terrible insensibilidad ha sido más evidente que en la avalancha de países latinoamericanos en los que la rebelión se ha convertido en terrorismo,[10] el terrorismo ha devenido en «narcoeconomía» y el desorden ha arrasado la tierra y ha sido respondido por una represión militar genocida.[11] Durante décadas, desde el desierto de Sonora hasta el altiplano de Perú, las filas del ejército se engrosaron para dar lugar a robustas contrainsurgencias, y, cuando esas campañas terminaron, legiones de guerreros sin trabajo llegaron a las ciudades y las aldeas; una fuerza de combate lista para el tráfico de drogas.[12] De modo que esa generación de centuriones se convirtió en la siguiente generación de criminales. Los soldados colombianos desmovilizados que habían luchado contra las FARC fueron seducidos por el narcotráfico en los bosques cercanos a Medellín, de la misma manera que las tropas peruanas que lucharon contra Sendero Luminoso acabaron llevando armas al servicio de los capos de la cocaína del valle del Huallaga. Pasar de paramilitar a matón de la coca es una trayectoria habitual en esas tierras. Ciertamente, ese fue el caso de Carlos Buergos, un joven combatiente por el comunismo en Angola que hizo carrera y se enriqueció como traficante en Washington D. C.

Las drogas ilegales, como ha sugerido un economista, son la nueva plata de América Latina, extraídas con avaricia de las mismas tierras que históricamente habían enviado metales preciosos al resto del mundo: Colombia, Perú, Bolivia, México y Brasil.[13] Del mismo modo que, durante quinientos años, se extrajeron plata y oro de las entrañas de América Latina para mandarlos al extranjero, durante cincuenta años también la cocaína y la heroína se han cosechado, procesado y enviado fuera. Aunque es difícil medir el volumen exacto de este mercado clandestino, sabemos que implica a verdaderos ejércitos de narcoagentes[14] y que, en los países donde la producción de droga se realiza a gran escala, hay pocos ciudadanos cuyas vidas no se vean afectadas.[15] Una vez lavados, los dólares de la droga fluyen hacia empresas de construcción, industrias de servicios, el turismo, bancos, negocios de alimentación, organizaciones políticas e incluso iglesias, cambiando la naturaleza misma de la economía. A partir de la década de 1990, la cocaína ilegal ha controlado una inmensa red que implica a centenares de miles de empleados, de campesinos a traficantes, pasando por terapeutas especializados en desintoxicación. Con unos ingresos de cientos de miles de millones de dólares,[16] se encuentra entre las cadenas de suministro de materias primas más valiosas de la historia del mundo.[17]

Aunque el dinero de la droga suele financiar un turbio submundo de bandas criminales, prostitución y tráfico de personas, en la actualidad la prosperidad que se ve en ciertas ciudades latinoamericanas —de Santiago de Chile a Ciudad de México— puede ser el resultado de inversiones financiadas por la droga.[18] De hecho, hay países enteros que se benefician de un exuberante mercado negro. Bajo el gobierno del presidente Nicolás Maduro, Venezuela ha vinculado su supervivencia al tráfico ilegal de drogas; gracias a un triángulo diabólico de petróleo, dinero de la cocaína y músculo militar, el país ha logrado reinventarse como Estado de la narcomafia.[19] Así es como parece que el dinero de la droga latinoamericana está en todo nuestro entorno. Con frecuencia, su ubicuidad pasa por nuestras propias manos: los científicos afirman que el 90 por ciento de los billetes de dólares estadounidenses contienen trazas de cocaína.[20]

Como hija de madre estadounidense, me indigna la esclavización física de veintitrés millones de seres humanos —casi la mitad de ellos ciudadanos de Estados Unidos— a esa auténtica manguera de «plata» blanca.[21] Como hija de padre sudamericano, me horroriza la sed insaciable de droga en Estados Unidos y Europa, y la manera en que eso ha encadenado la economía latinoamericana a las bandas criminales y a una adicción foránea ilimitada. Hay muchas culpas que repartir.

Sin embargo, el tráfico de heroína, marihuana y cocaína ha proporcionado a la región algo más que un exuberante mercado sumergido. Ha sido un poderoso generador de violencia. Más costosas en términos humanos que el terrorismo, en estas Américas las guerras contra la droga han demostrado ser un ángel exterminador. Ninguna otra región oficialmente en paz ha igualado sus niveles de violencia. Desde el 2006, más de un cuarto de millón de mexicanos han muerto en la campaña apoyada por Estados Unidos cuyo fin es acabar con la droga en México.[22] Esas muertes se volvieron tan rutinarias que apenas fue noticia cuando, durante los primeros nueve meses del 2011, trece mil personas fueron asesinadas a raíz de la violencia relacionada con las drogas.[23] Casi cuarenta mil mexicanos han desaparecido.[24] Cuando, en nombre de la «justicia divina», en Michoacán se arrojaron cinco cabezas cortadas a una pista de baile atestada, los juerguistas salieron corriendo aterrorizados, pero a ninguno le sorprendió demasiado.[25]

Lo mismo puede decirse de Colombia. Un número análogo de colombianos —más de 220.000, para ser exactos— han sido sacrificados en las guerras contra la droga que han proseguido durante generaciones.[26] Casi ocho millones de almas han sido desplazadas.[27] Decenas de miles de niños fueron secuestrados y reclutados como combatientes.[28] En Colombia, el proceso de paz iniciado en el 2016 disminuyó de manera radical la tasa de asesinatos; la redujo un tercio.[29] Aun así, a día de hoy, Colombia tiene el mayor número de refugiados internos de cualquier país del mundo, más que Siria, Congo, Somalia, Yemen o Irak. De igual manera, en el entorno cada vez más violento y disfuncional de Venezuela, millones de refugiados han huido, cruzando las fronteras para buscar seguridad en otros lugares.[30] Y la lista sigue: de acuerdo con Naciones Unidas, en Brasil los homicidios relacionados con las drogas cometidos en un solo año fueron comparables al número de víctimas de la guerra civil en Siria.[31] Perú, que ahora es la mayor fuente de hoja de coca y un poderoso productor de cocaína, ha sufrido durante mucho tiempo la violencia callejera descontrolada que generan las mafias de la droga. Si cuarenta y tres de las cincuenta ciudades más violentas del mundo se encuentran en América Latina, las drogas son sin duda una de las grandes razones de que esto sea así.[32]

Del mismo modo que la plata dio una enorme riqueza a la élite española pero infligió una crueldad indescriptible a los americanos nativos, la cultura de la droga ha dado riqueza a muy pocos y traído conflictos a la inmensa mayoría. He aquí una historia que se repite sin cesar, impelida por la desgracia más grave de la región: su extrema desigualdad. América Latina es la región más desigual del mundo, precisamente porque nunca ha dejado de estar colonizada —por explotadores, conquistadores, proselitistas— y, durante los dos últimos siglos, por su pequeña élite. Como hace tiempo sostienen los economistas, las sociedades extractivas como las de América Latina se construyen sobre la injusticia social.[33] Las concibe y mantiene una clase dirigente cuyo objetivo principal es enriquecerse y perpetuar su poder. Prosperan cuando el privilegio absoluto se impone a la absoluta pobreza. Pero las naciones extractivas también están programadas para fracasar. El daño que deja su incesante saqueo de los recursos naturales —el causado por la plata, si se quiere— es demasiado duradero. Acarrea violencia, resentimiento, pobreza, daño medioambiental, crimen. Parafraseando a Bolívar, lo que nos queda es una América ingobernable, donde las revoluciones no hacen más que arar el mar.

Si pocos lugares del planeta son tan violentos como América Latina, pocos son tan corruptos. De acuerdo con las encuestas, la abrumadora mayoría de los latinoamericanos creen que sus gobiernos están plagados de vicios;[34] una corrupción que es más perniciosa precisamente allí donde es más necesaria la probidad: en las fuerzas de seguridad de la región. En América Latina, con demasiada frecuencia los políticos se apropian de la policía y del ejército, que así serán menos propensos a servir a la ley escrita que a quien ostenta el poder.[35] Incluso cuando los dictadores latinoamericanos se dedican a modificar constituciones y desmantelar los controles a su poder, se da carta blanca a los jefes de policía y los generales para que se ensañen con la población. En el año 2015, en El Salvador el vicepresidente, que había sido un líder de la guerrilla,[36] aprobó la política del director de la policía de matar a los miembros de bandas «sin ningún temor de sufrir consecuencias por ello».[37] En Honduras, un zar antidroga que investigaba la colusión del Gobierno con los cárteles de la cocaína descubrió que la Policía Nacional rendía cuentas directamente a los señores de la droga y llevaba a cabo asesinatos por encargo de estos. «Estamos podridos hasta la médula —dijo el zar antidroga tras ser despedido sumariamente por hacer su trabajo demasiado bien—. Estamos al borde de un abismo [...]. Redactas un informe, se lo entregas a tu jefe y luego te das cuenta de que fue él quien cometió los crímenes que estás documentando».[38] Dos semanas más tarde estaba muerto.

Quien no desempeña un papel menor en esa cultura de la corrupción es el cómplice más fiel del colonialismo: la Iglesia. Cuando el papa Francisco supo de la corrupción sistémica y generalizada que salió a la luz con el caso Odebrecht —una operación brasileña a gran escala que ascendió a miles de millones de dólares en sobornos para políticos de todo el hemisferio, el mayor caso de cohecho internacional de la historia—, su respuesta fue mostrar una indignación inequívoca.[39] La política latinoamericana estaba en crisis, señaló. Muy, muy en crisis. ¡Estaba más enferma que sana![40] Lo cual era cierto. Pero, como casi todo el mundo en la región sabía, no era una enfermedad pasajera. La corrupción ha sido endémica desde que Colón plantó una cruz en La Española, y, a pesar de las lamentaciones del buen pontífice, la Iglesia estuvo demasiado presente en su fundación.

A fin de cuentas, ¿qué aprenden los colonizados de una Iglesia que está dispuesta a colaborar con la Corona para vender cédulas de

Gracias al Sacar —certificados de «blancura»— a fin de que aquellos de raza más oscura pudieran ser admitidos en un aula, acceder a un cargo público o incluso casarse?[41] ¿Qué aprenden los creyentes de una institución que había exigido a sus ancestros que pagaran tributos y que, si no lo hacían, les condenaba a trabajos forzados? ¿Qué aprenden de una religión cuyos cardenales y obispos se ponen del lado de hombres fuertes —Cortés, Pizarro, Perón o Franco— o que ofrecen sus servicios a tiranos, como hizo el cardenal chileno Raúl Silva Henríquez con el general Pinochet para «darle una buena imagen» a un golpe mortal?[42] ¿Qué aprenden de los sacerdotes que se jactan de haber aceptado donaciones de los traficantes y llenado las arcas de sus iglesias con un lucro indebidamente obtenido?[43] ¿O qué aprenden cuando los sacerdotes que se niegan a capitular ante los déspotas, como hizo el obispo Óscar Romero, son tiroteados a plena luz del día? Pese a todo el consuelo que la Iglesia ha dado a América Latina, y ha sido mucho, la institución ha sido un monumento a la ambigüedad. Con demasiada frecuencia presenta dos caras, una que defiende a los humildes y otra que habla por los señores. Y cuando se la juzga comparándola con el largo tren de la historia, ha fracasado en su tarea más básica, la de impartir las virtudes perdurables de una sociedad verdaderamente humana, respetuosa con la ley e igualitaria. Como dijo con mucho acierto el jesuita Xavier Albó, esas virtudes existían mucho antes de que el cristianismo llegara al suelo americano.[44] Estaban escritas en las leyes de la civilización que desmanteló. Esto es, *ama suwa, ama llulla, ama qhella*. No robes. No mientas. No seas perezoso.

Leonor Gonzáles ha sido incapaz de vivir montaña abajo, alejada de los apestosos montones de basura de La Rinconada. Aunque la buena suerte llegó en forma de un director de documentales estadounidense, que gestionó la escolarización de sus hijos a cambio de grabar a su familia, Leonor nunca fue capaz de adaptarse a la vida en otro sitio.[45] Cuando cambió la cruda violencia y las toxinas de las minas de oro ilegales por la frenética vida de Juliaca —una ciudad aeroportuaria situada a casi cincuenta kilómetros de Puno—, pasó a ser considerada poco más que una palurda analfabeta con falda ancha, una extraña sin ninguna destreza que ofrecer. Aunque sus hijos se matricularon en la escuela y enseguida se adaptaron a su chabola de cemento de dos habitaciones en la barriada situada detrás del aeropuerto, Leonor no tardó en regresar a las minas de oro, tentando a la suerte con las manos y las rodillas, escarbando de nuevo entre las astillas de roca. Todos los jueves coge la diminuta piedra que representa a su marido, la mete en el bolsillo de su delantal y se monta en una combi desvencijada que recorre durante seis horas traqueteantes caminos de tierra; y todos los lunes vuelve para ver si sus hijos han comido, estudiado y tienen ropa limpia para la siguiente semana. Su hija más joven, Senna, se ha graduado en la Universidad Andina Néstor Cáceres. Su hija mayor, Mari, se está recuperando del suicidio de un novio, un joven minero de La Rinconada que bebía demasiado y que se colgó de una viga de la mina, dejándola con un bebé. Está estudiando para ser farmacéutica. El mayor, Jhon, sigue sufriendo múltiples traumas —daños en los ojos, el cerebro y los pulmones— fruto del derrumbe de la mina que mató a su padre, pero logra trabajar cincuenta y cuatro horas a la semana para un servicio de instalación de cable. El más pequeño de Leonor, Henrry, un adolescente de dieciséis años lleno de vida, que habría podido estar trabajando en los pozos de cianuro del Ananea, recibe las notas más altas que pueden ponerle en su destartalada escuela.

Carlos Buergos, a miles de kilómetros al norte, en algún lugar entre Florida y Luisiana —nadie lo sabe—, no está menos circunscrito a una vida en los márgenes. Busca trabajo allí donde puede, ha dejado la ciudad para instalarse en las afueras y llega a fin de mes haciendo de conserje, camarero, lavacoches, mensajero, desplegando su talento en las calles. Ahora tiene más de sesenta años y le atormentan las viejas heridas —la bala en la cabeza, el cuchillo en las tripas—, y seguramente le resulta difícil levantarse de la cama y salir a la calle. La salvación que ha encontrado ha sido gracias a la amabilidad de desconocidos. La mayoría, mujeres mayores que tratan de olvidar el pasado. Antes de casarse con su rellenita, valerosa y práctica esposa venezolana, había estado viviendo con Helen, una rubia menopáusica a la que había conocido en la pista de baile de un bar de Washington D. C.

Después de cumplir una condena de quince años de cárcel por vender cocaína, y después de que su enfermizo hijo de seis años muriera y su mujer se divorciara de él, descubrió que estaba volviendo a emplear esa estrategia. Buscaba a mujeres maduras, sin ataduras, en bares de mambo, y les ofrecía intercambiar un poco de ternura por un lugar donde vivir. De vez en cuando, conseguía algunos meses de gracia, sobre todo con mujeres estadounidenses que encontraban encantadores su buen aspecto travieso y su fuerte acento cubano. Pero la edad, el cansancio y un largo historial delictivo parecen haber hecho mella en Carlos. Ya no se le puede encontrar en los lugares que solía frecuentar en el condado de Dade o en los agitados bares de solteros de las afueras de Nueva Orleans. Tampoco los registros judiciales que documentan sus pequeños robos, sus efímeras ventas de cocaína o sus riñas con la policía indican que se quede mucho tiempo en el mismo sitio.[46] En esos registros, bajo la rúbrica «Posibles empleadores», la anotación es clara: no se ha encontrado ninguno. El último rey de la coca con el que tuvo trato se identifica a sí mismo como «G.O.D.».

Xavier Albó, un sacerdote que ha dedicado sesenta y siete años de su vida a la cultura y el bienestar de los indios —que, al ser más propenso a las clasificaciones espirituales que a las genealógicas, se considera indio, aimara y quechua—, puede afirmar con toda certeza que ya no es catalán. Ni siquiera español. Es boliviano. Ha visto como Bolivia renacía, y ha visto como avanzaba por todos los círculos del infierno de la transfiguración. Tras trabajar, con toda la esperanza que fue capaz de reunir, para la elección de Evo Morales, el primer presidente indígena del país, Xavier vio como esa esperanza encallaba. Morales, que empezó siendo un cocalero pobre, se convirtió en lo mismo que muchos presidentes latinoamericanos escogidos democráticamente: un rico, un autoritario rabioso, un dictador empecinado. Como Hugo Chávez, como Alberto Fujimori, como Juan Domingo Perón, como Daniel Ortega, ha utilizado la democracia para socavar la democracia.[47] Xavier no se corta a la hora de decirlo. Es directo cuando habla de sueños, y es directo con los fracasos. Pero, como el padre que quiere a su hijo por mucho que se haya descarriado, no está dispuesto a abandonar la esperanza de lo que todavía podría ser. La redención de América Latina está a la vuelta de la esquina. Si hubiera mejores tribunales, mejores escuelas, mejores líderes. Puede que esté en su novena década de vida, pero Xavier sigue trabajando incansablemente para defender aquello en lo que siempre ha creído, la trinidad que redimirá a los latinoamericanos: justicia, igualdad y educación. Es tan sencillo y tan difícil como eso.

Leonor, Carlos y Xavier nunca se conocerán, pero sus historias están inextricablemente unidas, al igual que las historias de la plata, la espada y la piedra han marchado juntas en esta tierra dura y optimista. Hay otros relatos en América Latina, sin duda. Más felices. Pero son estos, y su resolución, los que definen el hemisferio y su futuro. Sin duda han definido su pasado.

Los recursos de América Latina, su violencia y sus religiones fueron fuerzas vitales mucho antes de la conquista que dio a luz a esta tierra tal como la conocemos. El pillaje, la crueldad y la imposición de la fe eran bien conocidos por los pueblos precolombinos. Pero Colón colocó la primera piedra de la mentira de las Américas cuando insistió en que había encontrado Asia, que estaba en una tierra rica en oro, que sus gentes eran dóciles y que se las podía esclavizar con facilidad y engañar a conveniencia.[48] No lo había hecho; no lo era; no lo eran. Aunque los nativos acabaron reducidos a la servidumbre —los hombres por su trabajo, las mujeres por su sexo—, sus nuevos amos nunca supieron realmente quiénes eran. Los nativos americanos nunca fueron apreciados ni comprendidos como un pueblo que con el paso del tiempo pudiera exigir su derecho de nacimiento. Les mandaron a las minas, los condujeron a los campos, se apropiaron de su fuerza vital y arrasaron su cultura. La violencia que pretendía amedrentarles se convirtió en la herida. La fe que pretendía aliviarles se convirtió en el ungüento. Al final fueron subsumidos. Mestizados. Adoctrinados. O, en el caso de los países del Cono Sur —Chile, Argentina, Uruguay y Paraguay—, eliminados por completo. Y la mentira continuó. Orwell, pese a todo su ingenio, nunca habría podido imaginar un universo más surrealista y alucinante. Europa, la creadora de mitologías latinoamericanas más prolífica —y que se benefició de ellas de forma más prodigiosa—, estableció la noción de que la cultura no importaba, de que Europa era superior, de que había nacido para señorearles y llevarles el progreso. Con el paso del tiempo, América del Norte difundiría esa idea. Y los latinoamericanos se lo creyeron todo.

Como en una ocasión escribió James Baldwin, la historia americana es más larga, más grande, más variada, más bella y más terrible que nada que hayamos dicho sobre ella.[49] Eso es sin duda cierto para América del Sur. Los cronistas de antaño nos han acostumbrado a ver la historia desde el punto de vista del invasor, desde la perspectiva de la conquista. Pensamos que América Latina, como ha dicho un eminente historiador de las culturas precolombinas, empieza con un conquistador.[50] Es un cuento hispánico. El resto se desvanece en la neblina, en las alas de la historia, en el olvido. Tendemos a pensar en el curso de esas Américas como la historia de Colón *y* los taínos. La historia de Cortés... *y* los aztecas. Pizarro... *y* los incas. Cabeza de Vaca *y* los guaraníes. España *y* sus colonias. El dictador de medio pelo *y* sus desgraciadas víctimas. La Iglesia católica romana *y* los paganos. La vasta economía del mundo *y* las codiciadas venas que yacen latentes en la tierra. Incluso aquí, en este libro, la yuxtaposición de ganadores y perdedores parece ser la única forma de enmarcar el pasado.

Pero son las «yes», la segunda parte de cada pareja, lo que revela los aspectos subyacentes, y con frecuencia más perdurables, de la historia: es el taíno, el azteca, el inca, el guaraní, las colonias, los paganos, las víctimas y las venas que yacen latentes en la tierra los que narran la historia más profunda. Son las partes constituyentes que, por pisoteadas que estén, siguen profundamente grabadas en la psique de la región. No podemos hacer retroceder el tiempo. No podemos deshacer el mundo que hemos construido. Pero hasta que entendamos las «yes» de la historia —los fantasmas de la maquinaria, las víctimas de nuestra amnesia colectiva— no podemos esperar comprender la región tal como es ahora. Ni entenderemos nunca el carácter de su gente. Para considerarlo con franqueza, en la esencia del relato latinoamericano hay una larga lista de iniquidades. Hasta que América Latina comprenda cómo su gente ha sido conformada, pulida y atrofiada por esas iniquidades, los pilares cruciales de la plata, la espada y la piedra seguirán escribiendo su historia.

Notas

1. Buscando aún El Dorado

1. Esta frase se atribuye a menudo al científico italiano del siglo XIX Antonio Raimondi, que vivió y enseñó en Perú, pero la autoría nunca se ha confirmado. Sin embargo, es un dicho antiguo y bien conocido en toda América del Sur. El Instituto de Ingenieros de Minas del Perú (IIMP) se ha esforzado mucho para refutar el dicho; de hecho, su director declaró: «El Perú no es un mendigo sentado en un banco de oro. En nuestro país, la minería es el principal motor de la economía porque representa más del 12 por ciento del PBI nacional, el 60 por ciento de las exportaciones». Lo cual, por supuesto, demuestra que la expresión es cierta. Casi todo el oro sale del país y uno de cada cuatro peruanos es pobre. IIMP, <https://iimp.org.pe/promocion-minera/el-peru-no-es-un-mendigo--sentado-en-un-banco-de-oro>, consultado el 29 de enero del 2019; Reuters, «Peru Poverty Rate Rises for First Time in 16 Years: Government», 24 de abril del 2018. Sobre el aforismo, véase A. Alcocer Martínez, «Conjetura y postura frente al dicho "El Perú es un mendigo sentado en un banco de oro"», *Boletín de la Academia Peruana de la Lengua*, n.º 41 (2006), pp. 45-58.

2. De aquí en adelante, la información sobre Leonor Gonzáles se basa en las siguientes entrevistas con ella en Perú: La Rinconada, 17-22 de febrero del 2012; Putina, 23 de febrero del 2012; Juliaca, 15-19 de febrero del 2013; Juliaca y Puno, 19-24 de febrero del 2014; 11-15 de febrero del 2015; 20-24 de febrero del 2016; 2-7 de marzo del 2017; 31 de enero-5 de febrero del 2019. Desde el año 2013, todas las semanas he mantenido un contacto informal con la familia, y la he visitado al menos una vez al año en Juliaca.

3. Fray Bartolomé de las Casas, *A Short History of the Destruction of the Indies*, penúltimo párrafo, Proyecto Gutenberg, <www.gutenberg.org/files/23466/23466-h/23466-h.html>.

4. En quechua la palabra *rumi* significa «piedra».

5. Carmen Pérez-Maestro, «Armas de metal en el Perú prehispánico», *Espacio, Tiempo y Forma*; serie I: *Prehistoria y Arqueología*, t. 12, 1999, p. 321.

6. *USA Today*, 17 de julio del 2018 (Belém, Brasil; Ciudad Guayana, Venezuela; Ciudad Victoria, México; Fortaleza, Brasil; La Paz, México; Tijuana, México; Natal, Brasil; Acapulco, México; Caracas, Venezuela, y Los Cabos, México); *World Atlas*, 5 de octubre del 2018 (Caracas; Acapulco; San Pedro Sula, Honduras; Distrito Central, Honduras; Victoria; Maturín, Venezuela; San Salvador, El Salvador; Ciudad Guayana; Valencia, Venezuela, y Natal, Brasil). Véase también David Luhnow, «Latin America Is the Murder Capital of the World», *The Wall Street Journal*, 20 de septiembre del 2018.

7. Departamento de Seguridad Nacional de Estados Unidos, Oficina de Estadísticas de Inmigración, *2013 Yearbook of Immigration Statistics*, agosto del 2014, <www.dhs.gov/sites/default/files/publications/Yearbook_Immigration_Statistics_2013_0.pdf>; Miriam Jordan, «More Migrants Are Crossing the Border This Year», *The New York Times* online, 5 de marzo del 2019.

8. Pachacútec, o Pachacuti, significa literalmente «el que transforma el mundo» o «el que sacude la tierra». Mark Cartwright, «Pachacuti Inqa Yupanqui», *Ancient History Encyclopedia*, <www.ancient.eu/Pachacuti_Inca_Yupanqui>, última actualización: 18 de julio del 2016.

9. Centro de Investigación Pew, «The Global Catholic Population», <www.pewforum.org/2013/02/13/the-global-catholic-population>, última actualización: 13 de febrero del 2013; Agencia Central de Inteligencia de Estados Unidos, «Religions», en *The World Factbook*, <https://www.cia.gov/the-world-factbook/field/religions/>, consultado el 29 de enero del 2019.

10. Edward L. Cleary, *How Latin America Saved the Soul of the Catholic Church*, Mahwah, Paulist Press, 2009, p. 3. Véase también Feline Freier, «Maduro's Immorality and the Role of the Church in Venezuela», Centro Berkley para la Religión, la Paz y los Asuntos Mundiales de la Universidad de Georgetown, última actualización: 15 de junio del 2018.

11. Eric Hobsbawm, *Viva la Revolución*, Leslie Bethell, ed., Nueva York, Little, Brown, 2016 [hay trad. cast.: *Viva la Revolución*, trad. de Alfre-

do Grieco y Bavio, Barcelona, Crítica, 2018]. También la crítica de ese libro de Tony Wood en *The Guardian* (ed. británica), 18 de julio del 2016.

12. Esto se refiere al pertinaz triángulo de poder de «los ricos, los militares y los curas». En otras palabras, un banquero, un general y un obispo. Se sabe que Hugo Chávez, el presidente de Venezuela, se refería a esta tríada de poder como una fuerza devastadora del capitalismo. Véase la síntesis de su pensamiento en *Socialismo del siglo XXI*, Caracas, República Bolivariana de Venezuela, Ministerio del Poder Popular, 2007, p. 5.

Primera parte
La plata

1. Antonio Domínguez Hidalgo, *Mitos, fábulas y leyendas del antiguo México*, Ciudad de México, Umbral, 1987, p. 215.

2. Las venas de un dios de la montaña

1. Pablo Neruda, «Alturas de Macchu Picchu», en Canto general (Buenos Aires, Losada, 1955), Alicante, Biblioteca Virtual Miguel de Cervantes, 2000, p. 149.

2. Felipe Guamán Poma de Ayala, *El primer nueva corónica y buen gobierno*, John V. Murra y Rolena Adorno, eds., Ciudad de México, Siglo XXI, 1980, vol. 1, figs. 49-78; Inca Garcilaso, *Royal Commentaries of Peru*, trad. de sir Paul Rycaut, lib. VIII, Londres, Flesher, 1688, p. 330 [publicado originalmente como: *Comentarios reales de los incas* (Lisboa, 1609)]; *Monografía de Bolivia*, La Paz, Biblioteca del Sesquicentenario de la República, 1975, vol. 3, p. 27.

3. Para pruebas de la degradación ambiental de esta zona, véase W. H. Strosnider, F. Llanos y R. W. Nairn, «A Legacy of Nearly 500 Years of Mining in Potosí, Bolivia», artículo presentado en el encuentro nacional del 2008 de la Sociedad Estadounidense de Minería y Recuperación de Minas, celebrado en Richmond (Virginia), <www.asmr.us/Publications/Conference%20Proceedings/2008/1232-Strosnider-OK.pdf>. Véase también Nicholas A. Robins, *Mercury, Mining, and Empire. The Human and Ecological Cost of Colonial Silver Mining in the Andes*, Bloomington, Indiana University Press, 2011, pp. 184-186 [hay trad. cast.: *Mercurio, minería e imperio. El costo humano y ecológico de la minería de plata colonial en los Andes*, Huancavelica,

Universidad Nacional de Huancavelica, 2011]. El territorio es muy parecido al del monte Ananea, que describo en mi artículo «Dreaming of El Dorado», *Virginia Quarterly Review* online, <www.vqronline.org/essay/dreaming-el-dorado>, última actualización: 17 de septiembre del 2012.

4. Tertius Chandler, *Four Thousand Years of Urban Growth. An Historical Census*, Lewiston, Edwin Mellen Press, 1987, pp. 483 y 529.

5. William Neuman, «For Miners, Increasing Risk on a Mountain at the Heart of Bolivia's Identity», *The New York Times* online, 16 de septiembre del 2014.

6. Kendall Brown, *A History of Mining in Latin America. From the Colonial Era to the Present*, Albuquerque, University of New Mexico Press, 2012, versión digital, pos. 328, 6%.

7. *Crónica franciscana de las provincias del Perú* (1651), Washington D. C., American Academy of Franciscan History, 1957, vol. 1, p. 16; Pedro de Cieza de León, *Crónica del Perú*, Lima, Pontificia Universidad Católica del Perú, 1984, p. 39.

8. Garcilaso, *Royal Commentaries*, lib. VIII, p. 314.

9. Francisco de Xerez, citado en Horatio H. Urteaga, *Biblioteca de Cultura Peruana. Los cronistas de la conquista*, París, Desclée de Brouwer, 1938, p. 55.

10. José de Acosta, *Historia natural y moral de las Indias*, Sevilla, Juan de León, 1590, lib. IV, cap. 4.

11. Garcilaso, *Royal Commentaries*, lib. VIII, p. 314.

12. Guamán Poma, *El primer nueva corónica y buen gobierno*, vol. 1, p. 93.

13. Charles C. Mann, *1491. New Revelations of the Americas Before Columbus*, Nueva York, Random House, 2005, p. 74 [hay trad. cast.: *1491. Una nueva historia de las Américas antes de Colón*, trad. de Miguel Martíne-Lage y Federico Corriente, Madrid, Taurus, 2006].

14. Garcilaso, *Royal Commentaries*, lib. VIII, p. 314.

15. Fray Diego de Ocaña, *Un viaje fascinante por la América hispana del siglo* XVI, Madrid, Studium, 1969, p. 184; Teresa Gisbert, *Iconografía y mitos indígenas en el arte*, La Paz, Gisbert, 1980, p. 19.

16. Bartolomé Arzans de Orsúa y Vela, *Historia de la Villa Imperial de Potosí* (1715), 3 vols., Lewis Hanke y Gunnar Mendoza, eds., Rhode Island, Brown University Press, 1965. Este manuscrito del siglo XVIII, que la Iglesia compró en 1905 a un librero parisino, es una de las piezas más importantes de cualquier colección sobre la historia de la conquista.

17. Alexander von Humboldt, «Ueber die geographischen und geo-

gnostischen Arbeiten des Herrn Pentland im sudlichen Peru», *Hertha, Zeitschrift für Erd-, Völker-und Staatenkunde*, Stuttgart, 1829, vol. 13, pp. 1-29. Véase también Georg Petersen, *Mining and Metallurgy in Ancient Peru*, trad. de William E. Brooks, Boulder, Geological Society of America, 2010, p. 44 [publicado originalmente como: *Minería y metalurgia en el antiguo Perú*, Lima, Instituto de Investigaciones Antropológicas, 1970].

18. Joanne Pillsbury, ed., *Guide to Documentary Sources for Andean Studies 1530-1900*, Norman, University of Oklahoma Press, 2008, vol. 2, p. 506.

19. Inca Garcilaso, *Los mejores comentarios reales*, Domingo Miliani, ed., Ayacucho (Perú), Biblioteca Ayacucho, 1992, p. 202. También Herbert Guillaume, *The Amazon Provinces of Peru as a Field for European Emigration*, Southampton (Reino Unido), autopublicación, 1894, pp. 300-301.

20. Garcilaso, *Los mejores comentarios reales*, p. 202; Guillaume, *The Amazon Provinces of Peru*, pp. 300-301.

21. Guillaume, *The Amazon Provinces of Peru*, p. 302.

22. Joseph B. Pentland, *Report on Bolivia, 1827*, J. Valerie Fifer, ed., Camden Miscellany, Londres, Royal Historical Society, 1974, vol. 25, pp. 73-74; Petersen, *Mining and Metallurgy in Ancient Peru*, p. 26.

23. Carlos Serrano Bravo, «Historia de la minería andina boliviana (siglos XVI-XX)», artículo publicado online, diciembre del 2004, <http://www2.congreso.gob.pe/sicr/cendocbib/con4_uibd.nsf/6EF6AA797C1749E905257EFF005C493F/$FILE/Historia_de_Miner%C3%ADa_Andina_Boliviana.pdf>.

24. Este relato de la rutina diaria de Juan Sixto Ochochoque en la mina proviene de las entrevistas con Leonor Gonzáles y su familia citadas anteriormente.

25. Nicholas Tripcevich y Kevin J. Vaughn, eds., *Mining and Quarrying in the Ancient Andes. Sociopolitical Economic, and Symbolic Dimensions*, Nueva York, Springer, 2013, p. 217.

26. Petersen, *Mining and Metallurgy in Ancient Peru*, p. 44.

27. Esta es una estimación basada en entrevistas con mineros de La Rinconada, que mencionaron entre doscientos cincuenta y trescientos metros desde la entrada hasta el final del pozo.

28. P. Gose, citado en Tripcevich y Vaughn, *Mining and Quarrying in the Ancient Andes*, p. 278.

29. Bernabé Cobo, *Historia del Nuevo Mundo*, Sevilla, Impresor E. Rasco, 1890-1895, vol. 1, p. 300; Acosta, *Historia natural*, lib. IV, cap. 4.

30. William H. Prescott, *History of the Conquest of Peru. With a Preli-*

minary View of the Civilization of the Incas, John F. Kirk, ed., Londres, Routledge, 1893, p. 56 [hay trad. cast.: *Historia de la conquista de México*, trad. de Rafael Torres Pabón, Madrid, A. Machado Libros, 2004].

31. María Rostworowski, *Historia del Tawantinsuyu*, Lima, IEP, 1988, pp. 25 y 28; Ronald Wright, *Stolen Continents. The Americas Through Indian Eyes*, Boston, Houghton Mifflin, 1992, pp. 30-33 [hay trad. cast.: *Continentes robados*, trad. de Nora Muchnik, Madrid, Anaya & Mario Muchnik, 1994].

32. Wright, *Stolen Continents*, p. 33.

33. Rostworowski, *Historia del Tawantinsuyu*, p. 227. Lo que viene a continuación sobre la cultura inca se basa en gran medida en dicha obra.

34. Prescott, *History of the Conquest of Peru*, pp. 218-219.

35. Garcilaso, *Royal Commentaries*, lib. VI, p. 192.

36. Cruz Martínez de la Torre, «El sudor del Sol y las lágrimas de la Luna. La metalurgia del oro y de la plata en el Antiguo Perú», *Espacio, Tiempo y Forma. Serie VII. Historia del Arte*, t. 12 (1999), p. 11.

37. *El oro y la plata de las Indias en la época de los Austrias*, Madrid, Fundación ICO, 1999, p. 33.

38. Wright, *Stolen Continents*, p. 72.

39. Ibíd.

40. El Inca Garcilaso dijo que tenía unos doscientos metros, la longitud de dos campos de fútbol. *Royal Commentaries*, lib. VI, p. 192.

41. Heather Lechtman, «Cloth and Metal: The Culture of Technology», en Elizabeth Hill Boone, ed., *Andean Art at Dumbarton Oaks*, Washington D. C., Dumbarton Oaks, 1996, vol. 1, pp. 33-43; Mann, *1491*, p. 94.

42. Miguel León-Portilla, *De Teotihuacán a los aztecas. Antología de fuentes e interpretaciones históricas*, Ciudad de México, UNAM, 1971, p. 21. Además, en muchas crónicas escritas por los conquistadores queda claro que los indígenas de México y Panamá eran conscientes de que en las culturas del sur se podía encontrar oro.

43. Jose Pérez de Barradas, *Orfebrería prehispánica de Colombia*, Madrid, Jura, 1958, pp. 93-98 y 339-341.

44. Esto era una exageración de otros relatos en los que un príncipe (*psihipqua*) llevaba a cabo el ritual del polvo de oro a la muerte del cacique gobernante (*zipa*), antes de tomar las riendas del poder. Juan Rodríguez Freyle, *Conquista y descubrimiento del Nuevo Reino de Granada*, Bogotá, Círculo de Lectores, 1985, pp. 28-29.

45. *Chilam Balam de Chumayel*, citado en Miguel León-Portilla,

El reverso de la conquista. Relaciones aztecas, mayas e incas, Ciudad de México, Mortiz, 1964, p. 22.

46. Ibíd., p. 23.

47. Fray Diego Durán, *The Aztecs. The History of the Indies of New Spain*, trad. de Doris Heyden y Fernando Horcasitas, Nueva York, Orion, 1964, p. 132 [publicado originalmente como: *Historia de las Indias de Nueva-España y islas de Tierra Firme*].

48. León-Portilla, *El reverso de la conquista*, p. 417.

49. Rostworowski, *Historia del Tawantinsuyu*, p. 28.

50. Wright, *Stolen Continents*, p. 32.

51. William M. Denevan, *The Native Population of the Americas in 1492*, Milwaukee, University of Wisconsin Press, 1992, p. 1; Wright, *Stolen Continents*, p. 4. Para ser justos, esta cifra ha fluctuado enormemente, desde los ciento doce millones hasta los diez millones de personas.

52. Wright, *Stolen Continents*, p. 11.

53. En el año 1500, la población azteca era de cinco millones de personas; la de Londres, de aproximadamente cincuenta mil; la de Reino Unido, de cuatro millones. «Population of the British Isles», *Tacitus.nu*, <www.tacitus.nu/historical-atlas/population/british.htm>, consultado el 29 de enero del 2019; Boris Urlanis, *Rost naseleniya v Evrope* [«Crecimiento de la población en Europa»], Moscú, OGIZ-Gospolitizdam, 1941.

54. Mann, *1491*, p. 107.

55. «Inca People», *Encyclopædia Britannica* online, <www.britannica.com/topic/Inca>.

56. Gordon F. McEwan, en Glenn Schwartz y John Nichols, eds., *After Collapse. The Regeneration of Complex Societies*, Tucson, University of Arizona Press, 2010, p. 98.

57. George Folsom, introducción, en *The Despatches of Hernando Cortés*, Nueva York, Wiley & Putnam, 1843, p. 35.

58. La palabra azteca para designar el oro o la plata es *teocuitlatl*, que significa literalmente «excremento de los dioses». Glosbe, diccionario náhuatl-inglés, <https://en.glosbe.com/nci/en/teocuitlatl>.

59. Hernán Cortés, «Segunda carta», en *Cartas de relación*. Véase también *Hernán Cortés. Letters from Mexico*, trad. y ed. de Anthony R. Pagden, Nueva York, Grossman, 1971, p. 108.

60. Lenguas utoaztecas: náhuatl, chemehuevi, paiute, o'odham, hopi, tübatulabal y comanche. Véase *Nahuatl. Nahuatl Dialects, Classical Nahuatl Grammar*, Memphis, General Books, 2010, p. 44; Germán Vázquez Chamorro, *Moctezuma*, Madrid, Algaba, 2006, p. 17.

61. El Imperio azteca tenía unos 207.200 kilómetros cuadrados; Inglaterra tiene 130.395,5. *World Atlas*, <www.worldatlas.com>, consultado el 29 de enero del 2019.

62. Durán, *The Aztecs*, p. 220.

63. Francisco Cervantes de Salazar, *Crónica de la Nueva España*, lib. IV, cap. III, <www.cervantesvirtual.com>. También Durán, *The Aztecs*, p. 220.

64. Germán Vázquez Chamorro, *Moctezuma*, Madrid, Cambio 16, 1987, pp. 6-7.

65. Los detalles sobre Moctezuma proceden de Cortés, *Cartas de relación*, o de Bernal Díaz del Castillo, *Historia verdadera de la conquista de la Nueva España*, cap. XCI, Madrid, Biblioteca Americana, 1992; Cervantes de Salazar, *Crónica de la Nueva España*, lib. IV, cap. III; Bernal Díaz del Castillo, en Enrique de Vedia, *Historiadores primitivos de Indias*, Madrid, Rivadeneyra, 1852, vol. 2, p. 86.

66. Cervantes de Salazar, *Crónica de la Nueva España*, lib. IV, cap. VIII.

67. Ibíd., cap. III.

68. Vázquez, *Moctezuma*, 1987, p. 7; Durán, *The Aztecs*, pp. 178 y 222.

69. *The Florentine Codex. General History of the Things of New Spain*, trad. de Arthur J. O. Anderson y Charles E. Dibble, Provo, School of American Research, University of Utah Press, 1970-1982, vol. 8, lib. 12, pp. 13-26 [publicado originalmente como: *Historia general de las cosas de Nueva España* (1577)].

70. Vázquez, *Moctezuma*, 1987, p. 13.

71. Ibíd., p. 14.

72. Ibíd.

73. Cervantes de Salazar, *Crónica de la Nueva España*, lib. IV, cap. XVIII. Durante la época de Moctezuma I, los mixtecos también tuvieron comerciantes extremadamente ricos y un dinámico mercado de oro, plata y piedras preciosas. Puede que estas prácticas se adoptaran de ellos.

74. Enrique Canudas Sandoval, *Venas de la plata en la historia de México*, Tabasco, Universidad Juárez, 2005, vol. 1, p. 182.

75. Vázquez, *Moctezuma*, 1987, p. 14.

76. Durán, *The Aztecs*, pp. 222-223.

77. Ibíd., p. 223; Vázquez, *Moctezuma*, 2006, p. 104.

78. Durán, *The Aztecs*, p. 223; Vázquez, *Moctezuma*, 2006, p. 105.

79. Durán, *The Aztecs*, p. 227; Vázquez, *Moctezuma*, 2006, p. 106.

80. Durán, *The Aztecs*, pp. 227-228; Vázquez, *Moctezuma*, 2006, pp. 109-111.

81. Frances Berdan, *Aztec Archaeology and Ethnohistory*, Nueva York, Cambridge University Press, 2014, p. 170.

82. *Florentine Codex*, vol. 8, lib. 12, pp. 1-3. Vale la pena mencionar aquí que el *Códice Florentino* manifiesta una clara tendencia a favor de Tlatelolco y en contra de Tenochtitlán.

83. John Hemming, *Conquest of the Incas*, Londres, Macmillan, 1970, p. 29 (también Nueva York, Penguin, 1983) [hay trad. cast.: *La conquista de los incas*, trad. de Stella Mastrangelo, Ciudad de México, Fondo de Cultura Económica, 2000].

84. Pedro Sarmiento de Gamboa, *History of the Incas*, trad. de Brian Bauer y Vania Smith, Austin, University of Texas Press, 2007, p. 177.

85. Agustín de Zárate, *Historia del descubrimiento y conquista del Perú*, Baltimore, Penguin, 1968, vol. 1, cap. 14; Garcilaso, *Royal Commentaries*, lib. IX, pp. 349-351.

86. Rostworowski, *Historia del Tawantinsuyu*, p. 159.

87. Guamán Poma, *El primer nueva corónica y buen gobierno*, vol. 1, p. 91.

88. Tripcevich y Vaughn, *Mining and Quarrying in the Ancient Andes*, p. 255.

89. Sarmiento de Gamboa, *History of the Incas*, 2007, p. 160.

90. Ibíd., p. 152.

91. Raúl Porras Barrenechea, ed., «Oro y leyenda del Perú», en *Indagaciones peruanas*, disponible en el Sistema de Bibliotecas online de la Universidad Nacional Mayor de San Marcos, <https://sisbib.unmsm.edu.pe/bibvirtual/libros/linguistica/legado_quechua/oro.htm>.

92. Petersen, *Mining and Metallurgy in Ancient Peru*, p. 49.

93. Rostworowski, *Historia del Tawantinsuyu*, p. 122.

94. El Inca Garcilaso cuenta que este tramo del camino fue construido expresamente para la campaña de pacificación de Quito llevada a cabo por Huayna Capac. *Royal Commentaries*, lib. IX, p. 370.

95. Rostworowski, *Historia del Tawantinsuyu*, p. 123.

96. Garcilaso, *Royal Commentaries*, lib. VIII, p. 314.

97. Juan de Santa Cruz Pachacuti Yamqui Salcamayhua dice que había más de un millón de estos soldados. Clements R. Markham, *Narratives of the Rites and Laws of the Yncas*, Nueva York, Burt Franklin, 1970, p. 109.

98. Garcilaso, *Royal Commentaries*, lib. VIII, p. 315; Cobo, *Historia del Nuevo Mundo*, vol. 1, pp. 157-159.

99. Cobo, *Historia del Nuevo mundo*, vol. 1, p. 300; Antonio de Herrera y Tordesillas, *Historia de las Indias Occidentales*, p. 148.

100. Cobo, *Historia del Nuevo mundo*, vol. 1, p. 159.

101. Ibíd. Puede que la lucha durara hasta diecisiete años; véanse las pruebas arqueológicas existentes en Owen Jarus, «Ancient War Revealed in Discovery of Incan Fortresses», *LiveScience*, <www.livescience.com/14370-incan-fortresses-ecuador-ancient-battles.html>, última actualización: 31 de mayo del 2011.

102. José Echeverría Almeida, «Arqueología de una batalla: La laguna de Yahuarcocha», *Arqueología Ecuatoriana*, <http://revistas.arqueo-ecuatoriana.ec/es/apachita/apachita-9/88-arqueologia-de-una-batalla-la-laguna-de-yahuarcocha>, última actualización: 12 de junio del 2007.

103. Frederick A. Kirkpatrick, *The Spanish Conquistadores*, Londres, Adam & Charles Black, 1946, p. 134 [hay trad. cast.: *Los conquistadores españoles*, trad. de Rafael Vázquez Zamora, Madrid, Espasa-Calpe, 1960].

104. Cobo, *Historia del Nuevo mundo*, vol. 1, p. 161.

105. Cieza de León, *Crónica del Perú*, primera parte, p. 226.

106. Fray Buenaventura de Salinas y Córdova, *Memorial de las historias del Nuevo Mundo: Pirú*, Lima, Universidad de San Marcos, 1957, pp. 58-59.

107. Guamán Poma, *El primer nueva corónica y buen gobierno*, vol. 2, p. 343.

108. Juan B. Lastres, *La salud pública y la prevención de la viruela en el Perú*, Lima, Ministerio de Hacienda y Comercio, 1957, «Introducción»; Noble David Cook, *Born to Die. Disease and New World Conquest, 1492-1650*, Cambridge, Cambridge University Press, 1998, p. 13 [hay trad. cast.: *La conquista biológica*, trad. de María Asunción Gómez, Madrid, Siglo XXI, 2005]; Noble David Cook, *Demographic Collapse. Indian Peru, 1520-1620*, Cambridge, Cambridge University Press, 2004, pp. 114, 116, 143-144 y 252-254. Algunos historiadores han señalado que los relatos sobre la propagación de la viruela no coinciden con lo que los científicos saben acerca del desarrollo de la enfermedad. Por ejemplo: «Casi todos los elementos de este relato habitual son falsos, epidemiológicamente improbables, historiográficamente sospechosos o lógicamente dudosos». Francis J. Brooks, «Revising the Conquest of Mexico: Smallpox, Sources, and Populations», *Journal of Interdisciplinary History*, vol. 24, n.° 1 (verano de 1993), pp. 1-29.

109. James B. Kiracofe y John S. Marr, «Marching to Disaster: The Catastrophic Convergence of Inca Imperial Policy, Sand Flies, and El Niño in the 1524 Andean Epidemic», artículo presentado en el Simposio Precolombino de Dumbarton Oaks, Washington D. C., organizado por

el Instituto Interamericano de Estudios Avanzados en Historia Cultural, 14 de febrero del 2003, y publicado en Daniel H. Sandweiss y Jeffrey Quilter, eds., *El Niño, Catastrophism, and Cultural Change in Ancient America*, Cambridge, Harvard University Press, 2009; Juan B. Lastres, *Las Neuro-bartonelosis*, Lima, Editora Médica Peruana, 1945, pp. 10-11.

110. Sarmiento de Gamboa, *History of the Incas*, 2007, p. 164.

111. Hay cierto debate sobre la naturaleza exacta de la enfermedad de Huayna Capac. Sin embargo, muchos cronistas del siglo XVI identifican su dolencia como viruela. Uno de los más fiables es Juan de Betanzos, que estaba casado con la sobrina de Huayna Capac y que describe la muerte del inca como fruto de «una sarna y lepra». Algunos historiadores y antropólogos más recientes han aceptado que, después de que los conquistadores llegaran a finales del siglo XV, la viruela recorrió el hemisferio a través de numerosos portadores. Para una buena exposición contraria a esta idea, véase Robert McCaa, Aleta Nimlos y Teodoro Hampe Martínez, «Why Blame Smallpox? The Death of the Inca Huayna Capac and the Demographic Destruction of Tawantinsuyu (Ancient Peru)», artículo, Minnesota Population Center, Universidad de Minnesota, 2004, <http://users.pop.umn.edu/~rmccaa/aha2004/why_blame_smallpox.pdf>. Los cronistas que mencionan la epidemia en Perú y/o la identifican como viruela son muchos; he aquí una pequeña lista: Cieza de León, *Crónica del Perú*, primera parte, pp. 199-200; Guamán Poma, *El primer nueva corónica y buen gobierno*, vol. 1, p. 93; Marcos Jiménez de la Espada, ed., *Una antigualla peruana*, Madrid, Manuel Ginés Hernández, 1892, p. 21; Juan B. Lastres, *Historia de la viruela en el Perú*, Lima, Ministerio de Salud Pública y Asistencia Social, 1954, p. 25; Pedro Pizarro, «Relación del descubrimiento y conquista de los reinos del Perú», en *Biblioteca de autores españoles desde la formación del lenguaje hasta nuestros días. Crónicas del Perú*, Madrid, Atlas, 1965, vol. 5, p. 181.

112. Sarmiento de Gamboa, *History of the Incas*, 2007, p. 165.

113. Cobo, *Historia del Nuevo Mundo*, vol. 1, p. 161; Lastres, *Historia de la viruela*, p. 21.

114. Cobo, *Historia del Nuevo Mundo*, vol. 1, p. 161.

115. Lastres, *Historia de la viruela*, p. 21.

116. Cobo, *Historia del Nuevo Mundo*, vol. 1, p. 161.

117. Guamán Poma, *El primer nueva corónica y buen gobierno*, vol. 2, p. 351.

118. Rostworowski, *Historia del Tawantinsuyu*, p. 90.

119. De acuerdo con el Inca Garcilaso, fueron necesarios cuatro meses para transportar los bienes desde Cuzco hasta Potosí y al revés, ya

que todo se hizo a pie o a lomos de llamas. He basado esta estimación en esa información. *Royal Commentaries*, lib. IX, p. 370.

120. R. J. Rummel, *Death by Government*, New Brunswick, Transaction, 1994, p. 63.

121. Cobo, *Historia del Nuevo mundo*, vol. 1, p. 162.

122. La cita completa es: «En el testero que llamamos altar mayor tenían puesta la figura del Sol, hecha de una plancha de oro al doble más gruesa que las otras planchas que cubrían las paredes. La figura estaba hecha con su rostro en redondo y con sus rayos y sus llamas de fuego». Garcilaso, *Royal Commentaries*, lib. IX, p. 350.

123. Como ya se ha mencionado, la información sobre Juan Ochochoque se ha obtenido de las entrevistas con su esposa, Leonor Gonzáles, y sus hijos Senna, Mariluz, Jhon y Henrry, realizadas en La Rinconada, Putina, Juliaca y Puno, así como de los contactos semanales o mensuales mantenidos con ellos desde el año 2014.

124. Ochochoque tenía dos «compromisos», como los llaman los indios andinos. No son esposas vía matrimonio. De su compromiso con Leonor Gonzáles tuvo cuatro hijos. Tenía tres hijos mayores del primero.

125. Mark Cartwright, «Inca Mummies», *Ancient History Encyclopedia*, última actualización: 16 de junio del 2014.

126. W. H. Isbell, *Mummies and Mortuary Monuments*, Austin, University of Texas Press, 1997, pp. 54-55.

3. Sed de metal

1. En quechua, «¿Kay quritachu mikhunki?». Guamán Poma, *El primer nueva corónica y buen gobierno*, John V. Murra y Rolena Adorno, eds., Ciudad de México, Siglo XXI, 1980, vol. 2, p. 343.

2. Antonio Miguel Bernal, *España, proyecto inacabado. Costes/beneficios del Imperio*, Madrid, Fundación Carolina, 2005, p. 274.

3. Ibíd.

4. Esto lo motivó el fraile dominico Alonso de Ojeda, que consultó con Isabel cuando esta visitó Sevilla en 1478 y le advirtió de que la herejía estaba generalizada. Henry Kamen, *The Spanish Inquisition. A Historical Revision*, New Haven, Yale University Press, 2014, p. 19 [hay trad. cast.: *Breve historia de la Inquisición española*, trad. de María Pons Irarrazábal, Barcelona, Crítica, 2009].

5. Carlos Fuentes, *The Buried Mirror*, Nueva York, Houghton Mifflin,

1992, p. 82 [publicado originalmente como: *El espejo enterrado*, Ciudad de México, Fondo de Cultura Económica, 1992].

6. Kamen, *The Spanish Inquisition*, p. 17.

7. Ibíd., p. 37.

8. Ibíd., pp. 255 y 272.

9. Anna Foa, «Teresa's "Marrano" Grandfather», *L'Osservatore Romano*, 2 de marzo del 2015. Hay cierto debate sobre si Cervantes tenía orígenes conversos, pero muchos intelectuales, como Carlos Fuentes, lo consideran una certeza. Fuentes, *The Buried Mirror*, pp. 173-174; William Byron, *Cervantes. A Biography*, Garden City, Doubleday, 1978, pp. 24-32.

10. Cristóbal Colón, *Relaciones y cartas de Cristóbal Colón*, Madrid, Librería de la Viuda de Hernández, 1892, «Prólogo», p. 24.

11. Bernal, *España, proyecto inacabado*, p. 269.

12. Papa Pío II a su padre, Silvio, 1443, en *Reject Aeneas, Accept Pius. Selected Letters of Aeneas Sylvius Piccolomini*, ed. y trad. de Thomas M. Izbicki, Gerald Christianson y Philip Krey, Washington D. C., Catholic University of America Press, 2006, p. 161.

13. Papa Pío II al Consejo de Siena, 1436, en ibíd., p. 95.

14. La expresión «Quid non mortalia pectoral cogis, auri sacra fames» es un verso de *La Eneida* de Virgilio, lib. III, vv. 56-57. Se puede traducir como: «¿A qué crimen no fuerzas al corazón del hombre, maldita sed de oro?».

15. Malyn Newitt, *A History of Portuguese Overseas Expansion. 1400-1668*, Nueva York, Routledge, 2005, pp. 39-40.

16. Fueron 720 kilos, para ser exactos. Manuela Mendonça, en *O sonho da União Ibérica*, Lisboa, Quidnovi, 2007, pp. 101-103, cita 106.676 doblones de oro; un doblón pesaba 6,77 gramos. Eso sumaría más de setecientos kilos, 1.589 libras o casi tres cuartas partes de una tonelada.

17. Peter L. Bernstein, *The Power of Gold. The History of an Obsession*, Hoboken, Wiley & Sons, 2000, p. 117 [hay trad. cast.: *El oro. Historia de una obsesión*, trad. de Guillermo Solana, Barcelona, Javier Vergara, 2002].

18. Germán Arciniegas, *America in Europe. A History of the New World in Reverse*, trad. de R. Victoria Arana, San Diego, Harcourt Brace Jovanovich, 1986, p. 27 [publicado originalmente como: *América en Europa*, Buenos Aires, Sudamericana, 1975]; Clements R. Markham, *Narratives of the Rites and Laws of the Yncas*, Nueva York, Burt Franklin, 1970, p. 30.

19. Toscanelli envió una carta, fechada el 25 de junio de 1474, y un mapa a Fernão Martins, un sacerdote de Lisboa, detallando una ruta occidental a las islas de las especias y Asia. Martins entregó esa carta al rey Alfon-

so, cuyos consejeros rechazaron la propuesta. Colón, *Relaciones y cartas*, p. 14; Markham, *Narratives of the Rites*, p. 31; Frederick A. Kirkpatrick, *The Spanish Conquistadores*, Londres, Adam & Charles Black, 1946, p. 6 [hay trad. cast.: *Los conquistadores españoles*, trad. de Rafael Vázquez Zamora, Madrid, Espasa-Calpe, 1960].

20. J. G. Bartholomew, *A Literary and Historical Atlas of America*, Nueva York, E. P. Dutton, 1911, <commons.wikimedia.org/wiki/File:Atlantic_Ocean,_Toscanelli,_1474.jpg>.

21. Kirkpatrick, *The Spanish Conquistadores*, p. 7.

22. Simón Bolívar, «Contestación de un americano meridional a un caballero de esta isla» («Carta de Jamaica»), Kingston, 6 de septiembre de 1815, citado en Marie Arana, *Bolívar. American Liberator*, Nueva York, Simon & Schuster, 2013, p. 310 [hay trad. cast.: *Bolívar. Libertador de América*, trad. de Lina Rosas, Martha Cecilia Mesa y Mateo Cardona, Barcelona, Debate, 2020].

23. «Venient annis saecula seris, quibus Oceanus vincula rerum laxet et ingens pateat tellus Tethysque novos detegat orbes nec sit terris ultima Thule», Séneca, *Medea*, Oxford, Oxford University Press, 2014, p. 84 [hay trad. cast.: *Tragedias I*, trad. de Jesús Luque Moreno, Madrid, Gredos, 1997].

24. James Reston Jr., *Dogs of God*, Nueva York, Anchor, 2005, p. 238 [hay trad. cast.: *Los perros de Dios*, trad. de Marta Alcaraz, Barcelona, Destino, 2007].

25. Según Fernando, hijo de Colón, el «pelo [de su padre], que había sido rubio, era blanco como la nieve a la edad de treinta años». Kirkpatrick, *The Spanish Conquistadores*, p. 11; Markham, *Narratives of the Rites*, p. 136.

26. Markham, *Narratives of the Rites*, p. 57.

27. Ibíd., p. 9.

28. Reston, *Dogs of God*, p. 238.

29. Eduardo Galeano, *Open Veins of Latin America. Five Centuries of the Pillage of a Continent*, trad. de Cedric Belfrage, Nueva York, Monthly Review, 1973, p. 12 [publicado originalmente como: *Las venas abiertas de América Latina*, Ciudad de México, Siglo XXI, 1971].

30. Carta de Luis de Santángel a Fernando e Isabel, en fray Bartolomé de las Casas, *Obras completas*, Madrid, Alianza, 1988-1998, vol. 3, p. 517.

31. Carta de Colón al rey Fernando y la reina Isabel, 1503, en Martín Fernández de Navarrete, *Colección de los viajes y descubrimientos que hicieron por mar los españoles*, Madrid, Imprenta Nacional, 1858, vol. 1, p. 456.

32. Ibíd., p. 175; Colón, *Relaciones y cartas*, p. 24.

33. Ibíd., pp. 173-175. Véase también *Letter of Christopher Columbus to Rafael Sánchez, Facsimile of the First Publication Concerning America, Published at Barcelona, May 1493*, Chicago, W. H. Lowdermilk, 1893.

34. Fray Bartolomé de las Casas, *Vida de Cristóbal Colón*, Barcelona, Red, 2018, p. 87.

35. Colón, *Relaciones y cartas*, pp. 1-148; Bernstein, *The Power of Gold*, p. 120.

36. De las Casas, *Vida de Cristóbal Colón*, p. 90.

37. Colón, *Relaciones y cartas*, pp. 1-148.

38. Fernández de Navarrete, *Colección de los viajes*, vol. 1, p. 456.

39. Colón, *Relaciones y cartas*, p. 367.

40. Ibíd. pp. 348-349.

41. Estaba insinuando que, además de Japón, había encontrado una fuente equivalente a la que había producido las riquezas del rey Salomón, el más próspero de los monarcas bíblicos.

42. De las Casas, *Obras completas*, vol. 3, p. 695.

43. Markham, *Narratives of the Rites*, pp. 135-136.

44. Elvira Vilches, *New World Gold*, Chicago, University of Chicago Press, 2010, p. 65.

45. De las Casas, *Obras completas*, vol. 4, pp. 834-838; Markham, *Narratives of the Rites*, p. 137. El Tratado de Tordesillas (1494), que establecía la línea de demarcación del papa, fue confirmado por los embajadores del pontífice en un encuentro celebrado en Tordesillas. Alejandro estableció inicialmente la línea de demarcación a cien leguas al oeste de las islas de Cabo Verde. En 1506 fue desplazada a trescientas setenta leguas al oeste de dichas islas y fue sancionada por el papa Julio II.

46. De las Casas, *Obras completas*, vol. 4, p. 839.

47. Ibíd., pp. 846-847.

48. Ibíd.

49. Bernal, *España, proyecto inacabado*, p. 279; Mario Arrubla, «Prólogo», en Ramiro Montoya, *Crónicas del oro y la plata americanos*, Madrid, Visión Libros, 2015, p. 11.

50. El edicto se describe en Kendall Brown, *A History of Mining in Latin America. From the Colonial Era to the Present*, Albuquerque, University of New Mexico Press, 2012, p. 11. Los cascabeles grandes eran campanas de cetrería que se ataban a las patas de los halcones. La cantidad equivalente de oro sería suficiente para hacer decenas de anillos. Sobre que se cortaran las manos, De las Casas escribe: «Todas estas obras y otras, extrañas de toda naturaleza humana, vieron mis ojos»; Bartolomé

de Las Casas, *Historia de las Indias*, Madrid, Biblioteca Nacional, 1947, vol. 3, p. 96.

51. Montoya, *Crónicas del oro*, p. 22.

52. Andrés Reséndez, *The Other Slavery. The Uncovered Story of Indian Enslavement in America*, Nueva York, Houghton Mifflin Harcourt, 2016, p. 5 [hay trad. cast.: *La otra esclavitud*, trad. de Maia F. Miret y Stella Mastrangelo, Ciudad de México, Grano de Sal, 2019].

53. De las Casas, citado en F. P. Sullivan, *Indian Freedom*, Kansas City, Sheed & Ward, 1995, p. 69.

54. Bartolomé de las Casas, que había sido testigo del magnífico desfile del joven Colón, y que se sumó a la fiebre del oro y se convirtió en fraile dominico, lamentaría más tarde los excesos del capitán general en su famosa y vívida obra *Brevísima relación de la destrucción de las Indias*.

55. Washington Irving, *A History of the Life and Voyages of Christopher Columbus*, París, Galignani, 1828, vol. 1, p. 259 [hay trad. cast.: *Historia de la vida y viajes de Cristóbal Colón*, trad. de José García de Villalta, 4 vols., Madrid, José Palacios, 1834].

56. Montoya, *Crónicas del oro*, p. 25.

57. Luis Suárez Fernández, *Isabel I, reina*, Barcelona, Planeta, 2012, p. 114.

58. Silvio Beding, *The Christopher Columbus Encyclopedia*, Nueva York, Simon & Schuster, 1992, vol. 1, p. 416.

59. Germán Arciniegas, *Latin America. A Cultural History*, Nueva York, Knopf, 1967, p. 27 [publicado originalmente como: *El continente de siete colores. Historia de la cultura en América Latina*, Buenos Aires, Sudamericana, 1965].

60. Raúl Aguilar Rodas, *Cristóbal Colón*, Medellín, Panibérica, 2006, p. 1.

61. Fray Bernardino de Sahagún, declaración de un testigo nahua, año de la casa 12 (1517), en Miguel León-Portilla, *Visión de los vencidos. Crónicas indígenas*, Madrid, Historia 16, 1985, p. 7; Miguel León-Portilla, *El reverso de la conquista. Relaciones aztecas, mayas e incas*, Ciudad de México, Mortiz, 1964, p. 29.

62. Colón, *Relaciones y cartas*, pp. 303-323.

63. Montoya, *Crónicas del oro*, p. 24.

64. J. H. Elliott, en *Hernán Cortés. Letters from Mexico*, trad. y ed. de Anthony R. Pagden, Nueva York, Grossman, 1971, p. XIV.

65. Pagden, en *Hernán Cortés. Letters*, p. XLI.

66. Ibíd, p. XLIII.

67. Thomas Southey, *Chronological History of the West Indies*, Londres, Longman, Rees, 1827, vol. 1.

68. Reina Isabel I, *Decree on Indian Labor*, 1503, en John Parry, *New Iberian World. A Documentary History*, Nueva York, Times Books, 1984, vol. 1, pp. 262-263; véase también Arana, *Bolívar*, p. 471.

69. El rey Fernando inspiró *El príncipe*, de Nicolás Maquiavelo. Véase *The Letters of Machiavelli*, Chicago, University of Chicago Press, 1961, p. 52.

70. William H. Prescott, *History of the Conquest of Mexico*, John F. Kirk, ed., Londres, Routledge, 1893, p. 109 [hay trad. cast.: *Historia de la conquista de México*, trad. de Rafael Torres Pabón, Madrid, A. Machado Libros, 2004]. Está claro que esto es una visión romántica. Seducía a las esposas de su cohorte o se aprovechaba desenfrenadamente de las mujeres indias. Prescott lo describe como «inclinaciones amorosas». Véase también Bernal Díaz del Castillo, *Historia verdadera de la conquista de Nueva España*, Madrid, Biblioteca Americana, 1992, cap. 203.

71. 215.000 pesos de oro, para ser exactos. Montoya, *Crónicas del oro*, p. 24.

72. Cuando los taínos fueron obligados a trabajar en las minas, no plantaron ni cosecharon cultivos, como acostumbraban, y por eso se produjo una hambruna. También se generalizó la viruela. Pietro Martire D'Anghiera, *De Orbe Novo. The Eight Decades of Peter Martyr D'Anghera* (1625), Nueva York, Knickerbocker, 1912 (versión digital: BiblioBazaar, 2009, pp. 160 y 376) [original cast.: *Décadas del Nuevo Mundo*, ed. facsímil (Buenos Aires, Bajel, 1944), Valladolid, Maxtor, 2012].

73. La cifra de medio millón proviene de Karen Anderson-Córdova, «Hispaniola and Puerto Rico. Indian Acculturation and Heterogeneity, 1492-1550», tesis doctoral, Ann Arbor, University Microfilms, 1990. También: «Había, contados en esta isla todos los indios, 60.000 personas; de manera, que desde el año de 494, en el cual comenzó su desventura, [...] hasta el de 508, que fueron catorce años, perecieron en las guerras y enviar por esclavos á vender á Castilla, y en las minas y otros trabajos». De las Casas, *Historia de las Indias*, vol. 3, cap. XLII. La cifra de «tres millones» se suele considerar una exageración, mientras que se suponía que había sesenta mil cuando De las Casas llegó en 1508.

74. Prescott, *History of the Conquest of Mexico*, p. 109.

75. Cortés a doña Juana y Carlos V, 10 de julio de 1519, en *Hernán Cortés. Letters*, p. 4.

76. Jorge Guillermo Leguía, *Historia de América*, Lima, Rosay, 1934, p. 72.

77. Balboa al rey Fernando, 16 de octubre de 1515, en *Archivo de*

Indias, Madrid, Imprenta Española, 1864, vol. 2. Balboa se comprometió con la hija mayor de Pedrarias; un acuerdo sugerido por el obispo fray Juan de Quevedo para aplacar los celos entre ellos.

78. David Marley, *Wars of the Americas. A Chronology*, Santa Bárbara, ABC-CLIO, 1998, p. 13.

79. Jesús María Henao, *Historia de Colombia*, Bogotá, Librería Colombiana, 1920, vol. 1, pp. 50-54.

80. Para ser exactos, fueron 508, sin contar más de cien hombres entre comandantes, timoneles y marineros. Bernal Díaz del Castillo, *The Discovery and Conquest of Mexico*, Nueva York, Da Capo Press, 1996, p. 42.

81. Gonzalo Fernández de Oviedo y Valdés, *Historia general y natural de las Indias*, Madrid, Imprenta de la Real Academia de la Historia, 1851, vol. 1, pp. 539-541.

82. Hernán Cortés, *Cartas del famoso conquistador Hernán Cortés al emperador Carlos Quinto*, Ciudad de México, Imprenta de I. Escalante, 1870, p. 213.

83. Díaz, *The Discovery and Conquest*, p. 39.

84. Ibíd., pp. 33-41.

85. Díaz, *Historia verdadera de la conquista*, pp. 13-16.

86. Ibíd., p. 17.

87. Procedente de entrevistas con habitantes de La Rinconada, monte Ananea (Perú), febrero del 2013.

88. Testimonio de los mensajeros en náhuatl, 1519, en León-Portilla, *Visión de los vencidos*, p. 68.

89. Ibíd., p. 59.

90. Ibíd., p. 109.

91. *Hernán Cortés. Letters*, pp. 67-68.

92. Díaz, *Historia verdadera de la conquista*, vol. 3, pp. 156-157 y 174-175.

93. Ibíd., pp. 165-167, 171 y 187-188.

94. Díaz, *Historia verdadera de la conquista*, vol. 3, p. 168 (mapa).

95. Antonio Domínguez Hidalgo, *Mitos, fábulas y leyendas del antiguo México*, Ciudad de México, Umbral, 1987, cap. 2, epígrafe, p. 215.

96. Díaz, *Historia verdadera de la conquista*, vol. 3, p. 190.

97. Ibíd., p. 191.

98. *Hernán Cortés. Letters*, p. 69.

99. Ibíd., pp. 69 y 79-81.

100. Ibíd., p. 80.

101. Ibíd.

102. Anthony R. Pagden, comentario en *Hernán Cortés. Letters*, pp. 42n y 467. Los demás cronistas que fomentaron esta idea son todos españoles: fray Diego Durán, *The Aztecs. The History of the Indies of New Spain*, trad. de Doris Heyden y Fernando Horcasitas, Nueva York, Orion, 1964, caps. 53 y 54, pp. 394-408 [publicado originalmente como: *Historia de las Indias de Nueva España y islas de Tierra Firme*], y fray Bernardino de Sahagún, *Historia general de las cosas de Nueva España*, Ciudad de México, Imprenta Alejandro Valdés, 1829-1830, vol. 4, cap. 10. También don Antonio de Mendoza, el primer virrey de Nueva España, citado en J. H. Elliott, «The Mental World of Hernán Cortés», *Transactions of the Royal Historical Society*, n.° 17 (1967), pp. 41-58 y 53.

103. Cortés se inventó el mito de Quetzalcóatl en su segunda carta a Carlos I, y luego los historiadores españoles posteriores lo consideraron un hecho. No hay pruebas indígenas de que existiera. Bernal Díaz, el testigo contemporáneo más fiable del encuentro entre Moctezuma y Cortés, nunca menciona a Quetzalcóatl ni a ningún otro dios. Cita a Moctezuma diciendo, simplemente, que sus antepasados habían predicho que una raza extranjera de hombres aparecería un día en sus costas. Díaz, *Historia verdadera de la conquista*, vol. 3, p. 206; Jacques Lafaye, *Quetzalcóatl and Guadalupe. The Formation of Mexican National Consciousness*, Chicago, University of Chicago Press, 1976, p. 149 [hay trad. cast.: *Quetzalcóatl y Guadalupe. La formación de la conciencia nacional en México*, trad. de Ida Vitale y Fulgencio López Vidarte, Ciudad de México, Fondo de Cultura Económica, 2002]. Henry Wagner menciona la costumbre india de vestir a los visitantes recién llegados con ropajes nativos. Los jefes indios vistieron a Juan de Grijalva con elegantes ropas indias cuando llegó al río Tabasco en 1518. Se decía que Moctezuma envió una reproducción de la ropa de Quetzalcóatl para vestir a Grijalva, pero el conquistador español ya había partido. Un sacerdote de la expedición de Grijalva y posteriormente de la de Cortés, Juan Díaz, describe esto, y tal vez fuera la fuente de la inspirada explicación de Cortés al rey. Henry Wagner, *The Discovery of New Spain in 1518 by Juan de Grijalva*, Pasadena, Cortés Society, 1942, pp. 34-35.

104. El relato completo está en Díaz, *The Discovery and Conquest*, p. 193. También en *Hernán Cortés. Letters*, p. 85, con algunos detalles diferentes.

105. *The Despatches of Hernando Cortés*, Nueva York, Wiley & Putnam, 1843, p. 35; *Hernán Cortés. Letters*, p. 108.

106. Díaz, *The Discovery and Conquest*, p. 194; *Hernán Cortés. Letters*, p. 84.

107. Jacques Soustelle, *Daily Life of the Aztecs*, Mineola, Dover Publications, 2002, pp. 129-131 [hay trad. cast.: *La vida cotidiana de los aztecas en vísperas de la conquista*, trad. de Carlos Villegas, Ciudad de México, Fondo de Cultura Económica, 1956]. Los aztecas a menudo se bañaban dos veces al día con copalxocotl y se lavaban la boca con refrescante bucal. Véase también *The Florentine Codex. General History of the Things of New Spain*, trad. de Arthur J. O. Anderson y Charles E. Dibble, Provo, School of American Research, University of Utah Press, 1970-1982, lib. 11, p. 12 [publicado originalmente como: *Historia general de las cosas de Nueva España* (1577)]. Los españoles, en cambio, se limpiaban los dientes con orina. (Véase Ashenburg, a continuación).

108. Katherine Ashenburg, *The Dirt on Clean*, Toronto, Knopf, 2007, pp. 39-72. Ashenburg explica que, sobre todo en España, había un desprecio general por el baño, agudizado por los rituales de limpieza árabes. Es más, se temía que el agua fuese portadora de la peste negra y durante siglos se consideró que el baño abría los poros y dejaba entrar a la enfermedad.

109. Díaz, *The Discovery and Conquest*, pp. 10, 90 y 169.

110. Ibíd., p. 196.

111. *Hernán Cortés. Letters*, p. 88.

112. Ibíd., pp. 89-91.

113. Ibíd., p. 92.

114. Ibíd.

115. Ibíd., pp. 92-93.

116. Ibíd., p. 94.

117. Ibíd.

118. Ibíd., p. 96.

119. Ibíd., p. 100. Setecientos mil pesos, para ser exactos. También Díaz, *The Discovery and Conquest*, pp. 256 y 269.

120. Cortés escribió que lo que mandó a Carlos I en su primer envío valía más de cien mil ducados. *Hernán Cortés. Letters*, p. 100. Un ducado eran 3,545 gramos de oro de 99,47 por ciento de pureza. Así, su valor de mercado en la actualidad (41,4 dólares en el 2016) sería de veinte millones de dólares, <www.goldgrambars.com>, consultado el 20 de abril del 2019.

121. Carlos Fuentes, *El espejo enterrado*, Ciudad de México, Random House Grupo Editorial, 2016, p. 111.

122. H. W. Foshag, «Chalchihuitl — A Study in Jade», *American Minerologist*, vol. 40, n.° 11-12 (1 de diciembre de 1955), pp. 1062-1070: «Entre los aztecas, el *chalchihuitl* era la más valiosa de las sustancias. Como

indicio de su valor, se pueden citar las palabras de Moctezuma, registradas por Bernal Díaz del Castillo (1632), cuando rinde tributo a Cortés: "También yo os daré unas piedras muy ricas que le enviéis en mi nombre, que son chalchihuís, que no son para dar a otras personas sino para ese vuestro gran señor, que vale cada piedra dos cargas de oro"».

123. Frederic C. Lane, *Venice. A Maritime Republic*, Baltimore, Johns Hopkins University Press, 1973, p. 323.

124. Bernstein, *The Power of Gold*, p. 109.

125. John Day, «The Great Bullion Famine of the Fifteenth Century», *Past and Present*, n.° 79 (mayo de 1978), pp. 3-54.

126. *Hernán Cortés. Letters*, p. 159.

127. Ibíd., p. 97.

128. Ochocientos ochenta, para ser exactos; ochenta jinetes y ochenta soldados a pie. Ibíd., pp. 113-127.

129. Díaz, *Historia verdadera de la conquista*, p. 256.

130. Ibíd., p. 257.

131. Ibíd., p. 258.

132. Ibíd., p. 257.

133. Ibíd., pp. 300-309.

134. Miguel León-Portilla, *The Broken Spears. The Aztec Account of the Conquest of Mexico*, Boston, Beacon Press, 1962, pp. 74-77; Francisco López de Gómara cita seiscientos y casi todos asesinados, *Historia general de las Indias. Conquista de México*, Caracas, Fundación Biblioteca Ayacucho, 2007, 1996-1998, vol. 2.

135. Esto está tomado de la fusión que hace Prescott de las declaraciones de varios testigos: Díaz, Oviedo y Valdés, Torquemada, el noble tlaxcalteca Diego Muñoz Camargo, el famoso cronista Antonio de Herrera, etcétera. Prescott, *History of the Conquest of Mexico*, pp. 350-351.

136. Carlos I menciona por primera vez este consejo en 1519, aunque no se estableció hasta 1524.

137. Díaz, *Historia verdadera de la conquista*, p. 313.

138. Ibíd., pp. 313-314.

139. Oviedo y Valdés, vol. 3, p. 47.

140. Díaz, *Historia verdadera de la conquista*, p. 314.

141. Prescott, *History of the Conquest of Mexico*, p. 399; Díaz, *Historia verdadera de la conquista*, pp. 332-333.

142. Díaz, *Historia verdadera de la conquista*, p. 334.

143. R. L. Kagan, *Clio and the Crown. The Politics of History in Medieval and Early Modern Spain*, Baltimore, Johns Hopkins University Press, 2009,

p. 61 [hay trad. cast.: *Los cronistas y la Corona. La política de la historia en España en las edades Media y Moderna*, trad. de Pablo Sánchez León, Madrid, Centro de Estudios Europa Hispánica/Marcial Pons Historia, 2010].

144. William Dalton, *Cortés and Pizarro*, Londres, Griffin, Bohn, 1852, p. 8.

145. Lope de Vega, *Obras de Lope de Vega*, Madrid, Rivadeneyra, 1900, vol. 11, p. 110.

146. El grito de guerra español en el campo de batalla. Santiago también era conocido en la península ibérica como Santiago Matamoros. Se dice que «¡Santiago y cierra!» se utilizó en 1212 en la batalla de Las Navas de Tolosa, cuando castellanos, aragoneses y portugueses se unieron contra los gobernantes almohades bereberes del sur de la península. «España» se añadió posteriormente, cuando Castilla y Aragón se convirtieron en España.

147. Bernstein, *The Power of Gold*, p. 130.

4. El rastro del Rey Blanco

1. Pedro Pizarro, *Relation of the Discovery and Conquest of the Kingdoms of Peru*, 2 vols., Nueva York, Cortés Society, 1921, p. 234 [publicado originalmente como: *Colección de documentos inéditos para la historia de España*, Madrid, Imprenta de la Viuda de Calero, 1844, t. V, p. 255].

2. Pizarro, Cortés y Orellana eran primos lejanos. Rómulo Cúneo-Vidal, *Vida del conquistador del Perú, don Francisco Pizarro, y de sus hermanos Hernando, Juan y Gonzalo Pizarro, y Francisco Martín de Alcántara*, Barcelona, Maucci, 1925.

3. John Hemming, *The Search for El Dorado*, Nueva York, E. P. Dutton, 1978, p. 50 [hay trad. cast.: *En busca de El Dorado*, trad. de Xavier Laviña, Barcelona, Del Serbal, 1995].

4. H. T. Peck, *W. H. Prescott*, English Men of Letters, Nueva York, Macmillan, 1905, pp. 160-163.

5. José Antonio Busto Duthurburu, *Pizarro*, Lima, Copé, 2001, vol. 1, pp. 120-122.

6. En las crónicas originales, Pirú aparece varias veces como «Virú». Pedro Cieza de León lo llama Peruquete: *The Discovery and Conquest of Peru. Chronicles of the New World Encounter*, Durham, Duke University Press, 1998, pp. 48-49 [publicado originalmente como: *Crónica del Perú* (1553)].

7. Busto, *Pizarro*, vol. 1, p. 139.

8. De acuerdo con la carta de un conquistador, incluso los vasallos del rey llevaban coronas de plata y planchas de oro. De la *Carta de Luis Ramírez a su padre*, San Salvador, 10 de julio de 1528: «Vista la gran riqueza de la tierra, é cómo junto á la dicha sierra había un rey blanco que traía [...] vestidos como nosotros, se determinaron de ir allá, por ver lo que era, los cuales fueron y les enviaron cartas; y que aún no habían llegado á las minas, más ya habían tenido plática con unos indios comarcanos á la sierra, é que traían en las cabezas unas coronas de plata é unas planchas de oro colgadas de los pescuezos é orejas, é ceñidas por cintos». José Toribio Medina, *El veneciano Sebastián Caboto*, Santiago de Chile, Imprenta Universitaria, 1908, p. 442.

9. En 1527, treinta y cuatro mil soldados del ejército del Sacro Imperio Romano Germánico, furiosos y sin haber cobrado, se rebelaron y marcharon contra Roma, saqueando la ciudad. Pedro de Mendoza estaba entre ellos.

10. Sarah de Laredo, *From Panama to Peru. The Conquest of Peru by the Pizarros*, Londres, Maggs Bros., 1925, «Introduction», p. v.

11. Busto, *Pizarro*, vol. 1, pp. 40-41.

12. Gonzalo Fernández de Oviedo y Valdés, *Historia general y natural de las Indias*, Madrid, Imprenta de la Real Academia de la Historia, 1851, vol. 4, parte 3, introducción, p. 2.

13. Rafael Varón Gabai, *Pizarro and His Brothers*, Norman, University of Oklahoma Press, 1997, p. 17 [publicado originalmente como: *La ilusión del poder. Apogeo y decadencia de los Pizarro en la conquista del Perú*, Lima, Instituto Francés de Estudios Andinos, 1996].

14. Busto, *Pizarro*, vol. 1, p. 124.

15. Francisco López de Gómara, *Historia general de las Indias*, Madrid, Espasa-Calpe, 1932, vol. 1, primera parte, cap. CVIII.

16. Agustín de Zárate, *Historia del descubrimiento y conquista del Perú*, Baltimore, Penguin, 1968, lib. I, cap. I, p. 19; Francisco de Xerez, *True Account of the Conquest of Peru*, Iván R. Reyna, ed., Nueva York, Peter Lang, 2013 [publicado originalmente como: *Verdadera relación de la Conquista del Perú* (Sevilla, 1534), Madrid, 1891]; Antonio de Herrera y Tordesillas, *The General History of the Vast Continent and Islands of America*, 6 vols., trad. del capitán John Stevens, Nueva York, AMS Press, 1973 [publicado originalmente como: *Historia general de los hechos de los castellanos en las islas i tierra firme del mar oceano*, Madrid, en la emplenta [sic] Real, 1601].

17. De acuerdo con el historiador de la Sorbona Bernard Lavallé,

Luque servía de tapadera a otra persona: «Rafael Varón Gabai insiste asimismo en el hecho de que el principal financista de la operación puede muy bien haber sido en realidad el licenciado Espinosa, uno de los hombres más conocidos y más ricos de Panamá en esa época, pero cuya posición en relación con Pedrarias Dávila, de quien era alcalde mayor, lo ponía en una situación delicada. No es pues imposible que Luque, quien de todos modos participaba en la empresa, le haya servido de pantalla». Bernard Lavallé, *Francisco Pizarro*, Madrid, Espasa-Calpe, 2005, p. 58.

18. Existe cierto debate sobre esto e incluso se ha sugerido que se le pagó para ser socio. Para aclarar este debate, véase Varón Gabai, *Pizarro*, pp. 17-19.

19. Este relato se basa en varias fuentes. Véanse Diego de Silva y Guzmán, *Conquista de la Nueva Castilla, «La crónica rimada»*, Lima, Biblioteca Peruana, 1968; Fernández de Oviedo, *Historia general*, vol. 4, parte 3, introducción, p. 2; Xerez, *True Account*, pp. 3-5; Cieza de León, *Discovery and Conquest of Peru*, pp. 49-55; Raúl Porras Barrenechea, *Cartas del Perú. Colección de documentos inéditos para la historia del Perú (1524-1543)*, Lima, Edición de la Sociedad de Bibliófilos Peruanos, 1959, vol. 3, pp. 13-18.

20. De Silva y Guzmán, *Conquista*, vol. 1, p. 21, citado en Busto, *Pizarro*, vol. 1, p. 138.

21. Cieza de León, en Enrique de Vedia, *Historiadores primitivos de Indias*, Madrid, Rivadeneyra, 1852, vol. 2, p. 436.

22. Ruiz era un antiguo capitán experimentado que había navegado con Colón.

23. Cieza de León afirma que en este momento aún estaba vivo. Cieza de León, *Discovery and Conquest of Peru*, p. 113.

24. Raúl Porras Barrenechea, *Cronistas del Perú (1528-1650) y otros ensayos*, Lima, Banco de Crédito del Perú, 1986, pp. 54-55. Citado también en John Hemming, *The Conquest of the Incas*, Nueva York, Penguin, 1983, p. 25 [hay trad. cast.: *La conquista de los incas*, trad. de Stella Mastrangelo, Ciudad de México, Fondo de Cultura Económica, 2000], y Ronald Wright, *Stolen Continents. The Americas Through Indian Eyes*, Boston, Houghton Mifflin, 1992, p. 64 [hay trad. cast.: *Continentes robados*, trad. de Nora Muchnik, Madrid, Anaya & Mario Muchnik, 1994].

25. Pedro Cieza de León, *Crónica del Perú*, Lima, Pontificia Universidad Católica del Perú, 1984, vol. 16, fol. 17v.

26. Ibíd.

27. José Antonio Busto Duthurburu, *La conquista del Perú*, Lima, Librería Studium, 1981, p. 26.

28. Cieza de León, *Crónica del Perú*, vol. 16, fol. 18v.

29. Lavallé, *Francisco Pizarro*, p. 66.

30. Como observaron Alexandra Parma Cook y David Noble Cook en la edición de 1998 del libro de Cieza de León: «En la década de 1520, había muchos esclavos negros en Panamá, y muchos participaron en la aventura peruana. Un esclavo le había salvado la vida a Almagro. Como [James] Lockhart señala [en *Los de Cajamarca*], en los registros hay un silencio notable en lo relativo a la indudable participación de los negros en la conquista». Cieza de León, *Discovery and Conquest of Peru*, p. 111.

31. Hemming, *Conquest*, p. 27.

32. Ibíd.

33. *Chilam Balam de Chumayel*, citado en Miguel León-Portilla, *El reverso de la conquista. Relaciones aztecas, mayas e incas*, Ciudad de México, Mortiz, 1964, p. 78.

34. Hernán Cortés, *Cartas y relaciones de Hernán Cortés al emperador Carlos V*, París, Imprenta Central de los Ferro-Carriles A. Chaix y Cª, 1866, pp. 539-558; Hemming, *Conquest*, p. 28.

35. «Me ha sido más difícil luchar contra mis compatriotas que contra los aztecas». Julio Verne, *Viajeros extraordinarios* (1878), Barcelona, Círculo Latino, 2006, p. 290.

36. José Luis Olaizola, *Francisco Pizarro*, Barcelona, Planeta, 1998, disponible en BibliotecaOnline, ed. digital, 2012, <www.bibliotecaonline.net>.

37. Las primeras minas aztecas explotadas por los hombres de Cortés se encontraban en el antiguo sitio de Taxco. En respuesta a los numerosos intentos encubiertos de Francia de apoderarse de la plata mientras cruzaba el Atlántico, España envió una flota de barcos para escoltar los cargamentos. Timothy R. Walton, *The Spanish Treasure Fleets*, Sarasota, Pineapple Press, 1994, p. 44.

38. Olaizola, *Francisco Pizarro*; Hemming, *Conquest*, p. 28.

39. Le debo estas ideas a Ronald Wright, en su magistral *Stolen Continents*.

40. Ibíd., p. 67.

41. Por supuesto, en aquel momento esto no era Colombia ni Chile, pero los denomino así para que el lector contemporáneo lo entienda más fácilmente. En adelante, utilizo por comodidad estos lugares geográficos actuales.

42. Edmundo Guillén Guillén, *La guerra de reconquista Inka*, Lima, Guillén Guillén, 1994, p. 44.

43. Cristóbal de Mena, en Miguel de Estete, *Noticia del Perú*, citado en Hemming, *Conquest of the Incas*, p. 36.

44. Pedro Pizarro, *Relation of the Discovery*, p. 36.

45. Hemming, *Conquest*, p. 40.

46. Cieza de León, *Crónica del Perú*, vol. 3, cap. 44, p. 255; Estete, *Noticia del Perú*, p. 31; Porras Barrenechea, *Cartas del Perú*, p. 120.

47. Cristóbal de Mena, *La conquista del Perú, llamada la Nueva Castilla*, Nueva York, New York Public Library, 1929, p. 244.

48. Pedro Pizarro, *Relation of the Discovery*, p. 230.

49. Tito Cusi Yupanqui, *A 16th-Century Account of the Conquest*, Cambridge, Harvard University Press, 2005, p. 136 [publicado originalmente como: *Ynstruçión del Inga Don Diego de Castro Titu Cusi Yupangui para el muy ilustre Señor el Licenciado Lope García de Castro* (1570)].

50. Xerez, *True Account*, p. 333; Mena, *Conquista del Perú*, p. 244.

51. Mena, *Conquista del Perú*, p. 246; Hemming, *Conquest*, p. 46.

52. Hemming, *Conquest*, p. 46.

53. Felipe Guamán Poma de Ayala, *El primer nueva corónica y buen gobierno*, John V. Murra y Rolena Adorno, eds., Ciudad de México, Siglo XXI, 1980, vol. 2, p. 357.

54. Sara Vicuña Guengerich, «Capac Women and the Politics of Marriage in Early Colonial Peru», *Colonial Latin American Review*, vol. 24, n.º 2 (2015), pp. 147-167; Susan Socolow, *The Women of Colonial Latin America*, Cambridge, Cambridge University Press, 2000, p. 38 [hay trad. cast.: *Las mujeres en la América Latina colonial*, trad. de Luisa Fernanda Lassaque, Buenos Aires, Prometeo, 2016].

55. Hernando de Soto, en Porras Barrenechea, *Cartas del Perú*, p. 59.

56. Guamán Poma, *El primer nueva corónica y buen gobierno*, vol. 2, p. 369.

57. Xerez, *True Account*, p. 335. La habitación medía aproximadamente 7,5 por 5,5 metros y 5,5 metros de alto, una media calculada a partir de numerosos cronistas (Hemming, *Conquest*, p. 535).

58. Mena, *Conquista del Perú*, p. 250; Estete, *Noticia del Perú*, p. 35; Hemming, *Conquest*, p. 54.

59. Izumi Shimada y John Merkel, «Copper-Alloy Metallurgy in Ancient Peru», *Scientific American*, vol. 265, n.º 1 (julio de 1991), p. 80.

60. El oro de veinticuatro quilates en enero del 2019: diez toneladas, a 1.319,51 dólares la onza, son 384.857.127 dólares. La plata en la misma fecha: setenta toneladas, a 16,06 dólares la onza, son 417.646.297 dólares. Precios del oro y la plata, *Gold Price*, <http://goldprice.org/gold-price-usa.html>, consultado el 30 de enero del 2019.

61. Elvira Vilches, *New World Gold*, Chicago, University of Chicago Press, 2010, p. 135.

62. Pablo Neruda, «Alturas del Macchu Picchu», en *Canto general* (Buenos Aires, Losada, 1955), Alicante, Biblioteca Virtual Miguel de Cervantes, 2000, p. 207.

63. Varón Gabai, *Pizarro*, p. 75.

64. Buddy Levy, *Conquistador. Hernán Cortés, Montezuma, and the Last Stand of the Aztecs*, Nueva York, Bantam Dell, 2008, p. 321 [hay trad. cast.: *Conquistador. Hernán Cortés, Moctezuma y la última batalla de los aztecas*, trad. de Carles Mercadal Vidal, Barcelona, Debate, 2010]. Utilizo el nombre «México» para facilitar la comprensión. Por supuesto, no se llamaba México sino Nueva España.

65. Ramiro Montoya, *Crónicas del oro y la plata americanos*, Madrid, Visión Libros, 2015, p. 111.

66. Acosta, lib. IV, cap. IV.

67. José Antonio Busto Duthurburu, *La platería en el Perú. Dos mil años de arte e historia*, Lima, Banco del Sur del Perú, 1996, p. 68.

68. De hecho, Pizarro ordenó que su palacio de Lima se construyera encima de la residencia de Taulichusco, el curaca que había gobernado la región bajo los incas. Las iglesias debían construirse sobre los templos. De esta manera, los españoles simbolizaron el poder sobre los conquistados.

69. Nicholas A. Robins, *Mercury, Mining, and Empire. The Human and Ecological Cost of Colonial Silver Mining in the Andes*, Bloomington, Indiana University Press, 2011, pp. 4-6 [hay trad. cast.: *Mercurio, minería e imperio. El costo humano y ecológico de la minería de plata colonial en los Andes*, Huancavelica, Universidad Nacional de Huancavelica, 2011].

70. Rolena Adorno, *The Polemics of Possession in Spanish American Narrative*, New Haven, Yale University Press, 2007, pp. 82-86.

71. K. W. Swart, *The Black Legend During the Eighty Years War*, Ámsterdam, Springer Netherlands, 1975, pp. 36-57.

72. La siguiente información sobre el comercio entre China y España proviene de Frederick W. Mote y Denis Twitchett, eds., *The Cambridge History of China*; vol. 8: *The Ming Dynasty, 1368-1644*, Nueva York, Cambridge University Press, 1998, parte 2, pp. 389-396.

73. J. R. McNeill y William H. McNeill, *The Human Web. A Bird's-Eye View of World History*, Nueva York, Norton, 2003, p. 203 [hay trad. cast.: *Las redes humanas. Una historia global del mundo*, trad. de Jordi Beltrán, Barcelona, Crítica, 2010].

74. Mote y Twitchett, *Cambridge History. Ming Dynasty*, pp. 389-396.

75. Luis Capoche, *Relación general de la villa imperial de Potosí*, Madrid, Atlas, 1959, <https://archive.org/stream/RelacionGeneralDeLaVillaImperialDePotosiLUISCAPOCHE>.

76. Miguel de Cervantes, *El ingenioso hidalgo don Quijote de la Mancha*, segunda parte, cap. LXXI. «Si yo te hubiera de pagar, Sancho —respondió don Quijote—, conforme lo que merece la grandeza y calidad deste remedio, el tesoro de Venecia, las minas del Potosí fueran poco para pagarte; toma tú el tiento á lo que llevas mío, y pon el precio á cada azote».

77. Daron Acemoglu y James A. Robinson, *Why Nations Fail. The Origins of Power, Prosperity, and Poverty*, Nueva York, Crown, 2012, mapa 1, zona de influencia de la mita minera [hay trad. cast.: *Por qué fracasan los países*, trad. de Marta García Madera, Barcelona, Deusto, 2012]. También en Peter J. Bakewell, *Miners of the Red Mountain. Indian Labor in Potosí, 1545-1650*, Albuquerque, University of New Mexico Press, 1984, p. 181 [hay trad. cast.: *Mineros de la Montaña Roja. El trabajo de los indios en Potosí, 1545-1650*, trad. de Mario García Aldonate, Madrid, Alianza América, 1989].

78. Bakewell, *Miners of the Red Mountain*, pp. 44-45.

79. María Rostworowski de Diez Canseco, *Historia del Tawantinsuyu*, Lima, IEP, 1988, p. 184.

80. Alonso Enriquez de Guzmán, *Libro de la vida y costumbres de don Alonso Enríquez de Guzmán*, Madrid, Atlas, 1960, pp. 70-71; José Sancho Rayón y Francisco de Zabalburu, *Colección de documentos inéditos para la historia de España*, Madrid, Imprenta de Miguel Ginesta, 1886, vol. 85, p. 291.

81. Kendall Brown, *A History of Mining in Latin America. From the Colonial Era to the Present*, Albuquerque, University of New Mexico Press, 2012, cap. 8.

82. Pedro Pablo Arana, *Las minas de azogue del Perú*, Lima, Imprenta El Lucero, 1901, p. 14. Pedro Pablo Arana, gobernador de Cuzco, senador de Perú y candidato a vicepresidente del país en 1899, fue mi bisabuelo paterno. Se convirtió en el dueño de las infames minas de Santa Bárbara (que pertenecían a su hacienda de Huancavelica) mucho después de que fueran abandonadas por los españoles.

83. Archivo de Indias, Audiencia de Lima, leg. 442, Joseph Cornejo a Patiño, San Ildefonso, 27 de agosto de 1734.

84. Fray Buenaventura de Salinas y Córdova, *Memorial de las historias del Nuevo Mundo: Pirú*, Lima, Universidad de San Marcos, 1957, p. 297.

85. John Miller, *Memoirs of General Miller in the Service of the Republic*

of Peru, Nueva York, AMS, 1979, p. 207 [hay trad. cast.: *Memorias del general Miller*, trad. de José María Torrijos, Madrid, Espasa/Fundación Dos de Mayo, Nación y Libertad, 2009].

86. Bartolomé Arzans de Orsúa y Vela, *Relatos de la villa imperial de Potosí*, La Paz, Plural, 2000, p. 180.

87. Arana, *Minas de azogue*, p. 14.

88. «Soy el rico Potosí. Del mundo soy el tesoro. Soy el rey de los montes. Envidia soy de los reyes». Wilson Mendieta Pacheco, *Potosí. Patrimonio de la humanidad*, Potosí (Bolivia), El Siglo, 1988, p. 9.

89. Martín González de Cellorigo (1600), citado en J. H. Elliott, *Spain, Europe and the Wider World, 1500-1800*, New Haven, Yale University Press, 2009, p. 140 [hay trad. cast.: *España, Europa y el mundo de ultramar (1500-1800)*, Madrid, Taurus, 2010].

90. Ibíd.

91. George Orwell, *Nineteen Eighty-Four*, Nueva York, Knopf, 1987, p. 276 [hay trad. cast.: *1984*, trad. de Miguel Temprano, Barcelona, Debolsillo, 2013].

92. Charles de Secondat, barón de Montesquieu, *L'esprit des lois* (1748), en *Oeuvres de Montesquieu*, París, Dalibon, 1822, vol. 3, p. 456 [hay trad. cast.: *Del espíritu de las leyes*, t. III, trad. de Juan López de Peñalver, Madrid, Imprenta Nacional, 1822].

93. Carlos Marichal, *Bankruptcy of Empire. Mexican Silver and the Wars Between Spain, Britain and France, 1760-1810*, Nueva York, Cambridge University Press, 2007, p. 20 [publicado originalmente como: *La bancarrota del virreinato. Nueva España y las finanzas del Imperio español, 1780-1810*, Ciudad de México, El Colegio de México/Fondo de Cultura Económica, 1999]. También en p. 4: «Como la colonia fiscal más rica del siglo XVIII, el virreinato de Nueva España llegó a operar como una especie de *submetrópoli* fiscal que garantizaba la capacidad del Estado imperial para defenderse en una época de sucesivos conflictos internacionales».

94. Ibíd., p. 18.

95. Ibíd., p. 85.

96. Marie Arana, *Bolívar. American Liberator*, Nueva York, Simon & Schuster, 2013, pp. 82-86 [hay trad. cast.: *Bolívar. Libertador de América*, trad. de Lina Rosas, Martha Cecilia Mesa y Mateo Cardona, Barcelona, Debate, 2020].

97. Margaret E. Rankine, «The Mexican Mining Industry in the Nineteenth Century», *Bulletin of Latin American Research*, vol. 11, n.º 1 (1992), pp. 29-48.

98. George Canning, en H. W. V. Temperley, «The Later American Policy of George Canning», *American History Review*, vol. 11, n.º 4 (julio de 1906), p. 781, citado en Arana, *Bolívar*, p. 347.

99. Jefferson a Archibald Stuart, París, 25 de enero de 1786, en Paul Ford, ed., *The Works of Thomas Jefferson*, vol. 4, p. 188, citado en Arana, *Bolívar*, p. 74.

100. Courtney J. Campbell, «Making Abolition Brazilian: British Law and Brazilian Abolitionists in Nineteenth-Century Minas Gerais and Pernambuco», *Slavery & Abolition*, vol. 36, n.º 3 (2015), pp. 521-543.

101. *Mexican Mining Journal*, vol. 8, n.º 1 (enero de 1909), p. 14.

5. Ambición ciega

1. Ludwig von Mises, *Nationalökonomie. Theorie des Handelns und Wirtschaftens*, Ginebra, Union, 1940, p. 441.

2. Todas las descripciones de Ai Apaec que aparecen aquí provienen de Ulla Holmquist, curadora del Museo Larco, la institución que documenta la cultura moche, en Pueblo Libre, Lima (Perú). También de Juergen Golte, *Moche. Cosmología y sociedad*, Lima, Instituto de Estudios Peruanos, 2009, y Rafael Larco Hoyle, *Los mochicas*, Lima, Museo Arqueológico Rafael Larco Herrera, 1942.

3. Hay muchas pruebas de esto en las crónicas de los descendientes de las casas reales indígenas. Por ejemplo, en su historia de Potosí, Bartolomé Arzans de Orsúa y Vela registró este testimonio de un indio humilde: «Decidles que al mal hombre Hualca, lo ha de castigar el gran Pachacámac, porque les ha descubierto el Potocsi, que a ninguno de nuestros ingas se lo dio; y que si quieren paz y no guerra se vayan de aquí y nos entreguen a Hualca para castigarlo en nombre de Pachacámac, por haber faltado a la orden que nos dio a todos de que no sacásemos la plata del Cerro». Bartolomé Arzans de Orsúa y Vela, *Historia de la villa imperial de Potosí*, Lewis Hanke y Gunnar Mendoza, eds., Providence, Brown University Press, 1965, vol. 1, p. 39.

4. Pascale Absi, «Los hijos del diablo», en *Demonio, religión y sociedad entre España y América*, Fermín del Pino Díaz, ed., Madrid, Consejo Superior de Investigaciones Científicas, 2002, p. 271.

5. «En lugar della usaban desta letra, T, así, en lugar de decir Dios, suelen pronunciar Tios». Bernabé Cobo, *Historia del Nuevo Mundo*, Sevilla, Impresa E. Rasco, 1892, vol. 3, p. 321.

6. Del poema «A Carmela, la peruana», en Federico García Lorca, *Obra completa II*, Madrid, Akal, 1998, p. 416.

7. La información sobre La Rinconada es una adaptación y actualización de Marie Arana, «Dreaming of El Dorado», *Virginia Quarterly Review* online, <www.vqronline.org/essay/dreaming-el-dorado>, última actualización: 17 de septiembre del 2012.

8. Le debo esta frase a William Finnegan, «Tears of the Sun», *The New Yorker*, 20 de abril del 2015.

9. «World Gold Production by Country», *USAGold*, <www.usagold.com/reference/globalgoldproduction.html>, consultado el 30 de enero del 2019.

10. Brook Larmer, *National Geographic*, enero del 2009.

11. Suzanne Daley, «Peru Scrambles to Drive Out Illegal Gold Mining», *The New York Times* online, 26 de julio del 2016.

12. Global Initiative Against Transnational Organized Crime, *Organized Crime and Illegally Mined Gold in Latin America*, Ginebra, abril del 2016, <https://arcominero.infoamazonia.org/GIATOC-OC_Illegally-Mined-Gold-in-Latin-America-3c3f978eef80083bdd8780d7c5a21f1e.pdf>.

13. Guillermo Arbe Carbonel, economista de Scotiabank, citado en Daley, «Peru Scrambles».

14. «Muestra retrata el verdadero rostro de la minería ilegal», *La República* (Perú), 24 de mayo del 2017; Heather Walsh, «In Colombia, Gold Mining's Becoming More Dangerous Than Cocaine», *Financial Post* (Canadá), 12 de octubre del 2011.

15. Dan Collyns, «Extent of Peruvian Amazon Lost to Illegal Goldmines Mapped for First Time», *The Guardian* (ed. británica), 29 de octubre del 2013; Jonathan Watts, «High Gold Prices Causing Increased Deforestation in South America, Study Finds», *The Guardian* (ed. británica), 14 de enero del 2015, y «Brazilian Court Blocks Abolition of Vast Amazon Reserve», *The Guardian* (ed. británica), 30 de agosto del 2017. La cifra exacta pasó de 2.165 a 6.131 hectáreas por año a partir del 2008. Permaneció así durante muchos años.

16. J. Watts, «Amazon Deforestation Picking Up Pace, Satellite Data Reveals», *The Guardian* (ed. británica), 19 de octubre del 2014. El área metropolitana de Denver tiene 396 kilómetros cuadrados y Manhattan, 59 kilómetros cuadrados; en Brasil, en septiembre del 2014 se destruyeron 402 kilómetros cuadrados. A. Fonseca, C. Souza Jr. y A. Veríssimo, *Deforestation Report for the Brazilian Amazon*, Belén (Brasil), Instituto del Hombre

y el Medioambiente de la Amazonia, enero del 2015, <www.imazon.org.br>.

17. Trista Patterson y M. Sanjayan, «Amazon: Lungs of the Planet», BBC Future online, vídeo, 18 de noviembre del 2014, <www.bbc.com/future/story/20130226-amazon-lungs-of-the-planet>.

18. En *Gold Price* (<www.goldprice.org>) puede verse un gráfico diacrónico del precio del oro al tipo de cambio actual (y en constante fluctuación).

19. «Puno», *Diario Correo* (Perú), 4 de marzo del 2015, <https://diariocorreo.pe/edicion/puno/la-ciudad-mas-alta-del-mundo-y-sombrio-esta-ubicado-en-puno-video-696750/>

20. Fritz Dubois, *Perú21*, 31 de mayo del 2012. Para el tamaño de la familia, véase *Niños que trabajan en minería artesanal de oro en el Perú*, Scribd, <https://www.scribd.com/document/67842098/NINNOS-QUE-TRABAJAN-PIAZZA>.

21. León Quispe, abogado y trabajador social que se dedica a intentar conseguir el bienestar de la comunidad, estima que, en un año normal, entre cinco mil y ocho mil chicas, algunas de tan solo catorce años, pasan por las cantinas de La Rinconada. Las mantienen prisioneras como esclavas sexuales. León Quispe, entrevista de la autora, Puno y La Rinconada, 7-15 de febrero del 2012. Continuación de la entrevista con Quispe, Puno, 20 de febrero del 2016. Véase también «Trata de personas continúa impune en infierno de La Rinconada», *La República* (Perú), 9 de junio del 2016.

22. «Mineros de La Rinconada portan tuberculosis y VIH-Sida», *Diario Correo* (Perú), 25 de marzo del 2015.

23. Heraclio Castillo, «Salarios en minería del estado, los segundos más altos del país», *Zacatecas en Imagen* (México), 2 de diciembre del 2013, <https://imagenzac.com.mx/general/salarios-en-mineria-del-estado-los-segundos-mas-altos-en-el-pais/>.

24. Perú, el mayor productor de oro del mundo, produjo 151 toneladas en el 2017, lo que equivale a 5.500 millones de dólares. De ese total, Cajamarca produjo 33 toneladas o 1.300 millones de dólares. *Xinhua*, 7 de febrero del 2018. Una única mina, Yanacocha, ha producido 35 millones de onzas de oro en los últimos veinticinco años. Ben Hallman y Roxana Olivera, «Gold Rush», *Huffington Post*, <http://projects.huffingtonpost.com/worldbank-evicted-abandoned/how-worldbank-finances-environmental-destruction-peru>, última actualización: 15 de abril del 2015.

25. En el año 2005 fue de alrededor del 76 por ciento, y en el 2015 del 51 por ciento. *Mapa de pobreza provincial y distrital 2013*, Lima, Instituto Nacional de Estadística e Informática, 2015. Fondo de Cooperación para el Desarrollo Social (Foncodes), 2005 y 2015.

26. Mario Vargas Llosa, «El socialismo y los tanques», en *Contra viento y marea, 1962-1982*, Barcelona, Seix Barral, 1983, pp. 160-161.

27. Dulles trabajó para los despachos de abogados que representaban a United Fruit, y siguió estando en nómina durante muchos años; Allen Dulles perteneció a sus juntas directivas. El secretario de Estado Dulles presionó al presidente Dwight Eisenhower para que planeara un golpe militar contra el presidente Jacobo Árbenz en Guatemala para proteger los intereses de United Fruit. Rich Cohen, *The Fish That Ate the Whale*, Nueva York, Farrar, Straus and Giroux, 2012, p. 186. Véase también César J. Ayala, *American Sugar Kingdom*, Chapel Hill, University of North Carolina Press, 1999, pp. 48-74.

28. Gary Giroux, *Business Scandals, Corruption, and Reform. An Encyclopedia*, Denver, Greenwood, 2013, p. 50.

29. Dan Koeppel, *Banana. The Fate of the Fruit That Changed the World*, Nueva York, Penguin, 2008, p. 63.

30. Sidney W. Mintz, *Sweetness and Power. The Place of Sugar in Modern History*, Nueva York, Penguin, 1985, pp. 71-73 [hay trad. cast.: *Dulzura y poder. El lugar del azúcar en la historia moderna*, trad. de Laura Moles Fanjul, Madrid, Siglo XXI, 1996].

31. Ibíd., p. 134.

32. «The Slave Trade Developed Western Societies and Plunged Africa into Underdevelopment», entrevista con el escritor y el profesor Didier Gondola, *Rebelión*, última actualización: 24 de abril del 2009 [hay trad. cast.: «La trata de negros desarrolló las sociedades occidentales y hundió a África en el subdesarrollo», *Renacientes*, 28 de abril del 2009].

33. Mintz, *Sweetness and Power*, p. 73.

34. Groupes Sucres et Danrées, Sucden online, <www.sucden.com/en/products-and-services/sugar/global-trade-flows>, última actualización: 30 de enero del 2019; véanse también «raw sugar trade» y «world sugar trade» en la misma página web.

35. J. H. Bernardin de Saint Pierre, *Voyage to Isle de France, Isle de Bourbon, The Cape of Good Hope* (1773), citado en Mintz, *Sweetness and Power*, contraportada.

36. Johannes Alvarez y James Fiorito, «Venezuelan Oil Unifying Latin-America», ENG-297, *Ethics of Development in a Global Environment*, Universidad de Stanford, 2 de junio del 2005.

37. Robert Burroughs, *Travel Writing and Atrocities. Eyewitness Accounts of Colonialism*, Nueva York, Routledge, 2011, p. 124. La Compañía Angloperuana del Caucho de Julio César Arana, que mantuvo un monopolio feroz de la extracción del caucho en la región de Putumayo y fue responsable de multitud de crueldades perpetradas contra el pueblo amazónico, estaba controlada por una junta directiva de Londres y financiada por bancos londinenses. Véase Ovidio Lagos, *Arana, rey de caucho*, Buenos Aires, Emecé, 2005. También he escrito sobre Julio César Arana en mis memorias *American Chica*, Nueva York, Dial Press, 2001 [hay trad. cast.: *American chica*, trad. de Margarita Luna, Nueva York, Random House Español, 2003].

38. La revista peruana *Caretas* contó, en una historia sobre la poderosa familia Morey, de Iquitos —la familia que gobierna todas las aldeas en ese cuello del río Amazonas—, que la Compañía Angloperuana del Caucho (para la que trabajó el patriarca, Luis Felipe Morey) estaba exportando más de 3,8 millones de libras de caucho anuales, cuando en ese momento cada libra de caucho valía una libra esterlina. Raúl Morey Menacho, «La familia Morey y otros entronques históricos», *Caretas*, n.º 1.351 (23 de febrero de 1995); 3,8 millones de libras en 1900 equivalen a 4.200 millones de libras actuales o 5.500 millones de dólares («valor relativo de la producción»), *Measuring Worth*, <www.measuringworth.com>, consultado el 30 de enero del 2019. Entrevisté a fondo a Humberto Morey sobre la compañía para mis memorias, *American Chica*.

39. Comisión Federal de Comercio de Estados Unidos, según se explica en Cid Silveira, *Café. Um drama na economia nacional*, Río de Janeiro, Editôra Civilização Brasileira, 1962.

40. El presidente William Taft en 1912, citado en George Lopez y Michael Stohl, eds., *Liberalization and Redemocratization in Latin America*, Nueva York, Greenwood, 1987, p. 258.

41. Eduardo Galeano, *Open Veins of Latin America. Five Centuries of the Pillage of a Continent*, trad. de Cedric Belfrage, Nueva York, Monthly Review, 1973, pp. 107-108 [publicado originalmente como: *Las venas abiertas de América Latina*, Ciudad de México, Siglo XXI, 1971].

42. Lopez y Stohl, *Liberalization and Redemocratization*, p. 258. Esta cita se ha atribuido al secretario de Estado Cordell Hull en referencia a Rafael Trujillo, o a Franklin D. Roosevelt sobre Anastasio Somoza. También se afirma que la dijo Roosevelt en alusión al Generalísimo Francisco Franco. Muchos historiadores y periodistas conjeturan que probablemente era una expresión que se solía usar en aquella época para referirse a los

dictadores y hombres fuertes que contaban con el apoyo de Estados Unidos. Kevin Drum, «But He's Our Son of a Bitch», *The Washington Monthly*, 16 de mayo del 2006.

43. Fragmento de un discurso pronunciado en 1933 por el general de división Smedley Butler, del Cuerpo de Marines de Estados Unidos. Leo Huberman, *We the People*, Nueva York, Monthly Review Press, 1970, p. 252; «Smedley Butler on Interventionism», Federación de Científicos Estadounidenses online, <https://fas.org/man/smedley.htm>, consultado el 30 de enero del 2019.

44. Will Fowler, *Latin America Since 1780*, Abingdon, Routledge, 2016, p. 67.

45. *Epistolario de Diego Portales*, Santiago de Chile, Universidad Diego Portales, 2007, vol. 1, p. 8.

46. John Miller, *Memoirs of General Miller in the Service of the Republic of Peru*, Nueva York, AMS, 1979, vol. 1, p. 12 [hay trad. cast.: *Memorias del general Miller*, trad. de José María Torrijos, Madrid, Espasa/Fundación Dos de Mayo, Nación y Libertad, 2009].

47. Shlomo Ben-Ami, «Is the US Losing Latin America?», Project Syndicate, última actualización: 5 de junio del 2013.

48. Cámara de Comercio de Estados Unidos, «The Facts on Nafta», 16 de diciembre del 2016, <www.uschamber.com/sites/default/files/the_facts_on_nafta_-_2017.pdf>.

49. «CIA Activities in Chile», Agencia Central de Inteligencia de Estados Unidos online, última actualización: 18 de septiembre del 2000.

50. Dan Kovalik, «Colombia: The Empire Strikes Back», *The Huffington Post*, <www.huffingtonpost.com/dan-kovalik/colombia-the-empire-strik_b_1500062.html>, última actualización: 8 de mayo del 2012.

51. «Obama Says "Days of Meddling" in Latin America Are Past», BBC News online, última actualización: 11 de abril del 2015; Kovalik, Colombia.

52. Ben-Ami, «Is the US Losing?».

53. «Obama Says».

54. *World Atlas*, <www.worldatlas.com/articles/top-iron-ore-producing-countries-in-the-world.html>.

55. Kenneth Rapoza, «Brazil's Vale Needs to Turn Its Iron Ore into Pixie Dust», *Forbes*, 4 de febrero del 2016.

56. «Top 10 Gold-Producing Countries in the World», *FinancesOnline*, consultado el 15 de marzo del 2019.

57. *Peru's Mining & Metals Investment Guide, 2017/2018*, Lima, EY Peru, 2018, p. 31.

58. Más del 40 por ciento, para ser precisos. Heather Long, «China Is on a Massive Gold Buying Spree», CNN Money Investing Guide online, última actualización: 10 de febrero del 2016.

59. El presidente Danilo Medina Sánchez, citado en «Sickness and Wealth: Shiny New Mine, Rusty Pollution Problems», *The Economist* online, última actualización: 21 de septiembre del 2013.

60. Ibíd.

61. *PBI Colombia*, n.º 18, noviembre del 2011.

62. «Mexican Mining», en *Engineering and Mining Journal*, vol. 212, n.º 8 (octubre del 2011), p. 51; Deloitte & Touche LLP, *Mining Industry in Mexico*, Vancouver, mayo del 2012.

63. Arana, «Dreaming of El Dorado»; «The Real Price of Gold», *National Geographic*, enero del 2009. Más de una libra de mercurio, informe OIT/IPEC, p. 5, <http://geco.mineroartesanal.com/tiki-download_wiki_attachment.php?attId=122>. Newmont mueve treinta toneladas de roca por cada onza de oro. «Cuando haya terminado, la empresa habrá excavado miles de millones de toneladas de tierra», Jane Perlez y Lowell Bergman, «Tangled Strands in Fight over Peru Gold Mine», *The New York Times* online, 14 de junio del 2010.

64. Peter L. Bernstein, *The Power of Gold. The History of an Obsession*, Hoboken, Wiley & Sons, 2000, p. 3 [hay trad. cast.: *El oro. Historia de una obsesión*, trad. de Guillermo Solana, Barcelona, Javier Vergara, 2002].

65. En *Gold Price* puede verse un gráfico del precio del oro a los tipos de cambio actual y pasados, <www.goldprice.org>.

66. José Ramos, «La minería peruana, la Newmont-Yanacocha y el Proyecto Conga», *Globedia*, <http://globedia.com/mineria-peruana-newmont-yanacocha-proyecto-conga>, última actualización: 7 de julio del 2012; Francesc Relea, «Peru's Humala Shuffles Cabinet», *El País* online, <http://elpais.com/elpais/2012/07/26/inenglish/1343304801_310180.html>, última actualización: 26 de julio del 2012.

67. Polya Lesova, «Peru Gold, Copper Mining Opposition Intensifies», *MarketWatch*, última actualización: 25 de julio del 2012.

68. Reinhard Seifert, citado en Alice Bernard y Diego Cupolo, «Scientist Calls Peru Conga Mining Project an "Environmental Disaster": Interview with Reinhard Seifert», *Upside Down World*, <http://upsidedownworld.org/main/peru-archives-76/3608-scientist-calls-peru-con-

ga-mining-project-an-environmental-disaster-interview-with-reinhard-seifert>, última actualización: 1 de mayo del 2012.

69. En el 2010, un año en el que las minas de Yanacocha enviaron oro por valor de 3.700 millones de dólares (tres millones de onzas a 1.290 dólares la onza) procedente de Cajamarca, más de la mitad de los habitantes de dicha ciudad ganaban aproximadamente cien dólares al mes. Perlez y Bergman, «Tangled Strands»; Hallman y Olivera, «Gold Rush»; Apoyo Consultorio, *Study of the Yanacocha Mine's Economic Impacts. Final Report*, Lima, International Finance Corporation, septiembre del 2009.

70. Esta es una estimación generosa. Algunos informes señalan que en el 2013 hubo ventas de oro por valor de 1.430 millones de dólares y un impuesto peruano de 137,8 millones de dólares, lo que significa que el Estado retuvo menos del 10 por ciento. Raúl Wiener y Juan Torres, «The Yanacocha Case», Loreto (Perú), Impresión Arte, 2014, pp. 47-58, <https://justice-project.org/wp-content/uploads/2017/07/the-yanacocha-taxes-2015.pdf>.

71. No han faltado las protestas contra la minería en Perú o en cualquier otro lugar de América del Sur; en el 2014 se registraron doscientas quince en diecinueve países. «Mining in Latin America: From Conflict to Cooperation», *The Economist* online, 6 de febrero del 2016.

72. El sacerdote era Marco Arana (sin relación con la autora), que ahora es congresista en Perú. «Agresión a Sacerdote Marco Arana 04 Julio 2012», subido a YouTube por Cajamarcaenvideo el 4 de julio del 2012, <www.youtube.com/watch?v=w-amfIQn0OU)>.

73. Para un testimonio en vídeo de Acuña y pruebas documentales de los ataques contra ella y su familia, véase Roxana Olivera, «Life Yes, Gold No!», *New Internationalist*, <https://newint.org/features/web-exclusive/2012/11/21/peru-gold-rush-threatens-indigenous-communities>, última actualización: 21 de noviembre del 2012. Véase también «Máxima Acuña, la campesina peruana "heredera" de la activista asesinada Berta Cáceres», BBC News Mundo, <www.bbc.com/mundo/noti cias/2016/04/160418_peru_campesina_maxima_acuna_gana_premio_goldman_heredera_berta_caceres_lv>, última actualización: 18 de abril del 2016.

74. Cecilia Jamasmie, «Community Opposition Forces Newmont to Abandon Conga Project in Peru», *Mining.com*, <www.mining.com>, última actualización: 18 de abril del 2016.

75. «Máxima Acuña, 2016 Goldman Environmental Prize Recipient, South and Central America», Premio Ambiental Goldman online,

<www.goldmanprize.org/recipient/maxima-acuna>, consultado el 31 de enero del 2019.

76. Anna Lekas Miller, «Meet the Badass Grandma Standing Up to Big Mining», *The Daily Beast*, última actualización: 13 de abril del 2017.

77. «Newmont Announces Full Year and Fourth Quarter 2016 Results», Business Wire, <www.businesswire.com/news/home/20170221006614/en/Newmont-Announces-Full-Year-Fourth-Quarter-2016>, última actualización: 21 de febrero del 2017.

78. Michael Brune, «Goldman Prize Winner Reportedly Attacked at Her Home by Mining Industry Hitmen», *Eco Watch*, última actualización: 23 de septiembre del 2016.

79. Una mujer minera, citada en Michael Taussig, *The Devil and Commodity Fetishism in South America*, Chapel Hill, University of North Carolina Press, 1980, p. 148 [hay trad. cast.: *El diablo y el fetichismo de la mercancía en Sudamérica*, Ciudad de México, Nueva Imagen, 1993].

80. Recordatorio: esta parte acerca de la familia Ochochoque-Gonzáles (así como toda la información sobre ella) proviene de una serie de más de dos docenas de entrevistas y cientos de comunicaciones por internet que la autora mantuvo con miembros de la familia entre enero del 2012 y abril del 2019 en La Rinconada, Putina, Juliaca, Puno y Lima.

81. Daley, «Peru Scrambles».

82. Galeano, *Open Veins*, pp. 1-2.

83. Daron Acemoglu y James A. Robinson, *Why Nations Fail. The Origins of Power, Prosperity, and Poverty*, Nueva York, Crown, 2012, p. 19 [hay trad. cast.: *Por qué fracasan los países*, trad. de Marta García Madera, Barcelona, Deusto, 2012].

84. Ibíd., p. 67.

85. Ibíd., pp. 33-34.

86. Ibíd., p. 81.

87. Simón Bolívar a Barranquilla Flores, 9 de noviembre de 1830, en *Cartas del Libertador corregidas conforme a los originales*, Vicente Lecuna, ed., Caracas, 1917, vol. 9, p. 370. Véase también Marie Arana, *Simón Bolívar. American Liberator*, Nueva York, Simon & Schuster, 2013, p. 450 [hay trad. cast.: *Bolívar. Libertador de América*, trad. de Lina Rosas, Martha Cecilia Mesa y Mateo Cardona, Barcelona, Debate, 2020].

88. Serge Gruzinski, *Man-Gods in the Mexican Highland*, Stanford, Stanford University Press, 1989, p. 41.

89. Sergio Almaraz Paz, *Bolivia. Réquiem para una República*, Montevideo, Biblioteca de Marcha, 1970, pp. 83-84.

90. Adam Smith, en Samuel D. Horton, *The Parity of Moneys as Regarded by Adam Smith, Ricardo, and Mill*, Londres, Macmillan, 1888, pp. 79-80.

91. Ibíd., p. 15.

92. Jamele Rigolini y Renos Vakis, «Four Facts About Poverty in Latin America You Probably Didn't Know», *The Huffington Post*, última actualización: 6 de diciembre del 2017.

93. Acemoglu y Robinson, *Why Nations Fail*, p. 36.

94. Ibíd., p. 37.

95. George Gao, «Latin America's Middle Class Grows, but in Some Regions More Than Others», Fact Tank, Centro de Investigación Pew online, última actualización: 20 de julio del 2015.

Segunda parte
La espada

1. Octavio Paz, *El laberinto de la soledad*, Ciudad de México, Fondo de Cultura Económica, 1999, pp. 13-14.

6. Sed de sangre

1. Mario Vargas Llosa, *Conversación en La Catedral*, Barcelona, Seix Barral, 1969. La respuesta es de Jeremías Gamboa, «¿En qué momento se jodió el Perú? El dilema vargallosiano», *El Comercio* (Lima), 29 de marzo del 2017.

2. Basado en numerosas entrevistas realizadas a Carlos Buergos, recluso de la prisión de Lorton, en Virginia, desde septiembre de 1995 hasta junio de 1996 y en posteriores comunicaciones telefónicas intermitentes.

3. Gran parte del siguiente relato sobre los marielitos y Carlos Buergos proviene de Marie Arana-Ward, «Three Marielitos, Three Manifest Destinies», *The Washington Post*, 9 de julio de 1996. La investigación continuó durante dos décadas con una cobertura de seguimiento de la familia de Carlos.

4. Tomas Curi, Servicio de Inmigración y Naturalización, entrevista telefónica realizada por la autora, mayo de 1996.

5. Emma Lazarus, «The New Colossus», versos grabados en la Esta-

tua de la Libertad, Poetry Foundation online, <www.poetryfoundation.org/poems/46550/the-new-colossus>, consultado el 1 de febrero del 2019.

6. Se trata de una frase muy citada de George Santayana, *The Last Puritan. A Memoir in the Form of a Novel*, Londres, Constable, 1935 [hay trad. cast.: *El último puritano*, trad. de Ricardo Baeza, Barcelona, Edhasa, 1981].

7. Curi, entrevista.

8. Editorial, *El Mercurio* (Chile), 24 de mayo de 1859, citado en Leticia Reina, *La reindianización de América, siglo XIX*, Ciudad de México, Siglo XXI, 1997, p. 141.

9. Joyce Appleby, *Shores of Knowledge*, Nueva York, Norton, 2013, p. 25.

10. Fray Bartolomé de las Casas, *A Short History of the Destruction of the Indies*, Londres, Penguin, 1974, pp. 53-57 [publicado originalmente como: *Brevísima relación de la destrucción de las Indias*].

11. Appleby, *Shores of Knowledge*.

12. Neil L. Whitehead, «Carib Cannibalism: The Historical Evidence», *Journal de la Société des Américanistes*, vol. 70, n.° 1 (1984), pp. 69-87.

13. Ibíd., pp. 70 y 74; Carlos A. Jáuregui, *Canibalia. Canibalismo, calibanismo, antropofagia cultural y consumo en América Latina*, Madrid, Iberoamericana, 2008, p. 62.

14. Whitehead, «Carib Cannibalism», p. 71.

15. Jáuregui, *Canibalia*, p. 62.

16. Whitehead, «Carib Cannibalism», p. 70.

17. Ibíd., p. 74.

18. Richard Hakluyt, *Hakluyt's Voyages to the New World*, Nueva York, Macmillan, 1972, p. 396.

19. Albert A. Sicroff, *Los Estatutos de Limpieza de Sangre*, Madrid, Taurus, 1985.

20. Fray Bartolomé de Las Casas, *Historia de las Indias*, lib. segundo, cap. XVII, Madrid, Biblioteca Nacional, 1947; fray Bartolomé de Las Casas, *Obras completas*, Madrid, Alianza, 1988-1998, vol. 4, p. 1363.

21. Ibíd.

22. «List of Voyages», Voyages Database, Universidad Emory, <www.slavevoyages.org>, consultado el 1 de febrero del 2019; Carson Claiborne, Universidad de Stanford, «Blacks in Latin America», enciclopedia online *Microsoft Encarta 2000*.

23. «Spain Viritual Jewish History Tour», *Jewish Virtual Library*,

<www.jewishvirtuallibrary.org/spain-virtual-jewish-history-tour>, consultado el 31 de enero del 2019: «En el año 1066, una turba musulmana asaltó el palacio real de Granada, crucificó al visir judío Yosef Ibn Nagrela y asesinó a la mayor parte de la población judía de la ciudad. Los relatos de la masacre de Granada afirman que más de mil quinientas familias judías, unas cuatro mil personas, fueron asesinadas en un solo día». La población de Granada era entonces de alrededor de veinticinco mil personas.

24. Edward Rothstein, «Was the Islam of Old Spain Truly Tolerant?», *The New York Times* online, 27 de septiembre del 2003.

25. Esto se remonta a las descripciones de Plinio el Viejo en el siglo I d. C. sobre las razas extraordinarias que habitaban India y Etiopía. Véase también Alixe Bovey, «Medieval Monsters», Biblioteca Británica online, última actualización: 30 de abril del 2015.

26. Dos académicos llegaron a decir: «Antes de que llegaran los blancos, nuestros conflictos eran breves y casi incruentos, se parecían más a un partido de fútbol profesional que a las aniquilaciones letales de la conquista europea». Russell Means y Marvin Wolf, *Where White Men Fear to Tread*, Nueva York, St. Martin's, 1995, p. 16. Para una enmienda seria de este enfoque, véase el riguroso y convincente libro de Richard J. Chacon y Rubén G. Mendoza, *Latin American Indigenous Warfare and Ritual Violence*, Tucson, University of Arizona Press, 2007, que recoge muchos años de investigación en ensayos que incluyen estudios multidisciplinarios. Gran parte de lo que sigue en este apartado se basa en su erudición.

27. Michael Harner, «The Ecological Basis for Aztec Sacrifice», *American Ethnologist*, vol. 4, n.º 1 (febrero de 1977), pp. 117-135, <www.jstor.org/stable/643526>. Otros autores han calculado sesenta mil cráneos: Bernard R. Ortiz de Montellano, «Counting Skulls: Comment on the Aztec Cannibalism Theory of Harner-Harris», *American Anthropologist*, vol. 85, n.º 2 (1983), pp. 403-406.

28. Rubén G. Mendoza, «Aztec Militarism and Blood Sacrifice», en Chacon y Mendoza, *Latin American Indigenous*, p. 42.

29. Eduardo Matos Moctezuma y Felipe Solís Olguín, *Aztecs*, Londres, Royal Academy of Arts, 2002, p. 423 [publicado también como: *Aztecas*, Madrid, Turner, 2002].

30. Ibíd., pp. 423-426.

31. Chacon y Mendoza, *Latin American Indigenous*, pp. 15-25.

32. Rubén G. Mendoza, «The Divine Gourd Tree», en Richard Chacon y David Dye, eds., *The Taking and Displaying of Human Body Parts as Trophies by Amerindians*, Nueva York, Springer, 2007, p. 409.

33. Hay muchas pruebas de esto en el texto Maya del *Popol Vuh*, también llamado *Libro del consejo*.

34. Gonzalo Jiménez de Quesada, «One After the Other They All Fell Under Your Majesty's Rule» (fragmentos de *Epítome del Nuevo Reino de Granada*), en Ann Farnsworth-Alvear, Marco Palacíos y Ana María Gómez López, eds., *The Colombia Reader. History, Culture, Politics*, Durham, Duke University Press, 2017, p. 22.

35. Ibíd.

36. Ibíd.

37. Una adaptación posible de «El labrador y la víbora», de Esopo. Sin duda, también han aparecido versiones entre los persas, los centroasiáticos y otras culturas. La he tomado de la fábula del escorpión y la rana de la conferencia de Louis Pérez; véase más abajo, n. 41.

38. C. W. Kuzawa y E. Sweet, «Epigenetics and the Embodiment of Race», *American Journal of Human Biology*, vol. 21, n.º 1 (enero-febrero del 2009), pp. 2-15. Véase también la lista online de los documentos del Laboratorio para la Investigación de la Biología Humana de la Universidad Northwestern/Christopher Kuzawa, <https://groups.anthropology.northwestern.edu/lhbr/kuzawa_web_files/kuzawa_pubs.html>.

39. K. M. Radtke *et al.*, «Transgenerational Impact of Intimate Partner Violence on Methylation in the Promoter of the Glucocorticoid Receptor», *Translational Psychiatry*, vol. 1, n.º 7 (julio del 2011), p. e21.

40. Uno de ellos es Louis A. Pérez, profesor de Historia que ocupa la cátedra J. Carlyle Sitterson y director del Instituto para el Estudio de las Américas de la Universidad de Carolina del Norte. El 5 de noviembre del 2015, en la Conferencia Eqbal Ahmad pronunciada en el Hampshire College, Pérez hizo una emocionante exposición de las diferencias culturales, en la que explicó la herencia epigenética transgeneracional y la inclinación histórica de Cuba a Estados Unidos contando la fábula del escorpión y la rana, de Esopo. Louis A. Pérez, «2015 Eqbal Ahmad Lecture, Louis Pérez, Wayne Smith, Hampshire College», grabada el 5 de noviembre del 2015 en Amherst, Massachusetts, <www.youtube.com/watch?v=IuBdKB8jX3I>.

41. Fue el decenio entre 1482 y 1492, durante la guerra de Fernando contra el emirato de Granada. Cien mil moros murieron o fueron convertidos en esclavos; doscientos mil moros y doscientos mil judíos fueron expulsados a la fuerza. Henry Kamen, *The Spanish Inquisition. A Historical Revision*, New Haven, Yale University Press, 2014, pp. 37-38 [hay trad. cast.: *La Inquisición española*, trad. de Juan Rabasseda y Teófilo de Lozoya,

Barcelona, Crítica, 2013]. Véase también Joseph Telushkin, *Jewish Literacy*, Nueva York, Morrow, 1991.

42. Means y Wolf, *White Men*, p. 16.

43. Los datos presentados en trabajos académicos y simposios a partir del 2003 («Problems in Paradise», Simposio de la Asociación Antropológica Estadounidense sobre Violencia Amerindia, 2003, Chicago) indican que la guerra indígena, la violencia ritual y los conflictos armados fueron frecuentes en todas las grandes culturas de América Latina antes de la conquista. Chacon y Mendoza, *Latin American Indigenous*, p. 4.

44. David J. Silverman, *Thundersticks. Firearms and the Violent Transformation of Native America*, Cambridge, Harvard University Press, 2016.

45. A este grupo rebelde se podrían añadir muchos otros, pero pocos tan pintorescos como Lope de Aguirre, el Loco, que se llamaba a sí mismo la Ira de Dios, el Príncipe de la Libertad, el Rey de Tierra Firme. Revocó las órdenes de Gonzalo Pizarro en Perú e infligió una crueldad desenfrenada a los indios. Charles Nicholl, *The Creature in the Map*, Chicago, University of Chicago Press, 1997, p. 27.

46. Germán Arciniegas, *Latin America. A Cultural History*, Nueva York, Knopf, 1967, pp. 137-138 [publicado originalmente como: *El continente de siete colores. Historia de la cultura en América Latina*, Buenos Aires, Sudamericana, 1965].

47. Era Domingo Martínez de Irala, un conquistador vasco que formó parte de la expedición de Pedro de Mendoza a las regiones del sur del continente en 1535. Irala fue contra la jerarquía, acusó al gobernador Cabeza de Vaca de ser demasiado comprensivo con los indios y logró que lo enviaran de vuelta a España como traidor.

48. Alonso Zorita, *Leyes y ordenanzas reales de las Indias del mar Océano* (1574), Ciudad de México, Secretaría de Hacienda, 1983-1984, pp. 355-356.

49. A partir de aquí, y hasta el final de este apartado sobre la dominación colonial española, cito ampliamente mi libro *Bolívar. Libertador de América*, trad. de Lina Rosas, Martha Cecilia Mesa y Mateo Cardona, Barcelona, Debate, 2020, pp. 46-48. Entre las fuentes de esta información se encuentran: Leslie Bethell, *The Cambridge History of Latin America*, vol. 3, Cambridge, Cambridge University Press, 1985 [hay trad. cast.: *Historia de América Latina*; vol. 3: *América Latina colonial. Economía*, trad. de Neus Escandell y Montserrat Iniesta, Barcelona, Crítica, 2000]; Carlos Eugenio Restrepo, *Historia de la Revolución*, vol. 1; Guillermo Antonio Sherwell, *Simón Bolívar (el Libertador). Patriot, Warrior, Statesman, Father of Five Nations*,

Washington D. C., B. S. Adams, 1921 [hay trad. cast.: *Simón Bolívar. Bosquejo de su vida y de su obra*, Bogotá, Imprenta de La Luz, 1930].

50. Juan de Betanzos, *Narrative of the Incas* (*c.* 1576), trad. y ed. de Roland Hamilton y Dana Buchanan, Austin, University of Texas Press, 1996 [publicado originalmente como: *Suma y narración de los yngas*]; Burr Brundage, *Empire of the Inca*, Norman, University of Oklahoma Press, 1963, pp. 112-124.

51. Bernabé Cobo, *Inca Religion and Customs* (1653), trad. y ed. de Roland Hamilton, Austin, University of Texas Press, 1990, p. 135. Véase también Chacon y Mendoza, *Latin American Indigenous*, pp. 120-121.

52. Graham Gori, Associated Press, «Ancient and Bloody Bolivian Ritual Draws a Crowd», *Los Angeles Times*, 6 de julio del 2003.

53. Ibíd.

54. Ibíd.

55. José Carlos Mariátegui, citado en Ronald Wright, *Stolen Continents. The Americas Through Indian Eyes*, Boston, Houghton Mifflin, 1992, p. 275 [hay trad. cast.: *Continentes robados*, trad. de Nora Muchnik, Madrid, Anaya & Mario Muchnik, 1994].

56. David Stannard, *American Holocaust. The Conquest of the New World*, Nueva York, Oxford Press, 1993, prólogo.

57. Jared Diamond, *Guns, Germs, and Steel*, Nueva York, Norton, 1997, cap. 12 (lib. electrónico) [hay trad. cast.: *Armas, gérmenes y acero*, trad. de Fabián Chueca, Barcelona, Debate, 2019].

58. Ibíd.; Ángel Rosenblat, *La población indígena de América. Desde 1492 hasta la actualidad*, Buenos Aires, Institución Cultural Española, 1945, <http://pueblosoriginarios.com/textos/rosenblat/1492.html>.

59. Martín de Murúa, *Historia del origen y genealogía de los reyes incas del Perú*, Madrid, Instituto Santo Toribio de Mogrovejo, 1946, vol. 2, p. 270.

60. José García Hamilton, *El autoritarismo y la improductividad en Hispanoamérica*, Buenos Aires, Sudamericana, 1998, cap. 1.

61. Eduardo Galeano, *Open Veins of Latin America. Five Centuries of the Pillage of a Continent*, trad. de Cedric Belfrage, Nueva York, Monthly Review, 1973, p. 43 [publicado originalmente como: *Las venas abiertas de América Latina*, Ciudad de México, Siglo XXI, 1971].

62. El rey Felipe II gobernó Portugal entre 1581 y 1598, por lo que habría sido *de facto* el gobernante de Brasil, convirtiendo esta afirmación en una contundente realidad.

63. Esther Wagner Stearn y Allen Edwin Stearn, *The Effect of Smallpox*

on the Destiny of the Amerindian, Minneápolis, University of Minnesota Press, 1945, pp. 13-20, 73-94 y 97.

64. «Selected Death Tolls for Wars, Massacres, and Atrocities Before the 20th Century», *Necrometrics*, <http://necrometrics.com/pre1700a.htm#America>, última actualización: enero del 2012.

65. Rosenblat, *La población indígena*, p. 185.

66. Stannard, *American Holocaust*, p. 33.

67. Con el paso del tiempo se han acabado designando con una colorida letanía de nombres, dependiendo del tono de la piel: «indios», «cholos», «mestizos», «negros», «pardos», «zambos», «mulatos», «castizos», «moriscos», «albinos», «tornaatrás», «sambayos», «cambujos», «albarazados», «barcinos», «coyotes», «chamizos», «chinos», «ahí te estás», «tente en el aire», «no te entiendo». Ángel Rosenblat, *La población indígena y el mestizaje en América*, Buenos Aires, Nova, 1954, vol. 2, p. 135.

68. Nicholas A. Robins, *Native Insurgencies and the Genocidal Impulse in the Americas*, Bloomington, Indiana University Press, 2005, p. 3.

69. Kenneth J. Andrien, «Economic Crisis, Taxes, and the Quito Insurrection of 1765», *Past and Present*, n.° 129 (noviembre de 1990), pp. 104-131.

70. Scarlett Godoy O'Phelan, *Un siglo de rebeliones anticoloniales*, París, Institut Français d'Études Andines, 2015, pp. 296-305.

71. «Informe de los oidores Pedro Antonio Zernudas y Lorenzo Blanco Ciceron», La Plata, 14 de marzo de 1781, Charcas, 596, Archivo General de las Indias (AGI); «Confesión de Asensio Pacheco», La Plata, 18 de abril de 1781, Charcas, 603, AGI; Robins, *Native Insurgencies*, p. 39.

72. El nombre de Túpac Amaru II, antes de levantarse contra los españoles, era José Gabriel Condorcanqui. He tomado la mayor parte de este relato sobre Túpac Amaru II, así como de la breve aparición del levantamiento de José Antonio Galán, directamente de Arana, *Bolívar*, pp. 50-51.

73. Túpac Amaru II en José Félix Blanco y Ramón Azpurúa, *Documentos para la historia de la vida pública del libertador de Colombia*, Caracas, La Opinión Nacional, 1875, vol. 1, p. 151.

74. Ibíd., p. 167.

75. Jan Szeminski, «Why Kill the Spaniard?», en Steve Stern, ed., *Resistance, Rebellion, and Consciousness in the Andean Peasant World*, Madison, University of Wisconsin Press, 1987, p. 167 [hay trad. cast.: *Resistencia, rebelión y conciencia campesina en los Andes*, Lima, Instituto de Estudios Peruanos, 1990].

76. Robins, *Native Insurgencies*, pp. 40-41 y 54.

77. Szeminski, «Why Kill?», pp. 169-170.

78. Bethell, *History of Latin America*, vol. 3, p. 36.

79. David Brading, introducción, en J. P. Viscardo y Guzmán, *Letter to the Spanish Americans* (1799), ed. facsímil, Providence, John Carter Brown Library, 2002, p. 20 [publicado originalmente como: *Carta dirigida a los españoles americanos*, Alicante, Biblioteca Virtual Miguel de Cervantes, 2012].

80. Antonio Núñez Jiménez, *Un mundo aparte*, Madrid, Ediciones de la Torre, 1994, pp. 216-217.

81. Ibíd.

82. Justin Winsor, ed., *Narrative and Critical History of America*, Cambridge, Houghton Mifflin, 1889, p. 317.

83. Germán Arciniegas, *20.000 comuneros hacia Santa Fe*, Bogotá, Pluma, 1981.

84. Fidel Castro y Dolores Guerra, *Fidel Castro y la historia como ciencia*, La Habana, Centro de Estudios Martianos, 2007, p. 106.

85. Fidel Castro, *Fidel Castro. Selección de documentos*, La Habana, Editora Política, 2007, p. 11.

86. Juan Triana Cordoví, «La maldita bendición de la caña de azúcar», *On Cuba*, 26 de septiembre del 2016.

87. Entre ellos el destacado historiador Arthur Schlesinger Jr., quien entonces ya había fundado Americans for Democratic Action con la antigua primera dama Eleanor Roosevelt, el senador por Minnesota Hubert Humphrey, el economista John Kenneth Galbraith y el teólogo Reinhold Niebuhr. Arthur Schlesinger Jr., *The Dynamics of World Power*, Nueva York, McGraw-Hill, 1973, p. 512.

88. Luis Báez, *Así es Fidel*, La Habana, Casa Editora, 2010, vol. 2, p. 11.

89. Che Guevara, citado en Douglas Kellner, *Ernesto «Che» Guevara*, World Leaders Past & Present, Langhorne, Chelsea House, 1989, p. 40 [hay trad. cast.: *Che Guevara*, Buenos Aires, Hyspamerica, 1983].

90. «Appendix B: Supply-Demand Balances "Sugar"», en *Commodity Markets Outlook*, Washington D. C., Grupo Banco Mundial, octubre del 2016, p. 58, <http://pubdocs.worldbank.org/en/143081476804664222/CMO-October-2016-Full-Report.pdf>.

91. Kosmas Tsokhas, «The Political Economy of Cuban Dependence on the Soviet Union», *Theory and Society*, n.° 9 (marzo de 1980), pp. 319-362.

7. Las revoluciones que determinaron la psique de América Latina

1. Simón Bolívar, discurso en la Sociedad Patriótica, 3-4 de julio de 1811, en Manuel Pérez Vila, ed., *Simón Bolívar. Doctrina del Libertador*, Caracas, Fundación Biblioteca Ayacucho, 1992, p. 7.

2. Gran parte del siguiente relato sobre las guerras de independencia en América Latina procede de mi libro *Bolívar. Libertador de América*, que contiene una exhaustiva narración de estos acontecimientos.

3. Pedro Fermín de Cevallos, *Resumen de la historia de Ecuador*, vol. 3, cap. 2, Biblioteca Virtual Miguel de Cervantes, <www.cervantesvirtual.com>.

4. Thomas Carlyle sobre Bolívar, en «Dr. Francia», *Foreign Quarterly Review*, n.° 62 (1843).

5. Marie Arana, *Bolívar. Libertador de América*, trad. de Lina Rosas, Martha Cecilia Mesa y Mateo Cardona, Barcelona, Debate, 2020, p. 112.

6. Bolívar, «Carta de Jamaica», Kingston, 6 de septiembre de 1815, en *Reflexiones políticas*, Barcelona, Linkgua, 2018, p. 63.

7. Arana, *Bolívar*, p. 120.

8. Simón Bolívar, en Felipe Larrazábal, *Vida y correspondencia general del Libertador Simón Bolívar*, Nueva York, Eduardo O. Jenkins, 1866, vol. 1, p. 580.

9. Bolívar al director de la *Royal Gazette*, Kingston, 15 de agosto de 1815, en Vicente Lecuna, ed., *Cartas del Libertador corregidas conforme a los originales*, Caracas, 1917, vol. 1, pp. 29 y 95.

10. M. McKinley, *Pre-Revolutionary Caracas*, Cambridge, Cambridge University Press, 1985, p. 171. Toda la información sobre las guerras de Bolívar puede encontrarse con mayor detalle en mi biografía *Bolívar. Libertador de América.*

11. Christon Archer, *The Wars of Independence in Spanish America*, Jaguar Books on Latin America, n.° 20, Wilmington, SR Books, 2000, pp. 35-37 y 283-292. Robert Scheina, *Latin America's Wars*; vol. 1: *The Age of the Caudillo, 1791-1899*, Washington D. C., Potomac Books, 2003, p. 173, afirma que en Ecuador, Venezuela y México las poblaciones se redujeron una cuarta parte.

12. J. B. Trend, *Bolívar and the Independence of Spanish America*, Nueva York, Macmillan, 1948, p. 109.

13. Inca Garcilaso, *La Florida del Inca*, Madrid, Rodriguez Franco, 1723, lib. III, cap. XVI, p. 149.

14. Robert Scheina, *Latin America's Wars*; vol. 2: *The Age of the Professional Soldier, 1900-2001*, Washington D. C., Potomac Books, 2003, p. 1845. Scheina, *Latin America's Wars*, vol. 1, p. 84, especifica trescientos mil combatientes y setecientos mil civiles.

15. Más de seiscientos mil se afirma en Juan González, *Harvest of Empire. A History of Latinos in America*, Nueva York, Penguin, 2001.

16. Scheina, *Latin America's Wars*, vol. 2, p. 1773. Para una cifra comparada, véase también Jan Lahmeyer, «Mexico: Historical Demographical Data of the Whole Country», *Populstat*, <www.populsat.info/Americas/mexicoc.htm> (última actualización: 4 de febrero del 2002), que sostiene un 15 por ciento.

17. Sherburne F. Cook y Woodrow Borah muestran la fuerte disminución de la población nativa, que pasó de 25,2 millones en 1519 a 6,3 millones en 1545 y 2,5 millones en 1570, y que tocó fondo en 1620 con 1,2 millones de personas. De los alrededor de cinco millones de habitantes que tenía México en 1800, pasó a ocho millones en 1855 y a más de quince en 1910. Por lo tanto, entre 1519 y 1910 la población se redujo en diez millones de personas. Robert McCaa, «The Peopling of Mexico from Origins to Revolution» (versión preliminar), en Richard Steckel y Michael Haines, eds., *The Population History of North America*, Cambridge, Cambridge University Press, 1997, <https://users.pop.umn.edu/~rmccaa/mxpoprev/cambridg3.htm>. Con la revolución, en 1921 cayó de nuevo hasta poco más de catorce millones. Jan Lahmeyer, «Mexico: Historical Demographical Data of the Whole Country», Population Statistics, última actualización: 2 de febrero del 2004.

18. Enrique Krauze, «Mexico at War», *The New York Review of Books*, 27 de septiembre del 2012.

19. María Teresa Vázquez Castillo, *Land Privatization in Mexico. Urbanization, Formation of Regions, and Globalization in Ejidos*, Nueva York, Routledge, 2004, p. 26.

20. Amanda Macias y Pamela Engel, «The 50 Most Violent Cities in the World», *Business Insider*, última actualización: 23 de enero del 2015; *The Independent* (Reino Unido), abril del 2016.

21. George Frederick Masterman, *Seven Eventful Years in Paraguay. A Narrative of Personal Experience Amongst the Paraguayans*, Londres, Sampson Low, 1870, p. 46 [hay trad. cast.: *Siete años de aventuras en el Paraguay*, trad. de David Lewis, Buenos Aires, Imprenta Americana, 1870].

22. Julio Llanos, *El Dr. Francia*, Buenos Aires, Moen, 1907, p. 53.

23. Ibíd., pp. 45-46.

24. Ibíd., p. 36.

25. Thomas Carlyle, «Dr. Francia», en *Critical and Miscellaneous Essays, Carlyle's Complete Works*, Boston, Standard, 1899, vol. 1, p. 17 [hay trad. cast.: *El doctor Francia*, trad. de Luis M. Drago, Sevilla, Renacimiento, 2017].

26. Eduardo Galeano, *Open Veins of Latin America. Five Centuries of the Pillage of a Continent*, trad. de Cedric Belfrage, Nueva York, Monthly Review, 1973, p. 188 [publicado originalmente como: *Las venas abiertas de América Latina*, Ciudad de México, Siglo XXI, 1971].

27. H. Leguizamón, carta al director de *La Nación*, 23 de junio de 1906, en Llanos, *El Dr. Francia*, pp. 78-81.

28. W. D. Rubinstein, *Genocide. A History*, Londres, Pearson, 2004, p. 94.

29. Esta y las siguientes líneas están tomadas directamente de mi obra Arana, *Bolívar*, p. 595.

30. Gabriel García Márquez dijo en una ocasión: «La única criatura mítica que ha producido la América Latina es el dictador». En «Una naturaleza distinta en un mundo distinto al nuestro», *La Jornada* (Ciudad de México), 28 de octubre del 2010, p. 4.

31. Ernesto Sábato, «Inercia mental», en *Uno y el universo*, Buenos Aires, Seix Barral, 2003, p. 90.

32. Arana, *Bolívar*, p. 587.

33. El presidente Mariano Melgarejo, asesinado en el exilio en Lima, 1871. Véase también Lawrence A. Clayton, *The Bolivarian Nations of Latin America*, Arlington, Forum, 1984, p. 22.

34. El presidente Gabriel García Moreno, profundamente católico. Ibíd., p. 23.

35. El presidente José Eloy Álfaro, un masón, que intentó desmantelar el poder de la Iglesia, Ibíd., p. 36.

36. José Martí, *Ideario cubano*, La Habana, Municipio de La Habana, 1936, p. 144.

37. Scheina, *Latin America's Wars*, vol. 1, citado en «Statistics of Wars, Oppressions and Atrocities of the Nineteenth Century», *Necrometrics*, <http://necrometrics.com/wars19c.htm#Max-Mex>, última actualización: marzo del 2011.

38. Hugh Thomas, *Cuba. The Pursuit of Freedom*, Nueva York, Harper & Row, 1971, p. 1460 [hay trad. cast.: *Cuba. La lucha por la libertad*, trad. de Neri Daurella de Nadal, Barcelona, Debate, 2004].

39. Ibíd.

40. Informe «Cuba's Repressive Machinery. Human Rights Forty Years After the Revolution», cap. XI («Impunity»), Human Rights Watch online, <www.hrw.org/reports/1999/cuba/Cuba996-11.htm>, última actualización: junio de 1999; Thomas, *Cuba*, pp. 1458-1461.

41. Rafael Fernández de Castro, *Para la historia de Cuba*, La Habana, La Propaganda Literaria, 1899, vol. 1, p. 315.

42. Norman Gall, «How Castro Failed», *Commentary*, 1 de noviembre de 1971, p. 48.

43. Ibíd.

44. El propio Fidel Castro lo admitió. Castro, discurso público, 26 de julio de 1970, citado en Gall, «How Castro Failed», p. 48.

45. En el conflicto de Angola, el nombre de guerra del general de la UNITA Arlindo Pena era General Ben Ben, por el líder revolucionario argelino Ahmed ben Bella. Después de la matanza de Halloween de 1992 en Luanda, el general Ben Ben apareció en la televisión gritando estas palabras a su radio. Peter Polack, *The Last Hot Battle of the Cold War*, Filadelfia, Casemate, 2013, pp. 84-85.

46. J. H. Williams, «Cuba: Havana's Military Machine», *The Atlantic*, agosto de 1988.

47. Luis Cino Álvarez, «¿Valió la pena la muerte de miles de cubanos en Angola?», Blogs Cubanos, Radio Televisión Martí, noviembre del 2015.

48. Jamie Miller, «Castro in Africa», *The Atlantic*, 3 de diciembre del 2016.

49. Los siguientes hechos me los describió Carlos Buergos en numerosas entrevistas que le hice en la prisión de Lorton, de septiembre de 1995 a julio de 1996.

50. António Lobo Antunes, *En el culo del mundo*, cap. G, lib. electrónico, Madrid, Debolsillo, 2012. Antunes fue reclutado para la guerra de Angola como soldado portugués a principios de la década de 1970, antes de la Revolución portuguesa de 1974.

51. «Absolute Hell over There», *Time*, 17 de enero de 1977.

52. La Doctrina Monroe, la política de Estados Unidos de oponerse a cualquier potencia extranjera que intentara entrometerse en el hemisferio, empezó en 1823, justo antes de que América Latina alcanzara la independencia total, aunque no se llamó así hasta más de veinticinco años después. Su autor fue el presidente James Monroe.

53. Paul Lopes, *The Agrarian Crises in Modern Guatemala*, Madison, University of Wisconsin Press, 1985, p. 46; *Amnesty International Annual*

Report 1971-1972, Londres, AI Publications, 1972, p. 45; *Amnesty International Annual Report 1972-1973*, Londres, AI Publications, 1973, p. 6. Se sabe que el presidente Arana dijo: «Si es necesario convertir al país en un cementerio para pacificarlo, no voy a dudar en hacerlo». James Dunkerley, *Power in the Isthmus*, Londres, Verso, 1988, p. 691.

54. José Miguel Larraya, «Fidel ante la tumba de Allende», *El País* (Madrid), 11 de noviembre de 1996; «Allende se suicidó con un fusil regalado por Fidel Castro», *Libertad Digital*, última actualización: 20 de julio del 2011.

55. Peter Kornbluh, «Chile and the United States: Declassified Documents Relating to the Military Coup, September 11, 1973», *National Security Archive Electronic Briefing Book 8*, Archivo de Seguridad Nacional de la Universidad George Washington (archivo online no actualizado), <https://nsarchive2.gwu.edu//NSAEBB/NSAEBB8/nsaebb8i.htm>, consultado el 1 de febrero del 2019. También Kristian Gustafson, «CIA Machinations in Chile, 1970: Reexamining the Record», *Studies in Intelligence*, vol. 47, n.º 3 (2003).

56. Kornbluh, «Chile and the United States».

57. Ibíd.

58. Tina Rosenberg, *Children of Cain. Violence and the Violent in Latin America*, Nueva York, Morrow, 1991, p. 338 [hay trad. cast.: *Astiz. La estirpe de Caín*, trad. de Pablo Rodríguez, Buenos Aires, La Página, 1998].

59. Ibíd., p. 334.

60. Juan Forero, «Details of Mexico's Dirty Wars from 1960s to 1980s Released», *The Washington Post*, 22 de noviembre del 2006.

61. Kevin Sullivan, «Memories of Massacre in Mexico», *The Washington Post*, 14 de febrero del 2002.

62. Forero, «Details of Mexico's Dirty Wars».

63. «Mass Atrocity Endings. Colombia—La Violencia», World Peace Foundation en la Escuela Fletcher online, última actualización: 14 de diciembre del 2016.

64. John Adams a John Jay, Londres, 28 de mayo de 1786, en E. Taylor Parks, *Colombia and the United States. 1765-1934*, Durham, Duke University Press, 1935, p. 36.

65. Ibíd.

66. John Adams al político James Lloyd, Quincy, Massachusetts, 30 de marzo de 1815, en *The Works of John Adams*, Boston, Little Brown, 1856, p. 150.

67. Richard Nixon, grabación de voz, Nixontapes.org, 735-001, 15 de junio de 1972.

68. Richard Nixon a Donald Rumsfeld, embajador de Estados Unidos en la OTAN, citado en James Mann, *Rise of the Vulcans. The History of Bush's War Cabinet*, Nueva York, Viking, 2004, p. 16 [hay trad. cast.: *Los Vulcanos. El gabinete de guerra de Bush*, trad. de Juan Ruiz Guijo, Granada, Almed, 2007].

69. Llamada de teléfono entre Nixon y H. R. Haldeman, 20 de octubre de 1971, Archivo de Seguridad Nacional de la Universidad George Washington (archivo online no actualizado), conversación 597-3, casete 1293, <www.gwu.edu/~nsarchiv/NSAEBB/NSAEBB95/mex18.pdf>, consultado en 1 de febrero del 2019.

70. Henry Kissinger, citado en Seymour Hersh, «The Price of Power: Kissinger, Nixon, and Chile», *The Atlantic*, diciembre de 1982.

71. Kissinger: «No veo por qué tenemos que quedarnos al margen mientras vemos cómo un país se vuelve comunista debido a la irresponsabilidad de su gente. Los asuntos son demasiado importantes como para dejar que los votantes chilenos decidan por sí mismos». Sesión del «Comité 40» sobre la acción encubierta en Chile (27 de junio de 1970), en Victor Marchetti y John D. Marks, *The CIA and the Cult of Intelligence*, Nueva York, Knopf, 1974 [hay trad. cast.: *La CIA y el culto del espionaje*, trad. de Juan Olivar, Barcelona, Euros, 1974]. Véase también Seymour Hersh, «Censored Matter in Book About CIA Said to Have Related Chile Activities; Damage Feared», *The New York Times* online, 11 de septiembre de 1974.

72. Walter Hixson, *American Foreign Relations. A New Diplomatic History*, Nueva York, Routledge, 2016, p. 310.

8. El ascenso del hombre fuerte y los dragones en el camino

1. José Martí, citado en Eduardo Palomo y Trigueros, *Cita-logía*, Sevilla, Punto Rojo, 2013, p. 295.

2. José García Hamilton, *El autoritarismo y la improductividad en Hispanoamérica*, Buenos Aires, Sudamericana, 1998, versión digital.

3. Simón Bolívar a Urdaneta, Buijó, 5 de julio de 1829, y Simón Bolívar a Urdaneta, Rumpamba, 6 de abril de 1829, en Daniel Florencio O'Leary, *Memorias del general O'Leary*, Caracas, Imprenta Nacional, 1879-1888, vol. 23, pp. 341 y 416-418.

4. Simón Bolívar, «Carta de Jamaica» dirigida a «un caballero de esta isla», Kingston, 6 de septiembre de 1815, en Vicente Lecuna, *Simón Bolívar, Obras completas*, Caracas, Ediciones de la CANTV, 1983, vol. 1, p. 161.

5. Robert Scheina, *Latin America's Wars*; vol. 1: *The Age of the Caudillo, 1791-1899*, Washington D. C., Potomac Books, 2003, p. 173.

6. Octavio Paz, «Intermitencias del Oeste», en *Collected Poems of Octavio Paz*, Nueva York, New Directions, 1987, p. 222.

7. Carlos Fuentes, *El espejo enterrado*, Ciudad de México, Random House Grupo Editorial, 2016, pp. 268-269.

8. Santa Anna perdió el norte de Texas en favor de Estados Unidos, así como toda la zona norte de los territorios mexicanos, que incluía Arizona, Nuevo México, Colorado, Nevada, California y lugares de Utah. En gran medida, esto formó parte de la venta de La Mesilla de 1853, para facilitar la construcción de los ferrocarriles.

9. Stuart Easterling, *The Mexican Revolution. A Short History, 1910-1920*, Chicago, Haymarket, 2013, pp. 34-40.

10. Fueron deportadas treinta mil personas. En el camino, los hombres fueron obligados a casarse con campesinas chinas y a olvidar cualquier alianza anterior. Fuentes, *El espejo enterrado*, p. 286.

11. Enrique Krauze, «In Mexico, a War Every Century», *The New York Times* online, 14 de septiembre del 2010.

12. Ibíd.

13. Versos de Gioconda Belli, «Canto de guerra» (1948), en *De la costilla de Eva*, Managua, Nueva Nicaragua, 1987.

14. Los datos sobre Nicaragua proceden de «Timeline: Nicaragua», Universidad de Stanford online, <https://web.stanford.edu/group/arts/nicaragua/discovery_eng/timeline>, consultado el 2 de febrero del 2019.

15. El corolario de Roosevelt (1904) de la Doctrina Monroe (1823) ocultaba los intereses estratégicos de Estados Unidos con una retórica de ayuda al prójimo: «La infracción crónica o una impotencia que provoque el debilitamiento general de los lazos de la sociedad civilizada, puede en América, como en cualquier otra parte, requerir en última instancia la intervención de alguna nación civilizada, y en el hemisferio occidental la adhesión de Estados Unidos a la Doctrina Monroe puede obligar a Estados Unidos, aunque sea a su pesar, en casos flagrantes de esa fechoría o impotencia, a ejercer una autoridad policial internacional». Según la cita en Gaddis Smith, *The Last Years of the Monroe Doctrine*, Nueva York, Hill and Wang, 1994, p. 25.

16. David Boddiger, *Tico Times* (Costa Rica), 22 de julio del 2014.

17. Junot Díaz, *The Brief Wondrous Life of Oscar Wao*, Nueva York, Riverhead, 2007, p. 3 [hay trad. cast.: *La maravillosa vida breve de Óscar Wao*, trad. de Achy Obejas, Barcelona, Debolsillo, 2009].

18. Robert Crassweller, *Trujillo. The Life and Times of a Caribbean Dictator*, Nueva York, Macmillan, 1966, p. 156 [hay trad. cast.: *Trujillo. La trágica aventura del poder personal*, trad. de Mario H. Calichio, Barcelona, Bruguera, 1968].

19. «I Shot the Cruellest Dictator in the Americas», BBC News online, <www.bbc.com/news/world-latin-america-13560512>, última actualización: 28 de mayo del 2011. La BBC confirma la participación de la CIA y añade: «En una carta de octubre de 1960 a su superior en el Departamento de Estado, Henry Dearborn, *de facto* el jefe de la CIA en República Dominicana, escribió: "Si yo fuera dominicano, que gracias a Dios no lo soy, estaría a favor de destruir a Trujillo como el primer paso necesario para la salvación de mi país y lo consideraría, de hecho, mi deber cristiano"».

20. Juan Gabriel Vásquez, *El ruido de las cosas al caer*, Madrid, Alfaguara, 2011, p. 87.

21. «La guerra de los Mil Días», *Encyclopædia Britannica* online, 5 de enero del 2018.

22. Se trataba de Luis Sánchez Cerro, cuando revisaba el envío de tropas a la guerra no declarada.

23. Gabriel García Márquez, *Vivir para contarla*, Barcelona, Mondadori, 2002, pp. 332-363.

24. Georgie Anne Geyer, *Guerrilla Prince*, Nueva York, Little, Brown, 1991, p. 77.

25. La cifra de trescientos mil procede de varias fuentes recogidas por Erna von der Walde y Carmen Burbano, «Violence in Colombia: A Timeline», North American Congress on Latin America online, <https://nacla.org/article/violence-colombia-timeline>, última actualización: septiembre del 2007. Véase también Rex A. Hudson, ed., *Colombia. A Country Study*, 5.ª ed., Washington D. C, Library of Congress, 2010, p. 326. Este estudio fija la cifra en más de doscientos mil.

26. Hudson, *Colombia*, p. 43. Gloria Gaitán, la hija del político, que en ese momento tenía once años, sugirió que fue la CIA. Un político colombiano contemporáneo llamado Álvaro Leyva Durán ha indicado que el asesino podría haber sido un pretendiente despechado de la amante de Gaitán, una camarera del club nocturno El Gato Negro. Otty Patiño, *Historia (privada) de la violencia*, Bogotá, Debate, 2017, p. 300.

27. Tina Rosenberg, *Children of Cain. Violence and the Violent in Latin America*, Nueva York, Morrow, 1991, p. 142. Rosenberg se refiere a los colombianos que huyeron del campo a las ciudades. Una cifra más con-

servadora, dos millones, que tal vez se centre en la diáspora colombiana posterior, aparece en «Mass Atrocity Endings. Colombia: La Violencia», World Peace Foundation en la Escuela Fletcher online, <https://sites.tufts.edu/atrocityendings/2016/12/14/colombia-la-violencia-2>, última actualización: 14 de diciembre del 2016.

28. Esto proviene del relato de Castro cuando le entrevistó Katiuska Blanco Castiñeira para *Fidel Castro Ruz. Guerrillero del tiempo*, Panamá, Ruth Casa Editorial, 2012, vol. 1, cap. 9.

29. Ibíd.

30. Ibíd.

31. Ibíd.

32. Ibíd.

33. Geyer, *Guerrilla Prince*, p. 339.

34. De hecho, Castro reunió la mayor fuerza de combate per cápita de América Latina: «Cuban Armed Forces and the military presence», informe especial n.º 103, Washington D. C., Departamento de Estado de Estados Unidos, agosto de 1982, <www.dtic.mil/dtic/tr/fulltext/u2/a497385.pdf>.

35. De nuevo, estas historias para un artículo de portada de *The Washington Post*, 9 de julio de 1996, están tomadas de mis entrevistas con Buergos durante su estancia en la prisión de Lorton.

36 John Darnton, «Castro Finds There Are Risks as the "Policeman of Africa"», *The New York Times* online, 12 de noviembre de 1978.

37. Fidel Castro estuvo al frente de Cuba durante cinco décadas y fue el tercer jefe de Estado más longevo del mundo, después de la reina Isabel de Inglaterra y el rey de Tailandia. En julio del 2006 cedió temporalmente el poder a su hermano Raúl tras someterse a una cirugía intestinal. El traspaso de poderes se hizo oficial en el 2008. Reuters, «Castro Among Longest-Serving Leaders, Known for Long Speeches», *Voice of America* online, 26 de noviembre del 2016, <www.voanews.com/a/fidel-castro-obituary-facts/3612417.html>.

38. «Fidel Castro Proclaims Himself a Terrorist», discurso de Fidel Castro con motivo del decimoquinto aniversario del Minint, el Ministerio del Interior de la República de Cuba, junio de 1976, <www.youtube.com/watch?v=1Kw3aZ_UBP4>.

39. Gary Marx, «Cubans Have Beef with Chronic Cattle Shortage», *The Chicago Tribune*, 18 de marzo del 2004.

40. «¿Por qué Cuba sanciona con tanta severidad el sacrificio de ganado?», BBC World online, última actualización: 12 de septiembre del 2015.

41. Reuters, «Castro Would Free 3,000», *The New York Times* online, 23 de noviembre de 1978.

42. *London Daily News* (1882), citado en Michael Taussig, *Mimesis and Alterity. A Particular History of the Senses*, Londres, Routledge, 1993, p. 86.

43. Mario Vargas Llosa, *La ciudad y los perros*, Madrid, Alfaguara, 2005, p. 33.

44. Rosenberg, *Children of Cain*, p. 8.

45. Martín Gusinde, *Los indios de Tierra del Fuego*, Buenos Aires, Centro de Etnología Americana, 1982, p. 143. Véase también Jérémie Gilbert, *Nomadic Peoples and Human Rights*, Nueva York, Routledge, 2014, pp. 23-24.

46. Charles Darwin, *The Voyage of the Beagle* (1845), Londres, Wordsworth Classics, 1997, pp. 198-199 [hay trad. cast.: *Diario del viaje de un naturalista alrededor del mundo*, trad. de Juan Mateos, Madrid, Calpe, 1921].

47. *London Daily News* (1882), en Taussig, *Mimesis and Alterity*, p. 86; Jérémie Gilbert, *Nomadic People and Human Rights*, p. 24.

48. En 1914 se recibió a más de 1,6 millones de inmigrantes procedentes de Europa. Cientos de miles habían llegado durante el siglo anterior. Fuentes, *El espejo enterrado*, p. 282.

49. Rosenberg, *Children of Cain*, p. 8.

50. La frase en ruso se traduce de varias maneras, como «una muerte es una tragedia, un millón de muertes es una estadística» o «la muerte de una persona es una tragedia, la muerte de millones es una estadística». Véase Elizabeth Knowles, *Oxford Dictionary of Quotations*, Nueva York, Oxford University Press, 1999, p. 736.

51. Rosenberg, *Children of Cain*, p. 79.

52. Ignacio González Jansen, *La Triple A*, Buenos Aires, Contrapunto, 1986, pp. 7-38.

53. Catorce millones de dólares equivaldrían a sesenta y nueve millones de dólares en la actualidad. Se trataba de Víctor Samuelson, director de una refinería en una subsidiaria de Exxon. Brian Berenty, «The Born Legacy: Kidnappings in 1970s Argentina», 4 de noviembre del 2015, <www.livinglifeinanopensuitcase.wordpress.com>. El rescate de los hermanos Born, de sesenta millones de dólares, equivaldría a 293 millones de dólares en la actualidad. Gus Lubin y Shlomo Sprung, «The Largest Ransoms Ever Paid», *Business Insider*, última actualización: 7 de septiembre del 2012.

54. Proceso de Reorganización Nacional, o simplemente el Proceso, fue como se llamó al régimen del general Videla. Rosenberg, *Children of Cain*, p. 82.

55. Lubin y Sprung, «The Largest Ransoms».

56. «Pregunta a Videla sobre los desaparecidos», subido a YouTube por CadalTV el 25 de abril del 2013, <https://www.youtube.com/watch?v=3AlUCjKOjuc>.

57. «Perú: socio de Cóndor», John Dinges online, consultado el 2 de febrero del 2019, <http://johndinges.com/condor/documents/Peru%20and%20Condor.htm>.

58. En aquel momento, Videla era el comandante en jefe del ejército argentino. Llegó a la presidencia en marzo de 1976.

59. «Lifting of Pinochet's Immunity Renews Focus on Operation Condor», Archivo de Seguridad Nacional de la Universidad George Washington (archivo online no actualizado), <https://nsarchive2.gwu.edu/NSAEBB/NSAEBB125>, última actualización: 10 de junio del 2004. Dos fuentes excelentes son John Dinges, *The Condor Years*, Nueva York, Free Press, 2005, y Peter Kornbluh, *The Pinochet File*, Nueva York, Free Press, 2003 [hay trad. cast.: *Pinochet. Los archivos secretos*, trad. de David León, Barcelona, Crítica, 2013].

60. A. J. Langguth, *Hidden Terrors. The Truth About U. S. Police Operatons in Latin America*, Nueva York, Pantheon Books, 1978. Todo el libro trata sobre la complicidad de Estados Unidos. Langguth fue jefe de la delegación de *The New York Times*, entre otros medios de comunicación.

61. Transcripción de Kissinger, reunión de personal, Departamento de Estado de Estados Unidos, 1 de octubre de 1973, Archivo de Seguridad Nacional de la Universidad George Washington (archivo online no actualizado), <https://nsarchive2.gwu.edu//NSAEBB/NSAEBB110/chile03.pdf>, pp. 26-27, consultado el 16 de mazo del 2019.

62. Henry Kissinger, memorándum del 20 de septiembre de 1976, Archivo de Seguridad Nacional de la Universidad George Washington (archivo online no actualizado), <https://nsarchive2.gwu.edu/NSAEBB/NSAEBB125/condor09.pdf>, consultado el 2 de febrero del 2019.

63. Wright Thompson, «While the World Watched», *ESPN The Magazine*, 9 de junio del 2014.

64. Vladimir Hernández, «Argentina: viaje al delta donde "llovieron cuerpos"», BBC World online, última actualización: 24 de marzo del 2013.

65. Thompson, «While the World Watched».

66. Ibíd.

67. «Obama Brings "Declassified Diplomacy" to Argentina» (declaración pública de la consejera de Seguridad Nacional Susan Rice antes de la visita del presidente Obama a ese país en el 2016), Archivo de Seguridad Nacional de la Universidad George Washington (archivo online no actualizado), <https://nsarchive.gwu.edu/briefing-book/southern-cone/2016-03-18/obama-brings-declassified-diplomacy-argentina>, última actualización: 18 de marzo del 2016; consultado el 16 de marzo del 2019. Reuters, Sarah Marsh y Maximiliano Rizzi, «Obama's Argentina Trip Raises Questions About Macri Rights Record», 18 de marzo del 2016. Según un informe del servicio de inteligencia chileno, entre 1975 y 1978 fueron asesinados al menos veintidós mil argentinos. «On 30th Anniversary of Argentine Coup, New Declassified Details on Repression and US Support for Military Dictatorship», Archivo de Seguridad Nacional de la Universidad George Washington (archivo online no actualizado), <https://nsarchive2.gwu.edu/NSAEBB/NSAEBB185/index.htm>, última actualización: 23 de marzo del 2006.

68. Edward Rhymes, «Operation Condor», TeleSUR online, última actualización: 15 de junio del 2017.

69. Nilson Cezar Mariano, *As Garras do Condor*, São Paulo, Vozes, 2003, p. 234 [hay trad. cast.: *Operacion Cóndor. Terrorismo de Estado en el Cono Sur*, Buenos Aires, Lohlé/Lumen, 1998].

70. Ibíd.

71. Número de víctimas estadounidenses en las siguientes guerras: guerra de Independencia de Estados Unidos: 8.000 muertos en combate, 25.000 víctimas de guerra estadounidenses en total, en Howard H. Peckham, ed., *The Toll of Independence*, Chicago, University of Chicago Press, 1974, p. 131. Guerra de Vietnam: 47.424 muertos en combate, 58.209 víctimas estadounidenses en total, en John Whiteclay Chambers II, ed., *The Oxford Companion to American Military History*, Nueva York, Oxford University Press, 1999, p. 849. Intervenciones estadounidenses desde entonces: 7.788 muertes en total en combate y de guerra, Nese F. DeBruyne, «American War and Military Operations Casualties: Lists and Statistics», tabla 2.24, Congressional Research Service online, <https://fas.org/sgp/crs/natsec/RL32492.pdf>, última actualización: 14 de septiembre del 2018. Una referencia para poder comparar: los caídos en combate en la Primera Guerra Mundial alcanzaron los 53.000 (116.000 en total, incluidas las víctimas de enfermedades); en la guerra civil estadounidense, 618.000.

72. Testimonio personal citado en D. Rothenberg, ed., *Guatemala. Memory of Silence (Tz'inil na 'tab'al), The Guatemalan Truth Commission Report*, Londres, Palgrave Macmillan, 2012, p. 7, <www.documentcloud.org/documents/357870-guatemala-memory-of-silence-the-commission-for.html>.

73. Rosenberg, *Children of Cain*, p. 243.

74. Ibíd., p. 269.

75. Jorge G. Castañeda, *Utopia Unarmed. The Latin American Left After the Cold War*, Nueva York, Knopf, 1993, p. 98 [publicado también como: *La utopía desarmada. Intrigas, dilemas y promesa de la izquierda en América Latina*, Buenos Aires, Ariel, 1993].

76. Mark Danner, «The Truth of El Mozote», *The New Yorker*, 6 de diciembre de 1993.

77. Ibíd., p. 101.

78. Mayra Gómez, *Human Rights in Cuba, El Salvador and Nicaragua*, Nueva York, Routledge, 2003, p. 101.

79. «De la locura a la esperanza. La guerra de 12 años en El Salvador», informe de la Comisión de la Verdad para El Salvador, Naciones Unidas, San Salvador, Nueva York, 1992-1993, <http://www.derechoshumanos.net/lesahumanidad/informes/elsalvador/Introduccion-Mandato-Cronologia.pdf>.

80. Walter LaFeber, *Inevitable Revolutions. The United States in Central America*, Nueva York, Norton, 1993, pp. 76-77 [hay trad. cast.: *Revoluciones inevitables. La política de Estados Unidos en Centroamérica*, San Salvador, UCA, 1989].

81. Stephen Schlesinger y Stephen Kinzer, *Bitter Fruit. The Story of the American Coup in Guatemala*, Cambridge, Harvard University Press, 1999, pp. 100-101 [hay trad. cast.: *Fruta amarga. La CIA en Guatemala*, Ciudad de México, Siglo XXI, 1982].

82. Las cifras y la información relativas a la guerra civil de Guatemala y al genocidio que aparecen en estas páginas proceden en gran medida de un informe de la Asociación Estadounidense para el Avance de la Ciencia (AAAS, por sus siglas en inglés) y del Centro Internacional para Investigaciones en Derechos Humanos. Patrick Ball, Paul Kobrak y Herbert Spirer, *State Violence in Guatemala, 1960-1996*, Washington D. C., AAAS, 1999.

83. Ibíd., p. 21.

84. Rothenberg, *Guatemala. Memory of Silence*, p. 20.

85. Ibíd., p. 12.

86. Ibíd., p. 42. Los informes mencionados identifican a los asesores como personal militar israelí y argentino.

87. Ball, Kobrak y Spirer, *State Violence in Guatemala*, pp. 40-41.

88. Ibíd., p. 42; Greg Grandin, «Guatemalan Slaughter Was Part of Reagan's Hard Line», *The New York Times* online, 21 de mayo del 2013; Elisabeth Malkin, «Former Leader of Guatemala Is Guilty of Genocide Against Mayan Group», *The New York Times* online, 10 de mayo del 2013.

89. Grandin, «Guatemalan Slaughter».

90. Associated Press, 29 de abril de 1999; Rothenberg, *Guatemala. Memory of Silence*, p. 13. En 1982 la población era de unos seis millones de habitantes.

91. Dirk Kruijt, «Revolución y contrarrevolución: El Gobierno sandinista y la guerra de la Contra en Nicaragua, 1980-1990», *Desafíos*, vol. 23, n.º 2 (julio-diciembre del 2011), p. 67.

92. Rosenberg, *Children of Cain*, p. 279.

93. Ibíd.

94. Ibíd., pp. 279-280.

95. «Así contó *La Prensa* el asalto al Palacio Nacional hace 39 años», *La Prensa* (Managua), 22 de agosto del 2017, <www.laprensa.com.ni/2017/08/22/politica/2283511-el-asalto-al-palacio-nacional-1978>.

96. Rosenberg, *Children of Cain*, p. 288; Gómez, *Human Rights*, p. 10.

97. Lou Cannon, «Latin Trip an Eye-Opener for Reagan», *The Washington Post*, 6 de diciembre de 1982.

98. José Martí a Manuel Mercado, Campamento de Dos Ríos, 18 de mayo de 1895, en José Martí, *Obras completas*; vol. 20: *Epistolario*, La Habana, Editorial de Ciencias Sociales, 1992. En esta carta Martí se refiere a Estados Unidos como «el monstruo».

9. Fuego subterráneo

1. Mario Vargas Llosa, *Lituma en los Andes*, Barcelona, Planeta, 1993, pp. 149-150.

2. La Angry Brigade fue un grupo revolucionario de izquierdas que entre 1970 y 1972 protagonizó varios atentados terroristas con bomba en Inglaterra.

3. Durante la Violencia, en Colombia los negocios prosperaron. Entre 1948 y 1953, en el momento de máxima virulencia, la tasa de crecimien-

to del país fue del 6,2 por ciento. Tina Rosenberg, *Children of Cain. Violence and the Violent in Latin America*, Nueva York, Morrow, 1991, p. 41.

4. «The Colombian Economy», informe del Banco Mundial, Banco Internacional de Reconstrucción y Fomento, División de América Latina Oriental, 25 de marzo de 1948, <http://documents.worldbank.org/curated/en/582941468247471820/pdf/L31000Colombia000The0Colombian0economy.pdf>.

5. Rex A. Hudson, ed., *Colombia. A Country Study*, 5.ª ed., Washington D. C, Library of Congress, 2010, p. 327.

6. Veinte mil soldados en las FARC en su momento álgido; tres mil en el ELN. Juan Guillermo Mercado, «Desmovilización, principal arma contra las guerrillas», *El Tiempo* (Colombia) online, última actualización: 22 de septiembre del 2013. También *Contribución al entendimiento del conflicto armado en Colombia*, La Habana, Comisión Histórica del Conflicto y sus Víctimas, febrero del 2015, pp. 50-65.

7. «The Global Cocaine Market», en *World Drug Report 2010*, Ginebra, Oficina de Naciones Unidas contra la Droga y el Delito, junio del 2010, p. 30, <www.unodc.org/documents/wdr/WDR_2010/1.3_The_globa_cocaine_market.pdf>.

8. Ibíd., p. 69. En Estados Unidos, las empresas agrícolas y mineras obtuvieron en 1995 unos beneficios totales de doscientos mil millones de dólares. Departamento de Comercio de Estados Unidos, *Survey of Current Business*, vol. 79, n.º 7 (1999), tabla B-3, <https://fraser.stlouisfed.org/files/docs/publications/SCB/1990-99/SCB_071999.pdf>.

9. Hudson, *Colombia*, p. 329.

10. *Contribución al entendimiento*, pp. 56-64.

11. Hudson, *Colombia*, pp. 34-38.

12. Abimael Guzmán, conocido también como Gonzalo, líder de Sendero Luminoso en Perú. Fernando Salazar Paredes, «Salvo el poder todo es ilusión», *Pagina Siete* (La Paz), 4 de mayo del 2016.

13. Debo estas reflexiones y gran parte de lo que sigue sobre la Universidad de Huamanga y Sendero Luminoso al excelente libro de Jorge G. Castañeda, *Utopia Unarmed. The Latin American Left After the Cold War*, Nueva York, Knopf, 1993, pp. 98-125 [publicado también como: *La utopía desarmada. Intrigas, dilemas y promesa de la izquierda en América Latina*, Buenos Aires, Ariel, 1993].

14. Se la conoce formalmente como Universidad Nacional de San Cristóbal de Huamanga.

15. Castañeda, *Utopia Unarmed*, p. 120.

16. Estos detalles sobre su infancia provienen de Juan Carlos Soto y Giuliana Retamozo, «La madre chilena de Abimael Guzmán», *La República* (Arequipa, Perú), 22 de marzo del 2008.

17. Su plan, tal y como se expone en los documentos de Sendero Luminoso, pretendía ser 1) violento: se tomaría el poder por medios violentos y se mantendría a través de una dictadura; 2) exhaustivo: se eliminaría tanto a los imperialistas como a los perdedores de mentalidad feudal; 3) duradero: la participación consistiría en una guerra total, prolongada y masiva, y 4) nuevo: implicaría a las masas —no a ejércitos, tal como se habían concebido hasta entonces— y transformaría a Sendero Luminoso en una nueva fuerza populista nunca vista. La filosofía de Guzmán está claramente expuesta en un artículo del historiador peruano Nelson Manrique, «Pensamiento, acción y base política del movimiento Sendero Luminoso», *Historizar el pasado vivo en América Latina*, <https://www.verdadyreconciliacionperu.com/admin/files/articulos/273_digitalizacion.pdf>.

18. *El Diario* (La Paz), entrevista, citado en C. Kistler, «PCM: To Defend the Life of Chairman Gonzalo is to Defend Maoism!», *Redspark* (publicación internacional del Partido Comunista), <http://www.redspark.nu/en/imperialist-states/to-defend-the-life-of-chairman-gonzalo-is-to-defend-maoism>, última actualización: 25 de octubre del 2017.

19. Gustavo Gorriti, *Shining Path. A History of the Millenarian War in Peru*, Chapel Hill, University of North Carolina Press, 1999, p. 84 [publicado originalmente como: *Sendero. Historia de la guerra milenaria en el Perú*, Lima, Apoyo, 1990]; Dora Tramontana Cubas, «La violencia terrorista en el Perú, Sendero Luminoso y la protección internacional de los derechos humanos», *Revista Persona* (Argentina), n.° 25-26 (2004).

20. Lucero Yrigoyen M. Q., «Sendero Luminoso y los perros», *Semanario Siete* (Perú), 10 de septiembre del 2012.

21. Gorriti, *Shining Path*, p. 86.

22. Castañeda, *Utopia Unarmed*, p. 127. El acuerdo financiero de Sendero Luminoso con el narcotráfico tal vez fuera un antecedente y un modelo para la colaboración de las FARC con los narcotraficantes colombianos. Véase también Nelson Manrique, «The War for the Central Sierra», en Steve J. Stern, ed., *Shining and Other Paths. War and Society in Peru, 1980-1995*, Durham, Duke University Press, 1998, p. 215 [hay trad. cast.: *Los senderos insólitos del Perú. Guerra y sociedad, 1980-1995*, trad. de Javier Flores, Lima, IEP, 1999].

23. Rosenberg, *Children of Cain*, p. 146.

24. Anne Lambright, *Andean Truths*, Liverpool, Liverpool University Press, 2015, pp. 158-159.

25. Carlos Iván Degregori, «Harvesting Storms: Peasant Rondas and the Defeat of Sendero Luminoso in Ayacucho», en Stern, *Shining and Other Paths*, p. 128.

26. Ibíd.; PCP-SL (documento del Partido Comunista de Perú), diciembre de 1982, citado en Gorriti, *Shining Path*, p. 283.

27. Rosenberg, *Children of Cain*, p. 146.

28. Charles F. Walker, *The Túpac Amaru Rebellion*, Cambridge, Belknap Press, 2016, p. 277 [hay trad. cast.: *La rebelión de Túpac Amaru*, trad. de Óscar Hidalgo, Lima, Instituto de Estudios Peruanos, 2015].

29. Gorriti, *Shining Path*, p. 282.

30. Rodrigo Montoya, «Izquierda unida y Sendero, potencialidad y limite», *Sociedad y política*, 13 de agosto de 1983.

31. Jo-Marie Burt, «The Case of Villa El Salvador», en Stern, *Shining and Other Paths*, pp. 270-271.

32. «Abimael Guzmán», *Encyclopædia Britannica* online, <www.britannica.com/biography/Abimael-Guzman>.

33. Castañeda, *Utopia Unarmed*, p. 125.

34. Ibíd.

35. Marcus Cueto, *El regreso de las epidemias. Salud y sociedad en el Perú del siglo* XX, Lima, Instituto de Estudios Peruanos, 2000, p. 175. La cifra que da Cueto es 322.562 personas.

36. James Brooke, «Cholera Kills 1,100 in Peru and Marches On», *The New York Times* online, 19 de abril de 1991.

37. «Confirman que restos de víctimas de La Cantuta fueron quemados», *El Mercurio* (Santiago de Chile), 18 de agosto del 2008, <https://www.emol.com/noticias/internacional/2008/08/18/318071/confirman-que-restos-de-victimas-de-la-cantuta-fueron-quemados.html>.

38. «Víctimas de las masacres de Barrios Altos y La Cantuta no eran terroristas», *El Comercio* (Lima), 7 de abril del 2009, <http://archivo.elcomercio.pe/politica/gobierno/victimas-masacres-barrios-altos-cantuta-no-eran-terroristas-noticia-270253>.

39. Este dinero fue proporcionado por la Agencia de Estados Unidos para el Desarrollo Internacional (USAID, por sus siglas en inglés), un organismo independiente que proporciona ayuda civil y al desarrollo en el exterior, <https://newrepublic.com/article/151599/dont-talk-perus-forced-sterilizations>. Los militares estadounidenses también apoyaron a las fuerzas armadas peruanas mediante entrenamiento de contrainsur-

gencia en Fort Gulick, en Panamá (Manrique, «War for Central Sierra», p. 193). Las cifras son de Françoise Berthélémy, «Stérilisations forcés des Indiennes du Pérou», *Le Monde Diplomatique*, mayo del 2004.

40. George Santayana, *The Works of George Santayana*, Herman J. Saatkamp Jr. y William G. Holzberger, eds., Cambridge, MIT Press, 2004, vol. 5, lib. 6, p. 423.

41. David Piñeiro, «El éxodo del Mariel», Una breve historia, <https://www.unabrevehistoria.com/2007/11/exodo-desde-mariel.html>, consultado el 16 de marzo del 2019.

42. Pasquín del éxodo del Mariel, «The Cuban Experience in Florida», imagen n.º PR30565, Florida Memory, State Library & Archives of Florida.

43. Marie Arana-Ward, «Three Marielitos, Three Manifest Destinies», *The Washington Post*, 9 de julio de 1996.

44. «Cuban Refugee Crisis», *The Encyclopedia of Arkansas* online, última actualización: 12 de marzo del 2015.

45. Ibíd.

46. Arana-Ward, «Three Marielitos».

47. Robert Pierre Pierre, «DC Anti-Gang Efforts Marked by Frustration», *The Washington Post* online, 9 de marzo de 1997.

48. Arana-Ward, «Three Marielitos».

49. Ibíd.

50. Estos detalles más recientes fueron recogidos por la autora en un reportaje sobre el paradero de Buergos en los años 2017-2018.

51. Juan Adolfo Vásquez, 1982, citado en Ronald Wright, *Stolen Continents. The Americas Through Indian Eyes*, Boston, Houghton Mifflin, 1992, p. 52 [hay trad. cast.: *Continentes robados*, trad. de Nora Muchnik, Madrid, Anaya & Mario Muchnik, 1994].

52. Henry Kamen, *The Spanish Inquisition. A Historical Revision*, New Haven, Yale University Press, 2014, pp. 21-22 [hay trad. cast.: *La Inquisición española*, trad. de Juan Rabasseda y Teófilo de Lozoya, Barcelona, Crítica, 2013].

53. John Hemming, *Red Gold. The Conquest of the Brazilian Indians, 1500-1700*, Cambridge, Harvard University Press, 1978, p. 40.

54. Héctor Alonso Moreno Parra y Adolfo León Rodríguez Sánchez, *Etnicidad, resistencias y políticas públicas*, Cali (Colombia), Universidad del Valle, 2014, p. 102.

55. Mario Vargas Llosa, *El pez en el agua*, Madrid, Alfaguara, 2006, p. 520.

56. «Vargas Llosa dice que descubrió la literatura latinoamericana en París», *La Vanguardia* (Barcelona), 1 de mayo del 2014. Estas palabras no son de Vargas Llosa, sino del crítico.

57. Mario Vargas Llosa, conferencia con motivo de la concesión del Premio Nobel, 7 de diciembre del 2010, Estocolmo.

58. María Elena Martínez, *Genealogical Fictions. Limpieza de Sangre, Religion, and Gender in Colonial Mexico*, Stanford, Stanford University Press, 2008, pp. 10-12.

59. Leslie Bethell, *The Cambridge History of Latin America*, Cambridge, Cambridge University Press, 1985, vol. 3, p. 30. [Hay trad. cast.: *Historia de América Latina*; vol. 3: *América Latina colonial. Economía*, trad. de Neus Escandell y Montserrat Iniesta, Barcelona, Crítica, 2000].

60. Amanda Macias y Pamela Engel, «The 50 Most Violent Cities in the World», *Business Insider*, última actualización: 23 de enero del 2015.

61. «Sicarios trujillanos se promocionan en página web de anuncios», *Trujillo Informa* (Trujillo, Perú), 20 de enero del 2014; «Sicarios de Trujillo que se promocionan por Facebook», *El Comercio* (Lima), 11 de mayo del 2013.

62. Hudson, *Colombia*, p. 337.

63. Gabriel Di Nicola y Germán de los Santos, «Sicarios: mandar a matar en la Argentina puede costar $10,000», *La Nación* (Buenos Aires), 29 de enero del 2017.

64. Rosenberg, *Children of Cain*, p. 34.

65. Eric Johnson, Ricardo Salvatore y Pieter Spierenburg, eds., *Murder and Violence in Latin America*, Malden, Wiley-Blackwell, 2013, p. 269.

66. «Shining Light on Latin America's Homicide Epidemic», *The Economist*, 5 de abril del 2018.

67. Recuentos y tasas de homicidios, Oficina de Naciones Unidas contra la Droga y el Delito online, 2000-2013, <www.unodc.org/documents/gsh/data/GSH2013_Homicide_count_and_rate.xlsx>; <https://www.unodc.org/documents/gsh/pdfs/2014_GLOBAL_HOMICIDE_BOOK_web.pdf>. Datos y estadísticas generales sobre la delincuencia mundial, 2013-2017, <www.unodc.org/unodc/en/data-and-analysis/statistics.html>.

68. «Shining Light Latin America's Homicide Epidemic».

69. Miriam Wells, «Venezuela Government Admits Keeping Crime Figures Secret», InSight Crime online, última actualización: 15 de julio del 2013.

70. Entre ellos, Brasil, Venezuela, República Dominicana, Panamá, Argentina, Ecuador, Perú, Guatemala, Colombia, México, El Salvador y

Chile. Véanse también «Odebrecht Case. Politicians Worldwide Suspected in Bribery Scandal», BBC News online, <www.bbc.com/news/world-latin-america-41109132>, última actualización: 15 de diciembre del 2017; Anthony Faiola, «The Corruptions Scandal That Started in Brazil», *The Washington Post*, 23 de enero del 2018.

71. Michael Smith, Sabrina Valle y Blake Schmidt, «No One Has Ever Made a Corruption Machine Like This One», *Bloomberg Businessweek*, 8 de junio del 2017.

72. Karen McVeigh, «Bribes for Public Services Rife in Latin America», *The Guardian* (ed. británica), 10 de octubre del 2017.

73. Tengo una deuda importante, por esto y por los siguientes comentarios y detalles, con la excelente antología de Johnson, Salvatore y Spierenburg, *Murder and Violence*, p. 269.

74. Anthony Faiola y Marina Lopes, «Stop and Search? This Poor Community in Rio Says Yes, Please», *The Washington Post*, 25 de marzo del 2018.

75. La corrupción, cuyas raíces son profundas en España y Portugal, alcanzó un grado intenso y virulento durante el reinado de Felipe III, que gobernó en Lisboa y Madrid (1598-1621). Los cargos del Gobierno estaban en venta, los tribunales se podían comprar y el soborno estaba generalizado. América Latina no se inventó su corrupción. Carlos Fuentes, *The Buried Mirror*, Nueva York, Houghton Mifflin, 1992, pp. 166-167 [publicado originalmente como: *El espejo enterrado*, Ciudad de México, Fondo de Cultura Económica, 1992].

76. Ernesto Sábato, «Inercia mental», en *Uno y el universo*, Buenos Aires, Seix Barral, 2003, p. 90.

77. Enrique Krauze, «In the Shadow of the Patriarch», *The New Republic*, 23 de octubre del 2009.

78. Tim Merrill y Ramón Miró, eds., *Mexico. A Country Study*, Washington D. C., Library of Congress, 1996, p. 91.

79. Johnson, Salvatore y Spierenburg, *Murder and Violence*, p. 244.

80. Nina Lakhani y Erubiel Tirado, «Mexico's War on Drugs», *The Guardian* (ed. británica), 8 de diciembre del 2016. «Desde el 2007, casi doscientas mil personas han sido asesinadas y más de veintiocho mil, denunciadas como desaparecidas [...]. Estados Unidos donó al menos mil quinientos millones de dólares» a esta iniciativa en el 2016. Para poner esto en perspectiva, entre 1973 y el 2016 Estados Unidos gastó más de dos billones y medio de dólares en la guerra contra la droga.

81. Salvatore, en Johnson, Salvatore y Spierenburg, *Murder and Violence*, p. 236.

82. «Shining Light Latin America's Homicide Epidemic».

83. Steven Dudley *et al.*, «The MS13», InSight Crime y Center for Latin American & Latino Studies en la American University online, última modificación en febrero del 2018.

84. Ibíd.

85. José Miguel Cruz, «The Root Causes of the Central American Crisis», *Current History*, vol. 114, n.º 769 (febrero del 2015), pp. 43-48.

86. Phil Davison, «Activist Protested Peruvian Government to Get Answers About Missing People», *The Washington Post*, 10 de septiembre del 2017.

87. Ioan Grillo, «The Paradox of Mexico's Mass Graves», *The New York Times* online, 19 de julio del 2017.

88. Chris Arsenault, «Politics of Death: Land Conflict and Murder Go "Hand in Hand" in Brazil», Reuters, 26 de junio del 2017.

89. Dudley *et al.*, «MS13».

Tercera parte
La piedra

1. Gonzalo Fernández de Oviedo y Valdés reproduce este testimonio de Casqui, un cacique taíno evangelizado que viajó con Colón hasta Barcelona cuando este regresó desde el Caribe, en *Historia general y natural de las Indias* (1547), Madrid, Imprenta de la Real Academia de la Historia, 1851, primera parte, lib. XVII, cap. XXVIII.

10. Los dioses de antes

1. Fray Luis de Granada, *Obras del VP maestro fr. Luis de Granada del orden de Santo Domingo*, Madrid, Antonio Gonçalez de Reyes, 1711, vol. 21, parte quinta, tratado cuarto, § 20.

2. Toda la información y las descripciones sobre la vida, la carrera y las opiniones de Xavier Albó provienen de una serie de entrevistas que le hice en la casa de los jesuitas en La Paz, Bolivia, del 20 al 27 de febrero del 2016, de la correspondencia que mantuvimos antes y después, así como de su exhaustiva autobiografía *Un curioso incorregible*, publicada en Bolivia en el 2017.

3. Los jesuitas (*Societas Iesu*, S. J.) se fundaron en Montmartre en 1534. «La Compañía de Jesús» fue el nombre original que Ignacio de Lo-

yola y sus seis primeros compañeros dieron a la orden. También se llamaban a sí mismos «Amigos en el Señor».

4. «La Revolución de Asturias, octubre de 1934: la revolución obrera, la revolución minera», *Recuperando Memoria* online, <www.radiorecuperandomemoria.com>, última actualización: 5 de octubre del 2017.

5. Adam Hochschild, *Spain in Our Hearts*, Nueva York, Houghton Mifflin, 2016, p. 343 [hay trad. cast.: *España en el corazón*, trad. de Mariano López, Barcelona, Malpaso, 2018]. Los historiadores estiman que, lejos del campo de batalla, los sublevados mataron a ciento cincuenta mil adversarios entre 1936 y 1939, y el régimen de Franco ejecutó a otras veinte mil personas tras llegar al poder. Muchas más fueron arrestadas y torturadas o mutiladas de por vida. Pero los republicanos también cometieron no pocas atrocidades, matando a cuarenta y nueve mil personas. El resto fueron víctimas civiles. James McAuley y Pamela Rolfe, «Spain Plans to Exhume Franco», *The Washington Post*, 20 de octubre del 2018.

6. Josep Maria Solé i Sabaté y Joan Villarroya, *España en llamas. La Guerra Civil desde el aire*, Madrid, Temas de Hoy, 2003, p. 239.

7. «Cantares mexicanos», citado en David Carrasco, *Quetzalcoatl and the Irony of Empire*, Chicago, University of Chicago Press, 1982, p. 150.

8. Hernán Cortés, *Cartas de relación*, Ángel Delgado Gómez, ed., Madrid, Clásicos Castalia, 1993, pp. 232-248. Citado en Matthew Restall, *When Montezuma Met Cortés. The True Story of the Meeting That Changed History*, Nueva York, Ecco, 2018, p. 4 [hay trad. cast.: *Cuando Moctezuma conoció a Cortés*, trad. de José Eduardo Latapí, Barcelona, Taurus, 2019].

9. Este concepto se analiza lúcida y exhaustivamente en ibíd., un libro erudito y bien argumentado del historiador Matthew Restall, de la Universidad Estatal de Pennsylvania.

10. James Mann, *Rise of the Vulcans. The History of Bush's War Cabinet*, Nueva York, Viking, 2004, p. 82 [hay trad. cast.: *Los Vulcanos. El gabinete de guerra de Bush*, trad. de Juan Ruiz Guijo, Granada, Almed, 2007].

11. Felipe Fernández-Armesto, *Civilization*, Nueva York, Touchstone, 2001, pp. 390-402 [hay trad. cast.: *Civilizaciones*, trad. de Jesús Cuéllar, Madrid, Taurus, 2002].

12. Mann, *Rise of the Vulcans*, p. 83.

13. Nicholas Tripcevich y Kevin J. Vaughn, eds., *Mining and Quarrying in the Ancient Andes. Sociopolitical Economic, and Symbolic Dimensions*, Nueva York, Springer, 2013, pp. 3-10.

14. Catherine J. Allen, «When Pebbles Move Mountains», en Rosaleen Howard-Malverde, ed., *Creating Context in Andean Cultures*, Nueva York, Oxford University Press, 1997, pp. 73-83.

15. Franz Boas, *Primitive Art* (1927), Nueva York, Dover Publications, 1955, p. 128 [hay trad. cast.: *El arte primitivo*, trad. de Adrián Recinos, Ciudad de México, Fondo de Cultura Económica, 1947]. Citado en Krista Ulujuk Zawadski, «Lines of Discovery on Inuit Needle Cases, *Kakpiit*, in Museum Collections», *Museum Anthropology*, vol. 41, n.º 1 (primavera del 2018), pp. 61-75, <https://anthrosource.onlinelibrary.wiley.com/toc/15481379/2018/41/1>.

16. Fray Bernardino de Sahagún, *Historia general de las cosas de Nueva España*, Ciudad de México, Imprenta Alejandro Valdés, 1829-1830, lib. XII, cap. II.

17. María Rostworowski de Diez Canseco, *Historia del Tahuantinsuyu*, Lima, IEP, 1988, pp. 46-47.

18. Carolyn Dean, *A Culture of Stone. Inka Perspectives on Rock*, Durham, Duke University Press, 2010, p. 5.

19. Lars Frühsorge, «Sowing the Stone», *Estudios de Cultura: Maya*, n.º 45, Ciudad de México, Universidad Nacional Autónoma de Mexico (UNAM), 2015, pp. 72-189.

20. Ibíd.

21. Tamara L. Bray, ed., *The Archaeology of Wak'as. Explorations of the Sacred in the Pre-Columbian Andes*, Boulder, University Press of Colorado, 2015, pp. 25-27.

22. David Stuart, «Kings of Stone», *RES. Anthropology and Aesthetics*, n.º 29/30 (primavera-otoño de 1996), pp. 148-171.

23. Frank Salomon, *The Huarochirí Manuscript*, Austin, University of Texas, 1991, p. 19. La cursiva es mía.

24. Richard K. Nelson, «The Watchful World», en Graham Harvey, ed., *Readings in Indigenous Religions*, Londres, Continuum, 2002, p. 345.

25. Fray Bartolomé de las Casas, en *Apologética Historia Sumaria*, Juan Pérez de Tudela, ed., Madrid, Atlas, 1958, p. 527.

26. Dean, *A Culture of Stone*, p. 50. El primero en hablar de ellas fue Guamán Poma de Ayala en *El primer nuevo corónica y buen gobierno*, en el que describe como seis mil trabajadores arrastran enormes rocas hacia el sitio de Sacsayhuamán usando «grandes maromas de cáñamo y cuerda» y a veces, incapaces de acarrearlas todas, dejan algunas en el paisaje.

27. Frühsorge, «Sowing», pp. 72-189.

28. David Freidel, Linda Schele y Joy Parker, *Maya Cosmos. Three Thousand Years on the Shaman's Path*, Nueva York, Morrow, 1993, p. 67 [hay trad. cast.: *El cosmos maya*, trad. de Jorge Ferreiro, Ciudad de México, Fondo de Cultura Económica, 1999]; Matthew G. Looper, *To Be Like Gods.*

Dance in Ancient Maya Civilization, Austin, University of Texas Press, 2009, p. 116.

29. Frühsorge, «Sowing», pp. 72-189.

30. Matthew G. Looper, *The Three Stones of Maya Creation Mythology at Quiriguá*, Wired Humanities Projects, Archivos Mesoamericanos, Universidad de Oregón, citado en doctor Frances Karttunen, «Why Always Three Hearth Stones?», Aztecs at Mexicolore, <www.mexicolore.co.uk/aztecs/ask-experts/why-always-three-hearth-stones>, consultado el 3 de febrero del 2019.

31. John Janusek, «Of Monoliths and Men», en Bray, *The Archaeology of Waka'as*, pp. 335-336. La cursiva es mía.

32. La construcción cholula, conocida como Tlachihualtépetl («montaña hecha por el hombre») y levantada alrededor del 300 a. C., tiene una base cuatro veces mayor que la pirámide de Guiza y casi duplica su volumen. Josh Hrala, «The World's Largest Pyramid Is Hidden Under a Mountain in Mexico», *Science Alert*, <https://www.sciencealert.com/the-world-s-largest-pyramid-is-hidden-under-a-mountain-in-mexico>, última actualización: 25 de agosto del 2016.

33. Prefacio, *Anthropological Papers of the American Museum of Natural History*, Nueva York, American Museum of Natural History, 1944-1945, vol. 39, p. 5.

34. Esto lo escribió uno del grupo de Pizarro, Juan de Betanzos, un español casado con una prima de Atahualpa (que también había sido concubina de Pizarro). Juan de Betanzos, *Narrative of the Incas* (*c.* 1576), trad. y ed. de Roland Hamilton y Dana Buchanan, Austin, University of Texas Press, 1996, pp. 7-10 [publicado originalmente como: *Suma y narración de los yngas*].

35. Mateo 28, 19-20.

36. «Pope Francis and Saint Matthew», *Today's Catholic*, 15 de septiembre del 2015.

37. Maria Luise Wagner, «The Sexenio (1946-52)», en Rex A. Hudson y Dennis M. Hanratty, eds., *Bolivia. A Country Study*, Washington D. C., Library of Congress, 1989.

38. Matthew Hughes, «Logistics and the Chaco War: Bolivia Versus Paraguay», *Journal of Military History*, vol. 69, n.º 2 (abril del 2005), p. 412.

39. Guillermo Yeatts, *The Roots of Poverty in Latin America*, Jefferson, McFarland, 2005, p. 53. [Publicado originalmente como: *Raíces de pobreza*, Buenos Aires, Abeledo-Perrot, 2000].

40. Rubén Mendoza, «Aztec Militarism and Blood Sacrifice», en

Richard J. Chacon y Rubén G. Mendoza, *Latin American Indigenous Warfare and Ritual Violence*, Tucson, University of Arizona Press, 2007, pp. 47-48.

41. Véase *Codex Magliabechiano*, Biblioteca Nazionale Centrale, Florencia (Italia), fol. 70, <www.art.com/products/p11726751-sa-i1352276/a-human-sacrifice-from-the-codex-magliabechiano.htm>.

42. Felipe Guamán Poma de Ayala, *El primer nueva corónica y buen gobierno*, John V. Murra y Rolena Adorno, eds., Ciudad de México, Siglo XXI, 1980, vol. 1, pp. 232-233.

43. *Qhapaq hucha* en quechua, «pecado real». El rito se explica bien en Valerie Andrushko *et al.*, «Investigating a Child Sacrifice Event from the Inca Heartland», *Journal of Archaeological Science*, vol. 38, n.° 2 (febrero del 2011), pp. 323-333. Véase también Maria Constanza Ceruti, «Frozen Mummies from Andean Mountaintop Shrines: Bioarchaeology and Ethnohistory of Inca Human Sacrifice», *BioMed Research International*, 2015, artículo ID 439428, 2015, <http://www.dx.doi.org/10.1155/2015/439428>.

44. Martín de Murúa, *Historia del origen y genealogía de los reyes incas del Perú*, Madrid, Instituto Santo Toribio de Mogrovejo, 1946, vol. 2, pp. 263-264.

45. Richard J. Chacon, Yamilette Chacon y Angel Guandinango, «The Inti Raymi Festival Among the Cotacachi and Otavalo of Highland Ecuador. Blood for the Earth», en Chacon y Mendoza, *Latin American Indigenous*, p. 123.

46. Johan Reinhard, «Peru's Ice Maidens», *National Geographic*, junio de 1996, pp. 62-81.

47. Natasha Frost, «Grisly Child Sacrifice Found at Foot of Ancient Aztec Temple», *History & Ancient Technology*, 23 de noviembre del 2020. En la excavación arqueológica, dirigida por Leonardo López Luján, que se está realizando ahora en el Templo Mayor, bajo el corazón de la Ciudad de México, los descubrimientos han sido asombrosos, e incluyen el desenterramiento de hileras y torres de cráneos que suman cientos de víctimas.

48. Martín de Murúa, *Historia general del Perú*, Manuel Ballesteros, ed., Madrid, Ediciones Historia, 1986, lib. primero, cap. 23.

49. Colin McEwan y M. van de Guchte, «Ancestral Time and Sacred Space in Inca State Ritual», en R. Townsend, ed., *The Ancient Americas. Art from Sacred Landscapes*, Chicago, Art Institute of Chicago, 1992, pp. 359-371; Gordon McEwan, *The Incas. New Perspectives*, Nueva York, Norton, 2006, p. 150.

50. Álvar Núñez Cabeza de Vaca, «Comentarios», en Enrique de Vedia, *Historiadores primitivos de Indias*, Madrid, Rivadeneyra, 1852, vol. 1, cap. XVI, p. 558.

51. Elizabeth Benson y Anita Cook, *Ritual Sacrifice in Ancient Peru*, Austin, University of Texas Press, 2001, pp. 2-3.

52. Chacon, Chacon y Guandinango, «The Inti Raymi Festival», pp. 120-125.

11. Piedra mata piedra

1. Eduardo Galeano, *Open Veins of Latin America. Five Centuries of the Pillage of a Continent*, trad. de Cedric Belfrage, Nueva York, Monthly Review, 1973, p. 20 [publicado originalmente como: *Las venas abiertas de América Latina*, Ciudad de México, Siglo XXI, 1971].

2. Guilhem Olivier, *Mockeries and Metamorphoses of an Aztec God. Tezcatlipoca, «Lord of the Smoking Mirror»*, Boulder, University Press of Colorado, 2003, pp. 14-15 [hay trad. cast.: *Tezcatlipoca. Burlas y metamorfosis de un dios azteca*, trad. de Tatiana Sule, Ciudad de México, Fondo de Cultura Económica, 2004].

3. José Acosta, *Historia natural y moral de las Indias*, Sevilla, Juan de León, 1590, lib. IV, cap. 4.

4. Linda Jones Roccos, «Athena from a House on the Areopagus», *Hesperia. The Journal of the American School of Classical Studies at Athens*, vol. 60, n.° 3 (1991), pp. 397-410.

5. Alan Rowe y B. R. Rees, «A Contribution to the Archaeology of the Western Desert: IV. The Great Serapeum of Alexandria», *Bulletin of the John Rylands Library* (Manchester), n.° 39 (1957), pp. 485-520, <https://www.escholar.manchester.ac.uk/api/datastream?publicationPid=uk-ac-man-scw:1m1914&datastreamId=POST-PEER-REVIEW-PUBLISHERS-DOCUMENT.PDF>.

6. John Pollini, «Christian Destruction and Mutilation of the Parthenon», *Athenische Mitteilungen*, n.° 122 (2007), pp. 207-228. Cuando, más tarde, Atenas cayó en manos de los otomanos, los conquistadores musulmanes utilizaron las salas sagradas del Partenón como arsenal de pólvora.

7. En el año 380, el emperador romano Teodosio I promulgó el Edicto de Tesalónica. Con él se impuso el cristianismo como religión oficial del Estado; las demás sectas se declararon heréticas. Cinco años después, empezó a aplicarse la pena capital a los no creyentes. Ibíd. También, Sidney Z.

Ehler y J. B. Morrall, *Church and State Through the Centuries*, Cheshire, Biblo-Moser, 1988, pp. 6-7.

8. Bernal Díaz del Castillo, *Historia verdadera de la conquista de la Nueva España* (1632), Madrid, Biblioteca Americana, 1992, pp. 145-147.

9. Ronald Wright, *Stolen Continents. The Americas Through Indian Eyes*, Boston, Houghton Mifflin, 1992, p. 145 [hay trad. cast.: *Continentes robados*, trad. de Nora Muchnik, Madrid, Anaya & Mario Muchnik, 1994].

10. Ibíd.

11. En náhuatl, *cozticteocuítlatl* significa «metal amarillo» e *iztacteocuítlatl*, «metal blanco». Miguel León-Portilla, ed., *Visión de los vencidos. Crónicas indígenas*, Madrid, Historia 16, 1985, p. 149.

12. Miguel Léon-Portilla, «Ometéotl, el supremo dios dual, y Tezcatlipoca "Dios Principal"», *Estudios de Cultura Náhuatl*, Ciudad de México, UNAM, 1999, p. 30.

13. Fray Gerónimo de Mendieta, *Historia eclesiástica indiana*, Nueva York, Edwin Mellen Press, 1997, pp. 60-62.

14. Véase Robert Ricard, *The Spiritual Conquest of Mexico*, trad. de Lesley Byrd Simpson, Berkeley, University of California Press, 1966 [hay trad. cast.: *La conquista espiritual de México*, trad. de Ángel María Garibay, Ciudad de México, Fondo de Cultura Económica, 1994]. También Stafford Poole, «Expansion and Evangelism: Central and North America, 1492-1600», en Charles H. Lippy, Robert Choquette y Stafford Poole, *Christianity Comes to the Americas, 1492-1776*, Nueva York, Paragon, 1992, p. 32.

15. Las pasiones del papa Alejandro VI (1492-1503) «eran el oro, las mujeres y las carreras de sus hijos bastardos». Norman Davies, *A History of Europe*, Nueva York, Harper, 1996, p. 484.

16. Steven J. Keillor, *This Rebellious House. American History and the Truth of Christianity*, Downers Grove, InterVarsity Press, 1996, p. 21.

17. Ibíd., p. 20.

18. Giovanni de Medici, que entonces poseía alrededor de doscientos mil ducados (el equivalente a treinta y seis millones de dólares). Carrie Hojnicki, «Famiglia De Medici», *Business Insider*, última actualización: 5 de julio del 2012.

19. Keillor, *This Rebellious House*, p. 22.

20. Ibíd. Se trataba de Johann Tetzel, cuyas indulgencias y transacciones financieras provocaron la ira de Martín Lutero y el inicio de la Reforma.

21. Ibíd.

22. Andrew Pettegree, historiador de la Reforma de la Universidad de St. Andrews, pone en duda la vieja leyenda de que se clavara, y afirma que, dado que la puerta de la capilla era el tablón de anuncios común de la universidad, es probable que se pegara o se fijara de otra manera. Billy Perrigo, «Martin Luther's 95 Theses», *Time*, 31 de octubre del 2017.

23. Richard J. Evans, «The Monk Who Shook the World», *The Wall Street Journal*, 31 de marzo del 2017.

24. Lippy, Choquette y Poole, *Christianity Comes to the Americas*, p. 32.

25. Bartolomé de las Casas, *History of the Indies*, Nueva York, Harper and Row, 1979, p. 35. De las Casas llegó en 1508, y su estimación abarca desde 1492 hasta dicho año. La cifra de tres millones de muertos es muy discutida por los historiadores, que sostienen que es imposible que el fraile pudiera saber cuánta población había y la cifra de víctimas de la conquista. Véase David Henige, *Numbers from Nowhere. The American Indian Contact Debate*, Norman, Oklahoma University Press, 1998, pp. 133-135.

26. En 1510 una delegación de frailes dominicos llegó a La Española y expresó de inmediato su indignación por el trato que recibían los indios. Los dominicos lideraron entonces una formidable campaña contra lo que consideraban un genocidio de la población de las Indias. H. R. Wagner y H. R. Parish, *The Life and Writings of Bartolomé de las Casas*, Albuquerque, University of New Mexico Press, 1967, p. 11.

27. *El requerimiento, 1513. [Ficción jurídica. Texto completo]. Monarquía española*, redactado por Juan López de Palacios, Scribd, <www.scribd.com/document/125487670>, consultado el 16 de marzo del 2019.

28. Gaspar Pérez de Villagra, *Historia de la Nueva México*, obra épica escrita en 1610, Ciudad de México, Museo Nacional, 1900, citado en Jorge Cañizares-Esguerra, *Puritan Conquistadors. Iberianizing the Atlantic, 1550-1700*, Stanford, Stanford University Press, 2006, p. 243 [hay trad. cast.: *Católicos y puritanos en la colonización de América*, trad. de Pablo Sánchez León, Madrid, Fundación Jorge Juan/Marcial Pons Historia, 2008].

29. Poole, en Lippy, Choquette y Poole, *Christianity Comes to the Americas*, p. 82.

30. Bartolomé de las Casas, en referencia al gobernador Ovando de La Española, en *Obras completas*, Madrid, Alianza, 1988-1998, vol. 4, p. 1355; también citado en Lawrence A. Clayton, *Bartolomé de las Casas and the Conquest of the Americas*, Jürgen Buchenau, ed., West Sussex, John Wiley & Sons, 2011, p. 30.

31. Cuando Colón estaba siendo investigado por sus presuntos deli-

tos, la reina Isabel insistió enfadada en que Juanico y todos los demás fueran enviados de vuelta a La Española. «¿Qué poder tiene mío el Almirante para dar a nadie mis vasallos?», exclamó. De las Casas, *Obras completas*, vol. 4, p. 1243. También en Lawrence A. Clayton, *The Bolivarian Nations of Latin America*, Arlington, Forum, 1984, p. 17.

32. Lippy, Choquette y Poole, *Christianity Comes to the Americas*, p. 82.

33. Se trataba de fray Antonio de Montesinos. Luis Alfredo Fajardo Sánchez, «Fray Antón de Montesinos: su narrativa y los derechos de los pueblos indígenas en las constituciones de Nuestra América», SciELO Colombia, <www.scielo.org.co/pdf/hall/v10n20/v10n20a14.pdf>, consultado el 2 de febrero del 2019; también George Sanderlin, ed., *Witness. Writing of Bartolomé de las Casas*, Maryknoll, Orbis, 1993, pp. 66-67.

34. Clayton, *The Bolivarian Nations*, p. 41.

35. Fray Bartolomé de las Casas, *Brevísima relación de la destrucción de las Indias*, Medellín (Colombia), Universidad de Antioquia, 2011, p. 39.

36. Fray Bartolomé de las Casas, *Historia de las Indias*, Madrid, Biblioteca Nacional, 1947, vol. 3, p. 1243; en *Obras completas*, vol. 4, pp. 1363 y ss.

37. Ibíd., vol. 2, cap. VII, pp. 1318-1319.

38. Lewis Hanke, «A Modest Proposal for a Moratorium on Grand Generalizations: Some Thoughts on the Black Legend», *Hispanic American Historical Review*, vol. 51, n.º 1 (febrero de 1971), p. 124.

39. M. Giménez Fernández, «Fray Bartolomé de las Casas», en J. Friede y B. Keen, eds., *Bartolomé de las Casas in History*, DeKalb, Northern Illinois University Press, 1971, pp. 67-126.

40. También era conocido como Carlos V, gobernante del ducado de Borgoña desde 1506, de España desde 1516 y del Sacro Imperio Romano Germánico desde 1519.

41. Clayton, *The Bolivarian Nations*, pp. 135-136.

42. Base de datos sobre la trata de esclavos, <www.slavevoyages.org>. Estas cifras reflejan el comercio de esclavos entre 1500 y 1875. Ningún otro país recibió tantos esclavos como Brasil.

43. Clayton, *The Bolivarian Nations*, p. 36.

44. Era el sacerdote que se llamó a sí mismo Motolinía —«mendigo» en náhuatl—, cuyo nombre original era Toribio de Benavente y apoyaba la idea de que los indios eran salvajes y debían ser cristianizados para estar protegidos. En ibíd., p. 146.

45. «Motolinía», en James Lockhart y Enrique Otte, eds., *Letters and People of the Spanish Indies, Sixteenth Century*, Cambridge, Cambridge University Press, 1976, p. 226.

46. Con el paso del tiempo, la leyenda negra generó un contraargumento cuando los historiadores españoles del siglo XX propusieron una «leyenda blanca», bajo el argumento de que los españoles no habían sido peores que otros europeos y de que las acusaciones de De las Casas y otros eran injustas y exageradas. Véase también Hanke, «A Modest Proposal», pp. 112-127.

47. La descripción del debate con Sepúlveda es una adaptación de Lippy, Choquette y Poole, *Christianity Comes to the Americas*, pp. 86-87. La teoría de la esclavitud natural de Aristóteles se encuentra en el quinto libro de su *Política*.

48. Se trataba de *Demócrates segundo o De las justas causas de la guerra contra los indios*, que circuló entre 1546 y 1547 y fue elaborado a petición del cardenal Juan García de Loaysa, presidente del Consejo de Indias y crítico acérrimo de De las Casas.

49. Clayton, *The Bolivarian Nations*, p. 119.

50. Ibíd., pp. 119-124. El emisario de México era Francisco de Tello Sandoval. El virrey de Perú era Blasco Núñez de Vela.

51. Benno Biermann, «Bartolomé de las Casas», en *Bartolomé de las Casas in History*, p. 468. Citado en Clayton, *The Bolivarian Nations*, p. 116.

52. Benjamin Keen, «The Black Legend Revisited: Assumptions and Realities», *Hispanic American Historical Review*, vol. 49, n.º 4 (noviembre de 1969), p. 704.

53. Debo gran parte de esta información al contexto proporcionado en la excelente biografía de De las Casas escrita por Clayton, *Bartolomé de las Casas and the Conquest of the Americas*, pp. 145-150.

54. Felipe Guamán Poma de Ayala, *El primer nueva corónica y buen gobierno*, John V. Murra y Rolena Adorno, eds., Ciudad de México, Siglo XXI, 1980, vol. 2, p. 358.

55. Y continúa la cita: «[...] y, en la medida en que la una aumentaba, el otro los golpeaba con mayor severidad». Francesco G. Bressani, *Jesuit Relations and Allied Documents* (1653), vol. 39, n.º 141, Nueva York, Pageant, 1959. Las *Relations des jésuites* fueron una colección de crónicas y documentos recopilados por los misioneros que estaban en Nueva Francia, impresas entre 1632 y 1673.

56. Toda la información sobre Xavier y sus opiniones procede de las entrevistas que mantuve con él en La Paz en el año 2016, de la correspondencia electrónica mantenida entre los años 2015 y 2018 o de sus memorias, Xavier Albó Corrons y Carmen Beatriz Ruiz, *Un curioso incorregible*, La Paz, Fundación Xavier Albó, 2017.

57. Fajardo Sánchez, «Fray Antón de Montesinos».

58. Xavier Albó, *Un método para aprender el quechua*, La Paz, Instituto Jesuita, 1964.

59. Manuel M. Marzal *et al.*, *The Indian Face of God in Latin America*, Nueva York, Orbis, 1996, p. 2 [publicado originalmente como: *Rostros indios de Dios*, Quito, Abya-Yala, 1991].

60. José de Acosta, citado en Marzal *et al.*, *The Indian Face of God*, p. 3.

61. Massimo Livi Bacci, *Estragos de la conquista*, Barcelona, Crítica, 2006, p. 235.

62. Ibíd., p. 237.

63. El papa Clemente XIV, en su breve apostólico *Dominus ac Redemptor Noster*, promulgado el 21 de julio de 1773.

64. Jorge A. Ramos, *Historia de la nación latinoamericana*, Buenos Aires, Continente, 2011, pp. 97-101.

65. Bacci, *Estragos*, p. 265.

66. Ramos, *Historia*, pp. 97-101. Citado también en Galeano, *Open Veins*, pp. 190-191.

67. Se trata de un eco del tratado del jesuita José de Acosta *De promulgatione Evangelii apud barbaros* («De la promulgación del Evangelio entre los bárbaros»), escrito en 1575 y publicado en Salamanca en 1589 por Apud Guillelmum Foquel.

68. Andrés Mixcóatl a las gentes de Metepec, Zacatẹpec y Atliztaca, en Serge Gruzinski, *Man-Gods in the Mexican Highland*, Stanford, Stanford University Press, 1989, p. 54.

69. Díaz, *Historia verdadera de la conquista*, caps. 36-37.

70. Ibíd., caps. 38-40; Ricard, *The Spiritual Conquest*, pp. 82-84.

71. Ricard, *The Spiritual Conquest*, p. 79.

72. Lippy, Choquete y Poole, *Christianity Comes to the Americas*, p. 38.

73. Debo estas ideas a un libro muy original del historiador Matthew Restall, *When Montezuma Met Cortés. The True Story of the Meeting That Changed History*, Nueva York, Ecco, 2018 [hay trad. cast.: *Cuando Moctezuma conoció a Cortés*, trad. de José Eduardo Latapí, Barcelona, Taurus, 2019]. En este caso, véanse especialmente las pp. 301-354.

74. El oidor Alonso de Zorita al rey Felipe, carta, 1 de abril de 1562, Archivo General de Indias, Patronato, 182, ramo 2; transcrita parcialmente en Ignacio Romerovargas Yturbide, *Moctezuma el Magnifico y la invasión de Anáhuac*, Ciudad de México, Romero Vargas, 1963. Citado en Restall, *When Montzeuma Met Cortés*, pp. 334-335.

75. Entre los indígenas, Pizarro era conocido bien como Apu (un

dios terrenal) o Machu Capitán («Viejo Capitán»). Los españoles se referían a él como el Marqués, por el honor que le otorgó la Corona, marqués de los Atavillos. Rómulo Cúneo-Vidal, *Los hijos americanos de los Pizarro*, Alicante, Biblioteca Virtual Miguel de Cervantes, 2006, <www.cervan tesvirtual.com/obra-visor/los-hijos-americanos-de-los-pizarros-de-la-conquista-0/html/00a6b998-82b2-11df-acc7-002185ce6064_2.html>.

76. Guamán Poma, *El primer nueva corónica*, pp. 353-357.

77. Lippy, Choquette y Poole, *Christianity Comes to the Americas*, p. 4.

78. Ibíd., p. 3.

79. Germán Arciniegas, *Latin America. A Cultural History*, Nueva York, Knopf, 1967, p. 139 [publicado originalmente como: *El continente de siete colores. Historia de la cultura en América Latina*, Buenos Aires, Sudamericana, 1965].

80. Debo gran parte de estas ideas a la magnífica síntesis de J. H. Elliott, *Empires of the Atlantic World. Britain and Spain in America*, New Haven, Yale University Press, 2006 [hay trad. cast.: *Imperios del mundo atlántico*, trad. de Marta Balcells, Madrid, Taurus, 2006], en especial a su capítulo «América como espacio sagrado».

81. Lippy, Choquette y Poole, *Christianity Comes to the Americas*, p. 40.

82. Elliott, *Empires of the Atlantic World*, p. 201.

83. Lippy, Choquette y Poole, *Christianity Comes to the Americas*, p. 90.

84. J. L. González y O. González, *Christianity in Latin America*, Nueva York, Cambridge University Press, 2008, p. 51 [publicado también como: *Historia del cristianismo en América Latina*, Buenos Aires, Kairós, 2013].

85. Stafford Poole, *Pedro Moya de Contreras. Catholic Reform and Royal Power in New Spain, 1571-1591*, Norman, University of Oklahoma Press, 2011, p. 80 [hay trad. cast.: *Pedro Moya de Contreras. Reforma católica y poder real en la Nueva España, 1571-1591*, trad. de Alberto Carrillo, Michoacán, El Colegio de Michoacán, 2012].

86. Elliott, *Empires of the Atlantic World*, p. 198.

87. Thomas Gage, *The English-American, His Travails by Sea and Land (1648)*, pp. 71-72, citado en H. McKennie Goodpasture, *Cross and Sword. An Eyewitness History of Christianity in Latin America*, Eugene, Wipf & Stock, 1989, p. 56.

88. Elliott, *Empires of the Atlantic World*, p. 201.

89. Gage, en McKennie, *Cross and Sword*, pp. 71-72.

90. En la cita anterior de Gage, el valor del soporte de palo brasil «labrados con colores dorados». La cantidad citada equivale a 2,7 millones de dólares en la actualidad. «Current Gold Gram Bar Values», *GoldGram-*

Bars.com, <www.goldgrambars.com>, última actualización: 25 de enero del 2019.

91. Roberto Levillier, *Organización de la Iglesia y órdenes religiosas en el virreinato del Perú en el siglo XVI*, Madrid, Rivadeneyra, 1919, p. 148. Citado también en Ricard, *The Spiritual Conquest*, p. 424.

92. Woodrow Borah, *Justice by Insurance. The General Indian Court of Colonial Mexico*, Los Ángeles, University of California Press, 1983, p. 81 [hay trad. cast.: *El Juzgado General de Indios en la Nueva España*, Ciudad de México, Fondo de Cultura Económica, 1985].

93. Hanke, «A Modest Proposal», p. 118.

94. Lippy, Choquette y Poole, *Christianity Comes to the Americas*, p. 42.

95. La Inquisición española fue mucho más agresiva en España de lo que nunca lo sería en las Américas. La leyenda negra, urdida por Inglaterra y Francia, exageró su alcance y terror. Los intentos ingleses de acabar con la brujería, tanto en las islas británicas como en las colonias, dieron lugar a la ejecución de entre treinta y cincuenta veces más personas que la Inquisición. Arciniegas, *Latin America*, p. 139.

96. Marie Arana, *Bolívar. American Liberator*, Nueva York, Simon & Schuster, 2013, p. 353 [hay trad. cast.: *Bolívar. Libertador de América*, trad. de Lina Rosas, Martha Cecilia Mesa y Mateo Cardona, Barcelona, Debate, 2020].

97. Poole, en Lippy, Choquette y Poole, *Christianity Comes to the Americas*, pp. 57 y 124.

98. Ibíd., p. 38.

99. Ibíd., p. 41.

100. Ibíd., p. 38.

101. Felipe Fernández-Armesto, *The Americas. A Hemispheric History*, Nueva York, Modern Library, 2003, p. 68 [hay trad. cast.: *Las Américas*, trad. de Juan Manuel Ibeas, Barcelona, Debate, 2004]; «Diego de Landa», *Encyclopædia Britannica* online, <www.britannica.com>.

102. Poole, en Lippy, Choquette y Poole, *Christianity Comes to the Americas*, pp. 124-125.

103. Ibíd., p. 123.

104. Ibíd.

105. Ibíd., p. 126.

106. Ibíd.

107. Este párrafo en general le debe mucho a Elliott, *Empires of the Atlantic World*, pp. 268-269.

108. Ibíd., p. 205.

109. Los dominicos no fundaron ni una escuela de secundaria y se

negaron a enseñar latín a los indios o mestizos. Lippy, Choquette y Poole, *Christianity Comes to the Americas*, p. 42.

110. Túpac Inca Yupanqui, «Reos de la sublevación de la provincia de Huarochiri» (1783), fs. 277-278, Audiencia de Lima, n.° 1.047, Archivo General de Indias.

111. Marzal *et al.*, *The Indian Face of God*, p. 222.

112. Ibíd; C. Wofenzon, «El "Pishtaco" y el conflicto entre la costa y la sierra», *Latin American Literary Review*, vol. 38, n.° 75 (enero-junio del 2019), pp. 24-45.

113. R. D. Forrest, «Development of Wound Therapy from the Dark Ages to the Present», *Journal of the Royal Society of Medicine*, vol. 75, n.° 4 (abril de 1982), pp. 268-269.

114. Marzal *et al.*, *The Indian Face of God*, p. 222.

115. Albó y Ruiz, *Un curioso incorregible*, p. 54.

116. En la década de 1950, los niveles de desigualdad de ingresos de América Latina estaban entre los más altos del mundo, y aún hoy siguen estándolo. E. Frankema, «The Historical Evolution of Inequality in Latin America. A Comparative Analysis, 1870-2000», tesis doctoral, Universidad de Groninga, 2008; Instituto Mundial para la Investigación de la Economía del Desarrollo de la Universidad de Naciones Unidas (UNU/WIDER), Base de datos mundial sobre la desigualdad de ingresos (WIID), version 2.0a, 2005, <www.wider.unu.edu/project/wiid-world-income-inequality-database?query=Latin+America>.

117. Girolamo Imbruglia, *The Jesuit Missions of Paraguay and a Cultural History of Utopia*, Studies in Christian Mission, vol. 51, Boston, Brill, 2017, pp. 22-23 y 144.

118. Es posible que se refiriera a uno de sus informantes indígenas, que le había dicho con toda franqueza: «El país me hace sufrir». Xavier Albó, entrevista en televisión, *No mentiras*, PAT, La Paz, 9 de abril del 2016.

12. La casa de Dios

1. Papa Francisco, citado en Caroline Stauffer y Philip Pullella, «Pope Ends Latin American Trip with Warning About Political Corruption», Reuters, 21 de enero del 2018.

2. Jorge Cañizares-Esguerra, *Puritan Conquistadors. Iberianizing the Atlantic, 1550-1700*, Stanford, Stanford University Press, 2006, p. 71 [hay trad. cast.: *Católicos y puritanos en la colonización de América*, trad. de Pablo

Sánchez León, Madrid, Fundación Jorge Juan/Marcial Pons Historia, 2008].

3. Marie Arana, *Bolívar. American Liberator*, Nueva York, Simon & Schuster, 2013, p. 458 [hay trad. cast.: *Bolívar. Libertador de América*, trad. de Lina Rosas, Martha Cecilia Mesa y Mateo Cardona, Barcelona, Debate, 2020].

4. Christon Archer, ed., *The Wars of Independence in Spanish America*, Jaguar Books on Latin America, n.° 20, Wilmington, SR Books, 2000, pp. 35-37 y 283-292.

5. Lewis Hanke, «A Modest Proposal for a Moratorium on Grand Generalizations: Some Thoughts on the Black Legend», *Hispanic American Historical Review*, vol. 51, n.° 1 (febrero de 1971), p. 126.

6. Edward L. Cleary, *How Latin America Saved the Soul of the Catholic Church*, Mahwah, Paulist Press, 2009, p. 115.

7. John Frederick Schwaller, *The History of the Catholic Church in Latin America. From Conquest to Revolution and Beyond*, Nueva York, New York University Press, 2011, p. 132.

8. Arturo Elías, cónsul general de México, en *The New York Times*, 21 de febrero de 1926. Merece la pena señalar aquí que en dicho país la separación entre la Iglesia y el Estado es mayor que en Estados Unidos. En México, la Iglesia tiene vetados ciertos derechos y actividades. Anthony T. C. Cowden, «The Role of Religion in the Mexican Drug War», artículo, Naval War College, Newport, octubre del 2011, <https://www.researchgate.net/publication/277760002_The_Role_of_Religion_in_the_Mexican_Drug_War>.

9. Ibíd., p. 114.

10. T. L. Smith, «Three Specimens of Religious Syncretism in Latin America», *International Review of Modern Sociology*, vol. 4, n.° 1 (primavera de 1974), pp. 1-18.

11. Guillermo Aldana, «Mesa del Nayar's Strange Holy Week», *National Geographic*, junio de 1971, pp. 780-795.

12. Cleary, *How Latin America*, p. 116.

13. Ibíd.

14. Xavier Albó, en las entrevistas que le hice, me dijo repetidamente que había sido evangelizado en el transcurso de sus sesenta y cinco años entre los indígenas.

15. Cleary, *How Latin America*, p. 183.

16. Xavier Albó, «The Aymara Religious Experience», en Manuel M. Marzal *et al.*, *The Indian Face of God in Latin America*, Nueva York, Or-

bis, 1996, p. 165 [publicado originalmente como: *Rostros indios de Dios*, Quito, Abya-Yala, 1991].

17. Pedro de Quiroga, testimonio de un indio peruano, «Coloquio de la verdad», en Ana Vian Herrero, ed., *El indio dividido. Fracturas de conciencia en el Perú colonial*, Madrid, Iberoamericana, 2009, p. 505.

18. Gustavo Gutiérrez Merino, *Teología de la liberación*, Salamanca, Sígueme, 1971, p. 15. Véase también Gutiérrez, «Teología de la liberación y contexto literario», <www.ensayistas.org/critica/liberacion/TL/documentos/gutierrez.htm>.

19. Gutiérrez, *Teología*, p. 15.

20. Gustavo Gutiérrez Merino, en *Páginas*, Lima, Centro de Estudios y Publicaciones, 2005, vols. 191-196. Véase también la página web jesuita *Pastoralsj*, <https://pastoralsj.org/creer/1298-gustavo-gutierrez>.

21. Para varios puntos de vista al respecto, véanse Juan Luis Segundo, *Theology and the Church. A Response to Cardinal Ratzinger and a Warning to the Whole Church*, San Francisco, Harper & Row, 1987 [publicado originalmente como: *Teología de la liberación. Respuesta al cardenal Ratzinger*, Madrid, Cristiandad, 1985], y Christian Smith, *The Emergence of Liberation Theology. Radical Religion and Social Movement Theory*, Chicago, University of Chicago Press, 1991 [hay trad. cast.: *La teología de la liberación. Radicalismo religioso y compromiso social*, trad. de Ana Lizón, Barcelona, Paidós, 1994].

22. Véase «Second Vatican Council», *Encyclopædia Britannica* online, <www.britannica.com/event/Second-Vatican-Council>.

23. Papa Pablo VI, *Lumen Gentium*, n.º 48, 21 de noviembre de 1964, Concilio Vaticano; padre Joshua Brommer, «The Church: A Pilgrim People of God», diócesis de Harrisburg online, <www.hbgdiocese.org/wp-content/uploads/2013/05/042613-Vatican-II-article-the-Church.pdf>, consultado el 2 de febrero del 2019.

24. Entre ellos, Humberto Delgado (Portugal), Ngo Dinh Diem (Vietnam), Medgar Evers (Estados Unidos), Che Guevara (Bolivia), John F. Kennedy (Estados Unidos), Robert F. Kennedy (Estados Unidos), Martin Luther King Jr. (Estados Unidos), Grigoris Lambrakis (Grecia), Patrice Lumumba (Congo), Malcolm X (Estados Unidos), Sylvanus Olympio (Togo), Jason Sendwe (Congo), Rafael Trujillo (República Dominicana) y Hendrik Verwoerd (Sudáfrica).

25. Diego Barros Arana, «La acción del clero en la revolución de la independencia americana», en Miguel Amunátegui y Barros Arana, eds., *La Iglesia frente a la emancipación americana*, Santiago de Chile, Empresa Editora Austral, 1960, pp. 111-121.

26. Amunátegui y Barros Arana, eds., *La Iglesia*, p. 18.

27. Ibíd.

28. Cleary, *How Latin America*, p. 53.

29. «Não existe guerra justa», Comunità Italiana, última modificación en noviembre del 2001, <www.comunitaitaliana.com.br/Entrevistas/boff.htm>.

30. Papa Benedicto XVI, en un discurso a los obispos brasileños el 7 de diciembre del 2009, tal como se cita en Stephanie Kirchgaessner y Jonathan Watts, «Catholic Church Warms to Liberation», *The Guardian* (ed. británica), 11 de mayo del 2015, <www.theguardian.com/world/2015/may/11/vatican-new-chapter-liberation-theology-founder-gustavo-gutierrez>.

31. Juan Arias, «Casaldáliga reta a Roma», *El País* (Madrid), 16 de enero del 2005.

32. Schwaller, *Catholic Church in Latin America*, pp. 234-235.

33. «Father Fernando Cardenal's Decision», *Envío. Información sobre Nicaragua y Centroamérica*, n.º 43, enero de 1985, <www.envio.org.ni/articulo/3387>.

34. Manlio Graziano, *Holy Wars and Holy Alliances*, Nueva York, Columbia University Press, 2017, p. 249.

35. Ibíd.

36. Espinal es bien conocido en la sociedad boliviana, no solo como sacerdote sino también como poeta, dramaturgo, periodista y activista. Tal vez su libro más famoso sea *Oraciones a quemarropa*. Entre sus películas están *Chuquiago* y *El embrujo de mi tierra*.

37. «El cuerpo de Espinal tenía 17 orificios de bala», *El Deber* (Bolivia), 1 de enero del 2017.

38. «Operation Condor: National Security Archive Presents Trove of Declassified Documentation in Historic Trial in Argentina», Archivo de Seguridad Nacional de la Universidad George Washington (archivo online no actualizado), <https://nsarchive2.gwu.edu/NSAEBB/NSAEBB514>, última actualización: 6 de mayo del 2015; Ben Norton, «Documents Detail US Complicity in Operation Condor Terror Campaign», *Truthout* online, <https://truthout.org/articles/documents-detail-us-complicity-in-operation-condor-terror-campaign>, última actualización: 23 de mayo del 2015; John Dinges, *The Condor Years*, Nueva York, Free Press, 2005.

39. «El papa rezará en silencio por el jesuita Luis Espinal», *Periodista Digital*, 15 de mayo del 2015.

40. El primer presidente sudamericano de sangre indígena fue Alejandro Toledo en Perú, elegido en el 2001. Morales fue elegido en el 2005.

41. «Interview of His Holiness Benedict XVI During the Flight to Brazil», miércoles 9 de mayo del 2007, <https://w2.vatican.va/content/benedict-xvi/en/speeches/2007/may/documents/hf_ben-xvi_spe_20070509_interview-brazil.html>, consultado el 16 de marzo del 2009.

42. Cleary, *How Latin America*, p. 1.

43. Todas las estadísticas de este fragmento sobre católicos y pentecostalistas están tomadas de los siguientes informes del Centro de Investigación Pew, Washington D. C.: «Religion in Latin America», última actualización: 13 de noviembre del 2014; «The Global Catholic Population», última actualización: 13 de febrero del 2013; «Global Christianity-A Report on the Size and Distribution of the World's Christian Population», última actualización: 19 de diciembre del 2011; «Spirit and Power-A 10-Country Survey of Pentecostals», última actualización: 5 de octubre del 2006; «Overview: Pentecostalism in Latin America», última actualización: 5 de octubre del 2006.

44. Técnicamente incluye a Japón, aunque, por lo que respecta a este punto, se le excluye, ya que no es un país cristiano.

45. «Global Christianity», Centro de Investigación Pew online.

46. La guerra de los Treinta Años en Europa (1618-1648), a las puertas de la Contrarreforma, que se cobró ocho millones de vidas y desencadenó una hambruna, así como una oleada de enfermedades.

47. Lindsey Olander, «13 Grandiose Churches Reincarnated as Restaurants», *Travel + Leisure*, 12 de mayo del 2015.

48. Naftali Bendavid, «Europe's Empty Churches», *The Wall Street Journal*, 2 de enero del 2015; «Netherlands: Abandoned Church Converted into Skatepark», vídeo subido el 31 de enero del 2015 por *Russia Today*, <www.youtube.com/watch?v=fV3k5UntyL4>.

49. Soeren Kern, «German Church Becomes Mosque: The New Normal», Instituto Gatestone online, <www.gatestoneinstitute.org/3585/german-church-becomes-mosque>, última actualización: 13 de febrero del 2013.

50. Alice Newell-Hanson, «19 Hotels That Used to Be Churches», *Condé Nast Traveler*, 29 de marzo del 2018.

51. Helen Wieffering, «DC's Old School and Church Buildings Are Getting New Life», *Greater Greater Washington*, 1 de febrero del 2018.

52. Dake Kang, «Holy Spirits: Closed Churches Find Second Life as Breweries», Associated Press, 6 de octubre del 2017.

53. El 61 por ciento según «Global Christianity», Centro de Investigación Pew online; Joey Marshall, «The World's Most Committed Christians», FactTank, Centro de Investigación Pew online, última actualización: 22 de agosto del 2018.

54. También en mi barrio de Lima (Perú), la conocida iglesia de Nuestra Señora de Fátima está pensando en vender el monasterio contiguo a una cadena de hoteles de cinco estrellas. A los vecinos les han dicho que se debe a que todo el dinero de la Iglesia se ha desviado de América Latina a Asia o África, y la dirección necesitaba desesperadamente recaudar fondos. Según *Fortune*, 17 de febrero del 2013: «A pesar de todo su esplendor, el Vaticano está casi en quiebra [...]. Con inversiones de unos quinientos millones de dólares, dispone de menos recursos económicos que muchas universidades estadounidenses [...]. Curiosamente, el Vaticano se encuentra en dificultades financieras cuando la Iglesia está demostrando una vitalidad renovada en todo el mundo [...]. El intenso trabajo misionero y las frecuentes visitas triunfales del papa han aumentado el número de católicos en África y Asia, en particular en Nigeria e India».

55. Brian H. Smith, *Religious Politics in Latin America. Pentecostal Vs. Catholic*, Notre Dame, University of Notre Dame Press, 1998, p. 2.

56. «Pope Francis Reveals Why He Chose His Name», *Catholic Herald*, 16 de marzo del 2013.

57. «Interview of His Holiness Benedict XVI».

58. Smith, *Religious Politics*, pp. 6-7.

59. John Berryman, citado en Kenneth Serbin, «The Catholic Church, Religious Pluralism, and Democracy in Brazil», documento de trabajo n.° 263, Instituto Kellogg de Estudios Internacionales, Universidad de Notre Dame, febrero de 1999.

60. Cleary, *How Latin America*, p. 90.

61. Papa Juan Pablo II, «Ecclesia in Oceania», exhortación apostólica en San Pedro (Roma), 22 de noviembre del 2001, Catholic News Agency online, <http://www.vatican.va/content/john-paul-ii/en/apost_exhortations/documents/hf_jp-ii_exh_20011122_ecclesia-in-oceania.html>.

62. Gina Pianigiani, «Pope Paves Way for Sainthood for Archbishop Óscar Romero», *The New York Times*, 7 de marzo del 2018.

63. Holly Sklar, *Washington's War on Nicaragua*, Cambridge, South End Press, 1988, p. 51.

64. Ibíd.

65. En ibíd., p. 50, se citan las siguientes palabras del jefe de la Guardia Nacional, Carlos Eugenio Vides Casanova: «Hoy las fuerzas armadas

están dispuestas a matar a entre doscientos mil y trescientos mil, si es eso lo que hay que hacer para impedir que los comunistas tomen el poder».

66. Christopher Dickey, «Pope Heckled During Mass in Nicaragua», *The Washington Post*, 5 de marzo de 1983.

67. Papa Juan Pablo II, citado en Alan Riding, «Pope Says Taking Sides in Nicaragua Is Peril to Church», *The New York Times*, 5 de marzo de 1983.

68. Michael Novak, «The Case Against Liberation Theology», *The New York Times*, 21 de octubre de 1984.

69. Smith, *Religious Politics*, p. 4; Edward L. Cleary, «John Paul Cries "Wolf": Misreading the Pentecostals», *Commonweal*, 20 de noviembre de 1992.

70. Smith, *Religious Politics*, p. 4.

71. Juan Pablo II en un discurso pronunciado en México, 1993. «Discurso del Santo Padre Juan Pablo II», Viaje Apostólico a Jamaica, México y Denver, Santuario de Nuestra Señora de Izamal, 11 de agosto de 1993, Libreria Editrice Vaticana.

72. Juan Pablo II en un discurso pronunciado en Santo Domingo, 1992, citado en Smith, *Religious Politics*, p. 7.

73. Samuel Rodríguez, «America: It's Time for a New Song», sermón, 2016, Conferencia Nacional de Liderazgo Cristiano Hispano (la mayor organización evangélica/pentecostal del mundo).

74. Todas las expectativas y promesas que aparecen aquí están tomadas del informe «Religion in Latin America» del Centro de Investigación Pew.

75. Anderson Antunes, «The Richest Pastors of Brazil», *Forbes*, 17 de enero del 2013.

76. Javier Corrales, «A Perfect Marriage: Evangelicals and Conservatives in Latin America», *The New York Times*, 17 de enero del 2018.

77. Jay Forte, «More Than 50 Million Brazilians Living Below Poverty Line», *Rio Times*, 16 de diciembre del 2017.

78. Se trata de Edir Macedo, de la Iglesia Universal del Reino de Dios, en Río de Janeiro. Antunes, «The Richest Pastors».

79. Marie Arana, «Preparing for the Pope», *The New York Times*, 19 de junio del 2013.

80. César Vallejo, «Los heraldos negros», en *César Vallejo. Antología poética*, Madrid, EDAF, 1999, p. 67.

81. J. Rodrigo, *Cautivos. Campos de concentración en la España franquista, 1936-1947*, Barcelona, Crítica, 2005.

82. Tamara Fariñas, «El jesuita español que se volvió indio», *El Confidencial*, 8 de noviembre del 2017.

83. Ibíd.

84. Christina Machado, «Secretaria de Direitos Humanos reconhece que religioso morreu vítima do regime militar», Agência Brasil, 19 de abril del 2010. También «João Bosco Penio Burnier, S.J.» 1976, Ignatian Solidarity Nework online, <https://ignatiansolidarity.net/blog/portfolio-item/joao-bosco-penido-burnier-1976-brazil>.

85. «Bishop Samuel Ruiz Garcia», Emily Fund online, consultado el 3 de febrero del 2019, <www.doonething.org/heroes/pages-r/ruiz-quotes.htm>.

86. Enrique Krauze, *Redeemers. Ideas and Power in Latin America*, Nueva York, Harper-Collins, 2011, pp. 414-416 [publicado también como: *Redentores. Ideas y poder en América Latina*, Barcelona, Debate, 2011].

87. Ginger Thompson, «Vatican Curbing Deacons in Mexico», *The New York Times*, 12 de marzo del 2002.

88. Krauze, *Redeemers*, p. 419.

89. Ibíd., p. 420.

90. James McKinley, «Bodies Found in Mexico City May Be Victims of 1968 Massacre», *The New York Times*, 11 de julio del 2007.

91. Krauze, *Redeemers*, pp. 437-438.

92. Esta es una cita literal de Octavio Paz, *In Search of the Present. Nobel Lecture 1990*, San Diego, Harcourt Brace & Company, 1990, p. 22.

93. Krauze, *Redeemers*, p. 433.

94. Ibíd., p. 446.

95. Ibíd., p. 424.

96. Ibíd.

97. Ibíd., p. 425.

98. John Womack Jr. *et al.*, en John Womack, ed., *Rebellion in Chiapas. An Historical Reader*, Nueva York, New Press, 1999 [hay trad. cast.: *Rebelión en Chiapas*, trad. de Lucrecia Orensanz, Barcelona, Debate, 2009]. También citado en Enrique Krauze, «Chiapas: The Indians' Prophet», *The New York Review of Books*, n.º 45, 16 de diciembre de 1999 [hay trad. cast.: «El profeta de los indios», *Letras Libres*, 31 de enero de 1999].

99 Krauze, *Redeemers*, p. 425.

100. El 22 de diciembre de 1997, en la pequeña aldea de Acteal, cuarenta y cinco personas (veintiuna mujeres, quince niños y nueve hombres) fueron asesinadas en un santuario local. Krauze, «Chiapas».

101. Ibíd.

102. Womack, *Rebellion in Chiapas*.

103. Molly Moore, «Embattled Chiapas Mediator Steps Aside», *The Washington Post*, 3 de agosto de 1998.

104. Ibíd.

105. «Press Briefing: Guatemala Historical Clarification Commission, United Nations, March 1, 1999»; Mireya Navarro, «Guatemalan Army Waged "Genocide", New Report Finds», *The New York Times*, 26 de febrero de 1999.

106. «Mexico Drug War Fast Facts», CNN online, <https://edition.cnn.com/2013/09/02/world/americas/mexico-drug-war-fast-facts/index.html>, última actualización: 26 de julio del 2018.

107. «Mexico Is One of the Most Dangerous Countries for Priests», Aid to the Church in Need (CAN) online, <https://www.churchinneed.org/mexico-one-dangerous-countries-priests/>, última actualización: 8 de marzo del 2018.

108. La Familia Michoacana, que hace esto, «se hizo famosa en el 2006, cuando sus miembros irrumpieron en una discoteca y lanzaron a la pista de baile las cabezas cortadas de cinco hombres, junto con un mensaje escrito que decía: "La Familia no mata por paga, no mata mujeres, no mata inocentes, solo muere quien debe morir, sépanlo toda la gente, esto es justicia divina"». Dudley Althaus, «Mexico Catches Reputed Leader of La Familia Cartel», *Houston Chronicle*, 21 de junio del 2011; también George Grayson, *La Familia Drug Cartel. Implications for US Mexican Security*, Carlisle, Strategic Studies Institute, 2010, pp. 5, 35-37, 46 y 101.

109. Xavier Albó Corrons y Carmen Beatriz Ruiz, *Un curioso incorregible*, La Paz, Fundación Xavier Albó, 2017, pp. 465-466.

110. David Choquehuanca, ministro de Exteriores de Bolivia, en una conversación con Xavier Albó. Ibíd., p. 357.

111. Se pueden encontrar estadísticas útiles en *The World Factbook* de la CIA (https://www.cia.gov/the-world-factbook/), que se actualiza continuamente. Según este, por ejemplo, Brasil es un 47,7 por ciento blanco, un 43,1 por ciento mulato y solo un 0,4 por ciento indígena; Argentina es un 97,2 por ciento descendiente de europeos y un 2,4 por ciento amerindio; Ecuador es un 71,9 por ciento mestizo; Bolivia es un 68 por ciento mestizo y un 20 por ciento indígena; Colombia es un 84,2 por ciento mestizo/blanco y un 10,4 por ciento mulato.

112. Arana, *Bolívar*, pp. 11-12; John Miller, *Memoirs of General Miller in the Service of the Republic of Peru*, Londres, Longman, Rees, Orme, Brown & Green, 1828, vol. 1, p. 5 [hay trad. cast.: *Memorias del general Mi-*

ller, trad. de José María Torrijos, Madrid, Espasa/Fundación Dos de Mayo, Nación y Libertad, 2009].

113. José Vasconcelos, *La raza cósmica*, Ciudad de México, Espasa-Calpe, 1948, pp. 47-51.

114. Carlos Fuentes, *The Buried Mirror*, Nueva York, Houghton Mifflin, 1992, p. 192 [publicado originalmente como: *El espejo enterrado*, Ciudad de México, Fondo de Cultura Económica, 1992].

115. Ibíd., p. 193.

116. Albó y Ruiz, *Un curioso incorregible*, pp. 385-368.

117. Peter Wade, *Race and Ethnicity in Latín America*, Londres, Pluto, 2010, pp. 155-161 [hay trad. cast.: *Raza y etnicidad en Latinoamérica*, trad. de M. Teresa Jiménez, Quito, Abya-Yala, 2000].

118. Gille Fromka, «Why Did Peruvians Call President Alberto Fujimori "El Chino" When He Was of Japanese Heritage?», *Quora*, 7 de abril del 2017.

119. «A True Eastern Star: Carlos Selim El Turco», World Turkish Coalition, 12 de marzo del 2010. En realidad, Slim es de origen libanés.

120. Simon Romero, «An Indigenous Language with Staying Power», *The New York Times*, 12 de marzo del 2012.

121. Ibíd.

122. Oishimaya Sen Nag, «What Languages Are Spoken in Paraguay?», *World Atlas*, <https://www.worldatlas.com/articles/what-languages-are-spoken-in-paraguay.html>, última actualización: 1 de agosto del 2017.

123. Un 80 por ciento, aunque solo el 25 por ciento acude a la iglesia de manera regular. Ronnie Kahn, «Religion in Latin America», *Newsletter of the Outreach Services of the African, Asian, Latin American, and Russian Studies Centers University of Illinois at Urbana-Champaign*, n.° 86, primavera del 2002.

124. Aldo Rubén Ameigeiras, «Ortodoxia doctrinaria y viejas ritualidades», en *Cruces, intersecciones, conflictos. Relaciones político-religiosas en Latinoamérica*, Buenos Aires, Clacso, 2012, pp. 212-226.

125. Albó no especifica quién dijo esto, pero probablemente fuera el vasco Pedro Arrupe, superior general de los jesuitas entre 1965 y 1983. Albó y Ruiz, *Un curioso incorregible*, p. 307.

126. El 9 por ciento de los brasileños dicen que no sigue ninguna religión, y el 40 por ciento de los uruguayos afirman no tener ninguna filiación religiosa. Philip Jenkins, «A Secular Latin America?», *Christian Century*, 12 de marzo del 2013. Otras señales del cambio: la periodista Paulina

Trujillo ha creado una organización de noticias atea en Quito, «Gracias a Dios soy Ateo, Thank God I'm an Atheist», <https://www.atheismandhumor.com>. Juan Gabriel Vásquez, novelista y periodista establecido en Bogotá y ateo confeso, insiste en una educación laica para sus hijas. Este rechazo público de la Iglesia habría sido impensable hace una generación.

127. «Iglesia y abusos», editorial, *El País* (Madrid), 15 de septiembre del 2018.

128. Papa Francisco, en Stauffer y Pullella, «Pope Ends Latin American Trip».

129. Linda Pressly, BBC World Service online, <www.bbc.com/news/business-43825294>, última actualización: 22 de abril del 2018.

130. Stauffer y Pullella, «Pope Ends Latin American Trip».

131. Papa Francisco, citado en Jim Yardley, «In Bolivia, Pope Francis Apologizes for Church's "Grave Sins"», *The New York Times* online, 9 de julio del 2015. También «Pope Francis Asks for Forgiveness for Crimes Committed During the Conquest of America», subido a YouTube por Rome Reports el 9 de julio del 2015, <www.youtube.com/watch?v=xi-KjEHBFjg>.

132. Papa Juan Pablo II, «Homily of the Holy Father, "Day of Pardon", Sunday, 12 March 2000», <https://w2.vatican.va/content/john-paul-ii/en/homilies/2000/documents/hf_jp-ii_hom_20000312_pardon.html>.

133. Papa Francisco, citado en Yardley, «Pope Francis Apologizes».

134. *Kharisiri* es el equivalente aimara de *pishtaco* (en quechua), malvados duendes fantasmagóricos que vienen de tierras extranjeras para explotar a los indios. Albó y Ruiz, *Un curioso incorregible*, p. 301.

135. Ibíd., p. 288.

136. Albó, entrevista con la autora, 20 de febrero del 2016. Albó parafrasea a la socióloga catalana Carmen Salcedo, que le dijo esto sobre los jesuitas de Bolivia.

137. Ibíd., 21 de febrero del 2016.

138. Ibíd., 22 de febrero del 2016.

139. Ibíd.

140. Ibíd., 20 de febrero del 2016.

141. Albó y Ruiz, *Un curioso incorregible*, p. 301.

142. Albó, entrevista con la autora, 22 de febrero del 2016. Albó contó más tarde la esencia de esta historia en sus memorias, *Un curioso incorregible*, pp. 218 y 313.

143. Ibíd., 23 de febrero del 2016.

144. Albó y Ruiz, *Un curioso incorregible*, p. 218.

145. Albó, entrevista con la autora, 22 de febrero del 2016. Básicamente, repite este pensamiento en *Un curioso incorregible*, p. 313.

Epílogo. Es nuestra naturaleza

1. Ali B. Rodgers y Tracy L. Bale, «Germ Cell Origins of Posttraumatic Stress Disorder Risk—The Transgenerational Impact of Parental Stress Experience», *Biological Psychiatry*, vol. 78, n.º 5 (1 de septiembre del 2015), pp. 307-314. Se ha parafraseado para mayor claridad. La cita completa es: «De modo decisivo, las consecuencias de las *experiencias estresantes son transgeneracionales, de tal forma que la exposición al estrés de los padres influye en la reactividad al estrés y el riesgo de trastorno de estrés postraumático en las generaciones posteriores*. Los posibles mecanismos moleculares que subyacen a esta transmisión se han explorado en modelos de roedores que examinan de forma específica la ascendencia paterna, identificando firmas epigenéticas en las células germinales masculinas como posibles sustratos de la programación transgeneracional». (La cursiva es mía para indicar lo que se cita).

2. Conversación entre Juan Gabriel Vásquez y Jonathan Yardley en la librería Politics and Prose, Washington D. C., 5 de octubre del 2018. Una fotografía del tarro con el hueso de la vértebra de Gaitán aparece también en su novela *The Shape of the Ruins*, Nueva York, Riverhead, 2018, p. 66 [publicado originalmente como: *La forma de las ruinas*, Madrid, Alfaguara, 2016].

3. Carlos Rangel, *Del buen salvaje al buen revolucionario*, Madrid, FAES, 2007, pos. 258-319.

4. «Peru Poverty Rate Rises for the First Time in 16 Years», Reuters, 24 de abril del 2018.

5. Natalia Sobrevilla, «El espectro del golpe de Estado», *El Comercio* (Lima), 7 de noviembre del 2018.

6. Tina Rosenberg, *Children of Cain. Violence and the Violent in Latin America*, Nueva York, Morrow, 1991, p. 118.

7. Jessica Dillinger, «The World's Largest Oil Reserves by Country», *World Atlas*, <www.worldatlas.com/articles/the-world-s-largest-oil-reserves-by-country.html>, última actualización: 8 de enero del 2019. Las tres primeras son Venezuela, con 300.878 millones de barriles; Arabia Saudí, con 266.455 millones de barriles, y Canadá, con 169.709 millones de barriles.

8. Rangel, *Del buen salvaje*, pos. 258-319.

9. Enrique de Diego, «Retratos: Carlos Rangel», *Club Libertad Digital*, n.º 2, <www.clublibertaddigital.com/ilustracion-liberal/2/carlos--rangel-enrique-de-diego.html>.

10. En concreto, Brasil, Colombia, Perú, México y el Triángulo Norte de América Central (Guatemala, Honduras y El Salvador).

11. Este término es de Tom Wainwright, que lo acuñó cuando era corresponsal de *The Economist* en México, y se utiliza en su libro *Narconomics. How to Run a Drug Cartel*, Nueva York, PublicAffairs, 2016 [hay trad. cast.: *Narconomics. Cómo administrar un cártel de la droga*, trad. de María Orvañanos, Barcelona, Debate, 2016].

12. Bello, «Peace, at Last, in Colombia», *The Economist*, 25 de junio del 2016. Véase también «Growth of Bandas Criminales», Oficina de Asuntos Internacionales contra el Narcotráfico y Aplicación de la Ley del Departamento de Estado de Estados Unidos, *International Narcotics Control Strategy Report*; vol. 1: *Drug and Chemical Control*, Washington D. C., marzo del 2012, pp. 170-171.

13. Steven Topik, Carlos Marichal y Zephyr Frank, eds., *From Silver to Cocaine. Latin America Commodity Chains and the Building of the World Economy, 1500-2000*, Durham, Duke University Press, 2006, en especial el cap. 12: Paul Gootenberg, «Cocaine in Chains: The Rise and Demise of Global Commodity, 1860-1950», pp. 321-351.

14. Jeremy Haken, «Transnational Crime in the Developing World», Global Financial Integrity online, última actualización: 8 de febrero del 2011.

15. Saalar Aghili, «The Rise of Cocaine in Peru», *Berkeley Political Review*, 16 de mayo del 2016.

16. Haken, «Transnational Crime», p. 4.

17. Gootenberg, «Cocaine in Chains», pp. 345-346.

18. El narcotráfico andino pasa a través de Chile, al igual que el colombiano y el caribeño circulan hacia el norte a través de México. Según InSight Crime, una organización de investigación sin ánimo de lucro: «Chile sirve de punto de transbordo para la cocaína que sale de estos dos países productores de coca, Bolivia y Perú [...]. Se estima que el 71 por ciento de la cocaína procedente de Bolivia pasa por Arica, el puerto chileno que parece ser uno de los principales puntos de transbordo del país, junto con otras ciudades costeras como Iquique, Antofagasta y Mejillones». Tristan Clavel, «Report Finds Drug Trafficking Through Chile Is on the Rise», InSight Crime, última actualización: 19 de diciembre del 2016.

Véase también Jason Lange, «From Spas to Banks, Mexico Economy Rides on Drugs», Reuters, 22 de enero del 2010.

19. La empresa petrolera venezolana PDVSA (Petróleos de Venezuela) trabajó de forma independiente durante décadas, pero bajo Chávez y Maduro financió proyectos gubernamentales. Entre 1979 y 1981, Venezuela fue el país responsable de lavar narcodólares procedentes de una tonelada métrica de drogas ilegales; treinta y siete años después, lavaba el equivalente a cincuenta o sesenta toneladas métricas. Los beneficios de la venta de drogas le permiten controlar la política de la nación. Debate entre el embajador William Brownfield y Juan Zárate, moderados por Moisés Rendon, Centro de Estudios Estratégicos e Internacionales, 12 de octubre del 2018, <www.csis.org>.

20. Yuegang Zuo, profesor de Bioquímica en Dartmouth, Universidad de Massachusetts. En determinadas ciudades, los billetes dieron positivo en cocaína con los siguientes porcentajes: ciento por ciento en Detroit, Boston, Orlando, Miami y Los Ángeles; 88 por ciento en Toronto y 77 por ciento en Salt Lake City. Madison Park, CNN online, última actualización: 17 de agosto del 2009.

21. Para ser exactos, son 22,85 millones; seis millones en Estados Unidos; diez millones en todas las Americas y cinco millones en Europa. «Number of Cocaine Users Worldwide from 2010 to 2016, by Region (in Millions)», Statista, consultado el 3 de febrero del 2019, <www.statista.com>.

22. «Drug War Statistics», Drug Policy Alliance online, <www.drugpolicy.org/issues/drug-war-statistics>, consultado el 3 de febrero del 2019; véase también José de Córdoba y Juan Montes, «It's a Crisis of Civilization in Mexico», *The Wall Street Journal*, 14 de noviembre del 2018.

23. «Mexico Drug War Fast Facts», CNN online, última actualización: 16 de julio del 2018.

24. Córdoba y Montes, «It's a Crisis of Civilization».

25. «Human Heads Dumped in Mexico Bar», BBC News online, modificado el 7 de septiembre del 2006.

26. Nick Miroff, «The Staggering Toll of Colombia's War with FARC Rebels, Explained in Numbers», *The Washington Post* online, 24 de agosto del 2016.

27. «The Countries with Most Internal Displacement», en *Global Trends. Forced Displacement in 2017*, Ginebra, Alto Comisionado de Naciones Unidas para los Refugiados, 2018, <https://www.unhcr.org/5b27be547.pdf>.

28. Rex A. Hudson, ed., *Colombia. A Country Study*, 5.ª ed., Washington D. C, Library of Congress, 2010, p. 335.

29. «Murder South of the Border», editorial, *The Washington Post* online, 30 de septiembre del 2018.

30. Brownfield y Zárate, debate.

31. El año es el 2017. Chris Feliciano Arnold, «Brazil Has Become a Gangland», *Foreign Policy*, 6 de junio del 2017, <https://foreignpolicy.com/2017/06/06/brazil-has-become-a-gangland-prison-riot>.

32. Amanda Macias y Pamela Engel, «The 50 Most Violent Cities in the World», *Business Insider*, última actualización: 23 de enero del 2015.

33. Daron Acemoglu y James A. Robinson, *Why Nations Fail. The Origins of Power, Prosperity, and Poverty*, Nueva York, Crown, 2012, p. 399 [hay trad. cast.: *Por qué fracasan los países*, trad. de Marta García Madera, Barcelona, Deusto, 2012]. El coste de la dependencia que América Latina tenía de la minería y la agricultura se puso de manifiesto a finales del siglo XIX, cuando en determinadas zonas la esperanza de vida no superaba los veintisiete años, la alfabetización era de tan solo el 2 por ciento y bastante más de la mitad de la población vivía en la pobreza más absoluta. Carlos Fuentes, *The Buried Mirror*, Nueva York, Houghton Mifflin, 1992, pp. 281-282 [publicado originalmente como: *El espejo enterrado*, Ciudad de México, Fondo de Cultura Económica, 1992].

34. Cuatro de cada cinco personas creen que sus gobiernos son corruptos, mientras que tres de cada cuatro no confían en las instituciones gubernamentales. Desde el año 2010, el nivel se ha reducido. Una cuarta parte de la población vive en la pobreza; el 40 por ciento de los latinoamericanos pertenecen a la clase media «vulnerable», y este año, en algunos países, una parte de ellos han vuelto a caer en la pobreza. El informe del CAF, «Economic Outlook for Latin America 2018», se describe en «Confidence in Government Institutions, the Key to Growth in Latin America», CAF Banco de Desarrollo de América Latina online, última actualización: 9 de abril del 2018.

35. Rachel Kleinfeld, «The Violence Driving Migration Isn't Just Gangs», *The Wall Street Journal*, 10 de noviembre del 2018. El ensayo de Kleinfeld pertenece a su libro *A Savage Order. How the World's Deadliest Countries Can Forge a Path to Security*, Nueva York, Pantheon, 2018.

36. Se trata de Óscar Ortiz Ascencio. Kleinfeld, «The Violence Driving Migration».

37. Ibíd.

38. Se trata de Gustavo Alberto Landaverde, antiguo vicezar antidro-

ga de Honduras, que fue despedido de su trabajo, demandado por difamación y, dos semanas después de esta entrevista, asesinado por sicarios desde una moto. Frances Robles, «Honduras Becomes Murder Capital of the World», *Miami Herald*, 23 de enero del 2012.

39. Cuatro mil quinientos millones de dólares es el importe total de las sanciones impuestas hasta ahora a Odebrecht por sus sobornos. Departamento de Justicia de Estados Unidos, Oficina de Asuntos Públicos, «Odebrecht and Braskem Plead Guilty», 21 de diciembre del 2016. También Extra Fieser, «Colombia Reveals Odebrecht Bribes Were Three Times Larger Than Previously Known», *Bloomberg*, 15 de agosto del 2018.

40. Caroline Stauffer y Philip Pullella, «Pope Ends Latin American Trip with Warning About Political Corruption», Reuters, 21 de enero del 2018.

41. Leslie Bethell, *The Cambridge History of Latin America*, Cambridge, Cambridge University Press, 1985, vol. 3, p. 30 [hay trad. cast.: *Historia de América Latina*; vol. 3: *América Latina colonial. Economía*, trad. de Neus Escandell y Montserrat Iniesta, Barcelona, Crítica, 2000].

42. Tina Rosenberg, *Children of Cain. Violence and the Violent in Latin America*, Nueva York, Morrow, 1991, p. 344. Para ser justos, es probable que Silva esperara poner un pie en palacio. Se convirtió en un obstinado opositor a Pinochet cuando el dictador se hizo con el poder absoluto.

43. Esto se documentó en Colombia en las décadas de 1980 y 1990. Rosenberg, *Children of Cain*, p. 62.

44. Albó, entrevista de la autora, 21 de febrero del 2016. Los tres mandamientos de la sociedad inca—*ama suwa, ama llulla, ama qhella*— se corresponden, de hecho, con las «tres patas» del taburete que Albó afirmó que eran necesarias para una forma de gobierno sana. No robes (económica); no mientas (política); no seas perezoso (educativa).

45. Se trata del director Richard E. Robbins, nominado al Oscar, cuyo documental *Girl Rising* (Nueva York, The Documentary Group, 2013) se centra en la vida de diez chicas procedentes de lugares desfavorecidos de todo el mundo. Senna, la hija más joven de Leonor, fue una de ellas. La campaña asociada al filme (llamada también Girl Rising) ayudó a la familia con la educación de Senna y su hermano pequeño, Henrry. Yo fui una de las guionistas del documental.

46. Registros judiciales del condado, condados de Dade (Florida) y Metairie (Luisiana), entre los años 2004 y 2017.

47. He tomado esta frase del brillante ensayo de Enrique Krauze sobre Hugo Chávez, «The Shah of Venezuela», *New Republic*, 1 de abril del 2009.

48. Rangel, *Del buen salvaje*, pos. 258-319.

49. James Baldwin, «A Talk to Teachers», *The Price of the Ticket*, Nueva York, St. Martin's Press, 1985, p. 332.

50. Le debo esta idea sobre las «yes» de la historia de América Latina a mi colega John W. Hessler, distinguido curador de la Colección Jay I. Kislak, miembro de la Royal Geographical Society, autor de numerosos libros y especialista en ciencia de la información geográfica en la División de Geografía y Mapas de la Biblioteca del Congreso. John habló de las «yes» en un homenaje al fallecido Jay I. Kislak, en una reunión del Consejo de Madison de la biblioteca el 18 de octubre del 2019. Me hago eco de sus reflexiones en estos últimos párrafos.

Bibliografía

Fuentes primarias

Acosta, padre Ioseph (José) de, *Historia natural y moral de las Indias,* 4 vols., Sevilla, Juan de León, 1590.

Arzans de Orsúa y Vela, Bartolomé, *Historia de la villa imperial de Potosí* (1736), La Paz, Plural, 2000.

—, *Historia de la villa imperial de Potosí*, 3 vols., Lewis Hanke y Gunnar Mendoza, eds., Providence, Brown University Press, 1965.

Betanzos, Juan de, *Suma y narración de los yngas* (1576), 3 vols., Cochabamba (Bolivia), Fondo Rotatorio, 1993.

Cervantes de Salazar, Francisco, *Life in the Imperial and Loyal City of Mexico in New Spain* (1554), facsímil del original, trad. de Minnie Lee Barrett Shepard, Austin, University of Texas Press, 1953. Versión digital disponible en la Biblioteca Virtual Miguel de Cervantes, <www.cervantesvirtual.com>. [Publicado originalmente como: *México en 1554. Tres diálogos latinos de Francisco Cervantes de Salazar*].

Chimalpahin Quauhtlehuanitzin, Domingo Francisco de San Antón Muñón, *Historia mexicana* (1606-1631), Lincoln Center, Conemex Associates, 1978.

Cieza de León, Pedro, *Crónica del Perú* (Sevilla, 1533), 3 vols., Lima, Pontificia Universidad Católica del Perú, 1984.

—, *The Discovery and Conquest of Peru. Chronicles of the New World Encounter*, Durham, Duke University Press, 1998.

Cobo, Bernabé, *Historia del Nuevo Mundo* (1653), 4 vols., Sevilla, E. Rasco, 1890-1895.

—, *History of the Inca Empire. An Account of the Indians' Customs and Their Origin*, trad. y ed. de Roland Hamilton, Austin, University of Texas Press, 1979.

—, *Inca Religion and Customs* (1653), trad. y ed. de Roland Hamilton, Austin, University of Texas Press, 1990.

Collapiña, Supno y otros quipucamayos, «Relación de los quipucamayos», en Juan José Vega, ed., *Relación de la descendencia, gobierno y conquista de los incas*, Lima, Biblioteca Universitaria, 1974.

Colón, Cristóbal, *Relaciones y cartas de Cristóbal Colón*, Madrid, Librería de la Viuda de Hernández, 1892.

Colón, Fernando, *Vida del almirante don Cristóbal Colón*, Ramón Iglesia, ed., Madrid, Librería de la Viuda de Hernández, 1892.

Cortés, Hernán, *Cartas del famoso conquistador Hernán Cortés al emperador Carlos Quinto*, Ciudad de México, Imprenta de I. Escalante, 1870.

—, *Cartas de relación*, 12 vols., Sevilla, Jacobo Cromberger, 1522 (John Carter Brown Library).

—, *Cartas de relación*, Ángel Delgado Gómez, ed., Madrid, Clásicos Castalia, 1993.

—, *Cartas y relaciones de Hernán Cortés al emperador Carlos V*, París, Imprenta Central de los Ferro-Carriles A. Chaix y Cª, 1866.

—, *Hernán Cortés. Letters from Mexico*, trad. y ed. de Anthony R. Pagden, Nueva York, Grossman, 1971.

De las Casas, fray Bartolomé, *Historia de las Indias* (1523-1548), 3 vols., Madrid, Biblioteca Nacional, 1947.

—, *Obras completas*, 15 vols., Madrid, Alianza, 1988-1998.

—, *A Short History of the Destruction of the Indies* (1542), Londres, Penguin, 1974. [Publicado originalmente como: *Brevísima relación de la destrucción de las Indias*].

—, *Vida de Cristóbal Colón*, Barcelona, Linkgua, 2018, <http://linkgua-digital.com/>.

Díaz del Castillo, Bernal, *The Discovery and Conquest of Mexico*, Nueva York, Da Capo Press, 1996.

—, *Historia verdadera de la conquista de la Nueva España* (1632), Madrid, Biblioteca Americana, 1992.

Durán, fray Diego, *The Aztecs. The History of the Indies of New Spain* (1586-1588), trad. de Doris Heyden y Fernando Horcasitas, Nueva York, Orion, 1964. [Publicado originalmente como: *Historia de las Indias de Nueva-España y islas de Tierra Firme*].

Enríquez de Guzmán, Alonso, *Libro de la vida y costumbres de don Alonso Enríquez de Guzmán*, Madrid, Atlas, 1960 (también Barcelona, Linkgua, 2016).

—, *Vida y aventuras de un caballero noble desbaratado. Crónica de la conquista del Perú. 1535-1539*, Cantuta (Perú), Ediciones Universidad Nacional de Educación, 1970.

Estete, Miguel de, *Noticia del Perú* (1540), Quito, Boletín de la Sociedad Ecuatoriana de Estudios Históricos, 1919.

Florentine Codex. General History of the Things of New Spain, trad. de Arthur J. O. Anderson y Charles E. Dibble, partes 1-13, Provo, School of American Research, University of Utah Press, 1970-1982. [Publicado originalmente como: *Historia general de las cosas de Nueva España* (1577)].

García Icazbalceta, Joaquín, *Nueva colección de documentos para la historia de México*, 3 vols., Ciudad de México, Salvador Chávez Hayhoe, 1941.

Garcilaso, Inca, *La Florida del Inca* (Lisboa, 1605), Madrid, Rodríguez Franco, 1723.

—, *Royal Commentaries of Peru*, 4 vols., trad. de sir Paul Rycaut, Londres, Flesher, 1688. [Publicado originalmente como: *Comentarios reales de los incas*, Lisboa, 1609].

Grijalva, Juan de, *The Discovery of New Spain in 1518*, trad. y ed. de Henry R. Wagner, Pasadena, Cortés Society, 1942.

Guamán Poma de Ayala, Felipe [Waman Puma], *El primer nueva corónica y buen gobierno* (Madrid, 1615), 3 vols., John V. Murra y Rolena Adorno, eds., Ciudad de México, Siglo XXI, 1980.

Herrera y Tordesillas, Antonio de, *The General History of the Vast Continent and Islands of America*, 6 vols., trad. del capitán John Stevens, reimp. de la ed. de 1740, Nueva York, AMS Press, 1973. [Publicado originalmente como: *Historia general de los hechos de los castellanos en las islas i tierra firme del mar oceano*, Madrid, en la emplenta [sic] Real, 1601].

López de Gómara, Francisco, *Historia general de las Indias* (1552), 2 vols., Madrid, Espasa-Calpe, 1932.

Mena, Cristóbal de [atribuido a], *La conquista del Perú, llamada la Nueva Castilla* (Sevilla, 1534), Nueva York, New York Public Library, 1929.

Murúa, Martín de, *Historia del origen y genealogía de los reyes incas del Perú* (Madrid, 1590), Madrid, Instituto Santo Toribio de Mogrovejo, 1946.

—, *Historia general del Perú*, Manuel Ballesteros, ed., Madrid, Ediciones Historia, 1986.

Núñez Cabeza de Vaca, Álvar, *La relación y comentarios del gobernador Alvar Nuñez Cabeça de Vaca, de lo acaescido en las dos jornadas que hizo a las*

Indias (Valladolid, Los señores del consejo, 1555), en Enrique de Vedia, *Historiadores primitivos de Indias*, vol. 1, Madrid, Rivadeneyra, 1852.

— y Ulrich Schmidt, *The Conquest of the River Plate (1535-1555)*, vol. 1: *Voyage of Ulrich Schmidt* (1567); vol. 2: *The Commentaries of Alvar Nuñez Cabeza de Vaca* (1555), Luis L. Domínguez, ed., Nueva York, Burt Franklin, 1890. También disponible en Proyecto Gutenberg, <www.gutenberg.org/ebooks/48058>.

Ocaña, fray Diego de, *Un viaje fascinante por la América Hispana del siglo XVI*, Madrid, Studium, 1969.

Oviedo y Valdés, Gonzalo Fernández de, *Historia general y natural de las Indias* (1547), 4 vols., Madrid, Imprenta de la Real Academia de la Historia, 1851.

Pané, fray Ramón, *An Account of the Antiquities of the Indians* (1571), Durham, Duke University Press, 1999. [Publicado originalmente como: *Relación acerca de las antigüedades de los indios*].

Pentland, Joseph B., *Informe sobre Bolivia, 1827*, Potosí (Bolivia), Potosí, 1975.

—, *Report on Bolivia, 1827*, resumen en inglés, J. Valerie Fifer, ed., *Camden Miscellany*, n.º 35, Londres, Royal Historical Society, 1974.

Pizarro, Pedro, *Relación del descubrimiento y conquista de los reinos del Perú* (1571), Buenos Aires, Futuro, 1944.

—, *Relation of the Discovery and Conquest of the Kingdoms of Peru*, 2 vols., trad. de Philip Ainsworth Means, Nueva York, Cortés Society, 1921.

Porras Barrenechea, Raúl, ed., *Cartas del Perú. Colección de documentos inéditos para la historia del Perú (1524-1543)*, vol. 3, Lima, Edición de la Sociedad de Bibliófilos Peruanos, 1959.

—, *Relaciones primitivas de la conquista del Perú*, Lima, Universidad de San Marcos, 1967.

Quintana, Manuel José, *Vidas de españoles célebres* (1805), Barcelona, R. Plana, 1941.

Ruiz de Montoya, Antonio, *Conquista espiritual hecha por los religiosos de la Compañía de Jesús en las provincias de Paraguay, Paraná, Uruguay y Tape* (*c.* 1650), trad. de Arthur Rabuske, Porto Alegre (Brasil), Martins Livreiro, 1985.

Sahagún, fray Bernardino de, *Historia general de las cosas de Nueva España* (1547-1580), 3 vols., Ciudad de México, Imprenta Alejandro Valdés, 1829-1830.

Salinas y Córdova, fray Buenaventura de, *Memorial de las historias del nuevo mundo: Pirú* (1630), Lima, Universidad de San Marcos, 1957.

Sancho de Hoz, Pedro, *Relación de la conquista del Perú* (1539), La Rioja, Amigos de la Historia de Calahorra, 2004.

Sancho Rayón, José y Francisco de Zabalburu, *Colección de documentos inéditos para la historia de España*, vol. 85, Madrid, Imprenta de Miguel Ginesta, 1886.

Santa Cruz Pachacuti Yamqui Salcamayhua, Juan de, *Relación de antigüedades de este reino del Perú* (1613), Carlos Araníbar, ed., Lima, Fondo de Cultura Económica, 1995.

Sarmiento de Gamboa, Pedro, *Historia de los incas* (1572), Buenos Aires, Emecé, 1942.

—, *History of the Incas*, trad. de Brian Bauer y Vania Smith, Austin, University of Texas Press, 2007.

—, *History of the Incas*, trad. de Clements Markham, Proyecto Gutenberg, <www.gutenberg.org/ebooks/20218>.

Tito Cusi Yupanqui, *A 16th-Century Account of the Conquest*, publicado originalmente como *Ynstruçión del Inga Don Diego de Castro Titu Cusi Yupangui para el muy ilustre Señor el Licenciado Lope García de Castro* (1570), Cambridge, Harvard University Press, 2005.

Torquemada, fray Juan de, *Los veinte i un libros rituales i monarquía indiana* (Madrid, 1615), 6 vols., Ciudad de México, Universidad Nacional Autónoma de México, 1975.

Xerez, Francisco de, *True Account of the Conquest of Peru* (1522-1548), Iván R. Reyna, ed., Nueva York, Peter Lang, 2013. [Publicado originalmente como: *Verdadera relación de la conquista del Perú* (Sevilla, 1534), Madrid, 1891].

Zárate, Agustin de, *Historia del descubrimiento y conquista del Peru* (1548), 4 vols., Baltimore, Penguin, 1968.

Fuentes contemporáneas

Acemoglu, Daron y James A. Robinson, *Why Nations Fail. The Origins of Power, Prosperity, and Poverty*, Nueva York, Crown, 2012. [Hay trad. cast.: *Por qué fracasan los países*, trad. de Marta García Madera, Barcelona, Deusto, 2012].

Adorno, Rolena, *Guaman Poma. Writing and Resistance in Colonial Peru*, Austin, University of Texas Press, 1986. [Hay trad. cast.: *Guaman*

Poma. Literatura de resistencia en el Perú colonial, trad. de Martín Mur U., Madrid, Siglo XXI, 1991].

—, *The Polemics of Possession in Spanish American Narrative*, New Haven, Yale University Press, 2007.

Albó Corrons, Xavier, *Cabalgando entre dos mundos*, Xavier Albó, Tomás Greaves y Godofredo Sandoval, eds., La Paz, Centro de Investigación y Promoción del Campesinado (CIPCA), 1983.

—, *La comunidad hoy*, La Paz, CIPCA, 1990.

—, *Obras selectas*, 4 vols., La Paz, Fundación Xavier Albó/CIPCA, 2016.

— y Matías Preiswerk, *Los Señores del Gran Poder*, La Paz, Centro de Teología Popular, 1986.

— y Carmen Beatriz Ruiz, *Un curioso incorregible*, La Paz, Fundación Xavier Albó, 2017.

Ameigeiras, Aldo Rubén, ed., *Cruces, intersecciones, conflictos. Relaciones político religiosas en Latinoamérica*, Buenos Aires, Clacso, 2012.

Amunátegui, Miguel Luis y Diego Barros Arana, *La Iglesia frente a la emancipación americana*, Santiago de Chile, Empresa Editora Austral, 1960.

Anderson, Charles L. G., *Old Panama and Castilla del Oro*, Boston, Page, 1911.

Andrien, Kenneth J., *The Human Tradition in Colonial Latin America*, Wilmington, SR Books, 2002.

— y Rolena Adorno, *Transatlantic Encounters. Europeans and Andeans in the Sixteenth Century*, Berkeley, University of California Press, 1991.

Arana, Marie, *Simón Bolívar. American Liberator*, Nueva York, Simon & Schuster, 2013. [Hay trad. cast.: *Bolívar. Libertador de América*, trad. de Lina Rosas, Martha Cecilia Mesa y Mateo Cardona, Barcelona, Debate, 2020].

Arana, Pedro Pablo, *Las minas de azogue del Perú*, Lima, El Luvero, 1901.

Arciniegas, Germán, *America in Europe. A History of the New World in Reverse*, trad. de R. Victoria Arana, San Diego, Harcourt Brace Jovanovich, 1986. [Publicado originalmente como: *América en Europa*, Buenos Aires, Sudamericana, 1975].

—, *Con América nace la nueva historia*, Bogotá, Tercer Mundo, 1990.

—, *Latin America. A Cultural History*, Nueva York, Knopf, 1967. [Publicado originalmente como: *El continente de siete colores. Historia de la cultura en América Latina*, Buenos Aires, Sudamericana, 1965].

Bakewell, Peter J., *Miners of the Red Mountain. Indian Labor in Potosí, 1545-1650*, Albuquerque, University of New Mexico Press, 1984.

[Hay trad. cast.: *Mineros de la Montaña Roja. El trabajo de los indios en Potosí, 1545-1650*, trad. de Mario García Aldonate, Madrid, Alianza América, 1989].

Bassett, Molly H., *The Fate of Earthly Things. Aztec Gods and God-Bodies*, Austin, University of Texas Press, 2015.

Benson, Elizabeth P. y Anita G. Cook, *Ritual Sacrifice in Ancient Peru*, Austin, University of Texas Press, 2001.

Bernal, Antonio Miguel, *España, proyecto inacabado. Costes/beneficios del Imperio*, Madrid, Fundación Carolina, 2005.

Bernstein, Peter L., *The Power of Gold. The History of an Obsession*, Hoboken, Wiley & Sons, 2000. [Hay trad. cast.: *El oro. Historia de una obsesión*, trad. de Guillermo Solana, Barcelona, Punto de Lectura, 2003].

Betances, Emelio, *The Catholic Church and Power Politics in Latin America. The Dominican Case in Comparative Perspective*, Lanham, Rowman & Littlefield, 2007. [Hay trad. cast.: *La Iglesia católica y la política del poder en América Latina. El caso dominicano en perspectiva comparada*, trad. de Esteban Moore, Santo Domingo, Funglode, 2017].

Brading, David, *El ocaso novohispano. Testimonios documentales*, Ciudad de México, Instituto Nacional de Antropología e Historia, 1996.

Bray, Tamara L., ed., *The Archaeology of Wak'as. Explorations of the Sacred in the Pre-Columbian Andes*, Boulder, University Press of Colorado, 2015.

Brown, Kendall, *A History of Mining in Latin America. From the Colonial Era to the Present*, Albuquerque, University of New Mexico Press, 2012.

Busto Duthurburu, José Antonio del, *La conquista del Perú*, Lima, Librería Studium, 1981.

—, *Pizarro*, 2 vols., Lima, Copé, 2001.

—, *La platería en el Perú. Dos mil años de arte e historia*, Lima, Banco del Sur del Perú, 1996.

Canudas Sandoval, Enrique, *Las venas de plata en la historia de México*, 3 vols., Tabasco, Universidad Juárez, 2005.

Cañizares-Esguerra, Jorge, *Puritan Conquistadors. Iberianizing the Atlantic, 1550-1700*, Stanford, Stanford University Press, 2006. [Hay trad. cast.: *Católicos y puritanos en la colonización de América*, trad. de Pablo Sánchez León, Madrid, Fundación Jorge Juan/Marcial Pons Historia, 2008].

Casaús Arzú, Marta Elena, *Genocidio. ¿La máxima expresión del racismo en Guatemala?*, Ciudad de Guatemala, F&G, 2008.

—, *Guatemala. Linaje y racismo*, Ciudad de Guatemala, Fiacso, 2007.

Castañeda, Jorge G., *Utopia Unarmed. The Latin American Left After the Cold War*, Nueva York, Knopf, 1993. [Publicado también como: *La utopía desarmada. Intrigas, dilemas y promesa de la izquierda en América Latina*, Buenos Aires, Ariel, 1993].

Chacon, Richard J. y Rubén G. Mendoza, eds., *Latin American Indigenous Warfare and Ritual Violence*, Tucson, University of Arizona Press, 2007.

Cisneros Velarde, Leonor y Luis Guillermo Lumbreras, *Historia general del ejército peruano*, 5 vols., Lima, Imprenta del Ministerio de Guerra, 1980.

Clayton, Lawrence A., *Bartolomé de las Casas and the Conquest of the Americas*, Viewpoints/Puntos de Vista, West Sussex, John Wiley & Sons, 2011.

—, *The Bolivarian Nations of Latin America*, Arlington, Forum, 1984.

Cleary, Edward L., *How Latin America Saved the Soul of the Catholic Church*, Mahwah (New Jersey), Paulist Press, 2009.

— y Hannah W. Stewart-Gambino, *Power, Politics, and Pentecostals in Latin America*, Boulder (Colorado), Westview Press, 1997.

Dean, Carolyn, *A Culture of Stone. Inka Perspectives on Rock*, Durham, Duke University Press, 2010.

Dosal, Paul J., *Power in Transition. The Rise of Guatemala's Industrial Oligarchy, 1871-1994*, Westport, Praeger, 1995.

El oro y la plata de las Indias en la época de los Austrias, Madrid, Fundación ICO, 1999.

Elliott, John H., *Empires of the Atlantic World. Britain and Spain in America*, New Haven, Yale University Press, 2006. [Hay trad. cast.: *Imperios del mundo atlántico. España y Gran Bretaña en América (1492-1830)*, trad. de Marta Balcells, Madrid, Taurus, 2006].

Fernández-Armesto, Felipe, *Pathfinders. A Global History of Exploration*, Nueva York, Norton, 2006. [Hay trad. cast.: *Los conquistadores del horizonte. Una historia mundial de la exploración*, trad. de Luis Nacenta, Barcelona, Destino, 2006].

—, *The Americas. A Hemispheric History*, Nueva York, Modern Library, 2003. [Hay trad. cast.: *Las Américas*, trad. de Juan Manuel Ibeas, Barcelona, Debate, 2004].

Fernández de Navarrete, Martín, *Colección de los viajes y descubrimientos que hicieron por mar los españoles*, vol. 1, Madrid, Imprenta Nacional, 1858.

Fuentes, Carlos, *The Buried Mirror*, Nueva York, Houghton Mifflin, 1992. [Publicado originalmente como: *El espejo enterrado*, Ciudad de México, Fondo de Cultura Económica, 1992].

Galeano, Eduardo, *Open Veins of Latin America. Five Centuries of the Pillage of a Continent*, trad. de Cedric Belfrage, Nueva York, Monthly Review, 1973. [Publicado originalmente como: *Las venas abiertas de América Latina*, Ciudad de México, Siglo XXI, 1971].

Gibson, Charles, *The Aztecs Under Spanish Rule. A History of the Indians of the Valley of Mexico, 1519-1810*, Stanford, Stanford University Press, 1964. [Hay trad. cast.: *Los aztecas bajo el dominio español, 1519-1810*, trad. de Julieta Campos, Ciudad de México, Siglo XXI, 1977].

Gisbert, Teresa, *Iconografía y mitos indígenas en el arte*, La Paz, Gisbert, 1980.

Gorriti, Gustavo, *Shining Path. A History of the Millenarian War in Peru*, Chapel Hill, University of North Carolina Press, 1999. [Publicado originalmente como: *Sendero. Historia de la guerra milenaria en el Perú*, Lima, Apoyo, 1990].

Gruzinski, Serge, *The Mestizo Mind. The Intellectual Dynamics of Colonization and Globalization*, trad. de Deke Dusinberre, Nueva York, Routledge, 2002. [Hay trad. cast.: *El pensamiento mestizo*, trad. de Enrique Folch, Barcelona, Paidós, 2000].

Gutiérrez Merino, Gustavo, *Cristianismo y tercer mundo*, Bilbao, Zero, 1973.

—, *Dios o el oro en las Indias*, San Salvador, UCA, 1991.

Hanke, Lewis, «A Modest Proposal for a Moratorium on Generalizations: Some Thoughts on the Black Legend», *Hispanic American Historical Review*, vol. 51, n.° 1 (febrero de 1971), pp. 112-127.

Hemming, John, *The Conquest of the Incas*, Londres, Macmillan, 1970 (también Nueva York, Penguin, 1983). [Hay trad. cast.: *La conquista de los incas*, trad. de Stella Mastrangelo, Ciudad de México, Fondo de Cultura Económica, 2000].

—, *Red Gold. The Conquest of the Brazilian Indians, 1500-1700*, Cambridge, Harvard University Press, 1978.

—, *The Search for El Dorado*, Nueva York, E. P. Dutton, 1978. [Hay trad. cast.: *En busca de El Dorado*, trad. de Xavier Laviña, Barcelona, Del Serbal, 1995].

Hewett, Edgar L., *Fray Bernardino de Sahagún and the Great Florentine Codex*, Santa Fe, Archaeological Institute of America, 1944.

Historia de la Compañía de Jesús en la provincia del Paraguay, vol. 1 (6 vols.), Madrid, V. Suárez, 1912-1949.

Hoffman, Philip T. y Kathryn Norberg, *Fiscal Crises, Liberty, and Representative Government, 1450-1789*, Stanford, Stanford University Press, 1994.

Hoyos, Juan José, *El oro y la sangre*, Bogotá, Planeta, 1994.

Jáuregui, Carlos A., *Canibalia. Canibalismo, calibanismo, antropofagia cultural y consumo en América Latina*, Madrid, Iberoamericana, 2008.

Jiménez de la Espada, Marcos, ed., *Una antigualla peruana*, Madrid, Manuel Ginés Hernández, 1892.

Kamen, Henry, *The Spanish Inquisition. A Historical Revision*, New Haven, Yale University Press, 2014. [Hay trad. cast.: *La Inquisición española*, trad. de Juan Rabasseda y Teófilo de Lozoya, Barcelona, Crítica, 2013].

Kirkpatrick, Frederick A., *The Spanish Conquistadores*, Londres, Adam & Charles Black, 1946. [Hay trad. cast.: *Los conquistadores españoles*, trad. de Rafael Vázquez, Madrid, Espasa-Calpe, 1960].

Krauze, Enrique, *Redeemers. Ideas and Power in Latin America*, Nueva York, Harper-Collins, 2011. [Publicado también como: *Redentores. Ideas y poder en América Latina*, Barcelona, Debate, 2011].

Langenscheidt, Adolphus, *Historia mínima de la minería en la Sierra Gorda*, Ontario, Rolston-Bain, 1988.

Lastres, Juan B., *Las neuro-bartonelosis*, Lima, Editora Médica Peruana, 1945.

—, *Historia de la viruela en el Perú*, Lima, Ministerio de Salud Pública y Asistencia Social, 1954.

—, *La salud pública y la prevención de la viruela en el Perú*, Lima, Ministerio de Hacienda y Comercio, 1957.

León-Portilla, Miguel, ed., *The Broken Spears. The Aztec Account of the Conquest of Mexico*, Boston, Beacon Press, 1962.

—, *El reverso de la Conquista. Relaciones aztecas, mayas e incas*, Ciudad de México, Joaquín Mortiz, 1964.

—, ed., *Visión de los vencidos. Crónicas indígenas*, Madrid, Historia 16, 1985.

—, ed., *Visión de los vencidos. Relaciones indígenas de la Conquista*, Ciudad de México, Universidad Nacional Autónoma de México, 1961.

Lippy, Charles H., Robert Choquette y Stafford Poole, *Christianity Comes to the Americas, 1492-1776*, Nueva York, Paragon, 1992.

Livi Bacci, Massimo, *Los estragos de la conquista. Quebranto y declive de los indios de América*, Barcelona, Crítica, 2006.

Mann, Charles C., *1491. New Revelations of the Americas Before Columbus*, Nueva York, Random House, 2005. [Hay trad. cast.: *1491. Una nueva historia de las Américas antes de Colón*, trad. de Miguel Martínez-Lage y Federico Corriente, Madrid, Taurus, 2006].

Marichal, Carlos, *Bankruptcy of Empire. Mexican Silver and the Wars Between Spain, Britain and France, 1760-1810*, Nueva York, Cambridge University Press, 2007. [Publicado originalmente como: *La bancarrota del virreinato. Nueva España y las finanzas del Imperio español, 1780-1810*, Ciudad de México, El Colegio de México/Fondo de Cultura Económica, 1999].

Markham, Clements R., *Narratives of the Rites and Laws of the Yncas*, Nueva York, Burt Franklin, 1970.

Marzal, Manuel M., Eugenio Maurer, Xavier Albó y Bartomeu Melià, *The Indian Face of God in Latin America*, Nueva York, Orbis, 1996. [Publicado originalmente como: *Rostros indios de Dios*, Quito, Abya-Yala, 1991].

McCaa, Robert, Aleta Nimlos y Teodoro Hampe Martínez, «Why Blame Smallpox? The Death of the Inca Huayna Capac and the Demographic Destruction of Tawantinsuyu (Ancient Peru)», Minnesota Population Center, Universidad de Minnesota, 2004, <http://users.pop.umn.edu/~rmccaa/aha2004/why_blame_smallpox.pdf>.

McEwan, Colin y Leonardo López Luján, eds., *Moctezuma. Aztec Ruler*, Londres, British Museum Press, 2009.

McNeill, J. R. y William H. McNeill, *The Human Web. A Bird's-Eye View of World History*, Nueva York, Norton, 2003. [Hay trad. cast.: *Las redes humanas. Una historia global del mundo*, trad. de Jordi Beltrán, Barcelona, Crítica, 2010].

Montoya, Ramiro, *Crónicas del oro y la plata americanos*, Madrid, Visión, 2015.

—, *La sangre del sol. Crónicas del oro y la plata que España sacó de América*, Madrid, Visión, 2013.

Moreyra Loredo, Manuel *et al.*, *El cristiano ante el Perú de 1985. Crisis económica, violencia...*, Lima, Centro de Proyección Cristiana, 1984.

Pérez de Barradas, José, *Orfebrería prehispánica de Colombia*, Madrid, Jura, 1958.

Petersen, Georg, *Mining and Metallurgy in Ancient Peru*, trad. de William E. Brooks, Boulder, Geological Society of America, 2010. [Publicado originalmente como: *Minería y metalurgia en el antiguo Perú*, Lima, Instituto de Investigaciones Antropológicas, 1970].

Pillsbury, Joanne, ed., *Guide to Documentary Sources for Andean Studies, 1530-1900*, 3 vols., Norman, University of Oklahoma Press, 2008.

Pino Díaz, Fermín del, ed., *Demonio, religión y sociedad entre España y América*, Madrid, Departamento de Antropología de España y América, CSIC, 2002.

Prescott, William H., *History of the Conquest of Mexico*, John F. Kirk, ed., Londres, Routledge, 1893. [Hay trad. cast.: *Historia de la conquista de México*, trad. de Rafael Torres Pabón, Madrid, A. Machado Libros, 2004].

—, *History of the Conquest of Peru. With a Preliminary View of the Civilization of the Incas*, John F. Kirk, ed., Londres, Routledge, 1893. [Hay trad. cast.: *Historia de la conquista del Perú: con observaciones preliminares sobre la civilización de los incas*, Madrid, Gaspar y Roig, 1851].

Quintana, Manuel José, *Vidas de españoles célebres*, París, Baudry, 1845.

Quiroz, Alfonso W., *Historia de la corrupción en el Perú*, Lima, Instituto de Estudios Peruanos, 2013.

Raimondi, Antonio, *El Perú*, 3 vols., Lima, Imprenta del Estado, 1874.

Reséndez, Andrés, *The Other Slavery. The Uncovered Story of Indian Enslavement in America*, Nueva York, Houghton Mifflin Harcourt, 2016. [Hay trad. cast.: *La otra esclavitud. Historia oculta del esclavismo indígena*, trad. de Maia F. Miret y Stella Mastrangelo, Ciudad de México, Grano de Sal, 2019].

Restall, Matthew, *Seven Myths of the Spanish Conquest*, Nueva York, Oxford University Press, 2003. [Hay trad. cast.: *Los siete mitos de la conquista española*, trad. de Marta Pino, Barcelona, Paidós, 2004].

—, *When Montezuma Met Cortés. The True Story of the Meeting That Changed History*, Nueva York, Ecco, 2018. [Hay trad. cast.: *Cuando Moctezuma conoció a Cortés. La verdad del encuentro que cambió la historia*, trad. de José Eduardo Latapí, Barcelona, Taurus, 2019].

Ricard, Robert, *The Spiritual Conquest of Mexico*, trad. de Lesley Byrd Simpson, Berkeley, University of California Press, 1966. [Hay trad. cast.: *La conquista espiritual de México*, trad. de Ángel María Garibay, Ciudad de México, Fondo de Cultura Económica, 1994].

Robins, Nicholas A., *Mercury, Mining, and Empire. The Human and Ecological Cost of Colonial Silver Mining in the Andes*, Bloomington, Indiana University Press, 2011. [Hay trad. cast.: *Mercurio, minería e imperio. El costo humano y ecológico de la minería de plata colonial en los Andes*, Huancavelica, Universidad Nacional de Huancavelica, 2011].

—, *Native Insurgencies and the Genocidal Impulse in the Americas*, Bloomington, Indiana University Press, 2005.

Rosenberg, Tina, *Children of Cain. Violence and the Violent in Latin America*, Nueva York, Morrow, 1991.

Rostworowski de Diez Canseco, María, *Conflicts over Coca Fields in Sixteenth-Century Perú*, Ann Arbor, University of Michigan Press, 1988.

—, *Costa peruana prehispánica*, Lima, Instituto de Estudios Peruanos, 1977.

—, *Doña Francisca Pizarro*, Lima, IEP, 1989.

—, *Historia del Tahuantinsuyu*, Lima, IEP, 1988.

—, *History of the Inca Realm*, trad. de Harry Iceland, Cambridge, Cambridge University Press, 1999.

—, *Pachacamac y el señor de los milagros*, Lima, IEP, 1992.

—, *Pachacutec y la leyenda de los chancas*, Lima, IEP, 1997.

Schwaller, John Frederick, *The History of the Catholic Church in Latin America. From Conquest to Revolution and Beyond*, Nueva York, New York University Press, 2011.

Smith, Brian H., *Religious Politics in Latin America. Pentecostal Vs. Catholic*, Notre Dame, University of Notre Dame Press, 1998.

Solís, Felipe y Martha Carmona, *El oro precolombino de México. Colecciones mixteca y azteca*, Ciudad de México, Américo Arte, 1995.

Southey, Thomas, *Chronological History of the West Indies*, 3 vols., Londres, Longman, Rees, 1827.

Stein, Stanley J. y Barbara H. Stein, *Silver, Trade, and War. Spain and America in the Making of Early Modern Europe*, Baltimore, Johns Hopkins University Press, 2000. [Hay trad. cast.: *Plata, comercio y guerra. España y América en la formación de la Europa moderna*, trad. de Natalia Mora, Barcelona, Crítica, 2002].

Stern, Steve J., ed., *Shining and Other Paths. War and Society in Peru, 1980-1995*, Durham, Duke University Press, 1998. [Hay trad. cast.: *Los senderos insólitos del Perú. Guerra y sociedad, 1980-1995*, trad. de Javier Flores, Lima, IEP, 1999].

Suárez Fernández, Luis, *Isabel I, reina*, Barcelona, Planeta, 2012.

TePaske, John J., *A New World of Gold and Silver*, Leiden, Brill, 2010.

Thompson, I. A. A., *Crown and Cortés. Government, Institutions and Representation in Early-Modern Castile*, Hampshire, Variorum, 1993.

Tripcevich, Nicholas y Kevin J. Vaughn, eds., *Mining and Quarrying in the Ancient Andes. Sociopolitical, Economic, and Symbolic Dimensions*, Nueva York, Springer, 2013.

Urteaga, Horacio H., *Biblioteca de Cultura Peruana. Los cronistas de la conquista*, París, Desclée de Brouwer, 1938.

Vargas Llosa, Mario, *Conversation in the Cathedral*, trad. de Gregory Rabassa, Nueva York, Rayo, 2005. [Publicado originalmente como: *Conversación en La Catedral*, Barcelona, Seix Barral, 1969].

—, *A Fish in the Water*, trad. de Helen Lane, Nueva York, Farrar, Straus and Giroux, 1994. [Publicado originalmente como: *El pez en el agua*, Barcelona, Seix Barral, 1993].

Vázquez Chamorro, Germán, *Moctezuma*, Madrid, Cambio 16, 1987.

—, *Moctezuma*, Madrid, Algaba, 2006.

Vedia, Enrique de, *Historiadores primitivos de Indias*, 2 vols., Madrid, Rivadeneyra, 1852.

Vilches, Elvira, *New World Gold*, Chicago, University of Chicago Press, 2010.

Whitaker, Arthur Preston, *The Huancavelica Mercury Mine*, Cambridge, Harvard University Press, 1941.

Wright, Ronald, *Stolen Continents. The Americas Through Indian Eyes*, Boston, Houghton Mifflin, 1992. [Hay trad. cast.: *Continentes robados*, trad. de Nora Muchnik, Madrid, Anaya & Mario Muchnik, 1994].

Agradecimientos

Este libro surgió de una larga conversación con la difunta María Isabel Arana Cisneros, mi tía y madrina, cuya brillante inteligencia y erudición gigantesca siempre hicieron que mirara más allá de mis limitados horizontes y pensara en profundidad sobre por qué las cosas son como son. Estábamos hablando, sentadas en su cómodo salón de Lima, sobre las diferencias entre las revoluciones de América del Norte y las de América del Sur, una charla motivada por mi libro *Bolívar. Libertador de América*, cuando empecé a enumerar las características que habían hecho que las guerras de independencia de América Latina (1804-1898) fueran únicas en la historia. Mi tía Chaba me miró por encima de la montura de sus gafas y dijo: «Bueno, todo eso está muy bien, Marisi, pero ahí tienes una materia de estudio si realmente estás interesada en ilustrarnos: entender qué es exactamente lo que hace a los latinoamericanos tan diferentes del resto del mundo; así estarás aclarando las cosas».

Entender algo «exactamente» es el problema. Recuerdo un esclarecedor pasaje del gran novelista argentino Ernesto Sábato, que en una ocasión escribió que la historia está hecha de falacias, argumentos engañosos y olvido. Todo esto me trae a la memoria a sir Walter Raleigh, un anecdotista extravagante donde los haya que, condenado a cadena perpetua en la Torre de Londres, se puso a escribir una extensa historia de Inglaterra. Cuenta la leyenda que, cuando estaba redactando los primeros capítulos, se produjo un gran alboroto abajo, en las calles, nada menos que un motín provocado por un intento de asesinato del rey. La información que llegaba a su pequeña y elevada celda era tan confusa y contradictoria que se dio por vencido y renunció al proyecto, quejándose de que difícilmente podría escribir una palabra más de historia cuando ni siquiera sabía lo que ocurría al otro lado de su ventana.

Lo mismo me sucede a mí. La tarea de intentar escribir una historia de América Latina es una locura dadas las tergiversaciones que se han producido con anterioridad, por no mencionar los cambios constantes y las reinvenciones a los que tienden nuestras naciones. La transformación es incesante. La inestabilidad es la norma. Una historia definitiva es imposible cuando, al otro lado de la ventana, tienen lugar tantos sucesos. Aclarar las cosas, como quería mi tía, es un empeño propio de Sísifo. Tratar de entender «qué es exactamente» lo que hace a los latinoamericanos tal como somos ha hecho que me haya desesperado en cada capítulo. Así que debe quedar claro: este no es un libro de historia, aunque me haya abierto paso entre copiosas pilas de crónicas para contarla. Tampoco es una obra de periodismo, aunque he seguido la vida de cada uno de mis protagonistas con la intensidad de un sabueso hambriento. Este libro es, como todo lo que proviene de América Latina, un mestizaje. Un chucho, un mil leches. Y tiene muchos padres.

He tenido la extraordinaria buena suerte de conocer y colaborar con historiadores, periodistas e intelectuales, vivos y muertos, cuyo trabajo me ha guiado de multitud de formas. Ninguno de ellos es, en modo alguno, responsable de los errores que hay en el libro, y mis defectos no deberían afectar a su excelencia. Le debo mucho, por ejemplo, al difunto gran historiador colombiano Germán Arciniegas, cuyos trabajos, muy originales, ayudé a publicar en inglés cuando era una joven editora en Nueva York y cuyo buen humor acerca del escurridizo pasado de América Latina siempre me hizo reír. He aprendido mucho de amigos. De Mario Vargas Llosa, mi brillante compatriota, cuya comprensión profunda a través de la ficción, así como de la no ficción, ha arrojado mucha luz sobre el carácter de la región. Del uruguayo Eduardo Galeano, con quien he compartido muchas tardes de conversación acerca de la visión a largo plazo, sobre el milenio que nos precedió. Del distinguido historiador británico John Hemming, cuyo conocimiento profundo de las civilizaciones de América Latina y cuya espléndida generosidad han resultado indispensables para mi trabajo. Del intrépido explorador norteamericano Loren McIntyre, que me llamó por teléfono en sus últimos días de vida para pedirme que me informara bien sobre el terreno. De los sabios mexicanos Carlos Fuentes y Enrique Krauze, cuya mirada inquebrantable sobre la gloriosa y tumultuosa historia de México me ha enseñado mucho.

Pero muchos más han sido mis maestros en esta empresa: Julia Álvarez, Cecilia Alvear, José Amor y Vázquez, Elizabeth Benson, Patricia Cepeda, Sandra Cisneros, Lawrence Clayton, Ariel Dorfman, Ronald Edward, Gustavo Gorriti, Alma Guillermoprieto, John W. Hessler, Leonardo López Luján, Javier Lizarzaburu, Colin McEwan, Alberto Manguel, Senna Ochochoque, Mark J. Plotkin, Elena Poniatowska, Jorge Ramos, Laura Restrepo, Tina Rosenberg, María Rostworowski, Ilan Stavans y Richard Webb. He contraído con ellos una deuda de gratitud impagable. Y también están quienes, aunque tal vez no los conozca personalmente, han dejado una huella profunda en estas páginas a través de su trabajo, que figura en la bibliografía.

Luego están los que han contribuido de manera concreta a este curioso cruce de historia y reportaje. Estoy en deuda con el difunto James H. Billington, bibliotecario del Congreso y brillante mentor, que me dio la bienvenida a la biblioteca en el 2013 y me invitó a sentarme a su lado y formar parte de esa gran institución. Tengo mucho que agradecer a Jane McAuliffe, antigua directora de la biblioteca del Centro John W. Kluge, que me invitó a abandonar ese puesto y pasar un año entero como investigadora titular del Departamento de Culturas de los Países del Sur, examinando cuidadosamente las vastas riquezas de la Colección Latinoamericana e Hispánica. El Centro John W. Kluge de la Biblioteca del Congreso ha sido mi benefactor para escribir dos libros de historia. Doy las gracias a Erick Langer, de la Universidad de Georgetown, quien hace muchos años me sugirió por casualidad que investigara la obra de un anciano sacerdote jesuita radicado en Bolivia, cuya vida parecía una curiosa imagen especular del pasado. Ese hombre era Xavier Albó, y su historia es la esencia misma de este libro. Asimismo, quiero dar las gracias a Richard Robbins y Kayce Freed Jennings, de The Documentary Group y Girl Rising, por enviarme al cielo andino, a casi cinco mil quinientos metros de altitud, para escribir sobre una niña de catorce años de las minas de oro de La Rinconada. Allí conocí a Leonor Gonzáles, cuya vida no es muy diferente de la de sus antepasados, que habitaron esas montañas hace quinientos años. También le estoy agradecida a mi amiga Clara, que me dio su bendición para coger la historia que publiqué en *The Washington Post* sobre su marido cubano, Carlos Buergos, y desarrollarla hasta alcanzar la extensión de la que aparece aquí.

Los cimientos en los que se apoya este libro son Amanda Urban, mi querida amiga y leal agente literaria. Binky, como sabe toda su progenie literaria, es única. Es una guerrera feroz con un corazón de oro, y soy afortunada de tenerla de mi lado. Mi editor en Simon & Schuster, Bob Bender, tuvo la paciencia de un santo cuando dos años se alargaron hasta convertirse en cinco y una idea endeble se convirtió en un proyecto inmenso. Bob es mi lector ideal; firme, exigente y totalmente comprometido con sus autores. Les estoy agradecida a él y a su fiel ayudante Johanna Li, como lo estoy a mi meticuloso corrector, Phil Bashe, a mis talentosas diseñadoras, Carly Loman y Jackie Seow, y a mi incansable publicista, Julia Prosser. Estoy especialmente agradecida por el estímulo y la fuerza de mi editor, el presidente de Simon & Schuster, Jonathan Karp. Y para la versión de este libro en español, estoy en deuda con mis excelentes traductores, Ramón González Férriz y Marta Valdivieso Rodríguez, mi editor, Carles Mercadal, y los talentosos directores de mi editorial Debate (Penguin Random House), Miguel Aguilar, Elena Martínez y Roberta Gerhard.

No podría haber logrado nada de esto sin la ayuda de incontables amigos y familiares: mis hijos, Lalo Walsh y Adam Ward, que se sentaron conmigo a la mesa de sus cocinas y me permitieron hablar sin parar sobre las alegrías e indignidades de una vida dedicada a la escritura; mi hijastro Jim Yardley, con quien le di infinitas vueltas al título mientras disfrutábamos de la comodidad de su casa de Londres; mi otro hijastro, Bill Yardley, que me alejó al menos en una ocasión de un peligroso precipicio al que se asoman a veces los escritores; mis padres, Jorge y Marie, que siguen aquí aunque hace tiempo que se fueron, y que habrían discutido hasta bien entrada la noche sobre los tinos y desaciertos de este libro; mi hermano y mi hermana, George y Vicky Arana, fieles compañeros que viajaron conmigo por las Américas mientras yo intentaba atar cabos sueltos; mis vecinos Don y Betty Hawkins, que llevaron con todo cuidado el manuscrito final, corregido, de Lima a Washington D. C. y luego lo enviaron por correo a Nueva York, y por último, pero no menos importante, a mi difunta, irremplazable, tía Chaba, que habría mirado por encima de sus gafas y me habría preguntado si realmente quería decir todo lo que he dicho.

Mi mayor agradecimiento, sin embargo, es para mi resuelto marido, Jonathan Yardley, que me animó a abandonar mi puesto editorial hace veinte años y empezar a escribir libros. Fue Jon quien me dio palmadas en la espalda, me dejó sola para que contemplara la pared, preparó las cenas, hizo la compra, sacó al perro, peinó al gato, pagó las facturas, me dijo que siguiera haciendo lo que estaba haciendo y luego me recibió con una sonrisa y un cóctel al final de cada día. Eso es lo que yo llamaría aclarar las cosas.

Índice alfabético

Los números de página a partir de 433 hacen referencia a las notas.